COLEÇÃO **DIREITO**
SISTEMATIZADO

NOVO CED CPC

DE ACORDO COM A REFORMA TRABALHISTA DA LEI 13.467/2017

ARTHUR TRIGUEIROS
Autor e Coordenador

MANUAL DE **ÉTICA PROFISSIONAL DO ADVOGADO**

TEORIA ATUALIZADA
QUADRO-RESUMO
QUESTÕES COMENTADAS
DICAS DE ÚLTIMA HORA
TABELA COMPARATIVA DO NOVO CED E ANTIGO CED

2ª EDIÇÃO, REVISTA, ATUALIZADA E AMPLIADA, e de Acordo com os "Novos Direitos das Advogadas" (Lei 13.363/2016).

10 ANOS EDITORA FOCO
EDITORA FOCO

Autor: Arthur Trigueiros
Diretor Acadêmico: Leonardo Pereira
Editor: Roberta Densa
Assistente Editorial: Paula Morishita
Revisora Sênior: Georgia Renata Dias
Capa Criação: Leonardo Hermano
Diagramação: Ladislau Lima
Impressão miolo e capa: Gráfica EDELBRA

Dados Internacionais de Catalogação na Publicação (CIP)
(Câmara Brasileira do Livro, SP, Brasil)

T828m

Trigueiros, Arthur

Manual de ética profissional do advogado / Arthur Trigueiros. – 2. ed. - Indaiatuba, SP : Editora Foco, 2018.

ISBN 978-85-8242-215-1

1. Direito. 2. Ética. 3. Manual. I. Título.

2017-777 CDD 34 CDU 34

Índices para Catálogo Sistemático:
1. Direito 34 2. Direito 34

NOTAS DA EDITORA:

Atualizações do Conteúdo: A presente obra é vendida como está, atualizada até a data do seu fechamento, informação que consta na página II do livro. Havendo a publicação de legislação de suma relevância, a editora, de forma discricionária, se empenhará em disponibilizar atualização futura. Os comentários das questões são de responsabilidade dos autores.

Bônus ou *Capítulo On-line*: Excepcionalmente, algumas obras da editora trazem conteúdo extra no *on-line*, que é parte integrante do livro, cujo acesso será disponibilizado durante a vigência da edição da obra.

Erratas: A Editora se compromete a disponibilizar no site www.editorafoco.com.br, na seção Atualizações, eventuais erratas por razões de erros técnicos ou de conteúdo. Solicitamos, outrossim, que o leitor faça a gentileza de colaborar com a perfeição da obra, comunicando eventual erro encontrado por meio de mensagem para contato@editorafoco.com.br. O acesso será disponibilizado durante a vigência da edição da obra.

Impresso no Brasil (01.2018)
Data de Fechamento (12.2017)

MISTO
Papel produzido a partir de fontes responsáveis
FSC® C116137

2018

Al. Júpiter, 542 – American Park Distrito Industrial
CEP 13347-653 – Indaiatuba – SP
E-mail: contato@editorafoco.com.br
www.editorafoco.com.br

AGRADECIMENTOS

À Vanessa, minha amada esposa e companheira de todas as horas, meus sinceros agradecimentos por todo o apoio de sempre, especialmente na elaboração desse Manual;

Aos meus filhos Eduardo e Isabela, as "obras" mais completas que já ajudei a produzir, obrigado por existirem em minha vida;

À Editora Foco, especialmente ao Wander Garcia, Márcio Dompieri, Leonardo Pereira e Roberta Densa, obrigado pela oportunidade e por acreditarem em meu trabalho;

À toda a equipe editorial, o meu "muito obrigado" por todo o empenho e dedicação para que essa obra saísse do papel;

Aos meus alunos e alunas, obrigado por todo o incentivo. A cada crítica, a cada elogio, vocês foram decisivos para que esse Manual fosse concebido da forma que ora lhes apresento;

Àqueles que prestarão o Exame de Ordem, digo-lhes, de antemão: vocês vão passar! Sim, vão passar!

SOBRE O AUTOR

ARTHUR DA MOTTA TRIGUEIROS NETO. Procurador do Estado de São Paulo desde 2006, lotado em Campinas-SP. Graduado pela Pontifícia Universidade Católica de Campinas (PUCCAMP) em 2004. Pós-graduado em Direito Processual Civil e Direito Ambiental. Foi professor de graduação em Direito em diversas instituições de ensino superior, bem como em cursos de pós-graduação. Já lecionou em inúmeros cursos preparatórios para o Exame de Ordem e Concursos Públicos, em plataforma presencial (Curso Proordem – Campinas/SP; Unicursos – Campinas/SP), telepresencial (Curso Damásio de Jesus – São Paulo/SP) e *on-line* (IEDI). Atualmente, é professor da **Rede LFG** nos cursos preparatórios para o Exame de Ordem e Concursos Públicos, tanto na plataforma telepresencial, quanto *on-line*. Palestrante em todo o Brasil. Autor de dezenas de obras jurídicas voltadas à preparação para o Exame de Ordem e Concursos Públicos. Coordenador da **coleção Direito Sistematizado, da Editora Foco.**

NOTA À 2ª EDIÇÃO

É com alegria que apresento à comunidade jurídica a 2ª edição do nosso Manual de Ética Profissional do Advogado, revisado, atualizado e ampliado.

Para esta edição, acrescentamos as últimas novidades legislativas que impactam diretamente os assuntos relacionados à ética na advocacia, com destaque para os direitos das advogadas (art. 7º-A do Estatuto da OAB, incluído pela Lei 13.363/2016) e alguns aspectos da Reforma Trabalhista (Lei 13.467/2016). Além disso, fizemos ajustes e ampliação dos conteúdos em alguns quadros sinópticos e legislação correlata.

Também acrescentamos novas questões do Exame de Ordem nos capítulos pertinentes, ampliando, assim, o conteúdo prático de nossa obra, garantindo, assim, a pertinência do título da Coleção: Direito Sistematizado.

Vamos à leitura!

APRESENTAÇÃO

(leitura obrigatória para compreender a proposta do nosso Manual e a melhor forma de utilizá-lo)

Após mais de dez anos de atividade docente, e tendo o privilégio e a oportunidade de ter lecionado em diversas instituições de ensino superior e em cursos preparatórios para o Exame de Ordem e concursos públicos, chegou o momento de eu consolidar, em um único texto, o meu ***MANUAL DE ÉTICA PROFISSIONAL DO ADVOGADO***.

De plano, cumpre-me explicar o título da obra. Trata-se, de fato, de um *Manual*, não tendo eu a pretensão de esgotar tudo o que a ética profissional da advocacia pode revelar ao mundo jurídico. Contudo, é verdade, creio ter conseguido consolidar os mais importantes assuntos que a matéria encerra.

E por quais razões optei por inseri-lo numa **coleção** denominada ***Direito Sistematizado***? Aqui reside o diferencial de nossa obra! Concentrei, em um único livro, tudo aquilo que o estudante de Direito, o bacharel, o candidato ao Exame de Ordem e os próprios colegas advogados necessitam para a consulta, o aprendizado facilitado e a compreensão da deontologia jurídica na área da advocacia.

A estrutura dos capítulos, como você verá no decorrer de sua leitura, foi *sistematizada* de forma tal a permitir, como já dito, um aprendizado completo de cada tema enfrentado.

Cada capítulo está estruturado da seguinte maneira, e nessa ordem:

1º) Teoria – abordamos, de forma clara e objetiva, conceitos, definições legais e doutrinárias, sempre com olhos voltados à compreensão facilitada dos diversos assuntos que a ética profissional na advocacia nos traz. Cuidamos de elaborar inúmeros *quadros sinóticos*, muitos deles inseridos no fim dos capítulos, como forma de sintetizar, de maneira rápida, os tópicos e assuntos mais relevantes, garantindo, com isso, ao leitor, mais uma forma de assimilação dos conteúdos abordados;

2º) Legislação correlata – ao término da parte teórica, trouxemos a legislação de ética profissional organizada de acordo com o tema/assunto de cada capítulo. Por exemplo, ao tratarmos das atividades privativas de advocacia, cuidamos de, após a apresentação da teoria, trazer, de forma organizada, todos os dispositivos pertinentes previstos no Estatuto da OAB, Código de Ética e Disciplina e Regulamento Geral, concentrando, com isso, a integralidade dos aspectos normativos correlacionados logo após a leitura da teoria. Com isso, garante-se a consolidação da compreensão do quanto anteriormente estudado;

3º) Questões do Exame de Ordem comentadas – para o reforço do aprendizado, especialmente àqueles que irão se submeter ao Exame de Ordem, trouxemos dezenas de questões formuladas pela banca examinadora (no caso, a FGV), classificadas de acordo com o tema principal de cada capítulo, proporcionando ao leitor o indispensável treino prático que lhe garantirá a almejada aprovação no certame. Mas fomos além de apenas inserirmos questão e gabarito: elaboramos os respectivos comentários. Dessa forma, após resolver as questões, você terá a oportunidade de conferir as razões fáticas e jurídicas para a assinalação dessa ou daquela alternativa;

4º) Dicas de última hora – como fechamento, elaborei dicas rápidas relacionadas aos temas abordados em cada um dos capítulos, como forma de proporcionar ao nosso leitor mais um instrumento facilitador do aprendizado da ética profissional. Como você perceberá, as *dicas de última hora*, embora breves, servirão como um apoio para a consolidação de tudo o que se estudou, em verdadeira retomada aos assuntos mais relevantes trabalhados ao longo da obra.

Também trouxemos, no fim do livro, um **quadro comparativo entre o Código de Ética e Disciplina "antigo" e o "Novo" Código de Ética e Disciplina** (Resolução nº 02/2015 do Conselho Federal da OAB), facilitando, assim, a análise daquilo que mudou e das novidades inseridas em referido diploma normativo.

Em razão de tudo o que explicamos, confirma-se o porquê de nosso **Manual** ser o primeiro de uma ***coleção*** denominada ***Direito Sistematizado***.

Esta obra traz, ainda, mais uma **novidade** aos nossos leitores: os ***Short Videos***. Cuidamos de gravar diversos vídeos de curta duração, identificados, ao longo dos capítulos, pela inserção do ícone , cujo acesso será indicado nas notas de rodapé. Não deixe de assisti-los!

Recomendamos, especialmente aos *estudantes* e *candidatos ao Exame de Ordem*, para uma **preparação completa**, a leitura de todos os capítulos do *Manual*. Você perceberá que a leitura fluirá de forma fácil, especialmente em razão dos destaques que fizemos em **negrito,** ressaltando as partes mais relevantes de cada tema e subtema.

Àqueles que prestarão o Exame de Ordem, também indicamos, na etapa final da preparação para a prova, a **releitura de todos os quadros sinóticos/quadros-resumo**, além das **dicas de última hora**, identificadas pelo ícone , o que poderá ser feito num curto espaço de tempo, mas com alta eficiência cognitiva (compreensão rápida e sistematizada). Com isso, será possível alcançar uma revisão completa de todos os temas mais relevantes, e, o principal, de forma bastante rápida!

Assim, fundado nos **quatro pilares** que acreditamos ser imprescindíveis para um estudo amplo da matéria (***teoria + legislação correlata + questões comentadas do Exame de Ordem + dicas rápidas***), trazemos a você o nosso *MANUAL DE ÉTICA PROFISSIONAL DO ADVOGADO*, com a expectativa de que o auxilie na compreensão de matéria extremamente relevante para os futuros advogados e demais operadores do Direito.

Bons estudos!

ARTHUR TRIGUEIROS

Twitter: *@proftrigueiros*

Facebook: *Arthur Trigueiros*

Instagram: *@proftrigueiros*

LISTA DAS PRINCIPAIS ABREVIATURAS

OAB: Ordem dos Advogados do Brasil
EAOAB: Estatuto da Advocacia e a Ordem dos Advogados do Brasil
CED: Código de Ética e Disciplina
RGOAB: Regulamento Geral da OAB
CFOAB: Conselho Federal da OAB
TED: Tribunal de Ética e Disciplina
CPP: Código de Processo Penal
CPC: Código de Processo Civil
NCPC: Novo Código de Processo Civil
CF: Constituição Federal
CLT: Consolidação das Leis do Trabalho
LCP: Lei das Contravenções Penais
STF: Supremo Tribunal Federal
STJ: Superior Tribunal de Justiça
TST: Tribunal Superior do Trabalho
TSE: Tribunal Superior Eleitoral
TRE: Tribunal Regional Eleitoral
ADI / ADIn: Ação Direta de Inconstitucionalidade
REsp: Recurso Especial
RE: Recurso Extraordinário

SUMÁRIO

Capítulo 1

ÉTICA PROFISSIONAL E OS PRINCIPAIS DIPLOMAS NORMATIVOS QUE REGEM A MATÉRIA

1. CONCEITO DE ÉTICA

A ética traduz a ideia de um "comportamento ideal". Trazendo ao Direito, temos a denominada **Ética Profissional**, que corresponde ao "código de conduta" que o operador do Direito deve seguir.

Trata-se, enfim, de um conjunto de normas e princípios que devem pautar o comportamento do homem em suas relações com seus semelhantes.

2. A NOÇÃO DE DEONTOLOGIA JURÍDICA

Para os fins de nossa obra, o que nos interessa sobremaneira é o estudo não da "ética geral", aqui tomada, como visto no item anterior, como um conjunto de "normas comportamentais", mas sim da ética voltada para a denominada "deontologia jurídica".

Deontologia (do grego *δέον*, translit. *deon* "dever, obrigação" + *λόγος, logos*, "ciência"), na filosofia moral contemporânea, é uma das teorias normativas segundo a qual as escolhas são moralmente necessárias, proibidas ou permitidas. Portanto, inclui-se entre as teorias morais que orientam nossas escolhas sobre o que deve ser feito. O termo foi introduzido em 1834, por Jeremy Bentham, para referir-se ao ramo da ética, cujo objeto de estudo são os fundamentos do dever e as normas morais. É conhecida também sob o nome de "Teoria do Dever". É um dos dois ramos principais da Ética Normativa, juntamente com a axiologia[1].

Pode-se falar, também, de uma deontologia aplicada, caso em que já não se está diante de uma ética normativa, mas sim descritiva e inclusive prescritiva. Tal é o caso da chamada "Deontologia Profissional".

A deontologia em Kant fundamenta-se em dois conceitos que lhe dão sustentação: a razão prática e a liberdade. Agir por dever é o modo de conferir à ação o valor moral; por sua vez, a perfeição moral só pode ser atingida por uma vontade livre. O imperativo categórico no domínio da moralidade é a forma racional do "dever-ser", determinando a vontade submetida à obrigação. O predicado "obrigatório" da perspectiva deontológica designa na visão moral o "respeito de si".

A deontologia também se refere ao conjunto de princípios e regras de conduta — os deveres — inerentes a determinada profissão. Assim, cada profissional está sujeito a uma deontologia própria a regular o exercício de sua profissão, conforme o Código de Ética de sua categoria. Nesse caso, é o conjunto codificado das obrigações impostas aos profissionais de determinada área, no exercício de sua profissão. São normas estabelecidas pelos próprios profissionais, tendo em vista não exatamente a qualidade moral, mas a correção de suas

---

1. Extraído de https://pt.wikipedia.org/wiki/Deontologia.

intenções e ações, em relação a direitos, deveres ou princípios, nas relações entre a profissão e a sociedade. O primeiro Código de Deontologia foi feito na área médica, nos Estados Unidos, em meados do século XX[2].

2.1. A deontologia jurídica aplicada ao advogado

O objetivo da presente obra é analisar, de forma clara e objetiva, todo o conjunto de normas e princípios que regem a atuação profissional do ADVOGADO, bem como das demais pessoas (naturais ou jurídicas) que se submetem ao arcabouço normativo instaurado pelo Estatuto da Advocacia e a Ordem dos Advogados do Brasil (EAOAB – Lei 8.906/1994) e demais diplomas normativos correlatos.

3. PRINCIPAIS DIPLOMAS NORMATIVOS QUE REGEM A ÉTICA PROFISSIONAL DO ADVOGADO

Os principais diplomas normativos de nossa matéria são:

a) Estatuto da Advocacia e a Ordem dos Advogados do Brasil (abreviatura: EAOAB) – Lei 8.906/1994;

b) Código de Ética e Disciplina (abreviatura: CED) – editado pelo Conselho Federal da OAB (CFOAB); e

c) Regulamento Geral do Estatuto da Advocacia e da OAB (abreviatura: RGOAB) – editado pelo Conselho Federal da OAB (CFOAB).

Perceba que o **Estatuto da Advocacia**, embora leve o nome de "estatuto", transmitindo a impressão de que se trata de um conjunto de regras a serem observadas *interna corporis*, tem *status* de **lei ordinária**, e, portanto, de observância geral.

Já o **Código de Ética e Disciplina**, embora leve o nome de "código", transmitindo a ideia de que se trata de uma "lei", não o é. Os diversos dispositivos nele previstos decorrem de atividade normativa do Conselho Federal da OAB, considerado seu "órgão de cúpula", cujas competências, entre outras, é a de editar e alterar o Código de Ética (art. 54, V, EAOAB – Lei 8.906/1994).

Por fim, o **Regulamento Geral**, como o próprio nome sugere, também editado pelo Conselho Federal da OAB (art. 54, V, EAOAB – Lei 8.906/1994), é o diploma abrangente dos procedimentos, estrutura organizacional e atribuições dos órgãos internos, e de todas as matérias que sejam suscetíveis às mudanças do tempo e das necessidades que se impuserem[3].

2. Idem.
3. LÔBO, Paulo. *Comentários ao Estatuto da Advocacia e da OAB*. 4. ed. São Paulo: Saraiva, 2007.

Capítulo 2

O ADVOGADO E AS ATIVIDADES PRIVATIVAS DE ADVOCACIA

1. PRELIMINARMENTE: DA DENOMINAÇÃO DE ADVOGADO

Na sábia docência de Rui Barbosa, o primeiro advogado foi o primeiro homem que, com a influência da razão e da palavra, defendeu os seus semelhantes contra a injustiça, a violência e a fraude[1].

Embora não se possa precisar o momento exato em que a advocacia surgiu, o fato é que, de uma forma ou de outra, é da essência do homem defender seus semelhantes, rechaçando as injustiças ou buscando implementar seus direitos, ainda que não positivados.

Etimologicamente, a denominação "advogado" deriva do latim *advocatus* (*vocati ad*), que significa basicamente "interceder a favor de"[2].

Assim, em simples palavras, o advogado é o profissional do direito que, se valendo da razão e de todo o arcabouço jurídico, intercede a favor de alguém, a fim de garantir a defesa de seus direitos.

1.1. Princípios que regem a advocacia

Com fundamento no art. 2º do EAOAB, extraem-se os seguintes princípios reitores da atividade de advocacia:

a) ***indispensabilidade*** – nos termos do art. 133 da CF, o advogado é personagem indispensável à administração da justiça. Metaforicamente, pode-se dizer que o juiz simboliza o Estado, o promotor, a lei, e o advogado, o povo[3];

b) ***inviolabilidade*** – também com base no art. 133 da CF, ao advogado é garantida a sua inviolabilidade por seus atos e manifestações no exercício da profissão, tal como veremos no Capítulo 6 – Direitos dos advogados;

c) ***função social*** – sendo o advogado indispensável à administração da justiça, emerge a nítida *função pública* que desempenha, e, por que não, função social, ainda que no seu ministério privado (art. 2º, § 1º, EAOAB). Assim, a advocacia, além de profissão, é múnus, pois cumpre o encargo indeclinável de contribuir para a realização da justiça, ao lado do patrocínio da causa, quando atua em juízo[4];

d) ***independência*** – a despeito de o advogado prestar um serviço público, isso não o torna vinculado ao Estado (*lato sensu*). Ao contrário, trata-se de profissional que deverá atuar com independência, devendo buscar a adequada solução ao litígio.

---

1. RAMOS, Gisela Gondin. *Estatuto da Advocacia: comentários e jurisprudência selecionada*. 5. ed. Rio de Janeiro: Forense, 2009.
2. Idem.
3. LÔBO, Paulo. *Comentários ao Estatuto da Advocacia e da OAB*. 4. ed. São Paulo: Saraiva, 2007.
4. Idem.

1.2. Aspectos constitucionais referentes à advocacia

A figura do **advogado** e a **atividade** por ele desenvolvida vêm previstas no art. 133 da CF: "o advogado é indispensável à administração da justiça, sendo inviolável por seus atos e manifestações no exercício da profissão, nos limites da lei".

Trata-se de inegável "função pública", visto que a própria CF previu a advocacia como **instituição indispensável à administração da justiça**. Como dizem alguns autores, a atividade do advogado configura verdadeiro *múnus público*.

É bom que se diga que nossa Carta Magna, além de tratar do advogado "profissional liberal" (art. 133), cuidou de prever a denominada "Advocacia Pública" (arts. 131 e 132) e a "Defensoria Pública" (arts. 134 e 135).

1.3. Das atividades privativas de advocacia (arts. 1º a 4º, EAOAB – Lei 8.906/1994; arts. 1º a 8º, Regulamento Geral)

A palavra *"advogado"* e o *exercício da atividade de advocacia* são **privativos** dos **inscritos** na Ordem dos Advogados do Brasil (OAB), conforme reza o art. 3º do EAOAB.

De acordo com o art. 1º do EAOAB, consideram-se **atividades privativas de advocacia:**

I – postulação a qualquer órgão do Poder Judiciário e aos juizados especiais;

II – as atividades de consultoria, assessoria e direção jurídicas;

III – visar atos e contratos constitutivos de pessoas jurídicas.

1.3.1. Da postulação em juízo

Como visto no item anterior, considera-se **atividade privativa de advocacia** a ***postulação perante qualquer órgão***[5] ***do Poder Judiciário, inclusive juizados especiais***.

Esclarece-se, por oportuno, que a atividade de postulação significa o ato de pedir ou exigir a prestação jurisdicional do Estado[6], exigindo-se qualificação técnica, qual seja, a de advogado.

Pela redação do dispositivo legal (art. 1º, I, EAOAB)[7], ficava nítida a intenção do legislador de atribuir ao advogado a tarefa exclusiva – e o *monopólio* – de atuação perante qualquer órgão do Poder Judiciário. Em simples palavras, tomando a literalidade da lei, apenas o advogado poderia representar alguém em juízo, e ninguém mais!

---

5. Deve-se entender por órgãos do Poder Judiciário, conforme enuncia o art. 92, CF:
I – o Supremo Tribunal Federal;
I-A – o Conselho Nacional de Justiça; (Incluído pela Emenda Constitucional 45, de 2004)
II – o Superior Tribunal de Justiça;
II-A – o Tribunal Superior do Trabalho;
III – os Tribunais Regionais Federais e Juízes Federais;
IV – os Tribunais e Juízes do Trabalho;
V – os Tribunais e Juízes Eleitorais;
VI – os Tribunais e Juízes Militares;
VII – os Tribunais e Juízes dos Estados e do Distrito Federal e Territórios.
6. LÔBO, Paulo. *Comentários ao Estatuto da Advocacia e da OAB*. 4. ed. São Paulo: Saraiva, 2007.
7. Art. 1º São atividades privativas de advocacia: I – a postulação a órgão do Poder Judiciário e aos juizados especiais; (*Vide* ADIN 1.127-8)

Em verdade, o que fez o referido art. 1º, I, EAOAB foi explicitar e regulamentar o alcance do já citado art. 133, CF, que, frise-se, enuncia ser o advogado indispensável à administração da justiça. Em suma, a lei impõe a interveniência do advogado em toda postulação judicial, afastando-se, pois, a postulação direta das partes (autor e réu).

No entanto, é importante registrar que o STF, no julgamento da **ADIn 1.127-8**, reconheceu a **inconstitucionalidade** da expressão "**qualquer**" inserida no art. 1º, I, EAOAB. Assim, aquele "monopólio" de acesso ao Judiciário apenas pelo advogado "caiu por terra".

Destarte, embora a regra seja a de que a atividade de postulação em juízo caiba ao advogado, representando as partes, há algumas **exceções** que devem ser bem estudadas e destacadas, sob pena de o leitor enganar-se com a falsa ideia de "monopólio" de acesso ao Poder Judiciário pelo advogado.

1.3.1.1. Postulação perante os juizados especiais

De acordo com o art. 98, I, CF, a União, os Estados-membros, o Distrito Federal e os Territórios deverão criar os "juizados especiais, providos por juízes togados, ou togados e leigos, competentes para a conciliação, o julgamento e a execução de causas cíveis de menor complexidade e infrações penais de menor potencial ofensivo, mediante os procedimentos oral e sumariíssimo, permitidos, nas hipóteses previstas em lei, a transação e o julgamento de recursos por turmas de juízes de primeiro grau".

O que se vê desse excerto legal é que a União e os Estados-membros e o DF deverão criar dois tipos de juizados especiais:

a) *cíveis*, para o julgamento e execução de causas de menor complexidade; e

b) *criminais*, para o julgamento e execução das infrações penais de menor potencial ofensivo.

Considerando que o STF, em 2006, julgou definitivamente a **ADIn 1.127-8**, proposta pela AMB (Associação dos Magistrados do Brasil), até mesmo em razão de superveniência legislativa à edição do Estatuto da OAB, quais sejam, a **Lei 9.099/1995** (Lei dos Juizados Especiais Cíveis e Criminais no âmbito estadual – JEC´s e JECRIM´s) e a **Lei 10.259/2001** (Lei dos Juizados Especiais Cíveis e Criminais no âmbito federal – JEF´s), afastou-se do "monopólio" do acesso ao Judiciário pelos advogados a postulação perante os juizados especiais.

Assim, em matéria de "juizados especiais", podemos afirmar que a **regra é a desnecessidade de intervenção do advogado** para a assistência e representação judicial das partes.

Isso pelo fato de a Lei 9.099/1995, em seu art. 9º, haver estabelecido que a assistência das partes por advogado é obrigatória apenas nas causas com valores **superiores a 20 (vinte) salários mínimos**, apenas em **1º grau de jurisdição** (em **grau recursal**, independentemente do valor da causa, a participação do advogado é **imprescindível**).

Também, a Lei 10.259/2001, regulamentadora dos juizados especiais cíveis e criminais no âmbito federal, em seu art. 10, permite que as partes designem, por escrito, representantes para a causa, advogado ou não.

Inconformada com a redação de referido dispositivo legal, a OAB, por intermédio de seu Conselho Federal, ajuizou a **ADIn 3.168** perante o STF, no ano de 2004, a qual, julgada no mérito, reconheceu a constitucionalidade do aludido dispositivo legal, excetuadas as ações de índole criminal. Assim, em matéria de "juizados especiais cíveis" no **âmbito federal**, a representação das partes por advogado é desnecessária em **1º grau de jurisdição** (até sessenta salários mínimos, que é o limite para postulação nos JEF´s), sendo, porém, **necessária em grau recursal**. Já nos feitos criminais que tramitam perante os juizados especiais federais, a representação judicial das partes por advogado é indispensável (tal foi a conclusão do STF ao julgar a ADIn em questão).

Postulação perante os Juizados Especiais	
Juizados Especiais Cíveis Estaduais (Lei 9.099/1995) – JEC´s	– Atuação facultativa do advogado em 1ª instância, nas causas de até vinte salários mínimos – Atuação obrigatória do advogado em 2ª instância (independentemente do valor da causa)
Juizados Especiais Federais (Lei 10.259/2001) – JEF´s	– Atuação facultativa do advogado em 1ª instância (até sessenta salários mínimos, que é o limite máximo para postulação perante os JEF´s) – Atuação obrigatória do advogado em 2ª instância
Juizados Especiais Criminais (Federais e Estaduais)	– Atuação obrigatória do advogado (defesa técnica imprescindível no âmbito criminal)

1.3.1.2. Impetração de *habeas corpus*

O art. 5º, LXVIII, CF, dispõe: "conceder-se-á *habeas corpus* sempre que alguém sofrer ou se achar ameaçado de sofrer violência ou coação em sua liberdade de locomoção, por ilegalidade ou abuso de poder".

Como é sabido, o *habeas corpus* é um dos principais instrumentos (e remédio constitucional) de proteção à liberdade de locomoção. Por essa razão, o próprio EAOAB, em seu art. 1º, § 1º, **afastou a necessidade de interveniência do advogado** para seu manejo, podendo, pois, qualquer pessoa impetrá-lo em seu próprio favor ou em favor de terceiro que se achar com sua liberdade de locomoção efetivamente restringida ou ameaçada de sê-lo.

Destaca-se que a impetração de *habeas corpus* poderá ser diretamente realizada perante *qualquer instância ou tribunal*, inclusive perante as instâncias extraordinárias (STJ e STF), visto que referido remédio constitucional não pode ter seu alcance restringido em razão da exigência de representação processual por advogado.

Não pode o leitor confundir a desnecessidade de advogado para impetrar *habeas corpus* com **outras ações de índole constitucional**, tais como o mandado de segurança, a ação popular, o mandado de injunção e o *habeas data*, nas quais a capacidade postulatória (leia-se: a obrigatoriedade de representação das partes por advogado) se faz necessária!

Capacidade postulatória em ações de índole constitucional	Intervenção do advogado
Habeas corpus	**facultativa** (em qualquer instância ou tribunal)
Mandado de segurança	**obrigatória**
Mandado de injunção	**obrigatória**
Habeas data	**obrigatória**
Ação popular	**obrigatória**

1.3.1.3. Postulação perante a Justiça do Trabalho

Dispõe o art. 791 da CLT que "os empregados e empregadores poderão reclamar pessoalmente perante a Justiça do Trabalho e acompanhar as suas reclamações até o final".

Pela redação dada ao referido dispositivo legal, tanto reclamante quanto reclamado podem deduzir suas pretensões em juízo **independentemente de advogado**, já que poderão fazê-lo "pessoalmente". Aqui, estamos diante do denominado *jus postulandi*, ou seja, **direito de postular**.

Não se trata de instituto privativo da Justiça do Trabalho. Basta relembrar que nos juizados especiais admite-se a postulação direta das partes (autor ou réu) nas hipóteses já anteriormente destacadas, bem como no caso de impetração de *habeas corpus, que também dispensa a intervenção de advogado.*

Assim, podemos afirmar que, **em regra**, a atuação do advogado é **prescindível** (leia-se: dispensável) na **Justiça do Trabalho**. Contudo, algumas ressalvas devem ser feitas, decorrentes, sobretudo, da **Súmula 425 do TST**: "O *jus postulandi* das partes, estabelecido no art. 791 da CLT, limita-se às Varas do Trabalho e aos Tribunais Regionais do Trabalho, não alcançando a ação rescisória, a ação cautelar, o mandado de segurança e os recursos de competência do Tribunal Superior do Trabalho".

Já se assentou de há muito na jurisprudência do TST que o referido art. 791 da CLT tem aplicabilidade para as *instâncias ordinárias*, assim consideradas as Varas do Trabalho (1ª instância) e os Tribunais Regionais do Trabalho (2ª instância), sendo necessária a postulação por intermédio de advogado nas *instâncias extraordinárias*, ou seja, o Tribunal Superior do Trabalho, bem como em determinadas ações (mandados de segurança, ação rescisória e ação cautelar).

Intervenção do advogado na Justiça do Trabalho	
– **Regra**: é **facultativa** a intervenção do advogado nos processos que tramitam perante a Justiça do Trabalho, haja vista o *jus postulandi* previsto no art. 791, CLT)	– **Exceções** (Súmula 425 do TST) – intervenção **obrigatória** do advogado: a) impetração de mandado de segurança; b) ajuizamento de ação rescisória; c) ajuizamento de ação cautelar; d) interposição de recursos de competência do TST.

1.3.1.4. Postulação perante a Justiça de Paz

A Justiça de Paz não integra a função jurisdicional do Estado, tendo como incumbência principal, de acordo com o art. 98, II, CF, celebrar **casamentos**.

O STF, no julgamento da ADIn 1.127-8, excluiu do art. 1º, I, do EAOAB a postulação perante a Justiça de Paz; vale dizer, não é necessário que os pleitos deduzidos a um juiz de paz o sejam por intermédio de advogado.

1.3.1.5. Propositura de ação de alimentos

Nos termos do art. 2º da Lei 5.478/1968 (Lei de Alimentos), o credor, *pessoalmente* ou por intermédio de advogado, dirigir-se-á ao juiz competente, qualificando-se, e exporá suas necessidades, provando apenas o parentesco ou a obrigação de alimentar do devedor, indicando seu nome e sobrenome, residência ou local de trabalho, profissão e naturalidade, quanto ganha aproximadamente ou os recursos de que dispõe.

Da redação do dispositivo legal referido, vê-se claramente que há a possibilidade de o credor de alimentos **demandar pessoalmente** contra o devedor, ou seja, sem a necessidade de representação por advogado.

1.3.1.6. Propositura de revisão criminal e medidas protetivas da Lei Maria da Penha

De acordo com a doutrina e a jurisprudência, admite-se o ajuizamento de **revisão criminal**, cuja natureza jurídica é de ação autônoma de impugnação, prevista nos arts. 621 e seguintes do CPP, **independentemente de representação por advogado**.

Trata-se de verdadeira "ação rescisória" de índole criminal, movida necessariamente após o trânsito em julgado de sentença penal condenatória, a fim de restabelecer o *status dignitatis* de réu indevidamente condenado. Dada a relevância do instrumento em comento, **não se exige a capacidade postulatória** como pressuposto processual subjetivo da parte autora.

Também não exige intermediação de advogado a postulação de **medidas protetivas** da Lei Maria da Penha (Lei 11.340/2006), que, em seu art. 19, autoriza a própria ofendida (mulher, vítima de violência doméstica) a requerer a concessão, pelo juiz, das medidas de urgência previstas nos arts. 22 e 23 de aludido diploma legal.

1.3.1.7. Atuação do advogado nas separações, divórcios, extinção de união estável, inventários e usucapião extrajudiciais

Questão interessante que se pode colocar é a da necessidade – ou não – de o advogado assistir os interessados em **inventários, separações, extinção de união estável, divórcios e usucapião consensuais extrajudiciais**.

A resposta é positiva. Nos termos dos arts. 610, §2º e 733, § 2º, do Novo CPC (correspondentes aos arts. 982, § 1º e 1.124-A, § 2º, do CPC/1973), a escritura pública de inventários e partilhas, bem assim a de divórcio ou separação e a extinção de união estável, quando consensuais, dependerá, para sua lavratura, de as partes interessadas estarem **assistidas por advogado** ou **defensor público**.

O mesmo se aplica ao novel instituto da **usucapião administrativa** (art. 1.071 do Novo CPC e art. 216-A da Lei 6.015/1973), cujo interessado deverá apresentar requerimento perante o cartório de registro de imóveis, subscrito por **advogado**.

Assim, em conclusão, referidas atividades são **privativas de advocacia**.

1.3.2. Assessoria, consultoria e direção jurídicas

Trata-se de mais uma **atividade privativa de advocacia**, definida no art. 1º, II, EAOAB e reforçada pelo art. 7º do Regulamento Geral.

O novel Estatuto veio regular formalmente essas situações em que o profissional presta seus serviços num tipo de atividade que se poderia aqui chamar de **advocacia preventiva**[8].

Assim, objetivando prevenir futuros litígios, não é raro que advogados sejam procurados para que elaborem pareceres ou esclareçam, em consultas marcadas em seus escritórios de trabalho, questões jurídicas que lhes sejam postas.

Também se insere no espectro das atividades privativas de advocacia a **direção jurídica**, por advogados, de órgãos públicos ou mesmo empresas privadas, que por vezes dispõem de departamento jurídico com corpo de advogados e estagiários.

Para visualizar o *SHORT VIDEO* acesse: http://www.editorafoco.com.br/short-videos.

8. RAMOS, Gisela Gondin. *Estatuto da Advocacia: comentários e jurisprudência selecionada*. 5. ed. Rio de Janeiro: Forense, 2009.

Portanto, o bacharel em direito, sem a devida inscrição nos quadros da OAB como advogado, não pode prestar sozinho qualquer tipo de atividade privativa de advocacia, sob pena de responder disciplinarmente e até criminalmente por *exercício ilegal da profissão* (art. 47 da Lei das Contravenções Penais – Decreto-Lei 3.688/1941).

1.3.3. Vistos em atos e contratos constitutivos de pessoas jurídicas

Finalmente, quanto à última **atividade privativa de advocacia**, chamamos a atenção para o fato de que os **atos e contratos constitutivos de pessoas jurídicas** (contratos sociais, estatutos etc.) somente serão admitidos a registro, sob pena de nulidade, se **visados** (leia-se: assinados) por **advogados**.

Assim, compete ao advogado analisar o preenchimento das exigências legais dos atos constitutivos de pessoas jurídicas, sem o que, repita-se, não poderão ser levados a registro perante os órgãos competentes (ex.: Cartórios de Registro Civil de Pessoas Jurídicas; Junta Comercial etc.).

Impende ressaltar que o art. 2º, parágrafo único, do Regulamento Geral dispõe que estão impedidos de exercer a atividade em comento (qual seja, a de visar atos constitutivos de pessoas jurídicas) os advogados que prestem serviços a órgãos ou entidades da Administração Pública direta ou indireta, da unidade federativa a que se vincule a Junta Comercial, ou a quaisquer repartições administrativas competentes para o mencionado registro.

Podemos, portanto, afirmar que, em **regra**, os atos e contratos constitutivos de pessoas jurídicas exigem a participação do advogado, que deverá visá-los (leia-se: assiná-los), anuindo com seus conteúdos. Porém, a **única exceção** encontrava-se disciplinada na Lei 9.841/1999, que, revogada pela Lei Complementar 123/2006 (Estatuto Nacional da Microempresa e Empresa de Pequeno Porte), passou a prever que, em se tratando de ***microempresas e empresas de pequeno porte***, ficará dispensada a obrigatoriedade de os atos constitutivos serem visados por advogados.

Atuação do advogado nos atos e contratos constitutivos de pessoas jurídicas	
Regra: os atos e contratos constitutivos de pessoas jurídicas exigem o **visto** do advogado, sob pena de **nulidade** do registro	**Exceção**: os atos e contratos constitutivos de **microempresas** e **empresas de pequeno porte** dispensam o visto do advogado

1.3.4. Quadro-resumo das atividades privativas de advocacia

Atividades privativas de advocacia	
Postulação perante os órgãos do Poder Judiciário – **Regra:** intervenção **obrigatória** do advogado.	**Exceções**: **1ª**) Impetração de *habeas corpus* em qualquer instância ou tribunal **2ª**) Juizados Especiais Cíveis A) Estaduais – em 1ª instância a atuação do advogado é facultativa nas causas de até vinte salários mínimos – em 2ª instância a atuação do advogado é obrigatória (independentemente do valor da causa) B) Federais – em 1ª instância a atuação do advogado é facultativa (até sessenta salários mínimos, que é o limite máximo para postulação nos JEF´s)

	– em 2ª instância a atuação do advogado é obrigatória (independentemente do valor da causa) **3ª**) Postulação perante a Justiça do Trabalho (*jus postulandi* – art. 791, CLT) – Exceções: mandado de segurança, ação rescisória, ação cautelar e recursos de competência do TST (Súmula 425, TST) **4ª**) Postulação perante a Justiça de Paz **5ª**) Credor de alimentos (art. 2º da Lei 5.478/1968) **6ª**) Propositura de revisão criminal (arts. 621 e seguintes, CPP) **7ª**) Postulação de medidas protetivas da Lei Maria da Penha (art. 19 da Lei 11.340/2006)
Assessoria, Consultoria e Direção jurídicas	São atividades privativas de advocacia, não havendo exceções
Visto em atos e contratos constitutivos de pessoas jurídicas – **Regra:** os atos e contratos constitutivos de pessoas jurídicas exigem visto do advogado, sob pena de nulidade do registro	**Exceções:** – microempresas – empresas de pequeno porte
Inventários, divórcios, separações, extinção de união estável e usucapião extrajudiciais	A escritura pública (em caso de inventários, divórcios, separações e extinção de união estável extrajudiciais) e o requerimento (em caso de usucapião extrajudicial) somente serão lavrados se o(s) interessado(s) estiver(em) assistido(s) por advogado

1.4. Advocacia vinculada a outras atividades

De acordo com o art. 1º, § 3º, do EAOAB, é terminantemente proibida a **divulgação da advocacia vinculada a quaisquer outras atividades** (ex.: contabilidade, imobiliárias, assessoria de imprensa etc.), ainda que sem fins lucrativos.

Tal vedação objetiva, em última análise, garantir o **sigilo profissional**, a **inocorrência de captação de clientela** e, também, **impedir** que a profissão possa ser de alguma forma **vulgarizada**[9].

Prova disso é que o CED, em seus arts. 39 a 47, estabelece os princípios e regras norteadoras da publicidade na advocacia, reforçando-se a previsão estatutária no sentido de que é vedada a sua divulgação em conjunto com outras atividades (art. 40, IV).

1.5. A inviolabilidade do advogado

Como dissemos anteriormente, o exercício da atividade de advocacia, embora não configure função similar à de um funcionário público, é inegável **função social**, caracterizadora de um **múnus público**.

Por esse motivo, o advogado, **no exercício da profissão**, é **inviolável** por seus atos e manifestações. Nos termos do art. 7º, §2º, do EAOAB, possui **imunidade penal** no tocante aos crimes de **injúria**, **difamação** e **desacato** (cuidado: por força da **ADIn 1.127-8**, ajuizada perante o STF, foi desconsiderada essa última infração penal, ou seja, o advogado responde por **desacato**, ainda que o pratique no exercício da função). Veremos melhor a questão da inviolabilidade material (ou penal) do advogado no item atinente aos **direitos e prerrogativas**.

9. RAMOS, Gisela Gondin. *Estatuto da Advocacia: comentários e jurisprudência selecionada*. 5. ed. Rio de Janeiro: Forense, 2009.

1.6. Da Advocacia pública

Nos termos do art. 3º, § 1º, do EAOAB, exercem a atividade de advocacia, sujeitando-se ao regime desta lei, além do regime próprio a que se subordinem, os integrantes da **Advocacia-Geral da União**, da **Procuradoria da Fazenda Nacional**, da **Defensoria Pública** e das **Procuradorias e Consultorias Jurídicas dos Estados**, do **DF**, dos **Municípios** e das respectivas entidades de **administração indireta e fundacional**.

ATENÇÃO: não são considerados advogados públicos aqueles que atuarem, ainda que mediante aprovação em concurso público, em favor das **empresas públicas** e das **sociedades de economia mista**, que, embora sejam entes da administração pública indireta, têm natureza jurídica de direito privado.

Ainda, os arts. 9º e 10, ambos do Regulamento Geral, igualmente tratam da denominada "**advocacia pública**", reforçando quem são considerados os seus integrantes, bem assim a submissão de todos eles não apenas ao regime jurídico próprio de suas carreiras, instaurado pelas respectivas leis orgânicas, mas também ao regime ético instaurado pelo Estatuto da OAB, Código de Ética, Regulamento Geral e Provimentos editados pelos órgãos da OAB.

De acordo com o Provimento 114/2006, do Conselho Federal da OAB, a **advocacia pública** é exercida por **advogado inscrito na OAB**, que ocupe cargo ou emprego público ou de direção de órgão jurídico público, em atividade de representação judicial, de consultoria ou de orientação judicial e defesa dos necessitados.

Conforme o art. 2º do provimento em questão, exercem atividades de advocacia pública, sujeitos ao presente provimento e ao regime legal a que estejam submetidos:

I – os membros da Advocacia-Geral da União, da Procuradoria-Geral da Fazenda Nacional, da Procuradoria-Geral Federal, da Consultoria-Geral da União e da Procuradoria-Geral do Banco Central do Brasil;

II – os membros das Defensorias Públicas da União, dos Estados e do Distrito Federal;

III – os membros das Procuradorias e Consultorias Jurídicas dos Estados, do Distrito Federal e dos Municípios, e das respectivas entidades autárquicas e;

IV – os membros das Procuradorias e Consultorias Jurídicas junto aos órgãos legislativos federais, estaduais, distrital e municipais;

V – aqueles que sejam estáveis em cargo de advogado, por força do art. 19 do ADCT.

Ainda, de acordo com o art. 3º do mesmo ato normativo, o advogado público deve ter **inscrição principal** perante o Conselho Seccional da OAB em cujo território tenha lotação (ex.: se "A" é Procurador do Estado de São Paulo, deve ter inscrição principal junto à OAB/SP).

Destaque-se, por oportuno, que a aprovação em concurso público de provas e de provas e títulos para cargo de advogado público não elimina a necessidade de aprovação em exame de ordem para inscrição em Conselho Seccional da OAB onde tenha domicílio ou deva ser lotado. Nota-se inexistir qualquer "protecionismo" ao advogado público. Tanto é verdade que, na maior parte dos concursos para provimento de cargos das carreiras integrantes da advocacia pública, é requisito para a posse ser inscrito na OAB.

Importante ressaltar, contudo, que, nos termos do Provimento 167/2015, do Conselho Federal da OAB, que alterou o Provimento 144/2011[10], dando nova redação ao art. 6º, § 2º, deste último, assinalou-se que **ficam dispensados do Exame de Ordem** os advogados públicos aprovados em concurso público de provas e títulos realizado com a efetiva participação da OAB, e que estejam há mais de 05 (cinco) anos no exercício da profissão. Porém, referidos advogados terão o prazo de 06 (seis) meses, contados a partir da data da publicação do Provimento 167/2015 do CFOAB, para regularização de suas inscrições perante a Ordem dos Advogados do Brasil, sob pena de decadência do direito.

É **dever do advogado público** a **independência técnica**, exercendo suas atividades de acordo com suas convicções profissionais e em estrita observância aos princípios constitucionais da administração pública.

Importante anotar que no Novo Código de Ética, o Conselho Federal da OAB cuidou de prever um capítulo próprio sobre a Advocacia Pública, traçando relevantes regras em seu art. 8º. Confira-se:

As disposições deste Código obrigam igualmente os órgãos de advocacia pública, e advogados públicos, incluindo aqueles que ocupem posição de chefia e direção jurídica.

§ 1º O advogado público exercerá suas funções com independência técnica, contribuindo para a solução ou redução de litigiosidade, sempre que possível.

§ 2º O advogado público, inclusive o que exerce cargo de chefia ou direção jurídica, observará nas relações com os colegas, autoridades, servidores e o público em geral, o dever de urbanidade, tratando a todos com respeito e consideração, ao mesmo tempo em que preservará suas prerrogativas e o direito de receber igual tratamento das pessoas com as quais se relacione.

Por fim, mister ressaltar que o advogado público, por força do art. 30, I, do EAOAB, que será melhor explicado posteriormente, enquanto estiver em atividade, não poderá jamais exercer a advocacia contra a Administração Pública que o remunere ou a que esteja vinculada sua entidade empregadora. Trata-se de impedimento, gerador de uma proibição parcial para o desempenho da advocacia.

1.7. Do advogado estrangeiro

O Provimento 91/2000, editado pelo Conselho Federal da OAB, regulamenta o exercício da advocacia no Brasil por **estrangeiros**.

O estrangeiro profissional em direito, regularmente admitido em seu país a exercer a advocacia, somente poderá prestar tais serviços no Brasil após autorizado pela Ordem dos Advogados do Brasil, tratando-se, é bom que se diga, de ***autorização precária*** (vale dizer, não traduz um direito subjetivo de poder sempre exercer a advocacia em território nacional). Frise-se que referida autorização terá validade de **3 (três) anos**, admitindo-se sua **renovação**.

A única atividade que poderá ser desenvolvida pelo advogado estrangeiro é a prática de **consultoria no direito estrangeiro correspondente ao país ou estado de origem do profissional interessado**, *vedados expressamente*, mesmo com o concurso de advogados ou sociedades de advogados nacionais, regularmente inscritos ou registrados na OAB:

10. Dispõe sobre o Exame de Ordem.

I – o exercício do procuratório judicial;

II – a consultoria ou assessoria em direito brasileiro.

As sociedades de consultores e os consultores em direito estrangeiro não poderão aceitar procuração, ainda quando restrita ao poder de substabelecer a outro advogado.

A autorização para o desempenho da atividade de consultor em direito estrangeiro será requerida ao Conselho Seccional da OAB do local onde for exercer sua atividade profissional, observado no que couber o disposto nos arts. 8º, I, V, VI e VII, e 10 da Lei 8.906/1994 (EAOAB), exigindo-se ainda do requerente:

I – prova de ser portador de visto de residência no Brasil;

II – prova de estar habilitado a exercer a advocacia e/ou de estar inscrito nos quadros da Ordem dos Advogados ou Órgão equivalente do país ou estado de origem; a perda, a qualquer tempo, desses requisitos importará na cassação da autorização de que cuida este artigo;

III – prova de boas conduta e reputação, atestadas em documento firmado pela instituição de origem e por 3 (três) advogados brasileiros regularmente inscritos nos quadros do Conselho Seccional da OAB em que pretender atuar;

IV – prova de não ter sofrido punição disciplinar, mediante certidão negativa de infrações disciplinares emitida pela Ordem dos Advogados ou Órgão equivalente do país ou estado em que estiver admitido a exercer a advocacia ou, na sua falta, mediante declaração de que jamais foi punido por infração disciplinar; a superveniência comprovada de punição disciplinar, no país ou estado de origem, em qualquer outro país, ou no Brasil, importará na cassação da autorização;

V – prova de que não foi condenado por sentença transitada em julgado em processo criminal, no local de origem do exterior e na cidade onde pretende prestar consultoria em direito estrangeiro no Brasil; a superveniência comprovada de condenação criminal, transitada em julgado, no país ou estado de origem, em qualquer outro país, ou no Brasil, importará na cassação da autorização;

VI – prova de reciprocidade no tratamento dos advogados brasileiros no país ou estado de origem do candidato.

Poderá a Ordem dos Advogados do Brasil, ainda, solicitar outros documentos que entender necessários, devendo os documentos em língua estrangeira ser traduzidos para o vernáculo por tradutor público juramentado.

Os consultores em direito estrangeiro, regularmente autorizados, poderão reunir-se em sociedade de trabalho, com o fim único e exclusivo de prestar consultoria em direito estrangeiro, observando-se para tanto o seguinte:

I – a sociedade deverá ser constituída e organizada de acordo com as leis brasileiras, com sede no Brasil e objeto social exclusivo de prestação de serviços de consultoria em direito estrangeiro;

II – os seus atos constitutivos e alterações posteriores serão aprovados e arquivados, sempre a título precário, na Seccional da OAB de sua sede social e, se for o caso, na de suas filiais, não tendo eficácia qualquer outro registro eventualmente obtido pela interessada;

III – a sociedade deverá ser integrada exclusivamente por consultores em direito estrangeiro, que deverão estar devidamente autorizados pela Seccional da OAB competente, na forma do Provimento em comento.

A sociedade poderá usar o nome que internacionalmente adote, desde que comprovadamente autorizada pela sociedade do país ou estado de origem. Ressalte-se ainda que ao nome da sociedade se acrescentará obrigatoriamente a expressão "Consultores em Direito Estrangeiro".

1.8. Da advocacia *pro bono* [2]

O art. 30 do Novo Código de Ética, bem como o Provimento 166/2015 do Conselho Federal da OAB, estabeleceram a chamada **advocacia *pro bono***, assim considerada a prestação **gratuita**, **eventual** e **voluntária** de serviços jurídicos em favor de instituições sociais sem fins econômicos e aos seus assistidos, sempre que os beneficiários **não dispuserem de recursos para a contratação de profissional**, bem como em favor de pessoas naturais que, igualmente, não dispuserem de recursos para, sem prejuízo do próprio sustento, contratar advogado (art. 30, §§ 1º e 2º, do Novo CED e art. 1º do Provimento).

Assim, serão **destinatários** da advocacia *pro bono* tanto as **pessoas naturais**, quanto **jurídicas** (instituições sociais sem fins econômicos, como, por exemplo ONG´s e OSCIPs), mas **desde que desprovidas de recursos financeiros para o custeio de um advogado particular**.

Não poderá a advocacia *pro bono* ser utilizada para **fins político-partidários** ou **eleitorais**, nem beneficiar instituições que visem a tais objetivos, ou como **instrumento de publicidade para captação de clientela** (art. 30, § 3º).

Ao advogado que quiser exercer a advocacia *pro bono*, serão aplicáveis todos os dispositivos do EAOAB, Regulamento Geral, CED e Provimentos do Conselho Federal (art. 2º do Provimento 166/2015 do CFOAB).

Importante anotar que o Provimento referido é inaplicável à assistência jurídica pública, cometida à Defensoria Pública (arts. 134 e 135 da CF/1988), bem como à assistência judiciária decorrente de convênios celebrados pela Ordem dos Advogados do Brasil (art. 3º do Provimento 166/2015).

Os advogados e os integrantes das sociedades de advogados e dos departamentos jurídicos de empresas que desempenharem a advocacia *pro bono* definida no art. 1º do Provimento 166/2015 estão **impedidos** de exercer a advocacia remunerada, em qualquer esfera, para a **pessoa natural ou jurídica que se utilize de seus serviços *pro bono***. Porém, o impedimento em questão cessará uma vez decorridos 03 (três) anos do encerramento da prestação do serviço *pro bono*. Em qualquer circunstância, é vedado vincular ou condicionar a prestação de serviços *pro bono* à contratação de **serviços remunerados** (art. 4º, *caput* e §§ 1º e 2º, do Provimento 166/2015).

Finalmente, nos termos do art. 6º do Provimento sob enfoque, *no exercício da advocacia pro bono*, o advogado empregará o zelo e a dedicação habituais, de forma que a parte por ele assistida se sinta amparada e confie no seu patrocínio.

[2] Para visualizar o SHORT VIDEO acesse: http://www.editorafoco.com.br/short-videos.

Advocacia *pro bono*	
Características	– prestação gratuita, eventual e voluntária de serviços jurídicos
Beneficiários	– instituições sociais sem fins econômicos e aos seus assistidos, desde que não disponham de recursos para a contratação de advogado – pessoas naturais que, sem prejuízo do próprio sustento, não possam contratar advogado
Vedações	– utilização da advocacia *pro bono* para fins político-partidários ou eleitorais, ou como instrumento de publicidade para captação de clientela
Inaplicabilidade das regras da advocacia *pro bono*	– assistência jurídica prestada pela Defensoria Pública e aquela decorrente de convênios firmados pela OAB
Impedimentos	– o advogado ficará impedido de prestar serviços remunerados à pessoa que houver assistido de forma gratuita, até o decurso de três anos do fim da advocacia *pro bono*

Legislação correlata

1. ARTIGOS PERTINENTES DO ESTATUTO DA OAB

Art. 1º São atividades privativas de advocacia:

I – a postulação a qualquer órgão do Poder Judiciário e aos juizados especiais;

→ *v.* ADIn 1.127-8 (*D.O.U.* 26.5.2006), o STF declarou a inconstitucionalidade da expressão "qualquer".

→ *v.* Art. 791 do CPP.

→ *v.* Art. 1º, I, da Lei 9.099/1995.

II – as atividades de consultoria, assessoria e direção jurídicas.

§ 1º Não se inclui na atividade privativa de advocacia a impetração de *habeas corpus* em qualquer instância ou tribunal.

→ *v.* Art. 5º, LXIII, da CF.

→ *v.* Art. 654 do CPP.

§ 2º Os atos e contratos constitutivos de pessoas jurídicas, sob pena de nulidade, só podem ser admitidos a registro, nos órgãos competentes, quando visados por advogados.

→ *v.* Art. 45 do CC.

§ 3º É vedada a divulgação de advocacia em conjunto com outra atividade.

Art. 2º O advogado é indispensável à administração da justiça.

→ *v.* Art. 133, da CF.

→ *v.* Art. 2º do Novo Código de Ética e Disciplina da OAB.

§ 1º No seu ministério privado, o advogado presta serviço público e exerce função social.

§ 2º No processo judicial, o advogado contribui, na postulação de decisão favorável ao seu constituinte, ao convencimento do julgador, e seus atos constituem múnus público.

§ 3º No exercício da profissão, o advogado é inviolável por seus atos e manifestações, nos limites desta Lei.

Art. 3º O exercício da atividade de advocacia no território brasileiro e a denominação de advogado são privativos dos inscritos na Ordem dos Advogados do Brasil – OAB.

→ *v.* Art. 103 do NCPC.

§ 1º Exercem atividade de advocacia, sujeitando-se ao regime desta Lei, além do regime próprio a que se subordinem, os integrantes da Advocacia-Geral da União, da Procuradoria da Fazenda Nacional, da Defensoria Pública e das Procuradorias e Consultorias Jurídicas dos Estados, do Distrito Federal, dos Municípios e das respectivas entidades de administração indireta e fundacional.

§ 2º O estagiário de advocacia, regularmente inscrito, pode praticar os atos previstos no art. 1º, na forma do Regulamento Geral, em conjunto com advogado e sob responsabilidade deste.

Art. 4º São nulos os atos privativos de advogado praticados por pessoa não inscrita na OAB, sem prejuízo das sanções civis, penais e administrativas.

→ *v.* Art. 8º do Regulamento Geral da OAB.

2. ARTIGOS PERTINENTES DO CÓDIGO DE ÉTICA E DISCIPLINA

Art. 1º O exercício da advocacia exige conduta compatível com os preceitos deste Código, do Estatuto, do Regulamento Geral, dos Provimentos e com os princípios da moral individual, social e profissional.

Art. 2º O advogado, indispensável à administração da Justiça, é defensor do Estado Democrático de Direito, dos direitos humanos e garantias fundamentais, da cidadania, da moralidade, da Justiça e da paz social, cumprindo-lhe exercer o seu ministério em consonância com a sua elevada função pública e com os valores que lhe são inerentes.

→ *v.* Art. 2º da Lei 8.906/1994.

Parágrafo único. São deveres do advogado:

I – preservar, em sua conduta, a honra, a nobreza e a dignidade da profissão, zelando pelo caráter de essencialidade e indispensabilidade da advocacia;

II – atuar com destemor, independência, honestidade, decoro, veracidade, lealdade, dignidade e boa-fé;

III – velar por sua reputação pessoal e profissional;

IV – empenhar-se, permanentemente, no aperfeiçoamento pessoal e profissional;

V – contribuir para o aprimoramento das instituições, do Direito e das leis;

VI – estimular, a qualquer tempo, a conciliação e a mediação entre os litigantes, prevenindo, sempre que possível, a instauração de litígios;

VII – desaconselhar lides temerárias, a partir de um juízo preliminar de viabilidade jurídica;

VIII – abster-se de:

a) utilizar de influência indevida, em seu benefício ou do cliente;

b) vincular seu nome ou nome social a empreendimentos sabidamente escusos;

→ Alínea "b" com redação alterada pela Resolução CFOAB 7, de 05.07.2016

c) emprestar concurso aos que atentem contra a ética, a moral, a honestidade e a dignidade da pessoa humana;

d) entender-se diretamente com a parte adversa que tenha patrono constituído, sem o assentimento deste;

e) ingressar ou atuar em pleitos administrativos ou judiciais perante autoridades com as quais tenha vínculos negociais ou familiares;

f) contratar honorários advocatícios em valores aviltantes.

IX – pugnar pela solução dos problemas da cidadania e pela efetivação dos direitos individuais, coletivos e difusos;

X – adotar conduta consentânea com o papel de elemento indispensável à administração da Justiça;

XI – cumprir os encargos assumidos no âmbito da Ordem dos Advogados do Brasil ou na representação da classe;

XII – zelar pelos valores institucionais da OAB e da advocacia;

XIII – ater-se, quando no exercício da função de defensor público, à defesa dos necessitados.

Art. 3º O advogado deve ter consciência de que o Direito é um meio de mitigar as desigualdades para o encontro de soluções justas e que a lei é um instrumento para garantir a igualdade de todos.

Art. 4º O advogado, ainda que vinculado ao cliente ou constituinte, mediante relação empregatícia ou por contrato de prestação permanente de serviços, ou como integrante de departamento jurídico, ou de órgão de assessoria jurídica, público ou privado, deve zelar pela sua liberdade e independência.

Parágrafo único. É legítima a recusa, pelo advogado, do patrocínio de causa e de manifestação, no âmbito consultivo, de pretensão concernente a direito que também lhe seja aplicável ou contrarie orientação que tenha manifestado anteriormente.

Art. 5º O exercício da advocacia é incompatível com qualquer procedimento de mercantilização.

Art. 6º É defeso ao advogado expor os fatos em Juízo ou na via administrativa falseando deliberadamente a verdade e utilizando de má-fé.

Art. 7º É vedado o oferecimento de serviços profissionais que implique, direta ou indiretamente, angariar ou captar clientela.

Art. 8º As disposições deste Código obrigam igualmente os órgãos de advocacia pública, e advogados públicos, incluindo aqueles que ocupem posição de chefia e direção jurídica.

§ 1º O advogado público exercerá suas funções com independência técnica, contribuindo para a solução ou redução de litigiosidade, sempre que possível.

§ 2º O advogado público, inclusive o que exerce cargo de chefia ou direção jurídica, observará nas relações com os colegas, autoridades, servidores e o público em geral, o dever de urbanidade, tratando a todos com respeito e consideração, ao mesmo tempo em que preservará suas prerrogativas e o direito de receber igual tratamento das pessoas com as quais se relacione.

Art. 30. No exercício da advocacia *pro bono*, e ao atuar como defensor nomeado, conveniado ou dativo, o advogado empregará o zelo e a dedicação habituais, de forma que a parte por ele assistida se sinta amparada e confie no seu patrocínio.

§ 1º Considera-se advocacia *pro bono* a prestação gratuita, eventual e voluntária de serviços jurídicos em favor de instituições sociais sem fins econômicos e aos seus assistidos, sempre que os beneficiários não dispuserem de recur-sos para a contratação de profissional.

§ 2º A advocacia *pro bono* pode ser exercida em favor de pessoas naturais que, igualmente, não dispuserem de recur-sos para, sem prejuízo do próprio sustento, contratar advogado.

§ 3º A advocacia *pro bono* não pode ser utilizada para fins político-partidários ou eleitorais, nem beneficiar instituições que visem a tais objetivos, ou como instrumento de publicidade para captação de clientela.

→ *v.* Provimento 166/2015 do CFOAB, que dispõe sobre a advocacia *pro bono*.

3. ARTIGOS PERTINENTES DO REGULAMENTO GERAL

Art. 1º A atividade de advocacia é exercida com observância da Lei 8.906/1994 (Estatuto), deste Regulamento Geral, do Código de Ética e Disciplina e dos Provimentos.

Art. 2º O visto do advogado em atos constitutivos de pessoas jurídicas, indispensável ao registro e arquivamento nos órgãos competentes, deve resultar da efetiva constatação, pelo profissional que os examinar, de que os respectivos instrumentos preenchem as exigências legais pertinentes.

→ *Caput* com redação alterada pelo Conselho Pleno do CFOAB (*D.J.* 12.12.2000).

Parágrafo único. Estão impedidos de exercer o ato de advocacia referido neste artigo os advogados que prestem serviços a órgãos ou entidades da Administração Pública direta ou indireta, da unidade federativa a que se vincule a Junta Comercial, ou a quaisquer repartições administrativas competentes para o mencionado registro.

Art. 3º É defeso ao advogado funcionar no mesmo processo, simultaneamente, como patrono e preposto do empregador ou cliente.

Art. 4º A prática de atos privativos de advocacia, por profissionais e sociedades não inscritos na OAB, constitui exercício ilegal da profissão.

Parágrafo único. É defeso ao advogado prestar serviços de assessoria e consultoria jurídicas para terceiros, em sociedades que não possam ser registradas na OAB.

Art. 5º Considera-se efetivo exercício da atividade de advocacia a participação anual mínima em cinco atos privativos previstos no artigo 1º do Estatuto, em causas ou questões distintas.

Parágrafo único. A comprovação do efetivo exercício faz-se mediante:

a) certidão expedida por cartórios ou secretarias judiciais;

b) cópia autenticada de atos privativos;

c) certidão expedida pelo órgão público no qual o advogado exerça função privativa do seu ofício, indicando os atos praticados.

Art. 6º O advogado deve notificar o cliente da renúncia ao mandato (art. 5º, § 3º, do Estatuto), preferencialmente mediante carta com aviso de recepção, comunicando, após, o Juízo.

→ *v.* Art. 5º da Lei 8.906/1994.

→ *v.* Arts. 10 a 20 e 26 do Novo Código de Ética e Disciplina da OAB.

Art. 7º A função de diretoria e gerência jurídicas em qualquer empresa pública, privada ou paraestatal, inclusive em instituições financeiras, é privativa de advogado, não podendo ser exercida por quem não se encontre inscrito regularmente na OAB.

Art. 8º A incompatibilidade prevista no art. 28, II, do Estatuto, não se aplica aos advogados que participam dos órgãos nele referidos, na qualidade de titulares ou suplentes, como representantes dos advogados.

→ Artigo com redação alterada pelo Conselho Pleno do CFOAB (*D.J.* 12.12.2000).

→ *v.* Arts. 4º e 27 a 30 da Lei 8.906/1994.

§ 1º Ficam, entretanto, impedidos de exercer a advocacia perante os órgãos em que atuam, enquanto durar a investidura.

§ 2º A indicação dos representantes dos advogados nos juizados especiais deverá ser promovida pela Subseção ou, na sua ausência, pelo Conselho Seccional.

Art. 9º Exercem a advocacia pública os integrantes da Advocacia-Geral da União, da Defensoria Pública e das Procuradorias e Consultorias Jurídicas dos Estados, do Distrito Federal, dos Municípios, das autarquias e das fundações públicas, estando obrigados à inscrição na OAB, para o exercício de suas atividades.

Parágrafo único. Os integrantes da advocacia pública são elegíveis e podem integrar qualquer órgão da OAB.

Art. 10. Os integrantes da advocacia pública, no exercício de atividade privativa prevista no art. 1º do Estatuto, sujeitam-se ao regime do Estatuto, deste Regulamento Geral e do Código de Ética e Disciplina, inclusive quanto às infrações e sanções disciplinares.

→ *v.* Capítulo V, Título I da Lei 8.906/1994.

Questões comentadas

(VI EXAME DE ORDEM UNIFICADO – FGV) Caio, próspero comerciante, contrata, para prestação de serviços profissionais de advocacia, Mévio, que se apresenta como advogado. O cliente outorga a devida procuração com poderes gerais para o foro. Usando o referido instrumento, ocorre a propositura de ação judicial em face de Trácio. Na contestação, o advogado do réu alega vício na representação, uma vez que Mévio não possui registro na OAB, consoante certidão que apresenta nos autos judiciais. Diante de tal circunstância, é correto afirmar que

(A) os atos praticados pelo suposto advogado não ofendem qualquer dispositivo legal.

(B) verificada a ausência de inscrição profissional, deverá ser outorgado prazo para sua regularização.

(C) os atos praticados por Mévio são nulos, pois foram praticados por pessoa não inscrita na OAB.

(D) a declaração de nulidade dos atos processuais esgota o rol de atos sancionatórios.

COMENTÁRIO

De fato, de acordo com o art. 4º, parágrafo único, do EAOAB, são nulos os atos praticados por pessoa não inscrita nos quadros da OAB. Correta, portanto, a alternativa "C".
Assim, incorretas, por evidente, as alternativas "A" e "B", pois atos praticados por quem não possua registro na OAB são inválidos, não sendo possível que se outorgue prazo para a regularização da ausência de inscrição.
Por fim, incorreta a alternativa "D", pois, além da nulidade dos atos processuais, que é sanção processual, Caio poderá, ainda, sofrer sanção penal por exercício ilegal da profissão (art. 47 da LCP).

(VI EXAME DE ORDEM UNIFICADO – FGV) A empresa Consumidor Ltda., composta por contadores, despachantes, arquitetos e engenheiros, divulga, semanalmente, sua agenda de defesa judicial dos direitos dos consumidores, não possuindo advogados nos seus quadros. Notificada pelo órgão seccional da OAB, alega que as atividades de consultoria jurídica não seriam privativas dos advogados. Diante desse quadro, à luz das normas estatutárias, é correto afirmar que é atividade privativa da advocacia

(A) a postulação nos Juizados Especiais.

(B) a consultoria e assessoria jurídicas.

(C) a impetração de *habeas corpus*.

(D) a divulgação conjunta da advocacia com outras atividades.

COMENTÁRIO

A alternativa "B" está correta nos termos do art. 1º, II, do EAOAB.
A alternativa "A" está incorreta, pois a postulação nos Juizados Especiais, embora conste no art. 1º, I, do EAOAB como atividade privativa de advocacia, com o advento da Lei 9.099/1995 (art. 9º), deixou de ser atividade que exija, indistintamente, a participação do advogado. Deve o candidato recordar-se que nas causas de até 20 (vinte) salários mínimos, no âmbito estadual, em 1ª instância, a participação do advogado é dispensável. Em outras palavras, as partes (autor e réu) não precisarão constituir advogado, em primeiro grau de jurisdição, nas causas com referido valor de alçada.
A alternativa "C" está incorreta (art. 1º, § 1º, do EAOAB).
A alternativa "D" está incorreta, pois não é dado ao advogado divulgar a advocacia em conjunto com outras atividades, sob pena de haver risco de captação de clientela ou mercantilização da profissão, o que é vedado pelo art. 39 do CED.

(VII EXAME DE ORDEM UNIFICADO – FGV) A multiplicidade de opções para atuação do advogado desenvolveu o ramo da Advocacia Pública. Assim, à luz das normas do Regulamento Geral do Estatuto da Advocacia e da OAB, nela podem ser integrados o(a), exceto:

(A) Advogado-Geral da União.

(B) Defensor Público.

(C) Advogado (Procurador) de Autarquia.

(D) Advogado de Sociedade de Economia Mista.

COMENTÁRIO

Conforme dispõe o art. 9º do Regulamento Geral (e, também, o art. 3º, § 1º, do EAOAB), exercem a advocacia pública os integrantes da Advocacia-Geral da União, da Defensoria Pública e das Procuradorias e Consultorias Jurídicas dos Estados, do Distrito Federal, dos Municípios, das autarquias e das fundações públicas, estando obrigados à inscrição na OAB, para o exercício de suas atividades. Portanto, apenas a alternativa "D" contém advogado que não integra a denominada "advocacia pública".
No âmbito da administração pública indireta, os advogados de autarquias e fundações públicas serão considerados advogados públicos. Porém, assim não serão considerados os advogados de sociedades de economia, visto não estarem contemplados pelo já citado art. 9º do Regulamento Geral. Não é demais frisar que as sociedades de economia mista, embora integrem a administração pública indireta, são pessoas jurídicas de direito privado.

(VII EXAME DE ORDEM UNIFICADO – FGV) Esculápio, advogado, deseja comprovar o exercício da atividade advocatícia, pois inscreveu-se em processo seletivo para contratação por empresa de grande porte, sendo esse um dos documentos essenciais para o certame. Diante do narrado, à luz das normas do Regulamento Geral do Estatuto da Advocacia e da OAB, o efetivo exercício da advocacia é comprovado pela participação anual mínima em

(A) seis petições iniciais civis.
(B) três participações em audiências.
(C) quatro peças defensivas gerais.
(D) cinco atos privativos de advogado.

COMENTÁRIO

De acordo com o art. 5º do Regulamento Geral, considera-se efetivo exercício da atividade de advocacia a participação anual mínima em *cinco atos privativos* previstos no art. 1º do Estatuto, em causas ou questões distintas. Perceba o candidato que 5 (cinco) atos privativos de advogado não compreendem, necessariamente, 5 (cinco) causas (leia-se: postulações judiciais), abarcando toda e qualquer atividade privativa de advocacia (postulação judicial, assessoria, consultoria e direção jurídica e vistos em atos constitutivos de pessoas jurídicas). A alternativa correta é a "D".
Assim, as alternativas "A", "B" e "C" são incorretas, visto que trazem quantidade ou espécies de atos que não se amoldam ao precitado art. 5.º do Regulamento.

(VII EXAME DE ORDEM UNIFICADO – FGV) Tício é advogado prestando serviços à Junta Comercial do Estado Y. Exerce a atividade concomitantemente em escritório próprio, onde atua em causas civis e empresariais. Um dos seus clientes postula o seu visto em atos constitutivos de pessoa jurídica que pretende criar. Diante do narrado, à luz das normas do Regulamento Geral do Estatuto da Advocacia e da OAB, assinale a alternativa correta:
(A) Sendo um cliente do escritório, é inerente à atividade da advocacia o visto em atos constitutivos de pessoa jurídica.
(B) Ao prestar serviços para Junta Comercial, surge impedimento previsto no Regulamento Geral.
(C) A análise do conteúdo dos atos constitutivos pode ser realizada pelo advogado tanto no escritório quanto na Junta Comercial.
(D) A atuação na Junta Comercial gera impedimento para ações judiciais, mas não para vistos em atos constitutivos.

COMENTÁRIO

De acordo com o art. 2º, *caput*, do Regulamento Geral, o visto do advogado em atos constitutivos de pessoas jurídicas é providência indispensável ao registro e arquivamento nos órgãos competentes, devendo resultar da efetiva constatação, pelo profissional que os examinar, de que os respectivos instrumentos preenchem as exigências legais pertinentes. No entanto, por evidente, estarão impedidos de exercer o referido ato de advocacia (visar ato constitutivo de pessoa jurídica) os advogados que prestem serviços a órgãos ou entidades da Administração Pública direta ou indireta, da unidade federativa a que se vincule a Junta Comercial, ou a quaisquer repartições administrativas competentes para o mencionado registro (art. 2º, parágrafo único, do Regulamento Geral). Em outras palavras, se um advogado prestar serviços na Junta Comercial de determinado Estado, não poderá, evidentemente, visar atos constitutivos de futuras sociedades empresariais com necessidade de registro perante aquela mesma Junta.
Observe-se que o impedimento ficará restrito à atuação do advogado perante a Junta Comercial em que presta serviços, mas não perante outras Juntas Comerciais de outros Estados, ou mesmo para a postulação judicial. Como visto, o impedimento será restrito àquela Junta Comercial em que preste serviços.
A alternativa correta é a "B", estando as demais incorretas pelo fato de Tício ter impedimento específico para visar atos constitutivos de pessoas jurídicas que devam ser levados a registro na Junta Comercial do Estado Y, visto que presta serviços para referido órgão.

(VII EXAME DE ORDEM UNIFICADO – FGV) Mévio é advogado, especializado em causas cíveis, exercendo a profissão por longos anos, tendo sobressaído na defesa dos seus clientes e percebendo, como remuneração, os seus honorários. Sendo figura conhecida no município, onde exerce a profissão e possui domicílio, é convidado a ministrar palestra em estabelecimentos de ensino, divulgando a atuação do advogado e sua posição na sociedade. Um dos aspectos abordados está relacionado à atividade do advogado como indispensável à administração da justiça. Nesses limites, consoante as normas estatutárias, é correto afirmar que
(A) o advogado exerce função pública.
(B) exerce ministério privado, exercendo função social.
(C) atua na defesa de interesses patrimoniais privados, com função pública.
(D) no seu ministério privado, deixa de exercer função social.

COMENTÁRIO

A alternativa "B" é a correta nos termos do art. 2º, § 1º, do EAOAB.
A alternativa"A" é incorreta, pois, tecnicamente, o advogado não exerce *função pública*, mas, sim, *múnus público* (art. 2º, § 2º, do EAOAB).
A alternativa "C" é incorreta, pois, como visto, o advogado, mesmo na sua atividade privada, tem relevante função social, não atuando apenas na defesa de interesses patrimoniais privados.
A alternativa "D" é incorreta, eis que, ainda que na sua atividade privada (ministério privado), o advogado exerce função social.

(VIII EXAME DE ORDEM UNIFICADO – FGV) Paulo, bacharel em Direito, exerceu relevantes cargos no Poder Executivo das três esferas de Governo, adquirindo profundo conhecimento sobre as atividades internas da Administração Pública. Após aposentar-se, sem requerer inscrição nos quadros da OAB, estabelece serviço de consultoria jurídica, tendo angariado vários clientes desde o período da inauguração da sua atividade.
De acordo com o narrado e observadas as normas estatutárias, assinale a afirmativa correta.

(A) Dentre as atividades privativas do advogado incluem-se a postulação judicial e a assessoria jurídica, mas não a consultoria.

(B) O bacharel em Direito aposentado não tem vedado qualquer prática de atividade jurídica, mesmo não inscrito nos quadros da OAB.

(C) O advogado atua na atividade judicial pugnando pela defesa dos interesses dos seus clientes e na consultoria jurídica

(D) As atividades privativas do advogado incluem a assessoria jurídica, a direção jurídica e a atuação nos Juizados Especiais.

COMENTÁRIO

A alternativa"C" é correta, pois, de fato, o advogado poderá, além da postulação judicial (art. 1°, I, do EAOAB), exercer, também, a atividade de consultoria jurídica, assim como a assessoria e direção jurídicas (art. 1°, II, do EAOAB) e o visto em atos constitutivos de pessoas jurídicas (art. 1°, § 2°, do EAOAB e art. 2°, *caput*, do Regulamento Geral).

A alternativa"A" é incorreta, pois são atividades privativas de advocacia, dentre outras, a assessoria, *consultoria* e direção jurídicas (art. 1°, II, do EAOAB).

A alternativa"B" é incorreta, pois o bacharel em Direito, não inscrito no quadro de advogados, obviamente, não pode praticar atos privativos de advocacia, que exige, à evidência, a respectiva (e necessária) inscrição (art. 3°, *caput*, do EAOAB).

A alternativa"D" é incorreta, pois a postulação perante os Juizados Especiais, embora conste no art. 1°, I, do EAOAB, como atividade privativa de advocacia, deixou de ser atividade exclusiva dos advogados com o advento da Lei 9.099/1995 (art. 9°), que passou a exigir a intervenção do advogado, em 1ª instância, apenas nas causas cujo valor supere 20 (vinte) salários mínimos.

(X EXAME DE ORDEM UNIFICADO – FGV) O advogado Mário pertence aos quadros da sociedade de economia mista controlada pelo Estado W, na qual chefia o Departamento Jurídico. Não existe óbice para a prestação de serviços de advocacia privada, o que ocorre no escritório que possui no centro da capital do Estado, em horário diverso do expediente na empresa. Um dos seus clientes realiza contrato para que Mário aponha o seu visto em ato constitutivo de pessoa jurídica, em Junta Comercial cuja sede está localizada na capital do Estado W.

Observado tal relato, consoante as normas do Regulamento Geral do Estatuto da Advocacia e da OAB, assinale a afirmativa correta.

(A) As circunstâncias indicam que não existe óbice para a aposição do visto nos referidos atos.

(B) O fato de chefiar Departamento Jurídico de empresa, seja de que natureza for, constitui elemento impeditivo da aposição do visto.

(C) O exercício da advocacia no local da sede da Junta Comercial é impeditivo para a aposição do visto.

(D) A atuação em sociedade de economia mista estadual impede a aposição do visto contratado.

COMENTÁRIO

A alternativa "D" é correta. Nos termos do art. 2°, parágrafo único, do Regulamento Geral, são impedidos de apor visto em atos constitutivos de pessoas jurídicas os advogados que prestem serviços a órgãos ou entidades da Administração Pública direta ou *indireta* (neste caso, autarquias, fundações, empresas públicas e *sociedades de economia mista*), da unidade federativa a que se vincule a Junta Comercial, ou a quaisquer repartições administrativas competentes para o mencionado registro.

A alternativa "A" é incorreta. Como será visto no comentário à alternativa "D", há impedimento para o exercício da atividade em comento (aposição de visto em ato constitutivo de pessoa jurídica) em determinadas situações, tal como a narrada no enunciado.

A alternativa"B" é incorreta. Se Mário chefiasse departamento jurídico de empresa privada, não haveria impedimento algum. No enunciado, como o advogado chefia departamento jurídico de sociedade de economia mista no Estado W, como será melhor analisado mais à frente, ficará impossibilitado de visar atos constitutivos de pessoas jurídicas cujo registro deva ocorrer no Estado W.

A alternativa"C" é incorreta. O mero exercício da advocacia no local da sede da Junta Comercial não constitui impedimento para a aposição de visto em ato constitutivo. Referido impedimento, como se verá no comentário à alternativa seguinte, surge em razão da atividade desempenhada por Mário (chefiar departamento jurídico de sociedade de economia mista, que é ente da administração pública indireta).

(IX EXAME DE ORDEM UNIFICADO – FGV) O advogado Carlos é Presidente da empresa XYZ, com sede no Município Q. Em determinada data, a empresa é notificada para apresentar defesa em processo trabalhista ajuizado por antigo empregado da empresa. No dia da audiência designada, Carlos apresenta-se como preposto, vez que dirigente da empresa e advogado, por possuir habilitação profissional regular. Observados tais fatos, de acordo com as normas do Regulamento Geral do Estatuto da Advocacia e da OAB, assinale a afirmativa correta.

(A) Por economia processual admite-se a atuação do advogado como preposto e advogado no mesmo processo.

(B) Essa é uma situação excepcional que permite a atuação do advogado como preposto da empresa e seu representante judicial.

(C) É vedada a atuação como preposto e como advogado da empresa ao mesmo tempo.

(D) Não havendo oposição da parte adversa, pode ocorrer a atuação do advogado nas duas funções: preposto e representante judicial.

COMENTÁRIO

A alternativa "C" é correta. Como será visto nos comentários às alternativas anteriores, não pode um advogado "acumular" duas funções, simultaneamente, no mesmo processo. Assim, por exemplo, se Carlos comparecer a uma audiência trabalhista, na condição de preposto (representante) da empresa reclamada, não poderá, a despeito de ser advogado, atuar nessa condição no processo.

As alternativas "A", "B" e "D" são incorretas. Nos termos do art. 3º do Regulamento Geral, é defeso (vedado, proibido) ao advogado funcionar, simultaneamente, no mesmo processo, como preposto e patrono do empregador ou cliente, regra repetida no art. 25 do Código de Ética e Disciplina.

(IX EXAME DE ORDEM UNIFICADO – FGV) Laura, advogada na área empresarial, após concluir o mestrado em renomada instituição de ensino superior, é convidada para integrar a equipe de assessoria jurídica da empresa K S/A. No dia da entrevista final, é inquirida pelo Gerente Jurídico da empresa, bacharel em Direito, sem inscrição na Ordem dos Advogados do Brasil, apesar de o mesmo ter logrado êxito no Exame de Ordem. Observado tal relato, consoante as normas do Regulamento Geral do Estatuto da Advocacia e da OAB, assinale a afirmativa correta.

(A) O bacharel em Direito pode exercer as funções de Gerência Jurídica mesmo que não tenha os requisitos para ingresso na Ordem dos Advogados.

(B) A função de Gerente Jurídico é privativa de advogados com regular inscrição nos quadros da Ordem dos Advogados.

(C) O bacharel em Direito, caso preencha os requisitos legais, inclusive aprovação em Exame de Ordem, pode exercer funções de Gerente Jurídico antes da inscrição na Ordem dos Advogados.

(D) A função de Gerente Jurídico, como é de confiança da empresa, pode ser exercida por quem não tem formação na área.

COMENTÁRIO

A alternativa "B" é correta. De fato, nos termos do art. 1º, II, do Estatuto da OAB, a direção jurídica é tarefa privativa de advogado, com regular inscrição nos quadros da OAB.

A alternativa "A" é incorreta. Prestar assessoria, consultoria e direção jurídica, em empresa pública ou privada, é atividade privativa de advocacia (art. 1º, II, do Estatuto da OAB). Assim, se um bacharel em Direito, sem inscrição na OAB, a despeito de ter sido aprovado em Exame de Ordem, exercer a função de direção jurídica em uma empresa, estará exercendo ilegalmente a profissão (art. 4º, *caput*, do Regulamento Geral), fato caracterizador de contravenção penal, diga-se de passagem (art. 47 da LCP).

A alternativa "C" é incorreta. Não é demais destacar que o exercício de atividades privativas de advocacia (art. 1º do Estatuto da OAB) e a própria denominação "advogado", são exclusivos dos inscritos na Ordem dos Advogados do Brasil, consoante dispõe o art. 3º do Estatuto da OAB.

A alternativa "D" é incorreta, ainda mais se considerada a afirmação de que um gerente jurídico, por ser função de confiança, pode ser pessoa não formada em Direito. A própria inscrição na OAB exige o bacharelado no curso de Direito (art. 8º, II, do Estatuto da OAB).

(XI EXAME DE ORDEM UNIFICADO– FGV) Christiana, advogada recém-formada, está em dúvida quanto ao seu futuro profissional, porque, embora possua habilidade para a advocacia privada, teme a natural instabilidade da profissão. Por força dessas circunstâncias, pretende obter um emprego ou cargo público que lhe permita o exercício concomitante da profissão que abraçou. Por força disso, necessita, diante dos requisitos usualmente exigidos, comprovar sua efetiva atividade na advocacia.

Diante desse contexto, de acordo com as normas do Regulamento Geral do Estatuto da Advocacia e da OAB, assinale a afirmativa correta.

(A) O efetivo exercício da advocacia comprova-se pela atuação em um processo por ano, desde que o advogado subscreva uma peça privativa de advogado.

(B) O efetivo exercício da advocacia exige a atuação anual mínima em cinco causas distintas, que devem ser comprovadas por cópia autenticada de atos privativos.

(C) A atividade efetiva da advocacia, como representante judicial ou extrajudicial, cinge-se a dois atos por ano.

(D) O advogado deve comprovar, anualmente, a atuação em atos privativos, mediante declaração do Juiz onde atue, de três atos judiciais.

COMENTÁRIO

A alternativa "B" está correta, de acordo com a banca examinadora. O art. 5º do Regulamento Geral considera efetivo exercício da advocacia a participação anual mínima em *cinco atos privativos* previstos no art. 1º do Estatuto da OAB, em causas ou questões distintas. Perceba que a assertiva assinalada como correta pela FGV foi aquela contida na alternativa "B". No entanto, entendemos haver impropriedade técnica cometida pela examinadora, visto que o conceito de "efetivo exercício da advocacia" não se resume à atuação anual mínima em "cinco causas", mas, como afiançado pelo já citado art. 5º do Regulamento Geral, "cinco atos privativos previstos no art. 1º do Estatuto". A expressão "causa" corresponde a "postulação judicial", que diz respeito a um dos atos privativos de advocacia (art. 1º, I, do EAOAB). Não é correto afirmar que se considera efetivo exercício da advocacia apenas a atuação anual mínima em *cinco causas distintas* (leia-se: postulações judiciais em feitos distintos). Se por exemplo, um advogado, em determinado ano, atuar em três causas (processos judiciais) e elaborar dois pareceres (consultoria jurídica), terá exercido efetivamente a advocacia (3 postulações judiciais = art. 1º, I, EAOAB; 2 pareceres = art. 1º II, EAOAB), visto que, somados, corresponderão a *cinco atos privativos* de advocacia.

As alternativas "A", "C" e "D" estão incorretas. O efetivo exercício da advocacia vem definido no art. 5º do Regulamento Geral;

(XVI EXAME DE ORDEM UNIFICADO – FGV) Bernardo é bacharel em Direito, mas não está inscrito nos quadros da Ordem dos Advogados do Brasil, apesar de aprovado no Exame de Ordem. Não obstante, tem atuação na área de advocacia, realizando consultorias e assessorias jurídicas. A partir da hipótese apresentada, nos termos do Regulamento Geral da Ordem dos Advogados do Brasil, assinale a afirmativa correta.

(A) Tal conduta é permitida, por ter o bacharel logrado aprovação no Exame de Ordem.

(B) Tal conduta é proibida, por ser equiparada à captação de clientela.

(C) Tal conduta é permitida mediante autorização do Presidente da Seccional da Ordem dos Advogados do Brasil.

(D) Tal conduta é proibida, tendo em vista a ausência de inscrição na Ordem dos Advogados do Brasil.

COMENTÁRIO

A alternativa "D" está correta. O bacharel em Direito, ainda que aprovado no Exame de Ordem, enquanto não tiver obtido sua regular inscrição, com o preenchimento de todos os requisitos do art. 8º do Estatuto da OAB, não poderá praticar os atos privativos de advocacia (art. 1º do EAOAB), dentre eles, as tarefas de assessoria e consultoria jurídicas (art. 1º, II, do EAOAB e art. 4º, *caput*, do Regulamento Geral). Assim, a única alternativa correta é a D, estando as demais em descompasso com os preceitos normativos citados.

(XVII EXAME DE ORDEM UNIFICADO – FGV) Os atos e contratos constitutivos de pessoas jurídicas, para sua admissão em registro, em não se tratando de empresas de pequeno porte e de microempresas, consoante o Estatuto da Advocacia, devem

(A) apresentar os dados do contador responsável.

(B) permitir a participação de outros profissionais liberais.

(C) conter o visto do advogado.

(D) indicar o advogado que representará a sociedade.

COMENTÁRIO

Nos termos do art. 1º, § 2º, do EAOAB, "os atos e contratos constitutivos de pessoas jurídicas, sob pena de nulidade, só podem ser admitidos a registro, nos órgãos competentes, quando visados por advogados". Assim, vamos à análise das alternativas.

A alternativa "C" está correta. Os atos e contratos constitutivos de pessoas jurídicas, para que sejam admitidos a registro no órgão competente, deverão ter o visto (leia-se: a assinatura) do advogado, à exceção das microempresas e empresas de pequeno porte, cuja legislação de regência não exige o requisito em questão (visto do advogado) para o registro de seus respectivos atos constitutivos.

A alternativa "A" está incorreta, pois não é requisito para o registro de atos e contratos constitutivos de pessoas jurídicas a apresentação dos dados do contador responsável, inexistindo previsão legal nesse sentido.

A alternativa "B" está incorreta, pois o Estatuto da Advocacia (EAOAB) não prevê que os atos e contratos constitutivos de pessoas jurídicas permitam a participação de outros profissionais liberais.

A alternativa "D" está incorreta, pois o EAOAB nada fala a respeito da indicação de advogado que represente a sociedade que será constituída.

(OAB/Exame Unificado – 2017.2) Juliana é integrante da equipe de recursos humanos de certa sociedade anônima, de grande porte, cujo objeto social é o comércio de produtos eletrônicos. Encontrando-se vago um cargo de gerência jurídica, Juliana organizou processo seletivo, tendo recebido os currículos de três candidatas.

A primeira delas, Mariana, é advogada regularmente inscrita na OAB, tendo se especializado em Direito Penal. A segunda, Patrícia, não é graduada em Direito, porém é economista e concluiu o doutorado em direito societário e mercado de capitais. A terceira, Luana, graduada em Direito, foi aprovada no exame da OAB e concluiu mestrado e doutorado. É conselheira de certo tribunal de contas estadual, mas encon-tra-se afastada, a pedido, sem vencimentos.

Considerando a situação narrada, assinale a afirmativa correta.

(A) Qualquer das candidatas poderá exercer a função de gerência jurídica, mas apenas Mariana poderá subscrever os atos privativos da advocacia.

(B) Qualquer das candidatas poderá exercer a função de gerência jurídica, mas apenas Mariana e Luana poderão subscrever os atos privativos da advocacia.

(C) Apenas Mariana poderá exercer a função de gerência jurídica.

(D) Apenas Mariana e Luana poderão exercer a função de gerência jurídica.

COMENTÁRIO

A alternativa "A" está incorreta. Apenas a candidata Mariana, advogada regularmente inscrita na OAB, poderá exercer a função de gerência jurídica, que é privativa de advocacia (art. 1º, II, do EAOAB e art. 7º do Regulamento Geral). A candidata Patrícia sequer é graduada em Direito, requisito imprescindível ao ingresso nos quadros da OAB (art. 8º, II, do EAOAB). Importante destacar que a realização de qualquer atividade privativa de advocacia, na qual se insere a de gerência jurídica, pressupõe a inscrição na Ordem dos Advogados do Brasil (art. 3º, "caput", do EAOAB). Finalmente, a candidata Luana, embora graduada em Direito, é conselheira de tribunal de contas estadual, atividade considerada incompatível com a advocacia (art. 28, II, do EAOAB), razão por que não pode exercer a advocacia (art. 8º, V, do EAOAB). O fato de estar afastada do cargo de conselheira não elimina a incompatibilidade, conforme anuncia o art. 28, § 1º, do EAOAB; A alternativa "B" está incorreta, pois, como visto no comentário à alternativa anterior, apenas Mariana preenche condições para exercer a atividade de gerência jurídica. Lembre-se que Luana, ainda que graduada em Direito, exerce atividade incompatível com a advocacia (conselheira do tribunal de contas), motivo suficiente a não lhe permitir a prática de quaisquer atos privativos de advocacia, sob pena de nulidade (art. 4º, parágrafo único, do EAOAB); A alternativa "C" está correta. Como já afirmamos, apenas Mariana, advogada regularmente inscrita na OAB, pode exercer a atividade de gerência jurídica; A alternativa "D" está incorreta, pois Luana exerce atividade incompatível com a advocacia (art. 28, II, do EAOAB), não podendo, portanto, ser gerente jurídica, atividade considerada privativa de advocacia. E, para advogados que passem a exercer atividades incompatíveis com a advocacia, impor-se-á o cancelamento da inscrição, caso se trate de incompatibilidade em caráter definitivo (art. 11, IV, do EAOAB), ou o licenciamento, caso estejamos diante de incompatibilidade temporária (art. 12, II, do EAOAB).

Dicas de última hora

1. Em regra, somente o advogado pode postular em juízo, sendo vedado às pessoas que ingressem diretamente com demandas judiciais sem a intermediação de um profissional (no caso, o advogado).

2. Excepcionalmente, admite-se a postulação judicial sem a interveniência de advogado. E quais são as situações? Lembre-se:

i) impetração de *habeas corpus* em qualquer instância ou tribunal (cuidado: para impetrar mandado de segurança, mandado de injunção, *habeas data* ou ação popular, exige-se a participação de advogado!);

ii) postulação na Justiça do Trabalho (art. 791, CLT – *jus postulandi*), ressalvada a interposição de recursos de competência do TST e a propositura de ação rescisória, mandado de segurança e as ações cautelares (*vide* Súmula 425, TST);

iii) Juizados Especiais Cíveis, no âmbito estadual, nas causas de até 20 (vinte) salários mínimos, em 1ª instância (detalhe: em 2ª instância, independentemente do valor da causa, exige-se advogado!). Já nos Juizados Especiais Cíveis no âmbito federal (JEF´s), dispensa-se advogado em 1ª instância, nas causas de até 60 (sessenta) salários mínimos (que é o limite máximo de valor da causa nesses órgãos), mas em 2ª instância a participação do advogado é indispensável!

iv) propositura de ação de alimentos (*vide* art. 2º da Lei 5.478/1968);

v) propositura de revisão criminal (a doutrina processual penal majoritária argumenta ser desnecessária a intervenção de advogado nessa ação desconstitutiva);

vi) medidas protetivas de urgência, em favor da mulher, vítima de violência doméstica e familiar (*vide* art. 19 da Lei 11.340/2006 – Lei Maria da Penha).

3. Para a realização de inventários, divórcios, separações, extinção de união estável e usucapião extrajudiciais, a participação do advogado será obrigatória.

4. Prestar assessoria, consultoria e exercer a direção jurídica de empresas públicas ou privadas, ou de seus departamentos, é atividade privativa de advocacia. Bacharel em direito, ou estagiário, não podem exercer a atividade de consultoria, ainda que se trate de atividade extrajudicial. Afinal, estamos falando de uma atividade privativa de advocacia (art. 1º, II, Estatuto da OAB).

5. Os atos e contratos constitutivos de pessoas jurídicas, sob pena de invalidade, deverão ser visados por advogados. No entanto, por força da LC 123/2006 (Estatuto das Microempresas e

Empresas de Pequeno Porte), dispensa-se o visto de advogado nos atos constitutivos de microempresas e empresas de pequeno porte.

6. Consideram-se advogados públicos os integrantes da Advocacia-Geral da União, da Procuradoria da Fazenda Nacional, das Defensorias Públicas e das Procuradorias e Consultorias Jurídicas dos Estados, DF, Municípios, das autarquias e das fundações públicas, sujeitando-se, do ponto de vista ético, às regras previstas para os advogados privados (Estatuto da OAB, CED, Regulamento Geral e Provimentos dos órgãos da OAB), sem prejuízo das próprias leis que regularem suas carreiras. Não se incluem dentre os advogados públicos os integrantes dos departamentos jurídicos de empresas públicas e sociedades de economia mista, que, embora entes da administração pública indireta, são pessoas jurídicas de direito privado.

7. A advocacia *pro bono* somente poderá ser prestada de forma gratuita, eventual (habitual, não!) e voluntária, tendo como beneficiários pessoas jurídicas (instituições sociais sem fins econômicos e seus assistidos, desde que não tenham condições financeiras para a contratação de advogado) e pessoas naturais, mas, desde que não tenham recursos financeiros para a contratação de um advogado sem que isso lhes cause um prejuízo para o próprio sustento.

Capítulo 3

DA INSCRIÇÃO NA OAB

1. DA INSCRIÇÃO NA OAB

1.1. Da inscrição na OAB (art. 8º, EAOAB; arts. 20 a 26, Regulamento Geral)

1.1.1. Dos requisitos necessários à inscrição como advogado

Para ser admitido como **advogado** nos quadros da OAB fazem-se necessários, consoante dispõe o art. 8º do EAOAB, os seguintes **requisitos**:

I – capacidade civil;

II – diploma ou certidão de graduação em direito, obtido em instituição de ensino oficialmente autorizada e credenciada;

III – título de eleitor e quitação do serviço militar, se brasileiro;

IV – aprovação em Exame de Ordem;

V – não exercer atividade incompatível com a advocacia;

VI – idoneidade moral;

VII – prestar compromisso perante o conselho.

1.1.1.1. Capacidade civil (art. 8º, I, EAOAB)

A **capacidade civil**, como se sabe, é atingida aos 18 (dezoito) anos de idade, salvo se a pessoa for acometida de algumas das incapacidades previstas na legislação civil.

A demonstração do requisito em comento far-se-á por prova documental (certidão de nascimento ou casamento, por exemplo).

1.1.1.2. Diploma ou certidão de graduação em direito, obtido em instituição de ensino oficialmente autorizada e credenciada (art. 8º, II, EAOAB)

Por óbvio, para obter a inscrição como advogado, será indispensável a demonstração de ter havido a conclusão do **curso de ciências jurídicas** (bacharelado em Direito), o que se comprova mediante a exibição da **certidão de graduação (colação de grau)** ou **diploma** devidamente aprovado pelo Ministério da Educação e Cultura (MEC). Não estamos, aqui, tratando da inscrição para o Exame de Ordem regrada por Provimento do Conselho Federal da OAB, mas sim da inscrição do bacharel em direito, já aprovado em Exame de Ordem, como advogado.

Nos termos do art. 23 do Regulamento Geral, caso o requerente à inscrição no quadro de advogados não tenha em seu poder o diploma regularmente registrado, cuja emissão pela instituição de ensino por vezes é demorada, bastará que exiba uma **certidão de graduação em direito**, acompanhada de **cópia autenticada** do respectivo **histórico escolar**.

Caso o bacharelado tenha ocorrido em **instituição estrangeira** de ensino por um brasileiro ou estrangeiro, somente o diploma terá validade no Brasil se **revalidado** pelo MEC, sem prejuízo do preenchimento dos demais requisitos previstos no art. 8º do EAOAB.

1.1.1.3. Título de eleitor e quitação do serviço militar, se brasileiro (art. 8º, III, EAOAB)

Exige-se também, para fins de inscrição como advogado na OAB, que o requerente demonstre sua **quitação eleitoral e militar** (neste último caso, por evidente, apenas para os homens, visto que não há serviço militar obrigatório para as mulheres no Brasil).

Parcela da doutrina entende que a demonstração da quitação militar é desnecessária, visto não caber à OAB exercer função fiscalizatória que não lhe compete[1].

Porém, no que diz respeito à regularidade eleitoral, parece-nos adequada a exigência, visto que um advogado deve, de fato, poder participar da vida política e social do país, especialmente no que diz respeito à sua cidadania ativa (capacidade de votar).

Perceba o leitor que o requisito em comento somente será exigido do brasileiro. Em se tratando de estrangeiro, as provas da regularidade eleitoral e quitação militar não serão exigidas.

1.1.1.4. Aprovação em Exame de Ordem (art. 8º, IV, EAOAB)

À evidência, também é requisito para inscrição na OAB ter o candidato sido **aprovado no Exame de Ordem**, atualmente regulamentado pelo Provimento 144/2011, editado pelo Conselho Federal da OAB.

Importante registrar que são **dispensados** do requisito em análise, nos termos do art. 6º, § 1º, do Provimento 144/2011, os postulantes oriundos da **Magistratura e do Ministério Público** e os **bacharéis** alcançados pelo art. 7º da Resolução 02/1994, da Diretoria do CFOAB. Quanto a estes últimos, confira-se:

Art. 7.º Estão dispensados do Exame de Ordem:

I – os bacharéis em direito que realizaram o estágio profissional de advocacia (Lei n.º 4.215/1963) ou o estágio de prática forense e organização judiciária (Lei n.º 5.842/1972), no prazo de dois anos, com aprovação nos exames finais perante banca examinadora integrada por representante da OAB, até 4 de julho de 1994.

II – os inscritos no quadro de estagiários da OAB, até 04 de julho de 1994, desde que realizem o estágio em dois anos de atividades e o concluam, com aprovação final, até 04 de julho de 1996;

III – os matriculados, comprovadamente, nos cursos de estágio referidos no inciso I, antes de 5 de julho de 1994, desde que requeiram inscrições no Quadro de Estagiários da OAB, e o concluam com aprovação final, juntamente com o curso, até 04 de julho de 1996.

IV – os que preencheram os requisitos do art. 53, § 2.º, da Lei n.º 4.215/63, e requereram suas inscrições até 4 de julho de 1994.

V – os que, tendo suas inscrições anteriores canceladas em virtude do exercício, em caráter definitivo, de cargos ou funções incompatíveis com advocacia, requererem novas inscrições, após a desincompatibilização.

---

1. LÔBO, Paulo. *Comentários ao Estatuto da Advocacia e da OAB*. 4. ed. São Paulo: Saraiva, 2007; RAMOS, Gisela Gondin. *Estatuto da Advocacia: comentários e jurisprudência selecionada*. 5. ed. Rio de Janeiro: Forense, 2009.

Embora não mencionados em referido dispositivo, também estão dispensados do Exame de Ordem os bacharéis em Direito que tenham colado grau até 1973. Esse é o entendimento do CFOAB, que assim decidiu em 2003:

Ementa 028/2003/PCA. Bacharel em direito que tenha colado grau até 1973 não está sujeito à comprovação de estágio profissional ou Exame de Ordem, para obtenção de sua inscrição originária perante a Seccional onde mantém seu domicílio. O direito adquirido do bacharel nestas condições está amparado nos Provimentos 18 e 33 da OAB e Lei 5.960, de 10 de dezembro de 1973 (Recurso 0162/2003/PCA/MS, Rel. Conselheiro Reginald Delmar Hintz-Felker (RS), j. 19.05.2003, por unanimidade, *DJ* 23.06.2003, p. 604, S1).

Ainda, são dispensados do Exame de Ordem, nos termos do art. 6º, § 2º, do Provimento 144/2011, alterado pelo Provimento 167/2015 do Conselho Federal da OAB, os **advogados públicos** aprovados em concurso público de provas e títulos realizado com a efetiva participação da OAB, e que estejam há **mais de 05 (cinco) anos no exercício da profissão**. Porém, referidos advogados terão o prazo de 06 (seis) meses, contados a partir da data da publicação do aludido Provimento 167/2015 do CFOAB, para regularização de suas inscrições perante a Ordem dos Advogados do Brasil, sob pena de decadência do direito.

1.1.1.5. Não exercer atividade incompatível com a advocacia (art. 8º, V, EAOAB)

Para que o requerente possa postular sua inscrição para integrar os quadros de advogados, será primordial que **não exerça *atividade incompatível com a advocacia***, o que é regulamentado pelo art. 28 do EAOAB, matéria que será vista mais adiante.

Assim, se de antemão um bacharel exercer atividade incompatível com a advocacia, tal fato impedirá sua inscrição, conforme dispõe o art. 20, § 2º, do Regulamento Geral.

Note-se, porém, que o bacharel em direito, ainda que exerça atividade incompatível, poderá prestar o Exame de Ordem. Contudo, se aprovado, somente poderá inscrever-se como advogado se "abandonar" a função que o torne incompatível. Caso contrário, poderá requerer junto à OAB uma certidão de aprovação no exame, com tempo de validade indeterminado. Após "desincompatibilizar-se", poderá, aí sim, requerer sua inscrição.

1.1.1.6. Idoneidade moral (art. 8º, VI, EAOAB)

Ter *idoneidade moral* é outro requisito indispensável à obtenção de inscrição na OAB.

Na docência de RAFAEL BIELSA, a advocacia é um sacerdócio, sendo certo que a reputação do advogado se mede por seu talento e por sua moral[2].

Questão que se coloca é: como comprovar a idoneidade moral? Parece-nos evidente que a idoneidade de uma pessoa, tal qual a boa-fé no Direito Civil, se presume, não havendo como exigir do postulante ao quadro de advogados que comprove tal requisito. Mas, em havendo registro de algum fato que coloque em dúvida essa situação, a exemplo de uma sentença judicial condenatória ainda não transitada em julgado, ou uma demissão a bem do serviço público, apenas para citar dois exemplos, tal presunção é automaticamente derrogada, passando o Interessado a arcar com o ônus da demonstração de que tal fato não seria óbice à sua pretensão[3].

---

2. RAMOS, Gisela Gondin. *Estatuto da Advocacia: comentários e jurisprudência selecionada*. 5. ed. Rio de Janeiro: Forense, 2009.
3. Idem.

Porém, qualquer pessoa poderá suscitar a **declaração de inidoneidade moral** do postulante ao ingresso nos quadros de advogados, o que gerará a **instauração de procedimento administrativo**, sustando o pedido de inscrição até solução definitiva pela OAB.

Frise-se que a declaração de inidoneidade moral exige **quórum** de pelo menos **2/3 (dois terços)** dos membros do Conselho competente (art. 8º, § 3º, EAOAB).

Nos termos do art. 8º, § 4º, do EAOAB, "não atende ao requisito de idoneidade moral aquele que tiver sido condenado por crime infamante, salvo reabilitação judicial".

1.1.1.7. Prestar compromisso perante o Conselho (art. 8º, VII, EAOAB)

Finalmente, o último requisito necessário à obtenção de inscrição do requerente aos quadros de advogados é o de **prestar compromisso** perante o Conselho competente.

Nos termos do art. 20 do Regulamento Geral, o compromisso será prestado da seguinte forma: "Prometo exercer a advocacia com dignidade e independência, observar a ética, os deveres e prerrogativas profissionais e defender a Constituição, a ordem jurídica do Estado Democrático, os direitos humanos, a justiça social, a boa aplicação das leis, a rápida administração da justiça e o aperfeiçoamento da cultura e das instituições jurídicas".

Trata-se de verdadeiro **juramento**, considerado **indelegável**, por sua **natureza solene e personalíssima**, razão pela qual o requerente não poderá outorgar, por exemplo, procuração a terceiro para que preste, em seu nome, o compromisso perante o Conselho Seccional competente.

1.1.1.8. Quadro-resumo

Requisitos para a inscrição na OAB (art. 8º, EAOAB)	
Capacidade civil	– observância da legislação civil acerca do regime das capacidades
Diploma ou certidão de graduação em direito, obtido em instituição de ensino oficialmente autorizada e credenciada	– à falta do diploma, o candidato poderá apresentar à OAB a certidão de graduação em Direito, desde que acompanhada de cópia autenticada do histórico escolar
Título de eleitor e quitação do serviço militar, se brasileiro	– requisitos somente exigidos dos brasileiros; a mulher não precisará comprovar a quitação do serviço militar
Aprovação em Exame de Ordem	– estão dispensados desse requisito os profissionais oriundos da magistratura e do MP, bem como os bacharéis alcançados pelo art. 7º da Resolução 02/1994 do CFOAB, bem como os bacharéis em Direito que colaram grau até 1973; – também estão dispensados os advogados públicos aprovados em concurso público de provas e títulos realizado com a efetiva participação da OAB, e que estejam há mais de 05 (cinco) anos no exercício da profissão, tendo, porém, o prazo de 06 (seis) meses, contados a partir da data da publicação do Provimento 167/2015 do CFOAB, para regularização de suas inscrições perante a Ordem dos Advogados do Brasil, sob pena de decadência do direito
Não exercer atividade incompatível com a advocacia	– *vide* o rol do art. 28 do EAOAB

Idoneidade moral	– trata-se de requisito cuja satisfação, pelo candidato, é presumida, admitido, porém, que qualquer pessoa impugne a idoneidade moral, o que ensejará a suspensão do procedimento de inscrição até decisão pelo órgão competente da OAB; – a declaração de inidoneidade moral exige votos favoráveis de 2/3 (dois terços) de todos os membros do conselho competente.
Prestar compromisso perante o Conselho competente	– dada a sua natureza solene, a prestação do compromisso é ato personalíssimo e indelegável

1.2. Espécies de inscrição

Uma vez preenchidos os requisitos legais (art. 8º, EAOAB), poderá o candidato pleitear sua inscrição nos quadros de advogados.

Como veremos a seguir, ***três*** são as espécies de inscrição.

1.2.1. Inscrição principal do advogado (art. 10, caput, do EAOAB)

Caberá ao advogado, uma vez satisfeitos os requisitos exigidos pelo art. 8º do EAOAB, requerer sua **inscrição** perante a OAB.

Considerando a existência de 27 (vinte e sete) Conselhos Seccionais no Brasil (1 em cada Estado-membro e 1 no Distrito Federal), pergunta-se: em qual Conselho Seccional o advogado terá inscrição principal?

A resposta vem dada pelo art. 10, *caput*, do EAOAB, que prescreve que a **inscrição principal** do advogado deve ser feita no Conselho Seccional em cujo território pretende estabelecer seu **domicílio profissional**, que não se confunde e não precisa coincidir com o Estado em que concluiu o curso jurídico, ou onde prestou o Exame de Ordem.

Assim, se um advogado "A", graduado em Direito no estado do Rio de Janeiro, estabelecer como sua "sede" de atividades o estado de São Paulo, irá requerer sua inscrição principal no Conselho Seccional de São Paulo, a quem caberá proceder a fiscalização das atividades do profissional, bem assim cobrar a anuidade (contribuição obrigatória), manter os assentamentos (leia-se: prontuário) do advogado etc.

Caso um advogado realize suas atividades em diversos estados-membros, havendo **dúvida** sobre qual deles é seu domicílio profissional, prevalecerá o **domicílio da pessoa física** (art. 10, § 1º, EAOAB).

Por fim, importa registrar que a inscrição principal habilita o advogado a realizar atividades privativas de advocacia no respectivo estado-membro, de forma ilimitada, e, também, o exercício da advocacia nos demais estados-membros e Distrito Federal, porém, de forma condicionada, tal como será visto no item a seguir.

1.2.2. Inscrição suplementar (art. 10, § 2º, EAOAB)

Como já visto no item anterior, a inscrição principal proporcionará ao advogado que exerça suas atividades de forma "livre" no respectivo território do Conselho Seccional em que mantiver seu domicílio profissional. Ainda, poderá advogar nos demais estados sem inscrever-se no Conselho Seccional respectivo, mas de forma "limitada".

De acordo com o art. 10, § 2º, EAOAB, além da principal, o advogado deve promover a **inscrição suplementar** nos Conselhos Seccionais em cujos territórios passar a exercer ***ha-***

bitualmente a profissão. Destarte, o "fato gerador" da necessidade de inscrição suplementar é a ***habitualidade***.

Entende-se por **advocacia habitual**, nos termos do precitado dispositivo legal, a ***intervenção judicial que exceder de cinco causas por ano***.

Deve-se entender por *causa* o *processo judicial* efetivamente ajuizado, em que haja a participação do advogado[4], excetuada a denominada advocacia preventiva (assessoria e consultoria jurídica).

Também não se entendem no sentido de causa os recursos decorrentes e processados em tribunais localizados fora do território da sede principal[5].

Uma vez deferida a inscrição suplementar, poderá o advogado, naquele determinado estado, exercer a advocacia de forma plena, sem mais ter de atentar ao número legal (leia-se: cinco causas por ano).

Registre-se que cabe ao advogado **comunicar** à OAB o **exercício da profissão** fora do Conselho Seccional em que mantém inscrição principal, em número excedente às cinco causas anuais, conforme determina o art. 26 do Regulamento Geral. Caso não o faça, incorrerá em infração ética, por descumprir as prescrições estatutárias, bem como em exercício ilegal da profissão.

Vejamos um exemplo: "A" tem inscrição principal em SP (OAB/SP), o que o habilitará a exercer a advocacia sem restrições em qualquer município paulista. Porém, em MG, "A" ajuíza 10 mandados de segurança no ano de 2017 e, em SC, outros 5, também em 2017. Portanto, "A" deverá providenciar inscrição suplementar apenas perante a OAB/MG, visto que, naquela unidade federada, acompanha mais de cinco causas (no caso, dez) no mesmo ano. Já em SC, como são apenas 5 causas, ainda está dentro do limite permitido. No entanto, caso, no mesmo ano, ajuíze mais uma medida judicial, deverá requerer sua inscrição suplementar, sob pena de responder por exercício ilegal da profissão, sem prejuízo da infração ético-disciplinar a que estará sujeito.

Paralelamente à habitualidade, que é requisito (e fato gerador) para a promoção de inscrição suplementar, outra hipótese em que o advogado deverá solicitá-la verificar-se-á quando da **constituição de filial** de sociedade de advogados, nos termos do art. 15, § 5º, do EAOAB, o que será melhor explorado em capítulo próprio.

1.2.3. Mudança no domicílio profissional (art. 10, § 3º, do EAOAB)

O advogado que quiser alterar seu domicílio profissional, mudando-o para outra unidade federativa (estado ou DF), deverá requerer a **transferência** de sua inscrição principal para o Conselho Seccional correspondente.

Com a **efetiva mudança de domicílio profissional**, o advogado passará a ter apenas uma inscrição principal, mas agora em outro Conselho Seccional.

Observe o seguinte exemplo: "A", advogado, com domicílio profissional em município carioca (RJ), decide estabelecer novo domicílio profissional em município baiano (BA). Assim, deverá solicitar a transferência de sua inscrição principal do RJ para a BA, cabendo-lhe o dever de informar à OAB tal mudança, sob pena de responder disciplinarmente por sua omissão.

---

4. LÔBO, Paulo. *Comentários ao Estatuto da Advocacia e da OAB*. 4. ed. São Paulo: Saraiva, 2007.
5. Idem.

1.2.4. Quadro-resumo

Espécies de inscrição na OAB	
Inscrição principal	– obtida perante o Conselho Seccional em que o advogado pretender instalar seu domicílio profissional (sede principal de atividades de advocacia) – em caso de dúvida sobre qual o domicílio profissional do advogado, prevalecerá o domicílio da pessoa física
Inscrição suplementar	– será necessária caso o advogado passe a atuar com habitualidade (intervenção judicial que exceder a cinco causas) – não há necessidade de inscrição suplementar para o exercício de outras atividades privativas de advocacia (assessoria e consultoria jurídicas, visto em atos constitutivos de pessoas jurídicas etc.) – também será necessária a inscrição suplementar em caso de abertura de filial de sociedade de advogados (nesse caso, independentemente do critério da habitualidade)
Inscrição por transferência	– em caso de mudança efetiva de domicílio profissional, o advogado deverá providenciar, perante a OAB, a transferência de sua inscrição do “Estado de origem” para o “Estado de destino”

1.3. Cancelamento da inscrição do advogado (art. 11 do EAOAB)

O cancelamento da inscrição é o ato pelo qual se desfaz, se anula ou se torna ineficaz a inscrição anteriormente concedida[6]. Pode-se dizer, também, que se trata de ato desconstitutivo, que afeta definitivamente a existência da inscrição[7].

De acordo com o art. 11 do EAOAB, cancela-se a inscrição do profissional que:

a) assim o requerer;

b) sofrer penalidade de exclusão;

c) falecer;

d) passar a exercer, *em caráter definitivo*, atividade incompatível com a advocacia;

e) perder qualquer dos requisitos necessários para a inscrição.

Passemos à análise de cada uma das hipóteses de cancelamento!

Por óbvio, à exceção do falecimento, não mais poderá o ex-advogado praticar atividades privativas de advocacia, sob pena de **nulidade dos atos** (art. 4º, EAOAB).

1.3.1. Requerimento (art. 11, I, EAOAB)

Terá sua inscrição cancelada o advogado que **requerer** tal providência perante o Conselho Seccional competente. Significa dizer que é **direito do advogado** solicitar o cancelamento de sua inscrição, independentemente de apresentar qualquer motivo para tanto. Pode-se dizer que se trata de um **ato de vontade própria**, que, como visto, independe de qualquer justificação, não admitindo indeferimento[8].

6. RAMOS, Gisela Gondin. *Estatuto da Advocacia: comentários e jurisprudência selecionada*. 5. ed. Rio de Janeiro: Forense, 2009.
7. LÔBO, Paulo. *Comentários ao Estatuto da Advocacia e da OAB*. 4. ed. São Paulo: Saraiva, 2007.
8. RAMOS, Gisela Gondin. *Estatuto da Advocacia: comentários e jurisprudência selecionada*. 5. ed. Rio de Janeiro: Forense, 2009.

Diz-se que se trata de ato personalíssimo, não podendo ser realizado por procurador[9], muito embora, é bom que se diga, inexista vedação legal para que o pedido de cancelamento, mediante requerimento, seja feito por intermédio de procurador legalmente habilitado[10].

Finalmente, uma vez deferido o pedido de cancelamento, não será admitido o arrependimento, ou seja, caso o (ex-)advogado queira retornar à advocacia, deverá dar início a novo processo de inscrição, devendo ser satisfeitos os requisitos previstos no art. 8º, I, V, VI e VII, EAOAB.

Entendemos viável o arrependimento (desistência do pedido) enquanto o Conselho Seccional não apreciar o requerimento de cancelamento.

1.3. 2. Penalidade de exclusão (art. 11, II, EAOAB)

Será igualmente cancelada a inscrição do advogado que, após regular processo disciplinar, for punido pelo órgão competente da OAB com a **pena de exclusão** (art. 38, EAOAB), cabível caso o infrator incorra em uma das hipóteses legais (art. 34, XXVI a XXVIII, EAOAB). Tal assunto (exclusão) será adequadamente abordado no Capítulo das Infrações e Sanções Disciplinares.

Frise-se que o **cancelamento** somente ocorrerá após o **trânsito em julgado** da decisão que haja imposto ao inscrito da referida penalidade. Assim não fosse, estar-se-ia presumindo a culpa, na contramão do postulado constitucional do estado de inocência.

1.3.3. Falecimento (art. 11, III, EAOAB)

Trata-se de hipótese óbvia de cancelamento da inscrição do advogado. O fato jurídico "**morte**" irá acarretar, automaticamente, o **cancelamento da inscrição**, exigindo-se, para tanto, a indispensável demonstração de sua ocorrência, mediante exibição de **certidão de óbito**.

1.3.4. Exercício de atividade incompatível em caráter definitivo (art. 11, IV, EAOAB)

Cancelar-se-á a inscrição do advogado que passar a **exercer atividade incompatível** com a advocacia em **caráter definitivo**. Embora a matéria seja tema de discussão pormenorizada em capítulo próprio, importa registrar que o EAOAB, em seu art. 28, enumera as hipóteses caracterizadoras de **incompatibilidade**, sendo certo que nem todas têm caráter definitivo (ou seja, algumas são marcadas pela transitoriedade ou temporalidade).

Frise-se, por oportuno, que se a atividade incompatível for **anterior** ao pedido de inscrição no quadro de advogados, sequer a inscrição será deferida, consoante dispõe o art. 8º, V, EAOAB (é requisito para a inscrição como advogado não exercer atividade incompatível com a advocacia).

1.3.5. Perda de qualquer dos requisitos para a inscrição (art. 11, V, EAOAB)

Acarreta o cancelamento da inscrição o fato de o advogado **perder** qualquer dos **requisitos** legalmente exigidos para a inscrição, tais como a superveniente perda da capacidade civil, o cancelamento do diploma de graduação, o reconhecimento da inidoneidade moral ou a verificação da prática de conduta incompatível[11].

---

9. LÔBO, Paulo. *Comentários ao Estatuto da Advocacia e da OAB*. 4. ed. São Paulo: Saraiva, 2007.
10. RAMOS, Gisela Gondin. *Estatuto da Advocacia: comentários e jurisprudência selecionada*. 5. ed. Rio de Janeiro: Forense, 2009.
11. LÔBO, Paulo. *Comentários ao Estatuto da Advocacia e da OAB*. 4. ed. São Paulo: Saraiva, 2007.

1.3.6. *Suspensão, por três vezes, por inadimplência de contribuições obrigatórias distintas (art. 22, parágrafo único, Regulamento Geral)*

Muito embora não esteja prevista no art. 11 do EAOAB, é certo que a **suspensão** de um advogado por **três vezes**, em razão de não haver efetuado o pagamento de anuidades distintas, acarretar-lhe-á o cancelamento de sua inscrição.

Tal situação vem, também, delineada no art. 38 do EAOAB, que prevê em seu inciso I a imposição da pena de exclusão em razão da tríplice suspensão, o que acarretará, como visto, o cancelamento da inscrição (art. 11, II, EAOAB).

1.3.7. *Cancelamento da inscrição e novo pedido de inscrição*

De acordo com o disposto no art. 11, § 2º, EAOAB, na hipótese de **novo pedido de inscrição**, que **não restaura o número de inscrição anterior**, deve o interessado fazer prova dos requisitos dos incisos I, V, VI e VII do art. 8º, quais sejam, **capacidade civil**, **não exercer atividade incompatível**, ter **idoneidade moral** e **prestar compromisso** perante o Conselho.

Logo, em caso de pedido de (re)inscrição, o requerente não precisará exibir novamente diploma de graduação ou certidão de conclusão do curso, bem como título de eleitor e quitação do serviço militar, e também não precisará submeter-se a novo Exame de Ordem!

1.3. 8. *Cancelamento em razão da imposição de penalidade de exclusão*

No caso de o advogado ter tido sua inscrição cancelada em virtude de haver sofrido a penalidade de exclusão (art. 11, II, EAOAB), para que possa **retornar aos quadros da OAB**, o novo pedido de inscrição deverá ser acompanhado de **provas de reabilitação**, matéria que será vista mais à frente.

1.4. Licenciamento do advogado (art. 12 do EAOAB)

O **licenciamento** do profissional ocorrerá em situações ou intercorrências marcadas pela **transitoriedade**. Na acepção do Estatuto, significa a autorização que é dada ao advogado, pelo órgão competente da OAB, para que se afaste, por um período de tempo determinado, do seu exercício profissional, isentando-o assim de determinadas obrigações a que está sujeito perante sua entidade corporativa[12], entre elas o pagamento de anuidade!

Nos termos do art. 12 do EAOAB, licencia-se o profissional que:

a) assim o requerer, por motivo justificado;

b) passar a exercer, em *caráter temporário*, atividade incompatível com o exercício da advocacia;

c) sofrer doença mental considerada *curável*.

Passaremos, logo a seguir, à análise de cada uma das hipóteses de licenciamento, frisando-se que, em qualquer caso, o profissional licenciado **não poderá praticar atividades privativas de advocacia**, sob pena de **nulidade** (art. 4º, EAOAB).

Importante, antes, porém, destacar que, licenciado o profissional, deixará de existir a obrigatoriedade de prosseguir com o **pagamento da anuidade** para o respectivo Conselho Seccional.

---

12. RAMOS, Gisela Gondin. *Estatuto da Advocacia: comentários e jurisprudência selecionada*. 5. ed. Rio de Janeiro: Forense, 2009.

Com efeito, o Conselho Pleno do Conselho Federal da OAB, no uso das atribuições que lhe são conferidas nos arts. 75, parágrafo único, e 86 do Regulamento Geral da Lei 8.906/1994, considerando o julgamento da Proposição n. 2010.19.03171-01/COP (SGD: 49.0000.2012.007566-3/COP), decidiu, na Sessão Ordinária realizada no dia 17 de setembro de 2012, editar a **Súmula 03/2012/COP**, com o seguinte enunciado:

"ADVOGADO. OAB. PAGAMENTO DE ANUIDADES. OBRIGATORIEDADE. SUSPENSÃO. LICENÇA.

I – É obrigatório o pagamento de anuidades pelo advogado suspenso temporariamente de suas atividades profissionais.

II – O advogado regularmente licenciado do exercício profissional não está sujeito ao pagamento das anuidades, sendo, contudo, obrigatória sua manifestação expressa de opção nesse sentido, presumindo-se, com a ausência de requerimento correspondente, que pretende fazer jus aos benefícios proporcionados pela OAB, com a manutenção da obrigatoriedade do respectivo recolhimento."

Interessa-nos, aqui, o quanto contido no **item II** da Súmula em comento, que prevê que ao advogado licenciado, desde que **manifeste expressamente sua opção** no sentido de **suspender** o pagamento da anuidade, esta não lhe será exigida durante o período de afastamento. Todavia, caso permaneça silente, o recolhimento da contribuição anual seguirá obrigatório, com o que fará jus aos benefícios proporcionados pela OAB (por exemplo, as benesses prestadas pela Caixa de Assistência dos Advogados).

Em resumo: se o advogado licenciado requerer expressamente a suspensão do pagamento da anuidade, tal ocorrerá, retirando-lhe, porém, a possibilidade de se usufruir dos benefícios que a entidade poderia lhe proporcionar.

1.4.1. *Requerimento (art. 12, I, EAOAB)*

É direito do advogado solicitar à OAB seu "**afastamento temporário**" da entidade, desde que o faça **motivadamente**. Um bom exemplo é o de um advogado ser aprovado em curso de mestrado ou doutorado no exterior, devendo, para tanto, demonstrar ao Conselho Seccional competente sua aprovação e o prazo em que ficará afastado dos quadros de advogados no Brasil.

Entendemos que a necessidade de motivação no requerimento de licenciamento acarreta, em tese, a possibilidade de seu indeferimento pela OAB. Assim não fosse, não exigiria o Estatuto a apresentação dos motivos para o afastamento do advogado do exercício profissional. Porém, o indeferimento, na mesma medida, deverá ser fundamentado, a fim de permitir ao advogado que com ele não se conformar, interpor o competente recurso, e, se o caso, buscar a tutela jurisdicional para o alcance de sua pretensão.

1.4.2. *Exercício de atividade incompatível em caráter temporário (art. 12, II, EAOAB)*

Irá licenciar-se o advogado que assumir **atividade incompatível** com a advocacia, desde que marcada pela **transitoriedade**. Conforme dispõe o art. 27 do EAOAB, as incompatibilidades geram a proibição total para advogar, constituindo, ainda, óbice ao deferimento da própria inscrição (art. 8º, V, EAOAB).

No entanto, se um advogado passar a exercer função ou atividade incompatível em caráter transitório (ex.: Chefe do Poder Executivo – art. 28, I, EAOAB), deverá licenciar-se da OAB, cabendo-lhe o dever de comunicar tal fato ao Conselho competente.

Cessada a incompatibilidade, a inscrição retornará ao *status quo ante*, restabelecendo-se o mesmo número de outrora.

1.4.3. Doença mental curável (art. 12, III, EAOAB)

Se o advogado for acometido de **enfermidade psiquiátrica considerada curável** por laudo médico, simplesmente irá licenciar-se, retornando à advocacia após sua cura.

Ressalte-se que se a doença mental que acometer o causídico for considerada **incurável**, e desde que referida moléstia lhe retire a **capacidade de discernimento**, tal afetará sua **capacidade civil**, considerada requisito necessário à inscrição (art. 8º, I, EAOAB), razão pela qual será o caso de cancelamento da inscrição (art. 11, V, EAOAB).

1.4.4. Quadro-resumo [3]

Hipóteses de cancelamento (art. 11, EAOAB)	Hipóteses de licenciamento (art. 12, EAOAB)
– Requerimento (o EAOAB ***não exige motivação***) – Penalidade de exclusão – Falecimento – Exercício de atividade incompatível em caráter ***definitivo*** – Perda de qualquer requisito para a inscrição	– Requerimento (o EAOAB ***exige motivação***) – Exercício de atividade incompatível em caráter ***temporário*** – Doença mental ***curável***
Consequências do cancelamento – desligamento do advogado dos quadros da OAB – possibilidade de retorno (novo pedido de inscrição), que não restaura a inscrição anterior – nulidade de atos privativos de advocacia praticados após o cancelamento – cessação do pagamento da anuidade	***Consequências do licenciamento*** – afastamento temporário do advogado dos quadros da OAB – cessando a causa do licenciamento, o advogado retorna ao exercício profissional, mantida a mesma inscrição – nulidade de atos privativos de advocacia praticados durante o licenciamento – o pagamento da anuidade é facultativo, por expressa manifestação do advogado licenciado, que, neste caso, não fará jus aos benefícios que a OAB pode lhe proporcionar (por exemplo, as benesses que a Caixa de Assistência dos Advogados pode trazer ao inscrito)

2. DOCUMENTO DE IDENTIDADE PROFISSIONAL

Os arts. 13 e 14, ambos do EAOAB, disciplinam respectivamente que o documento de identidade profissional, na forma prevista no Regulamento Geral, é de **uso obrigatório no exercício da profissão** pelo advogado e também pelo estagiário, além de fazer **prova da identidade civil** para todos os fins legais. Além disso, é obrigatória a indicação do **nome e número de inscrição** em todos os documentos assinados pelo advogado, no exercício de suas atividades, inclusive em sua publicidade.

Anote-se que os documentos de identidade profissional do **advogado** são o **cartão** e a **carteira** emitidos pela OAB, conforme modelo próprio, com as características definidas no Regulamento Geral (arts. 32 a 36).

Já o estagiário receberá apenas o **cartão**, com a indicação de que se trata de "identidade de estagiário", com prazo de validade, que não ultrapassará três anos.

[3] Para visualizar o *SHORT VIDEO* acesse: http://www.editorafoco.com.br/short-videos.

2.1. Inclusão do nome social na identidade profissional do advogado

A Resolução 5/2016, editada pelo Conselho Federal da OAB, publicada em Diário Oficial da União de 05 de julho de 2016, promoveu relevantes alterações no Regulamento Geral (RGOAB), dentre as quais a possibilidade de **advogados transexuais** ou **travestis** incluírem o **nome social** na identidade profissional. Confira-se o quanto dispõe o art. 33, parágrafo único, do precitado RGOAB: "*O nome social é a designação pela qual a pessoa travesti ou transexual se identifica e é socialmente reconhecida e será inserido na identificação do advogado mediante requerimento*".

Assim, em materialização à dignidade da pessoa humana e à isonomia, a OAB passou a permitir que nos documentos de identificação profissional dos advogados, bem como nas razões sociais das sociedades de advogados, constem não necessariamente o nome de registro do advogado, mas, tam-bém, para os transexuais e travestis, a opção pelo seu nome social.

Legislação correlata

1. ARTIGOS PERTINENTES DO ESTATUTO DA OAB

→ *v.* Arts. 20 a 36 do Regulamento Geral da OAB.

Art. 8º Para inscrição como advogado é necessário:

I – capacidade civil;

II – diploma ou certidão de graduação em direito, obtido em instituição de ensino oficialmente autorizada e credenciada;

III – título de eleitor e quitação do serviço militar, se brasileiro;

IV – aprovação em Exame de Ordem;

V – não exercer atividade incompatível com a advocacia;

VI – idoneidade moral;

VII – prestar compromisso perante o Conselho.

§ 1º O Exame da Ordem é regulamentado em provimento do Conselho Federal da OAB.

§ 2º O estrangeiro ou brasileiro, quando não graduado em direito no Brasil, deve fazer prova do título de graduação, obtido em instituição estrangeira, devidamente revalidado, além de atender aos demais requisitos previstos neste artigo.

§ 3º A inidoneidade moral, suscitada por qualquer pessoa, deve ser declarada mediante decisão que obtenha no mínimo 2/3 (dois terços) dos votos de todos os membros do conselho competente, em procedimento que observe os termos do processo disciplinar.

§ 4º Não atende ao requisito de idoneidade moral aquele que tiver sido condenado por crime infamante, salvo reabilitação judicial.

Art. 9º Para inscrição como estagiário é necessário:

→ *v.* Art. 76 do Novo Código de Ética da OAB.

→ *v.* Arts. 27 a 31 e 35 do Regulamento Geral da OAB.

I – preencher os requisitos mencionados nos incisos I, III, V, VI e VII do art. 8º;

II – ter sido admitido em estágio profissional de advocacia.

§ 1º O estágio profissional de advocacia, com duração de 2 (dois) anos, realizado nos últimos anos do curso jurídico, pode ser mantido pelas respectivas instituições de ensino superior pelos Conselhos da OAB, ou por setores, órgãos jurídicos e escritórios de advocacia credenciados pela OAB, sendo obrigatório o estudo deste Estatuto e do Código de Ética e Disciplina.

§ 2º A inscrição do estagiário é feita no Conselho Seccional em cujo território se localize seu curso jurídico.

§ 3º O aluno de curso jurídico que exerça atividade incompatível com a advocacia pode frequentar o estágio ministrado pela respectiva instituição de ensino superior, para fins de aprendizagem, vedada a inscrição na OAB.

§ 4º O estágio profissional poderá ser cumprido por bacharel em Direito que queira se inscrever na Ordem.

Art. 10. A inscrição principal do advogado deve ser feita no Conselho Seccional em cujo território pretende estabelecer o seu domicílio profissional, na forma do Regulamento Geral.

§ 1º Considera-se domicílio profissional a sede principal da atividade de advocacia, prevalecendo, na dúvida, o domicílio da pessoa física do advogado.

§ 2º Além da principal, o advogado deve promover a inscrição suplementar nos Conselhos Seccionais em cujos territórios passar a exercer habitualmente a profissão, considerando-se habitualidade a intervenção judicial que exceder de 5 (cinco) causas por ano.

§ 3º No caso de mudança efetiva de domicílio profissional para outra unidade federativa, deve o advogado requerer a transferência de sua inscrição para o Conselho Seccional correspondente.

§ 4º O Conselho Seccional deve suspender o pedido de transferência ou de inscrição suplementar, ao verificar a existência de vício ou ilegalidade na inscrição principal, contra ela representando ao Conselho Federal.

Art. 11. Cancela-se a inscrição do profissional que:

I – assim o requerer;

II – sofrer penalidade de exclusão;

III – falecer;

IV – passar a exercer, em caráter definitivo, atividade incompatível com a advocacia;

V – perder qualquer um dos requisitos necessários para inscrição.

§ 1º Ocorrendo uma das hipóteses dos incisos II, III e IV, o cancelamento deve ser promovido, de ofício, pelo Conselho competente ou em virtude de comunicação por qualquer pessoa.

§ 2º Na hipótese de novo pedido de inscrição – que não restaura o número de inscrição anterior – deve o interessado fazer prova dos requisitos dos incisos I, V, VI e VII do art. 8º.

§ 3º Na hipótese do inciso II deste artigo, o novo pedido de inscrição também deve ser acompanhado de provas de reabilitação.

Art. 12. Licencia-se o profissional que:

I – assim o requerer, por motivo justificado;

II – passar a exercer, em caráter temporário, atividade incompatível com o exercício da advocacia;

III – sofrer doença mental considerada curável.

Art. 13. O documento de identidade profissional, na forma prevista no Regulamento Geral, é de uso obrigatório no exercício da atividade de advogado ou de estagiário e constitui prova de identidade civil para todos os fins legais.

Art. 14. É obrigatória a indicação do nome e do número de inscrição em todos os documentos assinados pelo advogado, no exercício de sua atividade.

Parágrafo único. É vedado anunciar ou divulgar qualquer atividade relacionada com o exercício da advocacia ou o uso da expressão escritório de advocacia, sem indicação expressa do nome e do número de inscrição dos advogados que o integrem ou o número de registro da sociedade de advogados na OAB.

2. ARTIGOS PERTINENTES DO REGULAMENTO GERAL

→ *v.* Arts. 8º a 14 da Lei 8.906/1994.

Art. 20. O requerente à inscrição principal no quadro de advogados presta o seguinte compromisso perante o Conselho Seccional, a Diretoria ou o Conselho da Subseção: "Prometo exercer a advocacia com dignidade e independência, observar a ética, os deveres e prerrogativas profissionais e defender a Constituição, a ordem jurídica do Estado Democrático, os direitos humanos, a justiça social, a boa aplicação das leis, a rápida administração da justiça e o aperfeiçoamento da cultura e das instituições jurídicas".

§ 1º É indelegável, por sua natureza solene e personalíssima, o compromisso referido neste artigo.

§ 2º A conduta incompatível com a advocacia, comprovadamente imputável ao requerente, impede a inscrição no quadro de advogados.

→ Anterior § 3º renumerado, após supressão do anterior § 2º, pelo Conselho Pleno do CFOAB (*D.J.* 24.11.1997).

Art. 21. O advogado pode requerer o registro, nos seus assentamentos, de fatos comprovados de sua atividade profissional ou cultural, ou a ela relacionados, e de serviços prestados à classe, à OAB e ao País.

Art. 22. O advogado, regularmente notificado, deve quitar seu débito relativo às anuidades, no prazo de 15 (quinze) dias da notificação, sob pena de suspensão, aplicada em processo disciplinar.

Parágrafo único. Cancela-se a inscrição quando ocorrer a terceira suspensão, relativa ao não pagamento de anuidades distintas.

→ *v.* Modificação do Regulamento Geral (*D.J.* 13.11.1998).

Art. 23. O requerente à inscrição no quadro de advogados, na falta de diploma regularmente registrado, apresenta certidão de graduação em direito, acompanhada de cópia autenticada do respectivo histórico escolar.

Parágrafo único. (*Revogado pelo Conselho Pleno do CFOAB – D.J.12.12.2000).*

Art. 25. Os pedidos de transferência de inscrição de advogados são regulados em Provimento do Conselho Federal.

→ Artigo com redação alterada pelo Conselho Pleno do CFOAB (*D.J.* 24.11.1997).

→ *v.* Provimento CFOAB 42/1978 – Uniformização de normas para exame pelas Seções da Ordem dos Advogados do Brasil nos pedidos de transferência de inscrições de advogados.

Art. 26. O advogado fica dispensado de comunicar o exercício eventual da profissão, até o total de cinco causas por ano, acima do qual obriga-se à inscrição suplementar.

Art. 32. São documentos de identidade profissional a carteira e o cartão emitidos pela OAB, de uso obrigatório pelos advogados e estagiários inscritos, para o exercício de suas atividades.

Parágrafo único. O uso do cartão dispensa o da carteira.

Art. 33. A carteira de identidade do advogado, relativa à inscrição originária, tem as dimensões de 7,00 (sete) x 11,00 (onze) centímetros e observa os seguintes critérios:

I – a capa, em fundo vermelho, contém as armas da República e as expressões "Ordem dos Advogados do Brasil" e "Carteira de Identidade de Advogado";

II – a primeira página repete o conteúdo da capa, acrescentado da expressão "Conselho Seccional de (...)" e do inteiro teor do art. 13 do Estatuto;

III – a segunda página destina-se aos dados de identificação do advogado, na seguinte ordem: número da inscrição, nome, nome social, filiação, naturalidade, data do nascimento, nacionalidade, data da colação de grau, data do com-promisso e data da expedição, e à assinatura do Presidente do Conselho Seccional

→ Inciso III com redação alterada pela Resolução CFOAB 5, de 05.07.2016

IV – a terceira página é dividida para os espaços de uma foto 3 (três) x 4 (quatro) centímetros, da impressão digital e da assinatura do portador;

V – as demais páginas, em branco e numeradas, destinam-se ao reconhecimento de firma dos signatários e às anotações da OAB, firmadas pelo Secretário-Geral ou Adjunto, incluindo as incompatibilidades e os impedimentos, o exercício de mandatos, as designações para comissões, as funções na OAB, os serviços relevantes à profissão e os dados da inscrição suplementar, pelo Conselho que a deferir;

VI – a última página destina-se à transcrição do art. 7º do Estatuto.

Parágrafo único. O nome social é a designação pela qual a pessoa travesti ou transexual se identifica e é socialmente reconhecida e será inserido na identificação do advogado mediante requerimento.

→ Parágrafo único com redação alterada pela Resolução CFOAB 5, de 05.07.2016.

→ Sobre o parágrafo único acrescentado pela Res. CFOAB 5/2016, houve aparente equívoco do CFOAB ao mencionar o acréscimo do parágrafo único ao dispositivo em comento, visto que já existia em sua redação original.

Art. 34. O cartão de identidade tem o mesmo modelo e conteúdo do cartão de identificação pessoal (registro geral), com as seguintes adaptações, segundo o modelo aprovado pela Diretoria do Conselho Federal:

I – o fundo é de cor branca e a impressão dos caracteres e armas da República, de cor vermelha;

II – o anverso contém os seguintes dados, nesta sequência: Ordem dos Advogados do Brasil, Conselho Seccional de (...), Identidade de Advogado (em destaque), nº da inscrição, nome, nome social, filiação, naturalidade, data do nasci-mento e data da expedição, e a assinatura do Presidente, podendo ser acrescentados os dados de identificação de registro geral, de CPF, eleitoral e outros;

→ Inciso II com redação alterada pela Resolução CFOAB 5, de 05.07.2016.

III – o verso destina-se à fotografia, observações e assinatura do portador.

→ Inciso III com redação alterada pela Resolução do CFOAB 4/2006.

§ 1º No caso de inscrição suplementar o cartão é específico, indicando-se: "N. da Inscrição Suplementar:" (em negrito ou sublinhado).

§ 2º Os Conselhos Federal e Seccionais podem emitir cartão de identidade para os seus membros e para os membros das Subseções, acrescentando, abaixo do termo "Identidade de Advogado", sua qualificação de conselheiro ou dirigente da OAB e, no verso, o prazo de validade, coincidente com o mandato.

Art. 36. O suporte material do cartão de identidade é resistente, devendo conter dispositivo para armazenamento de certificado digital.

→ Artigo com redação alterada pela Resolução do CFOAB 2/2006.

Questões comentadas

(EXAME DE ORDEM UNIFICADO 2010.2 – FGV) Fábio, advogado com mais de dez anos de efetiva atividade, obtém a indicação da OAB para concorrer pelo quinto constitucional à vaga reservada no âmbito de Tribunal de Justiça. No curso do processo também obtém a indicação do Tribunal e vem a ser nomeado pelo Governador do Estado, ingressando nos quadros do Poder Judiciário. Diante disso, à luz das normas estatutárias ocorrerá:

(A) o cancelamento da inscrição como advogado.

(B) a suspensão até que cesse a incompatibilidade.

(C) o licenciamento do profissional.

(D) a passagem para a reserva do quadro de advogados.

COMENTÁRIO

Nos termos do art. 12, II, da Lei 8.906/1994, *licencia-se* o profissional que "passar a exercer, em caráter temporário, atividade incompatível com o exercício da advocacia". No caso, Fábio não ficará afastado temporariamente, mas por um bom tempo. Assim, o caso não se enquadra na hipótese da alternativa "C", que trata do licenciamento do profissional. Na hipótese, como a advocacia é *incompatível* com a condição de membro do Poder Judiciário (art. 28, II, da Lei 8.906/1994), e tal condição se dará com caráter duradouro, Fábio deverá pedir o cancelamento da sua inscrição como advogado, nos termos do art. 11, IV, da Lei 8.906/1994, de modo que a alternativa "A" é a correta.

(IV EXAME DE ORDEM UNIFICADO – FGV) Semprônio reside no Estado W, onde mantém o seu escritório de advocacia, mas requer sua inscrição principal no Estado K, onde, em alguns anos, pretende estabelecer domicílio. No concernente ao tema, à luz das normas estatutárias, é correto afirmar que

(A) na dúvida entre domicílios, prevalece o da sede principal do exercício da advocacia.

(B) a inscrição principal está subordinada ao domicílio profissional do advogado.

(C) o Conselho Federal pode autorizar a inscrição principal fora da sede do escritório do advogado.

(D) o advogado pode eleger qualquer seccional para inscrição principal ao seu arbítrio.

COMENTÁRIO

A alternativa "B" está correta. De fato, a inscrição principal do advogado deve ser feita no Conselho Seccional em cujo território pretende estabelecer o seu domicílio profissional (art. 10 do Estatuto da OAB – EAOAB – Lei 8.906/1994), assim entendido como a sede principal da atividade da advocacia (art. 10, § 1º, do EAOAB),

A alternativa "A" está incorreta, pois, de acordo com o art. 10, § 1º, do Estatuto da OAB (EAOAB – Lei 8.906/1994), considera-se domicílio profissional a sede principal da atividade de advocacia, prevalecendo, na dúvida, o domicílio da pessoa física do advogado (e não o da sede principal do exercício da advocacia, como mencionado na alternativa).

A alternativa "C" está incorreta, pois contraria o disposto no art. 10 do EAOAB).

A alternativa "D" está incorreta, posto que em desconformidade com o previsto no art. 10 do EAOAB).

(V EXAME DE ORDEM UNIFICADO – FGV) Alcides, advogado de longa data, resolve realizar concurso para o Ministério Público, vindo a ser aprovado em primeiro lugar. Após os trâmites legais, é designada data para a sua posse, circunstância que acarreta seu requerimento para suspender sua inscrição nos quadros da OAB, o que vem a ser indeferido. No caso em comento, em relação a Alcides, configura-se situação de

(A) incompatibilidade, podendo atuar, como advogado, em determinadas situações.

(B) cancelamento da inscrição por assunção de cargo incompatível.

(C) suspeição enquanto permanecer no cargo.

(D) suspensão da inscrição até a aposentadoria do membro do Ministério Público.

COMENTÁRIO

A alternativa "B" está correta. De fato, o exercício de cargo no Ministério Público é causa geradora de incompatibilidade em caráter definitivo, fato suficiente a ensejar o cancelamento da inscrição do advogado, nos termos do art. 11, IV, do Estatuto da OAB (Lei 8.906/1994 – EAOAB). Deve o candidato recordar que ser membro do Ministério Público configura causa de incompatibilidade (proibição total para advogar), nos termos do art. 28, II, do EAOAB. A licença (e não suspensão, que é espécie de pena pela prática de infração ética, prevista no art. 37 do EAOAB) da inscrição somente seria viável se se tratasse de incompatibilidade em caráter temporário, nos termos do art. 12, II, do EAOAB, o que, evidentemente, não é o caso de um advogado que tome posse para o exercício de cargo no Ministério Público.

(VI EXAME DE ORDEM UNIFICADO – FGV) Terêncio, após intensa atividade advocatícia, é acometido por mal de origem psiquiátrica, mas diagnosticado como passível de cura após tratamento prolongado. Não podendo exercer os atos da vida civil, apresenta requerimento à OAB. No concernente ao tema, à luz das normas aplicáveis, é correto afirmar que é caso de

(A) cancelamento da inscrição como advogado.

(B) impedimento ao exercício profissional, mantida a inscrição na OAB.

(C) licença do exercício da atividade profissional.

(D) penalidade de exclusão por doença.

COMENTÁRIO

A alternativa correta é a "C". De fato, a doença mental curável, consoante dispõe o art. 12, III, do EAOAB, é causa de licenciamento do advogado. Somente seria caso de cancelamento se se tratasse de doença mental incurável, caso em que o advogado teria perdido um dos requisitos para a inscrição, qual seja, a capacidade civil (art. 8º, I, do EAOAB).

(VI EXAME DE ORDEM UNIFICADO – FGV) O Bacharel em Direito, após aprovação no Exame de Ordem, deve apresentar cópia do diploma. Caso ele não tenha sido expedido, segundo as normas do Regulamento Geral do Estatuto da Advocacia e da OAB,

(A) ocorrerá a inscrição provisória como advogado.

(B) não poderá ocorrer a inscrição até expedido o diploma.

(C) pode apresentar certidão de conclusão com histórico escolar.

(D) deve obter permissão especial do Conselho Seccional.

COMENTÁRIO

A alternativa "C" está correta. De fato, caso um bacharel em Direito, após aprovado em Exame de Ordem, requeira sua inscrição na OAB, precisará, dentre outros requisitos, apresentar diploma ou certidão de conclusão do curso (art. 8º, II, do EAOAB; art. 23 do Regulamento Geral).

(VIII EXAME DE ORDEM UNIFICADO – FGV) Pedro, advogado regularmente inscrito nos quadros da OAB, após regular processo administrativo disciplinar, é apenado com a sanção de exclusão por ter sido condenado pela prática de crimes contra o patrimônio, tendo a decisão judicial transitada em julgado. Após cumprir a pena e tendo sido a mesma julgada extinta pelo Juízo competente, apresenta requerimento de retorno à OAB. Nos termos do Estatuto, deve o requerente

(A) apresentar a documentação prevista para inscrição inaugural no quadro de advogados, além de submeter-se a novo Exame de Ordem.

(B) requerer a restauração da sua inscrição anterior com os documentos previstos para a inscrição inaugural, sem submissão a novo Exame de Ordem.

(C) indicar provas para a inscrição nos quadros da OAB que comprovem a sua capacidade civil apta a permitir o retorno, e os documentos para inscrição inaugural.

(D) comprovar a sua reabilitação e apresentar os documentos relacionados à idoneidade moral.

COMENTÁRIO

A alternativa "D" está correta (art. 11, § 3º, do EAOAB). Temos uma crítica ao gabarito. A alternativa "D" é a "menos errada". Porém, é certo que o retorno de advogado com inscrição cancelada em razão de pena de exclusão, a despeito de exigir prévia reabilitação, inclusive criminal (art. 41, parágrafo único, do EAOAB), não exige "prova documental" de idoneidade moral. De fato, a idoneidade moral é requisito necessário à inscrição na OAB (art. 8º, VI, do EAOAB). No entanto, trata-se de um requisito "presumido", que independe de prova. Ainda que se esteja diante de exclusão oriunda da prática de crime infamante, com a reabilitação judicial, resgata-se a idoneidade (art. 8º, § 4º, do EAOAB).
A alternativa "A" está incorreta, pois o advogado que tiver sua inscrição na OAB cancelada em virtude de sofrer pena de exclusão, para retornar à instituição, embora deva submeter-se a prévia reabilitação (art. 11, § 3º, do EAOAB), não terá que prestar novo Exame de Ordem.
A alternativa "B" está incorreta, pois, como visto na alternativa anterior, o retorno à OAB, em caso de exclusão, exige pedido de reabilitação, não bastando mero pedido de restauração da inscrição anterior. Aliás, após o cancelamento da inscrição, não se restaura a inscrição (leia-se: número) anterior!
A alternativa "C" está incorreta, pois o retorno de advogado excluído da OAB exige não apenas os requisitos necessários à inscrição inaugural (art. 8º da EAOAB), mas, também, a reabilitação (art. 11, § 3º, do EAOAB).

(IX EXAME DE ORDEM UNIFICADO – FGV) José da Silva, advogado renomado, é acometido por doença mental considerada pela unanimidade dos médicos como incurável, perdendo suas faculdades de discernimento e sendo considerado absolutamente incapaz por sentença judicial.

Nos termos das regras estatutárias, sua inscrição como advogado será

(A) suspensa até laudo médico sobre a doença portada.

(B) cancelada diante da incurabilidade da doença.

(C) extinta por decisão de junta médica convocada para tal fim.

(D) suspensa temporariamente para avaliação pelo Conselho Seccional.

COMENTÁRIO

A alternativa "B" está correta. De fato, se um advogado for acometido por doença mental considerada incurável, tornar-se-á incapaz para os atos da vida civil, perdendo, assim, o primeiro requisito para a obtenção de inscrição na OAB (art. 8º, I, do Estatuto da OAB). Assim, nos termos do art. 11, V, do Estatuto da OAB, será cancelada a inscrição do advogado que perder qualquer dos requisitos para a inscrição. Logo, José da Silva terá sua inscrição cancelada. É bom que o candidato fique atento ao seguinte: se a doença mental que acometer um advogado for considerada curável, será caso de licenciamento do profissional (afastamento temporário), nos termos do art. 12, III, do Estatuto da OAB. Não se confunde o *licenciamento* com a *suspensão* do advogado, considerada *pena* pela prática de infração ética (art. 37 do Estatuto da OAB).

(IX Exame de Ordem Unificado – FGV) Sávio, aluno regularmente matriculado em Escola de Direito, obtém a sua graduação e, logo a seguir, aprovação no Exame de Ordem. Por força de movimento grevista na sua instituição, o diploma não pode ser expedido.

A respeito da inscrição no quadro de advogados, consoante as normas do Regulamento Geral do Estatuto da Advocacia e da OAB, assinale a afirmativa correta.

(A) O diploma é essencial para a inscrição nos quadros da Ordem dos Advogados.

(B) O bacharel, diante do impedimento de apresentar o diploma, deve apresentar declaração de autoridade certificando a conclusão do curso.

(C) A Ordem, diante do movimento grevista comprovado, poderá acolher declaração de próprio punho do requerente afirmando ter obtido grau.

(D) O bacharel em Direito deve apresentar certidão de conclusão de curso e histórico escolar autenticado.

COMENTÁRIO

A alternativa "D" está correta, pois, nos termos do art. 23 do Regulamento Geral, não dispondo o candidato de diploma, poderá apresentar a certidão de graduação em Direito (também conhecida como certidão de colação de grau), devidamente acompanhada de histórico escolar autenticado.

A alternativa "A" está incorreta, pois o bacharelado em Direito, nada obstante constitua, de fato, requisito para a obtenção da inscrição nos quadros da OAB, poderá ser comprovado por duas formas: i) diploma ou; ii) certidão de graduação em Direito (art. 8.º, II, do Estatuto da OAB). Assim, caso o candidato não apresente o diploma, a alternativa será a aludida certidão de conclusão do curso, acompanhada do respectivo histórico escolar autenticado (art. 23 do Regulamento Geral).

A alternativa "B" está incorreta. Como visto, dois são os documentos comprobatórios do bacharelado em Direito (diploma ou certidão – e não declaração! – de graduação no curso), nos termos do já citado art. 8.º, II, do Estatuto da OAB.

A alternativa "C" está incorreta. A declaração unilateral de graduação, pelo candidato, obviamente não demonstra ser ele formado em Direito. Trata-se de requisito que deve ser comprovado documentalmente à OAB (lembre-se: por diploma ou certidão de conclusão do curso).

(IX EXAME DE ORDEM UNIFICADO – FGV) João, após aprovação em Exame de Ordem, apresenta os documentos exigidos para inscrição nos quadros da Ordem dos Advogados do Brasil. Após sua regular inscrição, a instituição universitária que João informou ter cursado, comunicou à OAB que não havia, nos seus registros, qualquer referência a ele. Em razão disso, foi instaurado processo administrativo para apurar se o advogado havia efetivamente colado grau. Após o devido processo legal, ficou confirmado que João, efetivamente, não lograra êxito no curso de Direito. Diante dessa narrativa, à luz da legislação aplicável aos advogados, assinale a afirmativa correta.

(A) O advogado será apenado com a suspensão do exercício das atividades até apresentar certidão de colação de grau.

(B) O advogado será advertido e não poderá exercer a profissão até regularizar sua situação.

(C) O advogado terá cancelada sua inscrição na Ordem dos Advogados do Brasil.

(D) O advogado não será apenado porque o curso do tempo convalidou os seus atos sendo considerado rábula.

COMENTÁRIO

A alternativa "C" está correta. De fato, nos termos do art. 11, V, do Estatuto da OAB, cancela-se a inscrição do advogado que não preencher quaisquer dos requisitos para obtê-la (rol do art. 8º do Estatuto da OAB). Ora, entre referidos requisitos consta o diploma ou certidão de graduação em Direito (art. 8º, II). Logo, não preenchendo o advogado os requisitos legais, sua inscrição deverá ser cancelada. Ademais disso, sua conduta (obter a inscrição sem o preenchimento dos requisitos legais) caracteriza infração ética punida com exclusão (art. 34, XXVI, do Estatuto da OAB), conforme determina o art. 38 do Estatuto.

A alternativa "A" está incorreta. Não consta no art. 37 do Estatuto da OAB, que trata da pena de suspensão da atividade profissional, hipótese que se amolde ao enunciado. Em outras palavras, o fato de João ter obtido inscrição na OAB sem ser, de fato, bacharel em Direito, constitui infração ética passível de exclusão, como será visto mais à frente.

A alternativa "B" está incorreta, pois a mera advertência ao advogado não faria cessar a irregularidade, qual seja, a de se permitir o exercício da atividade profissional a despeito de não preencher requisito legalmente imposto, qual seja, o bacharelado em Direito (art. 8º, II, do Estatuto da OAB).

A alternativa "D" está incorreta. A assertiva é absurda. É claro que o tempo não pode convalidar tamanha ilegalidade (inscrição na OAB obtida com prova falsa).

(IX EXAME DE ORDEM UNIFICADO – FGV) Sílvio, aluno regularmente matriculado em Escola de Direito, obtém a sua graduação e, logo a seguir, aprovação no Exame de Ordem. Por força de movimento grevista na sua instituição, o diploma não pode ser expedido.

A respeito da inscrição no quadro de advogados, consoante as normas do Regulamento Geral do Estatuto da Advocacia e da OAB, assinale a afirmativa correta.

(A) O diploma é essencial para a inscrição nos quadros da Ordem dos Advogados.

(B) O bacharel, diante do impedimento de apresentar o diploma, deve apresentar declaração de autoridade certificando a conclusão do curso.

(C) A Ordem, diante do movimento grevista comprovado, poderá acolher declaração de próprio punho do requerente afirmando ter obtido grau.

(D) O bacharel em Direito deve apresentar certidão de conclusão de curso e histórico escolar autenticado.

COMENTÁRIO

A alternativa "D" está correta, nos termos do art. 23 do Regulamento Geral. Não dispondo o candidato do diploma, a alternativa será a apresentação da certidão de graduação em Direito (também conhecida como certidão de colação de grau), acompanhada de histórico escolar autenticado.

A alternativa "A" está incorreta. O bacharelado em Direito constitui, de fato, requisito para a obtenção da inscrição nos quadros da OAB. Todavia, o documento comprobatório de referido requisito pode ser o diploma ou a certidão de graduação em Direito (art. 8º, II, do Estatuto da OAB). Todavia, caso o candidato não apresente o diploma, a alternativa será a aludida certidão de conclusão do curso, acompanhada do respectivo histórico escolar autenticado (art. 23 do Regulamento Geral).

A alternativa "B" está incorreta. Como visto, dois são os documentos comprobatórios do bacharelado em Direito (diploma ou certidão – e não declaração! – de graduação no curso), nos termos do já citado art. 8º, II, do Estatuto da OAB.

A alternativa "C" está incorreta. A declaração unilateral de graduação, pelo candidato, obviamente não demonstra ser ele formado em Direito. Trata-se de requisito que deve ser comprovado documentalmente à OAB (lembre-se: por diploma ou certidão de conclusão do curso).

(IX EXAME DE ORDEM UNIFICADO – FGV) Marcio, advogado com inscrição regular, passou a exercer atividade incompatível com a advocacia e, por força disso, teve sua inscrição cancelada. Após sua aposentadoria no cargo que gerava a incompatibilidade requereu o seu retorno aos quadros da OAB. Assinale a alternativa que indica o requisito exigido pelo Estatuto para a inscrição nesse caso.

(A) Diploma de graduação em Direito.

(B) Certificado de reservista.

(C) Compromisso perante o Conselho.

(D) Titulo de eleitor.

COMENTÁRIO

A alternativa "C" está correta. Em caso de novo pedido de inscrição, o candidato (ex-advogado) deverá, novamente, prestar compromisso perante o Conselho Seccional, consoante determina o art. 11, § 2º, c.c. art. 8º, VII, do Estatuto da OAB.

A alternativa "A" está incorreta. Para o retorno de (ex)advogado à OAB, que teve sua inscrição cancelada por assunção de atividade incompatível em caráter definitivo (art. 11, IV, do Estatuto da OAB), bastará o preenchimento, nos termos do art. 11, § 2º, do Estatuto da OAB, dos requisitos previstos no art. 8º, I (capacidade civil), V (não exercer atividade incompatível), VI (ter idoneidade moral) e VII (prestar compromisso perante o Conselho competente), do mesmo diploma legal. O diploma ou a certidão de graduação em Direito serão exigidos apenas no primeiro pedido de inscrição (art. 8º, II, do Estatuto da OAB).

A alternativa "B" está incorreta. A quitação militar será exigida apenas dos candidatos homens, se brasileiros, no momento do requerimento da inscrição inaugural (art. 8º, III, do Estatuto). Em caso de reinscrição (retorno após cancelamento da inscrição "original"), não será exigida novamente o documento (quitação militar).

A alternativa "D" está incorreta, pois, conforme indicado nos comentários à alternativa "A", o advogado que teve sua inscrição cancelada e que ingressa com pedido de nova inscrição deverá comprovar os requisitos descritos nos incisos I, V, VI e VII do art. 8º da Lei 8.906/1994, dentre os quais não está previsto o título de eleitor.

(XVII EXAME DE ORDEM UNIFICADO – FGV) Patrícia foi aprovada em concurso público e tomou posse como Procuradora do Município em que reside. Como não pretendia mais exercer a advocacia privada, mas apenas atuar como Procuradora do Município, pediu o cancelamento de sua inscrição na OAB. A partir da hipótese apresentada, assinale a afirmativa correta.

(A) Patrícia não agiu corretamente, pois os advogados públicos estão obrigados à inscrição na OAB para o exercício de suas atividades.

(B) Patrícia não agiu corretamente, pois deveria ter requerido apenas o licenciamento do exercício da advocacia e não o cancelamento de sua inscrição.

(C) Patrícia poderia ter pedido o licenciamento do exercício da advocacia, mas nada a impede de pedir o cancelamento de sua inscrição, caso não deseje mais exercer a advocacia privada.

(D) Patrícia agiu corretamente, pois, uma vez que os advogados públicos não podem exercer a advocacia privada, estão obrigados a requerer o cancelamento de suas inscrições.

COMENTÁRIO

A alternativa "A" está correta. Um procurador municipal, nos termos do art. 3º, § 1º, do EAOAB, ao lado dos integrantes da Advocacia-Geral da União, da Procuradoria da Fazenda Nacional, da Defensoria Pública e das Procuradorias e Consultorias Jurídicas dos Estados, DF, das autarquias e fundações públicas, é considerado advogado público, sujeitando-se, portanto, às regras contidas no Estatuto da OAB, Código de Ética e Regulamento Geral. Portanto, o fato de Patrícia, aprovada em concurso para determinada procuradoria municipal, não mais pretender exercer a advocacia privada, não a exime de prosseguir com sua inscrição na OAB. É que, repita-se, todos os integrantes da advocacia pública devem ter inscrição nos quadros da entidade.

As alternativas "B e C" estão incorretas. A aprovação em concurso para procurador municipal não é causa de licenciamento da advocacia, não se enquadrando a situação em qualquer das hipóteses do art. 12 do EAOAB, nem de cancelamento (art. 11 do EAOAB). Como dito, os integrantes da advocacia pública estão submetidos às normas previstas no EAOAB, assim como no CED e Regulamento Geral. São, portanto, advogados, e para que possam exercer a advocacia, ainda que nos limites do cargo que assumirem, precisarão manter suas inscrições na OAB. Em caso de cancelamento ou licenciamento (arts. 11 e 12 do EAOAB, respectivamente), não poderiam praticar quaisquer atos privativos de advocacia, o que iria inviabilizar o exercício de suas funções públicas.

A alternativa "D" está incorreta. Primeiramente, não é verdadeira a afirmação de que os advogados públicos sejam proibidos de exercer a advocacia privada. Diversos Estados admitem, por exemplo que os Procuradores estaduais exerçam a advocacia privada, o mesmo ocorrendo no âmbito dos Municípios. De outro lado, como já afirmado anteriormente, os advogados públicos sujeitam-se às regras do Estatuto da OAB, que vincula o exercício da atividade de advocacia à inscrição na OAB (art. 3º, *caput*, do EAOAB).

Dicas de última hora

1. A inscrição principal, obtida perante o Conselho Seccional em que o advogado tiver domicílio profissional (e não domicílio civil!), irá habilitá-lo a advogar não somente no seu Estado, mas, também, nos demais Estados da federação. Contudo, nos outros Estados que não aquele em que tenha inscrição principal, a atuação ficará restrita a, no máximo, cinco causas por ano (salvo se obtida a inscrição suplementar!)

2. Um advogado somente necessitará de inscrição suplementar em dois casos:

i) quando, sendo inscrito em determinado Conselho Seccional, passar a exercer com habitualidade a advocacia em outros Conselhos Seccionais Entende-se por habitual a atuação do advogado que exceder cinco causas por ano (leia-se: a partir da sexta causa!);

ii) aos sócios de sociedade de advogados, impor-se-á a obtenção de inscrição suplementar quando da constituição de filial em outros Conselhos Seccionais.

3. O que se entende por causa, para fins de inscrição suplementar? Causa é sinônimo de intervenção judicial. Portanto, se um advogado, inscrito na OAB/SP, em determinado ano, ajuizar três ações de reintegração de posse no Estado de Santa Catarina, além de elaborar três pareceres para empresas sediadas no mesmo estado, não precisará providenciar inscrição suplementar. Ainda que tenha realizados seis atos privativos de advocacia (três postulações judiciais + três consultorias jurídicas), apenas as intervenções judiciais (= causas) contam para fins de inscrição suplementar!

4. Pode advogado estrangeiro advogar no Brasil? O Provimento 91/2000 do Conselho Federal da OAB, permite ao advogado estrangeiro atuar em nosso território apenas com consultoria jurídica no direito de seu país de origem, sendo vedada a atuação em juízo. Assim, por exemplo, um advogado norte-americano somente poderá atuar no Brasil em consultoria jurídica de direito norte-americano!

5. O cancelamento da inscrição de um advogado não significa que não mais poderá retornar à OAB. Poderá pedir nova inscrição, e sem que lhe seja exigido prestar novo Exame de Ordem! Porém, ao retornar, o advogado não mais conseguirá resgatar o seu número de inscrição original.

6. O licenciamento do advogado gera, caso assim opte expressamente, a suspensão do pagamento de sua anuidade, caso em que não fará jus aos benefícios que a OAB pode lhe proporcionar. Porém, se assim não fizer, ainda que afastado da entidade, poderá prosseguir usufruindo dos benefícios, por exemplo, da Caixa de Assistência dos Advogados.

7. Advogado acometido de doença mental curável será licenciado (art. 12, III, Estatuto da OAB). E se a doença mental for incurável? Desde que a moléstia retire a capacidade de discernimento, será caso de cancelamento da inscrição, tendo em vista o comprometimento da capacidade civil, requisito exigido para a inscrição nos quadros de advogados (art. 11, V, Estatuto da OAB).

8. O compromisso a ser prestado pelo advogado perante o Conselho Seccional, requisito necessário à inscrição, consoante dispõe o art. 8º, VII, Estatuto da OAB, pode ser delegado a terceira pessoa? Não! O compromisso é personalíssimo e, portanto, indelegável (*vide* art. 20, §1º, Regulamento Geral).

9. Tanto em caso de cancelamento, quanto licenciamento, o profissional não poderá praticar atos privativos de advocacia, sob pena de nulidade.

10. Admite-se, a requerimento de advogado travesti ou transexual, a inclusão de seu nome social em seus documentos de identidade profissional.

Capítulo 4

DO ESTÁGIO PROFISSIONAL

1. ESTÁGIO PROFISSIONAL (ART. 9º, EAOAB, E ARTS. 27 A 31 E 35, REGULAMENTO GERAL)

Primeiramente, importante trazer a definição de "**estagiário**". Esse é o *aprendiz*, assim considerado tanto o estudante de direito quanto o bacharel em direito.

Por evidente, o **objetivo** maior do estágio profissional é conferir ao estagiário a indispensável **aprendizagem prático-profissional**, cuidando-se de atividade que fará a "ponte" entre a teoria e a prática.

A atuação do estagiário não constitui atividade profissional; integra sua aprendizagem prática e tem função pedagógica[1].

1.1. Requisitos

De acordo com o art. 9º do EAOAB, são ***requisitos*** para a inscrição como estagiário:

I – preencher os requisitos mencionados nos incisos I, III, V, VI e VII do art. 8º:

i) capacidade civil;

ii) título de eleitor e quitação do serviço militar, se brasileiro;

iii) não exercer atividade incompatível com a advocacia;

iv) idoneidade moral;

v) prestar compromisso perante o conselho.

Portanto, para ser admitido como estagiário, o estudante não precisará, evidentemente, exibir seu diploma ou certidão de conclusão do curso, bem como ser aprovado em Exame de Ordem;

II – ter sido admitido em estágio profissional de advocacia: cabe ao futuro estagiário comprovar sua vinculação ao estágio profissional, seja por sua admissão em escritório de advocacia credenciado, ou pela inscrição em estágio desenvolvido por instituição de ensino conveniada com a OAB[2].

É bom destacar que o Estatuto, o Código de Ética e o Regulamento Geral não tratam do credenciamento de escritórios de advocacia pela OAB, a despeito de o art. 9º, § 1º, do EAOAB prescrever que o estágio profissional de advocacia poderá ser mantido, entre outros, por escritórios de advocacia credenciados.

1. LÔBO, Paulo. *Comentários ao Estatuto da Advocacia e da OAB*. 4. ed. São Paulo: Saraiva, 2007.
2. RAMOS, Gisela Gondin. *Estatuto da Advocacia: comentários e jurisprudência selecionada*. 5. ed. Rio de Janeiro: Forense, 2009.

Dado o silêncio dos diplomas normativos em questão, incumbirá a cada Conselho Seccional, por meio de suas Comissões de Estágio, na forma do art. 31 do Regulamento Geral, estipular as regras necessárias ao credenciamento de escritórios de advocacia, aqui englobados não apenas os "escritórios", mas também departamentos jurídicos de empresas privadas ou instituições públicas, tais como as Defensorias e Procuradorias estaduais e municipais, capazes de conferir a necessária aprendizagem prático-profissional aos estudantes e bacharéis.

1.2. Duração do estágio

O estágio, conforme preconiza o § 1º do art. 9º do EAOAB, tem **duração** de ***dois anos***, podendo ser mantido pelas respectivas instituições de ensino superior, pelos Conselhos da OAB ou por setores, órgãos jurídicos e escritórios de advocacia credenciados pela OAB. Assim, nem todo escritório de advocacia estará apto a receber estagiários, sendo necessário que preencha os requisitos que a OAB (leia-se: Conselho Seccional) julgar pertinentes para que auxilie no aprendizado prático-profissional do aluno.

Como visto, o prazo de duração do estágio, pelo dispositivo estatutário, é de 2 (dois) anos. Porém, o art. 35 do Regulamento Geral dispõe que o **prazo** de **validade do cartão** de identidade do estagiário é de, no máximo, **3 (três) anos**, não podendo ser prorrogado.

Logo, conclui-se que o limite máximo de tempo de estágio é mesmo de *três anos*!

Frise-se que a admissão do estudante de direito ao estágio profissional dá-se nos últimos anos do curso jurídico (art. 9º, § 1º, EAOAB), assim entendidos o quarto e quinto anos (para os cursos semestrais, a partir do sétimo período/semestre).

1.3. Local de inscrição do estagiário

Importante ressaltar que a **inscrição** do estagiário é feita perante o **Conselho Seccional** em cujo **território** se localize seu ***curso jurídico***. Assim, se o estudante "A" tiver residência em cidade de Minas Gerais, porém seu curso se localize no estado de São Paulo, sua inscrição como estagiário deverá ocorrer perante a OAB/SP, e não na OAB/MG.

1.4. Bacharel em direito pode ser estagiário?

De acordo com o art. 9º, § 4º, EAOAB, o estágio profissional poderá ser cumprido por **bacharel em direito** que queira se inscrever na Ordem.

Tal ocorrerá, por exemplo, com o bacharel ainda não aprovado no Exame de Ordem, considerado requisito para a inscrição como advogado (art. 8º, IV, EAOAB).

Silencia o Estatuto a respeito do prazo de duração do estágio realizado por bacharel. Cremos que o prazo não poderá superar três anos, tal como dispõe o art. 35 do Regulamento Geral, a despeito de haver posicionamento doutrinário no sentido de que a duração não deverá ultrapassar o dobro do tempo mínimo estabelecido para o estágio regular (leia-se: quatro anos, pois o tempo mínimo é de dois anos), sob pena de renascer a antiga figura do solicitador, ou provisionado[3].

3. Idem.

1.5. Pessoas consideradas incompatíveis com a advocacia podem estagiar?

Para os alunos de cursos jurídicos que **exerçam *atividade incompatível*** *com a advocacia* (art. 28 do EAOAB, o que veremos adiante), não serão admitidos como estagiários de direito pela OAB, consoante prescreve o art. 8º, V, c/c o art. 9º, I, ambos do EAOAB, podendo, contudo, **frequentar o estágio ministrado pela respectiva instituição de ensino superior**, para fins de aprendizagem.

Não confunda: o aluno que exercer atividade incompatível com a advocacia estará proibido de obter a inscrição nos quadros da OAB como estagiário, mas não estará impedido de frequentar o estágio profissional da advocacia, fundamental à aprendizagem prático-profissional. Tal, porém, deverá ser realizado pela própria instituição de ensino superior.

1.6. Atividades que podem ser desempenhadas pelos estagiários [4]

O art. 3º, §2º, do EAOAB, prevê que o estagiário de advocacia, regularmente inscrito, **poderá praticar os atos privativos previstos no art. 1º do mesmo Estatuto**, mas em **conjunto** com o advogado e sob a **responsabilidade** deste.

Em complemento, de acordo com o art. 29 do Regulamento Geral da OAB, os **atos praticados por estagiários** deverão, em regra, ser supervisionados e elaborados em **conjunto com um advogado**, sob pena de nulidade, por falta de capacidade postulatória.

No entanto, **isoladamente**, o estagiário poderá praticar os seguintes **atos** (art. 29, §1º, do Regulamento Geral), embora **sob a responsabilidade do advogado**:

a) Elaborar e assinar petições de juntada de documentos a processos administrativos ou judiciais;

b) Fazer cargas e descargas (devolução) de processos;

c) Obter certidões cartorárias referentes a processos em trâmite ou findos.

Também, nos termos do art. 29, § 2º, do Regulamento Geral, "para o exercício de atos extrajudiciais, o estagiário pode comparecer isoladamente, quando receber autorização ou substabelecimento do advogado".

Assim, a atuação do estagiário pressupõe, como regra, a atuação principal de um advogado, que é o responsável pela postulação em juízo e consultoria jurídica (art. 3º, § 2º, do EAOAB e art. 29 do Regulamento Geral), observadas, contudo, as exceções citadas.

A realização de atos isoladamente pelo estagiário, fora das hipóteses admitidas, além de configurar exercício ilegal da profissão (contravenção penal – art. 47 LCP – Decreto-Lei 3.688/1941), configura, também, infração ética (art. 34, XXIX, do EAOAB).

---

[4] Para visualizar o *SHORT VIDEO* acesse: http://www.editorafoco.com.br/short-videos.

1.7. Quadro-resumo

Estagiário de Direito	
Requisitos	I – capacidade civil; II – titulo de eleitor e quitação do serviço militar, se brasileiro; III – não exercer atividade incompatível com a advocacia; IV – idoneidade moral; V – prestar compromisso perante o Conselho Seccional; Obs.: não serão exigidos para a admissão como estagiário o diploma ou certidão de graduação em Direito, bem como a aprovação em Exame de Ordem – Também será necessário que o candidato tenha sido admitido em estágio profissional de advocacia
Duração do estágio	– 2 anos, prorrogáveis por mais 1 ano (análise conjugada do art. 9º, §1º, do EAOAB e art. 35 do Regulamento Geral)
Local de inscrição	– Conselho Seccional em cujo território se localize o curso jurídico
Pessoas que podem exercer o estágio profissional	– estudantes de Direito (a partir dos últimos anos do curso) – bacharel em Direito Obs.: o exercício de atividade incompatível com a advocacia inviabiliza a inscrição na OAB na condição de estagiário, mas não impede que o aluno frequente o estágio profissional diretamente em sua instituição de ensino, para fins de aprendizagem prático-profissional
Atividades desempenhadas pelo estagiário	– Todas aquelas previstas no art. 1º do EAOAB (atividades privativas de advocacia), desde que em conjunto e sob a responsabilidade do advogado – Atividades que pode desempenhar isoladamente (mas sob a responsabilidade do advogado): i) carga e descarga de autos; ii) obtenção de certidões cartorárias; iii) elaboração de petição de juntada de documentos a processos judiciais ou administrativos iv) comparecimento a atos extrajudiciais, desde que autorizado pelo advogado ou munido de substabelecimento

Legislação correlata

1. ARTIGOS PERTINENTES DO ESTATUTO DA OAB

Art. 3º O exercício da atividade de advocacia no território brasileiro e a denominação de advogado são privativos dos inscritos na Ordem dos Advogados do Brasil – OAB.

→ *v.* Art. 103 do NCPC.

(...)

§ 2º O estagiário de advocacia, regularmente inscrito, pode praticar os atos previstos no art. 1º, na forma do Regulamento Geral, em conjunto com advogado e sob responsabilidade deste.

Art. 9º Para inscrição como estagiário é necessário:

→ *v.* Art. 76 do Novo Código de Ética da OAB.

→ *v.* Arts. 27 a 31 e 35 do Regulamento Geral da OAB.

I – preencher os requisitos mencionados nos incisos I, III, V, VI e VII do art. 8º;

II – ter sido admitido em estágio profissional de advocacia.

§ 1º O estágio profissional de advocacia, com duração de 2 (dois) anos, realizado nos últimos anos do curso jurídico, pode ser mantido pelas respectivas instituições de ensino superior pelos Conselhos da OAB, ou por setores, órgãos jurídicos e escritórios de advocacia credenciados pela OAB, sendo obrigatório o estudo deste Estatuto e do Código de Ética e Disciplina.

§ 2º A inscrição do estagiário é feita no Conselho Seccional em cujo território se localize seu curso jurídico.

§ 3º O aluno de curso jurídico que exerça atividade incompatível com a advocacia pode frequentar o estágio ministrado pela respectiva instituição de ensino superior, para fins de aprendizagem, vedada a inscrição na OAB.

§ 4º O estágio profissional poderá ser cumprido por bacharel em Direito que queira se inscrever na Ordem.

Art. 34. Constitui infração disciplinar:

(...)

XXIX – praticar, o estagiário, ato excedente de sua habilitação.

2. ARTIGO PERTINENTE DO CÓDIGO DE ÉTICA E DISCIPLINA

Art. 76. As disposições deste Código obrigam igualmente as sociedades de advogados, os consultores e as sociedades consultoras em direito estrangeiro e os estagiários, no que lhes forem aplicáveis.

→ *v.* Art. 9º da Lei 8.906/1994.

→ *v.* Arts. 27 a 31 e 35 do Regulamento Geral da OAB.

3. ARTIGOS PERTINENTES DO REGULAMENTO GERAL

→ *v.* Art. 9º da Lei 8.906/1994.

→ *v.* Art. 76 do Novo Código de Ética e Disciplina da OAB

Art. 27. O estágio profissional de advocacia, inclusive para graduados, é requisito necessário à inscrição no quadro de estagiários da OAB e meio adequado de aprendizagem prática.

§ 1º O estágio profissional de advocacia pode ser oferecido pela instituição de ensino superior autorizada e credenciada, em convênio com a OAB, complementando-se a carga horária do estágio curricular supervisionado com atividades práticas típicas de advogado e de estudo do Estatuto e do Código de Ética e Disciplina, observado o tempo conjunto mínimo de 300 (trezentas) horas, distribuído em 2 (dois) ou mais anos.

§ 2º A complementação da carga horária, no total estabelecido no convênio, pode ser efetivada na forma de atividades jurídicas no núcleo de prática jurídica da instituição de ensino, na Defensoria Pública, em escritórios de advocacia ou em setores jurídicos públicos ou privados, credenciados e fiscalizados pela OAB.

§ 3º As atividades de estágio ministrado por instituição de ensino, para fins de convênio com a OAB, são exclusivamente práticas, incluindo a redação de atos processuais e profissionais, as rotinas processuais, a assistência e a atuação em audiências e sessões, as visitas a órgãos judiciários, a prestação de serviços jurídicos e as técnicas de negociação coletiva, de arbitragem e de conciliação.

Art. 28. O estágio realizado na Defensoria Pública da União, do Distrito Federal ou dos Estados, na forma do artigo 145 da Lei Complementar 80, de 12 de janeiro de 1994, é considerado válido para fins de inscrição no quadro de estagiários da OAB.

Art. 29. Os atos de advocacia, previstos no art. 1º do Estatuto, podem ser subscritos por estagiário inscrito na OAB, em conjunto com o advogado ou o defensor público.

§ 1º O estagiário inscrito na OAB pode praticar isoladamente os seguintes atos, sob a responsabilidade do advogado:

I – retirar e devolver autos em cartório, assinando a respectiva carga;

II – obter junto aos escrivães e chefes de secretarias certidões de peças ou autos de processos em curso ou findos;

III – assinar petições de juntada de documentos a processos judiciais ou administrativos.

§ 2º Para o exercício de atos extrajudiciais, o estagiário pode comparecer isoladamente, quando receber autorização ou substabelecimento do advogado.

Art. 30. O estágio profissional de advocacia, realizado integralmente fora da instituição de ensino, compreende as atividades fixadas em convênio entre o escritório de advocacia ou entidade que receba o estagiário e a OAB.

Art. 31. Cada Conselho Seccional mantém uma Comissão de Estágio e Exame de Ordem, a quem incumbe coordenar, fiscalizar e executar as atividades decorrentes do estágio profissional da advocacia.

→ *Caput* com redação alterada pela Resolução do Conselho Pleno CFOAB 1/2011.

§ 1º Os convênios de estágio profissional e suas alterações, firmados pelo Presidente do Conselho ou da Subseção, quando esta receber delegação de competência, são previamente elaborados pela Comissão, que tem poderes para negociá-los com as instituições interessadas.

→ § 1º com redação alterada pela Resolução do Conselho Pleno CFOAB 1/2011.

§ 2º A Comissão pode instituir subcomissões nas Subseções.

§ 3º *(Revogado pela Resolução do CFOAB 1/2011).*

§ 4º Compete ao Presidente do Conselho Seccional designar a Comissão, que pode ser composta por advogados não integrantes do Conselho.

Art. 35. O cartão de identidade do estagiário tem o mesmo modelo e conteúdo do cartão de identidade do advogado, com a indicação de "Identidade de Estagiário", em destaque, e do prazo de validade, que não pode ultrapassar 3 (três) anos nem ser prorrogado.

Parágrafo único. O cartão de identidade do estagiário perde sua validade imediatamente após a prestação do compromisso como advogado.

→ Parágrafo único com redação alterada pelo Conselho Pleno do CFOAB (*D. J.* 24.11.1997).

Questões comentadas

(IV EXAME DE ORDEM UNIFICADO – FGV) Juvenal, estagiário regularmente inscrito nos Quadros da OAB, em processo no qual se encontra indicado como tal, retira do cartório os autos do processo, deixando de devolvê-los no prazo legal. Regularmente intimado, mantém a sua inércia. Em termos disciplinares, é correto afirmar que

(A) o estagiário não sofre sanções disciplinares.
(B) não há diferença na atuação do estagiário e do advogado para efeito de sanções disciplinares.
(C) no caso em tela, não haverá qualquer sanção nem ao advogado nem ao estagiário.
(D) o advogado responsável pelo estagiário é o destinatário das sanções nesse caso.

COMENTÁRIO

A questão é polêmica e deveria ter sido anulada pela banca examinadora. Com efeito, o enunciado é bastante claro ao mencionar que Juvenal, estagiário, retirou os autos do processo do Cartório Judicial, deixando de restituí-los mesmo após ser regularmente intimado para tanto. Nos termos do art. 29, § 1º, I, do Regulamento Geral da OAB, é lícito ao estagiário retirar e devolver autos de processos judiciais, porém, sob a responsabilidade do advogado. Assim, certamente baseando-se em referido dispositivo, a banca optou por indicar como correta a alternativa "D". Porém, na docência de Paulo Lôbo[4], eminente jurista na área da ética profissional do advogado, tratando da responsabilidade do advogado pelo extravio ou retenção abusiva de autos, infração geradora de suspensão dos quadros da OAB (art. 34, XXII, do EAOAB – Lei 8.906/1994), menciona ser ela "principal e solidária" (*Comentários ao Estatuto da Advocacia e da OAB*, 4ª edição, Ed. Saraiva, p. 42), donde se extrai que o estagiário que houver efetuado a carga dos autos também será responsabilizado. Portanto, em nosso entendimento, nenhuma alternativa é correta. No entanto, a questão em comento não foi anulada!

(VI EXAME DE ORDEM UNIFICADO – FGV) Nos termos das normas do Regulamento Geral do Estatuto da Advocacia e da OAB, o estagiário poderá isoladamente realizar o seguinte ato:

(A) atuar em audiências nos Juizados Especiais representando os clientes do escritório.
(B) obter com os Chefes de Secretarias certidões de peças de processos em curso.
(C) sustentar oralmente os recursos nos tribunais, quando cabível a defesa oral.
(D) assinar petições iniciais ou contestações quando incluído no instrumento de mandato.

COMENTÁRIO

De acordo com o art. 29 do Regulamento Geral, com destaque para os §§ 1º e 2º, poderá o estagiário, isoladamente, praticar os seguintes atos: a) carga e descarga de processos; b) *obter certidões de peças ou autos de processos em curso*; c) elaborar petição de juntada e; d) realizar atos extrajudiciais, desde que autorizado ou munido de substabelecimento do advogado. Assim, correta a alternativa "B".
As demais alternativas contêm atividades que não podem ser realizadas isoladamente pelo estagiário, mas, sim, por advogado. Até é possível que um estagiário assine petições iniciais, contestações ou recursos, desde que em conjunto e sob a supervisão e responsabilidade do advogado (art. 3º, § 2º, do EAOAB)

(VII EXAME DE ORDEM UNIFICADO – FGV) Nos termos das normas do Regulamento Geral do Estatuto da Advocacia e da OAB, o Estágio Profissional de Advocacia é requisito para inscrição no quadro de estagiários da OAB, sendo correto afirmar:

(A) É ministrado pela Seccional da OAB sem intervenção de entidade de ensino superior.
(B) Pode ser ofertado por instituição de ensino superior em convênio com a OAB.
(C) Deve ter carga horária mínima de 360 horas distribuídas em dois anos de atividade.
(D) Pode ocorrer a complementação de carga horária em escritórios sem credenciamento junto à OAB.

COMENTÁRIO

A alternativa "B" está correta, conforme dispõe o art. 27, § 1º, do Regulamento Geral;
A alternativa "A" está incorreta, pois o estágio profissional contará, por evidente, com a intervenção da entidade de en-

4. LÔBO, Paulo. *Comentários ao Estatuto da Advocacia e da OAB*. 4. ed. São Paulo: Saraiva, 2007.

sino superior. Afinal, o objetivo do estágio é a aprendizagem prático-profissional;

A alternativa "C" está incorreta, pois a carga horária mínima do estágio profissional será de 300 (trezentas) horas, distribuídas e dois ou mais anos, conforme prevê o art. 27, § 1º, do Regulamento Geral;

A alternativa "D" está incorreta, pois o estágio profissional, quando realizado fora da instituição de ensino superior, deverá ser realizado em local (escritório ou entidades) que mantenha convênio com a OAB, conforme prevê o art. 30 do Regulamento Geral.

(IX EXAME DE ORDEM UNIFICADO – FGV) Marcio é estagiário de Direito regularmente inscrito na Ordem dos Advogados do Brasil e atua sob supervisão da advogada Helena. Atuando em determinado processo, a advogada substabelece ao estagiário os poderes que lhe foram conferidos pelo cliente.

A respeito do caso apresentado, consoante as normas do Regulamento Geral do Estatuto da Advocacia e da OAB, assinale a afirmativa correta.

(A) O estagiário poderá retirar os autos do cartório conjuntamente com a advogada.

(B) Os atos do estagiário ocorrem sob a supervisão e responsabilidade da advogada.

(C) As petições apresentadas no processo terão a subscrição conjunta da advogada inclusive de juntada de documentos.

(D) O estagiário poderá realizar audiências judiciais autonomamente sem a presença da advogada.

COMENTÁRIO

A alternativa "B" está correta. Como regra, o estagiário somente poderá atuar em conjunto e sob a supervisão do advogado (art. 29, *caput*, e § 1º, do Regulamento Geral). Mesmo para aqueles atos que o estagiário poderá realizar isoladamente (art. 29, § 1º, I, II e III, do Regulamento Geral), a responsabilidade por eles continua a ser do advogado.

A alternativa "A" está incorreta, pois o estagiário poderá retirar autos de cartório (realizar carga, portanto), independentemente de atuação conjunta com advogado, consoante de extrai do art. 29, § 1º, I, do Regulamento Geral. Evidente, porém, que, para tanto, disponha o estagiário de procuração ou substabelecimento do advogado responsável pela condução do processo.

A alternativa "C" está incorreta. Uma das atividades que o estagiário pode praticar isoladamente é, exatamente, a subscrição de petições de juntada de documentos a processos judiciais ou administrativos, conforme autoriza o art. 29, § 1º, III, do Regulamento Geral.

A alternativa "D" está incorreta, pois não se inserem dentre as atividades que o estagiário possa realizar isoladamente (art. 29, § 1º, I, II e III, do Regulamento Geral), o acompanhamento de audiências judiciais, representando o cliente.

(XI EXAME DE ORDEM UNIFICADO – FGV) Ferrari é aluno destacado no curso de Direito, tendo, no decorrer dos anos, conseguido vários títulos universitários, dentre eles, medalhas e certificados. Indicado para representar a Universidade em que estudou, foi premiado em evento internacional sobre arbitragem. A repercussão desse fato aumentou seu prestígio e, por isso, recebeu numerosos convites para trabalhar em diversos escritórios de advocacia. Aceito o convite de um deles, passou a redigir minutas de contratos, sempre com supervisão de um advogado. Após um ano de estágio, conquistou a confiança dos advogados do seu setor e passou a ter autonomia cada vez maior. Diante dessas circunstâncias, passou a chancelar contratos sem a interferência de advogado.

Nos termos do Estatuto da Advocacia, o estagiário deve atuar

(A) autonomamente, após um ano de estágio.

(B) conjuntamente com um advogado, em todos os atos da advocacia.

(C) autonomamente, em alguns atos permitidos pelo advogado.

(D) vinculado ao advogado em atos judiciais, mas não em atos contratuais.

COMENTÁRIO

Nos termos do art. 3º, § 2º, do Estatuto da OAB, o estagiário de advocacia, regularmente inscrito, pode praticar os atos previstos no art. 1º, na forma do Regulamento Geral (art. 29), em conjunto com advogado e sob responsabilidade deste. A questão não deixou claro quais os contratos chancelados pelo estagiário, sem a atuação conjunta do advogado. Parece que a intenção da banca foi tratar dos atos constitutivos de pessoas jurídicas, cujo visto (chancela) é atividade privativa de advocacia (art. 1º, § 2º, do EAOAB e art. 2º do Regulamento Geral). Porém, ainda que assim não seja, um estagiário de um escritório não poderia, sozinho, chancelar qualquer tipo de contrato elaborado para cliente, visto que tal tarefa não se encontra dentro daquelas em que se admite a atuação isolada (art. 29, § 1º, do Regulamento Geral – I – retirar e devolver autos em cartório, assinando a respectiva carga; II – obter junto aos escrivães e chefes de secretarias certidões de peças ou autos de processos em curso ou findos; III – assinar petições de juntada de documentos a processos judiciais ou administrativos).

Assim, de plano, vê-se que as alternativas "A", "C" e "D" são incorretas, uma vez que o estagiário, como regra, não poderá atuar autonomamente, salvo nos casos expressamente permitidos pelo Regulamento Geral. Logo, a regra é que estagiário somente poderá atuar em conjunto e sob a responsabilidade de um advogado.

Logo, correta apenas a alternativa **"B"**, nos termos do já citado art. 3º, § 2º, do EAOAB.

(XII EXAME DE ORDEM UNIFICADO – FGV) Ângelo, comandante das Forças Especiais do Estado "B", é curioso em relação às normas jurídicas, cuja aplicação acompanha na seara castrense, já tendo atuado em órgãos julgadores na sua esfera de atuação. Mantendo a sua atividade militar, obtém autorização especial para realizar curso de Direito, no turno da noite, em universidade pública, à qual teve acesso pelo processo seletivo regular de provas.

Ângelo consegue obter avaliação favorável em todas as disciplinas até alcançar o período em que o estágio é permitido. Ele pleiteia sua inscrição no quadro de estagiários da OAB e que o mesmo seja realizado na Justiça Militar.

Com base no caso narrado, nos termos do Estatuto da Advocacia, assinale a afirmativa correta.

(A) O estágio é permitido, desde que ocorra perante a Justiça Militar especializada.

(B) O estágio é permitido, mas, por tratar-se de função incompatível, é vedada a inscrição na OAB.

(C) O estágio poderá ocorrer, mediante autorização especial da Força Armada respectiva.

(D) O estágio possui uma categoria especial que limita a atuação em determinados processos.

COMENTÁRIO

Preliminarmente, antes de iniciarmos os comentários a cada uma das alternativas, faz-se preciso um breve histórico. Assim, temos que o estágio profissional, nos termos do art. 9º, I, do Estatuto da OAB (EAOAB), exigirá que o futuro estagiário preencha os requisitos mencionados nos incisos I, III, V, VI e VII do art. 8º, do mesmo diploma legal, quais sejam: I – ter capacidade civil (art. 8º, I, EAOAB); II – título de eleitor e quitação militar, se brasileiro (art. 8º, III, EAOAB); III – não exercer atividade incompatível com a advocacia (art. 8º, V, EAOAB); IV – ter idoneidade moral (art. 8º, VI, EAOAB) e; V – prestar compromisso perante o Conselho Seccional (art. 8º, VII, EAOAB).

Considerando que no enunciado em análise temos que Ângelo é *militar na ativa*, tal atividade o torna *incompatível com o exercício da advocacia*, nos termos do art. 28, VI, do Estatuto da OAB, fato suficiente a obstar sua inscrição como estagiário, visto que não preenche o requisito do art. 8º, V, EAOAB (não exercer atividade incompatível com a advocacia). Assim, vamos às alternativas:

A alternativa "B" está correta, pois muito embora Angelo não possa obter a inscrição na OAB como estagiário, pelas razões já alinhadas, o art. 9º, § 3º, do EAOAB, autoriza que o aluno de curso jurídico que exerça atividade incompatível com a advocacia possa frequentar o estágio ministrado pela respectiva instituição de ensino superior, para fins de aprendizagem, vedada, repita-se, a inscrição na OAB.

As alternativas "A" e "C" estão incorretas, pois se Angelo exerce atividade incompatível, não poderá obter a inscrição na OAB no quadro de estagiários, não havendo qualquer exceção, tal como a proposta nas assertivas (estágio na Justiça Militar ou com autorização da Força Armada respectiva).

A alternativa "D" está incorreta, pois, com base nos fatos relatados no enunciado, como dito, Angelo não poderá sequer obter a inscrição na OAB, não se falando em restrição à atuação em determinados tipos de processo, tal como sugere a assertiva.

(XIV EXAME DE ORDEM UNIFICADO – FGV) Matheus é estagiário vinculado ao escritório Renato e Associados. No exercício da sua atividade, por ordem do advogado supervisor, o estagiário acompanha o cliente diretor da sociedade Tamoaí S/A. Por motivos alheios à vontade do estagiário, que se disse inocente de qualquer deslize, o diretor veio a se desentender com Matheus, e, por força desse evento, o escritório resolve renunciar ao mandato conferido pela pessoa jurídica. Nos termos do Estatuto da Advocacia, sobre o caso descrito, assinale a afirmativa correta.

(A) O advogado pode afastar-se do processo em que atua sem comunicação ao cliente.

(B) A renúncia deve ser notificada ao cliente pelos advogados mandatários.

(C) A renúncia aos poderes conferidos no mandato dependerá do cliente do escritório.

(D) A renúncia ao mandato, sem respeitar o prazo legal, implica abandono da causa.

COMENTÁRIO

A alternativa "B" está correta, nos termos do já referido art. 5º, § 3º, do EAOAB.

A alternativa "A" está incorreta, pois em caso de renúncia, que é forma de extinção do mandato, o advogado deverá notificar o cliente, nos termos do art. 5º, § 3º, do Estatuto da OAB (EAOAB).

A alternativa "C" está incorreta, pois a renúncia é forma de extinção do mandato que parte do advogado, vale dizer, é direito seu fazê-lo. Trata-se, em nosso entendimento, de ato unilateral, ou seja, que independe de aceitação do cliente. Contudo, como visto, será de rigor que o advogado renunciante (mandatário) comunique tal decisão sua ao mandante (cliente).

A alternativa "D" está incorreta, de acordo com a banca examinadora. Contudo, parece-nos correta a assertiva em tela, visto que, de fato, a renúncia ao mandato, sem respeitar o prazo legal, implica abandono da causa. Basta conjugar o art. 5º, § 3º, do EAOAB (o advogado que renunciar ao mandato continuará, *durante os dez dias seguintes à notificação da renúncia*, a representar o mandante, salvo se for substituído antes do término desse prazo) com o art. 16 do CED (a renúncia ao patrocínio deve ser feita sem menção do motivo que a determinou, fazendo cessar a responsabilidade profissional pelo acompanhamento da causa, uma vez decorrido o prazo previsto em lei – EAOAB, art. 5º, § 3º) e o art. 34, XI, do EAOAB (constitui infração disciplinar *abandonar a causa* sem justo motivo ou *antes de decorridos dez dias da comunicação da renúncia*). Portanto, entendemos correta, também, a assertiva "D".

(XVIII EXAME DE ORDEM UNIFICADO – FGV) Fernanda, estudante do 8º período de Direito, requereu inscrição junto à Seccional da OAB do estado onde reside. A inscrição foi indeferida, em razão de Fernanda ser serventuária do Tribunal de Justiça do estado. Fernanda recorreu da decisão, alegando que preenche todos os requisitos exigidos em lei para a inscrição de estagiário e que o exercício de cargo incompatível com a advocacia não impede a inscrição do estudante de Direito como estagiário. Merece ser revista a decisão que indeferiu a inscrição de estagiário de Fernanda?

(A) Sim, pois Fernanda exerce cargo incompatível com a advocacia e não com a realização de estágio.

(B) Não, pois as incompatibilidades previstas em lei para o exercício da advocacia também devem ser observadas quando do requerimento de inscrição de estagiário.

(C) Sim, pois o cargo de serventuário do Tribunal de Justiça não é incompatível com a advocacia, menos ainda com a realização de estágio.

(D) Não, pois apenas estudantes do último período do curso de Direito podem requerer inscrição como estagiários.

COMENTÁRIO

De acordo com o art. 9º, I, do EAOAB, para inscrição como estagiário é necessário preencher os requisitos do art. 8º, I (capacidade civil), III (título de eleitor e quitação do serviço militar), V (não exercer atividade incompatível), VI (ter idoneidade moral) e VII (prestar compromisso perante o Conselho Seccional competente).

Sendo Fernanda serventuária do Tribunal de Justiça do estado em que solicitou a inscrição na OAB, seu ingresso como estagiária seria, de fato, vedado, eis que exerce atividade incompatível com a advocacia, nos termos do art. 28, IV, do EAOAB (cargos ou funções vinculados direta ou indiretamente ao Poder Judiciário).

Perceba o leitor que as incompatibilidades para o exercício da advocacia também afetam a pretensão do candidato ao estágio profissional da advocacia, razão pela qual estão incorretas as alternativas "A" e "C", estando correta a alternativa "B". Também incorreta a alternativa "D", pois pode postular a inscrição como estagiário o estudante que estiver cursando os últimos anos de Direito (leia-se: para os cursos de cinco anos, a partir do quarto ano ou sétimo semestre/período).

(OAB/Exame Unificado – 2017.2) Diogo é estudante de Direito com elevado desempenho acadêmico. Ao ingressar nos últimos anos do curso, ele é convidado por um ex-professor para estagiar em seu escritório. Inscrito nos quadros de estagiários da OAB e demonstrando alta capacidade, Diogo ganha a confiança dos sócios do escritório e passa a, isoladamente e sob a responsabilidade do advogado, retirar e devolver autos em cartório, assinando a respectiva carga; visar atos constitutivos de sociedades para que sejam admitidos a registro; obter junto a escrivães e chefes de secretaria certidões de peças ou autos de proces-sos em curso ou findos; assinar petições de juntada de documentos a processos judiciais ou administrati-vos; e subscrever embargos de declaração opostos em face de decisões judiciais.

Considerando as diversas atividades desempenhadas por Diogo, isoladamente e sob a responsabilidade do advogado, de acordo com o Estatuto e Regulamento da OAB, ele pode:

(A) retirar e devolver autos em cartório, assinando a respectiva carga, bem como visar atos constitutivos de sociedades, para que sejam admitidos a registro.

(B) obter, junto a escrivães e chefes de secretaria, certidões de peças ou autos de processos em curso ou findos, bem como assinar petições de juntada de documentos a processos judiciais ou administrativos.

(C) obter, junto a escrivães e chefes de secretaria, certidões de peças ou autos de processos findos, mas não de processos em curso, bem como subscrever embargos de declaração opostos em face de deci-sões judiciais.

(D) assinar petições de juntada de documentos a processos judiciais, mas não a processos administrativos, nem subscrever embargos de declaração opostos em face de decisões judiciais.

COMENTÁRIO

Acerca das atividades dos estagiários, por questões didáticas, as dividimos em dois "grupos": aquelas que podem ser realizadas em conjunto com advogado e aqueles que podem ser executadas isoladamente, ou seja, independentemente da atuação conjunta com advogado. No primeiro caso (atuação conjunta com advogado), identificamos no art. 3º, § 2º, do Estatuto da OAB (EAOAB) que o estagiário de advocacia, regularmente inscrito, pode praticar os atos previstos no art. 1º, na forma do regimento geral, em conjunto com advogado e sob responsabilidade deste. Ou seja, pode o estagiário realizar todas as atividades privativas de advocacia previstas no art. 1º do Estatuto, desde que em conjunto e sob a responsabilidade de um advogado. No segundo caso (atuação isolada), o estagiário poderá, nos termos do art. 29, § 1º, do Regulamento Geral, praticar isoladamente os seguintes atos, sob a responsabilidade do advogado: I – retirar e devolver autos em cartório, assinando a respectiva carga; II – obter junto aos escrivães e chefes de secretarias certidões de peças ou autos de processos em curso ou findos; III – assinar petições de juntada de documentos a processos judiciais ou administrativos. Importante frisar que, a despeito de poder realizar todos os referidos atos sozinho, a responsabilidade por estes será do advogado. À vista do exposto, vamos às alternativas.

A alternativa "A" está incorreta, pois não poderá o estagiário, isoladamente, visar atos constitutivos de pessoas jurídicas, atividade considerada privativa de advocacia (art. 1º, § 2º, do EAOAB);

A alternativa "B" correta, nos termos do art. 29, § 1º, II e III, do Regulamento Geral;

A alternativa "C" incorreta, pois o estagiário poderá, isoladamente, obter, junto aos escrivães e chefes de secretarias, certidões de peças ou autos de processos findos ou ainda em curso. Também incorreta a afirmação de que, isoladamente, estagiários poderão subscrever embargos de declaração opostos em face de decisões judiciais, eis que se trata de atividade privativa de advocacia (postulação judicial – art. 1º, I, do EAOAB), dependendo, portanto, de atuação conjunta com um advogado;

A alternativa "D" incorreta, pois, nos termos do art. 29, § 1º, III, do Regulamento Geral, o estagia-rio poderá subscrever petição de juntada de documentos a processos judiciais ou administrativos.

Dicas de última hora

1. Os requisitos para a inscrição na OAB como estagiário são quase os mesmos exigidos para a inscrição como advogado, excetuados a aprovação em Exame de Ordem e a conclusão do bacharelado em Direito.

2. A inscrição do estagiário será feita no Conselho Seccional em cujo território se localize o curso jurídico (e não onde reside ou frequenta o estágio).

3. A validade do estágio profissional é de, no máximo, 3 (três) anos, consoante dispõe o art. 35, Regulamento Geral.

4. Não somente o estudante, mas o bacharel em direito poderá ser admitido pela OAB como estagiário.

5. O estagiário pode desempenhar atividades privativas de advocacia, desde que em conjunto e sob a responsabilidade de um advogado.

6. Estagiário pode, sozinho, desempenhar quais atividades (embora sob a responsabilidade do advogado)?

i) carga e descarga (devolução) de processos;

ii) obtenção de certidões cartorárias;

iii) elaboração de petição de juntada;

iv) realização de atos extrajudiciais, desde que autorizado ou com o substabelecimento outorgado pelo advogado.

7. Estagiário pode tomar ciência de decisões judiciais diretamente em Cartório? Não!!! A ciência corresponde a uma intimação, e, a partir desta, começará a fluir prazo para manifestação ou, se o caso, interposição de recurso. Portanto, a ciência tomada exclusivamente por estagiário é nula!

8. Os atos irregularmente praticados por estagiário geram responsabilidade para o advogado, que responderá disciplinarmente pelos excessos cometidos por aquele.

9. O exercício de atividade incompatível com a advocacia afasta a possibilidade de um estudante de Direito obter sua inscrição na OAB como estagiário. Contudo, não impede que frequente o estágio profissional realizado por sua instituição de ensino superior.

Capítulo 5

DO MANDATO

1. CONCEITO DE MANDATO

O **mandato** é uma **espécie de contrato consensual**, não solene, *intuitu personae*, e via de regra, gratuito[1]. Em referida avença, o mandante (cliente) **outorga poderes** ao mandatário (advogado) para que este o represente em juízo.

O tema em questão vem tratado no art. 5º do EAOAB e arts. 9º a 26 do Novo Código de Ética.

1.1. Do instrumento de mandato

De acordo com o art. 5º, *caput*, EAOAB, o advogado **postula em juízo ou fora dele**, fazendo **prova do mandato**. A prova desse pacto estabelecido entre cliente-advogado é a ***procuração***, comumente denominada ***instrumento de mandato***.

Não custa frisar que referido instrumento será outorgado pelo cliente ao advogado.

Importante registrar que a procuração poderá ser materializada em instrumento público ou particular, não havendo exigência, no último caso, do reconhecimento de firma, nos termos do art. 105 do Novo CPC (correspondente ao art. 38 do CPC/1973).

1.1.1. Procuração para o foro em geral (ad juditia)

Também chamada de **procuração *ad juditia***, a procuração para o **foro em geral**, como o próprio nome sugere, habilita o advogado a postular judicialmente em nome do cliente, excetuados, porém, os atos que dependam de poderes especiais (ex.: confissão, reconhecimento jurídico do pedido, transação etc.), nos termos do art. 5º, § 2º, EAOAB.

1.1.2. Procuração com poderes especiais

Diferentemente da procuração *ad juditia*, que, como visto no item anterior, habilita o advogado a praticar todos os atos judiciais, em qualquer juízo ou instância, a procuração com **poderes especiais** garante ao profissional-mandatário a prática de atos que exijam a outorga de **poderes específicos** para além da postulação para o foro em geral.

Destarte, a prática de determinados **atos dispositivos** das partes, tais como a transação (leia-se: acordo), a confissão (admissão de fatos, pela parte, em seu prejuízo), o reconhecimento jurídico do pedido (causa em que haverá resolução do mérito favorável àquela parte que tem seu pedido juridicamente reconhecido), a desistência da ação (causa de extinção do processo sem resolução do mérito), o recebimento e o reconhecimento de quitação (ex-

---

1. RAMOS, Gisela Gondin. *Estatuto da Advocacia: comentários e jurisprudência selecionada*. 5. ed. Rio de Janeiro: Forense, 2009.

tinção da obrigação pelo adimplemento), entre outras, são hipóteses em que o advogado dependerá de procuração com poderes especiais, conforme se infere do art. 105, parte final, do Novo CPC (correspondente ao art. 38 do CPC/1973).

1.1.3. Procuração apud acta

Denomina-se de ***apud acta*** a procuração outorgada pelo cliente ao advogado nos próprios autos da demanda judicial, reduzida a termo pelo escrivão. Geralmente ocorre durante as audiências, mediante simples indicação, pela parte, de determinado profissional, também presente à audiência, como seu advogado.

Referida espécie de procuração habilita o advogado apenas para a prática de atos judiciais – excluídos, pois, os extrajudiciais –, sendo, assim, desnecessária a posterior juntada de procuração por escrito.

Temos como exemplo de procuração *apud acta* aquela definida no art. 791, § 3º, da CLT, que assim prescreve: "A constituição de procurador com poderes para o foro em geral poderá ser efetivada, mediante simples registro em ata de audiência, a requerimento verbal do advogado interessado, com anuência da parte representada".

Também se verifica a possibilidade de procuração apud acta no processo penal, consoante dispõe o art. 266 do CPP: "A constituição de defensor independerá de instrumento de mandato, se o acusado o indicar por ocasião do interrogatório".

Espécies de procuração	
Procuração para o foro em geral	- habilita o advogado a praticar atos postulatórios em geral
Procuração com poderes especiais	- habilita o advogado, além da prática de atos postulatórios em geral, a realização de atos específicos, tais como confessar, dar quitação, transigir, reconhecer juridicamente o pedido, levantar valores etc.
Procuração *apud acta*	- não se materializa por meio de um instrumento escrito, mas por indicação, pelo cliente, de seu advogado, o que será reduzido a termo em ata de audiência

1.2. Momento da utilização da procuração

Como já dito, é certo que a postulação pelo advogado, judicial ou extrajudicialmente, representando o cliente, deverá ocorrer fundada na existência do mandato, sendo necessária, portanto, a apresentação de **procuração**.

Em outras palavras, caberá ao advogado, no primeiro momento em que postular em nome do cliente, juntar aos autos respectivos a procuração, sob pena de afronta ao art. 5º, caput, do EAOAB.

1.2.1. Atuação sem procuração

É possível a **postulação momentânea** do advogado *sem a procuração*, apenas em caso de *urgência*, assim afirmada pelo profissional, que deverá, contudo, apresentá-la no **prazo de 15 (quinze) dias, prorrogável por igual período** (art. 5º, § 1º, do EAOAB).

A possibilidade de **atuar sem procuração**, no âmbito judicial especificamente, também vinha retratada no CPC/1973 (art. 37, *caput*) e, agora, no Novo CPC (art. 104, § 1º), mas sempre vinculada à **ideia de urgência**.

Assim, o prazo para atuação sem procuração – desde que haja urgência, repise-se – é de *15 (quinze) dias*, e não de 30 (trinta), embora seja possível, de fato, a prorrogação por outros 15 (quinze) dias. No entanto, não se trata de uma prorrogação "automática", visto que, em se tratando de postulação judicial, dependerá de apreciação do magistrado, mediante prévio requerimento do advogado.

O clássico exemplo de urgência, a ser afirmada pelo advogado, é o de alguma moléstia acometer o cliente. Se este estiver incomunicável em razão da doença, o advogado poderá postular judicialmente sem procuração, esclarecendo ao juízo os motivos que o levaram a não anexar aos autos, de imediato, o instrumento de mandato. Poderá fazê-lo, nesse caso, em 15 dias, cabendo prorrogação por igual período caso assim o permita o magistrado, e caso a urgência ainda persista.

Findo o período, se a procuração não for apresentada, os atos processuais postulatórios serão considerados ineficazes, visto que a parte não terá contado com a indispensável capacidade postulatória, considerada um pressuposto processual.

Já decidiu o STF, nos autos do MS 21.730-1-DF, que a **falta de apresentação de procuração** é similar à não demonstração de que o mandatário judicial tem inscrição nos quadros da OAB, gerando, pois, a **inexistência dos atos processuais praticados**[2].

1.3. Formas de extinção do mandato [5]

Como visto nos itens anteriores, a constituição do mandato judicial dá-se pela outorga da procuração. No entanto, é certo que o mandato pode ser **desconstituído** ou **extinto**.

Assim, de acordo com o Estatuto da OAB, o CED e o Regulamento Geral, identificamos **quatro** hipóteses de extinção do mandato, a saber:

a) Renúncia;

b) Revogação;

c) Substabelecimento sem reserva de poderes; e

d) Conclusão da causa e consequente arquivamento dos autos.

Passemos à análise de cada uma das causas extintivas do mandato.

Por questões didáticas, propomos a **classificação** das causas de extinção em ***expressas*** (renúncia, revogação e substabelecimento sem reserva de poderes) e ***presumida*** (conclusão da causa e arquivamento dos autos).

1.3.1. Renúncia (art. 5º, § 3º, EAOAB; art. 16, CED; art. 6º, Regulamento Geral)

A primeira forma de extinção do mandato decorre de **ato de vontade** do próprio advogado, que, em juízo de conveniência, ou por imperativo ético, dará fim à relação profissional anteriormente estabelecida com o cliente.

---

[5] Para visualizar o *SHORT VIDEO* acesse: http://www.editorafoco.com.br/short-videos.

2. LÔBO, Paulo. *Comentários ao Estatuto da Advocacia e da OAB*. 4. ed. São Paulo: Saraiva, 2007.

Assim, tão logo decida o advogado pela renúncia, deverá observar os seguintes **requisitos**:

a) *proceder à* ***comunicação*** *de tal decisão ao* ***cliente***, preferencialmente por carta com aviso de recebimento (AR), ou por algum outro instrumento hábil à comprovação de que o mandante (leia-se: cliente) foi cientificado. Ato seguinte, deve o advogado proceder à comunicação do juízo perante o qual atuava em nome do cliente, instruída com o comprovante de que o cliente foi comunicado da renúncia. Frise-se que, nos termos do art. 16 do CED, a renúncia ao patrocínio deve ser feita **sem a menção do motivo que a determinou**, ou seja, não poderá o profissional explicitar ao magistrado as razões que o levaram à renúncia (ex.: falta de pagamento de honorários, quebra da confiança etc.);

b) a partir da comunicação ao cliente, caberá ao advogado renunciante o dever de ***representar*** *o mandante (leia-se: cliente) pelo* ***prazo de dez dias***, salvo se for substituído antes do término de referido prazo. Caso o advogado renunciante desobedeça a referido dever de representação, incorrerá em infração ética correspondente a abandono da causa, nos termos do art. 34, XI, EAOAB.

Importante registrar que a renúncia é **ato unilateral do advogado**, ou seja, **independe de aceitação do cliente**, tratando-se, como visto, de ato de vontade, por juízo de conveniência ou imperativo ético. Todavia, não poderá o advogado simplesmente "abandonar a causa", renunciando ao mandato, devendo ser observados os requisitos explicitados *acima*.

Finalmente, a renúncia pelo advogado ao mandato não implica em renúncia aos honorários advocatícios contratados, bem assim a eventuais honorários sucumbenciais, ainda que proporcionais.

1.3.2. Revogação (art. 17, CED)

A causa extintiva do mandato em questão não vem tratada expressamente no EAOAB. No entanto, o CED, em seu art. 17, preconiza que a **revogação do mandato** por **vontade do cliente** não o desobriga do pagamento das verbas honorárias contratadas, bem como não retira o direito do advogado de receber o quanto lhe seja devido em eventual verba honorária de sucumbência, calculada proporcionalmente em face do serviço efetivamente prestado.

Anote-se que, a despeito de o CED não prever a necessidade de comunicação do advogado acerca da revogação, entendemos que, analogicamente à renúncia, deve o cliente proceder à notificação de seu mandatário (leia-se: advogado), seja por carta com aviso de recebimento, ou por notificação extrajudicial ou outro meio de comunicação seguro e hábil à demonstração da ciência de seu conteúdo.

Ainda, tal qual a renúncia, a revogação é **ato unilateral do cliente**, vale dizer, independe de aceitação do advogado para surtir efeitos.

1.3.3. Substabelecimento sem reserva de poderes (art. 26, § 1º, CED)

De início, cumpre esclarecer o que vem a ser "substabelecimento". Este nada mais é do que o mecanismo pelo qual um advogado **transfere** a outro advogado, **total ou parcialmente**, os poderes que lhe foram outorgados originariamente pelo cliente.

Destarte, tal como na renúncia, o substabelecimento é instrumento que está ao alcance do advogado (apenas a revogação é a forma de extinção do mandato que parte de ato de vontade do cliente).

Nos termos do art. 26, § 1º, do CED, o **substabelecimento do mandato sem reserva de poderes** (transferência total do mandato por um advogado a outro), exige o **prévio e inequívoco conhecimento do cliente**, diferentemente do **substabelecimento com reserva de poderes**, que é **ato pessoal do advogado** (art. 26, *caput*, do CED). Neste caso, não há a exigência de que o advogado dê prévio e inequívoco conhecimento ao cliente.

A distinção feita pelo CED é clara: somente há exigência de que o advogado cientifique seu cliente, prévia e inequivocamente, em caso de substabelecimento sem reserva de poderes, pois, nesse caso, haverá a extinção do mandato, o que não se verifica no substabelecimento com reserva de poderes (aqui, há apenas uma transferência parcial do mandato).

Frisamos que, diversamente do que ocorre na renúncia, o advogado que substabelece o mandato a outro colega, sem reserva de poderes, não terá o dever de permanecer representando judicialmente o (ex-)cliente. Afinal, um novo advogado – denominado de *substabelecido* – irá assumir o patrocínio da causa. Nesse caso, sequer instrumento de mandato (procuração) deverá ser juntado aos autos pelo "novo" advogado. O próprio termo de substabelecimento será suficiente a conferir ao profissional a possibilidade de postular em juízo em nome do cliente.

Por derradeiro, destacamos que apenas o **substabelecimento sem reserva de poderes** é capaz de **extinguir** o mandato. Já o **substabelecimento com reserva de poderes** (transferência parcial do mandato por um advogado a outro), como o próprio nome sugere, **não afasta o advogado substabelecente** da representação do cliente, tratando-se de **ato pessoal** do profissional.

1.3.4. Conclusão da causa e arquivamento dos autos (art. 13, CED)

Nos termos do art. 13 do CED, concluída a causa ou arquivado o processo, **presume-se** cumprido e extinto o mandato.

Trata-se, segundo cremos, de uma hipótese de **extinção presumida** do mandato. De fato, se a procuração foi outorgada pelo cliente ao advogado para, por exemplo, ser proposta ação de reintegração de posse, uma vez concluída a causa e determinado seu arquivamento pelo magistrado competente, o mandato presume-se extinto.

Hipóteses de extinção do mandato	
Renúncia	– ato unilateral do advogado (independe de aceitação do cliente) – exigência de o advogado renunciante comunicar o cliente, preferencialmente por carta com aviso de recepção, e, posteriormente, o juízo – após a notificação ao cliente, é dever do advogado prosseguir na representação do seu "antigo" cliente por mais dez dias, salvo se novo advogado for constituído – não poderá ser apresentado o motivo que gerou a renúncia
Revogação	– ato unilateral do cliente (independe da aceitação do advogado) – não afasta do advogado o direito de receber a verba honorária contratada, nem os honorários sucumbenciais eventualmente arbitrados (proporcionalmente aos serviços prestados)

Substabelecimento sem reserva de poderes	– é a transferência total do mandato por um advogado a outro – por extinguir o mandato, exige-se que o advogado substabelecente dê prévio e inequívoco conhecimento ao seu cliente Obs.: não extinguirá o mandato o substabelecimento com reserva de poderes, que é ato pessoal do advogado (não será necessário dar ao cliente prévio e inequívoco conhecimento)
Conclusão da causa e arquivamento dos autos	– trata-se de forma presumida de extinção do mandato

1.3.5. O decurso do tempo extingue o mandato?

O mero **decurso do tempo** não é capaz de extinguir o mandato. Em outras palavras, enquanto existir **confiança recíproca** entre o cliente e o advogado, a procuração inicialmente outorgada será válida, ainda que passados muitos anos ou até décadas, salvo se o contrário for consignado no respectivo instrumento (art. 18, CED).

Queremos dizer que o mandato não "caduca" pelo decurso de determinado prazo, não precisando ser "revalidado" de tempos em tempos. Contudo, como dito anteriormente, se na procuração constar **prazo de vigência**, tal deverá ser observado.

1.4. Conflito de interesses

Caso sobrevenha à outorga da procuração **conflito de interesses** entre os clientes, caberá ao advogado **optar por um dos mandatos**, renunciando aos outros, visto que é vedado o patrocínio simultâneo nessa situação (arts. 19 e 20, ambos do CED). Ainda, com relação aos "antigos" clientes, deverá ser resguardado o **sigilo profissional**.

À guisa de exemplo: "A" e "B" procuram o advogado "C" para que este providencie a homologação judicial de um divórcio consensual. Porém, no curso das tratativas, "A" e "B" dissentem sobre a destinação de determinado bem comum do casal, sobrevindo, assim, conflito. Não poderá o advogado "C" representar ambos em juízo, sob pena de responder disciplinarmente pela falta ética!

1.5. Aceitação de procuração e advogado previamente constituído

Nos termos do art. 14 do Novo Código de Ética e Disciplina, o advogado não deve aceitar procuração de quem já tenha patrono constituído, sem prévio conhecimento deste, salvo por motivo plenamente justificável ou para adoção de medidas judiciais urgentes e inadiáveis.

Trata-se de imperativo ético mais do que óbvio: não pode um advogado aceitar procuração quando já havia outro advogado constituído para um mesmo fim.

O CED, porém, relativiza esse dever ético do advogado ao preconizar que o profissional poderá aceitar a procuração de quem já tenha patrono constituído, desde que haja prévio conhecimento deste, salvo por motivo plenamente justificável, ou, ainda, para adoção de medidas judiciais urgentes e inadiáveis.

Parece-nos, portanto, que duas são as conclusões possíveis:

(i) O advogado somente poderá aceitar procuração de pessoa que já tenha patrono constituído, mesmo sem prévio conhecimento deste, se houver motivo plenamente justificável (ex.: o cliente, incansavelmente, tenta contato com seu patrono para ter notícias de demanda judicial, inclusive mediante cartas regis-tradas, mas sem qualquer retorno);

(ii) O advogado poderá aceitar procuração de pessoa que já tenha patrono constituído, independentemente de prévio conhecimento deste, para a adoção de medidas judiciais urgentes e inadiáveis (ex.: postulação de tutela provisória de urgência, sob pena de perecimento do direito postulado em juízo).

O novo mandato, outorgado a um segundo advogado, na prática, implicará na revogação do anteriormente concedido pelo cliente, razão por que deverá ser aplicado, subsidiariamente, o disposto no art. 687 do Código Civil: *tanto que for comunicada ao mandatário a nomeação de outro, para o mesmo negócio, considerar-se-á revogado o mandato anterior.*

Legislação correlata

1. ARTIGO PERTINENTE DO ESTATUTO DA OAB

Art. 5º O advogado postula, em juízo ou fora dele, fazendo prova do mandato.

→ *v.* Arts. 10 a 20 e 26 do Novo Código de Ética e Disciplina da OAB.

→ *v.* Art. 6º do Regulamento Geral.

§ 1º O advogado, afirmando urgência, pode atuar sem procuração, obrigando-se a apresentá-la no prazo de 15 (quinze) dias, prorrogável por igual período.

→ *v.* Art. 104 do NCPC.

§ 2º A procuração para o foro em geral habilita o advogado a praticar todos os atos judiciais, em qualquer juízo ou instância, salvo os que exijam poderes especiais.

→ *v.* Art. 105 do NCPC.

§ 3º O advogado que renunciar ao mandato continuará, durante os 10 (dez) dias seguintes à notificação da renúncia, a representar o mandante, salvo se for substituído antes do término desse prazo.

→ *v.* Arts. 111 e 112 do NCPC.

→ *v.* Art. 265 do CPP.

2. ARTIGOS PERTINENTES DO CÓDIGO DE ÉTICA E DISCIPLINA

Art. 12. A conclusão ou desistência da causa, tenha havido, ou não, extinção do mandato, obriga o advogado a devolver ao cliente bens, valores e documentos que lhe hajam sido confiados e ainda estejam em seu poder, bem como a prestar-lhe contas, pormenorizadamente, sem prejuízo de esclarecimentos complementares que se mostrem pertinentes e necessários.

Parágrafo único. A parcela dos honorários paga pelos serviços até então prestados não se inclui entre os valores a ser devolvidos.

Art. 13. Concluída a causa ou arquivado o processo, presume-se cumprido e extinto o mandato.

Art. 14. O advogado não deve aceitar procuração de quem já tenha patrono constituído, sem prévio conhecimento deste, salvo por motivo plenamente justificável ou para adoção de medidas judiciais urgentes e inadiáveis.

Art. 15. O advogado não deve deixar ao abandono ou ao desamparo as causas sob seu patrocínio, sendo recomendável que, em face de dificuldades insuperáveis ou inércia do cliente quanto a providências que lhe tenham sido solicitadas, renuncie ao mandato.

Art. 16. A renúncia ao patrocínio deve ser feita sem menção do motivo que a determinou, fazendo cessar a responsabilidade profissional pelo acompanhamento da causa, uma vez decorrido o prazo previsto em lei (EAOAB, Art. 5º, § 3º).

§ 1º A renúncia ao mandato não exclui responsabilidade por danos eventualmente causados ao cliente ou a terceiros.

§ 2º O advogado não será responsabilizado por omissão do cliente quanto a documento ou informação que lhe devesse fornecer para a prática oportuna de ato processual do seu interesse.

Art. 17. A revogação do mandato judicial por vontade do cliente não o desobriga do pagamento das verbas honorárias contratadas, assim como não retira o direito do advogado de receber o quanto lhe seja devido em eventual verba honorária de sucumbência, calculada proporcionalmente em face do serviço efetivamente prestado.

Art. 18. O mandato judicial ou extrajudicial não se extingue pelo decurso de tempo, salvo se o contrário for consignado no respectivo instrumento.

Art. 19. Os advogados integrantes da mesma sociedade profissional, ou reunidos em caráter permanente para cooperação recíproca, não podem representar, em juízo ou fora dele, clientes com interesses opostos.

→ *v.*Arts. 15 a 17 da Lei 8.906/1994.

→ *v.* Arts. 37 a 43 do Regulamento Geral da OAB.

Art. 20. Sobrevindo conflitos de interesse entre seus constituintes e não conseguindo o advogado harmonizá-los, caber-lhe-á optar, com prudência e discrição, por um dos mandatos, renunciando aos demais, resguardado sempre o sigilo profissional.

→ *v.* Arts. 7º, XIX e 34, VII, da Lei 8.906/1994.

Art. 26. O substabelecimento do mandato, com reserva de poderes, é ato pessoal do advogado da causa.

§ 1º O substabelecimento do mandato sem reserva de poderes exige o prévio e inequívoco conhecimento do cliente.

→ § 2º O substabelecido com reserva de poderes deve ajustar antecipadamente seus honorários com o substabelecente.

3. ARTIGO PERTINENTE DO REGULAMENTO GERAL

Art. 6º O advogado deve notificar o cliente da renúncia ao mandato (art. 5º, § 3º, do Estatuto), preferencialmente mediante carta com aviso de recepção, comunicando, após, o Juízo.

Questões comentadas

(V EXAME DE ORDEM UNIFICADO – FGV) Crésio é procurado por cliente que já possui advogado constituído nos autos. Prontamente recusa a atuação até que seu cliente apresente a quitação dos honorários acordados e proceda à revogação dos poderes que foram conferidos para o exercício do mandato. Após cumpridas essas formalidades, comprovadas documentalmente, Crésio apresenta sua procuração nos autos e requer o prosseguimento do processo. À luz das normas aplicáveis, é correto afirmar que

(A) a revogação do mandato exime o cliente do pagamento de honorários acordados.

(B) permite-se o ingresso do advogado no processo mesmo que atuando outro, sem sua ciência.

(C) a verba de sucumbência deixa de ser devida após a revogação do mandato pelo cliente.

(D) o advogado deve, antes de assumir mandato, procurar a ciência e autorização do antecessor.

COMENTÁRIO

A alternativa "D" está correta. Nos termos do art. 14 do CED traz a regra segundo a qual o advogado não deverá aceitar procuração se o cliente já tiver patrono constituído. No entanto, poderá fazê-lo se der prévio conhecimento ao advogado constituído, salvo se houver urgência.

A alternativa "A" está incorreta, visto que a revogação do mandato, considerada uma de suas causas de extinção (ao lado da renúncia e do substabelecimento sem reserva de poderes), conforme preconiza o art. 17 do Código de Ética e Disciplina (CED), não desobriga o cliente do pagamento das verbas honorárias contratadas, assim como não retira o direito do advogado de receber o quanto lhe seja devido em eventual verba honorária de sucumbência, calculada proporcionalmente, em face do serviço efetivamente prestado;

A alternativa "B" está incorreta, pois, de acordo com o art. 14 do CED, o advogado não deve aceitar procuração de quem já tenha patrono constituído, sem prévio conhecimento deste, salvo por motivo plenamente justificável ou para adoção de medidas judiciais urgentes e inadiáveis;

A alternativa "C" está incorreta, visto que, mesmo após a extinção do mandato pela sua revogação pelo cliente, o advogado continua a ter o direito de eventual verba honorária de sucumbência, que será calculada proporcionalmente (art. 17 do CED);

(IX EXAME DE ORDEM UNIFICADO – FGV) A advogada Ana estava constituída nos autos de determinada ação penal. Em determinado momento, seu cliente passou a descumprir o contrato de honorários firmado. Ana notificou seu cliente de sua decisão de renunciar à causa. Passados cinco dias, contados da notificação da renúncia, foi publicada decisão abrindo prazo para o oferecimento de determinada petição pelo acusado.

A partir da situação sugerida, assinale a alternativa

que indica o procedimento que Ana deverá adotar.

(A) Ana deve elaborar e apresentar a petição, uma vez que em ações penais, no âmbito das quais estão em risco a liberdade do acusado, o advogado que renuncia à causa deve aguardar que outro o substitua.

(B) Ana deve elaborar e apresentar a petição, pois continua a representar o mandante durante os 10 (dez) dias seguintes à notificação da renúncia.

(C) Ana não está obrigada a elaborar e apresentar a petição, pois avisou seu cliente, com antecedência razoável, de que renunciaria à causa.

(D) Ana não está obrigada a elaborar e apresentar a petição, pois em caso de inadimplemento de honorários advocatícios, o advogado fica desobrigado de atuar na causa imediatamente após a comunicação da renúncia.

COMENTÁRIO

A alternativa "B" está correta. De fato, como visto, a renúncia ao mandato, pelo advogado, não lhe permite "sair do processo" imediatamente. Os referidos arts. 5º, § 3º, do Estatuto e 16 do CED, preveem que nos dez dias subsequentes à notificação da renúncia, o advogado continuará a representar o (ex)cliente, salvo se substituído antes do término de aludido prazo.

A alternativa "A" está incorreta. A renúncia ao mandato, pouco importando o tipo de ação que esteja sob a responsabilidade do advogado (cível ou criminal), carreará a este o dever de permanecer representando o (ex)cliente pelo prazo de dez dias, contados da notificação da renúncia, salvo se novo advogado for constituído nesse interregno (art. 5º, § 3º, do Estatuto da OAB e art. 16 do CED).

A alternativa "C" está incorreta. Como a intimação no processo-crime ocorreu cinco dias após a notificação da renúncia, a advogada Ana tem o dever de apresentar a petição, sob pena, inclusive, de caracterizar-se o abandono da causa, que é infração ética (art. 34, XI, do Estatuto da OAB).

A alternativa "D" está incorreta. Pouco importa o motivo da renúncia. O advogado renunciante tem o dever de permanecer representando o (ex)cliente pelo prazo de dez dias após a notificação da renúncia, salvo se novo advogado for constituído nesse período (art. 5º, § 3º, do Estatuto e art. 16 do CED).

(IX EXAME DE ORDEM UNIFICADO – FGV) Um advogado é contatado por cliente, que está em viagem ao exterior sem data de regresso, para representá-lo em processo de natureza cível em curso. O advogado, diante da urgência da atuação, requer o ingresso nos autos, postulando pela apresentação posterior do instrumento de mandato no prazo estatutário.

Quanto ao referido prazo, assinale a afirmativa correta.

(A) Corresponde a trinta dias prorrogáveis indefinidamente.

(B) É fixado pelo Juiz de acordo com a complexidade do processo.

(C) É de quinze dias, prorrogáveis por igual período.

(D) Será fixado de acordo com o procedimento adotado no processo.

COMENTÁRIO

A alternativa "C" está correta, nos exatos termos do art. 5º, § 1º, do Estatuto da OAB.

A alternativa "A" está incorreta. A atuação do advogado, em juízo, exige que faça a prova do mandato (art. 5º, *caput*, do Estatuto da OAB). Porém, em caso de urgência, o advogado poderá postular, momentaneamente, sem a procuração, devendo, contudo, juntá-la aos autos no prazo de 15 dias, prorrogável por igual período. Aqui, chamamos a atenção do candidato: a soma do prazo (15 + 15) resultaria em 30 dias. Contudo, como adverte o art. 5º, § 1º, do Estatuto da OAB, a prorrogação é admitida uma única vez, e pelo prazo de apenas 15 dias.

A alternativa "B" está incorreta. O prazo para a juntada de procuração pelo advogado, caso não a apresente no momento do ato postulatório considerado urgente, é fixado pela lei (art. 5º, *caput*, do Estatuto), e não pelo juiz.

A alternativa "D" está incorreta. O procedimento (rito) processual em nada interfere no prazo para a juntada da procuração pelo advogado que tenha atuado sem exibi-lo desde logo. Como visto, em caso de urgência, disporá o advogado de 15 dias, prorrogáveis por outros 15.

(XI EXAME DE ORDEM UNIFICADO – FGV) Cláudio, advogado com vasta experiência profissional, é contratado pela sociedade LK Ltda. para gerenciar a carteira de devedores duvidosos, propondo acordos e, em último caso, as devidas ações judiciais. Após um ano de sucesso na empreitada, Cláudio postula aumento nos seus honorários, o que vem a ser recusado pelos representantes legais da sociedade. Insatisfeito com o desenrolar dos fatos, Cláudio comunica que irá renunciar aos mandatos que lhe foram conferidos, notificando pessoalmente os representantes legais da sociedade que apuseram o seu ciente no ato de comunicação. Dez dias após, a sociedade contratou novos advogados, que assumiram os processos em curso.

Observado tal relato, baseado nas normas do Regulamento Geral do Estatuto da Advocacia e da OAB, assinale a afirmativa correta.

(A) A comunicação da renúncia do mandato não pode ser pessoal, para evitar conflitos com o cliente.

(B) A renúncia ao mandato deve ser comunicada ao cliente, preferencialmente mediante carta com aviso de recepção.

(C) O advogado deve comunicar a renúncia ao mandato diretamente ao Juízo da causa, que deverá intimar a parte.

(D) O advogado não tem o dever de comunicar à parte a renúncia ao mandato judicial ou extrajudicial.

COMENTÁRIO

A alternativa "B" está correta. De fato, nos termos do art. 6º do Regulamento Geral, o advogado deverá comunicar o cliente acerca da renúncia, preferencialmente, por carta com aviso de recepção (AR), e, a seguir, ao juízo. Em suma: comunica-se o cliente, primeiramente (de preferência, repita-se, por carta com AR), e, a seguir, o juízo (obviamente por petição). Perceba que o Regulamento Geral recomenda a comunicação da renúncia por carta com AR, mas, em nenhum momento, veda outras formas (por exemplo, por telegrama, ou por notificação extrajudicial via cartório).

A alternativa "A" está incorreta. Não há qualquer disposição no Regulamento Geral que vede ao advogado comunicar a renúncia ao mandato pessoalmente.

A alternativa "C" está incorreta. Como se vê no art. 6º do Regulamento Geral, a renúncia ao mandato impõe ao advogado que comunique diretamente seu cliente, e, a seguir, ao juízo.

A alternativa "D" está incorreta, nos termos do já referido art. 6º do Regulamento Geral, que exige que o advogado comunique seu ato (renúncia ao mandato) ao constituinte.

(XII EXAME DE ORDEM UNIFICADO – FGV) Saulo é advogado de Paula em determinada ação de natureza cível. Após os trâmites necessários, a postulação vem a ser julgada improcedente. Em decorrência de julgamento de recurso, a decisão foi mantida. Saulo comunicou o resultado à sua cliente que, tendo tomado ciência, manteve-se silente. Houve o trânsito em julgado da decisão.

Sob a perspectiva do Código de Ética e Disciplina da Advocacia, assinale a afirmativa correta.

(A) Após o trânsito em julgado, o mandato conferido ao advogado continua a ser cumprido.

(B) O mandato conferido ao advogado não cessa mesmo depois de concluída a causa.

(C) O resultado infrutífero da causa é considerado como quebra do mandato.

(D) O final da causa presume o cumprimento do mandato conferido ao advogado.

COMENTÁRIO

A alternativa "D" está correta. Nos termos do art. 13 do Código de Ética e Disciplina (CED), concluída a causa ou arquivado o processo, presume-se extinto e cumprido o mandato.

A alternativa "A" está incorreta. No caso relatado no enunciado, Saulo advogou para Paula em ação cível, com desfecho desfavorável à parte assistida, sem, contudo, interposição de recurso, tendo havido o trânsito em julgado. Ora, após o trânsito, não há mais razões para que o advogado continue a ter que observar o mandato anteriormente pactuado com sua cliente, especialmente em razão da improcedência;

A alternativa "B" está incorreta, pois o art. 13 do CED preconiza haver presunção da cessação do mandato com a conclusão da causa ou arquivamento do processo;

A alternativa "C" está incorreta, pois o rompimento do mandato não se dá pelo resultado infrutífero da causa, mas, sim, pela renúncia advinda do advogado (art. 5º, § 3º, do Estatuto da OAB), pela revogação oriunda do cliente (art. 17 do CED) ou pelo substabelecimento sem reserva de poderes (art. 26, § 1º, do CED), bem como pela conclusão da causa ou arquivamento do processo, havendo, neste caso, presunção de cumprimento e cessação do mandato (art. 13 do CED);

(XIII EXAME DE ORDEM UNIFICADO – FGV) O advogado Carlos pretende substabelecer os poderes que lhe foram conferidos pelo seu cliente Eduardo, sem reserva de poderes, pois pretende realizar uma longa viagem, sem saber a data do retorno, não pretendendo manter compromissos profissionais. Nos termos das normas do Código de Ética, tal ato deve

(A) prescindir do conhecimento do cliente por ser ato privativo.

(B) ser comunicado ao cliente de modo inequívoco.

(C) ser realizado por tempo determinado.

(D) implicar na devolução dos honorários pagos antecipadamente pelo cliente.

COMENTÁRIO

Nos termos do art. 26, § 1º, do Código de Ética e Disciplina (CED), em caso de substabelecimento sem reserva de poderes, o advogado substabelecente deverá dar prévio e inequívoco conhecimento de tal ato ao cliente. Afinal, haverá a extinção do mandato, razão mais do que suficiente a impor ao advogado que cientifique previamente, e de modo inequívoco, o cliente. Assim, de plano, está incorreta a alternativa "A", pois, como dito, o substabelecimento sem reserva de poderes não pode prescindir do conhecimento do cliente. Logo, correta está a alternativa "B".

No tocante à alternativa "C", trata-se de assertiva incorreta, pois o substebelecimento sem reserva de poderes é causa de extinção do mandato, haja vista que o advogado "originário" (substabelecente) irá transferir completamente os poderes que lhe foram outorgados pelo cliente a outro advogado (substabelecido). Não se trata, portanto, de ato que gere efeitos apenas por tempo determinado.

Finalmente, o substabelecimento sem reserva de poderes não implica na devolução dos honorários pagos antecipadamente pelo cliente. A extinção do mandato não acarreta o efeito previsto na alternativa "D".

(XVI EXAME DE ORDEM UNIFICADO – FGV) João é advogado da sociedade empresária X Ltda., atuando em diversas causas do interesse da companhia. Ocorre que o controle da sociedade foi alienado para uma sociedade estrangeira, que resolveu contratar novos profissionais em várias áreas, inclusive a jurídica. Por força dessa circunstância, rompeu-se a avença entre o advogado e o seu cliente. Assim, João renunciou ao mandato em todos os processos, comunicando formalmente o ato à cliente. Após a renúncia, houve novo contrato com renomado escritório de advocacia, que, em todos os processos, apresentou o instrumento de mandato antes do término do prazo legal à retirada do advogado anterior. Na renúncia focalizada no enunciado, consoante o Estatuto da Advocacia, deve o advogado

(A) afastar-se imediatamente após a substituição por outro advogado.

(B) funcionar como parecerista no processo pela continuidade da representação.

(C) atuar em conjunto com o advogado sucessor por quinze dias.

(D) aguardar dez dias para verificar a atuação dos seus sucessores.

COMENTÁRIO

A renúncia ao mandato impõe ao advogado o dever de comunicar seu cliente de tal ato, bem como o de prosseguir na sua representação pelo prazo de dez dias, salvo se, nesse período, for substituído por outro advogado (art. 5º, § 3º, do Estatuto da OAB). No caso relatado no enunciado, após a renúncia feita por João, novo contrato foi entabulado com renomado escritório de advocacia, tendo havido a juntada de procuração antes do término dos dez dias. Assim, o advogado renunciante, diante da constituição de novo(s) advogado(s), não mais poderá atuar nas causas, devendo-se afastar imediatamente. Correta, pois, a alternativa "A", estando as demais erradas, posto que em desacordo com o Estatuto da OAB.

(XVIII EXAME DE ORDEM UNIFICADO – FGV) Paulo é contratado por Pedro para promover ação com pedido condenatório em face de Alexandre, por danos causados ao animal de sua propriedade. Em decorrência do processo, houve condenação do réu ao pagamento de indenização ao autor, fixados honorários de sucumbência correspondentes a dez por cento do apurado em cumprimento de sentença. O réu ofertou apelação contra a sentença proferida na fase cognitiva. Ainda pendente o julgamento do recurso, Pedro decide revogar o mandato judicial conferido a Paulo, desobrigando-se de pagar os honorários contratualmente ajustados. Nos termos do Código de Ética da OAB, a revogação do mandato judicial, por vontade de Pedro,

(A) não o desobriga do pagamento das verbas honorárias contratadas.

(B) desobriga-o do pagamento das verbas honorárias contratadas.

(C) desobriga-o do pagamento das verbas honorárias contratadas e da verba sucumbencial.

(D) não o desobriga do pagamento das verbas honorárias sucumbenciais, mas o desobriga das verbas contratadas.

COMENTÁRIO

Nos termos do art. 17 do CED, a revogação do mandato judicial por vontade do cliente não o desobriga do pagamento das verbas honorárias contratadas, bem como não retira o direito do advogado de receber o quanto lhe seja devido em eventual verba honorária de sucumbência, calculada proporcionalmente em face do serviço efetivamente prestado. Correta, portanto, a alternativa **"A"**, estando as demais em descompasso com o quanto dita o Código de Ética.

Assim, de acordo com o enunciado, Paulo teve o mandato que lhe fora outorgado por Pedro revogado, por vontade deste, enquanto o processo estava em grau de recurso. Tal fato – revogação do mandato –, como visto, não tem o condão de isentar o cliente do pagamento dos honorários contratualmente ajustados, assim como não afastará eventuais honorários sucumbenciais, que serão recebidos pelo causídico proporcionalmente aos serviços que efetivamente prestou.

(XVIII EXAME DE ORDEM UNIFICADO – FGV) Determinada causa em que se discutia a guarda de dois menores estava confiada ao advogado Álvaro, que trabalhava sozinho em seu escritório. Aproveitando o período de recesso forense e considerando que não teria prazos a cumprir ou atos processuais designados durante esse período, Álvaro realizou viagem para visitar a família no interior do estado. Alguns dias depois de sua partida, ainda durante o período de recesso, instalou-se situação que demandaria a tomada de medidas urgentes no âmbito da mencionada ação de guarda. O cliente de Álvaro, considerando que seu advogado se encontrava fora da cidade, procurou outro advogado, Paulo, para que a medida judicial necessária fosse tomada, recorrendo-se ao plantão judiciário. Paulo não conseguiu falar com Álvaro para avisar que atuaria na causa em que este último estava constituído, mas aceitou procuração do cliente assim mesmo e tomou a providência cabível.

Poderia Paulo ter atuado na causa sem o conhecimento e a anuência de Álvaro?

(A) Paulo poderia ter atuado naquela causa apenas para tomar a medida urgente cabível.

(B) Paulo poderia ter atuado na causa, ainda que não houvesse providência urgente a tomar, uma vez que o advogado constituído estava viajando.

(C) Paulo não poderia ter atuado na causa, pois o advogado não pode aceitar procuração de quem já tenha patrono constituído, sem prévio conhecimento deste, ainda que haja necessidade da tomada de medidas urgentes.

(D) Paulo não poderia ter atuado na causa, pois os prazos estavam suspensos durante o recesso.

COMENTÁRIO

Nos termos do art. 14 do CED, o advogado não deve aceitar procuração de quem já tenha patrono constituído, sem prévio conhecimento deste, salvo por motivo plenamente justificável ou para adoção de medidas judiciais urgentes e inadiáveis.

A banca examinadora, em virtude do precitado dispositivo normativo, assinalou como correta a alternativa **"A"**.

Do texto do referido diploma normativo emergem uma regra e duas exceções. A regra: não deve o advogado aceitar procuração de quem já tenha patrono constituído (em simples palavras: um advogado não pode aceitar "assumir uma causa" quando outro colega já estiver atuando em prol da parte). As exceções: i) admite-se que um advogado aceite procuração de quem já tenha patrono constituído por *motivo plenamente justificável*; ii) admite-se que um advogado aceite procuração de quem já tenha patrono constituído *para adoção e medidas judiciais urgentes e inadiáveis*. Portanto, havendo MOTIVO PLENAMENTE JUSTIFICÁVELou para ADOÇÃO DE MEDIDAS JUDICIAIS URGENTES E INADIÁVEIS, é lícito ao advogado aceitar procuração mesmo quando outro colega já estivesse atuando nos autos, ainda que sem prévio conhecimento deste. No caso relatado no enunciado da questão, afirmou-se que o advogado Álvaro, durante o recesso forense, viajou. Seu cliente, parte em ação de guarda de menores, em referido período, necessitou da intervenção de um advogado em virtude de situação que demandaria a tomada de medidas urgentes em aludido processo, o que foi feito por outro advogado (Paulo), que não conseguiu falar com seu colega que assumiria a causa para a tomada das medidas judiciais cabíveis (decerto em virtude de sua ausência da cidade). A banca examinadora assinalou como correta a alternativa "A" (*Paulo poderia ter atuado naquela causa apenas para tomar a medida urgente cabível)*. Ainda que não se possa afirmar que a assertiva sob enfoque esteja completamente ERRADA, visto que, no contexto apresentado no enunciado, a assunção da causa por Paulo seria possível, à vista da necessidade da adoção de "medidas judiciais urgentes e inadiáveis" (uma das exceções anteriormente destacadas), o fato é que a expressão "apenas" contida na alternativa vai de encontro ao precitado art. 14 do CED, que, como visto, autoriza que outro advogado aceite procuração de quem já tenha patrono constituído, sem prévio conhecimento deste, quando houver MOTIVO PLENAMENTE JUSTIFICÁVEL ou para ADOÇÃO DE MEDIDAS JUDICIAIS URGENTES E INADIÁVEIS. Na narrativa da questão, embora se tenha afirmado que "medidas urgentes" precisariam ser tomadas no processo de guarda, o que admitiria que o advogado Paulo aceitasse procuração do cliente de Álvaro, que já estava constituído nos autos, é certo que a ausência dele da cidade, e a impossibilidade de contato do novo causídico constituído pela parte, ainda que não houvesse urgência, seriam suficientes a caracterizar o "motivo plenamente justificável" de que trata o art. 14 do CED. Portanto, seria de se aceitar como correta a alternativa "B" (*Paulo poderia ter atuado na causa, ainda que não houvesse providência urgente a tomar, uma vez que o advogado constituído estava viajando*). No contexto da questão, a viagem do advogado, e a impossibilidade de Paulo contatá-lo, seriam um MOTIVO PLENAMENTE JUSTIFICÁVEL (lembre-se: uma das exceções previstas no art. 14 do CED) para a intervenção deste último nos autos da ação de guarda. Havendo, portanto, uma expressão contida na alternativa "A" que contraria o texto do CED, e diante de todo o exposto no tocante à alternativa "B", a questão mereceria ter sido anulada.

(OAB/Exame Unificado – 2017.2) O advogado Diogo foi procurado, em seu escritório profissional, por Paulo, que desejava contratá-lo para atuar nos autos de processo judicial já em trâmite, patrocinado pelo advogado Jorge, mediante procuração, em face de um plano de saúde, pelo seguinte motivo: subitamente, Paulo descobriu que precisa realizar uma cirurgia imediatamente, sob risco de morte. Como não estava satisfeito com a atuação do advogado Jorge, decide, diante da necessidade de realizar a cirurgia, procurar Diogo, para requerer a tutela de urgência nos referidos autos, em plantão judicial.

Considerando a situação narrada e o disposto no Código de Ética e Disciplina da OAB, assinale a afirmativa correta.

(A) Diogo apenas deverá atuar na causa, aceitando procuração, se houver concordância do advogado Jorge, uma vez que, de acordo com o Código de Ética e Disciplina da OAB, o advogado não deve aceitar procuração de quem já tenha patrono constituído, salvo com a concordância deste.

(B) Diogo apenas deverá atuar na causa, aceitando procuração, após ser dado prévio conhecimento ao advogado Jorge, uma vez que, de acordo com o Código de Ética e Disciplina da OAB, o advogado não deve aceitar procuração de quem já tenha patrono constituído anteriormente à comunicação a este.

(C) Diogo poderá aceitar procuração e requerer nos autos judiciais, em favor de Paulo, a tutela de urgên-cia necessária apenas se apresentar nos autos justificativa idônea a cessar a responsabilidade profissional de Jorge pelo acompanhamento da causa.

(D) Diogo poderá aceitar procuração e requerer nos autos judiciais, em favor de Paulo, a tutela de urgência necessária, independentemente de prévia comunicação a Jorge ou de apresentação ao juízo de justificativa idônea para a cessação da responsabilidade profissional de Jorge.

COMENTÁRIO

De acordo com o art. 14 do Novo Código de Ética e Disciplina, o advogado não deve aceitar procuração de quem já tenha patrono constituído, sem prévio conhecimento deste, salvo por motivo plenamente justificável ou para adoção de medidas judiciais urgentes e inadiáveis. Assim, no caso relatado no enunciado, o advogado Diogo, embora ciente de que Paulo já era assistido pelo advogado Jorge, pode aceitar a procuração, eis que se tratava de situação excepcional em que o cliente precisava requerer medida judicial (tutela de urgência) urgente e inadiável (procedimento cirúrgico, sob risco de morte). Correta, portanto, a alternativa D, estando as demais em descompasso com o quanto dispõe o Código de Ética e Disciplina.

(OAB/Exame Unificado – 2017.2) O advogado Ramiro foi procurado por Hugo, inventariante, para atuar no processo de inventário do genitor deste. Em momento posterior, os irmãos de Hugo, José e Luiz, outros herdeiros do *de cujus*, conferiram procuração a Ramiro, a fim de ele também representá-los na demanda. Todavia, no curso do feito, os irmãos, até então concordantes, passam a divergir sobre os termos da partilha. Ramiro, então, marca reuniões, em busca de harmonização dos interesses dos três, porém não obtém sucesso.

Diante do caso narrado, por determinação do Código de Ética e Disciplina da OAB, Ramiro deverá:

(A) renunciar aos três mandatos, afastando-se do feito.

(B) manter-se no patrocínio dos três irmãos, desde que informe o conflito nos autos e atue de forma imparcial, observando-se a disciplina legal.

(C) escolher, de acordo com seus critérios de prudência, apenas um dos mandatos, renunciando aos demais.

(D) manter-se no patrocínio daquele que primeiro lhe conferiu o mandato, isto é, o inventariante, renunciando aos demais.

COMENTÁRIO

Nos termos do art. 20 do Novo Código de Ética e Disciplina (CED), sobrevindo conflito de interesse entre seus constituintes e não conseguindo o advogado harmonizá-los, caber-lhe-á optar, com prudência e discrição, por um dos mandatos, renunciando aos demais, resguardando sempre o sigilo profissional. Assim, vamos às alternativas!

A alternativa "A" está incorreta, pois não é caso de renúncia a todos os mandatos, mas, a dois deles;

A alternativa "B" está incorreta, pois o CED, em seu art. 20, proíbe que um mesmo advogado atue perante clientes que apresentem conflito de interesses, tal como verificado no enunciado da questão;

A alternativa "C" está correta De fato, caberá ao advogado, após frustrada a tentativa de harmonização de seus clientes, optar apenas por um dos mandatos, renunciando aos demais, mas sempre tendo o dever de resguardar o sigilo profissional;

A alternativa "D" está incorreta, pois caberá ao advogado optar, com prudência e discrição, por um dos mandatos (qualquer deles!).

Dicas de última hora

1. A postulação em juízo ou fora dele, como regra, exige a comprovação da existência do mandato.

2. Como se comprova o mandato judicial? Pela exibição da procuração (que é o instrumento do mandato)!

3. Advogado pode postular sem procuração em nome do cliente? Como dito, em regra, não! No entanto, excepcionalmente, em caso de urgência, assim afirmada pelo advogado, poderá postular em nome do cliente sem a procuração.

4. Qual o prazo máximo que um advogado pode postular sem procuração em nome do cliente? O prazo é de 15 (quinze) dias, cabendo prorrogação, uma vez, por igual período.

5. Qual o momento oportuno para que o advogado junte a procuração aos autos judiciais? Se você pensou "petição inicial", errou! O momento adequado é o primeiro em que o advogado for "falar" (representar) o cliente em juízo: petição inicial, contestação, recurso, sustentação oral... Assim, se estivermos falando no advogado do autor de uma ação, a procuração deverá ser anexada logo quando da distribuição da ação. Porém, se se tratar de advogado do réu, a procuração será juntada por ocasião da contestação. Se um advogado for contratado apenas para fazer uma sustentação oral perante o STF, por exemplo, deverá juntar a procuração no momento da sustentação.

6. A procuração judicial tem prazo de validade? Caduca? A resposta é não! Enquanto houver confiança recíproca entre as partes (cliente e advogado), a procuração será válida, salvo se o contrário houver sido ajustado.

7. Presume-se extinto o mandato com o arquivamento e extinção do processo judicial.

8. Haverá extinção expressa da procuração nos seguintes casos:

i) renúncia (ato unilateral do advogado);

ii) revogação (ato unilateral do cliente);

iii) substabelecimento sem reserva de poderes (ato do advogado).

9. Na renúncia, após o advogado comunicar o cliente, deverá permanecer atendendo a eventuais intimações judiciais pelo prazo de 10 (dez) dias, salvo se novo advogado for constituído nesse interregno, sendo-lhe proibido apresentar o motivo gerador da renúncia.

10. A revogação do mandato pelo cliente não o desobriga de pagar honorários contratuais ao advogado, nem lhe prejudica o recebimento de eventuais honorários sucumbenciais, ainda que em caráter proporcional.

11. O substabelecimento sem reserva de poderes, como é causa de extinção do mandato, exige que o advogado substabelecente dê prévio e inequívoco conhecimento de tal ato ao seu cliente, sob pena de ficar caracterizado abandono da causa.

Capítulo 6

DIREITOS (OU PRERROGATIVAS) DOS ADVOGADOS

1. DIREITOS (PRERROGATIVAS) DO ADVOGADO (ARTS. 6º E 7º DO EAOAB)

São **características fundamentais** da advocacia a **independência** e a **inviolabilidade**, garantias básicas da sua indispensabilidade à realização da justiça. Porém, para que referidas características ultrapassem os limites da intenção constitucional e se transformem em realidade prática, o Estatuto relaciona os direitos dos advogados, as suas prerrogativas profissionais[1].

É bom que se diga que não se trata de meros "privilégios pessoais", mas, como dito, de garantias que lhe são deferidas para o bom desempenho de suas atividades, consideradas, é bem verdade, verdadeiro *serviço público*.

Impende ressaltar que o art. 6º do EAOAB já inicia prevendo que "não há hierarquia nem subordinação entre advogados, magistrados e membros do Ministério Público, devendo todos tratar-se com consideração e respeito recíprocos", regra muito salutar, demonstrativa de que **o advogado não é personagem inferior às autoridades, mas com igual relevância**.

Por essas razões, o art. 7º do EAOAB, em 21 (vinte e um) incisos e doze parágrafos, traz o rol – exemplificativo –das prerrogativas dos advogados, que devem ser respeitadas e observadas por todas as pessoas, especialmente autoridades e Poder público.

1.1. Liberdade no exercício da profissão (art. 7º, I, EAOAB)

O art. 5º, XIII, da CF prevê a liberdade para o exercício de ofícios ou profissões, desde que atendidas as qualificações que a lei exigir. Referido dispositivo é norma constitucional de eficácia contida.

É verdade que o advogado pode **exercer livremente sua atividade** em todo o território nacional, mas o EAOAB, em seu art. 10, § 2º, prevê a necessidade de **inscrição suplementar** para a atuação do profissional em outros estados (Conselhos Seccionais) se exercer com habitualidade a advocacia (mais de cinco causas/intervenções judiciais por ano), tema visto anteriormente.

Todo e qualquer comportamento obstativo do pleno exercício da advocacia atentará contra o direito do advogado de atuar com liberdade.

---

1. RAMOS, Gisela Gondin. *Estatuto da Advocacia: comentários e jurisprudência selecionada*. 5. ed. Rio de Janeiro: Forense, 2009.

1.2. Inviolabilidade do escritório de advocacia (art. 7º, II, e §§ 6º e 7º, EAOAB)

Para a garantia do **sigilo profissional**, o escritório do advogado não pode ser violado arbitrariamente, mas apenas por ***ordem judicial*** (mandado de busca e apreensão), desde que tal medida seja tendente a **apurar infrações penais praticadas pelo advogado**, resguardando-se, em qualquer caso, documentos/informações que possam prejudicar seus clientes.

De plano, cumpre destacar a inviolabilidade do advogado não abrange somente seu **escritório** ou **local de trabalho**, mas, também, seus **instrumentos de trabalho** e suas **comunicações** escritas, eletrônicas, telefônicas e telemáticas, desde que relativas ao exercício da profissão (art. 7º, II, do EAOAB). Trata-se, aqui, de uma **tríplice inviolabilidade** (escritório ou local de trabalho + instrumentos de trabalho + comunicações).

O art. 7º, §§ 6º e 7º, do EAOAB, com a redação que lhe foi conferida pela Lei 11.767/2008, passou a traçar os **requisitos** necessários à "quebra da inviolabilidade" do escritório, que, diga-se de passagem, é **relativa**.

De forma bem esquemática, são necessários os seguintes **requisitos**:

a) presença de indícios de autoria e materialidade da prática de crime por parte de advogado;

b) que a medida seja decretada pela autoridade judiciária competente;

c) que a decisão seja motivada, expedindo-se mandado de busca e apreensão;

d) que o referido mandado seja específico e pormenorizado;

e) que a busca e apreensão ocorra na presença de representante da OAB;

f) em qualquer hipótese, fica vedada a utilização dos documentos, das mídias e dos objetos pertencentes a clientes do advogado averiguado, bem como dos demais instrumentos de trabalho que contenham informações sobre clientes.

Bom frisar que o STF julgou **constitucional** o **acompanhamento das diligências por representante da OAB** (**ADIn 1.127-8**). Para a eficácia das diligências, o juiz poderá comunicar a entidade, em caráter confidencial (ofício reservado), para que seja designado representante para acompanhar as diligências. Porém, em caso de inércia da própria OAB, caso, devidamente avisada da diligência, quede inerte, a busca e apreensão será válida. Apenas se o magistrado não oficiar à OAB, aí sim haverá ilegalidade!

1.3. Comunicação reservada com o cliente (art. 7º, III, EAOAB)

Ainda que clientes estejam **presos** ou **recolhidos** em **estabelecimentos civis ou militares, mesmo sem procuração**, o advogado terá o direito de entrevistar-se reservadamente com eles, ainda que considerados **incomunicáveis**.

Trata-se não apenas de uma prerrogativa, mas da materialização do direito constitucional de **ampla defesa**, interessando, portanto, não apenas ao advogado, mas também, e com maior importância, ao seu constituinte.

Portanto, qualquer obstáculo criado ao advogado para que se comunique reservadamente com seu cliente preso violará a prerrogativa em comento, dando azo à impetração de mandado de segurança contra a autoridade que cerceá-la.

1.4. Prisão em flagrante do advogado no exercício da advocacia (art. 7º, IV, EAOAB)

Quando a **prisão** do advogado tiver **relação com o *exercício da advocacia***, exigir-se-á a **presença de um representante da OAB** quando da lavratura do auto de prisão em flagrante. Ressalte-se que somente caberá a prisão em flagrante do advogado, ligada à sua atividade profissional, se se tratar de **crime inafiançável** (art. 7º, § 3º, do EAOAB).

Em suma, é perfeitamente possível que um advogado seja preso em flagrante, mas quando o crime por ele praticado disser respeito ou tiver relação com o exercício da profissão, somente será cabível seu encarceramento se o crime cometido for inafiançável. A *contrario sensu*, se, ainda que no exercício da profissão, houver praticado **crime afiançável**, não se imporá a prisão em flagrante.

Em sendo o caso de prender em flagrante o advogado por um crime inafiançável que se relacione com o exercício da profissão, a **validade do auto de prisão** estará atrelada à possibilidade de **representante da OAB acompanhar o procedimento**.

Apenas a título de reforço, a prisão em flagrante de um advogado nem sempre estará atrelada ao *exercício da profissão*. Apenas neste caso é que a prerrogativa em comento deverá ser observada, vale dizer, a garantia do acompanhamento da lavratura do respectivo auto de prisão em flagrante por representante da OAB e a admissibilidade da prisão somente por crime inafiançável.

Caso a instituição a que se vincula o advogado preso sequer seja avisada pela autoridade policial, haverá, como dito, a invalidade de referido auto, com o consequente relaxamento da prisão pela autoridade judiciária. No entanto, caso a OAB, devidamente avisada, fique inerte e não encaminhe um seu representante para acompanhar a prisão, evidentemente que esta não poderá ser considerada ilegal. Nesse caso, será de rigor apurar-se as responsabilidades pela eventual omissão.

1.5. Prisão antes do trânsito em julgado (art. 7º, V, EAOAB)

Em caso de **prisões cautelares**, vale dizer, aquelas anteriores ao trânsito em julgado da sentença penal (flagrante, temporária e preventiva), o advogado terá o direito de permanecer recolhido em **Sala de Estado-Maior** (sala situada nas dependências das Forças Armadas – Marinha, Exército ou Aeronáutica, bem como em Batalhão da Polícia Militar e Corpo de Bombeiros), com instalações e comodidades condignas, **ou, à falta dela**, em **prisão domiciliar**.

O STF, na **ADIn 1127-8**, julgou inconstitucional o controle, pela OAB, das "acomodações" da sala de Estado-Maior. Em última análise, as cautelas acerca das acomodações nas salas de Estado-Maior ficarão a cargo, evidentemente, das Forças Armadas, **sem ingerência da OAB**, tal como constou na redação original do art. 7º, V, EAOAB, que atribuía à entidade o "reconhecimento" de que as instalações eram cômodas e condignas ao advogado.

A Sala de Estado-Maior não pode ser confundida com a **prisão especial**, cabível para determinadas pessoas, nos termos do art. 295 do CPP, tais como Ministros de Estado, Governadores e Magistrados.

Se na localidade em que o advogado houver de permanecer preso inexistir Sala de Estado-Maior com acomodações e comodidades condignas, terá o direito de ficar recolhido em **prisão domiciliar**.

Uma vez **transitada em julgado** a sentença condenatória criminal prolatada em desfavor de um advogado, **cessará a prerrogativa**, ou seja, será "transferido" a uma unidade prisional integrante do sistema carcerário comum. A prerrogativa vigora enquanto prevalecer o estado de inocência.

Frise-se, por derradeiro, que a observância da prerrogativa em comento independerá do tipo de crime cometido pelo advogado, pouco importando se relacionado ou não ao exercício da profissão.

1.6. Liberdade de acesso dos advogados aos locais em que desempenhem suas funções e às autoridades (art. 7º, VI, VII e VIII, EAOAB)

É direito do advogado ingressar livremente (art. 7º, VI):

a) nas salas de sessões dos tribunais, *mesmo além dos cancelos que separam a parte reservada aos magistrados*;

b) nas salas e dependências de audiências, secretarias, cartórios, ofícios de justiça, serviços notariais e de registro, e, no caso de delegacias e prisões, *mesmo fora da hora de expediente e independentemente da presença de seus titulares*;

c) em qualquer edifício ou recinto em que funcione repartição judicial ou outro serviço público onde o advogado deva praticar ato ou colher prova ou informação útil ao exercício da atividade profissional, dentro do expediente ou fora dele, e ser atendido, desde que se ache presente qualquer servidor ou empregado;

d) em qualquer assembleia ou reunião de que participe ou possa participar o seu cliente, ou perante a qual este deva comparecer, desde que munido de poderes especiais.

Nenhum obstáculo poderá ser imposto ao livre ingresso do advogado nos lugares acima referidos, sob pena de ilegalidade, sanável pela impetração de **mandado de segurança**, sem prejuízo da formulação de **representação** às entidades competentes (por exemplo, às corregedorias de órgãos públicos, ao CNJ etc.).

Ainda, são direitos do advogado:

e) o de permanecer sentado ou em pé e retirar-se de quaisquer locais indicados anteriormente, independentemente de licença (art. 7º, VII). Assim, não se poderá, por exemplo, compelir um advogado, durante uma audiência, a permanecer em pé, ou dele se exigir a concessão de permissão para que dela se retire;

f) o de dirigir-se diretamente aos magistrados nas salas e gabinetes de trabalho, *independentemente de horário previamente marcado* ou outra condição, observando-se a ordem de chegada (art. 7º, VIII). Nesse caso, não se poderá retirar do advogado a possibilidade de **contato direto** com o magistrado, sendo ilegal condicionar o atendimento do causídico à prévia análise da questão por outro profissional, como assistentes ou escreventes judiciários.

1.7. Sustentação oral do advogado após o voto do relator (art. 7º, IX, EAOAB)

Por força da **ADIn 1127-8**, o STF declarou inconstitucional esse dispositivo, que prescrevia ser direito do advogado **sustentar oralmente as razões de qualquer recurso ou processo**, nas sessões de julgamento, **após o voto do relator**, em instância judicial ou administrativa, pelo prazo de quinze minutos, salvo se prazo maior fosse concedido.

Destarte, após a decisão proferida pela Excelsa Corte, em controle concentrado de constitucionalidade, o advogado somente poderá fazer **sustentação oral** em recursos cuja lei a **admita**, ou nos termos dos regimentos internos dos tribunais, no momento também definido por referidos regimentos (geralmente *antes* do voto do relator ser lido).

Em suma, nos casos dos recursos, a sustentação oral estará vinculada à **previsibilidade** de referida prerrogativa.

1.8. Uso da expressão "pela ordem" (art. 7º, X, EAOAB)

Para o esclarecimento de **circunstâncias fáticas** que se apresentem **equivocadas**, ou em razão de **dúvidas** surgidas em relação a **fatos**, **documentos** ou **afirmações** que influam no julgamento, poderá o advogado fazer **uso da palavra**, pela ordem, de **maneira rápida e objetiva** (intervenção sumária), em qualquer juízo ou tribunal, ainda que seja necessário, por exemplo, interromper a fala do próprio magistrado em audiência.

Também poderá fazê-lo quando sofrer **acusações** ou for **indevidamente censurado**.

Não se condiciona o exercício da prerrogativa ao término da fala de outra pessoa ou autoridade (por exemplo, de um juiz ou desembargador), sendo dado ao advogado utilizar-se da palavra no exato momento em que esta se fizer necessária.

1.9. Reclamação verbal ou escrita (art. 7º, XI, EAOAB)

É direito do advogado reclamar, **verbalmente** ou por **escrito**, perante qualquer juízo, tribunal ou autoridade, contra a inobservância de **preceito de lei, regulamento ou regimento**.

Assim, constatando o advogado que a lei (em sentido amplo) está sendo desrespeitada, terá o direito de protestar, apresentando reclamação a quem de direito, a fim de que se ponha fim à ilegalidade.

1.10. Permanência do advogado em determinados locais (art. 7º, XII, EAOAB)

É facultado ao advogado **falar**, **sentado ou em pé**, em juízo, tribunal ou órgão de deliberação coletiva da Administração Pública ou do Poder Legislativo.

Assim, violaria a prerrogativa em comento a determinação de um magistrado para que todos os advogados, durante a audiência de instrução, permanecessem em pé durante a inquirição de testemunhas ou a elaboração de debates orais.

1.11. Análise de autos pelos advogados, perante órgãos do Judiciário, Legislativo, Administração Pública e instituições que conduzam investigações para apuração de infrações, bem como o direito de vista e carga (art. 7º, XIII, XIV, XV, XVI e §§ 10 a 12, do EAOAB) 6

É direito do advogado **examinar**, em **qualquer órgão** dos **Poderes Judiciário** e **Legislativo**, ou da **Administração Pública** em geral, autos de processos findos ou em andamento, ***mesmo sem procuração***, *quando não estejam sujeitos a sigilo*, assegurada a obtenção de cópias, podendo tomar apontamentos (art. 7º, XIII).

6 Para visualizar o *SHORT VIDEO* acesse: http://www.editorafoco.com.br/short-videos.

Significa dizer que ao advogado, por essa sua condição, será lícito examinar autos de processos (já encerrados ou ainda em trâmite) em qualquer Poder (Executivo, Legislativo ou Judiciário), bem como o de obter cópias e fazer apontamentos (anotações). Para o exercício dessa prerrogativa, não se exigirá do profissional a apresentação de procuração, salvo se o processo estiver sob **sigilo**.

Também é direito do advogado **examinar**, em **qualquer instituição** responsável por conduzir investigação, ***mesmo sem procuração***, autos de flagrante e de investigações de qualquer natureza, findos ou em andamento, ainda que conclusos à autoridade, podendo copiar peças e tomar apontamentos, em meio físico ou digital (art. 7º, XIV).

Antes do advento da Lei 13.245, de 12 de janeiro de 2016, a prerrogativa em comento limitava a atuação do advogado, que somente teria o direito de ter acesso a autos de flagrante e de inquérito policial que tramitassem nas **repartições policiais**.

Doravante, será direito do advogado, por exemplo, o de examinar autos de investigações presididas por quaisquer órgãos ou instituições, a exemplo do Ministério Público.

Importante registar que o exercício da prerrogativa em comento **independerá**, em regra, de **procuração**. Em outras palavras, o advogado tem o direito de examinar autos de flagrante e de investigações independentemente de ter em seu poder a procuração outorgada por seu cliente. Porém, o § 10, do art. 7º do EAOAB, acrescentado pela precitada Lei 13.245/2016, dispõe que nos autos sujeitos a **sigilo**, deve o advogado apresentar procuração. Acrescentamos, também, uma outra hipótese em que a exibição do instrumento de mandato será necessária: quando os autos tramitarem em **segredo de justiça**.

Também inovando, a mesma Lei 13.245/2016, acrescentando ao art. 7º do EAOAB o § 11, prescreveu que, no caso previsto no inciso XIV, a autoridade competente poderá **delimitar o acesso do advogado** aos elementos de prova relacionados a **diligências em andamento e ainda não documentados nos autos**, quando houver risco de comprometimento da **eficiência**, da **eficácia** ou da **finalidade das diligências**, na esteira do que já havia sido "regulamentado", ainda que em parte, pela Súmula Vinculante 14, que assim enuncia: "É direito do defensor, no interesse do representado, ter acesso amplo aos elementos de prova que, já documentados em procedimento investigatório realizado por órgão com competência de polícia judiciária, digam respeito ao exercício do direito de defesa".

A inobservância aos direitos estabelecidos no inciso XIV, o fornecimento incompleto de autos ou o fornecimento de autos em que houve a retirada de peças já incluídas no caderno investigativo implicará **responsabilização criminal e funcional por abuso de autoridade** do responsável que impedir o acesso do advogado com o intuito de prejudicar o exercício da defesa, sem prejuízo do direito subjetivo do advogado de requerer acesso aos autos ao juiz competente (§ 12, do art. 7º do EAOAB, incluído pela Lei 13.245/2016).

Ainda, é prerrogativa dos advogados ter **vista** dos processos judiciais ou administrativos de qualquer natureza, em cartório ou na repartição competente, ou **retirá-los pelos prazos legais** (art. 7º, XV).

Por fim, é direito do advogado **retirar autos de processos findos** (ou seja, já encerrados), *mesmo sem procuração*, pelo prazo de **dez dias** (art. 7º, XVI).

Nos termos do §1º, do art. 7º do EAOAB, não se aplica o disposto nos incisos XV e XVI:

1) aos processos sob regime de segredo de justiça;

2) quando existirem nos autos documentos originais de difícil restauração ou ocorrer circunstância relevante que justifique a permanência dos autos no cartório, secretaria ou repartição, reconhecida pela autoridade em despacho motivado, proferido de ofício, mediante representação ou a requerimento da parte interessada;

3) até o encerramento do processo, ao advogado que houver deixado de devolver os respectivos autos no prazo legal, e só o fizer depois de intimado.

1.12. Desagravo público do advogado (art. 7º, XVII e § 5º, EAOAB; arts. 18 e 19, Regulamento Geral)

Sempre que o advogado for **ofendido** *em razão de suas atividades profissionais* ou em *razão do cargo ou função que ocupe na OAB*, será **desagravado publicamente**, como regra, pelo Conselho Seccional competente (local da ofensa). Tal ato poderá ser **provocado** pelo próprio **advogado ofendido** ou por **qualquer outra pessoa**, e até mesmo **de ofício** pelo próprio Conselho.

Trata-se de *ato público* (sessão solene) que *não depende sequer da concordância do advogado ofendido*, já que o desagravo objetiva garantir os direitos da própria classe de advogados.

Quando for ofendido no exercício de seus cargos Conselheiro federal ou Presidente de Conselho Seccional, caberá ao **Conselho Federal**, nos termos do art. 19 do Regulamento Geral, promover o desagravo público, ou no caso de ofensa a qualquer advogado mas que se revestir de *relevância e grave violação às suas prerrogativas, com repercussão nacional* (ex.: advogado ofendido perante o STF, ou com a palavra "cortada" durante sustentação oral naquele tribunal).

Importante registrar que a ofensa ao advogado que poderá desencadear o desagravo público é aquela que **diga respeito ao exercício profissional** ou **em razão de cargo ou função** exercidos na OAB. Caso não se vislumbre que a ofensa tenha tido relação com a profissão ou o cargo ou função exercida pelo advogado, caberá ao relator do processo instaurado para a deflagração de desagravo público propor o arquivamento do pedido, especialmente quando se vislumbrar que a ofensa foi pessoal (art. 18, § 2º, Regulamento Geral).

1.13. Uso de símbolos privativos da profissão (art. 7º, XVIII, EAOAB)

Só os advogados podem utilizar os **símbolos privativos da profissão**, quais sejam, as **vestes talares** e as **insígnias**, cujos modelos constam no Provimento 8/1964, do Conselho Federal da OAB, bem como a **imagem da justiça** (Têmis) e a **balança**.

Porém, os símbolos do Conselho Federal (brasão da República) e dos Conselhos Seccionais são privativos desses órgãos, não podendo sequer os advogados utilizá-los.

1.14. Recusa do advogado em depor como testemunha (art. 7º, XIX, EAOAB)

O advogado tem o direito (e também o dever) de **não depor**, na qualidade de **testemunha**, sobre fatos acobertados pelo sigilo profissional, em processos que envolvam cliente ou ex-cliente, ou em processos em que atue ou tenha atuado como procurador de qualquer das partes.

Trata-se de importante mecanismo que, como visto, garante a permanência e manutenção do sigilo profissional, que, como regra, não poderá ser rompido pelo advogado.

Vale registrar que o **dever de recusa** permanece ainda que haja **autorização ou solicitação do próprio cliente**, o que demonstra que estamos diante de verdadeiro mandamento (e não apenas prerrogativa profissional), tal como reforça o art. 36 do CED: "O sigilo profissional é de ordem pública, independendo de solicitação de reserva que lhe seja feita pelo cliente".

Por fim, o art. 38 do CED dispõe que o advogado não é obrigado a depor, em processo ou procedimento judicial, administrativo ou arbitral, sobre fatos a cujo respeito deva guardar sigilo profissional.

1.15. Direito de retirada do recinto de audiência (art. 7º, XX, EAOAB)

Decorridos **30 (trinta) minutos** do horário designado à realização do ato judicial, se a autoridade que deva presidi-lo **não comparecer**, poderá o advogado, mediante petição (comunicação) protocolada em juízo, **abandonar o recinto**.

Frise-se que na Justiça do Trabalho, de acordo com o art. 815, parágrafo único, da CLT, o prazo para o exercício do direito de retirada é de apenas *15 (quinze) minutos*, tratando-se, segundo entendemos, de norma especial, que prevalece sobre a geral (EAOAB).

O mero *atraso de pauta* (audiências que se alongam) não justifica o exercício do direito de retirada do advogado, que está vinculado à *ausência* do magistrado no local em que designada a realização de ato judicial.

1.16. Imunidade profissional (art. 7º, § 2º, EAOAB)

O advogado é **inviolável** por seus atos e manifestações, a fim de que se lhe garanta a liberdade para o exercício profissional. Trata-se, pois, de prerrogativa que materializa a liberdade de expressão no exercício profissional.

Assim, de acordo com o art. 7º, § 2º, EAOAB, não constituirá **injúria**, **difamação** ou **desacato** puníveis, **qualquer manifestação** de sua parte, no **exercício de sua atividade**, em juízo ou fora dele.

Destarte, pela leitura do dispositivo em comento, goza o advogado de imunidade penal no que toca aos crimes de *injúria* e *difamação*, considerados crimes contra a honra (arts. 139 e 140, ambos do CP), bem como no tocante ao crime de *desacato*, considerado crime contra a administração da justiça (art. 331, CP).

No entanto, o STF, no julgamento da **ADIn 1.127-8**, entendeu pela **inconstitucionalidade** da expressão "**desacato**", excluindo referida infração da abrangência da imunidade penal ora estudada.

Destarte, ainda que no exercício da profissão, o advogado não estará acobertado pela imunidade se desacatar uma autoridade pública.

Também fica excluída da imunidade em comento a imputação falsa, por parte do advogado, de fato definido como crime, o que caracteriza o crime de *calúnia*. Lembre-se: apenas injúria e difamação!

1.17. Salas especiais para advogados (art. 7º, § 4º, EAOAB)

O **Poder Judiciário** e o **Poder Executivo** devem **instalar** nos juizados, fóruns, tribunais, delegacias de polícia e presídios, ***salas especiais*** para advogados. Trata-se de determinação que visa conferir aos advogados a possibilidade de poderem desenvolver suas atividades com um mínimo de tranquilidade e conforto.

Teoricamente, referidas salas deveriam ser "controladas" pela OAB, conforme preconiza o dispositivo legal em comento. Porém, o STF, após julgar a **ADIn 1.127-8**, declarou ***inconstitucional*** a palavra "controle". Assim, embora asseguradas a manutenção das salas especiais para os advogados nas repartições referidas, não será a OAB que irá controlá-las.

Ressalte-se que os gastos expendidos pelo Poder Executivo ou pelo Judiciário na instalação das salas para uso dos advogados não poderão ser "transferidos" à OAB, que não poderá ser compelida a proceder ao "reembolso" dos valores. Trata-se de um **dever** de referidos Poderes de Estado.

1.18. Atuação do advogado em prol de clientes investigados pela prática de infrações (art. 7º, XXI, EAOAB) 7

A Lei 13.245, de 12 de janeiro de 2016, acrescentando ao art. 7º do EAOAB o inciso XXI, trouxe relevante prerrogativa profissional, que, como se verá, além de ter reforçado a **importância do advogado nas fases extrajudiciais de apuração de infrações**, conferiu aos cidadãos que se vejam sob formal investigação, **direito expresso de assistência jurídica por profissional legalmente habilitado** (*in casu*, o advogado).

Assim, o referido art. 7º, XXI, do EAOAB, prescreve ser direito do advogado o de **assistir a seus clientes investigados durante a apuração de infrações**, sob pena de **nulidade absoluta** do respectivo interrogatório ou depoimento e, subsequentemente, de todos os elementos investigatórios e probatórios dele decorrentes ou derivados, direta ou indiretamente, podendo, inclusive, no curso da respectiva apuração, apresentar **razões** e **quesitos**.

De plano, destacamos que o dispositivo em comento, por não fazer distinção, abrange a apuração de **quaisquer tipos de infrações**, ou seja, penais e extrapenais.

No mais, entendemos que andou bem o legislador ordinário ao prever a participação do advogado nos procedimentos apuratórios de infrações, seja pelo fato de a parte assistida – investigada – passar a poder contar com respaldo técnico-profissional, seja porque o procedimento investigatório poderá, por influência do próprio advogado, que, como visto, poderá participar de interrogatórios e depoimentos, além de apresentar razões e quesitos, tomar rumos que conduzam à **apuração de infrações com maior grau de certeza e/ou determinação**.

Da **leitura apressada** do novel dispositivo, poder-se-ia concluir que a **participação do advogado será obrigatória**, invariavelmente, durante a apuração de infrações, o que, segundo entendemos, não é a melhor interpretação.

Nada obstante estejamos diante de uma prerrogativa profissional, o fato é que a assistência por advogado de pessoas investigadas pela prática de infrações deve ser tomada como uma **faculdade do investigado**. Significa dizer que, por exemplo, se determinada pessoa estiver sob formal investigação pela prática de um ilícito penal, terá o direito de, querendo, ser acompanhada, durante seu interrogatório ou depoimento de testemunhas, por advogado, sob pena de nulidade do ato e de todos os elementos investigatórios e probatórios dele decorrentes.

---

7 Para visualizar o *SHORT VIDEO* acesse: http://www.editorafoco.com.br/short-videos.

Todavia, como afirmamos, a atuação do advogado em procedimentos investigatórios não deverá ser tomada como "requisito de validade" dos elementos neles colhidos, a não ser que referida prerrogativa seja tolhida do investigado.

Tomemos, por exemplo, a seguinte situação: João, preso em flagrante delito, é conduzido a uma delegacia de polícia, oportunidade em que, antes de iniciado seu interrogatório pela autoridade policial, afirma querer contatar seu advogado para que o acompanhe durante o ato, tal como prevê, inclusive, o art. 5º, LXIII, da CF/88 (*o preso será informado de seus direitos, entre os quais o de permanecer calado, sendo-lhe assegurada a assistência da família e de advogado*). Diante da solicitação, a autoridade policial lhe nega o pedido, daí se iniciando o interrogatório, no qual o agente confessa a prática delituosa.

Nesse caso, estaremos diante de fonte de prova (confissão) que não poderá repercutir efeitos, haja vista a ilicitude na sua obtenção, eis que em descompasso com o art. 7º, XXI, do EAOAB.

O mesmo – a nulidade – ocorrerá caso o investigado, durante o procedimento apuratório da infração a ele irrogada, assistido por advogado, tenha desentranhada dos autos petição em que formulados quesitos para perícia, que, muitas vezes, se revela irrepetível na fase judicial.

O dispositivo em comento é novo, o que, decerto, gerará calorosas discussões nos meios acadêmicos e nas instituições jurídicas, eis que sua repercussão, especialmente no inquérito policial, é bastante relevante e inovadora.

Criou-se um "novo patamar" de atuação profissional do advogado, até então atuante em procedimentos investigatórios de forma mais tímida, muitas vezes como mero espectador ou ouvinte, especialmente no âmbito do inquérito policial, eis que amplamente adotada a tese de que não há nulidade em referido procedimento. Doravante, poderemos falar em nulidade na fase inquisitiva!

Aguardemos os Tribunais!

1.19. Assistência de representante da OAB (art. 16 do Regulamento Geral)

Sem prejuízo da atuação de seu defensor, contará o advogado com a **assistência de representante da OAB** nos **inquéritos policiais** ou nas **ações penais** em que figurar como **indiciado**, **acusado** ou **ofendido**, sempre que o fato a ele imputado decorrer do **exercício da profissão** ou a este **vincular-se**.

Estamos diante de importante prerrogativa prevista no art. 16 do Regulamento Geral.

Assim, se um advogado criminalista, por exemplo, figurar como indiciado em inquérito policial, em virtude de sua relação profissional com determinados clientes que também são alvo de formal investigação policial, fará jus, para auxiliá-lo durante a fase da persecução penal extrajudicial, a que um representante da OAB lhe preste assistência, ainda que tenha constituído defensor.

Frise-se que esse direito conferido ao advogado tem relação direta com o exercício da profissão. Exemplo: O advogado "A" figura como réu de uma ação penal por crime de estupro perpetrado contra a vítima "B". Ora, o crime imputado, não guarda relação alguma com a condição de advogado, razão por que "A" não terá o direito de contar com a assistência de representante da OAB.

Nos termos do art. 49, parágrafo único, do EAOAB, os Presidentes dos Conselhos Seccionais e das Subseções têm legitimidade para intervir, inclusive como assistentes, nos inquéritos e processos em que sejam indiciados, acusados ou ofendidos os inscritos na OAB, reforçando a prerrogativa em análise.

1.20. Quadro-resumo das prerrogativas

Liberdade de exercício profissional (art. 7º, I, EAOAB)	– O advogado é livre para exercer a profissão em todo o território nacional
Inviolabilidade do advogado (art. 7º, II e §§ 6º e 7º, EAOAB)	– O advogado goza de tríplice inviolabilidade (escritório ou local de trabalho, instrumentos de trabalho e comunicações escritas, eletrônicas, telefônicas e telemáticas, desde que relativas ao exercício profissional) – A inviolabilidade do advogado é relativa (comporta "quebra" por meio de busca e apreensão) – Requisitos da busca e apreensão: a) indícios de autoria e materialidade da prática de crime por parte do advogado; b) autoridade judiciária competente; c) decisão judicial fundamentada; d) mandado de busca e apreensão deve ser específico e pormenorizado; e) presença de representante da OAB Obs.: não podem ser utilizados na busca e apreensão os documentos, objetos e mídias pertencentes a clientes do advogado, salvo se coautores ou partícipes no mesmo crime que ensejou a busca e apreensão.
Comunicação reservada com cliente preso (art. 7º, III, EAOAB)	– O advogado tem o direito de comunicar-se com cliente preso de forma pessoal e reservada; – Tal prerrogativa existe independentemente do local em que o cliente se achar preso (estabelecimento civil ou militar); – O exercício da prerrogativa independe de procuração; – O advogado terá acesso ao cliente preso ainda que este seja considerado incomunicável.
Prisão em flagrante do advogado por motivo ligado à profissão (art. 7º, IV e § 3º, EAOAB)	– Por motivo ligado à profissão, o advogado somente poderá ser preso em flagrante por crime inafiançável; – Durante a lavratura do auto de prisão em flagrante, o advogado autuado tem o direito de contar com a presença de representante da OAB, sob pena de nulidade (relaxamento da prisão)
Custódia cautelar do advogado (art. 7º, V, EAOAB)	– O advogado tem o direito de, antes do trânsito em julgado, ficar recolhido preso em Sala de Estado-Maior, com acomodações e comodidades condignas, ou, à falta, em prisão domiciliar.
Livre acesso do advogado (art. 7º, VI, EAOAB)	– É direito do advogado ingressar livremente nos fóruns, juizados, cartórios, delegacias de polícia (ainda que ausentes seus titulares), presídios, repartições judiciais em geral e repartições públicas em geral; – Também é direito do advogado ingressar em assembleias e reuniões em que se encontrem seus clientes ou onde estes poderiam estar presentes, mas desde que munido de procuração com poderes especiais.

Permanência do advogado nos lugares em que pode ingressar livremente (art. 7º, VII, EAOAB)	– Nos lugares em que o advogado pode ingressar livremente (art. 7º, VI), neles poderá permanecer sentado ou em pé, retirando-se a qualquer momento, independentemente de licença.
Acesso de advogados aos magistrados (art. 7º, VIII, EAOAB)	– É direito do advogado dirigir-se diretamente aos magistrados (ou seja, sem que interposta pessoa o atenda), nas salas e gabinetes de trabalho; – O acesso de advogado a magistrados independe de prévio agendamento ou outra condição, respeitada apenas a ordem de chegada.
Sustentação oral (art. 7º, IX, EAOAB)	– O STF, no julgado da ADI 1.127-8, declarou a inconstitucionalidade do art. 7º, IX, do EAOAB, que previa um direito "irrestrito" do advogado a apresentar sustentação oral em qualquer recurso ou processo, em instância judicial ou administrativa; – Nada obstante a declaração de inconstitucionalidade, o direito à sustentação oral persiste, mas vinculado à sua previsibilidade.
Uso da palavra (art. 7º, X, EAOAB)	– É direito do advogado fazer uso da palavra, pela ordem, mediante intervenção sumária (breve), ainda que, para tanto, interrompa a "fala alheia"; – Tal direito está previsto a fim de assegurar ao advogado esclarecer equívocos ou dúvidas surgidas em relação a fatos, documentos ou informações que possam influir no julgamento, bem como para replicar acusação ou censura que lhe sejam dirigidas.
Reclamação pelo descumprimento de lei (art. 7º, XI, EAOAB)	– Constatando o advogado o descumprimento de qualquer lei, regulamento ou regimento, terá o direito de reclamar, verbalmente ou por escrito, a qualquer juízo, tribunal ou autoridade, contribuindo, assim, para que a legalidade seja restabelecida.
Postura do advogado durante sua fala (art. 7º, XII, EAOAB)	– Em juízo, tribunal ou órgãos de deliberação coletiva da Administração Pública, bem como em órgãos do Poder Legislativo, é direito do advogado falar sentado ou em pé.
Exame de autos de processos (art. 7º, XIII, EAOAB)	– É direito do advogado examinar e obter cópias, bem como fazer apontamentos, de processos findos ou em andamento, em qualquer dos Poderes (Executivo, Legislativo ou Judiciário), mesmo sem procuração (salvo sigilo ou segredo de justiça).
Exame de autos de investigação (art. 7º, XIV e §§ 10 a 12, EAOAB)	– É direito do advogado examinar, em qualquer instituição responsável por conduzir investigações, autos de flagrante e de investigações de qualquer natureza, findos ou em andamento, ainda que conclusos à autoridade; – Também é direito do advogado, além do exame, a obtenção de cópias (por meio físico ou digital); – O exame dos autos de investigação e a obtenção das cópias independerá, em regra, de procuração, salvo em caso de sigilo, quando, então, a apresentação da procuração será necessária; – É possível a delimitação, ao advogado, do acesso aos elementos de prova relacionados a diligências em andamento e que ainda não tenham sido documentados, quando puder colocar em risco a eficiência, eficácia ou finalidade das diligências; – Não sendo o caso de limitação de acesso, se a prerrogativa em questão for cerceada, ou se a autoridade responsável apenas permitir o acesso parcial aos autos, ou retirar peças do caderno investigativo, estará sujeita à responsabilização penal e funcional por abuso de autoridade.

Vista e carga de autos de processos (art. 7º, XV, EAOAB)	– É direito do advogado ter vista (examinar) e retirar de cartório (fazer carga), pelo prazo legal, autos de processos judiciais ou administrativos, independentemente de procuração (salvo em caso de segredo de justiça, situação em que a apresentação do instrumento de mandato será necessária); – Não será permitida a retirada dos autos caso haja neles documentos originais de difícil restauração ou se houver motivo relevante que justifique sua permanência em cartório (nesse caso, deverá haver despacho motivado da autoridade competente); – Também não será permitida a retirada dos autos caso o advogado, anteriormente, tenha deixado de devolvê-los no prazo legal, somente tendo feito a devolução após intimado.
Retirada de autos de processos findos (art. 7º, XVI, EAOAB)	– É direito do advogado retirar (fazer carga) de autos de processos findos (encerrados), pelo prazo de dez dias; – A retirada dos autos independerá, em regra, de procuração, que somente será exigida em caso de segredo de justiça; – Não será permitida a retirada dos autos caso haja neles documentos originais de difícil restauração ou se houver motivo relevante que justifique sua permanência em cartório (nesse caso, deverá haver despacho motivado da autoridade competente); – Também não será permitida a retirada dos autos caso o advogado, anteriormente, tenha deixado de devolvê-los no prazo legal, somente tendo feito a devolução após intimado.
Desagravo público (art. 7º, XVII e § 5º, EAOAB)	– É direito do advogado ser publicamente desagravado quando ofendido em razão do exercício da profissão ou em virtude de cargo ou função na OAB; – O desagravo (repúdio) ocorrerá em sessão pública solene; – A realização do desagravo público independerá da vontade do advogado ofendido, podendo ser promovida de ofício, ou mediante requerimento do próprio ofendido ou de qualquer pessoa.
Uso de símbolos privativos (art. 7º, XVIII, EAOAB)	– É direito do advogado usar os símbolos privativos da profissão (vestes talares, insígnia, a Têmis, a balança da Justiça).
Recusa em depor como testemunha (art. 7º, XIX, EAOAB)	– É direito do advogado recusar-se a depor como testemunha sempre que houver risco à violação do sigilo profissional (processos em que já funcionou ou vá funcionar; processos cujos fatos sejam relacionados com pessoa de quem seja ou tenha sido advogado; processos cujos fatos sejam acobertados pelo sigilo profissional); – A recusa no depoimento persiste ainda que haja solicitação ou autorização do cliente.
Direito de retirada (art. 7º, XX, EAOAB)	– É direito do advogado retirar-se do recinto onde esteja aguardando pregão para ato judicial, desde que a autoridade que deveria presidi-lo não compareça; – O exercício da prerrogativa dependerá que o "não comparecimento" da autoridade se estenda por trinta minutos, caso em que o advogado poderá retirar-se, desde que o faça após protocolizar petição comunicando o exercício da prerrogativa.

Assistência a clientes investigados (art. 7º, XXI, EAOAB)	- É direito do advogado assistir a seus clientes investigados durante a apuração de infrações, sob pena de nulidade absoluta do respectivo interrogatório ou depoimento e, subsequentemente, de todos os ele-mentos investigatórios e probatórios dele decorrentes ou derivados, direta ou indiretamente, podendo, inclusive, no curso da respectiva apuração, apresentar razões e quesitos.
Imunidade profissional (art. 7º, §2º, EAOAB)	– Por qualquer manifestação do advogado, em juízo ou fora dele, desde que relativa ao exercício profissional, não será punido pelos crimes de injúria e difamação; – Caso o advogado, ainda que no exercício da profissão, pratique desacato, por este responderá (o STF, na ADI 1.127-8, declarou inconstitucional a expressão "desacato" contida no art. 7º, §2º, do EAOAB); – Também responderá o advogado pelo crime de calúnia, ainda que cometido no exercício da profissão; – Eventuais excessos cometidos pelo advogado ensejarão sua responsabilização disciplinar (poderá ser processado disciplinarmente perante a OAB).
Salas especiais (art. 7º, §4º, EAOAB)	– É dever do Poder Judiciário e do Poder Executivo a instalação, em todos os fóruns, juizados, tribunais, delegacias de polícia e presídios, de salas especiais e permanentes, para uso dos advogados/OAB; – O art. 7º, §4º, do EAOAB, previa, originalmente, que as salas em questão ficariam sob o "controle" da OAB, expressão esta que foi declarada inconstitucional pelo STF no julgamento da ADIn 1.127-8
Assistência de representante da OAB (art. 16, Regulamento Geral)	– Sempre que o advogado, por motivo relacionado ao exercício da profissão, figurar como indicado, acusado ou ofendido em inquéritos policiais ou ações penais, contará com a assistência de um representante da OAB, ainda que tenha constituído defensor de sua confiança.

2. DIREITOS DAS ADVOGADAS (ART. 7º-A DO EAOAB)

A Lei 13.363, de 25 de novembro de 2016, promoveu a inclusão de um novo dispositivo ao Estatuto da OAB, mais precisamente o art. 7º-A, que passou a dispor expressamente sobre os **direitos das advogadas** que se encontrem em **situações específicas** (gestante, lactante, adotante ou que tiver dado à luz), materializando-se, assim, o princípio da igualdade material ou substancial entre homens e mulheres que integrem a advocacia brasileira.

Doravante, serão direitos da advogada:

I – gestante:

a) entrada em tribunais sem ser submetida a detectores de metais e aparelhos de raios X;

b) reserva de vaga em garagens dos fóruns dos tribunais;

II – lactante, adotante ou que der à luz, acesso a creche, onde houver, ou a local adequado ao atendimento das necessidades do bebê;

III – gestante, lactante, adotante ou que der à luz, preferência na ordem das sustentações orais e das audiências a serem realizadas a cada dia, mediante comprovação de sua condição;

IV – adotante ou que der à luz, suspensão de prazos processuais quando for a única patrona da causa, desde que haja notificação por escrito ao cliente.

Os direitos previstos à advogada **gestante** ou **lactante** (no caso, incisos I, II e III, do art. 7º-A do EAOAB) aplicam-se enquanto perdurar, respectivamente, o estado gravídico ou o período de amamentação.

Já os direitos assegurados nos incisos II e III, também do precitado art. 7º-A, à advogada **adotante** ou **que der à luz** serão concedidos pelo prazo previsto no CLT, ou seja, **120 (cento e vinte) dias**.

Finalmente, o direito assegurado no inciso IV do art. 7º-A à advogada **adotante** ou que **der à luz** será concedido pelo prazo previsto no § 6o do art. 313 do CPC, fixado em **30 (trinta) dias**.

Com relação à **advogada gestante**, os direitos que lhe são assegurados no inciso I, alíneas a e b, do art. 7º-A do EAOAB, obviamente não constituem qualquer privilégio, mas, antes disso, proteção à futura prole.

Bem sabem as mulheres que, durante a gravidez, percursos longos podem causar desconforto, razão pela qual o legislador deferiu às advogadas grávidas a reserva de vaga em garagens dos fóruns dos tribunais. Eventual desrespeito a esse direito deverá ser prontamente rechaçado pela OAB, que poderá, inclusive, tomar medidas judiciais para compelir o poder público a implementar o direito em comento.

Também para evitar riscos de malformação fetal é que as advogadas gestantes não serão submetidas a detectores de metais e aparelhos de raio-X nos órgãos jurisdicionais.

Importante registrar que referidos direitos deverão ser observados **durante o estado gravídico**, consoante dispõe o art. 7º-A, §1º, do EAOAB, sob pena de se transmudarem em privilégios às advogadas, em violação à isonomia com os advogados.

Quanto às **advogadas lactantes**, **adotantes** ou **que derem à luz**, assegura a lei acesso a creche, onde houver, ou a local adequado ao atendimento das necessidades do bebê (inciso II, do art. 7º-A do EAOAB). Embora a *ratio legis* seja louvável, eis que se busca as advogadas em condições especiais uma maior facilidade de desempenho das atividades profissionais durante o período de amamentação, ou nos meses subsequentes à adoção ou ao parto, parece-nos que o direito em testilha não será de fácil implementação. Sabido e ressabido que as vagas em creches são limitadas nos municípios, causando intensa judicialização contra os referidos entes públicos. Como assegurar e materializar esse direito às advogadas quando centenas ou milhares de mães se digladiam para a obtenção de vaga de creche aos filhos? Enfim, vejamos como a OAB e os Tribunais irão se portar diante desse "novo direito" das advogadas.

Especificamente às **advogadas lactantes**, o direito acima referido estende-se pelo **prazo da amamentação** (art. 7º-A, §1º, do EAOAB), ao passo que para as **adotantes ou que tiverem dado à luz**, pelo prazo de **120 (cento e vinte) dias**, conforme prevê o art. 392 da CLT, expressamente referido no art. 7º-A, §2º, do EAOAB.

Ainda quanto às **advogadas adotantes** ou que **tiverem dado à luz**, deferiu-lhes o legislador, no art. 7º-A, §3º, do EAOAB, a **suspensão dos prazos processuais**, quando forem as **únicas patronas da causa**, desde que haja **notificação por escrito ao cliente**, conforme preconiza o art. 313, §6º, do Novo CPC. Referida suspensão durará apenas 30 (trinta) dias, consoante o predito dispositivo legal.

Por fim, cabe-nos trazer uma indagação que nos parece relevante: os direitos conferidos às **advogadas adotantes** (acesso a creche, onde houver, ou a local adequado ao atendimento das necessidades do bebê; preferência na ordem das sustentações orais e das audiências a serem realizadas a cada dia, mediante comprovação de sua condição; suspensão de prazos processuais quando for a única patrona da causa, desde que haja notificação por escrito ao cliente) são extensíveis aos **advogados adotantes**?

Imaginemos um **casal homoafetivo** que tenha adotado uma criança, sendo um dos cônjuges ou companheiros - ou mesmo ambos – advogado. Ou, ainda, que um advogado tenha realizado uma **adoção unilateral**. Nesses casos, a mesma *ratio* aplicada aos direitos das advogadas deve ser estendida aos advogados, sob pena, segundo entendemos, de haver manifesta inconstitucionalidade por afronta à isonomia entre homens e mulheres. Aguardemos a jurisprudência!

2.1. QUADRO-RESUMO

Advogadas gestantes (art. 7º-A, I e III, EAOAB)	– Entrada em tribunais sem ser submetida a detectores de metais e aparelhos de raios X; – Reserva de vaga em garagens dos fóruns dos tribunais; – Preferência na ordem das sustentações orais e das audiências a serem realizadas a cada dia, mediante comprovação de sua condição. Obs: os direitos acima produzirão efeitos apenas durante o estado gravídico.
Advogadas lactantes (art. 7º-A, II, EAOAB)	– Acesso a creche, onde houver, ou a local adequado ao atendimento das necessidades do bebê; – Preferência na ordem das sustentações orais e das audiências a serem realizadas a cada dia, mediante comprovação de sua condição. Obs: os direitos acima produzirão efeitos apenas durante o período de lactação.
Advogadas adotantes (art. 7º-A, II, III e IV, EAOAB)	– Acesso a creche, onde houver, ou a local adequado ao atendimento das necessidades do bebê; – Preferência na ordem das sustentações orais e das audiências a serem realizadas a cada dia, mediante comprovação de sua condição. Obs: os direitos acima produzirão efeitos pelo prazo de 120 (cento e vinte) dias, consoante art. 392 da CLT (prazo de licença-maternidade) – Suspensão de prazos processuais quando for a única patrona da causa, desde que haja notificação por escrito ao cliente. Obs: o direito acima produzirá efeitos pelo prazo de 30 (trinta) dias.
Advogadas que tiverem dado à luz (art. 7º-A, II, III e IV, EAOAB)	– Acesso a creche, onde houver, ou a local adequado ao atendimento das necessidades do bebê; – Preferência na ordem das sustentações orais e das audiências a serem realizadas a cada dia, mediante comprovação de sua condição. Obs: os direitos acima produzirão efeitos pelo prazo de 120 (cento e vinte) dias, consoante art. 392 da CLT (prazo de licença-maternidade) – Suspensão de prazos processuais quando for a única patrona da causa, desde que haja notificação por escrito ao cliente. Obs: o direito acima produzirá efeitos pelo prazo de 30 (trinta) dias.

Legislação correlata

1. ARTIGOS PERTINENTES DO ESTATUTO DA OAB

→ *v.* Arts. 15 a 19 do Regulamento Geral da OAB

Art. 6º Não há hierarquia nem subordinação entre advogados, magistrados e membros do Ministério Público, devendo todos tratar-se com consideração e respeito recíprocos.

Parágrafo único. As autoridades, os servidores públicos e os serventuários da justiça devem dispensar ao advogado, no exercício da profissão, tratamento compatível com a dignidade da advocacia e condições adequadas a seu desempenho.

Art. 7º São direitos do advogado:

I – exercer, com liberdade, a profissão em todo o território nacional;

II – a inviolabilidade de seu escritório ou local de trabalho, bem como de seus instrumentos de trabalho, de sua correspondência escrita, eletrônica, telefônica e telemática, desde que relativas ao exercício da advocacia;

→ Inciso II com redação alterada pela Lei 11.767/2008.

→ *v.* Art. 5º, XI, da CF.

→ *v.* Art. 246 do CPP.

III – comunicar-se com seus clientes, pessoal e reservadamente, mesmo sem procuração, quando estes se acharem presos, detidos ou recolhidos em estabelecimentos civis ou militares, ainda que considerados incomunicáveis;

→ *v.* Art. 21 do CPP.

→ *v.* Art. 41, IX, da LEP.

IV – ter a presença de representante da OAB, quando preso em flagrante, por motivo ligado ao exercício da advocacia, para lavratura do auto respectivo, sob pena de nulidade e, nos demais casos, a comunicação expressa à seccional da OAB;

V – não ser recolhido preso, antes de sentença transitada em julgado, senão em sala de Estado-Maior, com instalações e comodidades condignas, assim reconhecidas pela OAB, e, na sua falta, em prisão domiciliar;

→ *v.* ADIn 1.127-8 (*D.O.U.*26.5.2006), o STF declarou a inconstitucionalidade da expressão "assim reconhecidas pela OAB".

VI – ingressar livremente:

a) nas salas de sessões dos tribunais, mesmo além dos cancelos que separam a parte reservada aos magistrados;

b) nas salas e dependências de audiências, secretarias, cartórios, ofícios de justiça, serviços notariais e de registro, e, no caso de delegacias e prisões, mesmo fora da hora de expediente e independentemente da presença de seus titulares;

c) em qualquer edifício ou recinto em que funcione repartição judicial ou outro serviço público onde o advogado deva praticar ato ou colher prova ou informação útil ao exercício da atividade profissional, dentro do expediente ou fora dele, e ser atendido, desde que se ache presente qualquer servidor ou empregado;

d) em qualquer assembleia ou reunião de que participe ou possa participar o seu cliente, ou perante a qual este deva comparecer, desde que munido de poderes especiais;

VII – permanecer sentado ou em pé e retirar-se de quaisquer locais indicados no inciso anterior, independentemente de licença;

VIII – dirigir-se diretamente aos magistrados nas salas e gabinetes de trabalho, independentemente de horário previamente marcado ou outra condição, observando-se a ordem de chegada;

IX – sustentar oralmente as razões de qualquer recurso ou processo, nas sessões de julgamento, após o voto do relator, em instância judicial ou administrativa, pelo prazo de 15 (quinze) minutos, salvo se prazo maior for concedido;

→ *v.* ADINs 1.127-8 e 1.105-7 (*D.O.U.* 26.5.2006), o STF declarou a inconstitucionalidade do inciso IX do artigo 7º.

X – usar da palavra, pela ordem, em qualquer juízo ou tribunal, mediante intervenção sumária, para esclarecer equívoco ou dúvida surgida em relação a fatos, documentos ou afirmações que influam no julgamento, bem como para replicar acusação ou censura que lhe forem feitas;

XI – reclamar, verbalmente ou por escrito, perante qualquer juízo, tribunal ou autoridade, contra a inobservância de preceito de lei, regulamento ou regimento;

XII – falar, sentado ou em pé, em juízo, tribunal ou órgão de deliberação coletiva da Administração Pública ou do Poder Legislativo;

→ *v.* Art. 793, parágrafo único, do CPP.

XIII – examinar, em qualquer órgão dos Poderes Judiciário e Legislativo, ou da Administração Pública em geral, autos de processos findos ou em andamento, mesmo sem procuração, quando não estejam sujeitos a sigilo, assegurada a obtenção de cópias, podendo tomar apontamentos;

→ *v.* Art. 5º, XXXIII, da CF.

→ *v.* Art. 107 e 234 do NCPC.

XIV – examinar, em qualquer instituição responsável por conduzir investigação, mesmo sem procuração, autos de flagrante e de investigações de qualquer natureza, findos ou em andamento, ainda que conclusos à autoridade, podendo copiar peças e tomar apontamentos, em meio físico ou digital;

→ Inciso XIV com redação alterada pela Lei 13.245/2016.

→ *v.* Art. 5º, XXXIII, da CF.

→ *v.* Art. 20 do CPP.

XV – ter vista dos processos judiciais ou administrativos de qualquer natureza, em cartório ou na repartição competente, ou retirá-los pelos prazos legais;

→ *v.* Arts. 107do NCPC.

→ *v.* Art. 161, § 1º, da Lei 8.112/1990.

XVI – retirar autos de processos findos, mesmo sem procuração, pelo prazo de 10 (dez) dias;

→ *v.* Arts. 107 e 234 do NCPC.

XVII – ser publicamente desagravado, quando ofendido no exercício da profissão ou em razão dela;

XVIII – usar os símbolos privativos da profissão de advogado;

XIX – recusar-se a depor como testemunha em processo no qual funcionou ou deva funcionar, ou sobre fato relacionado com pessoa de quem seja ou foi advogado, mesmo quando autorizado ou solicitado pelo constituinte, bem como sobre fato que constitua sigilo profissional;

→ *v.* Art. 448, II, do NCPC.

→ *v.* Art.154 do CP.

→ *v.* Art. 207 do CPP.

→ *v.* Arts. 20, 21 e 37 do Novo Código de Ética e Disciplina da OAB.

XX – retirar-se do recinto onde se encontre aguardando pregão para ato judicial, após 30 (trinta) minutos do horário designado e ao qual ainda não tenha comparecido a autoridade que deva presidir a ele, mediante comunicação protocolizada em juízo.

XXI – assistir a seus clientes investigados durante a apuração de infrações, sob pena de nulidade absoluta do respectivo interrogatório ou depoimento e, subsequentemente, de todos os elementos investigatórios e probatórios dele decorrentes ou derivados, direta ou indiretamente, podendo, inclusive, no curso da respectiva apuração:

→ Inciso XXI acrescentado pela Lei 13.245/2016.

a) apresentar razões e quesitos;

b) (*Vetado*).

§ 1º Não se aplica o disposto nos incisos XV e XVI:

→ *v.* Art. 234 do NCPC.

1) aos processos sob regime de segredo de justiça;

2) quando existirem nos autos documentos originais de difícil restauração ou ocorrer circunstância relevante que justifique a permanência dos autos no cartório, secretaria ou repartição, reconhecida pela autoridade em despacho motivado, proferido de ofício, mediante representação ou a requerimento da parte interessada;

3) até o encerramento do processo, ao advogado que houver deixado de devolver os respectivos autos no prazo legal, e só o fizer depois de intimado.

§ 2º O advogado tem imunidade profissional, não constituindo injúria, difamação ou desacato puníveis qualquer manifestação de sua parte, no exercício de sua atividade, em juízo ou fora dele, sem prejuízo das sanções disciplinares perante a OAB, pelos excessos que cometer.

→ *v.* ADIn 1.127-8 (*D.O.U.* 26.5.2006), o STF declarou a inconstitucionalidade da expressão "ou desacato".

→ *v.* Art. 78 do NCPC.

→ *v.* Art. 142 do CP.

§ 3º O advogado somente poderá ser preso em flagrante, por motivo de exercício da profissão, em caso de crime inafiançável, observado o disposto no inciso IV deste artigo.

§ 4º O Poder Judiciário e o Poder Executivo devem instalar, em todos os juizados, fóruns, tribunais, delegacias de polícia e presídios, salas especiais permanentes para os advogados, com uso e controle assegurados à OAB.

→ *v.* ADIn 1.127-8 (*D.O.U.* 26.5.2006), o STF declarou a inconstitucionalidade da expressão "e controle".

§ 5º No caso de ofensa a inscrito na OAB, no exercício da profissão ou de cargo ou função de órgão da OAB, o conselho competente deve promover o desagravo público do ofendido, sem prejuízo da responsabilidade criminal em que incorrer o infrator.

§ 6º Presentes indícios de autoria e materialidade da prática de crime por parte de advogado, a autoridade judiciária competente poderá decretar a quebra da inviolabilidade de que trata o inciso II do *caput* deste artigo, em decisão motivada, expedindo mandado de busca e apreensão, específico e pormenorizado, a ser cumprido na presença de representante da OAB, sendo, em qualquer hipótese, vedada a utilização dos documentos, das mídias e dos objetos pertencentes a clientes do advogado averiguado, bem como dos demais instrumentos de trabalho que contenham informações sobre clientes.

→ § 6º acrescentado pela Lei 11.767/2008.

→ *v.* Art. 5º, XIII, da CF.

§ 7º A ressalva constante do § 6º deste artigo não se estende a clientes do advogado averiguado que estejam sendo formalmente investigados como seus partícipes ou coautores pela prática do mesmo crime que deu causa à quebra da inviolabilidade.

→ § 7º acrescentado pela Lei 11.767/2008.

→ *v.* Art. 5º, XIII, da CF.

§ 8º *(Vetado).*

→ § 8º acrescentado pela Lei 11.767/2008.

§ 9º *(Vetado).*

→ § 9º acrescentado pela Lei 11.767/2008.

§ 10. Nos autos sujeitos a sigilo, deve o advogado apresentar procuração para o exercício dos direitos de que trata o inciso XIV.

→ § 10 acrescentado pela Lei 13.245/2016.

§ 11. No caso previsto no inciso XIV, a autoridade competente poderá delimitar o acesso do advogado aos elementos de prova relacionados a diligências em andamento e ainda não documentados nos autos, quando houver risco de comprometimento da eficiência, da eficácia ou da finalidade das diligências.

→ § 11 acrescentado pela Lei 13.245/2016.

§ 12. A inobservância aos direitos estabelecidos no inciso XIV, o fornecimento incompleto de autos ou o fornecimento de autos em que houve a retirada de peças já incluídas no caderno investigativo implicará responsabilização criminal e funcional por abuso de autoridade do responsável que impedir o acesso do advogado com o intuito de prejudicar o exercício da defesa, sem prejuízo do direito subjetivo do advogado de requerer acesso aos autos ao juiz competente.

→ § 12 acrescentado pela Lei 13.245/2016.

Art. 7º-A. São direitos da advogada:

Artigo incluído pela Lei 13.362/2016.

I – gestante:

a) entrada em tribunais sem ser submetida a detectores de metais e aparelhos de raios X;

b) reserva de vaga em garagens dos fóruns dos tribunais;

II – lactante, adotante ou que der à luz, acesso a creche, onde houver, ou a local adequado ao atendimento das necessidades do bebê;

III – gestante, lactante, adotante ou que der à luz, preferência na ordem das sustentações orais e das audiências a serem realizadas a cada dia, mediante comprovação de sua condição;

IV – adotante ou que der à luz, suspensão de prazos processuais quando for a única patrona da causa, desde que haja notificação por escrito ao cliente.

§ 1º Os direitos previstos à advogada gestante ou lactante aplicam-se enquanto perdurar, respectivamente, o estado gravídico ou o período de amamentação.

§ 2º Os direitos assegurados nos incisos II e III deste artigo à advogada adotante ou que der à luz serão concedidos pelo prazo previsto no art. 392 do Decreto-Lei 5.452, de 1º de maio de 1943 (Consolidação das Leis do Trabalho).

§ 3º O direito assegurado no inciso IV deste artigo à advogada adotante ou que der à luz será concedido pelo prazo previsto no § 6º do art. 313 da Lei 13.105, de 16 de março de 2015 (Código de Processo Civil)

→ v. Art. 313 do NCPC.

2. ARTIGOS PERTINENTES DO REGULAMENTO GERAL

Art. 15. Compete ao Presidente do Conselho Federal, do Conselho Seccional ou da Subseção, ao tomar conhecimento de fato que possa causar, ou que já causou, violação de direitos ou prerrogativas da profissão, adotar as providências judiciais e extrajudiciais cabíveis para prevenir ou restaurar o império do Estatuto, em sua plenitude, inclusive mediante representação administrativa.

Parágrafo único. O Presidente pode designar advogado, investido de poderes bastantes, para as finalidades deste artigo.

Art. 16. Sem prejuízo da atuação de seu defensor, contará o advogado com a assistência de representante da OAB nos inquéritos policiais ou nas ações penais em que figurar como indiciado, acusado ou ofendido, sempre que o fato a ele imputado decorrer do exercício da profissão ou a este vincular-se.

→ Artigo com redação alterada pelo Conselho Pleno do CFOAB (*D.J.* 24.11.1997).

Art. 17. Compete ao Presidente do Conselho ou da Subseção representar contra o responsável por abuso de autoridade, quando configurada hipótese de atentado à garantia legal de exercício profissional, prevista na Lei 4.898, de 9 de dezembro de 1965.

Art. 18. O inscrito na OAB, quando ofendido comprovadamente em razão do exercício profissional ou de cargo ou função da OAB, tem direito ao desagravo público promovido pelo Conselho competente, de ofício, a seu pedido ou de qualquer pessoa.

→ *Caput* com redação alterada pelo Conselho Pleno do CFOAB (*D.J.* 24.11.1997).

§ 1º Compete ao relator, convencendo-se da existência de prova ou indício de ofensa relacionada ao exercício da profissão ou de cargo da OAB, propor ao Presidente que solicite informações da pessoa ou autoridade ofensora, no prazo de 15 (quinze) dias, salvo em caso de urgência e notoriedade do fato.

§ 2º O relator pode propor o arquivamento do pedido se a ofensa for pessoal, se não estiver relacionada com o exercício profissional ou com as prerrogativas gerais do advogado ou se configurar crítica de caráter doutrinário, político ou religioso.

§ 3º Recebidas ou não as informações e convencendo-se da procedência da ofensa, o relator emite parecer que é submetido ao Conselho.

§ 4º Em caso de acolhimento do parecer, é designada a sessão de desagravo, amplamente divulgada.

§ 5º Na sessão de desagravo o Presidente lê a nota a ser publicada na imprensa, encaminhada ao ofensor e às autoridades e registrada nos assentamentos do inscrito.

§ 6º Ocorrendo a ofensa no território da Subseção a que se vincule o inscrito, a sessão de desagravo pode ser promovida pela diretoria ou conselho da Subseção, com representação do Conselho Seccional.

§ 7º O desagravo público, como instrumento de defesa dos direitos e prerrogativas da advocacia, não depende de concordância do ofendido, que não pode dispensá-lo, devendo ser promovido a critério do Conselho.

→ § 7º com redação alterada pelo Conselho Pleno do CFOAB (*D.J.* 24.11.1997).

Art. 19. Compete ao Conselho Federal promover o desagravo público de Conselheiro Federal ou de Presidente de Conselho Seccional, quando ofendidos no exercício das atribuições de seus cargos e ainda quando a ofensa a advogado se revestir de relevância e grave violação às prerrogativas profissionais, com repercussão nacional.

Parágrafo único. O Conselho Federal, observado o procedimento previsto no art. 18 deste Regulamento, indica seus representantes para a sessão pública de desagravo, na sede do Conselho Seccional, salvo no caso de ofensa a Conselheiro Federal.

Questões comentadas

(EXAME DE ORDEM UNIFICADO 2010.2 – FGV) Joel é experiente advogado, inscrito há muitos anos nos quadros da OAB. Em atividade profissional, comparece à sessão de tribunal com o fito de sustentar, oralmente, recurso apresentado em prol de determinado cliente. Iniciada a sessão de julgamento, após a leitura do relatório, pelo magistrado designado para tal função no processo, dirige-se à tribuna e, regularmente, apresenta sua defesa oral. No curso do julgamento há menção, pelo Relator de data e fls. constantes dos autos processuais que se revelam incorretas. No concernente ao tema, à luz das normas estatutárias, o advogado

(A) deve aguardar o final do julgamento, com a proclamação do resultado, para apresentar questão de ordem.

(B) poderá usar a palavra, pela ordem, para esclarecer questão de fato, que influencie o julgamento.

(C) não possui instrumento hábil para interromper o julgamento.

(D) após o final do julgamento deverá, mediante nova sustentação oral, indicar os erros cometidos.

COMENTÁRIO

O art. 7º, X, da Lei 8.906/1994 dispõe que é direito do advogado "usar da palavra, pela ordem, em qualquer juízo ou tribunal, mediante intervenção sumária, para esclarecer equívoco ou dúvida surgida em relação a fatos, documentos ou afirmações que influam no julgamento, bem como para replicar acusação ou censura que lhe forem feitas". Assim, está correta a alternativa "B".

A alternativa "A" está incorreta, pois não precisará aguardar o final do julgamento para usar da palavra e esclarecer os equívocos cometidos. Caso o faça, já será tarde!

A alternativa "C" é incorreta, visto que o advogado dispõe, sim, de um instrumento hábil a interromper o julgamento: a palavra (art. 7.º, X, do Estatuto). Bastará que o faça – ou seja, solicite a palavra –, mas de maneira breve (intervenção sumária, nos termos da lei).

A alternativa "D" é incorreta, pois inviável que se postule nova sustentação oral, ainda mais após o julgamento pelo tribunal.

(EXAME DE ORDEM UNIFICADO 2010.2 – FGV) Francisco, advogado, dirige-se, com seu cliente, para participar de audiência em questão cível, designada para a colheita de provas e depoimento pessoal. O ato fora designado para iniciar às 13 horas.

Como é de praxe, adentraram o recinto forense com meia hora de antecedência, sendo comunicados pelo Oficial de Justiça que a pauta de audiências continha dez eventos e que a primeira havia iniciado às dez horas, já caracterizado um atraso de uma hora, desde a audiência inaugural.

A autoridade judicial encontrava-se presente no foro desde as nove horas da manhã, para despachos em geral, tendo iniciado a primeira audiência no horário aprazado. Após duas horas de atraso, Francisco informou, por escrito, ao Chefe do Cartório Judicial, que, diante do ocorrido, ele e seu cliente estariam se retirando do recinto.

Diante do narrado, à luz das normas estatutárias

(A) qualquer atraso superior a uma hora justifica a retirada do recinto, pelo advogado.

(B) o advogado deveria, no caso narrado, peticionar ao Magistrado e retirar-se do recinto.

(C) o atraso que justifica a retirada do advogado está condicionado à ausência da autoridade judicial no evento.

(D) meros atrasos da autoridade judicial não permitem a retirada do advogado do recinto.

COMENTÁRIO

A alternativa "C" está correta, pois somente à *ausência* do juiz autoriza a retirada do advogado, após o prazo mencionado e mediante a comunicação protocolada em juízo.

A alternativa "A" está incorreta.Segundo o art. 7º, XX, da Lei 8.906/1994, é direito do advogado "retirar-se do recinto onde se encontre aguardando pregão para ato judicial, após trinta minutos do horário designado e ao qual ainda não tenha comparecido a autoridade que deva presidir a ele, mediante comunicação protocolizada em juízo". Assim, não é qualquer atraso que justifica a retirada do recinto, pelo advogado.Deve-se tratar de atraso de mais de *30 minutos*, concernente à situação de *não comparecimento do juiz*, e não de atraso nas audiências.

A alternativa "B" está incorreta, pois, como se viu, o advogado não deveria ter se retirado.

A alternativa "D" está incorreta, pois caso o atraso do juiz seja *superior a 30 minutos*, concernente à situação de não comparecimento do juiz, cabe a retirada do advogado do recinto. Importante registrar que, em se tratando de audiência trabalhista, a ausência do magistrado poderá dar azo à retirada do advogado, desde que seja superior a 15 minutos – e não 30! –, nos termos do art. 815, parágrafo único, da CLT.

(EXAME DE ORDEM UNIFICADO 2010.2 – FGV) João Vítor e Ana Beatriz, ambos advogados, contraem núpcias, mantendo o estado de casados por longos anos. Paralelamente, também mantêm sociedade em escritório de advocacia. Por motivos vários, passam a ter seguidas altercações, com acusações mútuas de descumprimento dos deveres conjugais. Ana Beatriz, revoltada com as acusações desfechadas por João Vítor, requer que a OAB promova sessão de desagravo, uma vez que sua honra foi atingida por seu marido, em discussões conjugais. À luz das normas estatutárias,

(A) nenhum ato poderá ser realizado pela OAB, tendo em vista que as ofensas não ocorreram no exercício da profissão de advogado.

(B) o ato de desagravo depende somente da qualidade de advogado do ofendido.

(C) sendo o ofensor advogado, o desagravo é permitido pelo estatuto.

(D) o desagravo poderá ocorrer privadamente.

COMENTÁRIO

A alternativa "A" está correta, pois, segundo o art. 7º, § 5º, da Lei 8.906/1994, o desagravo só pode ser promovido em caso de ofensa a inscrito na OAB, *no exercício da profissão ou de cargo* ou função de órgão da OAB. Assim, se as ofensas, embora realizadas entre advogados, ocorreram no âmbito familiar, sem qualquer relação com a atividade profissional, é inadmissível que se realize desagravo público. Brincadeiras à parte, em briga de advogados "marido e mulher", a "OAB não mete a colher"!

A alternativa "B" está incorreta, pois ofendido deve se tratar de inscrito na OAB, podendo ter sido ofendido no exercício da profissão de advogado ou no exercício de um cargo ou função na OAB; ademais, deve ter ocorrido uma ofensa.

A alternativa "C" está incorreta, pois o estatuto não traz essa previsão. Ao contrário, somente se o ofendido (e não o ofensor!) for advogado é que caberá o desagravo público, e, repita-se, desde que a ofensa diga respeito ao exercício profissional ou tenha como alvo cargo ou função exercida pelo profissional na OAB.

A alternativa "D" está incorreta, pois o desagravo é *público* (art. 7º, § 5º, da Lei 8.906/1994 e art. 18 do Regulamento da OAB).

(EXAME DE ORDEM UNIFICADO 2010.2 – FGV) Renato, advogado em início de carreira, é contactado para defender os interesses de Rodrigo que está detido em cadeia pública. Dirige-se ao local onde seu cliente está retido e busca informações sobre sua situação, recebendo como resposta do servidor público que estava de plantão que os autos do inquérito estariam conclusos com a autoridade policial e, por isso, indisponíveis para consulta e que deveria o advogado retornar quando a autoridade tivesse liberado os autos para realização de diligências. À luz das normas aplicáveis,

(A) o advogado, diante do seu dever de urbanidade, deve aguardar os atos cabíveis da autoridade policial.

(B) o acesso aos autos, no caso, depende de procuração e de prévia autorização da autoridade policial.

(C) no caso de réu preso, somente com autorização do juiz pode o advogado acessar os autos do inquérito policial.

(D) o acesso aos autos de inquérito policial é direito do advogado, mesmo sem procuração ou conclusos à autoridade policial.

COMENTÁRIO

O art. 7º, XIV, da Lei 8.906/1994, com a redação que lhe foi dada pela Lei 13.245/2016, dispõe que é direito do advogado "examinar, em qualquer instituição responsável por conduzir investigação, mesmo sem procuração, autos de flagrante e de investigações de qualquer natureza, findos ou em andamento, ainda que conclusos à autoridade, podendo copiar peças e tomar apontamentos, em meio físico ou digital". Tal prerrogativa é corroborada pela Súmula vinculante 14. No tocante à procuração, esta somente será necessária se os autos estiverem sujeitos a sigilo, conforme prevê o art. 7º, § 10, do EAOAB. Assim, está correta a alternativa "D".

As alternativas "A", "B" e "C" estão incorretas, visto que o advogado poderá exercer sua prerrogativa independentemente da vontade da autoridade policial, pouco importando o *status* prisional de seu cliente para que possa ter vista dos autos de inquérito.

(EXAME DE ORDEM UNIFICADO 2010.3 – FGV) O advogado Ademar é surpreendido por mandado de busca e apreensão dos documentos guardados no seu escritório, de forma indiscriminada. Após pesquisa, verifica que existe processo investigando um dos seus clientes e a ele mesmo. Apesar disso, os documentos de toda a sua clientela foram apreendidos. Diante do narrado, é correto afirmar que

(A) a proteção ao escritório do advogado não se inclui na hipótese versada.

(B) houve excesso na apreensão de todos os documentos da clientela do advogado.

(C) a inviolabilidade do escritório de advocacia é absoluta.

(D) a prática é correta, em função de a investigação atingir o advogado.

COMENTÁRIO

A alternativa "B" está correta, pois, para que referida diligência (busca e apreensão) seja efetivada, mister a observância da regra-matriz que rege o tema, qual seja, a de ser garantida a *inviolabilidade do escritório ou local de trabalho do advogado*, bem como de seus *instrumentos de trabalho*, de sua correspondência escrita, eletrônica, telefônica e telemática, desde que relativas ao exercício da advocacia (art. 7º, II, do EAOAB), admitindo-se, no entanto, a "quebra da inviolabilidade" desde que presentes os requisitos constantes dos §§ 6º e 7º do EAOAB.

A alternativa "A" está incorreta, pois a busca e apreensão nos escritórios de advocacia vem disciplinada no art. 7º, II e §§ 6º e 7º, do Estatuto da OAB (EAOAB – Lei 8.906/1994), que lhes garante não apenas a inviolabilidade do escritório, *excetuadas as hipóteses autorizadoras previstas nos dispositivos citados*, mas também dos instrumentos de trabalho e de suas correspondências.

A alternativa "C" está incorreta, pois, como visto nos comentários à alternativa anterior, a inviolabilidade do escritório *não é absoluta*, sendo admitida, repita-se, desde que preenchidos os requisitos legais (art. 7°, II e §§ 6º e 7º, do EAOAB).

A alternativa "D" está incorreta, visto que a mera existência de investigação contra o advogado não é fundamento suficiente à "quebra" da inviolabilidade de seu escritório e a apreensão indiscriminada de documentos, ferindo, por evidente, o direito à intimidade dos clientes (art. 7º, II, e §§ 6º e 7º, do EAOAB).

(EXAME DE ORDEM UNIFICADO 2010.3 – FGV) O magistrado Mévio, de larga experiência forense, buscando organizar o serviço do seu cartório, edita Portaria disciplinando o horário de atendimento das partes e dos advogados não coincidente com o horário forense. Os processos passam a ser distribuídos, por numeração, com a responsabilização individual de determinados servidores. Estabeleceu-se que os autos de final 0 a 3 teriam atendimento ao público, aí incluídos advogados, das 11h às 13h, e daí sucessivamente. Com tal organização, obteve o cumprimento de todas as metas estabelecidas pela Corregedoria do Tribunal. À luz da legislação estatutária, assinale a alternativa correta quanto a essa atitude.

(A) A Administração dos órgãos do Poder Judiciário é autônoma, podendo ocorrer ato do magistrado impondo restrições ao advogado.

(B) O ato normativo do magistrado colide frontalmente com o direito dos advogados de serem atendidos a qualquer momento pelo Magistrado e servidores públicos.

(C) As metas de produção determinadas pelos órgãos de controle do Poder Judiciário justificam a restrição dos direitos dos advogados de acesso aos autos e aos agentes públicos.

(D) O princípio da eficiência sobrepõe-se aos interesses das partes e dos advogados, seguindo moderna tendência da Administração Pública.

COMENTÁRIO

A alternativa "B" está correta, pois, tal como visto na alternativa anterior, o ato normativo editado pelo magistrado colide com *direitos do advogado* expressamente previstos no já citado art. 7º do EAOAB, quais sejam, o de *ingressar livremente* nas salas e dependências de audiências, *cartórios, ofícios de justiça, sem prévio agendamento*, bem como de dirigir-se diretamente aos magistrados nas salas e gabinetes de trabalho, *independentemente de horário previamente marcado* ou outra condição, observando-se a ordem de chegada (art. 7º, VI, "b" e "c" e VIII, do EAOAB).

A alternativa "A" está incorreta, visto que a Portaria baixada pelo magistrado Mévio, disciplinadora do horário de atendimento das partes e dos advogados pelo seu cartório judicial, conflita diretamente com o disposto no art. 7º, VI, alíneas "b" e "c", e VIII, todos do Estatuto da OAB (EAOAB – Lei 8.906/1994).

A alternativa "C" está incorreta, visto que, à luz do regramento legal, nenhuma meta de produção do Judiciário pode justificar a restrição de prerrogativas legalmente estabelecidas aos advogados.

A alternativa "D" está incorreta, visto que o princípio constitucional da eficiência (art. 37 da CF/1988) da Administração Pública não pode ser tomado em sua acepção leiga como razão para o cerceamento dos direitos dos advogados.

(IV EXAME DE ORDEM UNIFICADO – FGV) Túlio, advogado, é surpreendido ao praticar crime inafiançável, sendo preso em flagrante pela autoridade policial. A OAB é comunicada, e, por meio de membro da Comissão de Prerrogativas, acorre advogado ao local onde estão sendo realizados os trâmites procedimentais. Nos termos das normas estatutárias, é correto afirmar que

(A) a prisão do advogado que demanda a intervenção da OAB é a originária do exercício profissional.

(B) o fato de a prisão atingir advogado indica a presença do representante da OAB.

(C) a prisão preventiva é aquela que está circunscrita na atuação da OAB.

(D) só a prisão determinada pelo juiz é que permite a participação dos representantes da OAB.

COMENTÁRIO

A alternativa "A" está correta. A prerrogativa referente à presença de representante da OAB ao ato de lavratura do auto de prisão em flagrante está diretamente ligada ao exercício profissional. Assim, somente por motivo ligado à advocacia é que o advogado terá o direito de ver um membro da OAB assistir ao ato policial (art. 7º, IV, do Estatuto da OAB – EAOAB – Lei 8.906/1994). Caso contrário, estaríamos diante de privilégio infundado.

A alternativa "B" está incorreta. Como visto, somente por motivo ligado ao exercício profissional é que a prerrogativa em questão deverá ser observada.

A alternativa "C" está incorreta. A prerrogativa prevista no EAOAB diz respeito apenas à prisão em flagrante, não se estendendo à prisão preventiva (art. 7º, IV, do EAOAB).

A alternativa "D" está incorreta. Ao contrário, a prisão realizada pela autoridade policial é que permite e determina a presença física de um representante da OAB, e não aquela decretada judicialmente (prisão preventiva ou prisão temporária).

(IV EXAME DE ORDEM UNIFICADO – FGV) Hércules, advogado recém-formado, é procurado por familiares de uma pessoa que descobriu, por vias transversas, estar sendo investigada em processo sigiloso, mas não tem ciência do objeto da investigação. Sem portar instrumento de procuração, dirige-se ao órgão investigador competente para obter informações, identificando-se como advogado do investigado. A autoridade competente, em decisão escrita, indefere o postulado, por estar ausente o instrumento do mandato e, ainda, ser a investigação sigilosa. Diante dessas circunstâncias, à luz da legislação aplicável, é correto afirmar que

(A) o acesso a processo sigiloso é possível aos advogados somente quando requeiram a prática de ato.

(B) o acesso dos advogados dos interessados a processos sigilosos romperia com a proteção que eles mereceriam.

(C) mesmo sem urgência, a atuação do advogado poderia ocorrer, sem mandato, em processo sigiloso.

(D) o processo sigiloso é acessível a advogado portando instrumento de mandato.

COMENTÁRIO

A alternativa "D" está correta (art. 7º, XIII e XIV, do EAOAB).

A alternativa "A" está incorreta. De acordo com o art. 7º, XIII, do Estatuto da OAB (EAOAB – Lei 8.906/1994), é direito do advogado examinar, em qualquer órgão dos Poderes Judiciário e Legislativo, ou da Administração Pública em geral, autos de processos findos ou em andamento, mesmo sem procuração, quando não estejam sujeitos a sigilo, assegurada a obtenção de cópias, podendo tomar apontamentos. Portanto, mesmo que os advogados não requeiram a prática de qualquer ato, lhes assiste o direito de simplesmente consultar/examinar autos de processos findos ou em andamento. Também, o art. 7º, XIV, com a redação que lhe foi dada pela Lei 13.245/2016, preconiza ser direito do advogado "examinar, em qualquer instituição responsável por conduzir investigação, mesmo sem procuração, autos de flagrante e de investigações de qualquer natureza, findos ou em andamento, ainda que conclusos à autoridade, podendo copiar peças e tomar apontamentos, em meio físico ou digital". E o §10, do referido dispositivo do EAOAB, prevê que o acesso aos autos da investigação, quando sujeitos a sigilo, exigirá que o advogado apresente procuração.

A alternativa "B" está incorreta. Tal como já vimos, é direito do advogado acessar autos de processos findos ou em andamento, mesmo sem procuração, desde que não estejam sujeitos a sigilo, bem como o de examinar autos de flagrante e de investigações de qualquer natureza, que, quando sigilosas, exigirão que o advogado apresente procuração para examiná-las.

A alternativa "C" está incorreta. Como visto, o art. 7º, XIII e XIV, e §10, do EAOAB, permite o acesso do advogado a autos de processos administrativos ou judiciais, bem como o de investigações de qualquer natureza, mesmo sem procuração, desde que não estejam acobertados pelo sigilo. Caso contrário, apenas com procuração da parte interessada é que o advogado poderá examinar os autos.

(V EXAME DE ORDEM UNIFICADO – FGV) Tício é advogado regularmente inscrito nos quadros da OAB e conhecido pela energia e vivacidade com que defende a pretensão dos seus clientes. Atuando em defesa de um dos seus clientes, exalta-se em audiência, mas mantém, apesar disso, a cortesia com o magistrado presidente do ato e com o advogado da parte contrária. Mesmo assim, sofreu representação perante o órgão disciplinar da OAB. Em relação a tais fatos, é correto afirmar que

(A) no processo judicial, os atos do advogado constituem múnus privado.

(B) a defesa do cliente deve ser pautada pelo dirigente da audiência, o magistrado.

(C) a atuação de Tício desborda os limites normais do exercício da advocacia.

(D) inexistindo atividade injuriosa, os atos do advogado são imunes ao controle disciplinar.

COMENTÁRIO

A alternativa "D" está correta. Nos termos do art. 2º, § 3º, do EAOAB, o advogado é inviolável por seus atos e manifestações, nos limites legais. Referidos limites estão previstos no art. 7º, § 2º, também do EAOAB, segundo o qual o advogado tem imunidade profissional, não constituindo injúria ou difamação puníveis qualquer manifestação de sua parte, no exercício de sua atividade, em juízo ou fora dele, sem prejuízo das sanções disciplinares perante a OAB, pelos excessos que cometer. Ressalte-se que a imunidade referente ao desacato foi declarada inconstitucional pelo STF no julgamento da ADIn n. 1.127-8.

A alternativa "A" está incorreta, visto que os atos praticados pelo advogado nos processos judiciais constituem um múnus público, consoante dispõe o art. 2º, § 2º, do Estatuto da OAB (Lei 8.906/1994 – EAOAB). Em outras palavras, a atuação do advogado é tão relevante para a correta administração da justiça que configura verdadeiro "encargo público" (múnus público), muito embora não seja considerado um agente estatal.

A alternativa "B" está incorreta, pois a defesa do cliente, por evidente, compete ao advogado, a quem incumbirá traçar as estratégias técnico-jurídicas para tal mister.

A alternativa "C" está incorreta, pois a mera exaltação do advogado na defesa de seu cliente, desde que não falte com o seu dever de urbanidade (tratamento respeitoso) para com os colegas e autoridades, consoante determina o art. 27 do Código de Ética e Disciplina (CED), não caracteriza infração disciplinar.

(V EXAME DE ORDEM UNIFICADO – FGV) No julgamento da ação envolvendo Manoel e Joaquim, o relator do processo assacou diversas acusações contra os representantes judiciais das partes, inclusive relacionadas à litigância de má-fé. Os advogados requereram a palavra, que foi indeferida, sendo retirados do recinto por servidores do Tribunal. Requereram, então, as medidas próprias à OAB. Com base nesse cenário, à luz das regras estatutárias, é correto afirmar que

(A) é situação típica de desagravo pela atuação profissional dos advogados.

(B) esses litígios devem ser resolvidos no âmbito do processo judicial.

(C) inexistem medidas administrativas a realizar no âmbito da OAB.

(D) a separação entre a atividade do juiz e a do advogado bloqueia a atividade da OAB.

COMENTÁRIO

A alternativa "A" está correta, pois usar da palavra, pela ordem, em qualquer juízo ou tribunal, mediante intervenção sumária, para esclarecer equívoco ou dúvida surgida em relação a fatos, documentos ou afirmações que influam no julgamento, bem como para replicar acusação ou censura que lhe forem feitas, é prerrogativa dos advogados, consoante art. 7º, X, do Estatuto da OAB (Lei 8.906/1994 – EAOAB). Destarte, havendo violação às prerrogativas dos advogados, caberá a promoção de desagravo público, nos moldes do art. 7º, XVII e § 5º, do EAOAB, que consistirá na realização de uma sessão pública solene, cujo fim último é repudiar o ato cerceador de prerrogativas profissionais dos advogados.

A alternativa "B" está incorreta, pois a violação a uma prerrogativa profissional, sem prejuízo de poder ser solucionada processualmente, é fato gerador de realização de desagravo público pela OAB (art. 7º, XVII e § 5º, do EAOAB e arts. 18 e 19 do Regulamento Geral).

A alternativa "C" está incorreta, pois, como visto, a violação a prerrogativas dos advogados dá margem a medidas administrativas realizadas no âmbito da OAB (sessão de desagravo público).

A alternativa "D" está incorreta, pelas mesmas razões já citadas anteriormente.

(V EXAME DE ORDEM UNIFICADO – FGV) Conceição promove ação possessória em face de vários réus que ocuparam imóvel sem construção, de sua propriedade, em área urbana. Houve a designação de audiência de conciliação, com a presença dos réus e dos seus advogados. Na audiência, visando organizar o ato, o magistrado proibiu que os advogados se mantivessem de pé, bem como saíssem do local durante a sua realização.

Com base no que dispõe o Estatuto da Advocacia e as leis regentes, é correto afirmar que

(A) caso o advogado necessite retirar-se do local, deve postular licença à autoridade.

(B) o advogado pode permanecer sentado ou de pé nos recintos do Poder Judiciário.

(C) pode permanecer de pé, caso autorizado pela autoridade competente.

(D) o advogado deve permanecer sentado na sala de audiências até o final do ato.

COMENTÁRIO

De acordo com o art. 7º, VII, do Estatuto da OAB (Lei 8.906/1994 – EAOAB), é direito do advogado permanecer sentado ou em pé nas salas de sessões dos tribunais, nas salas e dependências de audiências, secretarias, cartórios, ofícios de justiça, serviços notariais e de registro, delegacias, em qualquer edifício ou recinto em que funcione repartição judicial ou outro serviço público, em qualquer assembleia ou reunião de que participe ou possa participar o seu cliente, podendo retirar-se de quaisquer locais anteriormente indicados independentemente de licença. Em suma, poderá o advogado permanecer sentado ou em pé em todos os locais referidos, não se podendo exigir o contrário. Correta, pois, a alternativa "B".

(V EXAME DE ORDEM UNIFICADO – FGV) A Administração Pública, por meio de determinado órgão, promove processo administrativo de natureza disciplinar em face do servidor público Francisco. O servidor contrata o advogado Sócrates para defendê-lo. Munido do instrumento de mandato, Sócrates requer vista dos autos do processo administrativo e posteriores intimações. O requerimento foi indeferido pela desnecessidade de advogado atuar no referido processo.

Com base no relatado acima, à luz das normas estatutárias, é correto afirmar que

(A) o direito de vista é aplicável ao processo administrativo.

(B) o advogado não tem direito de atuar em processo administrativo.

(C) nos processos disciplinares, a regra é a da presença do advogado.

(D) a atuação do advogado é obrigatória nos processos administrativos.

COMENTÁRIO

A alternativa "A" está correta, pois corresponde a um direito do advogado, previsto no art. 7º, XV, do Estatuto da OAB, como veremos nos comentários à alternativa "B".

A alternativa "B" está incorreta. Primeiramente, é direito do advogado, nos termos do art. 7º, XV, do Estatuto da OAB (Lei 8.906/1994 – EAOAB), ter vista dos processos judiciais ou administrativos de qualquer natureza, em cartório ou na repartição competente, ou retirá-los pelos prazos legais. Outrossim, o fato de um processo administrativo de natureza disciplinar eventualmente dispensar a defesa por advogado não induz pensar em negativa ao direito de o acusado ser defendido por um.

As alternativas "C" e "D" estão incorretas, pois, de acordo com a Súmula vinculante n. 5, a falta de defesa técnica por advogado no processo administrativo disciplinar não ofende a Constituição. Contudo, é certo, havendo previsão infraconstitucional da necessidade de defesa técnica em processo administrativo disciplinar, deverá haver a participação do advogado, sob pena de nulidade por ofensa ao devido processo legal (art. 5º, LIV, da CF/1988).

(V EXAME DE ORDEM UNIFICADO – FGV) Manoel, empresário, promove ação de separação judicial litigiosa em face de Maria, sua esposa, alegando graves violações aos deveres do casamento, entre as quais abandono material e moral das duas filhas do casal. Anexa documento comprovando que sua esposa deixara as menores em casa para comparecer a festas em locais distantes, o que lhes causou riscos à saúde física e mental. Apesar de as normas sobre o tema determinarem o sigilo, o processo tramita como se fosse público. O advogado do autor comunica o fato ao juiz que preside o processo e ao escrivão que chefia o cartório judicial. Baldados foram os seus esforços. Em relação ao caso acima, à luz das normas estatutárias, é correto afirmar que

(A) não pode reclamar para outra autoridade, já tendo apresentado a primeira ao juiz da causa.

(B) a publicidade do processo constitui mera irregularidade, infensa a medidas de qualquer naipe.

(C) o advogado atuou corretamente ao reclamar do descumprimento de lei.

(D) a reclamação deve ser escrita.

COMENTÁRIO

Nos termos do art. 7º, XI, do Estatuto da OAB (Lei 8.906/1994 – EAOAB), configura prerrogativa do advogado reclamar, verbalmente ou por escrito, perante qualquer juízo, tribunal ou autoridade, contra a inobservância de preceito de lei, regulamento ou regimento. Portanto, tendo havido a inobservância de preceito legal (*in casu*, da restrição à publicidade, ainda mais em matéria de direito de família, em que a intimidade das partes envolvidas justifica a decretação de segredo de justiça), agiu corretamente o advogado em apresentar reclamação, que pode ser escrita ou verbal, ao juiz competente. Correta, pois, a alternativa "C".

(V EXAME DE ORDEM UNIFICADO – FGV) A empresa Frios e Gelados S.A. promove ação de responsabilidade civil em face da empresa Calor e Chaud Ltda. No curso do processo, surge decisão judicial, atacada por recurso apresentado pelo representante judicial da empresa autora, o advogado Lúcio. Tal recurso não tem previsão legal de sustentação oral. Apesar disso, o advogado comparece à sessão de julgamento e requer ao tribunal o tempo necessário para a sustentação referida.

Nos termos das normas estatutárias, é correto afirmar que

(A) a sustentação oral dependerá do relator do recurso.

(B) o direito à sustentação oral será por trinta minutos.

(C) é direito do advogado a sustentação oral em todos os recursos.

(D) o direito à sustentação oral está vinculado à sua previsibilidade recursal.

COMENTÁRIO

A alternativa "D" está correta. De fato, a sustentação oral vincula-se à previsão normativa de tal ato de defesa. Em outras palavras, havendo previsão legal ou nos regimentos internos dos tribunais, será deferida ao advogado a sustentação oral. Em suma: advogado somente poderá fazer sustentação oral em recursos se tal medida for prevista.

As alternativas "A", "B" e "C" estão incorretas, pois o STF, no julgamento da ADIn 1.105-7, declarou inconstitucional o art. 7º, IX, do Estatuto da OAB (Lei 8.906/1994 – EAOAB), que previa a prerrogativa dos advogados de sustentarem oralmente as razões de qualquer recurso perante o Judiciário e Administração Pública, após o voto do relator, pelo prazo de quinze minutos, salvo se outro maior fosse concedido. Assim, não é prerrogativa do advogado fazer sustentação oral em todo e qualquer recurso.

(V EXAME DE ORDEM UNIFICADO – FGV) Na Secretaria Municipal de Fazenda, tramita procedimento administrativo relacionado à imposição do IPTU em determinada área urbana. O proprietário do imóvel contrata o advogado Juliano para solucionar a questão. Portando mandato extrajudicial, o advogado dirige-se ao local e, em face dos seus conhecimentos pessoais, obtém o ingresso no recinto da secretaria e recebe as informações pertinentes, apresentando, por petição, os esclarecimentos necessários. Em um dos dias em que atuava profissionalmente, viu-se interpelado por um dos chefes de seção, que questionou sua permanência no local, proibida por atos regulamentares. Diante disso, é correto afirmar que

(A) as características especiais dos órgãos fazendários limitam os direitos dos advogados.

(B) o ingresso em quaisquer recintos de repartições públicas, no exercício da profissão, é direito dos advogados.

(C) o advogado não pode ter acesso a procedimentos administrativos, salvo com autorização da autoridade competente.

(D) a questão em tela está vinculada à proteção do sigilo profissional.

COMENTÁRIO

A alternativa "B" está correta, conforme art. 7º, VI, alínea "c", do EAOAB.

A alternativa "A" está incorreta, pois, de acordo com o art. 7º, VI, alínea "c", do Estatuto da OAB (Lei 8.906/1994 – EAOAB), é direito do advogado ingressar em qualquer edifício ou recinto em que funcione repartição judicial ou outro serviço público no qual deva praticar ato ou colher prova ou informação útil ao exercício da atividade profissional, dentro do expediente ou fora dele, e ser atendido, desde que se ache presente qualquer servidor ou empregado. Portanto, nenhum ato regulamentar (ex.: portarias, comunicados, ordens de serviço etc.) poderia cercear uma prerrogativa profissional legalmente instituída.

A alternativa "C" está incorreta, pois é direito do advogado ter acesso a procedimentos administrativos ou judiciais de qualquer natureza, conforme prevê o art. 7º, XV, do EAOAB.

A alternativa "D" está incorreta, pois o sigilo em processos judiciais ou administrativos constitui óbice ao acesso por advogados sem procuração. Contudo, sendo esta apresentada, referido óbice terá fim.

(VI EXAME DE ORDEM UNIFICADO – FGV) Mévio, advogado de longa data, pretendendo despachar uma petição em processo judicial em curso perante a Comarca Y, é surpreendido com aviso afixado na porta do cartório de que o magistrado somente receberia para despacho petições que reputasse urgentes, devendo o advogado dirigir-se ao assessor principal do juiz para uma prévia triagem quanto ao assunto em debate. À luz das normas estatutárias, é correto afirmar que

(A) a organização do serviço cartorário é da competência do juiz, que pode estabelecer padrões de atendimento aos advogados.

(B) a triagem realizada por assessor do juiz permite melhor eficiência no desempenho da atividade judicial e não colide com as normas estatutárias.

(C) o advogado tem direito de dirigir-se diretamente ao magistrado no seu gabinete para despachar petições sem prévio agendamento.

(D) a duração razoável do processo é princípio que permite a triagem dos atos dos advogados e o exercício dos seus direitos estatutários.

COMENTÁRIO

A alternativa "C" é a correta. De fato, de acordo com o art. 7º, VIII, do EAOAB, é direito do advogado dirigir-se diretamente aos magistrados em suas salas e gabinetes de trabalho, independentemente de prévio agendamento, devendo respeitar apenas a ordem de chegada.

A alternativa "A" é incorreta. Nada obstante a organização do serviço cartorário seja do juiz titular de determinada Vara, é certo que o estabelecimento de "padrões de atendimento aos advogados" não poderá ser invocado como fundamento para que sejam cerceadas prerrogativas profissionais.

A alternativa "B" é, também, incorreta. O advogado tem o direito de dirigir-se diretamente ao magistrado, sendo por este atendido, e não passar por "triagem prévia" realizada por assessor. Aqui, vale uma consideração: a função jurisdicional é indelegável, cabendo ao juiz apreciar petições dos advogados, não se admitindo uma "terceirização da Justiça".

Por fim, a alternativa "D" é incorreta, pois a duração razoável do processo não pode ser princípio que reduza ou afaste as prerrogativas dos advogados.

(VI EXAME DE ORDEM UNIFICADO – FGV) Semprônia, advogada há longos anos, é contratada para representar os interesses de Esculápio, que está preso à disposição da Justiça criminal. Ao procurar contatar seu cliente, verifica que ele está em penitenciária, considerado incomunicável, por determinação de normas regulamentares do sistema. Apesar disso, requer o acesso ao seu cliente, que foi indeferido. Consoante as normas legais e estatutárias, é correto afirmar que

(A) a atuação do advogado deve estar submetida aos regulamentos penitenciários, para a sua própria segurança.

(B) os estabelecimentos penitenciários civis devem organizar as visitas dos advogados por ordem de chegada.

(C) o advogado, quando for contatar o seu cliente em prisão, deve ser acompanhado por representante da OAB.

(D) é ilegal vedar a presença do advogado no contato com seu cliente, ainda que considerado incomunicável.

COMENTÁRIO

A alternativa "D" está correta. De fato, o art. 7º, III, do EAOAB, garante ao advogado o direito de comunicar-se pessoal e reservadamente com seus clientes, ainda que presos em estabelecimentos civis ou militares, independentemente de procuração. A prerrogativa em comento é possível de ser exercida mesmo se o cliente for considerado incomunicável. Registre-se, por oportuno, que a doutrina e jurisprudência processuais penais informam que o art. 21 do CPP, que trata da incomunicabilidade do preso, não foi recepcionado pela CF/1988. Afinal, nem mesmo durante estado de defesa admite-se a incomunicabilidade (art. 136, § 3º, IV, da CF/1988).

A alternativa "A" é incorreta, pois as regras estabelecidas em regulamentos penitenciários, à evidência, não podem cercear prerrogativas profissionais dos advogados.

A alternativa "B" é, igualmente, incorreta. Imaginar que o direito de um advogado entrevistar-se com seu cliente preso em estabelecimentos civis ou militares está condicionado

à "ordem de chegada" é querer que referidos profissionais "madruguem" e "acampem" defronte presídios e penitenciárias, o que, obviamente, seria absurdo!
A alternativa "C" é incorreta (e esdrúxula!). Já pensou um advogado sendo acompanhado por outro advogado para "visitar" seu cliente preso? Qual a razão disso?

(VI EXAME DE ORDEM UNIFICADO – FGV) Caio ajuíza ação em face da empresa Toupeira e Lontra S.A. buscando a devolução de numerário por ter recebido produto com defeito oculto. O pedido é julgado improcedente por ausência de provas. Houve recurso de apelação. No início do julgamento, o relator apresentou críticas à atuação do advogado do recorrente, que não teria instruído o processo adequadamente. Presente no julgamento, o advogado pediu a palavra, que lhe foi negada, por já ter apresentado sua sustentação oral. Com base no relato acima, de acordo com as normas estatutárias, é correto afirmar que

(A) a sustentação oral esgota a atividade do advogado no julgamento.
(B) só esclarecimentos de situação de fato serão admitidos no caso.
(C) somente em momento posterior poderá o advogado tomar providências.
(D) é assegurado ao advogado o direito de usar a palavra para replicar a acusação feita contra ele, ainda que já proferida sua sustentação oral.

COMENTÁRIO

As alternativas "A", "B" e "C" são incorretas, visto que, poderá o advogado fazer valer sua prerrogativa de usar da palavra, ainda que já tenha sido feita a sustentação oral no julgamento de recurso por ele interposto.
A alternativa "D" está correta. De fato, o art. 7º, X, do EAOAB, prevê a prerrogativa do advogado de fazer uso da palavra, pela ordem, em qualquer juízo ou tribunal, mediante intervenção sumária, para esclarecer fatos relevantes para o julgamento da causa, ou, ainda, para replicar censura ou acusação que lhe sejam dirigidas. Assim, não somente situação fática a ser esclarecida gerará a possibilidade de o advogado fazer uso da palavra durante a sessão de julgamento, mas, como visto, também para replicar acusações ou censuras que lhe sejam dirigidas, o que torna incorreta, pois, a alternativa "B". Ainda, incorreta a alternativa "A", pois, como visto, a possibilidade de o advogado fazer uso da palavra não se resume à sustentação oral na sessão de julgamento do recurso, mas a qualquer momento em que circunstâncias fáticas devam ser esclarecidas, posto que poderão influenciar o deslinde da causa, bem como em razão de acusações ou censuras dirigidas ao causídico.
Também incorreta a alternativa "C", pois, se o advogado esperar momento posterior ao encerramento da sessão de julgamento para replicar as acusações, sua prerrogativa terá se esvaído.

(VI EXAME DE ORDEM UNIFICADO – FGV) O advogado Mévio casou-se com a médica Esculápia, vindo a ter cinco filhos. No curso do casamento, Esculápia veio a concluir o curso de Bacharel em Direito, obtendo aprovação no Exame de Ordem e vindo a obter o seu registro profissional, atuando, concomitantemente com sua profissão de médica, como advogada em vários processos. Em determinado momento, veio a desentender-se com seu marido, gerando diversos processos civis e criminais. Quanto à assistência da OAB nesse caso, à luz das normas do Regulamento Geral do Estatuto da Advocacia e da OAB, é correto afirmar que a assistência

(A) ocorrerá pela qualidade dos litigantes, ambos advogados.
(B) é assegurada nos processos vinculados ao exercício da profissão.
(C) poderá ocorrer em qualquer processo, autorizada pelo Conselho Seccional.
(D) é inerente à condição de advogado, mas com autorização do Presidente da Seccional.

COMENTÁRIO

De fato, sem prejuízo da atuação de seu defensor, contará o advogado com a assistência de representante da OAB nos inquéritos policiais ou nas ações penais em que figurar como indiciado, acusado ou ofendido, sempre que o fato a ele imputado *decorrer do exercício da profissão ou a este vincular-se* (art. 16 do Regulamento Geral). Logo, a mera qualidade de advogado envolvido em processo criminal ou inquérito policial não demandará a intervenção da OAB nos autos. A alternativa correta é a "B".

(VI EXAME DE ORDEM UNIFICADO – FGV) Morgano, advogado recém-formado e inscrito na OAB, com aprovação no Exame de Ordem logo após a colação de grau, é contratado para defender cliente em audiência de instrução e julgamento. No recinto forense, depara-se com um tablado onde estão alocados a mesa ocupada pelo juiz e ao seu lado o representante do Ministério Público. Curioso pela situação e ainda inexperiente, questiona se tal arquitetura é comum nos demais recintos e a razão de o advogado estar em plano inferior aos demais agentes do processo. Como resposta, recebe a informação de que a disposição física foi estabelecida em respeito à hierarquia entre magistrados e membros do Ministério Público, que devem permanecer em posição superior à dos advogados das partes. Diante do narrado, à luz das normas estatutárias, é correto afirmar que

(A) a hierarquia é inerente à atividade desenvolvida pelos advogados, que atuam de forma parcial em defesa dos seus clientes.
(B) como dirigente do processo, o magistrado subordina a atuação dos advogados como forma de disciplina da audiência.

(C) os membros do Ministério Público nos atos processuais são hierarquicamente superiores aos advogados.

(D) advogados, membros do Ministério Público e magistrados não têm relação de hierarquia entre si.

COMENTÁRIO

A alternativa "D" está correta, pois corresponde ao disposto no art. 6º do EAOAB.

A alternativa "A" está incorreta, pois o advogado, mesmo no seu ministério privado, exerce função social, não sendo verdade que atue de forma parcial em defesa de seus clientes. Mesmo postulando a pretensão do cliente, o advogado deve pautar-se pela boa-fé;

A alternativa "B" está incorreta, pois o magistrado, ainda que seja o "presidente do processo judicial", não dispõe de "poder hierárquico" com relação aos advogados. Cada qual (juiz e advogado) desempenhará seu relevante papel na busca da prestação jurisdicional e da administração da justiça;

A alternativa "C" está incorreta, pois, conforme dispõe o art. 6º do EAOAB, não existe hierarquia ou subordinação entre juízes, membros do Ministério Público e advogados.

(VI EXAME DE ORDEM UNIFICADO – FGV) Terêncio é convocado, a altas horas da noite, para assistir cliente que se encontra recolhido preso em delegacia de polícia, tendo comparecido ao local para ter ciência das acusações existentes e contatar o seu cliente. Ao adentrar o recinto, encontra presentes dois agentes policiais de plantão, estando os demais em diligências para o esclarecimento de crimes ocorridos durante o dia. Os agentes informam que somente poderia ocorrer o contato com o cliente quando o delegado retornasse de uma das diligências, o que estaria na iminência de ocorrer. No concernente ao tema, à luz das normas aplicáveis, é correto afirmar que

(A) deve o advogado aguardar pacientemente o retorno da autoridade policial ao recinto da delegacia.

(B) o advogado pode contatar o seu cliente independentemente da presença do delegado.

(C) o contato do advogado fora do horário normal depende de assistência da OAB.

(D) nesses casos, tendo em vista a segurança pública, somente com autorização judicial pode ocorrer o ato.

COMENTÁRIO

A alternativa "B" está correta, conforme dispõe o art. 7º, III e VI, "b", do EAOAB.

A alternativa "A" está incorreta, pois o advogado tem direito de comunicar-se pessoal e reservadamente com seu cliente que se encontre preso em qualquer repartição civil ou militar (art. 7º, III, do EAOAB), bem como o de ingressar livremente em delegacias e prisões, independente da presença de seus titulares (art. 7º, VI, "b", do EAOAB).

A alternativa "C" está incorreta, pois o advogado terá direito de ingressar em repartições públicas em geral, incluídas as delegacias e prisões, mesmo fora do horário normal de expediente, independentemente de qualquer assistência da OAB.

A alternativa "D" está incorreta, seja pela falta de previsão legal, seja pelo fato de o exercício da prerrogativa profissional em comento (direito de ingresso de advogado em delegacias) não se subordinar a qualquer condição.

(VI EXAME DE ORDEM UNIFICADO – FGV) Maurício, advogado recém-formado, ciente das suas prerrogativas, pretende apresentar requerimento de certidão ao escrivão que chefia o Cartório Judicial de determinada comarca, havendo situação de urgência. Como a localização física do Chefe do Cartório é distante do balcão de atendimento ao público, o advogado precisa entrar no recinto em que ele está. Seu ingresso, contudo, não é permitido. Com base nas normas estatutárias, é correto afirmar que

(A) o requerimento deve ser apresentado no balcão, vedado o ingresso do advogado no recinto cartorário.

(B) o ingresso poderá ocorrer mediante autorização do escrivão.

(C) deve haver participação do representante da OAB nesse ingresso.

(D) o livre acesso ao recinto, no caso, é direito do advogado.

COMENTÁRIO

A alternativa "D" está correta (art. 7º, VI, "b", do EAOAB).

A alternativa "A" está incorreta. O art. 7º, VI, "b", do EAOAB, dispõe ser direito do advogado ingressar livremente em diversos recintos, dentre eles, os cartórios e ofícios de justiça, independentemente da presença de seus titulares.

A alternativa "B" está incorreta. É absolutamente desnecessária qualquer autorização para que o advogado ingresse em repartições públicas em geral, sob pena de restar frustrada sua prerrogativa profissional.

A alternativa "C" está incorreta, seja por falta de previsão legal, seja pela desnecessidade de um advogado, para ingressar em um ofício judicial, necessitar da participação de representante da OAB.

(VII EXAME DE ORDEM UNIFICADO – FGV) Tício, advogado militante há longos anos, tem entrevero com o Juiz da Comarca W que, em altos brados, afirma que o causídico é praticante de chicanas e atos de má-fé processual, sendo conhecido como exímio procrastinador da atividade processual, obstando o bom desenvolvimento da Justiça. À luz das normas do Regulamento Geral do Estatuto da Advocacia e da OAB, é correto afirmar:

(A) Tais atos permitem o agravo do advogado se houver requerimento pessoal ao Presidente da Seccional.

(B) Havendo requerimento de qualquer pessoa poderá ocorrer o desagravo após decisão do Relator do processo.

(C) O desagravo é público e promovido pelo Conselho competente podendo ocorrer de ofício.

(D) Caso constatado que a ofensa é decorrente do exercício da profissão poderá ocorrer o arquivamento sumário.

COMENTÁRIO

A alternativa "C" está correta, pois está conforme o disposto no art. 18 do Regulamento Geral

A alternativa "A" está incorreta, pois, nos termos do art. 7º, XVII e § 5º, do EAOAB, caso um advogado seja ofendido em razão de sua profissão ou do exercício de cargo ou função na OAB, deverá ser promovida a competente sessão pública de desagravo, a fim de ser repudiada a ofensa dirigida ao causídico. Nos termos do art. 18 do Regulamento Geral, o desagravo poderá ser promovido de *ofício*, a *pedido* do advogado ou ofendido ou a *pedido* de qualquer pessoa.

A alternativa "B" está incorreta, pois, uma vez formulado o requerimento de desagravo público, caberá ao Relator do processo deflagrado na OAB oferecer parecer que, se acolhido, aí sim, gerará a designação de sessão específica para tal fim (art. 18, § 4º, do Regulamento Geral).

A alternativa "D" está incorreta, pois, de acordo com o art. 18, § 2º, do Regulamento Geral, será caso de arquivamento, por proposta do Relator do processo, caso seja constatado que a ofensa não diz respeito ao exercício profissional (ou seja, quando tiver conotação de ofensa meramente pessoal, e não profissional).

(VII EXAME DE ORDEM UNIFICADO – FGV) O escritório Alpha, Beta e Gama Advogados Associados, especializado em advocacia criminal, foi alvo de medida cautelar de busca em apreensão, determinada por juiz criminal, no âmbito de ação penal em que diversos clientes do escritório figuravam como acusados. O magistrado fundamentou a decisão de deferimento da medida de busca e apreensão apontando a gravidade dos crimes atribuídos pelo Ministério Público aos acusados, clientes do escritório em questão, bem como a impossibilidade de obtenção, por outros meios, de prova dos crimes por eles praticados. Considerando o que dispõem as normas aplicáveis à hipótese, assinale a alternativa correta:

(A) A inviolabilidade de escritórios de advocacia é absoluta, sendo ilegal e inconstitucional, em qualquer hipótese, a realização de medida de busca e apreensão em seu interior.

(B) A inviolabilidade de escritórios de advocacia é relativa, podendo-se determinar medida de busca e apreensão em seu interior quando houver certeza de que serão encontradas provas do crime praticado pelo cliente do advogado que ali trabalhe.

(C) A inviolabilidade de escritórios de advocacia é relativa, podendo-se determinar medida de busca e apreensão em seu interior quando houver indícios de autoria e materialidade da prática de crime por parte de advogado que ali trabalhe, sendo, no entanto vedada a utilização de documentos pertencentes a clientes do advogado investigado, quando os mesmos não estejam, por sua vez, sob formal investigação.

(D) A inviolabilidade de escritórios de advocacia é relativa, podendo-se determinar medida de busca e apreensão em seu interior quando houver indícios de autoria e materialidade da prática de crime por parte de advogado que ali trabalhe. Neste caso, a garantia da inviolabilidade resta absolutamente afastada, não havendo limites para a realização da medida.

COMENTÁRIO

A alternativa "C" está correta. De fato, embora a regra seja a da inviolabilidade do escritório de advocacia, consoante dispõe o art. 7º, II, do EAOAB, é certo que referida inviolabilidade é relativa, sendo perfeitamente possível a busca e apreensão nos escritórios de advocacia quando tal medida for necessária para a apuração da autoria e materialidade da prática de crime cometido pelo advogado. Em regra, na busca e apreensão, não poderão ser utilizados documentos, objetos e mídias pertencentes a clientes do advogado, salvo se estes forem coautores ou partícipes daquele na prática do mesmo crime que ensejou a medida cautelar (*vide* art. 7º, § 7º, do EAOAB).

A alternativa "A" está incorreta, pois como se verá nos comentários às demais alternativas, a inviolabilidade do escritório de advocacia é relativa, vale dizer, comporta exceções.

A alternativa "B" está incorreta, pois, a despeito de ser possível a decretação de medida cautelar de busca e apreensão em escritório de advocacia, consoante permite o art. 7º, II e §§ 6º e 7º, do EAOAB, não se exigirá, para tanto, certeza de que serão encontradas provas do crime praticado pelo advogado, bastando *indícios* de autoria e materialidade delitivas.

A alternativa "D" está incorreta, pois a busca e apreensão, embora constitua instrumento que "relativiza" a inviolabilidade do escritório de advocacia, é medida que encontra limites impostos pela própria lei (art. 7º, II, e §§ 6º e 7º, do EAOAB), tais como os próprios requisitos de admissibilidade: indícios de autoria e materialidade delitivas, mandado de busca e apreensão específico e pormenorizado, necessidade de presença de representante da OAB etc.

(VII EXAME DE ORDEM UNIFICADO – FGV) Aparecida, advogada da autora no âmbito de determinada ação indenizatória, bastante irritada com o conteúdo de sentença que julgou improcedente o pedido formulado, apresenta recurso de apelação em cujas razões afirma que o magistrado é burro e ignora as leis aplicáveis ao caso em exame. Disse ainda que tal sentença não poderia ter outra explicação, senão o fato de o magistrado ter recebido vantagem pecuniária da outra parte. A respeito da conduta de Aparecida, é correto afirmar:

(A) Aparecida não praticou crime nem conduta antiética, pois fez tais afirmações no exercício da profissão, devendo atuar sem receio de desagradar ao magistrado.

(B) Aparecida praticou o crime de injúria, ao afirmar que o magistrado é burro e ignora as leis aplicáveis ao caso e o de calúnia, quando afirmou que o magistrado prolatara a sentença em questão por ter recebido dinheiro da outra parte. Além disso, por todas as ofensas irrogadas, violou dispositivo do Código de Ética e Disciplina da OAB, que impõe ao advogado o dever de urbanidade.

(C) Aparecida violou apenas dispositivo do Código de Ética e Disciplina da OAB, por desrespeitar o dever de urbanidade, mas não praticou crime, uma vez que tem imunidade profissional, não constituindo injúria, difamação ou calúnia puníveis qualquer manifestação de sua parte, no exercício de sua atividade, em juízo ou fora dele.

(D) Aparecida violou dispositivo do Código de Ética e Disciplina da OAB, por desrespeitar o dever de urbanidade e praticou o crime de calúnia ao afirmar que o magistrado prolatara a sentença em questão por ter recebido dinheiro da outra parte. Não praticou crime quando afirmou que o magistrado é burro e ignora as leis aplicáveis ao caso, pois tem imunidade profissional, não constituindo injúria punível qualquer manifestação de sua parte, no exercício de sua atividade, em juízo ou fora dele.

COMENTÁRIO

De acordo com o art. 7º, § 2º, do EAOAB, o advogado, no exercício profissional, em juízo ou fora dele, goza de imunidade profissional, sendo certo que *qualquer* manifestação sua (repita-se: desde que relativa ao exercício da profissão!) não constituirá injúria ou difamação puníveis. Porém, eventuais excessos serão passíveis de punição no âmbito disciplinar, consoante prevê referido dispositivo legal. No caso relatado no enunciado, a advogada Aparecida, ao xingar de "burro", teria cometido, em tese, o crime de injúria (art. 140 do CP). Ainda, ao afirmar que o magistrado recebera vantagem pecuniária para prolatar aquela sentença, teria, também, incidido no crime de calúnia (art. 138 do CP). Lembre-se que a imunidade profissional do advogado abarca apenas dois crimes: injúria e difamação. Portanto, Aparecida, embora imune ao crime de injúria, não o é com relação à calúnia (*falsa imputação, a terceiro, de fato definido como crime*), por esta devendo responder. Todavia, ainda que a advogada seja inviolável no tocante à injúria, é certo que xingar um juiz de "burro" viola dever ético de urbanidade, vale dizer, dever de tratamento respeitoso (art. 27, *caput*, do CED). Portanto, Aparecida deverá responder criminalmente por calúnia e disciplinarmente pelo excesso cometido em relação ao magistrado. Correta, por todos os fundamentos trazidos, a alternativa "D".

Assim, à luz dos comentários ora trazidos, percebemos que a alternativa "A" é incorreta, pois, como visto, a advogada cometera, sim, conduta antiética (violação do dever de urbanidade), bem como o crime de calúnia.

A alternativa "B" é incorreta, já que o advogado, como visto, é imune ao crime de injúria, desde que cometido em manifestação decorrente do exercício profissional.

A alternativa "C" também é incorreta, visto que os advogados não são imunes à calúnia, ainda que cometidas em razão da profissão.

(IX EXAME DE ORDEM UNIFICADO – FGV) José, advogado recém-formado, é contratado para defender os interesses de Cláudio que fora preso em flagrante, por crime afiançável, estando pendente o valor da fiança. Dirigindo-se ao local onde seu cliente está detido, apresenta-se à autoridade estatal competente e requer entrevista pessoal com Cláudio. A autoridade afirma que somente poderá autorizar o seu ingresso mediante a apresentação do instrumento de mandato.

Nos termos do Estatuto da Advocacia, o advogado, nesse caso, deve

(A) assentar que pode entrevistar-se com seu cliente mesmo sem procuração.

(B) contatar a família para que apresente o instrumento de procuração.

(C) aguardar a fixação da fiança para entrevistar-se com seu cliente em liberdade.

(D) aduzir que nesses casos tem prazo para apresentação de procuração.

COMENTÁRIO

A alternativa "A" está correta. Nos termos do art. 7º, III, do Estatuto da OAB, é direito do advogado comunicar-se pessoal e reservadamente com seu cliente preso, em estabelecimentos civis ou militares, independentemente de procuração, ainda que considerado incomunicável.

A alternativa "B" está incorreta. Como visto, o art. 7º, III, do Estatuto, dispensa a exibição de procuração para que um advogado tenha acesso ao seu cliente preso.

A alternativa "C" está incorreta, pois, seja afiançável, seja inafiançável o crime pelo qual o cliente tenha sido preso em flagrante ou seja causa de qualquer outra espécie de prisão cautelar, o direito de o advogado com ele comunicar-se é prerrogativa conferida pelo já citado art. 7º, III, do Estatuto da OAB.

A alternativa "D" está incorreta. A procuração – ou a falta dela – não constitui requisito para o exercício de prerrogativa profissional atinente à comunicação de causídico com seu cliente preso.

(X EXAME DE ORDEM UNIFICADO – FGV) João, advogado regularmente inscrito nos quadros da Ordem dos Advogados do Brasil, veio a ser indiciado por força de investigação proposta em face de um dos seus inúmeros clientes, não tendo o causídico participado de qualquer ato ilícito, mas apenas como advogado. Veio a saber que seu nome fora incluído por força de exercício considerado exacerbado de sua atividade advocatícia. Contratou advogado para a sua defesa no inquérito criminal e postulou assistência à Ordem dos Advogados do Brasil por entender feridas suas prerrogativas profissionais.

Observado tal relato, consoante as normas do Regulamento Geral do Estatuto da Advocacia e da OAB, assinale a afirmativa correta.

(A) Ao contratar advogado para a defesa da sua pretensão não mais cabe à Ordem dos Advogados interferir no processo para salvaguardar eventuais prerrogativas feridas.

(B) A atuação da Ordem dos Advogados na defesa das prerrogativas profissionais implicará a assistência de representante da instituição, mesmo com defensor constituído.

(C) A assistência da Ordem dos Advogados está restrita a processos judiciais ou administrativos, mas não a inquéritos.

(D) A postulação de assistência deve ser examinada pelo Conselho Federal da Ordem dos Advogados que pode autorizar ou não essa atividade.

COMENTÁRIO

A alternativa "B" está correta. Nos termos do art. 16 do Regulamento Geral, sem prejuízo da atuação de seu defensor, contará o advogado com a assistência de representante da OAB nos inquéritos policiais ou nas ações penais em que figurar como indiciado, acusado ou ofendido, sempre que o fato a ele imputado decorrer do exercício da profissão ou a este vincular-se.

A alternativa "A" está incorreta. Veremos ainda nos comentários a esta questão que a OAB deverá interferir em inquéritos e processos em que o advogado figure como indiciado, acusado ou mesmo vítima, desde que os fatos digam respeito à atuação profissional, ainda que o advogado tenha constituído defensor.

A alternativa "C" está incorreta, pois, como visto, o art. 16 do Regulamento Geral permite a interferência da OAB não apenas nas ações penais em que figure como acusado ou ofendido um advogado, mas, também, nos inquéritos policiais, desde que os fatos apurados digam respeito ao exercício profissional.

A alternativa "D" está incorreta, pois o Regulamento Geral não diz caber ao Conselho Federal a análise sobre pedido de intervenção da OAB em inquéritos policiais ou ações penais em que figurem advogados como indiciados, réus ou ofendidos.

(X EXAME DE ORDEM UNIFICADO - FGV) A advogada Maria solicitou, no cartório de determinada vara cível, ter vista e extrair cópias dos autos de processo não sujeito a sigilo. O serventuário a quem foi feita a solicitação afirmou que Maria não havia juntado procuração aos autos do processo em questão e, em razão disso, apenas poderia ter vista dos autos e que lhe seria vedada a extração de cópias.

A partir do caso apresentado, assinale a afirmativa correta.

(A) O serventuário não agiu corretamente. Mesmo não estando constituída nos autos do processo, Maria pode ter vista e obter cópias dos autos do processo, já que o mesmo não está sujeito a sigilo.

(B) O serventuário agiu corretamente. O advogado não constituído nos autos de determinado processo apenas pode ter vista dos mesmos em balcão, mas não pode retirá-los de cartório para extração de cópias.

(C) O serventuário não agiu corretamente. Tendo em vista que Maria não estava constituída nos autos e que não poderia retirá-los de cartório para a extração de cópias, o serventuário deveria ter providenciado pessoalmente as cópias de que Maria necessitava.

(D) O serventuário não agiu corretamente. Tendo em vista que Maria não estava constituída nos autos do processo, não poderia sequer ter vista dos mesmos.

COMENTÁRIO

A alternativa "A" está correta. Nos termos do art. 7º, XIII, do Estatuto da OAB, é direito do advogado examinar, em qualquer órgão dos Poderes Judiciário e Legislativo, ou da Administração Pública em geral, autos de processos findos ou em andamento, *mesmo sem procuração*, quando não estejam sujeitos a sigilo, assegurada a obtenção de cópias, podendo tomar apontamentos. Assim, agiu incorretamente o serventuário, pois o fato de a advogada não ter procuração não constitui obstáculo para que ela tenha vista e obtenha cópias dos autos. Porém, caso o processo fosse sigiloso, somente com procuração poderia ter vista e carga dos autos;

A alternativa "B" está incorreta. Como visto, o art. 7º, XIII, do Estatuto, garante ao advogado, mesmo sem procuração (salvo se os autos tramitarem em sigilo!), o direito de examinar (ter vista) e obter cópias dos autos;

A alternativa "C" está incorreta, pois a advogada Maria, mesmo sem estar constituída nos autos (leia-se: ter procuração outorgada pelo cliente), teria o direito de examiná-los e obter as respectivas cópias diretamente, vale dizer, independentemente de qualquer atividade do serventuário;

A alternativa "D" está incorreta. A falta de procuração não constitui óbice ao advogado para ter vista e obter cópias dos autos de processos que tramitem em quaisquer dos Poderes (Executivo, Legislativo e Judiciário), salvo se sujeitos a sigilo. Neste caso, somente com procuração o advogado terá vista e poderá obter cópias dos autos.

(X EXAME DE ORDEM UNIFICADO - FGV) Um jovem advogado inicia sua carreira em seu estado natal, angariando clientes em decorrência das suas raras habilidades de negociador. Com o curso do tempo, sua fama de bom profissional se espraia e, em razão disso, surgem convites para atuar em outros estados da federação. Ao contatar um cliente no Estado Y, distante mais de mil quilômetros do seu estado natal, é surpreendido pelas autoridades de Y, com determinação restritiva ao seu exercício profissional, por não ser advogado do local.

A partir do exposto, nos termos do Estatuto da Advocacia, assinale a afirmativa correta.

(A) O advogado deve restringir o exercício profissional ao local em que obteve sua inscrição.

(B) O advogado deve solicitar autorização a cada processo em que atuar fora do local de inscrição.

(C) O advogado deve realizar Exame de Ordem em cada estado em que for atuar.

(D) O advogado pode exercer sua profissão em todo o território nacional.

COMENTÁRIO

A alternativa "D" está correta. De fato, a inscrição do advogado na OAB (pouco importando em qualquer Estado/Conselho Seccional), o qualifica a advogar em todo o território nacional (art. 7º, I, do Estatuto da OAB). Porém, frisamos uma vez mais, tal direito não é irrestrito, pois o art. 10, § 2º, do Estatuto, e art. 26 do Regulamento Geral exigem a inscrição suplementar em caso de habitualidade do exercício da advocacia em outros Estados que não o de inscrição principal do advogado.

A alternativa "A" está incorreta. A inscrição do advogado em qualquer Estado (leia-se: Conselho Seccional) o permite advogar não somente naquele território, mas, também, em todo o Brasil (art. 7º, I, do Estatuto da OAB). Porém, caso passe a advogar com habitualidade em outros Estados que não aquele em que mantém inscrição principal (art. 10, *caput*, do Estatuto), deverá, de fato, providenciar sua inscrição suplementar (art. 10, § 2º, do Estatuto e art. 26 do Regulamento Geral).

A alternativa "B" está incorreta, pois, como dito, a inscrição do advogado em qualquer Estado da federação o habilita a advogar em todo o território nacional, não se exigindo autorização para cada processo em que atuar fora do local de inscrição. Porém, sempre é necessário que se atente à eventual necessidade de promoção de inscrição suplementar.

A alternativa "C" está incorreta. Não constitui exigência legal para a inscrição suplementar ou para o exercício da advocacia fora do local de inscrição principal ser o advogado compelido a prestar Exame de Ordem, que, lembre-se, é, atualmente, unificado.

(X EXAME DE ORDEM UNIFICADO – FGV) O advogado Francisco é conhecido por sua rara habilidade no setor de contratos empresariais, experto nas chamadas cláusulas venenosas que dificultam a quebra imotivada de avenças. No exercício regular da sua profissão de advogado, apresenta-se, munido dos devidos poderes, em assembleia de sociedade anônima, cujo controlador é seu cliente. O presidente da assembleia não acolhe a sua presença, aduzindo falta de autorização legal.

Nos termos do Estatuto da Advocacia, é direito do advogado

(A) ingressar em assembleia, representando seu cliente, mesmo não munido de mandato.

(B) representar seu cliente com procuração outorgada com poderes gerais.

(C) atuar em assembleia a que seu cliente possa comparecer, munido de poderes especiais.

(D) atuar excepcionalmente com autorização do presidente da assembleia, que supre o mandato.

COMENTÁRIO

Nos termos do art. 7º, VI, "d", do Estatuto da OAB, é direito do advogado ingressar livremente em qualquer assembleia ou reunião de que participe ou possa participar o seu cliente, ou perante a qual este deve comparecer, desde *que munido de poderes especiais*. Assim, o advogado Francisco pode, sim, comparecer à assembleia de sociedade anônima, cujo controlador é seu cliente, ainda que este lá não esteja, desde que munido de procuração com poderes especiais. O mandato (com poderes especiais), como se vê, é indispensável para que o advogado possa ingressar, livremente, em assembleias e reuniões em que estejam ou pudessem estar seus clientes. Correta, portanto, a alternativa "C". As demais alternativas ("A", "B" e "D") estão incorretas pelo fato de não conterem a exigência de que Francisco estivesse munido de procuração com poderes especiais.

(XI EXAME DE ORDEM UNIFICADO – FGV) Úrsula, advogada com larga experiência profissional, necessita atualizar o seu arquivo de causas. Assim, requer o desarquivamento de determinados autos processuais de processo findo de um cliente, que tramitou sob sigilo, mas de época anterior à sua atuação. Ao dirigir-se ao cartório judicial, é surpreendida pela exigência de procuração com poderes especiais para retirar os autos.

Nos termos do Estatuto da Advocacia, é direito do advogado retirar autos de processos findos

(A) com procuração, inseridos poderes gerais, pelo prazo de cinco dias.

(B) com procuração, com poderes especiais, pelo prazo de quinze dias.

(C) sem procuração, com autorização do escrivão do cartório, pelo prazo de dez dias.

(D) sem procuração, pelo prazo de dez dias.

COMENTÁRIO

A alternativa correta é a "D". Nos exatos termos do art. 7º, XVI, do Estatuto da OAB, é direito do advogado retirar autos de processos findos, mesmo sem procuração, pelo prazo de dez dias. Ainda que o processo que Úrsula pretendia fazer carga tenha tramitado em sigilo, tal não seria motivo para não conseguir exercer sua prerrogativa. Todavia, caso o processo tivesse tramitado sob segredo de justiça, aí sim não teria o direito de retirá-los do cartório (salvo, é claro, se tivesse procuração do cliente). É o que decorre do art. 7º, § 1º, "1", do EAOAB.

(XI EXAME DE ORDEM UNIFICADO – FGV) Walter é advogado com atuação no Estado W e foi surpreendido pela acusação de participar de evento criminoso, tendo sido decretada sua prisão cautelar, por ordem judicial.

Com relação ao caso relatado, nos termos do Estatuto da Advocacia, assinale a afirmativa correta.

(A) O advogado deve ser apresentado ao Presidente da Seccional da OAB ou ao seu representante.

(B) O advogado ficará preso em sala de Estado-Maior ou equivalente até o final do processo.

(C) O advogado ficará restrito à sua residência, em prisão domiciliar, até reunião da seccional da OAB.

(D) O advogado sofrerá punição disciplinar pelo fato de estar respondendo a processo criminal.

COMENTÁRIO

A alternativa "B" está correta, de acordo com a banca examinadora. O art. 7º, V, do EAOAB, garante que o advogado, antes do trânsito em julgado, fique recolhido preso senão em Sala de Estado-Maior, com comodidades condignas, ou, à sua falta, em prisão domiciliar. Não concordamos com a expressão "ou equivalente" contida na assertiva. Repare que o enunciado pede ao candidato que responda com base nos termos do Estatuto da OAB. E o Estatuto, como visto, garante ao advogado a permanência em Sala de Estado-Maior, ou, à falta dela, em prisão domiciliar. Em outras palavras, não havendo Sala de Estado-Maior, a alternativa legalmente prevista é a prisão domiciliar, e não "salas equivalentes". Errou, tecnicamente, a banca examinadora, especialmente pelo fato de ter exigido do candidato que assinalasse alternativa "*nos termos do Estatuto da Advocacia*". Repetimos: o Estatuto não fala em "Sala equivalente". E o que seria "Sala equivalente"? Admitir como correta a assertiva é fazer letra morta a prerrogativa em comento.

A alternativa "A" está incorreta, pois o Estatuto da OAB, em momento algum prevê que ao advogado que tenha contra si decretada prisão cautelar (flagrante, temporária ou preventiva), seja apresentado ao Presidente do Conselho Seccional ou a qualquer representante deste órgão. O que há em referido diploma legal é que, em caso de prisão em flagrante decorrente do exercício profissional, um representante da OAB acompanhe a lavratura do respectivo auto (art. 7º, IV). A presença do representante da instituição somente ocorrerá em caso de prisão em flagrante, mas, não, nos demais casos de prisões cautelares (temporária e preventiva) decretadas por autoridade judiciária.

A alternativa "C" está incorreta. Como visto no comentário antecedente, o advogado ficará recolhido preso em Sala de Estado-Maior, e, somente à falta dela, em prisão domiciliar (art. 7º, V, EAOAB).

A alternativa "D" está incorreta. O só fato de responder a processo criminal não enseja qualquer punição disciplinar. Basta verificar o rol do art. 34 do Estatuto da OAB, que trata das infrações disciplinares. No entanto, advertirmos que se um advogado praticar crime infamante (art. 34, XXVIII, EAOAB), poderá sofrer pena de exclusão (art. 38 do EAOAB), mas após regular processo disciplinar.

(XII EXAME DE ORDEM UNIFICADO – FGV) Sobre o *desagravo público*, assinale a afirmativa correta.

(A) O advogado poderá ser desagravado quando ofendido no exercício da profissão ou em razão dela, desde que faça o requerimento em petição dirigida ao Presidente do Conselho Seccional no prazo de seis meses, contados a partir da data da realização da ofensa.

(B) O desagravo público depende de concordância do advogado ofendido.

(C) O advogado não pode dispensar o desagravo público quando o Conselho Seccional decidir promovê-lo.

(D) O advogado tem direito a ser desagravado, mesmo que a ofensa por ele sofrida não guarde relação com o exercício da profissão ou de cargo ou função na OAB.

COMENTÁRIO

A alternativa "C" está correta, estando de acordo com o que dispõe o precitado art. 18, § 7º, do Regulamento Geral;

A alternativa "A" está incorreta, pois o desagravo público é prerrogativa do advogado, nos termos do art. 7º, XVII, do Estatuto da OAB, podendo ser realizado de ofício pelo Conselho competente, ou a pedido do advogado ofendido ou de qualquer pessoa (art. 18, *caput*, do Regulamento Geral). Portanto, não é verdadeira a afirmação de que o advogado será desagravo desde que faça requerimento nesse sentido, tal como menciona a assertiva em tela;

A alternativa "B" está incorreta, eis que o desagravo público, por ser instrumento de defesa dos direitos e prerrogativas da advocacia, não depende sequer de concordância do ofendido, que não poderá dispensá-lo, devendo ser promovido a critério do Conselho (art. 18, § 7º, do Regulamento Geral);

A alternativa "D" está incorreta, já que o desagravo público somente será realizado quando a ofensa dirigida ao advogado guardar relação com o exercício da profissão ou de cargo ou função que tenha na OAB (art. 18, *caput*, do Regulamento Geral). Portanto, ofensas de caráter estritamente pessoal não deverão ser apuradas pela OAB, cabendo ao relator propor o arquivamento do pedido (art. 18, § 2º, do Regulamento Geral).

(XIII EXAME DE ORDEM UNIFICADO – FGV) Agnaldo é advogado na área de Direito de Empresas, tendo como uma de suas clientes a sociedade Cobradora Eficiente Ltda., que consegue realizar os seus atos de cobrança com rara eficiência. Por força de sua atividade, a sociedade é convidada a participar de reunião com a Associação dos Consumidores Unidos e envia o seu advogado para dialogar com a referida instituição.

Consoante o Estatuto da Advocacia, deve o advogado comparecer

(A) à reunião com seu cliente, responsável pela empresa.

(B) desacompanhado, com procuração com poderes *ad juditia*.

(C) à reunião, com mandato outorgado com poderes especiais.

(D) ao local sem a presença do cliente e sem mandato.

COMENTÁRIO

A alternativa "C" está correta, nos exatos termos do art. 7º, VI, "d", do EAOAB. Assim, é direito do advogado ingressar livremente em qualquer assembleia ou reunião de que participe ou possa participar o cliente (ou seja, ainda que este esteja ausente!), desde que munido de poderes especiais. Portanto, o ingresso do advogado nesse tipo de lugar (assembleias/reuniões) somente é possível, ainda que desacompanhado do cliente, desde que disponha de procuração que lhe tenha sido outorgada. Porém, referida procuração não pode ser "comum", mas, sim, com poderes especiais (para comparecer/representar o cliente).

As alternativas "A", "B" e "D" estão incorretas. É que um advogado poderá comparecer a uma reunião ou assembleia, ainda que desacompanhado de seu cliente, nelas representando-o, desde que munido de procuração com poderes especiais.

(XIII EXAME DE ORDEM UNIFICADO – FGV) Abel, por força de suas atividades como advogado, comparece à audiência designada para ocorrer às 13 horas. Aguarda algum tempo, mas não recebe qualquer notícia do início dos trabalhos forenses.

Nesse caso, consoante o Estatuto da Advocacia, protocolizando comunicação em juízo, pode retirar-se do recinto passados

(A) vinte minutos do horário designado.
(B) trinta minutos do horário designado.
(C) quarenta minutos do horário designado.
(D) cinquenta minutos do horário designado.

COMENTÁRIO

A alternativa "B" está correta. Nos termos do art. 7º, XX, do EAOAB, é direito do advogado retirar-se do recinto onde se encontre aguardando pregão para ato judicial, após trinta minutos do horário designado e ao qual não tenha comparecido a autoridade que deveria presidir a ele, mediante comunicação protocolizada em juízo.

A alternativa "A", "C" e "D" estão incorretas, pois o prazo que o advogado deverá aguardar, até que possa exercer sua prerrogativa, é de trinta minutos.

(XIV EXAME DE ORDEM UNIFICADO – FGV) O estagiário Marcos trabalha em determinado escritório de advocacia e participou ativamente da elaboração de determinada peça processual que estava para ser analisada pelo magistrado da Vara em que o processo tramitava, assinando, ao final, a petição, em conjunto com alguns advogados do escritório. Como conhecia muito bem a causa, resolveu falar com o magistrado com o objetivo de ressaltar, de viva voz, alguns detalhes relevantes. Quando o magistrado percebeu que estava recebendo o estagiário do escritório, e não um dos advogados que atuava na causa, informou ao estagiário que não poderia tratar com ele sobre o processo, solicitando que os advogados viessem em seu lugar, se entendessem necessário. Marcos, muito aborrecido, afirmou que faria uma representação contra o magistrado, por entender que suas prerrogativas profissionais foram violadas. A respeito da conduta de Marcos, assinale a opção correta.

(A) Marcos teve sua prerrogativa profissional violada, pois é direito do advogado e do estagiário inscrito na OAB dirigir-se diretamente ao magistrado nas salas e gabinetes de trabalho, independentemente de horário previamente marcado, observando-se a ordem de chegada.
(B) Marcos não teve sua prerrogativa profissional violada, pois apenas deve dirigir-se diretamente ao magistrado quando os advogados que atuam na causa estiverem impossibilitados de fazê-lo, sendo a atuação do estagiário subsidiária em relação à atuação do advogado.
(C) Marcos não teve sua prerrogativa profissional violada, pois apenas o advogado tem direito de dirigir-se diretamente ao magistrado nas salas e gabinetes de trabalho, independentemente de horário previamente marcado, observando-se a ordem de chegada. Ao contrário, Marcos praticou ato excedente à sua habilitação e, em razão disso, ficará impedido, posteriormente, de obter sua inscrição definitiva como advogado.
(D) Marcos não teve sua prerrogativa profissional violada, pois apenas o advogado tem direito de dirigir-se diretamente ao magistrado nas salas e gabinetes de trabalho, independentemente de horário previamente marcado, observando-se a ordem de chegada. Ao contrário, Marcos praticou ato excedente à sua habilitação e deve ser punido com pena de censura.

COMENTÁRIO

A alternativa "D" está correta. De fato, como visto, o estagiário não goza da prerrogativa de que trata o art. 7º, VIII, do EAOAB. Ao contrário, ao demonstrar ao juiz que tinha amplo conhecimento da causa, inclusive trazendo argumentos e fazendo ponderações relevantes sobre a causa, praticou ato excedente de sua habilitação, incorrendo no art. 34, XXIX, do EAOAB (infração disciplinar, passível de censura).

A alternativa "A" está incorreta, pois o direito de dirigir-se diretamente aos magistrados, nas salas e gabinetes de trabalho, independentemente de prévio agendamento, observada a ordem de chegada, pertence ao advogado (art. 7º, VIII, do EAOAB). Embora, na praxe forense, estagiários se dirijam diretamente a juízes, geralmente para despacho de petições, não se pode afirmar que tal prática "costumeira" constitua uma prerrogativa. O rol do art. 7º do EAOAB é destinado aos advogados, não aos estagiários.

A alternativa "B" está incorreta, pois a atuação do estagiário não pode, salvo nas hipóteses do art. 29, §§ 1º e 2º, do Regulamento Geral, ser isolada. Em outras palavras, a regra é a de que o estagiário somente poderá atuar em conjunto com o advogado nas atividades consideradas privativas de advocacia (art. 29, *caput*, do Regulamento Geral e art. 3º, § 2º, do EAOAB). Despachar uma petição, nos moldes delineados no enunciado, e argumentar tecnicamente sobre o que se discute nos autos, em nosso entendimento, caracteriza ato de postulação judicial (art. 1º, I, do EAOAB), que, como sabido, é atividade privativa de advogado.

A alternativa "C" está incorreta, pois a conduta praticada pelo estagiário não lhe acarretará, por falta de previsão legal, a consequência indicada na alternativa, qual seja, a de ficar impossibilitado de obter, futuramente, sua inscrição definitiva como advogado.

A alternativa "D" está correta. De fato, como visto, o estagiário não goza da prerrogativa de que trata o art. 7º, VIII, do EAOAB. Ao contrário, ao demonstrar ao juiz que tinha amplo conhecimento da causa, inclusive trazendo argumentos e fazendo ponderações relevantes sobre a causa, praticou ato excedente de sua habilitação, incorrendo no art. 34, XXIX, do EAOAB (infração disciplinar, passível de censura).

(XIV EXAME DE ORDEM UNIFICADO – FGV) Às 15h15, o advogado Armando aguardava, no corredor do fórum, o início de uma audiência criminal designada para as 14h30. A primeira audiência do dia havia sido iniciada no horário correto, às 13h30, e a audiência da qual Armando participaria era a segunda da pauta daquela data. Armando é avisado por um serventuário de que a primeira audiência havia sido interrompida por uma hora para que o acusado, que não se sentira bem, recebesse atendimento médico, e que, por tal motivo, todas as demais audiências do dia seriam iniciadas com atraso. Mesmo assim, Armando informa ao serventuário que não iria aguardar mais, afirmando que, de acordo com o EAOAB, tem direito, após trinta minutos do horário designado, a se retirar do recinto onde se encontre aguardando pregão para ato judicial. A partir do caso apresentado, assinale a opção correta.

(A) Armando poderia se retirar do recinto, pois o advogado tem o direito de não aguardar por mais de trinta minutos para a realização de ato judicial.

(B) Armando não poderia se retirar do recinto, pois a autoridade que presidiria o ato judicial do qual Armando participaria estava presente.

(C) Armando não poderia se retirar do recinto, pois a prerrogativa por ele invocada não é válida para audiências criminais.

(D) Armando poderia se retirar do recinto, pois não deu causa ao atraso da audiência.

COMENTÁRIO

A alternativa "B" está correta. A questão é muito boa e pode induzir a erro o candidato. É que o direito de retirada do advogado do local em que deva ser realizado o ato judicial (ex.: audiência) somente poderá ser exercido se o juiz que deva presidi-lo estiver ausente por, pelo menos, trinta minutos (art. 7º, XX, do EAOAB). No caso relatado no enunciado, o magistrado encontra-se presente, mas a audiência anterior foi suspensa em razão do mal estar do acusado que a ela compareceu. Trata-se de verdadeiro "atraso de pauta", que muito ocorre no dia a dia forense. E, nesse caso, como o juiz está presente, mas as audiências estão atrasadas, o advogado não poderá se socorrer do precitado art. 7º, XX, do EAOAB.

A alternativa "A" está incorreta, pois o advogado somente poderá se valer da prerrogativa do art. 7º, XX, do EAOAB, se o juiz estiver ausente do local em que deva presidir o ato.

A alternativa "C" está incorreta, pois a prerrogativa prevista no art. 7º, XX, do EAOAB, não faz distinção do tipo de audiência. Contudo, destacamos que, pelo princípio da especialidade, se se tratasse de uma audiência trabalhista, aplicar-se-ia o disposto no art. 815, parágrafo único, da CLT (bastam quinze minutos de ausência do magistrado para que o advogado possa se retirar do local).

A alternativa "D" está incorreta. Pouco importa, para o exercício da prerrogativa em questão, ter o advogado dado ou não causa ao atraso da audiência. Imprescindível, como visto, que o juiz esteja ausente para que o causídico se valha do seu direito de retirada.

(XIV EXAME DE ORDEM UNIFICADO – FGV) O advogado Antônio de Souza encontra-se preso cautelarmente, em cela comum, por força de decreto de prisão preventiva proferido no âmbito de ação penal a que responde por suposta prática de reiteradas fraudes contra a Previdência. O advogado de Antônio requereu ao magistrado que decretou a prisão a transferência de seu cliente para sala de estado-maior. Como não havia sala de estado-maior disponível na localidade, o magistrado determinou que Antônio deveria permanecer em prisão domiciliar até que houvesse sala de estado-maior disponível. Sobre a decisão do magistrado, assinale a opção correta.

(A) O magistrado decidiu corretamente, pois, de acordo com o EAOAB, é direito do advogado não ser recolhido preso, antes de sentença transitada em julgado, senão em sala de Estado-maior e, na sua falta, em prisão domiciliar.

(B) O magistrado não decidiu corretamente, pois o advogado, assim como qualquer outro cidadão que tenha concluído curso superior, tem direito a ser recolhido preso em prisão especial, mas não em sala de estado-maior, que apenas é garantida a magistrados e membros do Ministério Público.

(C) O magistrado decidiu corretamente, devendo o advogado permanecer em prisão domiciliar, mesmo havendo sala de Estado-Maior, após eventual trânsito em julgado de sua condenação.

(D) O magistrado não decidiu corretamente, pois o advogado apenas tem direito a não ser recolhido preso, antes de sentença transitada em julgado, em sala de estado-maior e, na sua falta, em prisão domiciliar, quando o crime que lhe esteja sendo imputado decorra do exercício regular da profissão de advogado.

COMENTÁRIO

A alternativa "A" está correta. De fato, é direito do advogado, antes do trânsito em julgado, ficar recolhido preso em sala de Estado-Maior, com acomodações e comodidades condignas, ou, à falta dela, em prisão domiciliar (art. 7º, V, do EAOAB).

A alternativa "B" está incorreta, pois, como dito, é prerrogativa do advogado permanecer preso cautelarmente (ou seja, antes do trânsito em julgado) senão em sala de Estado -Maior, ou, à falta, em prisão domiciliar.

A alternativa "C" está incorreta. O advogado somente permanecerá preso cautelarmente em prisão domiciliar se, na localidade, não houver sala de Estado-maior (art. 7º, V, do EAOAB).

A alternativa "D" está incorreta. Essa é uma excelente pegadinha da banca examinadora! O direito de o advogado ficar preso cautelarmente em sala de Estado-maior, ou, à falta, em prisão domiciliar, não se vincula ao tipo de crime por ele praticado, vale dizer, se relativo ou não ao exercício da profissão. Assim, terá direito ao "benefício" ora debatido advogado acusado de estupro, tráfico de drogas, homicídio ou qualquer outro tipo de crime, ainda que não guarde qualquer relação com o exercício regular da profissão.

(XIV EXAME DE ORDEM UNIFICADO – FGV) A advogada Ana integrou o departamento jurídico da empresa XYZ Ltda. e, portanto, participava de reuniões internas, com sócios e diretores, e externas, com clientes e fornecedores, tendo acesso a todos os documentos da sociedade, inclusive aos de natureza contábil, conhecendo assim, diversos fatos e informações relevantes sobre a empresa. Alguns anos após ter deixado os quadros da XYZ Ltda., Ana recebeu intimação para comparecer a determinada audiência e a prestar depoimento, como testemunha arrolada pela defesa, no âmbito de ação penal em que um dos sócios da empresa figurava como acusado do crime de sonegação fiscal. Ao comparecer à audiência, Ana afirmou que não prestaria depoimento sobre os fatos dos quais tomou conhecimento enquanto integrava o jurídico da XYZ Ltda. O magistrado que presidia o ato ressaltou que seu depoimento havia sido solicitado pelo próprio sócio da empresa, que a estaria, portanto, desobrigando do dever de guardar sigilo. Sobre a questão apresentada, observadas as regras do Estatuto da OAB e do Código de Ética e Disciplina da OAB, assinale a opção correta.

(A) Ana terá o dever de depor, pois o bem jurídico administração da justiça é mais relevante do que o bem jurídico inviolabilidade dos segredos.

(B) Ana terá o dever de depor, pois foi desobrigada por seu ex-cliente do dever de guardar sigilo sobre os fatos de que tomou conhecimento quando atuou como advogada da XYZ Ltda.

(C) Ana terá o dever de depor, pois não integra mais o departamento jurídico da empresa XYZ Ltda., tendo cessado, portanto, seu dever de guardar sigilo.

(D) Ana não terá o dever de depor, pois o advogado tem o direito de se recusar a depor, como testemunha, sobre fato relacionado à pessoa de quem foi ou seja advogado, mesmo quando solicitado pelo cliente.

COMENTÁRIO

A alternativa "D" está correta, nos moldes previstos nos comentários posteriores, que se baseiam no art. 7º, XIX, do EAOAB e art. 38 do CED.

A alternativa "A" está incorreta, pois, nos termos do art. 7º, XIX, do Estatuto da OAB (EAOAB), é direito do advogado recusar-se a depor como testemunha em processo no qual funcionou ou deva funcionar, ou sobre fato relacionado com pessoa de quem seja ou foi advogado, mesmo quando autorizado ou solicitado pelo constituinte, bem como sobre fato que constitua sigilo profissional. Assim, nada obstante a advogada tenha sido intimada a prestar depoimento, é sua prerrogativa recusar-se a depor.

A alternativa "B" está incorreta, pois, como visto no comentário à alternativa antecedente, o fato de o ex-cliente solicitar o depoimento não a desobriga de recusar-se a prestá-lo. Ainda,nos termos do art. 38 do CED, o advogado não é obrigado a depor, em processo ou procedimento judicial, administrativo ou arbitral, sobre fatos a cujo respeito deva guardar sigilo profissional.

A alternativa "C" está incorreta, pois o fato de Ana não mais integrar o departamento jurídico da empresa XYZ não a desobriga de observar seus deveres éticos, dentre eles, o de sigilo profissional. Afinal, todos os fatos de que tinha ciência em razão de sua atuação profissional estão abrangidos, como dito, pelo sigilo, não podendo ser revelados mesmo em caso de o cliente (ou ex-cliente) solicitar ou autorizar o depoimento.

(XVI EXAME DE ORDEM UNIFICADO – FGV) Ao decretar segredo de Justiça nos autos de determinada investigação policial, o magistrado alertou o Delegado de Polícia de que, aos advogados ali constituídos, deveria ser facultado o acesso à integralidade dos elementos de prova já documentados nos autos, ressaltando, no entanto, expressa e reservadamente, que ninguém, nem mesmo advogado constituído por meio de instrumento de procuração, poderia ter acesso à medida cautelar de interceptação telefônica em andamento.

Sobre a advertência do magistrado, assinale a afirmativa correta.

(A) A advertência é ilegal, pois é direito do advogado, apresentando procuração do investigado, ter vista da integralidade de procedimentos de qualquer natureza.

(B) A advertência é ilegal, pois é direito do advogado ter vista de procedimentos de qualquer natureza, independentemente da apresentação de procuração.

(C) A advertência é lícita, pois, em se tratando de procedimento sob segredo de Justiça, é permitido ao advogado, munido de procuração do investigado, o acesso aos elementos de prova já documentados nos autos, mas não a medidas cautelares ainda em andamento.

(D) A advertência é lícita, pois nem mesmo advogados munidos de procuração podem ter acesso a autos de procedimentos sob segredo de Justiça.

COMENTÁRIO

Nos termos do art. 7º, XIV, do Estatuto da OAB, com a redação que lhe foi dada pela Lei 13.245/2016, é direito do advogado "examinar, em qualquer instituição responsável por conduzir investigação, mesmo sem procuração, autos de flagrante e de investigações de qualquer natureza, findos ou em andamento, ainda que conclusos à autoridade, podendo copiar peças e tomar apontamentos, em meio físico ou digital". Assim, a regra é a desnecessidade da procuração. Contudo, se no inquérito tiver sido decretado segredo de justiça (ex.: nos crimes contra a dignidade sexual, o art. 234-B, do CP, impõe o segredo de justiça), o advogado somente terá acesso aos autos se tiver procuração, tal como adverte o precitado art. 7º, em seu § 10. Uma vez exibido o instrumento de mandato, terá acesso amplo aos elementos de prova. Contudo, nos termos da Súmula vinculante 14, o defensor somente poderá consultar os elementos de prova já documentados nos autos (ou seja, já colhidos e reduzidos a termo), o que exclui, por óbvio, as diligências futuras e aquelas que corram em apartado, tal como ocorre com os autos da interceptação telefônica, que somente serão anexados ao IP ao final. O enunciado de aludida súmula vinculante foi incorporado, na prática, ao Estatuto da OAB, que teve incluído em seu art. 7º, pela já citada Lei 13.245/2016, o §11, que dispõe que "no caso previsto no inciso XIV, a autoridade competente poderá delimitar o acesso do advogado aos elementos de prova relacionados a diligências em andamento e ainda não documentados nos autos, quando houver risco de comprometimento da eficiência, da eficácia ou da finalidade das diligências". Assim, com base no caso relatado no enunciado, vamos às alternativas.

A alternativa "C" está correta, pois em procedimento investigatório em que seja decretado segredo de justiça, seu acesso por advogado será permitido desde que munido de procuração, podendo consultar apenas os elementos de prova já documentados nos autos, consoante o art. 7º, XIV e §§ 10 e 11, do EAOAB.

As alternativas "A" e "B" estão incorretas, pois a advertência feita pelo magistrado é lícita, já que decretado o segredo de justiça no inquérito policial, razão por que a procuração deveria ser exigida, bem como no tocante à interceptação telefônica, na esteira da precitada Súmula vinculante 14 e art. 7º, §11, do Estatuto.

Por fim, a alternativa D está incorreta, pois, como visto, o advogado, desde que munido de procuração, terá acesso aos autos de procedimentos sob segredo de justiça.

(XVI EXAME DE ORDEM UNIFICADO – FGV) O advogado Antônio participava do julgamento de recurso de apelação por ele interposto. Ao proferir seu voto, o Relator acusou o advogado Antônio de ter atuado de forma antiética e de ter tentado induzir os julgadores a erro. Em seguida, com o objetivo de se defender das acusações que lhe haviam sido dirigidas, Antônio solicitou usar da palavra, pela ordem, por mais cinco minutos, pleito que veio a ser indeferido pelo Presidente do órgão julgador.

A respeito do direito de Antônio usar a palavra novamente, assinale a afirmativa correta.

(A) Não é permitido o uso da palavra por advogado em julgamentos de recursos de apelação.

(B) É direito do advogado usar da palavra, pela ordem, mediante intervenção sumária, para replicar acusação ou censura que lhe forem feitas.

(C) É direito do advogado intervir, a qualquer tempo e por qualquer motivo, durante o julgamento de processos em que esteja constituído.

(D) O uso da palavra, pela ordem, mediante intervenção sumária, somente é permitido para o esclarecimento de questões fáticas.

COMENTÁRIO

Nos termos do art. 7º, X, do Estatuto da OAB, é direito do advogado usar da palavra, pela ordem, em qualquer juízo ou tribunal, mediante intervenção sumária, para esclarecer equívoco ou dúvida surgida em relação a fatos, documentos ou afirmações que influam no julgamento, *bem como para replicar acusação ou censura que lhe forem feitas.* Analisemos, pois, as alternativas.

A alternativa "B" está correta, nos exatos termos do art. 7º, X, do EAOAB.

A alternativa "A" está incorreta, podendo o advogado valer-se da prerrogativa em comento durante o julgamento de qualquer tipo de recurso ou processo.

A alternativa "C" está incorreta, pois o advogado, embora possa fazer uso da palavra a qualquer momento, deverá fazê-lo mediante intervenção sumária, e não por qualquer motivo, mas, sim, para esclarecer equívocos ou dúvidas relativas a aspectos fáticos ou documentais, ou diante de afirmações capazes de influir no julgamento, ou para replicar acusação ou censura que lhe tenham sido dirigidas.

A alternativa "D" está incorreta, pois, como visto no comentário à alternativa antecedente, o advogado poderá fazer uso da prerrogativa em comento para esclarecimento de fatos, documentos ou afirmações que influem no julgamento, ou para rebater acusação ou censura que lhe tenham sido desfechadas.

(XVI EXAME DE ORDEM UNIFICADO – FGV) Isabella, advogada atuante na área pública, é procurada por cliente que deseja contratá-la e que informa a existência de processo já terminado, no qual foram debatidos fatos que poderiam interessar à nova causa. Antes de realizar o contrato de prestação de serviços, dirige-se ao Juízo competente e requer vista dos autos findos, não anexando instrumento de mandato. Nesse caso, consoante o Estatuto da Advocacia, a advogada pode

(A) ter vista dos autos somente no balcão do cartório.

(B) ter vista dos autos no local onde se arquivam os autos.

(C) retirar os autos de cartório por dez dias.

(D) retirar os autos, se anexar instrumento de mandato.

COMENTÁRIO

Nos termos do art. 7º, XVI, do Estatuto da OAB, é direito do advogado retirar autos de processos findos, mesmo sem procuração, pelo prazo de dez dias. Correta, assim, a alternativa "C", estando as demais em descompasso com a prescrição legal.

(XVII EXAME DE ORDEM UNIFICADO – FGV) Gisella é advogada recém-aprovada no Exame de Ordem e herda diversas causas de um colega de classe que resolveu trilhar outros caminhos, deixando numerosos processos para acompanhamento nos Juízos de primeiro grau. Ao acompanhar uma sessão de julgamento na Câmara Cível do Tribunal W, tem necessidade de apresentar, antes de iniciar o julgamento, alegações escritas aos integrantes do órgão julgador, que somente foram completadas no dia da sessão. Aguardando o início dos trabalhos, assim que os julgadores se apresentaram para o julgamento, a jovem advogada dirigiu-se a eles no sentido de entregar as alegações escritas, sendo admoestada quanto à sua presença no interior da sala de julgamento, na parte reservada aos magistrados. Nos termos do Estatuto da Advocacia, o ingresso dos advogados nas salas de sessões

(A) está restrito ao espaço da plateia.

(B) depende de autorização do Presidente da Câmara.

(C) é livre inclusive na parte reservada aos magistrados.

(D) depende de concordância dos julgadores.

COMENTÁRIO

Nos termos do art. 7º, VI, "a", do EAOAB, é direito do advogado ingressar livremente nas salas de sessões dos tribunais, mesmo além dos cancelos que separam a parte reservada aos magistrados. Assim, vamos às alternativas.

A alternativa "C" está correta, nos exatos termos do art. 7º, VI, "a", do EAOAB.

A alternativa "A" está incorreta, pois o advogado, nas sessões de julgamento dos tribunais, tem acesso não somente ao espaço destinado à plateia, mas, também, àquele reservado aos magistrados.

A alternativa "B" está incorreta. O exercício do direito previsto no art. 7º, VI, "a", do EAOAB, não depende de autorização de quem quer que seja.

A alternativa "D" está incorreta, pois, como visto, o acesso do advogado às sessões dos tribunais, mesmo além dos cancelos que separam a parte reservada aos magistrados, não depende da concordância dos julgadores. Trata-se, é bom destacar, de prerrogativa profissional.

(XVII EXAME DE ORDEM UNIFICADO – FGV) A advogada Maria foi presa em flagrante por furto cometido no interior de uma loja de departamentos. Na Delegacia, teve a assistência de advogado por ela constituído. O auto de prisão foi lavrado sem a presença de representante da Ordem dos Advogados do Brasil, fato que levou o advogado de Maria a arguir sua nulidade. Sobre a hipótese, assinale a afirmativa correta.

(A) O auto de prisão em flagrante não é nulo, pois só é obrigatória a presença de representante da OAB quando a prisão decorre de motivo ligado ao exercício da advocacia.

(B) O auto de prisão em flagrante não é nulo, pois a presença de representante da OAB é facultativa em qualquer caso, podendo sempre ser suprida pela presença de advogado indicado pelo preso.

(C) O auto de prisão em flagrante é nulo, pois advogados não podem ser presos por crimes afiançáveis.

(D) O auto de prisão em flagrante é nulo, pois a presença de representante da OAB em caso de prisão em flagrante de advogado é sempre obrigatória.

COMENTÁRIO

Nos termos do art. 7º, IV e § 3º, do EAOAB, é direito do advogado ter a presença de representante da OAB, quando preso em flagrante, por motivo ligado ao exercício da advocacia, para a lavratura do respectivo auto, sob pena de nulidade. E a prisão em flagrante, quando relacionada ao exercício da profissão, somente será admissível em se tratando de crime inafiançável. No caso narrado no enunciado, Maria foi presa em flagrante por furto cometido no interior de uma loja de departamentos, portanto, sem guardar qualquer relação com o exercício da profissão. Dessa forma, não terá o direito de ter a presença de representante da OAB durante a lavratura do auto de prisão em flagrante, que não é nulo. Frise-se: a prerrogativa em tela pressupõe, necessariamente, que a prisão em flagrante do advogado ocorra por motivo ligado ao exercício da profissão, quando, somente nessa circunstância, um representante da OAB deverá se fazer presente para acompanhar a lavratura do auto.

Correta é a alternativa "A", por todos os esclarecimentos que já fizemos.

As alternativas "C" e "D" são incorretas.

Quanto à alternativa "B", incorreta, não é verdadeira a afirmação de que a presença de representante da OAB para a lavratura do auto de prisão em flagrante seja facultativa em qualquer caso. Vimos que se se tratar de flagrante delito por motivo ligado à profissão, a presença de representante da entidade deverá ocorrer, sob pena de nulidade, ainda que contasse o advogado com um defensor constituído.

(XVII EXAME DE ORDEM UNIFICADO – FGV) Leôncio é estagiário de escritório especializado na área cível e testemunha o descumprimento de norma legal por funcionário público, imediatamente comunicando a situação ao seu advogado supervisor.

Ambos dirigem-se ao órgão diretor administrativo competente e reclamam pelo descumprimento de lei, o que foi reduzido a termo. A referida reclamação veio a ser sumariamente arquivada por não ter sido feita na forma escrita. Nos termos do Estatuto da Advocacia, reclamações por descumprimento de lei

(A) devem ser necessariamente escritas.

(B) devem ser formuladas pela OAB, exclusivamente.

(C) podem ser verbais.

(D) são de atribuição privativa de Conselheiro da OAB.

COMENTÁRIO

Nos termos do art. 7º, XI, do EAOAB, é direito do advogado reclamar, verbalmente ou por escrito, perante qualquer juízo, tribunal ou autoridade, contra a inobservância de preceito de lei, regulamento ou regimento. Portanto, no caso apresentado no enunciado, Leôncio, estagiário, e seu advogado supervisor, ao constatarem o descumprimento de norma legal por funcionário público, poderiam, nos moldes do referido dispositivo legal, reclamar de forma verbal ou escrita. Correta, portanto, a alternativa "C".

(XVIII EXAME DE ORDEM UNIFICADO – FGV) Os advogados criminalistas X e Y atuavam em diversas ações penais e inquéritos em favor de um grupo de pessoas acusadas de pertencer a determinada organização criminosa, supostamente destinada ao tráfico de drogas. Ao perceber que não havia outros meios disponíveis para a obtenção de provas contra os investigados, o juiz, no âmbito de um dos inquéritos instaurados para investigar o grupo, atendendo à representação da autoridade policial e considerando manifestação favorável do Ministério Público, determinou o afastamento do sigilo telefônico dos advogados constituídos nos autos dos aludidos procedimentos, embora não houvesse indícios da prática de crimes por estes últimos. As conversas entre os investigados e seus advogados, bem como aquelas havidas entre os advogados X e Y, foram posteriormente usadas para fundamentar a denúncia oferecida contra seus clientes. Considerando-se a hipótese apresentada, assinale a afirmativa correta.

(A) A prova é lícita, pois não havia outro meio disponível para a obtenção de provas.

(B) A prova é lícita, pois tratava-se de investigação de prática de crime cometido no âmbito de organização criminosa.

(C) Considerando que não havia outro meio disponível para a obtenção de provas, bem como que se tratava de investigação de prática de crime cometido no âmbito de organização criminosa, é ilícita a prova obtida a partir dos diálogos havidos entre os advogados e seus clientes. É, no entanto, lícita a prova obtida a partir dos diálogos havidos entre os advogados X e Y.

(D) A prova é ilícita, uma vez que as comunicações telefônicas do advogado são invioláveis quando disserem respeito ao exercício da profissão, bem como se não houver indícios da prática de crime pelo advogado.

COMENTÁRIO

Nos termos do art. 7º, II, do EAOAB, são direitos do advogado a inviolabilidade de seu escritório ou local de trabalho, bem como de seus instrumentos de trabalho, de sua correspondência escrita, eletrônica, telefônica e telemática, desde que relativas ao exercício da advocacia. Ainda, o §6º, do precitado dispositivo legal, determina que a quebra da inviolabilidade de que trata o inciso II, do mesmo art. 7º do EAOAB, será possível desde que presentes indícios de autoria e materialidade da prática de crime por parte do advogado.

Ora, no enunciado apresentado pela banca examinadora, ficou claro que os advogados criminalistas X e Y não eram alvo da investigação, instaurada em desfavor de seus clientes, cujas conversas foram interceptadas, bem como interceptadas foram conversas entre os próprios advogados, utilizadas para fundamentar posterior denúncia oferecida pelo Ministério Público.

Afora as questões de índole penal e processual penal, é certo que, do ponto de vista da legislação de ética profissional, com destaque para o referido art. 7º. II e §6º, do EAOAB, as comunicações havidas entre clientes e advogados, no exercício da profissão, são invioláveis, salvo se os próprios causídicos estiverem sendo investigados por suposta prática de infrações penais. Como, na espécie, afirmou-se que os profissionais não tinham qualquer envolvimento nas práticas criminosas perpetradas por seus clientes, a quebra da inviolabilidade de suas comunicações feriu de morte a prerrogativa em comento. Ilícita, portanto, as provas que embasaram o início da ação penal. Correta, pois, a alternativa "D".

(XVIII EXAME DE ORDEM UNIFICADO – FGV) A advogada Ana retirou de cartório os autos de determinado processo de conhecimento em que representava a parte ré, para apresentar contestação. Protocolou a petição tempestivamente, mas deixou de devolver os autos em seguida por esquecimento, só o fazendo após ficar pouco mais de um mês com os autos em seu poder. Ao perceber que Ana não devolvera os autos imediatamente após cumprir o prazo, o magistrado exarou despacho pelo qual a advogada foi proibida de retirar novamente os autos do cartório em carga, até o final do processo.

Nos termos do Estatuto da Advocacia, deve-se assentar quanto à sanção disciplinar que

(A) não se aplica porque Ana não chegou a ser intimada a devolver os autos.

(B) não se aplica porque Ana ficou menos de três meses com os autos em seu poder.

(C) aplica-se porque Ana reteve abusivamente os autos em seu poder.

(D) aplica-se porque Ana não poderia ter retirado os autos de cartório para cumprir o prazo assinalado para contestação.

COMENTÁRIO

Nos termos do art. 7º, XV, do EAOAB, é direito do advogado ter vista dos processos judiciais ou administrativos de qualquer natureza, em cartório ou na repartição competente, ou retirá-los pelos prazos legais. Contudo, referida prerrogativa será afastada – no tocante à retirada dos autos –, até o encerramento do processo, se o advogado houver deixado de devolvê-los no prazo legal, e só o fizer depois de intimado (art. 7º, §1º, "3", do EAOAB).

No caso relatado no enunciado, a advogada Ana sequer chegou a ser intimada a restituir os autos ao cartório, tendo o magistrado, diretamente, exarado despacho proibindo-a de retirar os autos novamente em carga até o fim do processo.

Assim, inaplicável seria a sanção imposta pelo EAOAB, qual seja, a de se vedar nova carga dos autos, eis que tal somente será aplicada se a devolução dos autos ocorrer após intimação. Como visto, a advogada Ana, embora não tenha devolvido os autos do processo, por esquecimento, fê-lo antes de ser intimada a tanto. Logo, inaplicável o disposto no art. 7º, §1º, "3", do EAOAB.

Analisando-se conjugadamente o referido dispositivo legal com a infração disciplinar constante no art. 34, XXII, do EAOAB (retenção abusiva ou extravio de autos), chega-se à conclusão de que o advogado somente incorrerá em infração ética caso não restitua os autos após ser intimado a tanto.

Correta, pois, a alternativa "A", estando as demais em descompasso com o que dispõe o Estatuto da OAB.

(XVIII EXAME DE ORDEM UNIFICADO – FGV) Alice, advogada, em audiência judicial, dirigiu a palavra de maneira ríspida a certa testemunha e ao magistrado, tendo este entendido que houve a prática dos crimes de injúria e desacato, respectivamente. Por isso, o juiz determinou a extração de cópias da ata e remessa à Promotoria de Justiça com atribuição para investigação penal da comarca.

Considerando a situação narrada, a disciplina do Estatuto da OAB e o entendimento do Supremo Tribunal Federal, sobre as manifestações de Alice, proferidas no exercício de sua atividade profissional, é correto afirmar que

(A) podem configurar injúria e desacato puníveis, pois o Supremo Tribunal Federal declarou inconstitucional a imunidade profissional prevista no Art. 7º, § 2º, do Estatuto da OAB, já que a Constituição Federal consagra a incolumidade da honra e imagem.

(B) não podem constituir injúria ou desacato puníveis. Isso porque o advogado tem imunidade profissional, nos termos do Art. 7º, § 2º, do Estatuto da OAB, cuja integral constitucionalidade foi declarada pelo Supremo Tribunal Federal.

(C) não podem constituir injúria, mas podem configurar desacato punível. Isso porque o advogado tem imunidade profissional, nos termos do Art. 7º, § 2º, do Estatuto da OAB, mas esta, de acordo com o Supremo Tribunal Federal, não compreende o desacato, sob pena de conflitar com a autoridade do magistrado na condução da atividade jurisdicional.

(D) não podem constituir injúria ou desacato puníveis, mas podem caracterizar crime de desobediência. Isso porque o advogado tem imunidade profissional, nos termos do Art. 7º, § 2º, do Estatuto da OAB, cuja constitucionalidade foi declarada pelo Supremo Tribunal Federal, com a ressalva ao delito de desobediência, a fim de não conflitar com a autoridade do magistrado na condução da atividade jurisdicional.

COMENTÁRIO

O art. 7º, § 2º, do EAOAB, em sua redação original, dispunha que o advogado tem imunidade profissional, não constituindo injúria, difamação ou desacato puníveis qualquer manifestação de sua parte, no exercício de sua atividade, em juízo ou fora dele, sem prejuízo das sanções disciplinares perante a OAB, pelos excessos que cometer.

Ocorre que o STF, no julgamento da ADI 1.127-8, declarou a inconstitucionalidade de parte do referido dispositivo (*ou desacato*). Assim, o que a Suprema Corte assentou foi o entendimento de que o advogado, embora imune aos crimes de injúria e difamação, quando praticados no exercício de sua atividade, responderá criminalmente por desacato, já que, assim não fosse, haveria patente falta de isonomia entre autoridades e os advogados.

A alternativa "C" está correta, já que a advogada Alice, embora seja imune a eventual injúria praticada contra a testemunha, não o será, conforme julgamento realizado pelo STF na ADI 1.127-8, quanto ao desacato perpetrado contra o magistrado.

A alternativa "A" está incorreta, eis que, como dito, o STF declarou apenas parcialmente a inconstitucionalidade da imunidade profissional do advogado, mantida no tocante aos crimes de injúria e difamação.

Incorreta, também, a alternativa "B", pois o STF declarou, como já ressaltado, a inconstitucionalidade de parte da redação do art. 7º, §2º, do EAOAB.

Finalmente, incorreta a alternativa "D", haja vista que o art. 7º, §2º, do EAOAB, não trata do crime de desobediência, mas, sim, de crimes contra a honra (injúria e difamação), alcançados pela imunidade profissional, e de um crime contra a administração pública (desacato), afastado, pelo STF, da abrangência da prerrogativa profissional dos advogados.

(OAB/Exame Unificado – 2017.1) Viviane, Paula e Milena são advogadas. Viviane acaba de dar à luz, Paula adotou uma criança e Milena está em período de amamentação. Diante da situação narrada, de acordo com o Estatuto da OAB, assinale a afirmativa correta.

(A) Viviane e Milena têm direito a reserva de vaga nas garagens dos fóruns dos tribunais.

(B) Viviane e Paula têm direito à suspensão de prazos processuais, em qualquer hipótese, desde que haja notificação por escrito ao cliente.

(C) Viviane, Paula e Milena têm direito de preferência na ordem das audiências a serem realizadas a cada dia, mediante comprovação de sua condição.

(D) Paula e Milena têm direito a entrar nos tribunais sem serem submetidas a detectores de metais e aparelhos de raio-X.

COMENTÁRIO

O art. 7º-A do EAOAB, incluído pela Lei 13.363/2016, definiu diversos direitos às advogadas que se encontrem em condições "especiais" (gestantes, lactantes, adotantes ou que derem à luz). Com relação à advogada Viviane, que acaba de dar à luz, disporá dos seguintes direitos: (i) acesso a creche, onde houver, ou a local adequado ao atendimento das necessidades do bebê (art. 7º-A, II, EAOAB); (ii) preferência na ordem das sustentações orais e das audiências a serem realizadas a cada dia, mediante comprovação de sua condição (art. 7º-A, III, EAOAB); (iii) suspensão de prazos processuais quando for a única patrona da causa, desde que haja notificação por escrito ao cliente (art. 7º-A, IV, EAOAB). No tocante à advogada Paula, que adotou uma criança, disporá dos mesmos direitos de Viviane (art. 7º-A, II a IV, EAOAB). Finalmente, com relação à advogada Milena, que está em período de amamentação, faz jus a acesso a creche, onde houver, ou a local adequado ao atendimento das necessidades do bebê (art. 7º-A, II, EAOAB) e preferência na ordem das sustentações orais e das audiências a serem realizadas a cada dia, mediante comprovação de sua condição (art. 7º-A, III, EAOAB). Vamos, portanto, às alternativas!

A alternativa "A" está incorreta, pois somente às advogadas gestantes defere-se o direito à reserva de vaga nas garagens dos fóruns dos tribunais (art. 7º-A, I, *b*, EAOAB). Viviane acaba de dar à luz e Milena está em período de amamentação;

A alternativa "B" está incorreta. Viviane, que acaba de dar à luz, e Paula, advogada adotante, embora disponham do direito de suspensão dos prazos processuais, somente gozarão de tal prerrogativa desde que sejam as únicas patronas da causa, mediante notificação por escrito ao cliente (art. 7º-A, IV, EAOAB);

A alternativa "C" está correta. De fato, tanto as advogadas gestantes, como as lactantes (Milena), adotantes (Paula) ou que derem à luz (Viviane), terão direito de preferência na ordem das sustentações orais e das audiências a serem realizadas a cada dia, mediante comprovação de sua condição (art. 7º-A, III, EAOAB);

A alternativa "D" está incorreta, pois apenas as advogadas gestantes têm o direito de não serem submetidas a detectores de metais e aparelhos de raio-X (art. 7º-A, I, "a", EAOAB).

(OAB/Exame Unificado – 2016.3) Adolfo, policial militar, consta como envolvido em fato supostamente violador da integridade física de terceiros, apurado em investigação preliminar perante a Polícia Militar. No curso desta investigação, Adolfo foi notificado a prestar declarações e, desde logo, contratou a advogada Simone para sua defesa. Ciente do ato, Simone dirige-se à unidade respectiva, pretendendo solicitar vista quanto aos atos já concluídos da investigação e buscando tirar cópias com seu aparelho celular. Além disso, Simone intenta acompanhar Adolfo durante o seu depoimento designado.

Considerando o caso narrado, assinale a afirmativa correta.

(A) É direito de Simone, e de seu cliente Adolfo, que a advogada examine os autos da investigação, no que se refere aos atos já concluídos e documentados, porém, a possibilidade de emprego do telefone celular para tomada de cópias fica a critério da autoridade responsável pela investigação. Também é direito de ambos que Simone esteja presente no depoimento de Adolfo, sob pena de nulidade absoluta do ato e de todos os elementos investigatórios dele decorrentes.

(B) É direito de Simone, e de seu cliente Adolfo, que a advogada examine os autos, no que se refere aos atos já concluídos e documentados, bem como empregue o telefone celular para tomada de cópias digitais, o que não pode ser obstado pela autoridade responsável pela investigação. Também é direito de ambos que Simone esteja presente no depoimento de Adolfo, sob pena de nulidade absoluta do ato e de todos os elementos investigatórios dele decorrentes.

(C) É direito de Simone, e de seu cliente Adolfo, que a advogada examine os autos, no que se refere aos atos já concluídos e documentados, bem como empregue o telefone celular para tomada de cópias digitais, o que não pode ser obstado pela autoridade responsável pela investigação. Também é direito de ambos que Simone esteja presente no depoimento de Adolfo, sob pena de nulidade relativa apenas do ato em que embaraçava a sua presença.

(D) Considerando cuidar-se de mera investigação preliminar, Simone não possui o direito de examinar os atos já concluídos e documentados ou tomar cópias. Do mesmo modo, por não se tratar de interrogatório formal, mas mera investigação preliminar, sujeita à disciplina da legislação castrense, não configura nulidade se obstada a presença de Simone no depoimento de Adolfo.

COMENTÁRIO

Com o advento da Lei 13.245/2016, a redação do inciso XIV, do art. 7º do Estatuto da OAB (EAOAB), foi alterada, passando a prever como direito do advogado o de examinar, em qualquer instituição responsável por conduzir investigação, mesmo sem procuração, autos de flagrante e de investigações de qualquer natureza, findos ou em andamento, ainda que conclusos à autoridade, podendo copiar peças e tomar apontamentos, em meio físico ou digital. Contudo, é possível que a autoridade que presida a investigação delimite o acesso do advogado aos elementos de prova relacionados a diligências em andamento e ainda não documentados nos autos, quando houver risco de comprometimento da eficiência, da eficácia ou da finalidade das diligências. Importante destacar, ainda, que a precitada Lei incluiu ao art. 7º do EAOAB uma nova prerrogativa, definida em seu inciso XXI, por meio da qual se defere ao advogado o direito de assistir a seus clientes investigados durante a apuração de infrações, sob pena de nulidade absoluta do respectivo interrogatório ou depoimento e, subsequentemente, de todos os elementos investigatórios e probatórios dele decorrentes ou derivados, direta ou indiretamente, podendo, inclusive, no curso da respectiva apuração, apresentar razões e quesitos. Ante o exposto, analisemos cada uma das alternativas.

A alternativa "A" está incorreta, pois o art. 7º, XIV, do EAOAB, permite que o advogado obtenha cópia dos autos da investigação por meio físico ou digital (no caso, por meio de emprego de um telefone celular);

A alternativa "B" está correta. De fato, a advogada Simone terá o direito de examinar os autos da investigação que recai sobre o seu cliente Adolfo, no que se refere aos atos já concluídos e documentados (sob pena de comprometimento da eficiência, eficácia ou finalidade das investigações), empregando, inclusive, o telefone celular para obter cópia dos autos (art. 7º, XIV e § 11, EAOAB). Também, poderá assistir ao seu cliente durante seu depoimento, sob pena de nulidade absoluta, conforme dispõe o art. 7º, XXI, do EAOAB;

A alternativa "C" está incorreta, pois o cerceamento da prerrogativa prevista no art. 7º, XXI, do EAOAB (direito de assistência, por advogado, a clientes investigados) acarreta a nulidade absoluta de interrogatórios, depoimentos e de quaisquer outros elementos de prova que daí derivem direta ou indiretamente;

A alternativa "D" está incorreta, pois em descompasso com o art. 7º, XIV e XXI, ambos do EAOAB, já que é direito do advogado examinar autos de investigação, bem como de assistir ao cliente investigado, sob pena, neste último caso, de nulidade absoluta do interrogatório ou depoimento.

Dicas de última hora

1. Pode o advogado ser preso em flagrante por crime ligado ao exercício da profissão? A resposta é SIM, desde que referido crime seja inafiançável. Caso afiançável, não se imporá a prisão em flagrante (o que não significa que o advogado não será processado oportunamente!). Ainda, sendo inafiançável o crime, uma vez conduzido ao Distrito Policial, é direto do advogado, durante a lavratura do auto de prisão em flagrante, ser acompanhado por um representante da OAB. Caberá à autoridade policial comunicar a instituição, sob pena de relaxamento da prisão.

2. Antes de transitar em julgado a sentença penal condenatória, é direito do advogado ficar recolhido em Sala de Estado-Maior (sala no interior das Forças Armadas – Marinha, Exército ou Aeronáutica, ou em Batalhão da Polícia Militar ou Corpo de Bombeiros), ou, à sua falta, prisão domiciliar, qualquer que tenha sido o crime praticado (relacionado ou não ao exercício da profissão). As acomodações da Sala de Estado-Maior devem ser condignas. No entanto, tal reconhecimento não será realizado pela OAB, consoante decidiu o STF no julgamento da ADI 1.127.

3. A prerrogativa do advogado de examinar autos de flagrante e de investigações, em qualquer instituição responsável por conduzir investigações, independerá, em regra, de procuração. Esta somente será necessária caso o procedimento esteja sob sigilo. Será admissível que se restrinja ou delimite o acesso do advogado àqueles elementos de prova que digam respeito a diligências em andamento e ainda não documentados nos autos quando houver risco de comprometimento à eficiência, eficácia ou finalidade das diligências.

4. Caso seja cerceada a prerrogativa acima indicada, ao responsável pelas investigações será imputada a prática de abuso de autoridade, configurando-se, portanto, dupla responsabilização (criminal e funcional) pela violação ao direito do advogado, que, para ver garantido o acesso aos autos, poderá impetrar mandado de segurança, ou, ainda, reclamação perante o STF (por violação à Sumula vinculante 14), sem prejuízo de ter direito subjetivo de requerer ao juiz competente o acesso aos autos (por simples petição).

5. Pode o advogado, em qualquer recurso, realizar sustentação oral? A resposta é NÃO! O STF, no julgamento da ADI 1.127, declarou inconstitucional o inciso IX, do art. 7º, do Estatuto da OAB. Assim, o advogado somente poderá fazer sustentação oral nos recursos perante os tribunais se houver previsão legal para tanto, ou, ainda, se os regimentos internos dos tribunais assim admitirem. Portanto, afirmamos não ser direito do advogado sustentar oralmente as razões de todos e quaisquer recursos nos tribunais! Tal direito, repita-se, está atrelado à previsibilidade da sustentação oral.

6. O advogado, no exercício de sua atividade, não responderá, por qualquer manifestação sua, em juízo ou fora dele, pelos crimes de injúria e difamação. Não obstante o art. 7º, §2º, do Estatuto da OAB, originalmente, tenha, também, previsto, o crime de desacato, com relação a este, o STF, ao julgar a ADI 1.127, reconheceu a inconstitucionalidade do dispositivo no concernente ao desacato. Assim, advogado responde por desacato! E por calúnia, também!

7. A inviolabilidade do escritório de advocacia não é absoluta. Será possível que, por meio de busca e apreensão, o local de trabalho do advogado seja "violado", mas desde que atendidos os requisitos legais, dentre eles, a existência de indícios de autoria e materialidade da prática de crime por parte do advogado (e não de clientes dele!). Nesse caso, o mandado de busca e apreensão deverá ser específico e pormenorizado (ou seja, não poderá ser genérico), a ser cumprido na presença de representante da OAB (sob pena de nulidade da medida). Somente poderão ser apreendidos documentos, objetos e mídias pertencentes a clientes do advogado se eles forem coautores ou partícipes.

8. O direito de retirada do advogado de qualquer recinto onde aguarde pregão para a realização de ato judicial está vinculado ao não comparecimento do magistrado que deveria presidi-lo. Nesse caso, ultrapassados trinta minutos, será dado ao advogado retirar-se, mas desde que o faça após protocolizar petição informando o exercício da prerrogativa. O atraso de pauta não permitirá que o advogado vá embora do local.

9. O direito de o advogado assistir a clientes investigados pela prática de infrações, se for cerceado, ensejará a nulidade absoluta do interrogatório, do depoimento e de quaisquer outros elementos investigatórios e probatórios deles derivados, direta ou indiretamente. Passa-se a falar, assim, em nulidade em inquérito policial! Importante destacar que também será lícito ao advogado, no curso das investigações, apresentar razões e quesitos.

Capítulo 7

SOCIEDADE DE ADVOGADOS

1. SOCIEDADE DE ADVOGADOS (ARTS. 15 A 17 DO EAOAB; ARTS. 37 A 43, REGULAMENTO GERAL; PROVIMENTOS 112/2006, 169/2015 E 170/2016 DO CONSELHO FEDERAL DA OAB)

1.1. Das sociedades de advogados e suas espécies [8]

Nos termos do art. 15, *caput*, do EAOAB, com a redação que lhe foi conferida pela Lei 13.247, de 12 de janeiro de 2016, os advogados podem reunir-se em **sociedade simples** de prestação de serviços de advocacia ou constituir **sociedade unipessoal de advocacia**, na forma disciplinada no Estatuto da OAB e no Regulamento Geral.

Até o advento da referida Lei 13.247/2016, somente era possível a constituição de **sociedade pluripessoal**, vale dizer, formada por, pelo menos, **dois advogados**. Doravante, admitir-se-á que **um só advogado** seja **titular** de uma sociedade de advocacia.

Para fins didáticos, podemos afirmar que as sociedades de advogados são de duas **espécies**:

A) sociedade pluripessoal de advogados: sociedade simples formada pela reunião de dois ou mais advogados;

B) sociedade unipessoal de advocacia: sociedade simples formada por um único advogado, que será seu titular.

1.2. Natureza jurídica da sociedade de advogados

Questão bastante relevante é saber qual a **natureza jurídica** de uma sociedade de advogados: **empresária** ou **simples**?

Para tanto, faz-se mister destacarmos alguns dispositivos do Código Civil vigente.

Art. 966. Considera-se empresário quem exerce profissionalmente atividade econômica organizada para a produção ou a circulação de bens ou de serviços.

Parágrafo Único. Não se considera empresário quem exerce profissão intelectual, de natureza científica, literária ou artística, ainda com o concurso de auxiliares ou colaboradores, salvo se o exercício da profissão constituir elemento de empresa.

Art. 967. É obrigatória a inscrição do empresário no Registro Público de Empresas Mercantis da respectiva sede, antes do início de sua atividade.

---

[8] Para visualizar o *SHORT VIDEO* acesse: http://www.editorafoco.com.br/short-videos.

Art. 982. Salvo as exceções expressas, considera-se empresária a sociedade que tem por objeto o exercício de atividade própria de empresário, sujeito a registro (art. 967); e, simples, as demais.

Da leitura dos dispositivos *supra*, questionamo-nos: o advogado, no exercício de suas atividades, pode ser considerado um **empresário**? A resposta é negativa!

De acordo com as palavras de PAULO LÔBO[1], a sociedade de advogados é uma sociedade profissional *sui generis*, que não se confunde com as demais sociedades. Rejeitou-se o modelo empresarial existente em vários países, para que não se desfigurasse a atividade de advocacia, que no Brasil é serviço público e integra a administração da justiça.

Na esteira dos ensinamentos do festejado doutrinador acima citado, o Conselho Federal da OAB, ao editar o **Provimento 169/2015**, confirmou a natureza *sui generis* da sociedade de advogados. Confira-se:

Art. 1º. Os advogados regularmente inscritos na Ordem dos Advogados do Brasil poderão reunir-se para colaboração profissional recíproca, a fim de somar conhecimentos técnicos, em sociedade de prestação de serviços de advocacia, sendo esta uma espécie societária sui generis *no contexto da sociedade civil.*

Como visto no item antecedente, com a nova redação dada ao art. 15, *caput*, do EAOAB, pela Lei 13.247/2016, confirmou-se a natureza de ***sociedade simples*** das sociedades de advogados.

Importante registrar – e essa é uma dúvida corrente, especialmente entre alunos de graduação e candidatos ao Exame de Ordem – qual a **diferença entre uma sociedade de advogados** e um **escritório de advocacia**. E a resposta é relativamente simples: o "escritório" não detém personalidade jurídica, ao passo que a sociedade de advogados, sim.

E, ato contínuo, surge o seguinte questionamento: qual a **vantagem** de um "escritório" de advocacia "transformar-se" em sociedade de advogados? Aqui, vemos como a "maior" vantagem, ou, ao menos, a de efeitos concretos mais claros, a de cunho **tributário**. As sociedades de advogados poderão entabular com os clientes o contrato de honorários, os quais, no momento do pagamento, serão recebidos pela sociedade (pessoa jurídica), o que poderá ser extremamente vantajoso no que diz respeito à tributação (especialmente, o Imposto de Renda).

1.3. Aquisição da personalidade jurídica da sociedade de advogados e da sociedade unipessoal de advocacia

Tanto a sociedade simples de advogados, quanto a sociedade unipessoal de advocacia, exigirão, para suas criações, um **ato constitutivo** (contrato social), que deverá ser levado a **registro** no **Conselho Seccional** da OAB em cuja base territorial tiver **sede** (art. 15, § 1º, EAOAB; art. 37, *caput*, Regulamento Geral).

Ao contrário do que se poderia imaginar, a sociedade de advogados ou a sociedade unipessoal de advocacia, não são registradas em Cartórios de Registro Civil de Pessoas Jurídicas, muito menos nas Juntas Comerciais, que serão proibidas de proceder ao registro de sociedades que incluam, entre outras atividades, qualquer daquelas consideradas privativas de advocacia.

1. LÔBO, Paulo. *Comentários ao Estatuto da Advocacia e da OAB*. 4. ed. São Paulo: Saraiva, 2007.

Também recusará o registro o Conselho Seccional competente que verificar no contrato social da sociedade de advogados (coletiva ou unipessoal) qualquer outra **atividade estranha à advocacia** (ex.: corretagem, contabilidade etc.).

1.4. Constituição de filiais

É possível a abertura de **filiais** de sociedades de advogados ou sociedades unipessoais de advocacia, nos moldes do que prescreve o art. 15, § 5º, do EAOAB.

Assim, o Estatuto permite que as sociedades de advogados, bem como as sociedades unipessoais de advocacia criem filiais, que, no entanto, só podem ser instaladas na **área territorial de outro Conselho Seccional**, de cujos limites não podem ultrapassar[2].

Em outras palavras, não se admitirá a constituição de **mais de uma filial por Conselho Seccional**, bem como no **mesmo Conselho** em que estiver registrada a sede. Considerando, pois, a existência de 27 (vinte e sete) Conselhos Seccionais, temos que em um deles será registrada a sede, restando 26 (vinte e seis), nos quais caberá a implantação de uma única filial. Portanto, numericamente, podem ser constituídas, no máximo, 26 (vinte e seis) filiais de uma mesma sociedade de advogados (pluripessoal ou unipessoal).

Registre-se que o **ato constitutivo da filial** deverá ser levado a **arquivamento** perante o **Conselho Seccional em que se instalar**, sem prejuízo de sua **averbação** perante o Conselho Seccional em que estiver **registrada a sede** (art. 15, § 5º, EAOAB).

Importa destacar que a filial, diversamente da sociedade-sede, não tem personalidade jurídica própria, razão pela qual não pode ter sócios ou denominação distintos daquela[3].

Uma vez constituída a filial, os sócios, inclusive o titular da sociedade individual de advocacia, irão obrigar-se a providenciar **inscrição suplementar** (art. 15, § 5º, parte final, EAOAB; art. 7º, § 1º, Provimento 112/2006, do Conselho Federal da OAB).

1.5. Razão social da sociedade de advogados

A **razão social** (denominação) da sociedade deverá ter obrigatoriamente o nome de **pelo menos um advogado** responsável pela sociedade (art. 16, § 1º, EAOAB). É comum que o nome da sociedade venha acompanhado da expressão "*Sociedade de Advogados*", cumprindo-se, assim, o que determina o art. 2º, § 1º, do Provimento 112/2006, do Conselho Federal da OAB, vedada a referência a "Sociedade Civil" ou "S.C".

Em caso de **falecimento** de sócio que "emprestou" seu nome ou sobrenome à sociedade, poderá permanecer na denominação social desde que **prevista tal possibilidade** no **ato constitutivo** (art. 16, § 1º, parte final, EAOAB).

Nos termos do art. 16, *caput*, EAOAB, é expressamente **proibido** que haja a adoção de **denominação de fantasia** (nome fantasia), visto que tal é característica marcante das sociedades empresariais (Ex.: "*Law* & *Order* Sociedade de Advogados"; "Causa Ganha Sociedade de Advogados" etc.). Como visto, o nome da sociedade deverá ser formado pelo nome de pelo menos um de seus sócios, completo ou abreviado!

---

2. LÔBO, Paulo. *Comentários ao Estatuto da Advocacia e da OAB*. 4. ed. São Paulo: Saraiva, 2007.
3. Idem.

O mesmo se pode dizer no tocante às **sociedades unipessoais**: sua denominação deve ser obrigatoriamente formada pelo **nome** do seu titular, **completo** ou **parcial**, com a expressão '**Sociedade Individual de Advocacia**' (art. 16, § 4º, do EAOAB, incluído pela Lei 13.247/2016).

O já referido Provimento 112/2006 (do CFOAB) autoriza o uso do **"&"** na razão social. Assim, exemplificando, será possível que a razão social da sociedade seja "João & José Sociedade de Advogados".

Por fim, com o advento da Resolução 05/2016, do Conselho Federal da OAB, passou-se a admitir, nos termos da novel redação do art. 38 do Regulamento Geral (RGOAB), que na razão social da sociedade conste o **nome social** de **advogado transexual** ou **travesti**. Insta recordar que se considera **nome social**, *a designação pela qual a pessoa travesti ou transexual se identifica e é socialmente reconhecida* e será inserido na identificação do advogado mediante requerimento (art. 33, parágrafo único, do RGOAB).

1.6. Procuração e sociedade de advogados

Conforme determina o art. 15, § 3º, EAOAB, as procurações devem ser outorgadas ***individualmente*** aos advogados e **indicar a sociedade de que façam parte**. Quanto a esta última exigência, o art. 105, § 3º, do Novo CPC (sem correspondência no CPC/1973), assim dispõe: "Se o outorgado integrar sociedade de advogados, a procuração também deverá conter o nome dessa, seu número de registro na Ordem dos Advogados do Brasil e endereço completo".

Entendemos que a expressão "***individualmente***" deve ser tomada no sentido de ser necessário que no instrumento de mandato, ainda que único, se possa identificar precisamente cada um dos sócios que está sendo constituído pelo cliente. Ou seja, não se faz necessária a outorga de uma procuração para cada sócio constituído.

No caso de **clientes com interesses opostos**, o art. 15, § 6º, EAOAB, corroborado pelo art. 19 do Novo CED, indica ser **vedada a representação judicial** por advogados **sócios da mesma sociedade**. Caso tal regra seja descumprida, haverá infração ética a ser imputada aos advogados, sem prejuízo de eventual configuração do crime previsto no art. 355, CP (patrocínio infiel).

1.7. Sócios integrando mais de uma sociedade de advogados

Nos termos do art. 15, § 4º, EAOAB, com a redação que lhe foi dada pela Lei 13.247/2016, nenhum advogado pode integrar **mais de uma sociedade de advogados**, constituir **mais de uma sociedade unipessoal** de advocacia, ou integrar, **simultaneamente**, uma sociedade de advogados e uma sociedade unipessoal de advocacia, com **sede** ou **filial** na **mesma área territorial** do respectivo Conselho Seccional.

Significa dizer, a contrário senso, que um advogado poderá integrar *mais de uma sociedade* (pluripessoal ou unipessoal) desde que sejam situadas em **Conselhos Seccionais distintos**.

Ex.: "A" pode ser sócio da sociedade "AB Sociedade de Advogados", com sede no estado de São Paulo, bem como da sociedade "AC Sociedade de Advogados", registrada no estado de Santa Catarina.

1.8. Alteração da constituição societária

De acordo com o art. 16, § 2º, EAOAB, o **licenciamento** de sócio para exercer **atividade incompatível em caráter temporário** deve ser **averbado** no registro da sociedade, sem alterar sua constituição.

Assim, caso um dos sócios assuma, por exemplo, um mandato eletivo de Prefeito (Chefe do Poder Executivo municipal – art. 28, I, EAOAB), considerado cargo incompatível com a advocacia, por se tratar de atividade transitória (frise-se: mandato eletivo), tal fato simplesmente deverá ser levado ao conhecimento do Conselho Seccional em que a sociedade for registrada, sem acarretar, porém, a alteração do corpo societário.

Todavia, caso um dos sócios assuma cargo incompatível com a advocacia em **caráter definitivo**, tal gerará o cancelamento de sua inscrição (art. 11, IV, EAOAB), o que, evidentemente, ensejará a alteração do ato constitutivo da sociedade e a consequente retirada do sócio.

Quanto à **sociedade unipessoal**, esta pode resultar da **concentração**, por um advogado, das quotas de uma sociedade de advogados, independentemente das razões que motivaram tal concentração (art. 15, §7º, do EAOAB, incluído pela Lei 13.247/2016). Assim, por exemplo, se em uma sociedade pluripessoal, composta por dois advogados, um deles resolver dela retirar-se, o outro sócio poderá concentrar todas as quotas sociais, dando seguimento às atividades como titular de uma sociedade unipessoal.

1.9. Responsabilidade civil

Nos moldes previstos no art. 17 do EAOAB, com a nova redação que lhe foi conferida pela Lei 13.247/2016, e art. 40, Regulamento Geral, além da sociedade, o sócio e o titular da sociedade individual de advocacia respondem **subsidiária** e **ilimitadamente** pelos **danos causados** aos clientes por **ação** ou **omissão no exercício da advocacia**, sem prejuízo da responsabilidade disciplinar em que possam incorrer.

Assim, se determinado sócio de sociedade pluripessoal, ou titular de sociedade individual, causar danos a um cliente, **primeiramente** será atingido o **patrimônio da sociedade**, que, se insuficiente, ensejará a responsabilização **subsidiária** das pessoas naturais (sócios ou titular da sociedade unipessoal).

1.10. Espécies de sócios e quotas sociais

De acordo com o Provimento 169/2015, editado pelo Conselho Federal da OAB, podemos classificar os sócios em duas espécies:

i) **sócios patrimoniais**; e

ii) **sócios de serviço**.

No art. 2º do sobredito ato normativo, a sociedade de advogados poderá ser constituída por **sócios patrimoniais** ou por **sócios patrimoniais e de serviço**, os quais não poderão pertencer a mais de uma sociedade na mesma base territorial de cada Conselho Seccional.

A integralização das quotas patrimoniais será realizada em moeda corrente e/ou bens (art. 2º, § 1º).

Poderá a sociedade de advogados estabelecer quotas de serviço (art. 2º, §2º), sendo vedado ao sócio de capital possuir quotas de serviços concomitantemente (art. 2º, § 3º).

A distinção entre sócios patrimoniais e de serviço, embora todos tenham os mesmos direitos e obrigações, consoante dispõe o art. 3º do Provimento em comento, se dá nas seguintes medidas: os sócios patrimoniais são os únicos que podem fazer contribuição pecuniária para a constituição do capital social da sociedade, tendo, como contrapartida, em caso de desligamento da sociedade, o direito a receber os respectivos haveres. Também, aos sócios patrimoniais, poderão ser estabelecidas outras "prerrogativas" expressas no contrato social e/ou instrumento próprio (art. 3º, *caput*).

Importa ressaltar que a todos os sócios (patrimoniais ou de serviço) será assegurado o direito de voto nas questões que envolverem a sociedade de advogados (art. 3º, parágrafo único).

Ainda, os sócios patrimoniais e de serviço farão jus à participação nos lucros da sociedade, na forma prevista nos respectivos contratos sociais ou em instrumentos específicos que a disciplinem (art. 4º).

Finalmente, sem prejuízo do disposto no art. 17 do EAOAB e art. 40 do Regulamento Geral, os sócios patrimoniais e de serviço responderão pelos danos causados à sociedade e aos seus sócios.

1.11. Algumas vedações às sociedades de advogados

De acordo com o art. 16, *caput*, EAOAB, não podem ser admitidas a registro, nem podem funcionar, todas as espécies de sociedades de advogados que:

a) apresentem forma ou características de sociedade empresária;

b) que adotem denominação de fantasia;

c) que realizem atividades estranhas à advocacia;

d) que incluam como ou titular de sociedade unipessoal de advocacia pessoa não inscrita como advogado ou totalmente proibida de advogar.

2. ADVOGADOS ASSOCIADOS

De acordo com o disposto no art. 39 do Regulamento Geral, a sociedade de advogados pode **associar-se** com advogados, **sem vínculo de emprego**, para participação nos resultados. Para tanto, será de rigor que os **contratos de associação** havidos entre a sociedade e os advogados associados sejam **averbados** no registro da sociedade.

Assim, permite-se que a sociedade estabeleça uma relação profissional com advogados nas várias especialidades da atividade da advocacia, sem que haja a necessidade de incluí-los como sócios (RAMOS, 2009).

Simplesmente, o advogado associado atua em causas de patrocínio comum, trabalhando em parceria e auferindo o percentual ajustado nos resultados ou honorários percebidos, podendo, ainda, utilizar as instalações da sociedade[4].

Com o advento do **Provimento 169/2015**, do Conselho Federal da OAB, a figura do "advogado associado" foi melhor posicionada no contexto da sociedade de advogados, definindo-se com maiores detalhes suas atribuições, direitos e obrigações.

Com efeito, conforme dispõe o art. 5º do referido Provimento, o **advogado associado**, na forma do art. 39 do Regulamento Geral do Estatuto da Advocacia e da OAB, poderá par-

4. LÔBO, Paulo. *Comentários ao Estatuto da Advocacia e da OAB*. 4. ed. São Paulo: Saraiva, 2007.

ticipar de uma ou mais sociedades de advogados, mantendo sua **autonomia profissional**, sem subordinação ou controle de jornada e sem qualquer outro vínculo, inclusive empregatício, firmando para tanto contrato de associação que deverá ser averbado no Registro de Sociedades de Advogados perante o respectivo Conselho Seccional. Caso haja associação do advogado a mais de uma sociedade de advogados, tal situação deverá ser comunicada prévia e formalmente às sociedades contratantes (art. 5º, § 1º).

Caso surja **conflito de interesses** entre o advogado associado e as sociedades de advogados com as quais mantenha vínculo associativo, o associado deverá observar o que o Código de Ética dispõe acerca do conflito de interesses (art. 5º, § 2º), ou seja, não poderá representar clientes com interesses opostos (art. 19 do CED).

Os critérios para a **partilha dos resultados** da atividade advocatícia objeto do contrato de associação serão nele expressamente definidos, abrindo-se ao advogado associado e à sociedade contratante a **livre estipulação** da forma como a avença se dará (art. 6º). Em outras palavras, a relação estabelecida entre associado e sociedade será definida com base na liberdade contratual, desde que, é claro, não haja afronta a direitos e obrigações de ambos.

Importante assinalar que o **advogado associado**, mesmo não sendo sócio da sociedade de advogados e não participando dos lucros nem dos prejuízos da sociedade, **participará dos honorários contratados** por esta com os clientes, e/ou resultantes de sucumbência, referentes às causas e interesses que lhe forem confiados, conjunta ou isoladamente, **na forma prevista no contrato de associação** (art. 7º, *caput*). Caberá ao referido contrato estabelecer livremente a forma de pagamento, que poderá basear-se em critério de proporcionalidade ou consistir em adiantamentos parciais, ou, ainda, honorários fixados por estimativa, para acerto final, ou por outra forma que as partes ajustarem (art. 7º, parágrafo único).

Quanto ao **âmbito de atuação** do advogado associado, esta não estará restrita a clientes da sociedade com a qual mantenha vínculo associativo, podendo ele ter sua **própria clientela**, desde que não haja conflito de interesses com clientes das sociedades de advogados com as quais mantenha vínculo associativo (art. 8º).

Se no contrato de associação forem identificados, em seu conjunto, **elementos caracterizadores de relação de emprego**, não será admitida sua averbação perante o órgão competente da OAB (art. 9º).

Sobrevindo **conflitos de interesses** entre os **advogados associados** e a **sociedade de advogados**, poderá a solução da controvérsia dar-se por mediação, conciliação ou arbitragem, desde que haja cláusula contratual específica nesse sentido, podendo-se indicar órgão competente do Conselho Seccional da OAB para desempenhar papel de conciliador, mediador ou árbitro (art. 11).

3. DESTAQUE PARA OUTROS TEMAS AFETOS À SOCIEDADE DE ADVOGADOS

As Sociedades de Advogados são constituídas e reguladas segundo os arts. 15 a 17 do Estatuto da Advocacia e a Ordem dos Advogados do Brasil (OAB) – EAOAB, os arts. 37 a 43 do seu Regulamento Geral e as disposições dos Provimentos 112/2006 e 169/2015, editados pelo Conselho Federal da OAB.

Dada a importância do tema, vejamos alguns aspectos relevantes a serem analisados e repisados, previstos no precitado Provimento 112:

a) Contrato Social da sociedade:

I – a razão social, constituída pelo nome completo ou sobrenome dos sócios, ou pelo menos de um deles, responsáveis pela administração, assim como a previsão de sua alteração ou manutenção, por falecimento de sócio que lhe tenha dado o nome, observado, ainda, o disposto no parágrafo único deste artigo;

II – o objeto social, que consistirá exclusivamente no exercício da advocacia, podendo especificar o ramo do direito a que a sociedade se dedicará;

III – o prazo de duração;

IV – o endereço em que irá atuar;

V – o valor do capital social, sua subscrição por todos os sócios, com a especificação da participação de cada qual, e a forma de sua integralização;

VI – o critério de distribuição dos resultados e dos prejuízos verificados nos períodos que indicar;

VII – a forma de cálculo e o modo de pagamento dos haveres e de eventuais honorários pendentes, devidos ao sócio falecido, assim como ao que se retirar da sociedade ou que dela for excluído;

VIII – a possibilidade ou não de o sócio exercer a advocacia autonomamente e de auferir ou não os respectivos honorários como receita pessoal;

IX – o Contrato Social pode determinar a apresentação de balanços mensais, com a efetiva distribuição dos resultados aos sócios a cada mês;

X – as alterações do Contrato Social podem ser decididas por maioria do capital social, salvo se o Contrato Social determinar a necessidade de quórum especial para deliberação;

XI – o Contrato Social pode prever a cessão total ou parcial de quotas, desde que se opere por intermédio de alteração aprovada pela maioria do capital social.

b) Nome da sociedade:

I – é permitido o uso do símbolo "&" como conjuntivo dos nomes de sócios que constarem da denominação social;

II – da razão social não poderá constar sigla ou expressão de fantasia ou das características mercantis, devendo vir acompanhada de expressão que indique tratar-se de Sociedade de Advogados, vedada a referência a "Sociedade Civil" ou "S.C.";

c) Algumas vedações:

I – não são admitidas a registro, nem podem funcionar, Sociedades de Advogados que revistam a forma de sociedade empresária ou cooperativa, ou qualquer outra modalidade de cunho mercantil;

II – não se admitirá o registro e arquivamento de Contrato Social, e de suas alterações, com cláusulas que suprimam o direito de voto de qualquer dos sócios, podendo, entretanto, estabelecer quotas de serviço ou quotas com direitos diferenciados, vedado o fracionamento de quotas;

d) Dos sócios, da responsabilidade dos sócios e sócios-cônjuges:

I – é imprescindível a adoção de cláusula com a previsão expressa de que, além da sociedade, o sócio responde subsidiária e ilimitadamente pelos danos causados aos clientes, por ação ou omissão, no exercício da advocacia, assim como a previsão de que, se os bens da sociedade não cobrirem as dívidas, responderão os sócios pelo saldo, na proporção em que participem das perdas sociais, salvo cláusula de responsabilidade solidária;

II – é permitida a constituição de Sociedades de Advogados entre cônjuges, qualquer que seja o regime de bens, desde que ambos sejam advogados regularmente inscritos no Conselho Seccional da OAB em que se deva promover o registro e arquivamento;

III – somente os sócios respondem pela direção social, não podendo a responsabilidade profissional ser confiada a pessoas estranhas ao corpo social;

IV – o sócio administrador pode ser substituído no exercício de suas funções e os poderes a ele atribuídos podem ser revogados a qualquer tempo, conforme dispuser o Contrato Social, desde que assim decidido pela maioria do capital social;

V – o sócio, ou sócios administradores, podem delegar funções próprias da administração operacional a profissionais contratados para esse fim;

VI – a exclusão de sócio pode ser deliberada pela maioria do capital social, mediante alteração contratual, desde que observados os termos e condições expressamente previstos no Contrato Social;

VII – o pedido de registro e arquivamento de alteração contratual, envolvendo a exclusão de sócio, deve estar instruído com a prova de comunicação feita pessoalmente ao interessado, ou, na sua impossibilidade, por declaração certificada por oficial de registro de títulos e documentos.

e) Dissolução da sociedade caso haja redução à unipessoalidade

Nos casos em que houvesse redução do número de sócios à unipessoalidade, a pluralidade de sócios deveria ser reconstituída em até 180 (cento e oitenta) dias, sob pena de dissolução da sociedade. Contudo, à luz das alterações promovidas no Estatuto da OAB pela Lei 13.247, de 12 de janeiro de 2016, entendemos que a redução de sócios de uma sociedade (pluripessoal) de advogados não implicará a sua extinção, podendo ser "transformada" em sociedade unipessoal de advocacia, concentrando seu titular todas as quotas sociais, nos termos previstos no art. 15, § 7º, do EAOAB.

4. QUADRO-RESUMO

Espécies de sociedades de advogados	– Sociedade pluripessoal (sociedade simples) – formada por, no mínimo, dois advogados – Sociedade unipessoal (sociedade simples) – formada por um único advogado
Natureza jurídica	– Sociedade simples
Aquisição da personalidade jurídica	– Registro do ato constitutivo perante o Conselho Seccional em que instalada a sede da sociedade
Constituição de filiais	– Somente será admissível em Conselhos Seccionais diversos; – Necessidade de arquivamento do ato constitutivo no Conselho Seccional em que se instalar a filial e sua averbação no registro da sede da sociedade; – Constituída a filial, os sócios ou o titular da sociedade individual obrigam-se à inscrição suplementar
Procuração	– A procuração deverá ser outorgada pelo cliente em caráter individual, ou seja, aos sócios ou ao titular da sociedade individual (pessoas naturais), e não à sociedade em si (pessoa jurídica); – No "corpo" da procuração deverá constar a que sociedade pertence o advogado que tenha sido constituído pelo cliente.

Sócios ou titular de sociedade individual integrando mais de uma sociedade	– É possível, desde que em Conselhos Seccionais diversos (ou seja, nenhum advogado poderá integrar mais de uma sociedade, ou ser titular de mais de uma sociedade individual, ou ser, simultaneamente, titular de uma sociedade individual e sócio de sociedade simples, com sede ou filial no mesmo Conselho Seccional).
Responsabilidade civil	– Por ação ou omissão praticadas no exercício da advocacia, os sócios ou o titular da sociedade individual responderão subsidiariamente, ou seja, a responsabilidade principal é da sociedade (pessoa jurídica), alcançando o patrimônio dos advogados (pessoas naturais) apenas subsidiariamente (caso esgotado o patrimônio da sociedade); – Embora os sócios e o titular da sociedade individual de advocacia respondam somente em caráter subsidiário, caso tal ocorra, a responsabilidade será ilimitada (pouco importará o percentual de participação do sócio na sociedade).
Advogados associados	– As sociedades de advogados podem manter contrato de associação com advogados, sem vínculo empregatício; – O advogado associado não é sócio, nem empregado da sociedade à qual tenha se associado. Participará apenas dos resultados dos serviços em que atuar em comum ou em nome da sociedade; – O contrato de associação deverá ser averbado no registro da sociedade.

Legislação correlata

1. ARTIGOS PERTINENTES DO ESTATUTO DA OAB

→ *v.* Art. 19 do Novo Código de Ética e Disciplina da OAB.

→ *v.* Arts. 37 a 43 do Regulamento Geral da OAB.

→ *v.* Lei 13.247/2016 – Altera a Lei 8.906/1994 (Estatuto da Advocacia).

Art. 14. É obrigatória a indicação do nome e do número de inscrição em todos os documentos assinados pelo advogado, no exercício de sua atividade.

Parágrafo único. É vedado anunciar ou divulgar qualquer atividade relacionada com o exercício da advocacia ou o uso da expressão escritório de advocacia, sem indicação expressa do nome e do número de inscrição dos advogados que o integrem ou o número de registro da sociedade de advogados na OAB.

Art. 15. Os advogados podem reunir-se em sociedade simples de prestação de serviços de advocacia ou constituir sociedade unipessoal de advocacia, na forma disciplinada nesta Lei e no regulamento geral.

→ *Caput* com redação alterada pela Lei 13.247/2016.

§ 1º A sociedade de advogados e a sociedade unipessoal de advocacia adquirem personalidade jurídica com o registro aprovado dos seus atos constitutivos no Conselho Seccional da OAB em cuja base territorial tiver sede.

→ § 1º com redação alterada pela Lei 13.247/2016.

§ 2º Aplica-se à sociedade de advogados e à sociedade unipessoal de advocacia o Código de Ética e Disciplina, no que couber.

→ § 2º com redação alterada pela Lei 13.247/2016.

§ 3º As procurações devem ser outorgadas individualmente aos advogados e indicar a sociedade de que façam parte.

§ 4º Nenhum advogado pode integrar mais de uma sociedade de advogados, constituir mais de uma sociedade unipessoal de advocacia, ou integrar, simultaneamente, uma sociedade de advogados e uma sociedade unipessoal de advocacia, com sede ou filial na mesma área territorial do respectivo Conselho Seccional.

→ § 4º com redação alterada pela Lei 13.247/2016.

§ 5º O ato de constituição de filial deve ser averbado no registro da sociedade e arquivado no Conselho Seccional onde se instalar, ficando os sócios, inclusive o titular da sociedade unipessoal de advocacia, obrigados à inscrição suplementar.

→ § 5º com redação alterada pela Lei 13.247/2016.

§ 6º Os advogados sócios de uma mesma sociedade profissional não podem representar em juízo clientes de interesses opostos.

§ 7º A sociedade unipessoal de advocacia pode resultar da concentração por um advogado das quotas de uma sociedade de advogados, independentemente das razões que motivaram tal concentração.

→ § 7º acrescentado pela Lei 13.247/2016.

Art. 16. Não são admitidas a registro nem podem funcionar todas as espécies de sociedades de advogados que apresentem forma ou características de sociedade empresária, que adotem denominação de fantasia, que realizem atividades estranhas à advocacia, que incluam como sócio ou titular de sociedade unipessoal de advocacia pessoa não inscrita como advogado ou totalmente proibida de advogar.

→ *Caput* com redação alterada pela Lei 13.247/2016.

§ 1º A razão social deve ter, obrigatoriamente, o nome de, pelo menos, um advogado responsável pela sociedade, podendo permanecer o de sócio falecido, desde que prevista tal possibilidade no ato constitutivo.

§ 2º O licenciamento do sócio para exercer atividade incompatível com a advocacia em caráter temporário deve ser averbado no registro da sociedade, não alterando sua constituição.

§ 3º É proibido o registro, nos cartórios de registro civil de pessoas jurídicas e nas juntas comerciais, de sociedade que inclua, entre outras finalidades, a atividade de advocacia.

§ 4º A denominação da sociedade unipessoal de advocacia deve ser obrigatoriamente formada pelo nome do seu titular, completo ou parcial, com a expressão 'Sociedade Individual de Advocacia'.

→ § 4º acrescentado pela Lei 13.247/2016.

Art. 17. Além da sociedade, o sócio e o titular da sociedade individual de advocacia respondem subsidiária e ilimitadamente pelos danos causados aos clientes por ação ou omissão no exercício da advocacia, sem prejuízo da responsabilidade disciplinar em que possam incorrer.

→ Artigo com redação alterada pela Lei 13.247/2016.

2. ARTIGO PERTINENTE DO CÓDIGO DE ÉTICA E DISCIPLINA

Art. 19. Os advogados integrantes da mesma sociedade profissional, ou reunidos em caráter permanente para cooperação recíproca, não podem representar, em juízo ou fora dele, clientes com interesses opostos.

3. ARTIGOS PERTINENTES DO REGULAMENTO GERAL

Art. 24. Aos Conselhos Seccionais da OAB incumbe alimentar, automaticamente, por via eletrônica, o Cadastro Nacional dos Advogados – CNA, mantendo as informações correspondentes constantemente atualizadas.

→ Artigo com redação alterada pela Resolução CFOAB 5, de 05.07.2016.

→ *v.* Resolução do CFOAB 1/2003 – Cria o Cadastro de Sanções Disciplinares da Ordem dos Advogados do Brasil.

→ *v.* Art. 137-D do Regulamento Geral da OAB.

→ *v.* Provimento do CFOAB 95/2000 – Cadastro Nacional dos Advogados.

→ *v.* Provimento do CFOAB 99/2002 – Cadastro Nacional de Consultores e de Sociedades de Consultores em Direito Estrangeiro.

§ 1º O CNA deve conter o nome completo de cada advogado, o nome social, o número da inscrição, o Conselho Seccional e a Subseção a que está vinculado, o número de inscrição no CPF, a filiação, o sexo, a data de inscrição na OAB e sua modalidade, a existência de penalidades eventualmente aplicadas, estas em campo reservado, a fotografia, o endereço completo e o número de telefone profissional, o endereço do correio eletrônico e o nome da sociedade de advogados de que eventualmente faça parte, ou esteja associado, e, opcionalmente, o nome profissional, a existência de deficiência de que seja portador, opção para doação de órgãos, Registro Geral, data e órgão emissor, número do título de eleitor, zona, seção, UF eleitoral, certificado militar e passaporte.

→ Redação alterada pela Res. CFOAB 5, de 05.07.2016.

§ 2º No cadastro são incluídas, igualmente, informações sobre o cancelamento das inscrições.

§ 3º *(Revogado pela Resolução do* Conselho Pleno do CFOAB *1/2012).*

Art. 24-A. Aos Conselhos Seccionais da OAB incumbe alimentar, automaticamente e em tempo real, por via eletrônica, o Cadastro Nacional das Sociedades de Advogados – CNSA, mantendo as informações correspondentes constantemente atualizadas.

→ Artigo acrescentado pela Resolução do Conselho Pleno do CFOAB 1/2012.

§ 1º O CNSA deve conter a razão social, o número de registro perante a seccional, a data do pedido de registro e a do efetivo registro, o prazo de duração, o endereço completo, inclusive telefone e correio eletrônico, nome, nome social e qualificação de todos os sócios e as modificações ocorridas em seu quadro social.

→ Redação alterada pela Res. CFOAB 5, de 05.07.2016.

§ 2º Mantendo a sociedade filiais, os dados destas, bem como os números de inscrição suplementar de seus sócios (Provimento 112/2006, art. 7º, § 1º), após averbados no Conselho Seccional no qual se localiza o escritório sede, serão averbados no CNSA.

§ 3º São igualmente averbados no CNSA os ajustes de associação ou de colaboração.

§ 4º São proibidas razões sociais iguais ou semelhantes, prevalecendo a razão social da sociedade com inscrição mais antiga.

§ 5º Constatando-se semelhança ou identidade de razões sociais, o Conselho Federal da OAB solicitará, de ofício, a alteração da razão social mais recente, caso a sociedade com registro mais recente não requeira a alteração da sua razão social, acrescentando ou excluindo dados que a distinga da sociedade precedentemente registrada.

§ 6º Verificado conflito de interesses envolvendo sociedades em razão de identidade ou semelhança de razões sociais, em Estados diversos, a questão será apreciada pelo Conselho Federal da OAB, garantindo-se o devido processo legal.

Art. 24-B. Aplicam-se ao Cadastro Nacional das Sociedades de Advogados – CNSA as normas estabelecidas no Provimento 95/2000 para os advogados, assim como as restrições quanto à divulgação das informações nele inseridas.

→ Artigo acrescentado pela Resolução do Conselho Pleno do CFOAB 1/2012.

→ *v.*Arts. 15 e ss. da Lei 8.906/1994.

→ *v.* Art.19 do Novo Código de Ética e Disciplina da OAB.

→ *v.* Provimento CFOAB 69/1989 – Prática de atos privativos por sociedades não registradas na Ordem.

→ *v.* Provimento CFOAB 91/2000 – Exercício da atividade de consultores e sociedades de consultores em direito estrangeiro no Brasil.

→ *v.* Provimento CFOAB 94/2000 – Publicidade, a propaganda e a informação da advocacia.

→ *v.* Provimento CFOAB 112/2006 – Sociedades de Advogados.

→ *v.* Resolução do Conselho Pleno do CFOAB 1/2012 – Altera o art. 24 e acrescenta os arts. 24-A e 24-B do Regulamento Geral do Estatuto da Advocacia e da OAB – Lei 8.906, de 1994 e revoga o Provimento 98/2002, que "Dispõe sobre o Cadastro Nacional das Sociedades de Advogados".

Art. 37. Os advogados podem constituir sociedade simples, unipessoal ou pluripessoal, de prestação de serviços de advocacia, a qual deve ser regularmente registrada no Conselho Seccional da OAB em cuja base territorial tiver sede.

→ *Caput* com redação alterada pela Resolução CFOAB 2/2016.

§ 1º As atividades profissionais privativas dos advogados são exercidas individualmente, ainda que revertam à sociedade os honorários respectivos.

→ Anterior parágrafo único renumerado para § 1º pela Resolução CFOAB 2/2016.

§ 2º As sociedades unipessoais e as pluripessoais de advocacia são reguladas em Provimento do Conselho Federal.

→ § 2º acrescentado pela Resolução CFOAB 2/2016.

→ *v.* Arts. 22 a 26 da Lei 8.906/1994.

→ *v.* Arts. 48 a 54 do Novo Código de Ética e Disciplina da OAB.

Art. 38. O nome completo ou abreviado, ou o nome social de, no mínimo, um advogado responsável pela sociedade consta obrigatoriamente da razão social, podendo permanecer o nome ou o nome social de sócio falecido se, no ato constitutivo ou na alteração contratual em vigor, essa possibilidade tiver sido prevista.

→ Redação dada pela Res. CFOAB 5, de 05.07.2016.

Art. 39. A sociedade de advogados pode associar-se com advogados, sem vínculo de emprego, para participação nos resultados.

Parágrafo único. Os contratos referidos neste artigo são averbados no registro da sociedade de advogados.

Art. 40. Os advogados sócios e os associados respondem subsidiária e ilimitadamente pelos danos causados diretamente ao cliente, nas hipóteses de dolo ou culpa e por ação ou omissão, no exercício dos atos privativos da advocacia, sem prejuízo da responsabilidade disciplinar em que possam incorrer.

Art. 41. As sociedades de advogados podem adotar qualquer forma de administração social, permitida a existência de sócios gerentes, com indicação dos poderes atribuídos.

Art. 42. Podem ser praticados pela sociedade de advogados, com uso da razão social, os atos indispensáveis às suas finalidades, que não sejam privativos de advogado.

Art. 43. O registro da sociedade de advogados observa os requisitos e procedimentos previstos em Provimento do Conselho Federal.

→ Artigo com redação alterada pelo Conselho Pleno do CFOAB (*D.J.* 24.11.1997).

Questões comentadas

(EXAME DE ORDEM UNIFICADO 2010.2 – FGV) Michel, Philippe e Lígia, bacharéis em Direito recém-formados e colegas de bancos universitários, comprometem-se a empreender a atividade advocatícia de forma conjunta logo após a aprovação no Exame de Ordem. Para gáudio dos bacharéis, todos são aprovados no certame e obtém sua inscrição no Quadro de Advogados da OAB. Assim, alugam sala compatível em local próximo ao prédio do Fórum do município onde pretendem exercer sua nobre função. De início, as causas são individuais, por indicação de amigos e parentes. Logo, no entanto, diante do sucesso profissional alcançado, são contactados por sociedades empresárias ansiosas pela prestação de serviços profissionais advocatícios de qualidade. Uma exigência, no entanto, é realizada: a prestação deve ocorrer por meio de sociedade de advogados. No concernente ao tema, à luz das normas aplicáveis

(A) a sociedade de advogados é de natureza empresarial.

(B) os advogados sócios da sociedade de advogados respondem limitadamente por danos causados aos clientes.

(C) o registro da sociedade de advogados é realizado no Conselho Seccional da OAB onde a mesma mantiver sede.

(D) não é possível associação com advogados, sem vínculo de emprego, para participação nos resultados.

COMENTÁRIO

A alternativa "C" está correta, pois "a sociedade de advogados e a sociedade unipessoal de advocacia adquirem personalidade jurídica com o registro aprovado dos seus atos constitutivos no Conselho Seccional da OAB em cuja base territorial tiver sede" (art. 15, § 1°, da Lei 8.906/1994, com a redação que lhe foi conferida pela Lei 13.247/2016).

A alternativa "A" está incorreta, pois o art. 15, *caput*, da Lei 8.906/1994, com a nova redação que lhe foi dada pela precitada Lei 13.247/2016, estabelece que os advogados podem reunir-se em sociedade simples de prestação de serviços de advocacia ou constituir sociedade unipessoal de advocacia. Portanto, a sociedade de advogados não tem natureza empresarial, mas, como dito, trata-se de uma sociedade simples.

A alternativa "B" está incorreta, pois, além da sociedade, o sócio e o titular de sociedade individual de advocacia respondem subsidiária e *ilimitadamente* pelos danos causados aos clientes (art. 17 da Lei 8.906/1994, com a redação que lhe foi dada pela Lei 13.247/2016).

A alternativa "D" está incorreta, pois "a sociedade de advogados pode associar-se com advogados, sem vínculo de emprego, para participação nos resultados" (art. 39 do Regulamento da OAB).

(IV EXAME DE ORDEM UNIFICADO – FGV) Os advogados Pedro e João desejam estabelecer sociedade de advogados com o fito de regularizar o controle dos seus fluxos de honorários e otimizar despesas. Estabelecem contrato e requerem o seu registro no órgão competente. À luz da legislação aplicável aos advogados, é correto afirmar que

(A) o Código de Ética não se aplica individualmente aos profissionais que compõem sociedade de advogados.

(B) é possível a participação de advogados em sociedades sediadas em áreas territoriais de seccionais diversas.

(C) a procuração é sempre coletiva quando atuante sociedade de advogados.

(D) podem existir sociedades mistas de advogados e contadores.

COMENTÁRIO

A alternativa "B" está correta. De fato, admite-se que um advogado, sócio de uma sociedade, integre outras sociedades de advogados, desde que sediadas em outras bases territoriais (leia-se: outros Estados – Conselhos Seccionais), consoante art. 15, § 4°, do EAOAB.

A alternativa "A" está incorreta. A sociedade de advogados, obviamente, é composta por advogados regularmente inscritos na OAB, os quais, à evidência, submetem-se às regras deontológicas (regras éticas), inclusive, e principalmente, aquelas previstas no Código de Ética e Disciplina. Ressalte-se que a própria sociedade de advogados, bem como a sociedade unipessoal de advocacia, submetem-se ao Código de Ética, consoante determina o art. 15, § 2°, do Estatuto da OAB (EAOAB – Lei 8.906/1994).

A alternativa "C" está incorreta, pois a procuração deve ser outorgada individualmente aos advogados, e não de forma coletiva (art. 15, § 3°, do EAOAB).

A alternativa "D" está incorreta. É absolutamente vedado que uma sociedade de advogados (coletiva ou unipessoal) apresente como objeto qualquer atividade diversa das privativas de advocacia (art. 16, *caput*, do EAOAB).

(VI EXAME DE ORDEM UNIFICADO – FGV) No concernente à Sociedade de Advogados, é correto afirmar, à luz do Estatuto e do Código de Ética e Disciplina da OAB, que

(A) pode se organizar de forma mercantil, com registro na Junta Comercial.

(B) está vinculada às regras de ética e disciplina dos advogados.

(C) seus sócios estão imunes ao controle disciplinar da OAB.

(D) seus componentes podem, isoladamente, representar clientes com interesses conflitantes.

COMENTÁRIO

A alternativa "B" está correta, conforme disposto no art. 15, § 2º, do EAOAB;

A alternativa "A" está incorreta (art. 16, *caput*, e § 3º, do EAOAB). Importa anotar que a sociedade de advogados tem natureza de sociedade simples (quando dois ou mais advogados se reunirem), ou de sociedade unipessoal de advocacia (art. 15, *caput*, do EAOAB).

A alternativa "C" está incorreta (art. 40 do Regulamento Geral), pois os sócios da sociedade de advogados submetem-se, por evidente, ao controle disciplinar da OAB.

A alternativa "D" está incorreta (art. 19 do CED e art. 15, § 6º, do EAOAB), pois é vedado que sócios da mesma sociedade de advogados patrocinem clientes com interesses conflitantes. Afinal, além de antiético, tal proceder poderia violar o necessário sigilo profissional que rege a relação cliente-advogado.

(VII EXAME DE ORDEM UNIFICADO- FGV) Lara é sócia de determinada sociedade de advogados com sede no Rio de Janeiro e filial em São Paulo. Foi convidada a integrar, cumulativamente e também como sócia, os quadros de outra sociedade de advogados, esta com sede em São Paulo e sem filiais. Aceitou o convite e rapidamente providenciou sua inscrição suplementar na OAB/SP, tendo em vista que passaria a exercer habitualmente a profissão nesse estado.

(A) Lara agiu corretamente, pois, considerando-se que passaria a atuar em mais do que cinco causas por ano em São Paulo, era necessário que promovesse sua inscrição suplementar nesse estado.

(B) Lara não agiu corretamente, pois é vedado ao advogado integrar mais de uma sociedade de advogados com sede ou filial na mesma área territorial do respectivo Conselho Seccional.

(C) Lara não agiu corretamente, pois é vedado ao advogado integrar mais de uma sociedade de advogados dentro do território nacional.

(D) Lara agiu corretamente e sequer era necessário que promovesse sua inscrição suplementar, pois passaria a exercer a profissão em São Paulo na qualidade de sócia e não de advogada empregada da sociedade em questão.

COMENTÁRIO

De acordo com o art. 15, § 4º, do EAOAB, nenhum advogado poderá integrar mais de uma sociedade de advogados, constituir mais de uma sociedade unipessoal de advocacia, ou integrar, simultaneamente, uma sociedade de advogados e uma sociedade unipessoal de advocacia, com sede ou filial na mesma base territorial (leia-se: mesmo Conselho Seccional). Logo, agiu incorretamente a advogada Lara, visto que, sendo sócia de sociedade com sede no Rio de Janeiro e filial em São Paulo, não poderia ter aceitado o convite para integrar outra sociedade de advogados com sede em São Paulo. Frise-se: advogado não poderá integrar mais de uma sociedade por Conselho Seccional, seja sede, seja filial! Logo, correta a alternativa "B".

Quanto às demais alternativas (A, C e D), deve o leitor recordar-se que o "fato gerador" da inscrição suplementar é a habitualidade da advocacia em outros Conselhos Seccionais que não o de inscrição principal do advogado. Referida habitualidade somente se caracteriza com o acompanhamento/patrocínio e mais de 5 (cinco) causas por ano, assim entendidas as intervenções judiciais (art. 10, § 2º, do EAOAB e art. 26 do Regulamento Geral). No entanto, especificamente no tocante às sociedades de advogados, em caso de constituição de filial, os sócios, inclusive o titular de sociedade unipessoal de advocacia, obrigam-se à inscrição suplementar "automaticamente", ou seja, independentemente do número de causas que venham a acompanhar no Conselho Seccional respectivo (art. 15, § 5º, do EAOAB).

(IX EXAME DE ORDEM UNIFICADO - FGV) O advogado João, regularmente contratado para defender os interesses de José em Juízo, realiza a defesa regular em primeiro grau, mas não apresenta recurso de apelação contra sentença que julgou improcedente o pedido, mesmo havendo sólida fundamentação para modificar o decidido. O prejuízo causado ao cliente foi de R$ 10.000,00, parcialmente coberto por seguro realizado pela sociedade de advogados integrada por João.

Consoante as regras estatutárias, os prejuízos causados ao cliente acarretam a responsabilidade pessoal do sócio advogado de forma

(A) limitada à responsabilidade decorrente de contrato de seguro.

(B) ilimitada, mas subsidiária em relação à sociedade.

(C) limitada e principal, sendo a da sociedade subsidiária.

(D) ilimitada e vinculada ao resultado do processo disciplinar instaurado.

COMENTÁRIO

A alternativa "B" está correta, Nos termos do art. 17 do Estatuto da OAB, reforçado pelo art. 40 do Regulamento Geral, pelos danos causados dolosa ou culposamente a terceiros por sócios ou associados, a responsabilidade civil recairá apenas subsidiariamente às pessoas físicas, respondendo, em primeiro lugar, a pessoa jurídica (sociedade de advogados ou sociedade unipessoal de advocacia). Todavia, a despeito de os sócios ou titulares de sociedades unipessoais responderem *subsidiariamente*, caso seus patrimônios pessoais sejam atingidos por insuficiência patrimonial da pessoa jurídica (ou seja, da sociedade de advogados a que pertencerem), tal ocorrerá de forma *ilimitada*. Assim, pouco importará a sua participação no capital social da sociedade.

(XI EXAME DE ORDEM UNIFICADO - FGV) Os advogados Roberto e Alfredo, integrantes da sociedade Roberto & Alfredo Advogados Associados, há muito atuavam em causas trabalhistas em favor da sociedade empresária "X". A certa altura, o advogado Armando ingressou na sociedade de advogados. Armando, no entanto, já representava os interesses de ex-empregado da sociedade empresária "X". Em razão disso, Armando não foi constituído para atuar nas causas do escritório envolvendo a sociedade empresária "X", continuando, assim, a atuar em favor do ex-empregado. Por outro lado, Roberto e Alfredo não foram constituídos para advogar pelo ex-empregado.

A partir do caso apresentado, assinale a afirmativa correta.

(A) Roberto, Alfredo e Armando agiram correta e eticamente, pois dividiram os clientes, de forma que nenhum deles advogasse, ao mesmo tempo, para clientes com interesses opostos.

(B) Roberto, Alfredo e Armando não agiram corretamente, pois, em causas trabalhistas, os advogados de partes com interesses opostos não podem ter qualquer tipo de relação profissional ou pessoal.

(C) Roberto, Alfredo e Armando não agiram correta e eticamente, pois os advogados sócios de uma mesma sociedade profissional não podem representar, em juízo, clientes com interesses opostos.

(D) Roberto, Alfredo e Armando não poderiam ter constituído a sociedade em questão, ainda que Armando deixasse de atuar na causa em favor do ex-empregado.

COMENTÁRIO

A alternativa "C" está correta. Nos exatos termos do art. 15, § 6º, do EAOAB, os *advogados sócios de uma mesma sociedade profissional não podem representar em juízo clientes de interesses opostos.* Ainda, o art. 19 do Código de Ética e Disciplina (CED), em reforço, adverte que *os advogados integrantes da mesma sociedade profissional, ou reunidos em caráter permanente para cooperação recíproca, não podem representar, em juízo ou fora dele, clientes com interesses opostos*;

A alternativa "A" está incorreta, de acordo com o comentário à alternativa "C". O fato de Roberto, Alfredo e Armando integrarem a mesma sociedade de advogados lhes impõe a observância de alguns preceitos éticos, dentre eles, o de jamais atuarem em causas em que seus clientes sejam litigantes uns contra os outros;

A alternativa "B" está incorreta. Não apenas nas causas trabalhistas veda-se que advogados das partes litigantes tenham relação profissional (ex.: escritório em comum ou sociedade). Como veremos a seguir, há restrição geral para que advogados que integrem a mesma sociedade ou escritório patrocinem pretensões de clientes com interesses conflitantes;

A alternativa "D" está incorreta. Se o sócio Armando deixasse de representar um ex-empregado da empresa "X", cliente da sociedade que passou a integrar, não mais existiriam os obstáculos previstos nos já citados arts. 15, § 6º do Estatuto e 19 do CED.

(XII EXAME DE ORDEM UNIFICADO – FGV) O escritório Hércules Advogados Associados foi fundado no início do século XX, tendo destacada atuação em várias áreas do Direito. O sócio-fundador faleceu no limiar do século XXI e os sócios remanescentes manifestaram o desejo de manter o nome do advogado falecido na razão social da sociedade.

A partir da hipótese sugerida, nos termos do Regulamento Geral da Ordem dos Advogados do Brasil, assinale a afirmativa correta.

(A) Falecendo o advogado sócio, determina-se a sua exclusão dos registros da sociedade incluindo a razão social do escritório.

(B) Permite-se a manutenção do sócio-fundador nos registros do escritório, mediante autorização especial do plenário da Seccional.

(C) Havendo previsão no ato constitutivo da sociedade de advogados, pode permanecer o nome do sócio falecido na razão social.

(D) Existindo acordo entre o escritório de advocacia, os clientes e a Seccional da Ordem dos Advogados do Brasil, é permitida a manutenção do nome do sócio falecido.

COMENTÁRIO

A alternativa "C" está correta, nos termos do já citado art. 16, § 1º, do EAOAB. Isto porque a razão social de uma sociedade de advogados, em caso de falecimento do sócio-fundador que lhe emprestava o nome, poderá ser mantida inalterada desde que tal possibilidade esteja expressamente prevista no seu ato constitutivo.

As alternativas "A e D" estão incorretas, visto que em caso de falecimento do advogado sócio, nada obstante, por razões óbvias, não mais possa figurar no corpo societário, poderá ter seu nome mantido na razão social da sociedade, desde que essa possibilidade esteja prevista no ato constitutivo (art. 16, § 1º, do EAOAB).

A alternativa "B" está incorreta, pois inexiste base legal ou em qualquer outro diploma normativo que autorize a permanência de sócio-fundador de sociedade de advogados nos registros do escritório mesmo após seu falecimento. Como pessoa morta poderia continuar a figurar como sócia da sociedade? Assim, absolutamente descabida a assertiva.

(XV EXAME DE ORDEM UNIFICADO – FGV) Os advogados X de Souza, Y dos Santos e Z de Andrade requereram o registro de sociedade de advogados denominada Souza, Santos e Andrade Sociedade de Advogados. Tempos depois, X de Souza vem a falecer, mas os demais sócios decidem manter na sociedade o nome do advogado falecido.

Sobre a hipótese, assinale a afirmativa correta.

(A) É possível manter o nome do sócio falecido, desde que prevista tal possibilidade no ato constitutivo da sociedade.

(B) É possível manter o nome do sócio falecido, independentemente de previsão no ato constitutivo da sociedade.

(C) É absolutamente vedada a manutenção do nome do sócio falecido na razão social da sociedade.

(D) É possível manter, pelo prazo máximo de seis meses, o nome do sócio falecido.

COMENTÁRIO

Nos exatos termos do art. 16, § 1º, do Estatuto da OAB, a razão social da sociedade de advogados deve ter, obrigatoriamente, o nome de, pelo menos, um advogado responsável pela sociedade, podendo permanecer o de sócio falecido, desde que prevista tal possibilidade no ato constitutivo. Correta, pois, a alternativa "A", estando as demais em dissonância com aquilo que preconiza o EAOAB.

(XVIII EXAME DE ORDEM UNIFICADO – FGV) Os advogados Márcio, Bruno e Jorge, inscritos nas Seccionais do Paraná e de Santa Catarina da Ordem dos Advogados resolveram constituir determinada sociedade civil de advogados, para atuação na área tributária. A sede da sociedade estava localizada em Curitiba. Como os três sócios estavam inscritos na Seccional de Santa Catarina, eles requereram o registro da sociedade também nessa Seccional. Márcio, por outro lado, já fazendo parte da sociedade com Bruno e Jorge, requereu, juntamente com seu irmão, igualmente advogado, o registro de outra sociedade de advogados também na Seccional do Paraná, esta com especialização na área tributária. As sociedades não são filiais.

Sobre a hipótese descrita é correto afirmar que a sociedade de advogados de Márcio, Bruno e Jorge

(A) não poderá ser registrada na seccional de Santa Catarina, pois apenas tem sede na Seccional do Paraná. Márcio não poderá requerer inscrição em outra sociedade de advogados no Paraná.

(B) não poderá ser registrada na seccional de Santa Catarina, pois apenas tem sede na Seccional do Paraná. Márcio poderá requerer inscrição em outra sociedade de advogados no Paraná.

(C) poderá ser registrada na seccional de Santa Catarina, pois os três advogados que dela fazem parte estão inscritos na Seccional em questão. Márcio não poderá requerer inscrição em outra sociedade de advogados no Paraná.

(D) poderá ser registrada na seccional de Santa Catarina, pois os três advogados que dela fazem parte estão inscritos na Seccional em questão. Márcio poderá requerer inscrição em outra sociedade de advogados no Paraná.

COMENTÁRIO

A questão em tela foi alvo de severas críticas por professores de diversos cursos preparatórios para o Exame de Ordem, dentre os quais me incluo.

De início, alguns detalhes merecem destaque no enunciado, já contemplando nossas impressões: i) Márcio, Bruno e Jorge são advogados inscritos nas Seccionais do Paraná e de Santa Catarina; ii) os três advogados decidiram constituir sociedade civil (leia-se: sociedade simples, à luz do Código Civil) de advogados, com sede em Curitiba; iii) como todos eram inscritos, também, na Seccional de Santa Catarina, requereram o registro da sociedade de advogados em referido Conselho Seccional (o enunciado não mencionou se se trata de filial da sociedade já constituída no Conselho Seccional do Paraná, ou se se trata de nova sociedade de advogados, embora com o mesmo corpo societário); iv) Márcio, juntamente com seu irmão, também advogado, requereu o registro de outra sociedade de advogados no Paraná; v) afirma-se que as sociedades não são filiais.

Com base na narrativa contida no enunciado, a banca examinadora assinalou como correta a alternativa "A" (*não poderá ser registrada na seccional de Santa Catarina, pois apenas tem sede na Seccional do Paraná. Márcio não poderá requerer inscrição em outra sociedade de advogados no Paraná).*

Contudo, não se pode concordar, *data venia*, com a assertiva indicada, pelos motivos a seguir. Primeiramente, não é verdadeira a afirmação inicial de que os advogados Márcio, Bruno e Jorge não poderiam registrar na seccional de Santa Catarina uma sociedade de advogados. Conforme enuncia o art. 15, §1º, do Estatuto da OAB, a sociedade de advogados e a sociedade unipessoal de advocacia adquirem personalidade jurídica com o registro aprovado dos seus atos constitutivos no Conselho Seccional da OAB em cuja base territorial tiver sede.

No caso relatado, os advogados decidiram registrar sociedade em Curitiba (portanto, seccional do Paraná). Também resolveram constituir sociedade em Santa Catarina (não há menção se se trata de filial, mas tudo leva a crer que sim!). Na parte final da questão, afirma-se que as sociedades não são filiais. Mas quais sociedades: aquelas constituídas por Márcio, Bruno e Jorge ou por Mário e seu irmão?

A redação do enunciado é confusa, o que, por si só, já deveria ensejar a anulação! No mais, entendendo-se que a sociedade que Márcio, Bruno e Jorge constituíram em Santa Catarina era uma filial, nenhum problema haveria. Tal é autorizado pelo art. 15, §4º, do Estatuto da OAB (nenhum advogado pode integrar mais de uma sociedade de advogados, constituir mais de uma sociedade unipessoal de advocacia, ou integrar, simultaneamente, uma sociedade de advogados e uma sociedade unipessoal de advocacia, com sede ou filial na mesma área territorial do respectivo Conselho Seccional). Assim, incorreta a primeira parte da alternativa "A".

Pelo exposto, a alternativa adequada e que deveria ter sido assinalada pela banca examinadora é a "C" (*poderá ser registrada na seccional de Santa Catarina, pois os três advogados que dela fazem parte estão inscritos na Seccional em questão. Márcio não poderá requerer inscrição em outra sociedade de advogados no Paraná).* Frise-se que, em qualquer caso, Márcio, por já integrar sociedade de advogados no Paraná (juntamente com Bruno e Jorge), não poderia integrar outra sociedade na mesma seccional, consoante dispõe o já referido art. 15, §4º, do Estatuto. A questão, por tudo o que se argumentou, deveria ter sido anulada, visto que, além de ter redação confusa, apontou alternativa errada como correta, mormente se considerada que a sociedade que seria constituída em Santa Catarina seria uma filial daquela com sede no Paraná, o que seria perfeitamente admissível.

(XVIII EXAME DE ORDEM UNIFICADO – FGV) Gabriela é sócia de uma sociedade de advogados, tendo, no exercício de suas atividades profissionais, representado judicialmente Júlia. Entretanto, Gabriela, agindo com culpa, deixou de praticar ato imprescindível à defesa de Júlia em processo judicial, acarretando-lhe danos materiais e morais.

Em uma eventual demanda proposta por Júlia, a fim de ver ressarcidos os danos sofridos, deve-se considerar que

(A) Gabriela e a sociedade de advogados não podem ser responsabilizadas civilmente pelos danos, pois, no exercício profissional, o advogado apenas responde pelos atos que pratica mediante dolo, compreendido por meio do binômio consciência e vontade.

(B) a sociedade de advogados não pode ser responsabilizada civilmente pelos atos ou omissões praticados pessoalmente por Gabriela. Assim, apenas a advogada responderá pela sua omissão decorrente de culpa, no âmbito da responsabilidade civil e disciplinar.

(C) Gabriela e a sociedade de advogados responderão civilmente pela omissão decorrente de culpa, sem prejuízo da responsabilidade disciplinar da advogada, cuidando-se de hipótese de responsabilidade civil solidária entre ambas.

(D) Gabriela e a sociedade de advogados podem ser responsabilizadas civilmente pela omissão decorrente de culpa. A responsabilidade civil de Gabriela será subsidiária à da sociedade e ilimitada pelos danos causados, sem prejuízo de sua responsabilidade disciplinar.

COMENTÁRIO

Nos termos do art. 17 do EAOAB, corroborado pelo art. 40 do Regulamento Geral, além da sociedade, o sócio e o titular de sociedade individual de advocacia respondem subsidiária e ilimitadamente pelos danos causados aos clientes por ação ou omissão no exercício da advocacia, sem prejuízo da responsabilidade disciplinar em que possam incorrer.

No enunciado ficou claro que a advogada Gabriela, sócia de uma sociedade de advogados, agindo com culpa no exercício da profissão, deixou de praticar ato imprescindível à defesa de Júlia em um processo judicial, daí advindo danos materiais e morais à cliente.

Correta a alternativa "D", eis que, de fato, tanto a sociedade, quanto os sócios, responderão pelos danos causados aos clientes, sendo certo que a responsabilidade civil dos advogados que integrem a sociedade é subsidiária a esta, embora ilimitada, sem prejuízo de responsabilização disciplinar.

No tocante à alternativa "A", temos que se trata de assertiva incorreta, eis que não somente os atos dolosos praticados pelo advogado, no exercício profissional, ensejam a responsabilização civil dele e da sociedade de advogados a que faça parte. Nos termos do precitado art. 40 do Regulamento Geral, os advogados sócios e os associados respondem subsidiária e ilimitadamente pelos danos causados diretamente ao cliente, nas hipóteses de dolo ou culpa e por ação ou omissão, no exercício dos atos privativos de advocacia, sem prejuízo da responsabilidade disciplinar em que possam incorrer.

Incorreta, também, a alternativa "B", eis que à sociedade de advogados imputar-se-á a responsabilidade civil pelos atos praticados pelos seus sócios. Destaque-se que, nesse caso, a responsabilidade da sociedade será principal, aos sócios existindo apenas responsabilidade subsidiária, embora ilimitada.

A alternativa "C" é igualmente incorreta, pois os sócios não respondem solidariamente com a sociedade, mas, sim, subsidiariamente, conforme se vê expressamente nos arts. 17 do EAOAB e 40 do Regulamento Geral.

(XVIII EXAME DE ORDEM UNIFICADO – FGV) O banco Dólar é réu em diversos processos de natureza consumerista, todos com idênticos fundamentos de Direito, pulverizados pelo território nacional. Considerando a grande quantidade de feitos e sua abrangência territorial, a instituição financeira decidiu contratar a sociedade de advogados X para sua defesa em juízo, pois esta possui filial em diversos estados da Federação. Diante da consulta formulada pelo banco, alguns advogados, sócios integrantes da filial situada no Rio Grande do Sul, realizaram mapeamento dos processos em trâmite em face da pessoa jurídica. Assim, observaram que esta mesma filial já atua em um dos processos em favor do autor da demanda.

Tendo em vista tal situação, assinale a opção correta.

(A) Os advogados deverão recusar, por meio de qualquer sócio do escritório ou filial, a atuação da sociedade de advogados na defesa do banco, pois os advogados sócios de uma mesma sociedade profissional não podem representar em juízo clientes de interesses opostos.

(B) Os advogados deverão identificar quem são os sócios do escritório que atuam na causa, pois estes não poderão realizar a defesa técnica do banco em quaisquer dos processos em trâmite, sendo autorizada, porém, a atuação dos demais sócios da sociedade de advogados, de qualquer filial.

(C) Os advogados deverão recusar a defesa do banco pela filial da sociedade de advogados no Rio Grande do Sul e indicar as outras filiais para atuação nos feitos, pois todos os sócios da filial ficam impedidos de representar em juízo a instituição financeira, em razão de já haver atuação em favor de cliente com interesses opostos.

(D) Os advogados deverão informar ao banco que há atuação de advogados daquela filial em um dos processos em favor do autor da demanda, a fim de que a instituição financeira decida se deseja, efetivamente, que a sua defesa técnica seja realizada pela sociedade de advogados, garantindo, assim, o consentimento informado do cliente.

COMENTÁRIO

Nos exatos termos do art. 19 do CED, os advogados integrantes da mesma sociedade profissional, ou reunidos em caráter permanente para cooperação recíproca, não podem representar, em juízo ou fora dele, clientes com interesses opostos.

No caso apresentado, considerando que o banco Dólar, réu em processo judicial, contratou profissionais de sociedade de advogados, com filiais em todo o Brasil, que identificaram que atuam em favor do autor da ação, será impossível que patrocinem a defesa da instituição financeira. Pouco importa o local em que o processo judicial tramita. Se uma das filiais da sociedade de advogados contratada pelo banco constatou que o autor da ação é seu cliente em um dos processos movidos contra referida instituição, os advogados deverão recusar, por meio de qualquer sócio ou filial, a atuação da sociedade de advogados em prol do banco, conforme preconiza o referido art. 19 do CED.

Pelo exposto, correta a alternativa "A", estando as demais em descompasso com o quanto disposto no Código de Ética.

(OAB/Exame Unificado – 2017.2) Miguel, advogado, sempre exerceu a atividade sozinho. Não obstante, passou a pesquisar sobre a possibilidade de constituir, individualmente, pessoa jurídica para a prestação de seus serviços de advocacia.

Sobre o tema, assinale a afirmativa correta.

(A) Miguel poderá constituir a pessoa jurídica pretendida, mediante registro dos seus atos constitutivos no Conselho Seccional da OAB em cuja base territorial tiver sede, com denominação formada pelo nome do titular, seguida da expressão 'Sociedade Individual de Advocacia'.

(B) Miguel não poderá constituir a pessoa jurídica pretendida, uma vez que o ordenamento jurídico brasileiro não admite a figura da sociedade unipessoal, ressalvados apenas os casos de unipessoalidade temporária e da chamada subsidiária integral.

(C) Miguel poderá constituir a pessoa jurídica pretendida mediante registro dos seus atos constitutivos no Conselho Seccional da OAB, com denominação formada pelo nome do titular, seguida da expressão 'EIRELI'.

(D) Miguel poderá constituir a pessoa jurídica pretendida mediante registro dos seus atos constitutivos no Registro Civil de Pessoas Jurídicas, com denominação formada pelo nome do titular, seguida da expressão 'EIRELI'.

COMENTÁRIO

A alternativa "A" está correta. De fato, nos termos do art. 15, "caput", do Estatuto da OAB (EAOAB), os advogados podem reunir-se em sociedade simples de prestação de serviços de advocacia ou constituir sociedade unipessoal de advocacia, na forma disciplinada nesta Lei e no regulamento geral. Qualquer que seja a espécie de sociedade de advogados (pluripessoal ou unipessoal), a aquisição da personalidade jurídica dar-se-á com o registro de seus atos constitutivos no Conselho Seccional da OAB em cuja base territorial tiver sede (art. 15, § 1º, do EAOAB). Com relação ao nome da sociedade unipessoal, este será obrigatoriamente formado pelo nome do seu titular, completo ou parcial, com a expressão 'Sociedade Individual de Advocacia' (art. 16, § 4º, do EAOAB);

A alternativa "B" está incorreta, pois, como visto, o art. 15 do EAOAB, com a redação que lhe foi dada pela Lei 13.247/2016, permite a constituição de dois tipos de sociedades de advogados, quais sejam, a pluripessoal (formada por um mínimo de dois advogados) e a unipessoal (formada por um único advogado);

A alternativa "C" está incorreta, pois a denominação da sociedade unipessoal de advocacia será formado pelo nome completo ou parcial de seu titular, seguido da expressão "Sociedade Individual de Advocacia", e, não, "EIRELI" (Empresa Individual de Responsabilidade Limitada). Lembre-se que as sociedades de advogados jamais podem adotar características ou formas de sociedades empresárias (art. 16, "caput", do EAOAB);

A alternativa "D" está incorreta, pois, nos termos do art. 16, § 3º, do EAOAB, é proibido o registro, nos cartórios de registro civil de pessoas jurídicas e nas juntas comerciais, de sociedade que inclua, entre outras finalidades, a atividade de advocacia. Além disso, como já mencionado, a denominação da sociedade unipessoal não fará menção a "EIRELI", mas, sim, a "Sociedade Individual de Advocacia".

(OAB/Exame Unificado – 2017.1) Os advogados Raimundo da Silva, Severino da Silva e Juscelino da Silva constituíram sociedade simples de prestação de serviços de advocacia, denominada Silva Advogados, com o registro aprovado dos seus atos constitutivos no Conselho Seccional da OAB pertinente ao local da sede. Severino figura como sócio-gerente. Além dos três advogados, não há outros sócios ou associados. Considerando a situação narrada e a disciplina do Regulamento Geral do Estatuto da Advocacia e da OAB, assinale a afirmativa correta.

(A) Os atos indispensáveis à satisfação das finalidades da pessoa jurídica apenas podem ser praticados por Raimundo, Severino ou Juscelino, sendo vedada a prática de atos por Silva Advogados, uma vez que as atividades necessárias ao desempenho da advocacia devem ser exercidas individualmente, ainda que revertam à sociedade os proveitos.

(B) Os atos indispensáveis à satisfação das finalidades da pessoa jurídica podem ser praticados por Silva Advogados; porém, os atos privativos de advogado devem ser praticados por Raimundo, Severino ou Juscelino.

(C) Os atos indispensáveis à satisfação das finalidades da pessoa jurídica e os atos privativos de advogado podem ser praticados por Silva Advogados.

(D) Os atos destinados à satisfação das finalidades da pessoa jurídica apenas devem ser praticados por Severino, sendo vedada a prática de atos por Silva Advogados, uma vez que as atividades necessárias ao desempenho da advocacia devem ser exercidas individualmente, ainda que revertam à sociedade os proveitos. Os atos também não podem ser praticados pelos demais sócios, já que Severino figura como sócio-gerente.

COMENTÁRIO

Nos termos do art. 42 do Regulamento Geral do Estatuto da OAB, podem ser praticados pela sociedade de advogados, com uso da razão social, os atos indispensáveis às suas finalidades, que não sejam privativos de advogado. Portanto, de plano, estão incorretas as alternativas "A" e "D", eis que, como visto, os atos destinados à satisfação das finalidades da pessoa jurídica (no caso, da sociedade de advogados), devem ser praticados pela sociedade, cabendo exclusivamente aos advogados a execução dos atos privativos de advocacia. Destaque-se que o art. 37, § 1º, também do Regulamento Geral, determina que as atividades profissionais privativas dos advogados são exercidas individualmente, ainda que revertam à sociedade os honorários respectivos. Portanto, correta a alternativa "B". Por fim, a alternativa "C" está incorreta, pois os atos privativos de advogado não podem ser praticados pela sociedade simples (pessoa jurídica), mas, como dito, somente pelos seus sócios.

Dicas de última hora

1. A sociedade de advogados não se confunde com um escritório. Este não tem personalidade jurídica; aquela, tem. Assim, a sociedade de advogados é uma pessoa jurídica de direito privado (sociedade simples), regularmente constituída.

2. Advogados podem reunir-se apenas para a divisão de despesas, sem que constituam uma sociedade de advogados? A resposta é SIM! Não há ilegalidade alguma em dois ou mais advogados se reunirem em um escritório.

3. Qual a natureza jurídica da sociedade de advogados? À luz do Estatuto da OAB, trata-se de sociedade simples. Portanto, não estamos diante de sociedade empresarial!

4. A aquisição da personalidade jurídica da sociedade decorre do registro de seu ato constitutivo perante a OAB, mais precisamente, perante o Conselho Seccional em cuja base territorial for estabelecida a sede.

5. Admite-se a constituição de filiais da sociedade, porém, jamais, no mesmo Conselho Seccional. Assim, se uma sociedade de advogados tem sede no Estado do Rio de Janeiro, não poderá ter filial neste Estado, mas, por exemplo, em São Paulo, Santa Catarina, Rio Grande do Sul e Paraná, poderá!

6. O ato constitutivo da filial será arquivado perante o Conselho Seccional em que se instalar, bem como será averbado no Conselho Seccional em que estiver registrada a sede da sociedade.

7. Uma vez constituída a filial, os sócios se obrigam à inscrição suplementar, independentemente do número de causas em que atuem ou forem atuar.

8. O nome (razão social) da sociedade jamais poderá adotar denominação ou nome fantasia (típico das sociedades empresárias). Em caso de falecimento de sócio que "emprestou" seu nome à sociedade, este somente poderá permanecer se o ato constitutivo expressamente admitir.

9. Os prejuízos que um sócio causar, com dolo ou culpa, a um cliente, obrigarão, em primeiro lugar, a própria sociedade, que com seu capital social deverá fazer frente à eventual indenização ao cliente lesado. Os sócios têm responsabilidade subsidiária, ou seja, somente "colocarão a mão no bolso" em segundo lugar. Porém, a responsabilidade deles, por força do art. 17 do Estatuto da OAB, é ilimitada.

Capítulo 8

ADVOGADO EMPREGADO

1. ADVOGADO EMPREGADO (ARTS. 18 A 21 DO EAOAB; ARTS. 3º, 11 A 14 DO REGULAMENTO GERAL; ARTS. 4º E 25 DO CED)

Considera-se **empregado** o trabalhador que presta serviços a alguém (pessoa física ou jurídica), com habitualidade, pessoalmente, de maneira subordinada e onerosa (mediante recebimento de salário).

Assim, podemos afiançar que a compreensão sobre o **advogado empregado** passa, necessariamente, pela análise da legislação trabalhista, mas sem que se olvide que as relações entre empregado e empregador serão regidas não somente pela CLT, mas, também, pelo Estatuto da OAB, CED e Regulamento Geral.

Embora existam entre o advogado empregado e seu empregador as características básicas da relação de emprego, aquele não terá retirada sua ***isenção técnica***, nem reduzida sua ***independência profissional***, conforme art. 18 do EAOAB.

Entende-se por ***isenção técnica*** do advogado empregado a **total autonomia** quanto à correta aplicação dos atos, meios e prazos processuais, **sem interferência do empregador**[1], ao passo que por ***independência profissional*** entende-se a característica de o advogado, ainda que empregado, não ter, em razão da subordinação hierárquica, de seguir e observar todas as determinações dadas pelo empregador.

Assim, muito embora haja **subordinação** entre advogado empregado e empregador, entendemos que ela é ***atenuada*** ou ***mitigada***, tendo em vista o disposto no precitado art. 18 do EAOAB (frise-se: o fato de o advogado ser subordinado ao empregador não irá retirar sua isenção técnica, nem reduzirá sua independência profissional).

Na mesma linha da subordinação mitigada, prevê o art. 4º do CED que o advogado, ainda que vinculado ao cliente mediante relação empregatícia, deve zelar pela sua **liberdade** e **independência**.

Importante anotar que o advogado empregado, nos termos do parágrafo único do art. 18 do EAOAB, **não estará obrigado** à **prestação de serviços profissionais** de **interesse pessoal** dos empregadores, **fora da relação de emprego**. Em outras palavras, não poderá ser obrigado a executar quaisquer outras atividades que não estejam previstas no contrato de trabalho ou que tenham relação direta com este.

1.1. Regramento aplicável

Ao **advogado empregado** de um escritório, ou de uma sociedade de advogados, ou ainda de empresas com departamento jurídico, aplicar-se-á o disposto no **Estatuto da OAB, Regulamento Geral e Código de Ética e Disciplina** como diplomas normativos de ob-

1. LÔBO, Paulo. *Comentários ao Estatuto da Advocacia e da OAB*. 4. ed. São Paulo: Saraiva, 2007.

servância **principal**, aplicando-se **subsidiariamente** a **legislação trabalhista** ordinária, em razão do princípio da especialidade.

Assim, alguns temas que serão a seguir abordados devem observar o regramento próprio. Demais questionamentos de cunho trabalhista deverão ser resolvidos, frise-se, pela legislação trabalhista comum.

2. SALÁRIO MÍNIMO PROFISSIONAL (OU PISO SALARIAL) DO ADVOGADO EMPREGADO

A **remuneração** pelos serviços prestados pelo advogado empregado ao empregador será fixada pelo **contrato individual de trabalho**, que, contudo, deverá respeitar o **salário mínimo da profissão (piso salarial)**, que será fixado por ***acordo ou convenção coletiva***, ou por ***sentença normativa*** proferida em dissídio coletivo perante a Justiça do Trabalho, conforme art. 19 do EAOAB.

Frise-se que a **representação dos advogados** nas convenções coletivas, acordos coletivos e dissídios coletivos compete ao ***Sindicato*** ou, à falta deste, à ***federação*** ou ***confederação*** **de advogados**, nos termos do que dispõe o art. 11, Regulamento Geral. Não é, pois, a OAB que representa os advogados empregados em matéria trabalhista.

3. JORNADA DE TRABALHO

De acordo com o art. 20, *caput*, EAOAB, a **jornada de trabalho** de um advogado empregado não poderá exceder a duração diária de ***quatro horas contínuas*** e a de ***vinte horas semanais***, salvo *acordo* ou *convenção coletiva*, ou em caso de *dedicação exclusiva*.

Destarte, inexistindo regra em sentido contrário, a jornada de trabalho do advogado empregado será, como visto, de apenas quatro horas diárias, estendendo-se, por cinco dias da semana, a um total de vinte horas.

Frise-se que referida **jornada** poderá ser **modificada** por **acordo** ou **convenção coletiva**, ou em caso de **dedicação exclusiva**, não significando esta última, à semelhança do que ocorre na Administração Pública para certos cargos, que o advogado somente possa trabalhar para aquele determinado empregador, salvo se assim previr o contrato. Fora da jornada de trabalho avençada, poderá até mesmo ter outro emprego.

Assim, a **dedicação exclusiva** tratada no EAOAB diz respeito apenas ao **tempo de duração da jornada de trabalho** do advogado empregado, que no caso não poderá exceder a **oito horas diárias** (e, no máximo, *quarenta horas semanais*, tal como previa a antiga redação do art. 12 do Regulamento Geral).

Em suma:

a) Não havendo acordo ou convenção coletiva, ou dedicação exclusiva, a jornada de trabalho do advogado empregado será de 4 (quatro) horas diárias contínuas e 20 (vinte) horas semanais;

b) Se houver dedicação exclusiva, a jornada chegará, ao máximo, no dobro da anterior (oito horas diárias e quarenta semanais).

Para fins de análise da jornada de trabalho, o art. 20, §1º, do EAOAB dispõe que se considera como **período de trabalho** o tempo em que o advogado estiver **à disposição do empregador**, **aguardando** ou **executando ordens**, no seu escritório ou em atividades externas, sendo-lhe reembolsadas as despesas feitas com transporte, hospedagem e alimentação.

Portanto, não se pode considerar como tempo de trabalho apenas o período em que o advogado empregado estiver no seu local de trabalho, cumprindo ordens ou realizando tarefas em benefício do empregador. Também será computado como jornada de trabalho o tempo que o advogado estiver executando tarefas em atividades externas, como, por exemplo, participando de audiências, examinando autos de processos nos Cartórios judiciais, colhendo documentos e informações em repartições públicas, no interesse do empregador, dentre outras.

Importante destacar que todas as despesas relativas a hospedagem, transporte e alimentação efetuadas pelo advogado empregado, no desempenho de atividades de interesse do empregador, deverão ser reembolsadas.

4. HORAS EXTRAS (JORNADA EXTRAORDINÁRIA)

Serão pagas ao advogado empregado as horas suplementares (**horas extras**) com um **adicional não inferior a *cem por cento*** da hora normal, tal como giza o art. 20, § 2º, do EAOAB.

Referida regra legal põe a salvo o advogado empregado de eventual disposição coletiva (acordo ou convenção coletiva) ou individual (contrato individual) que reduza o valor remuneratório das horas extraordinárias trabalhadas. Em simples palavras, o **Estatuto da OAB garantiu um *valor mínimo*** de horas extras: pelo menos **100% (cem por cento)** do valor pago pela hora normal!

Importante anotar que o art. 59, § 1º, da CLT, já com as alterações promovidas pela Lei 13.467/2017 (Reforma Trabalhista), dispõe que a remuneração da hora extra será, pelo menos, **50% (cinquenta por cento)** superior à da hora normal. Logo, a disposição estatutária, por ser mais benéfica ao advogado, além de se tratar de diploma legal específico, se sobrepõe à CLT.

5. JORNADA NOTURNA

No período das **20h00 (vinte horas)** de um dia às **5h00(cinco horas)** do dia seguinte, as horas trabalhadas em **período noturno** serão remuneradas com um **adicional de 25%(vinte e cinco por cento)** da hora normal (art. 20, § 3º, do EAOAB).

Anote-se que a **jornada noturna estabelecida pela CLT** (art. 73, § 2º) varia das **22h00 (vinte e duas horas)** às **5h00 (cinco horas)** do dia seguinte, cabendo ao empregado perceber adicional de, pelo menos, 20% (vinte por cento) sobre a hora diurna (art. 73, *caput*).

Assim, **perceba as diferenças**:

a) CLT: jornada noturna – das 22h00 às 5h00

b) EAOAB: jornada noturna – das 20h00 às 5h00

c) CLT: adicional noturno – 20% sobre a hora normal

d) EAOAB: adicional noturno – 25% sobre a hora normal

6. ADVOGADO E PREPOSTO

Por expressa disposição do Regulamento Geral (art. 3º) e do Código de Ética (art. 25), é **defeso** (*proibido*) ao advogado funcionar no mesmo processo, ***simultaneamente***, como **patrono** e **preposto** do empregador ou cliente.

Assim, não poderá o advogado empregado de uma empresa, em razão dessa condição, comparecer, por exemplo, em audiência trabalhista representando o empregador (preposto) e, simultaneamente, atuar como patrono (advogado) da mesma parte.

Cuidado: um advogado empregado pode ser preposto do empregador, representando-o em um processo, ou atuar na condição de patrono (advogado) do empregador, defendendo seus interesses em determinada demanda. O que é defeso (proibido) é **acumular essas funções** (preposto e patrono), simultaneamente, num mesmo processo.

7. OBRIGAÇÕES DO ADVOGADO EMPREGADO E VEDAÇÕES

De acordo com o art. 18 do EAOAB, analisado anteriormente, a **relação de emprego**, na qualidade de advogado, **não retira a sua *isenção técnica*, nem reduz a *independência profissional***, ambas inerentes à advocacia. Portanto, ainda que o advogado seja empregado, a *subordinação*, requisito indispensável ao reconhecimento do vínculo empregatício, nesse caso, será *mitigada*, visto que o profissional permanecerá com sua isenção técnica e independência profissional, tal como dito anteriormente.

Ainda, o advogado empregado não está obrigado à prestação de serviços profissionais de interesse pessoal dos empregadores, fora da relação de emprego.

Finalmente, é vedado ao advogado atuar contra ex-cliente ou ex-empregador até o decurso de dois anos após o término da relação contratual, resguardado, porém, a qualquer momento, o sigilo profissional. Estamos diante, aqui, da denominada ***abstenção bienal***.

8. QUADRO-RESUMO [9]

Advogado empregado	
Normas aplicáveis	– Principais: Estatuto da OAB, CED e Regulamento Geral – Subsidiárias: legislação trabalhista (CLT e outros diplomas legais que regulem as relações trabalhistas) Obs.: se as normas principais trouxerem regras especiais, estas prevalecerão frente às prescrições contidas nas normas subsidiárias (ex.: a jornada noturna do advogado empregado inicia-se às 20h00, e não às 22h00, como prevê a CLT)
Subordinação	– Mitigada (ou atenuada), pois a relação de emprego não retira a isenção técnica do advogado empregado, nem lhe reduz a independência profissional.
Salário mínimo profissional (piso salarial)	– Fixado em acordo ou convenção coletiva, ou, à falta destes, por sentença normativa proferida em grau de dissídio coletivo na Justiça do Trabalho Obs.: nos acordos e convenções coletivas, e nos dissídios coletivos, os advogados empregados serão representados pelo Sindicato, ou, à falta deste, pela federação ou confederação de advogados. Obs.: não cabe à OAB representar os advogados empregados em questões de cunho trabalhista.

[9] Para visualizar o *SHORT VIDEO* acesse: http://www.editorafoco.com.br/short-videos.

Jornada de trabalho	– Será de 4 (quatro) horas diárias e 20 (vinte) horas semanais, salvo se houver acordo ou convenção coletiva, ou dedicação exclusiva. – Dedicação exclusiva: resulta de cláusula expressa no contrato de trabalho, quando, então, a jornada do advogado empregado será de, no máximo 8 (oito) horas, remunerando-se como extraordinárias (horas extras) as que excederem referido período. – Considera-se como tempo de trabalho não apenas as atividades realizadas pelo advogado no seu escritório ou local de trabalho, mas, também, aquelas atividades externas que digam respeito, diretamente, à relação de emprego. Nesse caso, as despesas relativas a alimentação, transporte e hospedagem deverão ser reembolsadas pelo empregador.
Jornada noturna	– Das 20h00 às 05h00 – Adicional de 25% Obs.: na CLT, a jornada noturna vai das 22h00 às 05h00, remunerando-se o empregado com adicional de 20%. Em razão do princípio da especialidade, aplica-se o Estatuto da OAB ao advogado empregado no tocante à jornada noturna.
Horas extras (jornada extraordinária)	– Serão remuneradas com um adicional não inferior a 100% (cem por cento) da hora normal.
Atuação como preposto e patrono	– É defeso (proibido) ao advogado funcionar, simultaneamente, no mesmo processo, como preposto e patrono do empregador.

Legislação correlata

1. ARTIGOS PERTINENTES DO ESTATUTO DA OAB

→ *v.* Art. 25 do Novo Código de Ética e Disciplina da OAB.

→ *v.* Arts. 11 a 14 do Regulamento Geral da OAB.

Art. 18. A relação de emprego, na qualidade de advogado, não retira a isenção técnica nem reduz a independência profissional inerentes à advocacia.

Parágrafo único. O advogado empregado não está obrigado à prestação de serviços profissionais de interesse pessoal dos empregadores, fora da relação de emprego.

Art. 19. O salário mínimo profissional do advogado será fixado em sentença normativa, salvo se ajustado em acordo ou convenção coletiva de trabalho.

Art. 20. A jornada de trabalho do advogado empregado, no exercício da profissão, não poderá exceder a duração diária de 4 (quatro) horas contínuas e a de 20 (vinte) horas semanais, salvo acordo ou convenção coletiva ou em caso de dedicação exclusiva.

§ 1º Para efeitos deste artigo, considera-se como período de trabalho o tempo em que o advogado estiver à disposição do empregador, aguardando ou executando ordens, no seu escritório ou em atividades externas, sendo-lhe reembolsadas as despesas feitas com transporte, hospedagem e alimentação.

§ 2º As horas trabalhadas que excederem a jornada normal são remuneradas por um adicional não inferior a 100% (cem por cento) sobre o valor da hora normal, mesmo havendo contrato escrito.

§ 3º As horas trabalhadas no período das 20 (vinte) horas de um dia até as 5 (cinco) horas do dia seguinte são remuneradas como noturnas, acrescidas do adicional de 25% (vinte e cinco por cento).

Art. 21. Nas causas em que for parte o empregador, ou pessoa por este representada, os honorários de sucumbência são devidos aos advogados empregados.

Parágrafo único. Os honorários de sucumbência, percebidos por advogado empregado de sociedade de advogados são partilhados entre ele e a empregadora, na forma estabelecida em acordo.

2. ARTIGOS PERTINENTES DO CÓDIGO DE ÉTICA E DISCIPLINA

Art. 4º. O advogado, ainda que vinculado ao cliente ou constituinte, mediante relação empregatícia ou por contrato de prestação permanente de serviços, ou como integrante de departamento jurídico, ou de órgão de assessoria jurídica, público ou privado, deve zelar pela sua liberdade e independência.

Art. 25. É defeso ao advogado funcionar no mesmo processo, simultaneamente, como patrono e preposto do empregador ou cliente.

→ *v.* Arts. 18 a 21 da Lei 8.906/1994.

→ *v.* Arts. 11 a 14 do Regulamento Geral da OAB.

3. ARTIGOS PERTINENTES DO REGULAMENTO GERAL

Art. 3º É defeso ao advogado funcionar no mesmo processo, simultaneamente, como patrono e preposto do empregador ou cliente.

→ *v.* Art. 25 do Novo Código de Ética e Disciplina da OAB.

Art. 11. Compete a sindicato de advogados e, na sua falta, a federação ou confederação de advogados, a representação destes nas convenções coletivas celebradas com as entidades sindicais representativas dos empregadores, nos acordos coletivos celebrados com a empresa empregadora e nos dissídios coletivos perante a Justiça do Trabalho, aplicáveis às relações de trabalho.

Art. 12. Para os fins do art. 20 da Lei 8.906/1994, considera-se dedicação exclusiva o regime de trabalho que for expressamente previsto em contrato individual de trabalho.

→ Artigo com redação alterada pelo Conselho Pleno do CFOAB (*D.J.* 12.12.2000).

Parágrafo único. Em caso de dedicação exclusiva, serão remuneradas como extraordinárias as horas trabalhadas que excederem a jornada normal de 8 (oito) horas diárias.

Art. 13. (*Revogado pelo Conselho Pleno do CFOAB (D.J. 12.12.2000)*).

Art. 14. Os honorários de sucumbência, por decorrerem precipuamente do exercício da advocacia e só acidentalmente da relação de emprego, não integram o salário ou a remuneração, não podendo, assim, ser considerados para efeitos trabalhistas ou previdenciários.

→ *v.* Arts. 22 a 26 da Lei 8.906/1994.

→ *v.* Arts. 48 a 54 do Novo Código de Ética e Disciplina da OAB.

Parágrafo único. Os honorários de sucumbência dos advogados empregados constituem fundo comum, cuja destinação é decidida pelos profissionais integrantes do serviço jurídico da empresa ou por seus representantes.

→ *v.*ADIn 1.194 (*D.O.U.* 28.5.2009), o STF "O tribunal, por unanimidade, julgou procedente a ação para declarar sua inconstitucionalidade quanto ao § 3º do art. 24 e por maioria, julgou parcialmente procedente a ação direta para dar interpretação conforme ao art. 21 e seu parágrafo único".

Art. 45. A exclusividade da representação dos advogados pela OAB, prevista no art. 44, II, do Estatuto, não afasta a competência própria dos sindicatos e associações sindicais de advogados, quanto à defesa dos direitos peculiares da relação de trabalho do profissional empregado.

Questões comentadas

(VI EXAME DE ORDEM UNIFICADO – FGV) Mévio é advogado empregado de empresa de grande porte atuando como diretor jurídico e tendo vários colegas vinculados à sua direção. Instado por um dos diretores, escala um dos seus advogados para atuar em processo judicial litigioso, no interesse de uma das filhas do referido diretor. À luz das normas estatutárias, é correto afirmar que

(A) a defesa dos interesses dos familiares dos dirigentes da empresa está ínsita na atuação profissional do advogado empregado.

(B) a atuação do advogado empregado nesses casos pode ocorrer voluntariamente, sem relação com o seu emprego.

(C) a relação de emprego retira do advogado sua independência profissional, pois deve defender os interesses do patrão.

(D) em casos de dedicação exclusiva, a jornada de trabalho máxima do advogado será de quatro horas diárias e de vinte horas semanais.

COMENTÁRIO

A alternativa "B" está correta (art. 18, parágrafo único, do EAOAB). O fato de o advogado ser empregado não lhe imporá o dever contratual de atuar em causas de interesse pessoal dos dirigentes da empresa (empregador). Atividades estranhas ao contrato de trabalho até poderão ser prestadas pelo advogado empregado, mas "fora" da relação laboral, devendo ser contratado para a prestação do serviço e receber para tanto.

A alternativa "A" está incorreta, pois "O advogado empregado *não* está obrigado à prestação de serviços profissionais de interesse pessoal dos empregadores, fora da relação de emprego" (art. 18, parágrafo único, do EAOAB).

A alternativa "C" está incorreta, pois contraria o art. 18, parágrafo único, do EAOAB.

A alternativa "D" está incorreta, visto que não condiz com o art. 12, parágrafo único, do Regulamento Geral, que assim dispõe: "Em caso de dedicação exclusiva, serão remuneradas como extraordinárias as horas trabalhadas que excederem a jornada normal de *oito horas* diárias".

(OAB/Exame Unificado – 2009.2) Com relação ao advogado empregado, assinale a opção correta.

(A) Considere que Fabiana, advogada da empresa SW, tenha ganhado processo para seu empregador. Nessa situação, caso haja honorários de sucumbência, estes devem ser repassados à empresa, haja vista que Fabiana já é remunerada para defender os interesses da empresa SW.

(B) Considere que Daniel, advogado empregado do banco Z, tenha sido chamado à sala do diretor-presidente e lá recebido ordem para fazer contestação do processo de separação desse diretor-presidente. Nessa situação, Daniel não está obrigado a prestar seus serviços profissionais, visto que a causa é de interesse pessoal do diretor-presidente, sem relação com o contrato de trabalho.

(C) Considere que Marcos, advogado empregado do banco X, tenha recebido ordem para elaborar parecer favorável em um contrato manifestamente ilegal. Nesse caso, por ser empregado do banco, ele não possui independência profissional para fazer, por convicção, parecer contrário ao referido contrato.

(D) O advogado empregado, no exercício da profissão, não pode ter regime de trabalho superior a trinta horas semanais, independentemente de acordo coletivo ou de contrato de dedicação exclusiva.

COMENTÁRIO

A alternativa B é a correta, visto que, nos termos do art. 18, p. único, do Estatuto da OAB, o advogado empregado não pode ser obrigado a prestar serviços estranhos àqueles estabelecidos no contrato de trabalho.

A alternativa A está incorreta, pois, em regra, a sucumbência pertencerá ao advogado, mesmo que empregado (art. 21, *caput*, do Estatuto da OAB). Contudo, o STF, no julgamento da ADIN 1.194, relativizou a regra rígida de que a sucumbência sempre pertence ao advogado, afirmando tratar-se de direito disponível, motivo pelo qual admite acordo em sentido contrário.

A alternativa C está incorreta, pois o art. 18, *caput*, do Estatuto da OAB, garante ao advogado empregado sua isenção técnica e independência profissional, motivo pelo qual não pode ser compelido, ainda que na qualidade de empregado, a elaborar manifestação sobre a validade de um contrato manifestamente ilegal.

Por fim, a alternativa D está incorreta (art. 20, *caput*, da Lei 8.906/1994 e art. 12 do Regulamento Geral).

(OAB/Exame Unificado – 2017.1) Juliana, advogada, foi empregada da sociedade empresária OPQ Cosméticos e, em razão da sua atuação na área tributária, tomou conhecimento de informações estratégicas da empresa. Muitos anos depois de ter deixado de trabalhar na empresa, foi procurada por Cristina, consumidora que pretendia ajuizar ação cível em face da OPQ Cosméticos por danos causados pelo uso de um de seus produtos. Juliana, aceitando a causa, utiliza-se das informações estratégicas que adquirira como argumento de reforço, com a finalidade de aumentar a probabilidade de êxito da demanda. Considerando essa situação, segundo o Estatuto da OAB e o Código de Ética e Disciplina da OAB, assinale a afirmativa correta.

(A) Juliana não pode advogar contra a sociedade empresária OPQ Cosméticos, tampouco se utilizar das informações estratégicas a que teve acesso quando foi empregada da empresa.

(B) Juliana pode advogar contra a sociedade empresária OPQ Cosméticos, mas não pode se utilizar das informações estratégicas a que teve acesso quando foi empregada da empresa.

(C) Juliana pode advogar contra a sociedade empresária OPQ Cosméticos e pode se utilizar das informações estratégicas a que teve acesso quando foi empregada da empresa.

(D) Juliana não pode advogar contra a sociedade empresária OPQ Cosméticos, mas pode repassar as informações estratégicas a que teve acesso quando foi empregada da empresa, a fim de que sejam utilizadas por terceiro que patrocine a causa de Cristina.

COMENTÁRIO

As alternativas A e D estão incorretas. Não existe qualquer vedação de um advogado atuar contra ex-cliente ou ex-empregador. Contudo, é entendimento da OAB que deverá ser respeitada a abstenção bienal, ou seja, o advogado deverá aguardar o decurso de, pelo menos, dois anos, para advogar contra ex-cliente ou ex-empregador, a contar do fim da relação contratual. Ultrapassado referido período, nada de ilícito haverá no fato de o profissional advogar contra ex-cliente ou ex-empregador, mas desde que respeitado o sigilo profissional;

A alternativa B está correta. Nos termos do art. 21 do Novo Código de Ética e Disciplina (CED), o advogado, ao postular em nome de terceiro, contra ex-cliente ou ex-empregador, judicial e extrajudicialmente, deve resguardar o sigilo profissional. Portanto, Juliana não poderá se utilizar de informações estratégicas a que teve acesso durante sua relação de emprego com a empresa OPQ Cosméticos;

A alternativa C está incorreta, pois a despeito de Juliana poder advogar contra a empresa na qual foi empregada, não poderá violar o sigilo profissional, utilizando-se de informações estratégicas a que teve acesso.

(OAB/Exame Unificado – 2016.3) Pedro é advogado empregado da sociedade empresária FJ. Em reclamação trabalhista proposta por Tiago em face da FJ, é designada audiência para data na qual os demais empregados da empresa estarão em outro Estado, participando de um congresso. Assim, no dia da audiência designada, Pedro se apresenta como preposto da reclamada, na condição de empregado da empresa, e advogado com procuração para patrocinar a causa. Nesse contexto,

(A) Pedro pode funcionar no mesmo processo, simultaneamente, como patrono e preposto do empregador, em qualquer hipótese.

(B) Pedro pode funcionar no mesmo processo, simultaneamente, como patrono e preposto do empregador, pois não há outro empregado disponível na data da audiência.

(C) Pedro pode funcionar no mesmo processo, simultaneamente, como patrono e preposto do empregador, em qualquer hipótese, desde que essa circunstância seja previamente comunicada ao juízo e ao reclamante.

(D) Pedro não pode funcionar no mesmo processo, simultaneamente, como patrono e preposto do empregador ou cliente.

COMENTÁRIO

As alternativas A, B e C estão incorretas, pois o art. 25 do Código de Ética e Disciplina (CED) e o art. 3º do Regulamento Geral do Estatuto da OAB (RGOAB) afirmam ser defeso (proibido) ao advogado funcionar simultaneamente no mesmo processo como patrono e preposto do empregador ou do cliente;

A alternativa D está correta. De fato, tal como afirmado anteriormente, ao advogado é proibido atuar, simultaneamente, no mesmo processo, como patrono e preposto. Portanto, Pedro, em audiência trabalhista, somente poderá assumir um dos papéis, ou seja, atuar como preposto da empresa (representante) ou como patrono (advogado) do reclamado.

Dicas de última hora

1. O advogado empregado, em virtude do vínculo com o empregador, a este é subordinado. No entanto, a subordinação, por força do art. 18, *caput*, do Estatuto da OAB, é dita atenuada ou mitigada, visto que a relação de emprego não retirará do advogado empregado sua isenção técnica, nem reduzirá sua independência profissional.

2. A relação de emprego não impõe ao advogado empregado o dever de prestar serviços de interesse pessoal do empregador não englobados no contrato de trabalho.

3. O salário mínimo do advogado empregado (piso salarial) será fixado por meio de três instrumentos:

i) acordo coletivo de trabalho;

ii) convenção coletiva de trabalho; e

iii) sentença normativa (proferida em grau de dissídio coletivo).

4. A representação dos advogados empregados em matéria trabalhista compete ao Sindicato de advogados, ou à Federação ou Confederação de advogados. Não cabe à OAB, portanto, representar a categoria profissional em comento (advogados empregados), mas, como dito, ao sindicato!

5. A jornada de trabalho do advogado empregado, salvo acordo ou convenção coletiva, ou dedicação exclusiva, será de 4 horas diárias contínuas e 20 horas semanais.

6. Havendo cláusula de dedicação exclusiva no contrato de trabalho do advogado empregado, sua jornada será de até 8 horas diárias, sendo remuneradas como extraordinárias (horas extras) as que excederem referida carga.

7. Reputa-se cumprindo jornada de trabalho noturna o advogado empregado que trabalhar das 20h00 às 5h00 (e não das 22:00 às 5:00 como dispõe a CLT!), fazendo jus a adicional noturno de 25% da hora normal (e não 20% como regula a CLT!).

8. Se o advogado empregado trabalhar em jornada suplementar, ou seja, além de sua carga normal de trabalho, fará jus a hora extra, remunerada em patamar não inferior a 100% da hora normal (e não 50%, que é a regra geral no Direito do Trabalho!).

Capítulo 9

HONORÁRIOS ADVOCATÍCIOS

1. HONORÁRIOS ADVOCATÍCIOS (ARTS. 22 A 26 DO EAOAB; ARTS. 48 A 54, CED)

1.1. Conceito e etimologia

A palavra ***honorários*** tem sua raiz na expressão latina ***honorarius***, significando, na sua concepção clássica, tudo aquilo que é feito ou dado por honra, sem conotação pecuniária (RAMOS, 2009).

Não se confundem os honorários com a remuneração percebida pelo advogado empregado, que, em virtude da relação de emprego, trabalha onerosamente a uma pessoa natural ou jurídica (salário).

Atualmente, podemos afirmar que os **honorários** correspondem à ***remuneração dos serviços advocatícios prestados pelo profissional***, seja em juízo, seja fora dele. Conforme veremos mais à frente, indispensável que sejam fixados com *moderação*, observados os critérios previstos no CED e tabelas estabelecidas pelos Conselhos Seccionais.

2. CRITÉRIOS PARA A FIXAÇÃO DOS HONORÁRIOS

Não há **critérios definitivos** que possam **delimitar** a fixação dos honorários advocatícios, porque flutuam em função de vários fatores, tais como o prestígio profissional, a qualificação, a reputação na comunidade, o tempo de experiência, a dificuldade da matéria, a capacidade econômica do cliente, o valor da demanda, entre outros[1]. Todavia, conforme dispõe o art. 49 do CED, os honorários profissionais **devem ser fixados com *moderação***.

Destarte, podemos afirmar que a **moderação** é o ***critério informador*** do tema em tela. Honorários imoderadamente fixados constituem afronta ao Código de Ética, fato passível de punição disciplinar.

Assim, de acordo com o já citado art. 49 do CED, eis os **critérios** que devem ser observados pelos advogados para o estabelecimento dos honorários:

I – a relevância, o vulto, a complexidade e a dificuldade das questões versadas;

II – o trabalho e o tempo a ser empregados;

III – a possibilidade de ficar o advogado impedido de intervir em outros casos, ou de se desavir com outros clientes ou terceiros;

IV – o valor da causa, a condição econômica do cliente e o proveito para este resultante do serviço profissional;

V – o caráter da intervenção, conforme se trate de serviço a cliente eventual, frequente ou constante;

1.. LÔBO, Paulo. *Comentários ao Estatuto da Advocacia e da OAB*. 4. ed. São Paulo: Saraiva, 2007.

VI – o lugar da prestação dos serviços, conforme se trate do domicílio do advogado ou de outro;

VII – a competência do profissional;

VIII – a praxe do foro sobre trabalhos análogos.

Os **elementos** acima servem de **diretrizes deontológicas** para o advogado, bem como de instrumento de frenagem à tentação da ganância desmedida[2].

3. ESPÉCIES DE HONORÁRIOS ADVOCATÍCIOS

3.1. Honorários contratuais (ou convencionados, ou pactuados)

Como o próprio nome sugere, denominam-se de **contratuais** ou **convencionais** os honorários **livremente pactuados** entre cliente e advogado. Decorrem, portanto, de **contrato de honorários celebrado entre as partes**. Embora não seja requisito legalmente imposto, **preferencialmente** o contrato deverá ser ***escrito***, tal como adverte, inclusive, o art. 48, *caput*, do CED, visto que confere **maior segurança jurídica** aos contratantes, além de, em caso de inadimplência, constituir-se em prol do advogado em título executivo extrajudicial (art. 24, *caput*, do EAOAB). No entanto, não há proibição de o contrato de honorários ser entabulado verbalmente.

Tal como estabelece o art. 48, § 1º, do CED, o **contrato de prestação de serviços** de advocacia **não exige forma especial**, devendo estabelecer, porém, com **clareza e precisão**, o seu objeto, os honorários ajustados, a forma de pagamento, a extensão do patrocínio, esclarecendo se este abrangerá todos os atos do processo ou limitar-se-á a determinado grau de jurisdição, além de dispor sobre a hipótese de a causa encerrar-se mediante transação ou acordo.

Como visto anteriormente, o advogado deve pautar-se pela **moderação** na **fixação dos honorários contratuais** (art. 49, CED), tomando como **parâmetro** os valores indicados nas **Tabelas de Honorários** editadas pelos **Conselhos Seccionais**. Não que o advogado seja obrigado a cobrar exatamente o montante indicado nas tabelas. Porém, estas trazem *valores razoáveis*, indicando ao profissional aquilo que é praticado ordinariamente no "mercado advocatício".

Não havendo **expressa previsão** no contrato acerca do **momento de pagamento**, os honorários, segundo sugere o art. 22, § 3º, EAOAB, serão devidos pelo cliente da seguinte forma: **1/3 (um terço)** no **início do serviço**, **1/3 (um terço)** até a **decisão de primeira instância** e o restante no **final**.

A **compensação de créditos**, pelo advogado, de importância devidas ao cliente, somente será admissível quando o **contrato de prestação de serviços** a **autorizar** ou quando houver **autorização especial do cliente** para este fim, por este firmada (art. 48, § 2º, CED). Assim, não pode o advogado, em caso de recebimento de valores a serem repassados ao cliente, simplesmente "reter" o montante correspondente aos seus honorários, entregando a quantia restante ao constituinte. Se tal ocorrer, estaremos diante de infração ético-disciplinar!

Importante anotar uma excelente **característica** dos honorários advocatícios fixados em **contrato escrito**, qual seja, a de que, se o profissional juntá-lo aos autos **antes de expe-**

2. LÔBO, Paulo. *Comentários ao Estatuto da Advocacia e da OAB*. 4. ed. São Paulo: Saraiva, 2007.

dir-se o mandado de levantamento ou precatório, o juiz deve determinar que lhe sejam pagos **diretamente**, por **dedução da quantia** a ser recebida pelo constituinte, salvo se este provar que já os pagou (art. 22, § 4º, do EAOAB). Trata-se de um ótimo instrumento contra eventual inadimplência por parte do cliente.

Finalmente, quanto ao **valor** dos honorários, dispõe o art. 48, § 6º, do CED, que deverá o advogado observar o **mínimo** da Tabela de Honorários instituída pelo respectivo Conselho Seccional onde for realizado o serviço, inclusive aquele referente às diligências, sob pena de caracterizar-se o **aviltamento de honorários**. Em simples palavras, **não poderá o advogado** cobrar honorários **abaixo do *quantum* mínimo** estipulado pelas Tabelas de Honorários dos Conselhos Seccionais, sob pena de responder disciplinarmente por tal conduta.

3.1.1. Algumas peculiaridades sobre o contrato de honorários

Conforme estabelece o art. 48, § 3º, do CED, o contrato de prestação de serviços poderá dispor sobre a forma de contratação de profissionais para serviços auxiliares (por exemplo, contadores), bem como sobre o pagamento de custas e emolumentos, os quais, na ausência de disposição em contrário, presumem-se devam ser atendidos pelo cliente. Caso o contrato preveja que o advogado antecipe tais despesas, ser-lhe-á lícito reter o respectivo valor atualizado, no ato de prestação de contas, mediante comprovação documental.

Dispõe o art. 48, § 5º, também do CED, que é vedada, em qualquer hipótese, a diminuição dos honorários contratados em decorrência da solução do litígio por qualquer mecanismo adequado de solução extrajudicial. Portanto, caso o cliente consiga extrajudicialmente "solucionar" seu problema, que já havia sido judicializado e se encontrava sob o patrocínio do advogado, não poderá ser este prejudicado com a redução dos honorários contratualmente avençados.

3.2. Honorários por arbitramento (ou arbitrados judicialmente)

Na falta de estipulação ou de acordo, os honorários são fixados por ***arbitramento judicial***, em remuneração **compatível com o trabalho** e o **valor econômico da questão**, não podendo ser **inferiores aos estabelecidos na tabela** organizada pelo Conselho Seccional da OAB (art. 22, § 2º, EAOAB). Significa dizer que ao juiz se impõe observar o mínimo estabelecido nas referidas Tabelas elaboradas pelos Conselhos Seccionais, servindo como **parâmetro** para o arbitramento dos honorários.

Todavia, essa espécie de honorários é bastante desgastante ao advogado, visto que deverá submeter-se a um processo de conhecimento, quando, somente com a prolação de sentença, disporá de título executivo judicial. Já se houver fixado os honorários por escrito, disporá, de plano, de um título executivo extrajudicial, o que se afigura bem mais vantajoso.

Registre-se que essa espécie de honorários decorre de uma das duas situações a seguir:

a) *inexistência de contrato escrito* (lembre-se de que, se este existir, o advogado disporá de um título executivo extrajudicial – art. 24, *caput*, EAOAB);

b) *controvérsia envolvendo o contrato verbal* (ex.: o cliente recusa-se a pagar o que foi ajustado verbalmente).

3.3. Honorários sucumbenciais (ou honorários de sucumbência)

Como exsurge do próprio nome, os **honorários sucumbenciais** são aqueles **decorrentes da *sucumbência***, assim entendida como a *derrota judicial* de uma das partes do processo.

Em suma, podemos dizer que são aqueles **devidos pela *parte vencida*** no processo, que irá pagá-los ao ***advogado da parte vencedora***. **Cuidado**: a verba sucumbencial pertence ao *ADVOGADO* da parte vencedora, e não à parte vencedora!

Não se podem confundir os honorários convencionais, que "saem do bolso do cliente", com os honorários sucumbenciais, que "saem do bolso da parte vencida" no processo. **Detalhe**: o advogado, sem qualquer problema, poderá receber **honorários contratuais** (pagos pelo cliente) **e os sucumbenciais** (pagos pela parte vencida no processo), que são perfeitamente cumuláveis.

Como regra, os honorários de sucumbência seguem as disposições previstas no **art. 85 do Novo CPC** (correspondente ao art. 20 do CPC/1973), variando entre 10% (dez por cento) a 20% (vinte por cento) sobre o valor da condenação, do proveito econômico obtido ou, não sendo possível mensurá-lo, sobre o valor atualizado da causa. Nas ações trabalhistas, de acordo com o novel art. 791-A da CLT, inserido pela Lei 13.467/2017 (Reforma Trabalhista), ao advogado, ainda que atue em causa própria, serão devidos honorários de sucumbência, fixados entre o mínimo de 5% (cinco por cento) e o máximo de 15% (quinze por cento) sobre o valor que resultar da liquidação da sentença, do proveito econômico obtido ou, não sendo possível mensurá-lo, sobre o valor atualizado da causa.

Ainda, de acordo com o disposto no **art. 24, § 3º, do EAOAB**, seria **nula** qualquer disposição, cláusula, regulamento ou convenção individual ou coletiva que retirasse do advogado o **direito ao recebimento dos honorários de sucumbência**. No entanto, o STF, no julgamento da ***ADIn 1.194***, reconheceu a ***inconstitucionalidade** do referido dispositivo legal*, dando-se margem, pois, para que haja acordo em sentido contrário quanto à destinação da verba sucumbencial, que em última análise poderá, até na íntegra, ser destinada a pessoa diversa do advogado da parte vencedora. Trata-se, aqui, de um **direito disponível do advogado**, razão por que admite disposição (acordo, renúncia etc.).

Importa registrar que, na hipótese de **falecimento ou incapacidade civil** do advogado, os honorários de sucumbência, proporcionais ao trabalho realizado, são recebidos por seus **sucessores ou representantes legais** (art. 24, § 2º, do EAOAB).

Nos termos do art. 51, *caput*, do CED, os **honorários de sucumbência** poderão ser **executados** pelo advogado, assistindo-lhe o **direito autônomo** para promover a **execução** do capítulo da sentença que os estabelecer ou para postular, quando for o caso, a **expedição de precatório ou requisição de pequeno valor** em seu favor (quando a parte vencida for a Fazenda Pública).

Em caso de **substabelecimento**, a verba correspondente aos honorários da sucumbência será repartida entre o **substabelecente** e o **substabelecido**, proporcionalmente à atuação de cada um no processo ou conforme haja sido ajustado entre eles (art. 51, § 1º, CED).

Havendo **conflitos entre advogados** envolvendo divergência sobre valores a serem partilhados de honorários sucumbenciais, a OAB ou seus Tribunais de Ética poderão ser solicitados a indicar **mediador**, sendo tentada, preliminarmente, nos processos disciplinares que envolverem esse assunto, a conciliação entre os advogados (art. 51, §§ 2º e 3º, CED).

3.4. Honorários com cláusula (ou pacto) *quota litis* (art. 50, CED)

O **pacto de *quota litis*** é, na verdade, um **contrato de risco**. Por esse tipo de ajuste, o advogado admite remuneração dos seus serviços vinculada ao resultado obtido para o cliente[3].

Assim, podemos dizer que os honorários com pacto ou cláusula *quota litis* decorrem do **êxito na demanda**: se a causa patrocinada pelo advogado for "bem-sucedida", este receberá os honorários; caso contrário, "embolsará prejuízo".

Essa espécie de honorários deve ser estipulada em **pecúnia**, sendo certo que, **apenas em último caso**, o advogado participará de **bens particulares do cliente** como forma de ter seu trabalho remunerado, desde que, comprovadamente, seu constituinte não tenha **condições pecuniárias para satisfazer o débito**. Em outras palavras, não dispondo o cliente de dinheiro para pagar os honorários contratados, o advogado poderá receber como contrapartida pelos serviços prestados, bens particulares do cliente, mas desde que essa forma de pagamento seja estabelecida em instrumento contratual (art. 50, § 1º, do CED).

Em hipótese alguma os **ganhos do advogado** poderão superar os do **cliente**, sob pena de cometimento de infração ética (**locupletamento ilícito** – art. 34, XX, EAOAB).

Ainda, quando o objeto do serviço jurídico versar sobre **prestações vencidas** e **vincendas**, os honorários advocatícios poderão incidir sobre o valor de umas e outras, atendidos os requisitos da **moderação** e **razoabilidade** (art. 50, § 2º, do CED).

Em resumo, quanto aos honorários com cláusula *quota litis*, temos as seguintes regras:

a) Devem ser representados por pecúnia (leia-se: dinheiro);

b) É vedado o pagamento dos honorários com a entrega de bens particulares do cliente, o que será tolerado em caráter excepcional em caso de, comprovadamente, não dispor o constituinte de recursos financeiros para o pagamento em dinheiro, e desde que tal seja ajustado em instrumento contratual;

c) Os ganhos do advogado não podem superar, incluídos os eventuais honorários de sucumbência, os ganhos do cliente (o advogado não pode ser "sócio majoritário" da causa, auferindo montante superior àquele que será destinado à própria parte-cliente).

3.5. Algumas disposições gerais sobre os honorários advocatícios

3.5.1. Momento para recebimento

Como visto anteriormente, se não houver acordo expresso, os honorários deverão ser pagos em três momentos:

a) 1/3 no início da prestação do serviço;

b) 1/3 até ser proferida a decisão de 1º grau; e

c) 1/3 ao final.

3.5.2. Eficácia executiva

Os honorários fixados judicialmente e o contrato de honorários configuram **título executivo** (este último, de natureza extrajudicial, independentemente de ser assinado por

3. RAMOS, Gisela Gondin. *Estatuto da Advocacia: comentários e jurisprudência selecionada*. 5. ed. Rio de Janeiro: Forense, 2009.

duas testemunhas).

A **execução dos honorários** pode ser promovida **nos mesmos autos da ação** em que tenha atuado o advogado, **se assim lhe convier** (art. 24, § 1º, do EAOAB). Aqui, estamos tratando por evidente dos honorários de sucumbência e por arbitramento, ambos decorrentes de uma sentença judicial.

No caso de honorários contratualmente estipulados por escrito, em caso de inadimplência, deverá o advogado mover a competente ação de execução, fundada em título extrajudicial.

3.5.3. Crédito privilegiado e de natureza alimentar

Os honorários advocatícios, de qualquer espécie (contratuais, por arbitramento ou sucumbenciais) constituem ***crédito privilegiado*** em concurso de credores, falência, recuperação judicial, insolvência civil e liquidação extrajudicial (art. 24, *caput*, do EAOAB).

É de se destacar que os honorários, conforme **entendimento jurisprudencial**, têm **natureza alimentar** (AgReg Suspensão de Liminar 158-2/RE 470.407 - STF; REsp 293552 - STJ), o que foi referendado pela **Súmula Vinculante 47**, que assim dispõe: "*Os honorários advocatícios incluídos na condenação ou destacados do montante principal devido ao credor consubstanciam verba de natureza alimentar cuja satisfação ocorrerá com a expedição de precatório ou requisição de pequeno valor, observada ordem especial restrita aos créditos dessa natureza*".

O Novo CPC, em seu art. 85, §14, dispôs que os honorários constituem **direito do advogado** e têm **natureza alimentar**, com os **mesmos privilégios dos créditos oriundos da legislação do trabalho**, sendo vedada a compensação em caso de sucumbência parcial.

3.5.4. Honorários de sucumbência e advogado empregado

Em caso de arbitramento de **honorários sucumbenciais** em favor de **advogado empregado**, nas causas em que atue como procurador do empregador, deve-se adotar o seguinte raciocínio:

a) devem ser destinados ao advogado, como regra (art. 21, EAOAB);

b) havendo estipulação contratual em contrário, deverá prevalecer o ajuste feito entre advogado empregado e empregador, em respeito ao decidido pelo STF no julgamento da ADIn 1.194-4 (natureza disponível dos honorários sucumbenciais).

Demais disso, importante salientar que, de acordo com o art. 14 do Regulamento Geral, os **honorários de sucumbência**, por decorrem precipuamente do exercício da advocacia e só acidentalmente da relação de emprego, **não integram o salário ou a remuneração**, não podendo, assim, ser considerados para efeitos trabalhistas ou previdenciários.

3.5.5. Honorários de sucumbência e advogado empregado ou sócio de sociedade de advogados

Em caso de arbitramento judicial de **honorários de sucumbência** em favor de advogado **sócio de sociedade de advogados**, ou **empregado de sociedade de advogados**, deve-se adotar o mesmo raciocínio descrito no item anterior:

a) devem ser partilhados entre o advogado e a sociedade, na forma estabelecida no ato constitutivo (art. 21, parágrafo único, EAOAB);

b) havendo estipulação contratual em contrário, deverá prevalecer a regra especial, em respeito ao decidido pelo STF no julgamento da ADIn 1.194-4 (natureza disponível dos honorários sucumbenciais).

3.5.6. Acordo direto entre o cliente e a parte contrária

De acordo com o art. 24, § 4º, EAOAB, o **acordo** feito pelo **cliente do advogado** e a **parte contrária**, salvo aquiescência do profissional, **não lhe prejudica os honorários**, quer os convencionados, quer os concedidos por sentença.

Em suma, se o cliente, sem a interveniência de seu advogado, houver diretamente entabulado acordo com a parte contrária, a fim de solucionar o litígio instaurado, tal fato não poderá constituir óbice ao recebimento pelo profissional de seus honorários.

3.5.7. Necessidade de cobrança judicial dos honorários

Caso o advogado não receba, no prazo estipulado contratualmente, ou, em caso de contrato verbal, após o trânsito em julgado da sentença que os tenha arbitrado, os seus honorários, deverá, **antes de ajuizar a competente ação** (de execução ou de arbitramento), previamente **renunciar** ao patrocínio da causa (art. 54, CED).

Em outras palavras, em caso de inadimplência, não poderá o advogado prosseguir na representação judicial de seu cliente e, ao mesmo tempo, ajuizar ação para exigir o montante que lhe seja devido. Nesse caso, caberá ao advogado renunciar ao mandato e somente então promover a cobrança judicial de seus honorários.

Interessante anotar que no CED anterior, havia previsão de que o advogado não poderia atuar em causa própria nas demandas movidas contra (ex)clientes inadimplentes, sendo necessário que fosse representado por outro colega (art. 43). Contudo, no Novo CED, tal vedação não mais existe (art. 54), razão por que poderá o advogado ajuizar ação contra o ex-cliente, atuando em **causa própria**.

Esclareça-se, por oportuno, que a ação que tiver por objeto **a cobrança de honorários advocatícios** deverá ser promovida perante a **Justiça estadual comum**, consoante dispõe a **Súmula 363, STJ**: "Compete à Justiça estadual processar e julgar ação de *cobrança ajuizada por profissional liberal contra cliente*".

Logo, **não é da Justiça do Trabalho** a competência para conhecer e julgar esse tipo de causa (cobrança de honorários), como eventualmente se poderia pensar.

3.5.8. Prazo prescricional (art. 25 do EAOAB)

O **prazo** para a **cobrança judicial** dos honorários advocatícios (convencionados, por arbitramento ou de sucumbência) é de ***cinco anos (prescrição quinquenal)***, sob pena de prescrição (perda da pretensão pelo decurso do prazo). Já em matéria trabalhista, o prazo é de apenas ***dois anos*** (***prescrição bienal***) quando a parte sucumbente for beneficiária da justiça gratuita. Esse é o teor do art. 791-A, § 4º, da CLT, incluído pela Lei 13.467/2017 (Reforma Trabalhista), que assim dispõe: vencido o beneficiário da justiça gratuita, desde que não tenha obtido em juízo, ainda que em outro processo, créditos capazes de suportar a despesa, as obrigações decorrentes de sua sucumbência ficarão sob condição suspensiva de exigibilidade e somente poderão ser executadas se, nos **dois anos** subsequentes ao trânsito em julgado da decisão que as certificou, o credor demonstrar que deixou de existir a situação de insuficiência de recursos que justificou a concessão de gratuidade, extinguindo-se, passado esse prazo, tais obrigações do beneficiário.

O **termo inicial** da ***prescrição quinquenal***, consoante dispõe o art. 25 do EAOAB:

a) o vencimento do contrato, se houver (inc. I);

b) o trânsito em julgado da decisão que houver fixado os honorários de sucumbência e os arbitrados (inc. II);

c) a ultimação do serviço extrajudicial, em se tratando, evidentemente, de atos extrajudiciais elaborados pelo advogado (inc. III);

d) a desistência ou transação (inc. IV), pois, nesses casos, haverá o encerramento do processo (no primeiro caso, sem resolução do mérito, e, no segundo caso, com resolução do mérito);

e) a renúncia ou revogação do mandato (inc. V), pois, em ambos os casos, estará extinto o mandato judicial, encerrando-se a relação "cliente-advogado", momento em que surge ao profissional sua pretensão, em caso de inadimplência, para exigir judicialmente seus honorários.

Por força da Lei 11.902/2009, acrescentou-se ao art. 25 do EAOAB a letra "A" (art. 25-A), que disciplinou a prescrição quinquenal da pretensão do cliente de exigir do advogado **prestação de contas** das quantias recebidas pelo causídico, ou de terceiros por conta dele.

Em conclusão: se o advogado tem cinco anos para exigir judicialmente o pagamento de seus honorários, o cliente, igualmente, dispõe de cinco anos para exigir do advogado que lhe preste contas de valores recebidos!

3.5.9. Cobrança de honorários por advogado substabelecido

O art. 26 do EAOAB permite ao **advogado substabelecido**, com reserva de poderes, a cobrança dos honorários, desde que com a **intervenção do substabelecente**.

Trata-se de regra de natureza ética, cuja infração está sujeita a pena disciplinar. Consequentemente, o advogado que recebeu o substabelecimento não pode executar isoladamente os honorários, devendo fazê-lo sempre em conjunto com o outro[4].

3.5.10. Vedação de saque de títulos de crédito para pagamento de honorários contratuais e tiragem de protesto

De acordo com o art. 52 do CED, o crédito por honorários advocatícios, seja do advogado autônomo, seja de sociedade de advogados, ***não autoriza o saque de duplicatas** ou **qualquer outro título de crédito de natureza mercantil,*** podendo apenas ser emitida ***fatura***, quando o cliente assim pretender, com fundamento no contrato de prestação de serviços, a qual, porém, *não poderá ser levada a* ***protesto***.

Assim, algumas regras iniciais podem ser extraídas:

i) inviabilidade de saque, pelo advogado, de duplicatas ou outros títulos de crédito de natureza mercantil, como forma de garantia do crédito de honorários;

ii) possibilidade de emissão de fatura, desde que o cliente assim queira, sendo vedada, porém, a tiragem de protesto.

Caso o advogado receba seus honorários por meio de **cheque**, ou tenha em poder **nota promissória** assinada pelo cliente, **depois de frustrada a tentativa de recebimento amigá-**

Para visualizar o *SHORT VIDEO* acesse: http://www.editorafoco.com.br/short-videos.

4. LÔBO, Paulo. *Comentários ao Estatuto da Advocacia e da OAB*. 4. ed. São Paulo: Saraiva, 2007.

vel, poderá levá-los – os títulos de crédito – a **protesto**.

Interessante anotar que o Novo CED, em seu art. 53, permite expressamente que o advogado ou sociedade de advogados empregue, para o recebimento de honorários, ***sistema de cartão de crédito***, mediante credenciamento junto a empresa operadora do ramo. Contudo, eventuais ajustes com a empresa operadora que impliquem pagamento antecipado, não afetarão a responsabilidade do causídico perante o cliente em caso de rescisão do contrato de prestação de serviços, devendo ser observadas as disposições deste quanto à hipótese ora aventada (art. 53, parágrafo único).

3.5.11. Honorários advocatícios e assistência jurídica

Os arts. 98 a 102 do Novo CPC, que incorporaram boa parte do conteúdo da Lei 1.060/1950, preconiza que os honorários sucumbenciais fixados em desfavor da parte beneficiária da gratuidade (pessoa pobre na acepção jurídica do termo) não poderão ser exigidos pelo advogado da parte vencedora sem que antes ele comprove a alteração da condição econômica do vencido (art. 98, §3º, do Código de Processo Civil).

Em outras palavras, se, por exemplo, o réu de uma ação indenizatória for beneficiário da justiça gratuita, requerida por ocasião da apresentação de sua contestação, caso o pedido deduzido na petição inicial seja julgado procedente, caberá ao juiz sentenciante condenar o vencido ao pagamento da indenização, sem prejuízo do pagamento dos honorários sucumbenciais ao advogado do autor. Contudo, sua exigibilidade restará suspensa, cabendo ao credor (advogado), no prazo prescricional de cinco anos, demonstrar que o réu (parte vencida) perdeu a condição de hipossuficiente (pobre na acepção jurídica do termo), conforme dispunha o antigo art. 12 da referida Lei 1.060/1950, revogado pelo CPC, que regulou a questão em seu art. 98, §3º.

Oportuno recordar que nas ações trabalhistas em que a parte sucumbente for beneficiária da justiça gratuita, o vencedor disporá de apenas dois anos, subsequentes ao trânsito em julgado, para demonstrar que deixou de existir a situação de insuficiência de recursos que justificou a concessão de gratuidade, extinguindo-se, passado esse prazo, tais obrigações do beneficiário.

Legislação correlata

1. ARTIGOS PERTINENTES DO ESTATUTO DA OAB

- → *v.* Art. 389 do CC.
- → *v.* Arts. 85 e ss. do NCPC.
- → *v.* Arts. 48 a 54 do Novo Código de Ética e Disciplina da OAB.
- → *v.* Arts. 14, 37 e 111 do Regulamento Geral da OAB.
- → *v.* Súmula vinculante 47.

Art. 21. Nas causas em que for parte o empregador, ou pessoa por este representada, os honorários de sucumbência são devidos aos advogados empregados.

Parágrafo único. Os honorários de sucumbência, percebidos por advogado empregado de sociedade de advogados são partilhados entre ele e a empregadora, na forma estabelecida em acordo.

Art. 22. A prestação de serviço profissional assegura aos inscritos na OAB o direito aos honorários convencionados, aos fixados por arbitramento judicial e aos de sucumbência.

§ 1º O advogado, quando indicado para patrocinar causa de juridicamente necessitado, no caso de impossibilidade da Defensoria Púb ica no local da prestação de serviço, tem direito aos honorários fixados pelo juiz, segundo tabela organizada pelo Conselho Seccional da

OAB, e pagos pelo Estado.

→ v. Art. 264 do CPP.

§ 2º Na falta de estipulação ou de acordo, os honorários são fixados por arbitramento judicial, em remuneração compatível com o trabalho e o valor econômico da questão, não podendo ser inferiores aos estabelecidos na tabela organizada pelo Conselho Seccional da OAB.

§ 3º Salvo estipulação em contrário, 1/3 (um terço) dos honorários é devido no início do serviço, outro terço até a decisão de primeira instância e o restante no final.

§ 4º Se o advogado fizer juntar aos autos o seu contrato de honorários antes de expedir-se o mandado de levantamento ou precatório, o juiz deve determinar que lhe sejam pagos diretamente, por dedução da quantia a ser recebida pelo constituinte, salvo se este provar que já os pagou.

§ 5º O disposto neste artigo não se aplica quando se tratar de mandato outorgado por advogado para defesa em processo oriundo de ato ou omissão praticada no exercício da profissão.

→ v. Art. 692 do CC.

Art. 23. Os honorários incluídos na condenação, por arbitramento ou sucumbência, pertencem ao advogado, tendo este direito autônomo para executar a sentença nesta parte, podendo requerer que o precatório, quando necessário, seja expedido em seu favor.

Art. 24. A decisão judicial que fixar ou arbitrar honorários e o contrato escrito que os estipular são títulos executivos e constituem crédito privilegiado na falência, concordata, concurso de credores, insolvência civil e liquidação extrajudicial.

→ v. Art. 784, XII, do NCPC.

§ 1º A execução dos honorários pode ser promovida nos mesmos autos da ação em que tenha atuado o advogado, se assim lhe convier.

§ 2º Na hipótese de falecimento ou incapacidade civil do advogado, os honorários de sucumbência, proporcionais ao trabalho realizado, são recebidos por seus sucessores ou representantes legais.

§ 3º É nula qualquer disposição, cláusula, regulamento ou convenção individual ou coletiva que retire do advogado o direito ao recebimento dos honorários de sucumbência.

→ v. ADIn 1.194, julgada pelo STF, que declarou a inconstitucionalidade do dispositivo, considerando direito disponível do advogado o recebimento de honorários sucumbenciais.

§ 4º O acordo feito pelo cliente do advogado e a parte contrária, salvo aquiescência do profissional, não lhe prejudica os honorários, quer os convencionados, quer os concedidos por sentença.

Art. 25. Prescreve em 5 (cinco) anos a ação de cobrança de honorários de advogado, contado o prazo:

I – do vencimento do contrato, se houver;

II – do trânsito em julgado da decisão que os fixar;

III – da ultimação do serviço extrajudicial;

IV – da desistência ou transação;

V – da renúncia ou revogação do mandato.

Art. 25-A. Prescreve em 5 (cinco) anos a ação de prestação de contas pelas quantias recebidas pelo advogado de seu cliente, ou de terceiros por conta dele (art. 34, XXI).

→ Artigo acrescentado pela Lei 11.902/2009.

Art. 26. O advogado substabelecido, com reserva de poderes, não pode cobrar honorários sem a intervenção daquele que lhe conferiu o substabelecimento.

2. ARTIGOS PERTINENTES DO CÓDIGO DE ÉTICA E DISCIPLINA

Art. 29. O advogado que se valer do concurso de colegas na prestação de serviços advocatícios, seja em caráter individual, seja no âmbito de sociedade de advogados ou de empresa ou entidade em que trabalhe, dispensar-lhes-á tratamento condigno, que não os torne subalternos seus nem lhes avilte os serviços prestados mediante remuneração incompatível com a natureza do trabalho profissional ou inferior ao mínimo fixado pela Tabela de Honorários que for aplicável.

Parágrafo único. Quando o aviltamento de honorários for praticado por empresas ou entidades públicas ou privadas, os advogados responsáveis pelo respectivo departamento ou gerência jurídica serão instados a corrigir o abuso, inclusive intervindo junto aos demais órgãos competentes e com poder de decisão da pessoa jurídica de que se trate, sem prejuízo das providências que a Ordem dos Advogados do Brasil possa adotar com o mesmo objetivo.

Art. 48. A prestação de serviços profissionais por advogado, individualmente ou integrado em sociedades, será contratada, preferentemente, por escrito.

→ v. Arts. 21 a 26 e 34, III, da Lei 8.906/1994.

→ v. Arts. 14, 37 e 111 do Regulamento Geral da OAB.

§ 1º O contrato de prestação de serviços de advocacia não exige forma especial, devendo estabelecer, porém, com clareza e precisão, o seu objeto, os honorários ajustados, a forma de pagamento, a extensão do patrocínio, esclarecendo se este abrangerá todos os atos do processo ou limitar-se-á a determinado grau de jurisdição, além de dispor sobre a hipótese de a causa encerrar-se mediante transação ou acordo.

§ 2º A compensação de créditos, pelo advogado, de importâncias devidas ao cliente, somente será admissível quando o contrato de prestação de serviços a autorizar ou quando houver autorização especial do cliente para esse fim, por este firmada.

§ 3º O contrato de prestação de serviços poderá dispor sobre a forma de contratação de profissionais para serviços auxiliares, bem como sobre o pagamento de custas e emolumentos, os quais, na ausência de disposição em contrário, presumem-se devam ser atendidos pelo cliente. Caso o contrato preveja que o advogado antecipe tais despesas, ser-lhe-á lícito reter o respectivo valor atualizado, no ato de prestação de contas, mediante comprovação documental.

§ 4º As disposições deste capítulo aplicam-se à mediação, à conciliação, à arbitragem ou a qualquer outro método adequado de solução dos conflitos.

§ 5º É vedada, em qualquer hipótese, a diminuição dos honorários contratados em decorrência da solução do litígio por qualquer mecanismo adequado de solução extrajudicial.

§ 6º Deverá o advogado observar o valor mínimo da Tabela de Honorários instituída pelo respectivo Conselho Seccional onde for realizado o serviço, inclusive aquele referente às diligências, sob pena de caracterizar-se aviltamento de honorários.

§ 7º O advogado promoverá, preferentemente, de forma destacada a execução dos honorários contratuais ou sucumbenciais.

Art. 49. Os honorários profissionais devem ser fixados com moderação, atendidos os elementos seguintes:

I – a relevância, o vulto, a complexidade e a dificuldade das questões versadas;

II – o trabalho e o tempo a ser empregados;

III – a possibilidade de ficar o advogado impedido de intervir em outros casos, ou de se desavir com outros clientes ou terceiros;

IV – o valor da causa, a condição econômica do cliente e o proveito para este resultante do serviço profissional;

V – o caráter da intervenção, conforme se trate de serviço a cliente eventual, frequente ou constante;

VI – o lugar da prestação dos serviços, conforme se trate do domicílio do advogado ou de outro;

VII – a competência do profissional;

VIII – a praxe do foro sobre trabalhos análogos.

Art. 50. Na hipótese da adoção de cláusula *quota litis*, os honorários devem ser necessariamente representados por pecúnia e, quando acrescidos dos honorários da sucumbência, não podem ser superiores às vantagens advindas a favor do cliente.

§ 1º A participação do advogado em bens particulares do cliente só é admitida em caráter excepcional, quando esse, comprovadamente, não tiver condições pecuniárias de satisfazer o débito de honorários e ajustar com o seu patrono, em instrumento contratual, tal forma de pagamento.

§ 2º Quando o objeto do serviço jurídico versar sobre prestações vencidas e vincendas, os honorários advocatícios poderão incidir sobre o valor de umas e outras, atendidos os requisitos da moderação e da razoabilidade.

Art. 51. Os honorários da sucumbência e os honorários contratuais, pertencendo ao advogado que houver atuado na causa, poderão ser por ele executados, assistindo-lhe direito autônomo para promover a execução do capítulo da sentença que os estabelecer ou para postular, quando for o caso a expedição de precatório ou requisição de pequeno valor em seu favor.

§ 1º No caso de substabelecimento, a verba correspondente aos honorários da sucumbência será repartida entre o substabelecente e o substabelecido, proporcionalmente à atuação de cada um no processo ou conforme haja sido entre eles ajustado.

§ 2º Quando for o caso, a Ordem dos Advogados do Brasil ou os seus Tribunais de Ética e Disciplina poderão ser solicitados a indicar mediador que contribua no sentido de que a distribuição dos honorários da sucumbência, entre advogados, se faça segundo o critério estabelecido no § 1º.

§ 3º Nos processos disciplinares que envolverem divergência sobre a percepção de honorários da sucumbência, entre advogados, deverá ser tentada a conciliação destes, preliminarmente, pelo relator.

Art. 52. O crédito por honorários advocatícios, seja do advogado autônomo, seja de sociedade de advogados, não autoriza o saque de duplicatas ou qualquer outro título de crédito de natureza mercantil, podendo, apenas, ser emitida fatura, quando o cliente assim pretender, com fundamento no contrato de prestação de serviços, a qual, porém, não poderá ser levada a protesto.

Parágrafo único. Pode, todavia, ser levado a protesto o cheque ou a nota promissória emitido pelo cliente em favor do advogado, depois de frustrada a tentativa de recebimento amigável.

Art. 53. É lícito ao advogado ou à sociedade de advogados empregar, para o recebimento de honorários, sistema de cartão de crédito, mediante credenciamento junto a empresa operadora do ramo.

Parágrafo único. Eventuais ajustes com a empresa operadora que impliquem pagamento antecipado não afetarão a responsabilidade do advogado perante o cliente, em caso de rescisão do contrato de prestação de serviços, devendo ser observadas as disposições deste quanto à hipótese.

Art. 54. Havendo necessidade de promover arbitramento ou cobrança judicial de honorários, deve o advogado renunciar previamente ao mandato que recebera do cliente em débito.

3. ARTIGOS PERTINENTES DO REGULAMENTO GERAL

Art. 14. Os honorários de sucumbência, por decorrerem precipuamente do exercício da advocacia e só acidentalmente da relação de emprego, não integram o salário ou a remuneração, não podendo, assim, ser considerados para efeitos trabalhistas ou previdenciários.

→ *v.* Arts. 22 a 26 da Lei 8.906/1994.

→ *v.* Arts. 48 a 54 do Novo Código de Ética e Disciplina da OAB.

Parágrafo único. Os honorários de sucumbência dos advogados empregados constituem fundo comum, cuja destinação é decidida pelos profissionais integrantes do serviço jurídico da empresa ou por seus representantes.

Art. 111. O Conselho Seccional fixa tabela de honorários advocatícios, definindo as referências mínimas e as proporções, quando for o caso.

→ *v.* Arts. 22 a 26 da Lei 8.906/1994.

→ *v.*Arts. 48 a 54 do Novo Código de Ética e Disciplina da OAB.

Parágrafo único. A tabela é amplamente divulgada entre os inscritos e encaminhada ao Poder Judiciário para os fins do art. 22 do Estatuto.

Questões comentadas

(EXAME DE ORDEM UNIFICADO 2010.2 – FGV) Eduardo, advogado, é contratado para defender os interesses de Otávio, próspero fazendeiro, em diversas ações, de natureza civil, empresarial, criminal, bem como em processos administrativos que tramitam em numerosos órgãos públicos.

Antes de realizar os atos próprios da profissão, apresenta ao cliente os termos de contrato de honorários, que divide em valores fixos, acrescidos dos decorrentes da eventual sucumbência existente nos processos judiciais. À luz das normas aplicáveis,

(A) os honorários sucumbenciais e os contratados são naturalmente excludentes, devendo o profissional optar por um deles.

(B) os honorários contratuais devem ser sempre em valor fixo.

(C) os honorários de sucumbência podem, ao alvedrio das partes, sofrer desconto dos honorários pactuados contratualmente.

(D) os honorários sucumbenciais acrescidos dos honorários contratuais podem superar o benefício econômico obtido pelo cliente.

COMENTÁRIO

A alternativa "C" está correta, cabendo às partes (cliente e advogado) disporem da forma que bem entenderem. Afinal, de acordo com o STF (ADI 1194), os honorários têm natureza disponível.

A alternativa "A" está incorreta, pois, segundo o art. 22, *caput*, da Lei 8.906/1994, a prestação do serviço assegura ao advogado direito aos honorários convencionados, aos fixados por arbitramento judicial e aos de sucumbência; ademais, os honorários fixados em sentença pertencem ao advogado, que pode executá-los autonomamente (art. 23 da Lei 8.906/1994). Ademais, não é verdadeira a firmação de que os honorários sucumbenciais excluem os contratuais, ou vice-versa, haja vista que são espécies distintas de honorários, pagos, inclusive, por pessoas distintas. Os contratuais são pagos, obviamente, pelo cliente (contratante), ao passo que os sucumbenciais são pagos pela parte vencida no processo. Aliás, segundo o CED, "os honorários da sucumbência e os honorários contratuais, pertencendo ao advogado que houver atuado na causa, poderão ser por ele executados, assistindo-lhe direito autônomo para promover a execução do capítulo da sentença que os estabelecer ou para postular, quando for o caso, a expedição de precatório ou requisição de pequeno valor em seu favor (art. 51) "; assim, é possível que o contrato de honorários determine que o advogado fique com os dois honorários (contratual e de sucumbência) ou que se combine algum tipo de compensação.

A alternativa "B" está incorreta, pois não existe, nos arts. 22 a 26 do EAOAB, nem nos arts. 48 a 54 do CED, obrigação nesse sentido.

A alternativa "D" está incorreta, pois, segundo o art. 50, *caput*, do CED, "na hipótese da adoção de cláusula *quota litis*, os honorários devem ser necessariamente representados por pecúnia e, quando acrescidos dos de honorários da sucumbência, não podem ser superiores às vantagens advindas a favor do cliente".

(EXAME DE ORDEM UNIFICADO 2010.3 – FGV) Homero, advogado especializado em Direito Público, após longos anos, obtém sentença favorável contra a Fazenda Pública Estadual. Requer a execução especial e apresenta, após o decurso normal do processo, requerimento de expedição de precatório, estabelecendo a separação do principal, direcionado ao seu cliente, dos honorários de sucumbência e postulando o desconto no principal de vinte por cento a título de honorários contratuais, cujo contrato anexa aos autos. O pedido é deferido pelo Juiz, mas há recurso do Ministério Público, que não concorda com tal desconto. De acordo com as normas estatutárias aplicáveis, é correto afirmar que

(A) os honorários devidos no processo judicial se resumem aos sucumbenciais, vedado o desconto de quaisquer outros valores a esse título.

(B) os honorários advocatícios, que gozam de autonomia, quer sucumbenciais, quer contratuais, devem ser cobrados em via própria diretamente ao cliente.

(C) é possível o pagamento de honorários advocatícios contratuais no processo em que houve condenação, havendo precatório, desde que o contrato seja escrito.

(D) seja o contrato escrito ou verbal, pode o advogado requerer o pagamento dos seus honorários contratuais mediante desconto no valor da condenação.

COMENTÁRIO

A alternativa "C" é a correta, pois, de acordo com o art. 22, § 4º, do EAOAB, é perfeitamente possível que o advogado Homero pleiteie em juízo a reserva do montante capaz de quitar os honorários contratualmente avençados, deduzindo-se o valor diretamente do numerário pertencente ao seu cliente (inclusive de eventual precatório oriundo de condenação final da Fazenda Pública). Trata-se de excelente mecanismo "anticalote" de que dispõe o advogado, não ficando à mercê do cliente que, após receber, por exemplo, indenização judicialmente fixada, poderia inadimplir e deixar de pagar os honorários contratualmente fixados com seu advogado.

A alternativa "A" é incorreta, pois, conforme veremos nos comentários às alternativas a seguir, admite-se que o advogado pleiteie o desconto do valor correspondente aos honorários contratualmente fixados por escrito de montante a ser recebido por seu cliente.

A alternativa "B" é incorreta, pois, no bojo de um processo judicial, poderá o advogado receber os *honorários contratuais*, mediante juntada do contrato *escrito* aos autos (art. 22 do EAOAB), bem assim *os honorários sucumbenciais*, que devem ser pagos pelo vencido – e não pelo cliente! – ao advogado do vencedor (art. 23 do EAOAB). Portanto, não se exigirá uma "via própria", podendo os honorários ser alcançados no próprio processo.

A alternativa "D" é incorreta, pois, conforme preconiza o já citado art. 22, § 4º, do EAOAB (Lei 8.906/1994), "se o advogado fizer juntar aos autos o seu *contrato de honorários* antes de expedir-se o mandado de levantamento ou precatório, o juiz deve determinar que lhe sejam pagos diretamente, por dedução da quantia a ser recebida pelo constituinte, salvo se este provar que já os pagou". Assim, se o contrato for verbal, será inviável a aplicação do dispositivo legal transcrito.

(IV EXAME DE ORDEM UNIFICADO – FGV) A prescrição para a cobrança de honorários advocatícios tem como termo inicial, consoante as normas estatutárias,

(A) o dia do primeiro ato extrajudicial.

(B) o início do contrato de prestação de serviços.

(C) a data da revogação do mandato.

(D) a sentença que julga procedente o pedido em favor do cliente do advogado.

COMENTÁRIO

A alternativa "C" está correta. De fato, a partir da revogação do mandato, a relação cliente-advogado está extinta, cabendo ao advogado, a partir de então, intentar com demanda no prazo máximo de cinco anos (art. 25, V, do EAOAB).

A alternativa "A" está incorreta. De acordo com o art. 25 do Estatuto da OAB (EAOAB – Lei 8.906/1994), a prescrição da ação de cobrança de honorários advocatícios é de cinco anos, contados: I – do vencimento do contrato, se houver; II – do trânsito em julgado da decisão que os fixar; III – da ultimação do serviço extrajudicial; IV – da desistência ou transação; e V – da renúncia ou revogação do mandato. Portanto, o termo inicial não poderá ser o dia do primeiro ato extrajudicial, mas sim de sua ultimação (término).

A alternativa "B" está incorreta, pois, consoante art. 25, I, do EAOAB, o prazo de prescrição começará a fluir a partir do vencimento do contrato, se houver, e não do início da prestação dos serviços.

A alternativa "D" está incorreta. Apenas com o trânsito em julgado da decisão que houver fixado os honorários (ex.: honorários sucumbenciais ou honorários por arbitramento) é que terá início a prescrição quinquenal (art. 25, II, do EAOAB).

(VI EXAME DE ORDEM UNIFICADO – FGV) No caso de arbitramento judicial de honorários, pela ausência de estipulação ou acordo em relação a eles, é correto afirmar, à luz das regras estatutárias, que

(A) os valores serão livremente arbitrados pelo juiz, sem parâmetros, devendo o advogado percebê-los.

(B) a fixação dos honorários levará em conta o valor econômico da questão.

(C) a tabela organizada pela OAB não é relevante para essa forma de fixação.

(D) havendo acordo escrito, poderá ocorrer o arbitramento judicial de honorários.

COMENTÁRIO

A alternativa "B" está correta, de acordo com o art. 22, § 2º, do EAOAB.

A alternativa "A" está incorreta, pois o juiz, quando do arbitramento de honorários ao advogado, decorrente da ausência de estipulação ou acordo com o cliente, irá pautar-se pelas tabelas editadas pelos Conselhos Seccionais (art. 22, § 2º, do EAOAB).

A alternativa "C" está incorreta, pois, como dito, a tabela de honorários editada por cada Conselho Seccional servirá como parâmetro ao magistrado quando do arbitramento dos honorários advocatícios.

A alternativa "D" está incorreta, pois, havendo acordo escrito, o advogado não necessitará de arbitramento de seus honorários pelo magistrado. Afinal, o contrato escrito de honorários constitui título executivo, passível, portanto, de execução (art. 24 do EAOAB).

(VI EXAME DE ORDEM UNIFICADO – FGV) Esculápio realiza contrato escrito de honorários com Terêncio, no valor de R$ 20.000,00. Consoante as normas estatutárias aplicáveis à espécie, é correto afirmar que

(A) esse documento não se reveste passível de futura execução, como título executivo.

(B) a ausência de pagamento do valor pactuado leva ao arbitramento judicial dos honorários.

(C) o contrato escrito é título executivo, podendo o advogado ingressar com ação de execução dos seus honorários.

(D) esse crédito não possui privilégio em eventual insolvência do cliente.

COMENTÁRIO

A alternativa "C" está correta, corresponde à previsão contida no art. 24, *caput*, do EAOAB;

A alternativa "A" está incorreta, pois o contrato escrito de honorários é título executivo (art. 24, *caput*, do EAOAB);

A alternativa "B" está incorreta, pois, havendo contrato escrito, que, como visto, é considerado título executivo, caberá ao advogado credor promover a competente ação de execução, não sendo necessário o arbitramento judicial dos honorários, que somente ocorrerá quando não houver acordo (art. 22, § 2º, do EAOAB);

A alternativa "D" está incorreta, pois os honorários advocatícios são considerados créditos privilegiados em caso de concurso de credores (ex.: falência e insolvência civil).

(VII EXAME DE ORDEM UNIFICADO – FGV) O advogado João apresentou petição em determinada Vara Cível, pela qual fazia juntar o contrato de honorários celebrado com seu cliente para aquela causa, bem como requeria a expedição de mandado de pagamento em seu nome, a fim de receber seus honorários diretamente, por dedução da quantia a ser recebida por seu constituinte. Sobre a hipótese e à luz do que dispõe o Estatuto da Advocacia e da OAB, assinale a alternativa correta:

(A) O advogado tem direito à expedição de mandado de pagamento em seu nome, para que receba diretamente seus honorários, por dedução da quantia a ser recebida pelo constituinte, devendo, para tanto, fazer juntar aos autos o contrato de honorários.

(B) O advogado tem direito à expedição de mandado de pagamento em seu nome, para que receba diretamente seus honorários, por dedução da quantia a ser recebida pelo constituinte, devendo, para tanto, fazer juntar aos autos o contrato de honorários, bem como declaração expressa de seu constituinte anuindo com a realização do pagamento diretamente ao advogado.

(C) O advogado não tem direito à expedição de mandado de pagamento em seu nome, para que receba diretamente seus honorários, por dedução da quantia a ser recebida pelo constituinte, mas o magistrado pode assim determinar, caso entenda conveniente.

(D) O advogado não tem direito, em hipótese alguma, à expedição de mandado de pagamento em seu nome, para que receba diretamente seus honorários, por dedução da quantia a ser recebida pelo constituinte. Mandados de pagamento, incluindo-se aqueles referentes aos honorários do advogado, são sempre expedidos em nome da parte.

COMENTÁRIO

A alternativa "A" está correta. De acordo com o art. 22, § 4º, do EAOAB, se o advogado fizer juntar aos autos o seu contrato de honorários antes de expedir-se o mandado de levantamento ou precatório, o juiz deve determinar que lhe sejam pagos diretamente, por dedução da quantia a ser recebida pelo constituinte, salvo se este provar que já os pagou. Trata-se de excelente "favor legal" pela existência de um contrato escrito de honorários, qual seja, a de dedução do montante correspondente ao valor a ser percebido pelo advogado da quantia a ser levantada pelo cliente. Vale frisar que tal possibilidade (dedução dos honorários da quantia a ser recebida pelo cliente) decorre diretamente da lei, não sendo necessária qualquer autorização do cliente (tal como referido na parte final da alternativa B). Caberá ao juiz, com a juntada aos autos judiciais do contrato de honorários, expedir mandado de levantamento diretamente em nome do advogado, no montante correspondente aos honorários contratados. O valor restante, por óbvio, será levantado pelo cliente.

(VIII EXAME DE ORDEM UNIFICADO– FGV) João é contratado para propor ação de cobrança pela sociedade M e P Ltda., em face da sociedade C e L Ltda., sendo o valor da causa, correspondente ao débito, de R$ 200.000,00 (duzentos mil reais). Após iniciada a ação, mas antes do ato citatório, a sociedade autora vem a desistir da mesma. Houve contrato de honorários subscrito pelas partes aventando que, nesse caso, seriam devidos honorários fixos de R$ 10.000,00 (dez mil reais). A sociedade notificada regularmente não pagou os honorários contratuais. Nesse caso, o prazo para a prescrição da ação de cobrança de honorários passa a contar da data

(A) do trânsito em julgado da decisão judicial.

(B) da desistência judicial formulada.

(C) do término do mandato judicial.

(D) da ultimação do serviço judicial.

COMENTÁRIO

A alternativa "B"está correta (art. 25, IV, do EAOAB).

A alternativa "A"está incorreta, pois o trânsito em julgado de decisão judicial somente constituirá termo inicial do prazo prescricional à cobrança de honorários quando os tiver fixado (art. 25, II, do EAOAB). No problema proposto, a decisão judicial não fixou os honorários, mas, simplesmente, homologou o pedido de desistência da ação.

A alternativa "C"está incorreta, pois, no caso relatado no enunciado da questão, o termo inicial da prescrição à cobrança dos honorários é a própria desistência judicial (art. 25, II, do EAOAB), e não o término do mandato em razão, por exemplo, de renúncia ou revogação (art. 25, V, do EAOAB).

A alternativa "D"está incorreta, pois o advogado foi contratado para promover ação judicial (e não serviços extrajudiciais).

(VIII EXAME DE ORDEM UNIFICADO – FGV) João postulou, por meio de representação de advogado, ação condenatória em face da sociedade Cacos e Cacos Ltda., obtendo sentença favorável, condenando a ré ao pagamento da quantia de R$ 100.000,00 (cem mil reais), acrescida de R$ 15.000,00 (quinze mil reais) de honorários advocatícios. Após o trânsito em julgado da decisão judicial, João e seu advogado Pedro são cientificados de que a sociedade está falida, devendo os seus créditos sofrer procedimento de habilitação.

Nesse caso, a natureza dos créditos correspondentes a honorários advocatícios, nos termos do Estatuto, é considerada como

(A) quirografária.

(B) real.

(C) privilegiada.

(D) natural.

COMENTÁRIO

A alternativa "C" está correta. De fato, o crédito correspondente a honorários advocatícios, conforme dispõe o art. 24, *caput*, do EAOAB, é considerado privilegiado no caso de concurso de credores (ex.: falência ou insolvência). Importante destacar, porém, que a jurisprudência do STJ (REsp 1.152.218/RS, de relatoria do Ministro Luis Felipe Salomão) consolidou o entendimento que os créditos resultantes de honorários advocatícios têm natureza alimentar e equiparam-se aos trabalhistas para efeito de habilitação em falência, o que foi reafirmado pelo Novo CPC (art. 85, § 14). Confira-se abaixo a ementa do referido julgado: "DIREITO PROCESSUAL CIVIL E EMPRESARIAL. RECURSO ESPECIAL REPRESENTATIVO DE CONTROVÉRSIA. ART. 543-C DO CPC [Art. 1.036 do CPC/2015]. HONORÁRIOS ADVOCATÍCIOS. FALÊNCIA. HABILITAÇÃO. CRÉDITO DE NATUREZA ALIMENTAR. ART. 24 DA LEI 8.906/1994. EQUIPARAÇÃO A CRÉDITO TRABALHISTA". Assim, o crédito decorrente de honorários advocatícios, quando habilitado na falência, gozará de privilégio especial.

(IX EXAME DE ORDEM UNIFICADO – FGV) Um advogado é contratado por um empresário para atuar em causas na área empresarial, formalizando contrato escrito e emitindo fatura para pagamento dos honorários ajustados. A partir de determinado momento o empresário passou a não pagar os honorários ajustados. Consoante as regras do Código de Ética, o advogado para buscar o recebimento dos honorários pactuados, deverá

(A) emitir duplicatas decorrentes da fatura apresentada.

(B) levar o contrato de honorários a protesto.

(C) emitir debêntures em decorrência do contrato firmado.

(D) cobrar os valores por meio de ação judicial.

COMENTÁRIO

A alternativa "D" está correta. De acordo com o art. 52 do Código de Ética, o crédito por honorários advocatícios, seja do advogado autônomo, seja de sociedade de advogados, não autoriza o saque de duplicatas ou qualquer outro título de crédito de natureza mercantil, podendo, apenas, ser emitida fatura, quando o cliente assim pretender, com fundamento no contrato de prestação de serviços, a qual, porém, não poderá ser levada a protesto. Pode, todavia, ser levado a protesto o cheque ou a nota promissória emitido pelo cliente em favor do advogado, depois de frustrada a tentativa de recebimento amigável (art. 52, parágrafo único, do CED). Assim, a única alternativa que resta ao advogado que se vir diante de inadimplência do cliente no tocante aos honorários, é a cobrança dos respectivos valores por meio de ação judicial. Se houver contrato escrito, que tem eficácia executiva (art. 24, *caput*, do Estatuto da OAB), poderá o advogado promover a execução de referido título. Caso não o tenha, deverá promover ação objetivando o arbitramento judicial dos honorários (art. 22, § 2º, do Estatuto da OAB), não podendo ser inferiores ao mínimo estipulado nas tabelas editadas pelos Conselhos Seccionais.

(X EXAME DE ORDEM UNIFICADO – FGV) Nos termos do Estatuto da Advocacia existe a previsão de pagamento de honorários advocatícios. Assinale a afirmativa que indica como deve ocorrer o pagamento, quando não houver estipulação em contrário.

(A) Metade no início e o restante parcelado em duas vezes.

(B) Um terço no início, um terço até a decisão de primeira instância e um terço ao final.

(C) Dez por cento no início, vinte por cento na sentença e o restante após o trânsito em julgado.

(D) Cinquenta por cento no início, trinta por cento até decisão de primeiro grau e o restante após o recurso, se existir.

COMENTÁRIO

A alternativa "B" está correta. Nos exatos termos do art. 22, § 3º, do Estatuto da OAB, salvo estipulação em contrário, um terço dos honorários é devido no início do serviço, outro terço até a decisão de primeira instância e o restante no final. Portanto: 1/3, 1/3 e 1/3!

(XI EXAME DE ORDEM UNIFICADO – FGV) O advogado Mário celebrou contrato de honorários com seu cliente, para atuar em reclamação trabalhista. No contrato restou estabelecido que, em caso de êxito, ele receberia, a título de honorários contratuais, o valor de 60% do que fosse recebido pelo cliente, que havia sido dispensado pelo empregador e encontra-se em situação econômica desfavorável.

A respeito do caso apresentado, assinale a afirmativa correta.

(A) Mário não cometeu infração disciplinar, uma vez que tendo celebrado contrato de honorários, ele pode cobrar de seu cliente o valor que entender compatível com o trabalho desenvolvido.

(B) Mário não cometeu infração disciplinar, pois causas trabalhistas são muito complexas, justificando-se, assim, a cobrança de honorários elevados.

(C) Mário violou dispositivo do Código de Ética e Disciplina da OAB, segundo o qual os honorários profissionais devem ser fixados com moderação.

(D) Mário violou dispositivo do Código de Ética e Disciplina da OAB, que veda a cobrança de honorários profissionais com base em percentual do valor a ser recebido pela parte.

COMENTÁRIO

A alternativa "C" está correta. Como visto, o advogado, na cobrança de seus honorários, deve pautar-se pela moderação (art. 49 do CED). O percentual cobrado pelo advogado, como visto, não é moderado, já que receberia valor superior àquele percebido pelo cliente. Aqui, o advogado seria verdadeiro "sócio majoritário" na causa, o que não se poderia admitir. Deve-se ponderar, ainda, que a forma de honorários com pacto ou cláusula *quota litis* (cláusula de sucesso), segundo a qual o advogado somente receberá os honorários em caso de êxito na demanda, não admite que os ganhos do profissional superem aqueles alcançados pelo cliente (art. 50 do CED).

As alternativas "A e B" estão incorretas. Não é verdade que um advogado, a despeito de entabular com seu cliente contrato de honorários, possa cobrar o valor que entender compatível com seu trabalho. É que o art. 49 do Código de Ética e Disciplina (CED) consagra o "princípio da moderação", ou seja, os honorários devem ser fixados com moderação. E, no caso relatado no enunciado, a cobrança de 60% (sessenta por cento) de todo o proveito econômico da causa, evidentemente, se afigura imoderada.

A alternativa "D" está incorreta. O CED, no art. 50, admite a adoção de cláusula *quota litis*, que corresponderá a um percentual que o advogado fará jus do proveito econômico da causa para o seu cliente. Assim, não há vedação de estipulação dos honorários em percentual a ser recebido pela parte, desde que haja moderação (art. 49 do CED), e que o montante percebido pelo causídico não supere os ganhos do cliente.

(XI EXAME DE ORDEM UNIFICADO – FGV) Deise, advogada renomada, com longos anos de experiência na profissão, obtém sentença condenatória favorável contra o município "X". Após o trânsito em julgado, inicia a execução, apurando vultoso valor a receber para o seu cliente, bem como honorários advocatícios de sucumbência correspondente a dez por cento do principal. Além disso, a ilustre advogada possui contrato de honorários escrito, fixando outros dez por cento em decorrência do resultado final do processo, a título de honorários de êxito. No entanto, para manter cordial a sua relação com o cliente, não apresenta o contrato em Juízo, esperando o cumprimento espontâneo do mesmo, o que não veio a ocorrer. Assim, antes do pagamento do precatório, mas tendo sido o mesmo expedido, requer a advogada o bloqueio do valor correspondente ao seu contrato de honorários.

Observado tal relato, segundo as regras do Estatuto da Advocacia, assinale a afirmativa correta.

(A) O destaque correspondente aos honorários advocatícios definidos em contrato escrito pode ocorrer a qualquer momento antes do pagamento do precatório.

(B) O advogado, ocorrendo a existência de honorários advocatícios contratuais fixados por escrito, deve requerer o seu pagamento com a dedução do valor devido ao cliente antes da expedição do precatório.

(C) O pagamento dos honorários contratuais fixados em documento escrito deve ser realizado pelo cliente ou em ação judicial sem que possa ocorrer desconto no valor do precatório expedido em favor do cliente.

(D) O Juiz fazendário da condenação, em se tratando de acerto privado, não possui competência para definir se tal valor é ou não devido, sendo inviável o desconto no valor do precatório.

COMENTÁRIO

A alternativa "B" está correta, nos termos do art. 22, § 4º, do EAOAB.

A alternativa "A" está incorreta. O art. 22, § 4º, do EAOAB, prevê que se o advogado fizer juntar aos autos o seu contrato de honorários *antes de expedir-se o mandado de levantamento ou precatório*, o juiz deve determinar que lhe sejam pagos diretamente, por dedução da quantia a ser recebida pelo constituinte, salvo se este provar que já os pagou. Portanto, não é correto afirmar que a dedução dos honorários advocatícios definidos em contrato escrito pode ocorrer "a qualquer momento" antes do pagamento do precatório, mas, sim, até sua expedição.

A alternativa "C" está incorreta. O Estatuto da OAB permite que o advogado que tenha avençado seus honorários em contrato escrito o junte aos autos, a fim de que se proceda à dedução do montante respectivo do valor que esteja à disposição do cliente (art. 22, § 4º, EAOAB). Trata-se de um excelente mecanismo contra a futura – e eventual – inadimplência. Assim, o advogado terá a garantia de que receberá os valores ajustados com o cliente.

A alternativa "D" está incorreta. A possibilidade de dedução do valor dos honorários advocatícios contratualmente fixados, na forma já referida nos comentários às alternativas antecedentes, decorre de lei (leia-se: do Estatuto da OAB, art. 22, § 4º), razão pela qual o Juiz fazendário terá, sim, competência para proceder ao desconto no valor do precatório devido ao cliente.

(XII EXAME DE ORDEM UNIFICADO – FGV) Eugênio é advogado contratado pela empresa Ônibus e Ônibus Ltda. Na empresa ele é responsável pelas defesas em ações que pleiteiam o reconhecimento da responsabilidade civil da sua cliente e dos seus prepostos. O contrato de honorários venceu em 2010 e não foi renovado. Em dificuldades financeiras, a empresa não pagou os honorários devidos.

O termo inicial para a contagem do prazo para a prescrição da pretensão de cobrança dos honorários advocatícios, observado o disposto no Estatuto da Advocacia, ocorre a partir da

(A) última tentativa de conciliação.
(B) data fixada pelo Juiz.
(C) última prestação de serviço.
(D) data do vencimento do contrato.

COMENTÁRIO

A alternativa "D" está correta. De acordo com o art. 25 do Estatuto da OAB (EAOAB), prescreve em cinco anos a ação de cobrança de honorários, contado o prazo: I – do vencimento do contrato, se houver; II – do trânsito em julgado da decisão que os fixar; III – da ultimação do serviço extrajudicial; IV – da desistência ou transação; V – da renúncia ou revogação do mandato. Assim, com base no enunciado proposto, temos que o termo inicial para a contagem do prazo prescricional para a propositura de ação de cobrança dos honorários é o *vencimento do contrato* havido entre o advogado Eugênio e a empresa Ônibus e Ônibus Ltda, que ocorreu em 2010.

As alternativas "A, B e C" estão incorretas, pois não se enquadram em quaisquer dos termos iniciais de contagem da prescrição da cobrança de honorários definidos no art. 25 do EAOAB.

(XIII EXAME DE ORDEM UNIFICADO – FGV) Maria, após vários anos de tramitação de ação indenizatória em que figurava como autora, decidiu substituir José, advogado que até então atuava na causa, por João, amigo da família, que não cobraria honorários de nenhuma espécie de Maria. Ao final da ação, quando Maria finalmente recebeu os valores que lhe eram devidos, a título de indenização, foi procurada por José, que desejava receber honorários pelos serviços advocatícios prestados até o momento em que foi substituído.

Sobre a hipótese sugerida, assinale a afirmativa correta.

(A) José tem direito a receber a integralidade dos honorários contratuais e de sucumbência, como se tivesse atuado na causa até o final, uma vez que foi substituído por vontade da cliente e não sua.
(B) José não tem direito a receber honorários, porque não atuou na causa até o seu fim.
(C) José tem direito a receber honorários contratuais, mas não tem direito a receber honorários de sucumbência.
(D) José tem direito a receber honorários contratuais, bem como honorários de sucumbência, calculados proporcionalmente, em face do serviço efetivamente prestado.

COMENTÁRIO

A alternativa "D" está correta. Nos termos do art. 17 do CED, a revogação do mandato judicial por vontade do cliente não o desobriga do pagamento das verbas honorárias contratadas, assim como não retira o direito do advogado de receber o quanto lhe seja devido em eventual verba honorária de sucumbência, calculada proporcionalmente, em face do serviço prestado.

A alternativa "A", "B" e "C" estão incorretas, pois o fato de o cliente revogar o mandato conferido por Maria a José, substituído por outro colega, não induz pensar que o "antigo causídico" nada receberá de honorários, sejam os convencionados, sejam os eventuais honorários sucumbenciais. Tal será melhor visto no comentário a seguir.

(XIII EXAME DE ORDEM UNIFICADO – FGV) Sobre o prazo para ajuizamento de ação de cobrança de honorários de advogado, assinale a opção correta.

(A) Prescreve em dois anos a ação de cobrança de honorários de advogado, contando-se o prazo do vencimento do contrato, se houver.
(B) Prescreve em cinco anos a ação de cobrança de honorários de advogado, contando-se o prazo do trânsito em julgado da decisão que os fixar.
(C) Prescreve em dois anos a ação de cobrança de honorários de advogado, contando-se o prazo da ultimação do serviço extrajudicial.
(D) Prescreve em cinco anos a ação de cobrança de honorários de advogado, contando-se o prazo da decisão que os fixar, independentemente do seu trânsito em julgado.

COMENTÁRIO

A alternativa "B" está correta. De fato, prescreve em cinco anos a ação de cobrança de honorários de advogado, contando-se o prazo (termo inicial) do vencimento do contrato, se houver (inc. I do art. 25 do EAOAB), do trânsito em julgado da decisão que os fixar (inc. II do art. 25 do EAOAB), da ultimação do serviço extrajudicial (inc. III do art. 25 do EAOAB), da desistência ou transação (inc. IV do art. 25 do EAOAB) ou da renúncia ou revogação do mandato (inc. V do art. 25 do EAOAB).

As alternativas "A" e "C" estão incorretas, de plano. É que a

prescrição da pretensão à cobrança de honorários, nos termos do art. 25 do EAOAB, ocorre no prazo de cinco anos.
A alternativa D" está incorreta. Como visto, somente a partir do trânsito em julgado da decisão que fixar os honorários (ex.: honorários sucumbenciais) é que começará a fluir o prazo prescricional.

(XV EXAME DE ORDEM UNIFICADO – FGV) O advogado Caio atuava representando os interesses do autor em determinada ação indenizatória há alguns anos. Antes da prolação da sentença, substabeleceu, com reserva, os poderes que lhe haviam sido outorgados pelo cliente, ao advogado Tício. Ao final, o pedido foi julgado procedente e o cliente de Caio e Tício recebeu a indenização pleiteada, mas não repassou aos advogados os honorários de êxito contratados, estipulados em 30%. Caio, para evitar desgaste, preferiu não cobrar judicialmente os valores devidos pelo cliente. Tício, não concordando com a opção de Caio, decidiu, à revelia deste último, ingressar com a ação cabível, valendo-se, para tanto, do contrato de honorários celebrado entre Caio e o cliente.

A partir do caso apresentado, assinale a afirmativa correta.

(A) Tício pode ajuizar tal ação, pois, embora não tivesse celebrado o contrato com o cliente, recebeu poderes de Caio para atuar na causa.

(B) Tício pode ajuizar tal ação, pois ingressou na causa antes da prolação da sentença, sendo, assim, igualmente responsável pelo êxito.

(C) Tício não pode ajuizar tal ação porque, como Caio e Tício não requereram o destaque dos honorários contratuais, ele não tem mais direito a recebê-los.

(D) Tício não pode ajuizar tal ação porque o advogado substabelecido com reserva de poderes não pode cobrar honorários sem a intervenção daquele que lhe conferiu o substabelecimento.

COMENTÁRIO

Nos termos do art. 26 do Estatuto da OAB, o advogado substabelecido, com reserva de poderes, não pode cobrar honorários sem a intervenção daquele que lhe conferiu o substabelecimento. Correta, portanto, a alternativa "D". A regra em comento tem total razão de ser: em caso de substabelecimento com reserva de poderes, o advogado substabelecido não tem qualquer relação contratual com o cliente, razão pela qual somente poderá cobrar os honorários com a intervenção do substabelecente – este sim, o advogado "originário" da causa.
As alternativas "A" e "B" estão erradas, e pela mesma razão: o advogado substabelecido, ainda que tenha recebido poderes do substabelecente para atuar na causa, não poderá, sozinho, cobrar os honorários do cliente, haja vista o teor do precitado art. 26 do EAOAB.
Também está incorreta a alternativa "C", pois a possibilidade de recebimento dos honorários contratuais independe de se ter solicitado ao juiz, nos termos do art. 22, § 4º, do EAOAB, a reserva do numerário correspondente ao valor constante no contrato.

(XVII EXAME DE ORDEM UNIFICADO – FGV) Laura formou-se em prestigiada Faculdade de Direito, mas sua prática advocatícia foi limitada, o que a impediu de ter experiência maior no trato com os clientes. Realizou seus primeiros processos para amigos e parentes, cobrando módicas quantias referentes a honorários advocatícios. Ao receber a cliente Telma, próspera empresária, e aceitar defender os seus interesses judicialmente, fica em dúvida quanto aos termos de cobrança inicial dos honorários pactuados. Em razão disso, consulta o advogado Luciano, que lhe informa, segundo os termos do Estatuto da Advocacia, que salvo estipulação em contrário,

(A) metade dos honorários é devida no início do serviço.

(B) um quinto dos honorários é devido ao início do processo judicial.

(C) a integralidade dos honorários é devida até a decisão de primeira instância.

(D) um terço dos honorários é devido no início do serviço.

COMENTÁRIO

Nos termos do art. 22, § 3º, do EAOAB, salvo estipulação em contrário, um terço dos honorários é devido no início do serviço, outro terço até a decisão de primeira instância e o restante no final. Para fins de memorização: 1/3, 1/3 e 1/3! Correta a alternativa "D".

(OAB/Exame Unificado – 2017.2) O advogado Stéfano, buscando facilitar a satisfação de honorários advocatícios contratuais a que fará jus, estuda tomar duas providências: de um lado, tenciona incluir expressamente no contrato de prestação de seus serviços, com concordância do cliente, autorização para que se dê compensação de créditos pelo advogado, de importâncias devidas ao cliente; de outro, pretende passar a empregar, para o recebimento de honorários, sistema de cartão de crédito, mediante credenciamento junto a uma operadora.

Tendo em vista as medidas pretendidas pelo advogado e as disposições do Código de Ética e Disciplina da OAB, assinale a afirmativa correta.

(A) Não é permitida a compensação de créditos, pelo advogado, de importâncias devidas ao cliente, sendo vedada a inclusão de cláusula nesse sentido no contrato de prestação de serviços. De igual maneira, não é admitido o emprego de sistema de cartões de crédito para recebimento de honorários, mediante credenciamento junto a operadoras de tal ramo.

(B) Não é permitida a compensação de créditos, pelo advogado, de importâncias devidas ao cliente, sendo vedada a inclusão de cláusula nesse sentido no contrato de prestação de serviços. Porém, é admitido o emprego de sistema de cartões de crédito para recebimento de honorários, mediante credenciamento junto a operadoras de tal ramo.

(C) É admitida a compensação de créditos, pelo advogado, de importâncias devidas ao cliente, se houver autorização para tanto no contrato de prestação de serviços. Também é permitido o emprego de sistema de cartões de crédito para recebimento de honorários, mediante credenciamento junto a operadoras de tal ramo.

(D) É admitida a compensação de créditos, pelo advogado, de importâncias devidas ao cliente, se houver autorização para tanto no contrato de prestação de serviços. Porém, não é permitido o emprego de sistema de cartões de crédito para recebimento de honorários, mediante credenciamento junto a operadoras de tal ramo.

COMENTÁRIO

Nos exatos termos do art. 48, § 2º, do Código de Ética e Disciplina (CED), a compensação de créditos, pelo advogado, de importâncias devidas ao cliente somente será admissível quando o contrato de prestação de serviços a autorizar ou quando houver autorização especial do cliente para esse fim, por este firmada. Ainda, o art. 53, também do CED, enuncia ser lícito ao advogado ou à sociedade de advogados empregar, para o recebimento de honorários, sistema de cartão de crédito, mediante credenciamento na empresa operadora do ramo. Assim, de plano, incorretas as alternativas "A" e "B", eis que neles há afirmação de não ser permitida a compensação de créditos, pelo advogado, de importâncias devidas ao cliente. Também incorreta a alternativa "D", pois nela há afirmativa no sentido de que não é permitido o emprego de sistema de cartões de crédito para recebimento de honorários. Assim, correta a alternativa "C".

(OAB/Exame Unificado – 2017.1) A advogada Maria foi procurada por certo cliente para o patrocínio de uma demanda judicial. Ela, então, apresentou ao cliente contrato de prestação de seus serviços profissionais. A cláusula dez do documento estabelecia que Maria obrigava-se apenas a atuar na causa no primeiro grau de jurisdição. Além disso, a cláusula treze dispunha sobre a obrigatoriedade de pagamento de honorários, em caso de ser obtido acordo antes do oferecimento da petição inicial. Irresignado, o cliente encaminhou cópia do contrato à OAB, solicitando providências disciplinares. Sobre os termos do contrato, assinale a afirmativa correta.

(A) A cláusula dez do contrato viola o disposto no Código de Ética e Disciplina da OAB, uma vez que é vedada a limitação do patrocínio a apenas um grau de jurisdição. Quanto à cláusula treze, não se vislumbram irregularidades.

(B) Não se vislumbram irregularidades quanto às cláusulas dez e treze do contrato, ambas consonantes com o disposto no Estatuto da OAB e no Código de Ética e Disciplina da OAB.

(C) A cláusula treze do contrato viola o disposto no Código de Ética e Disciplina da OAB, uma vez que o advogado não faz jus ao recebimento de honorários contratuais em caso de acordo feito entre o cliente e a parte contrária, anteriormente ao oferecimento da demanda. Quanto à cláusula dez, não se vislumbram irregularidades.

(D) A cláusula dez do contrato viola o disposto no Código de Ética e Disciplina da OAB, uma vez que é vedada a limitação do patrocínio a apenas um grau de jurisdição. A cláusula treze do contrato também viola o disposto no Código de Ética e Disciplina da OAB, uma vez que o advogado não faz jus ao recebimento de honorários contratuais em caso de acordo feito entre o cliente e a parte contrária, anteriormente ao oferecimento da demanda.

COMENTÁRIO

O Novo Código de Ética e Disciplina (CED), em seu art. 48, § 1º, prevê expressamente que o contrato de prestação de serviços de advocacia não exige forma especial, devendo estabelecer, porém, com clareza e precisão, o seu objeto, os honorários ajustados, a forma de pagamento, a extensão do patrocínio, esclarecendo se este abrangerá todos os atos do processo ou limitar-se-á a determinado grau de jurisdição, além de dispor sobre a hipótese de a causa encerrar-se mediante transação ou acordo. Portanto, as cláusulas dez e treze do contrato de prestação de serviços profissionais apresentado pela advogada Maria ao cliente estão em perfeita consonância com as disposições do CED. Ao se restringir a limitação do patrocínio ao primeiro grau de jurisdição, valeu-se a advogada do precitado art. 48, § 1º, do CED, que permite a indicação do grau de jurisdição em que o advogado irá atuar. Também, a cláusula treze é adequada, tendo disciplinado a incidência de honorários advocatícios mesmo que seja celebrado acordo antes da propositura da demanda. Correta, portanto, a alternativa "B", estando incorretas as demais alternativas, por afirmarem haver violação ao CED por uma ou outra cláusula contratual.

(OAB/Exame Unificado – 2016.3) Luciana e Antônio são advogados que, embora não tenham constituído sociedade, atuam em conjunto em algumas causas, por meio de substabelecimentos conferidos reciprocamente. Em regra, acordam informalmente a divisão do trabalho e dos honorários. Todavia, após obterem sucesso em caso de valor vultoso, não chegaram a um consenso acerca da partilha dos honorários, pois cada um entendeu que sua participação foi preponderante. Assim, decidiram submeter a questão à Ordem dos Advogados.

Nesse caso,

(A) havendo divergência, a partilha dos honorários entre Luciana e Antônio deve ser feita atribuindo-se metade a cada um, pois quando não há prévio acordo é irrelevante a participação de cada um no processo.

(B) compete ao Tribunal de Ética e Disciplina atuar como mediador na partilha de honorários, podendo indicar mediador que contribua no sentido de que a distribuição se faça proporcionalmente à atuação de cada um no processo.

(C) compete ao juiz da causa em que houve a condenação em honorários especificar o percentual ou o quanto é devido a cada um dos patronos, de modo que a distribuição se faça proporcionalmente à atuação de cada um no processo.

(D) compete à Caixa de Assistência aos Advogados atuar como mediadora na partilha de honorários, podendo indicar mediador que contribua no sentido de que a distribuição se faça proporcionalmente à atuação de cada um no processo.

COMENTÁRIO

A alternativa "A" está incorreta. Nada há no Estatuto da OAB, Código de Ética ou Regulamento Geral que discipline que a partilha de honorários em caso de substabelecimento seja feita à razão de metade para cada um. Ao contrário, o art. 51, § 1º, do CED, dispõe que a partilha deva ocorrer proporcionalmente à atuação de cada um, ou em conformidade com o que tenha sido ajustado entre os causídicos;

A alternativa "B" está correta. Nos termos do art. 51, § 2º, do Novo Código de Ética e Disciplina (CED), quando for o caso, a Ordem dos Advogados do Brasil ou os seus Tribunais de Ética e Disciplina poderão ser solicitados a indicar mediador que contribua no sentido de que a distribuição dos honorários de sucumbência, entre advogados, se faça segundo o critério estabelecido no § 1º (*no caso de substabelecimento, a verba correspondente aos honorários da sucumbência será repartida entre o substabelecente e o substabelecido, proporcionalmente à atuação de cada um no processo ou conforme haja sido entre eles ajustado*);

A alternativa "C" está incorreta, pois descabe ao juiz da causa fixar a forma ou o percentual de honorários a ser destinado para cada um dos advogados;

A alternativa "D" está incorreta, pois caberá ao Tribunal de Ética e Disciplina indicar mediador para pacificar o conflito entre os advogados que não estiverem concordes com a partilha de honorários.

Dicas de última hora

1. Os honorários advocatícios são a contraprestação a que o advogado faz jus em virtude das atividades prestadas ao cliente. Não se confundem com o salário, este devido ao advogado empregado.

2. São espécies de honorários:

i) contratuais ou convencionais (estipulados, preferencialmente, em contrato escrito, com eficácia de título executivo extrajudicial);

ii) arbitrados judicialmente ou por arbitramento (estipulados em sede de processo judicial caso não exista contrato escrito ou haja desacordo entre cliente e advogado no tocante ao valor devido de honorários);

iii) sucumbenciais ou de sucumbência (estipulados em sentença pelo juiz da causa, arbitrando a verba em favor do advogado da parte vencedora, a ser paga pela parte vencida no processo).

3. O contrato de honorários, uma vez juntado aos autos judiciais, permite que o magistrado reserve ao advogado-credor o montante correspondente, descontando-o de eventuais depósitos judiciais em nome da parte. Tal possibilidade é muito benéfica ao advogado, visto que exclui as chances de inadimplência por parte do cliente.

4. Nos honorários contratuais ou convencionais, o valor estipulado pelo advogado deve obedecer ao critério ou princípio da moderação, respeitado o mínimo constante nas tabelas de honorários, editadas por cada um dos Conselhos Seccionais, sob pena de aviltamento dos honorários.

5. Nos honorários arbitrados judicialmente, caberá ao juiz observar a tabela de honorários, tomando-a como parâmetro para a sua decisão.

6. Os honorários sucumbenciais, pertencentes ao advogado da parte vencedora, poderão ser executados nos próprios autos em que tenham sido fixados, não sendo necessário que o advogado os execute em autos apartados.

7. Muito embora o art. 24, §3º, Estatuto da OAB, estabeleça ser nula qualquer cláusula, regulamento ou disposição que retire do advogado o direito ao recebimento dos honorários sucumbenciais, o STF, no julgamento da ADI 1.194, admitiu a possibilidade de disposição, pelo advogado, da verba sucumbencial. Portanto, nada havendo em sentido contrário, os honorários sucumbenciais serão integralmente destinados ao advogado da parte vencedora. Porém, havendo disposição em contrário, esta prevalecerá, ainda que prejudicial ao advogado. O STF entende que honorários advocatícios constituem direito disponível, motivo pelo qual se admite acordo pelas partes.

8. É proibido que o advogado saque títulos de crédito (duplicatas, por exemplo) como forma de garantia do pagamento de seus honorários. Contudo, poderá o cliente emitir cheque para o pagamento de referida verba ao seu advogado, caso em que este poderá protestar o título se frustrada a tentativa de recebimento amigável.

9. É permitida a emissão de fatura para a cobrança dos honorários, desde que assim deseje o cliente. Contudo, em caso de inadimplência, não poderá ser levada a protesto.

10. O advogado pode empregar sistema de cartão de crédito para receber os honorários de seu cliente. Porém, eventuais ajustes com a empresa operadora que impliquem pagamento antecipado não afetarão a responsabilidade do advogado perante o cliente, em caso de rescisão do contrato de prestação de serviços, devendo ser observadas as disposições deste quanto à hipótese.

11. O Novo CPC, em seu art. 85, § 14, dispôs que os honorários constituem direito do advogado e têm natureza alimentar, com os mesmos privilégios dos créditos oriundos da legislação do trabalho, sendo vedada a compensação em caso de sucumbência parcial

Capítulo 10

INCOMPATIBILIDADES E IMPEDIMENTOS

1. DAS INCOMPATIBILIDADES E DOS IMPEDIMENTOS (ARTS. 27 A 30 DO EAOAB). NOÇÕES INTRODUTÓRIAS

O EAOAB, objetivando garantir ao advogado uma atuação reta, sem a possibilidade de fácil captação de clientela, previu que o exercício de certas atividades ou funções ora acarreta uma **total proibição** para advogar, ora uma **proibição parcial**.

Assim, por contrariedades existentes, conforme se verá adiante, não se permite o exercício da advocacia e de outras atividades simultaneamente.

Cuidou o Estatuto de disciplinar **duas *categorias*** de situações geradoras de uma impossibilidade – completa ou relativa – do exercício concomitante da advocacia e outras atividades. São as **incompatibilidades** – no primeiro caso – e os **impedimentos** – no segundo caso.

2. AS INCOMPATIBILIDADES (ART. 28, EAOAB)

Conforme enuncia o art. 27 do EAOAB, as **incompatibilidades** geram a ***proibição total*** para o exercício da advocacia, ainda que em **causa própria**.

Conforme veremos nos itens a seguir, algumas delas podem ser consideradas ***transitórias ou temporárias***, o que acarretará o **licenciamento** do advogado, e outras (a maioria delas, diga-se de passagem) ***permanentes***, redundando no **cancelamento** da inscrição.

Se a **incompatibilidade** já existir **antes de requerida a inscrição** nos quadros de advogados (**incompatibilidades prévias**), o pedido será **indeferido**, visto que é requisito para a inscrição na OAB **não exercer atividade incompatível** com a advocacia (art. 8º, V, EAOAB). Porém, se alguém, já advogado, passar a exercer atividade incompatível com a advocacia (**incompatibilidades supervenientes**), poderá ocorrer o **licenciamento do profissional** (se a incompatibilidade for em caráter temporário), ou o **cancelamento da inscrição** (se a incompatibilidade for em caráter permanente ou definitivo), conforme estudamos em capítulo anterior.

2.1. Incompatibilidades em espécie

O art. 28 do EAOAB nos traz o rol das incompatibilidades. Vamos à análise de cada um dos incisos do aludido dispositivo legal.

2.1.1. Chefe do Poder Executivo e Membros das Mesas do Poder Legislativo (art. 28, I, EAOAB)

Por razões mais do que óbvias, os **chefes do Poder Executivo** federal, estadual, municipal ou distrital, dada a influência e poder de que gozam, são **totalmente proibidos de advogar**, ocupando, portanto, cargos incompatíveis com a advocacia, ainda que em causa própria.

Assim, estamos aqui tratando do **Presidente da República**, **governadores dos estados** e **DF** e **prefeitos municipais**, abrangidos os respectivos **vices** (o art. 28, I, EAOAB, após indicar a Chefia do Poder Executivo como geradora de incompatibilidade, encerra com "*e seus substitutos legais*").

Frise-se que a atividade em comento é considerada transitória ou temporária, visto que os chefes do Executivo exercem mandato eletivo, com prazo certo para findar, razão pela qual, caso fossem advogados antes da posse, sofreriam *licença profissional* (art. 12, EAOAB), e não cancelamento.

São também incompatíveis os **membros das Mesas do Poder Legislativo**, incluindo seus substitutos legais. Estamos, pois, tratando dos membros ocupantes dos **órgãos diretores** das Casas Legislativas (Congresso Nacional, Assembleias Legislativas e Câmaras de Vereadores), tais como o Presidente da Câmara dos Deputados, o Presidente do Senado Federal, os Presidentes das Assembleias Legislativas e das Câmaras Municipais de Vereadores.

2.1.2. Ocupantes de funções de julgamento (art. 28, II, EAOAB) [11]

São também incompatíveis com a advocacia:

i) os membros do **Poder Judiciário**;

ii) os membros do **Ministério Público**;

iii) os membros dos **tribunais e conselhos de contas**;

iv) os membros dos **juizados especiais**;

v) os membros da **justiça de paz**;

vi) os **juízes classistas**; e

vii) todos os que exerçam **função de julgamento em órgãos de deliberação coletiva** da administração pública direta e indireta.

No tocante aos **membros do Poder Judiciário**, consideram-se incompatíveis, em simples palavras, os **magistrados**, abrangendo todas as instâncias. No entanto, o STF, no julgamento da **ADIn 1.127-8**, excluiu da incompatibilidade os **juízes eleitorais** integrantes do Tribunal Superior Eleitoral (art. 119, II, CF) e dos Tribunais Regionais Eleitorais (art. 120, § 1º, III, CF), desde que oriundos da classe de advogados, devidamente nomeados pelo Presidente da República.

Ressalte-se que o Regulamento Geral, em seu art. 8º, dispõe que a incompatibilidade prevista no art. 28, II, EAOAB, ora estudado, não se aplica aos advogados que participam dos órgãos nele referidos, na qualidade de titulares ou suplentes, como representantes dos advogados. Em razão desse dispositivo, concluímos que os integrantes do CNJ (Conselho Nacional de Justiça), oriundos da classe de advogados, não são incompatíveis com a advocacia.

Ainda, são incompatíveis os **membros do Ministério Público**, abrangendo não apenas os Promotores de Justiça, Procuradores de Justiça, Procuradores da República, Procuradores do Trabalho, mas também os **servidores dessas carreiras** (ex.: analistas do Ministério Público, oficiais de promotoria, agentes de promotoria etc.), consoante entendimento do

[11] Para visualizar o *SHORT VIDEO* acesse: http://www.editorafoco.com.br/short-videos.

Conselho Federal da OAB cristalizado na **Súmula 02/2009**, que contempla o seguinte enunciado: "***EXERCÍCIO DA ADVOCACIA POR SERVIDORES DO MINISTÉRIO PÚBLICO. IMPOSSIBILIDADE. INTELIGÊNCIA DO ART. 28, INC. II, DO EAOAB.*** *A expressão "membros" designa toda pessoa que pertence ou faz parte de uma corporação, sociedade ou agremiação (De Plácido e Silva, Vocabulário Jurídico, Forense, 15. ed.). Dessa forma, todos os servidores vinculados aos órgãos e instituições mencionados no art. 28, inc. II, do Estatuto da OAB são incompatíveis para o exercício da advocacia. Cada uma das três categorias - Magistratura, Advocacia e Ministério Público - embora atuem, todas, no sentido de dar concretude ao ideal de Justiça, tem, cada qual, um campo definido de atribuições, em cuja distinção se verifica, justamente, o equilíbrio necessário para que esse ideal seja atingido, não devendo, pois, serem misturadas ou confundidas, deixando a cargo de uma só pessoa o exercício simultâneo de tais incumbências. São incompatíveis, portanto, para o exercício da advocacia, quaisquer servidores vinculados ao Ministério Público*".

Frise-se que em razão do citado art. 8º do Regulamento Geral, os advogados integrantes do CNMP (Conselho Nacional do Ministério Público) não são incompatíveis com a advocacia.

Também são incompatíveis, nos termos do art. 28, II, EAOAB, os **membros dos tribunais e conselhos de contas**, tais como os conselheiros e auditores.

Igualmente são incompatíveis os **membros dos juizados especiais**, **excetuados**, porém, os **juízes leigos**, conforme manifestação do Conselho Federal da OAB nesse sentido, bem como os **conciliadores** e **árbitros**, desde que não haja, em qualquer caso, remuneração. Nessa senda, o Novo CPC, em seu art. 167, §5º, previu que os **conciliadores** e **mediadores judiciais** cadastrados na forma do *caput*, se advogados, estarão **impedidos** de exercer a advocacia **nos juízos em que desempenhem suas funções**. Assim, a restrição para o exercício da advocacia alcançará apenas os juízos em que atuem.

Quanto aos **juízes de paz**, cuja atribuição é a celebração matrimonial, também são incompatíveis, não podendo, pois, exercer a advocacia, nem mesmo em causa própria.

No tocante aos **juízes classistas**, que integravam a Justiça do Trabalho, estes não mais "existem", por força de emenda constitucional que extinguiu referidos cargos da aludida Justiça especializada.

Por fim, são alcançados pela incompatibilidade, de forma geral, **todos aqueles que exerçam funções de julgamento** em **órgãos de deliberação coletiva** da Administração Pública direta ou indireta.

2.1.3. Ocupantes de cargos ou funções de direção (art. 28, III, EAOAB)

Os ocupantes de cargos ou funções de **direção** em órgãos da Administração Pública direta ou indireta, em suas fundações e em suas empresas controladas ou concessionárias de serviços públicos, nos termos do art. 28, III, EAOAB, são incompatíveis com a advocacia.

Registre-se que a simples denominação de "diretor" para determinado cargo ou função não será suficiente para incompatibilizar seu ocupante. É indispensável que se analise se a pessoa exerce, de fato, cargo ou função de "**comando**", capaz de exercer um **poder de decisão relevante sobre interesses de terceiros**, conforme o art. 28, § 2º, EAOAB.

Assim, ficam **excluídos da incompatibilidade** ora estudada os que não tenham **poder de decisão relevante sobre interesses de terceiro**, a juízo do Conselho competente da OAB, bem como a **administração acadêmica diretamente relacionada ao magistério jurídico** (art. 28, § 2º, do EAOAB). Neste último caso, estamos falando dos diretores ou coordenadores de faculdades públicas de Direito (apenas as de Direito!).

Não se olvide o fato de os ocupantes de cargos ou funções de direção em pessoas jurídicas de direito privado também serem alcançados pela incompatibilidade, desde que ligadas de alguma forma ao poder público. É exatamente o caso das empresas concessionárias de serviços públicos (ex.: fornecimento de energia elétrica e transportes).

2.1.4. Ocupantes de cargos ou funções vinculados ao Poder Judiciário de serviços notariais e de registro (art. 28, IV, EAOAB)

São incompatíveis os ocupantes de cargos ou funções **vinculados direta ou indiretamente ao Poder Judiciário**. Estamos aqui tratando não dos magistrados, alcançados pela incompatibilidade tratada no art. 28, II, EAOAB, mas de pessoas que ocupam cargos ou funções com vinculação ao Judiciário, tais como os oficiais de justiça, escreventes, técnicos judiciários, analistas judiciários, assessores jurídicos de magistrados, desembargadores ou ministros etc.

Também são incompatíveis todos aqueles que trabalham em **serviços notariais e de registro**, alcançando não apenas seus titulares, mas também seus empregados[1]. A própria lei que rege as atividades notariais e de registros públicos (Lei 8.935/1994), em seu art. 25, reafirma a incompatibilidade daqueles que as exercem.

2.1.5. Atividades policiais (art. 28, V, EAOAB)

Os ocupantes de cargos ou funções vinculados direta ou indiretamente à **atividade policial de qualquer natureza**, tais como os Delegados de Polícia, Escrivães, Investigadores, Agentes Policiais, Bombeiros, Guardas Municipais, Policiais Rodoviários, são alcançados pela incompatibilidade.

Frise-se que a expressão "**de qualquer natureza**" faz que, por exemplo, os peritos criminais e os médicos legistas sejam abarcados pela incompatibilidade em estudo, bem como aqueles que exercem Poder de Polícia (na acepção do Direito Administrativo), como, por exemplo, os agentes fiscais de vigilância sanitária.

2.1.6. Militares na ativa (art. 28, VI, EAOAB)

A incompatibilidade em questão abrange os **ocupantes das Forças Armadas** (Marinha, Exército e Aeronáutica), desde que na ativa. Assim, a *contrario sensu*, os ex-militares obviamente podem advogar, visto que cessada a incompatibilidade.

2.1.7. Atividades tributárias (art. 28, VII, EAOAB)

De maneira geral, as pessoas ocupantes de cargos ou funções com **atuação relevante em matéria fiscal-tributária** são consideradas incompatíveis com a advocacia. Frise-se, porém, que apenas as atividades para ***lançamento***, ***arrecadação*** e ***fiscalização*** de tributos e contribuições parafiscais são abrangidas pela incompatibilidade em comento. Logo, nem todos os servidores do Fisco estarão abrangidos pela proibição plena da advocacia.

---

1. LÔBO, Paulo. *Comentários ao Estatuto da Advocacia e da OAB*. 4. ed. São Paulo: Saraiva, 2007.

Como exemplo de pessoas incompatíveis, temos: Auditores Fiscais da Receita Federal do Brasil, Fiscais de Rendas dos Estados e Municípios, Agentes Tributários, Fiscais do INSS etc.

2.1.8. Ocupantes de funções de direção e gerência em instituições financeiras (art. 28, VIII, EAOAB)

Finalmente, são incompatíveis com a advocacia as pessoas que ocuparem as funções de **direção e gerência em instituições financeiras**, sejam estas públicas ou privadas. Estamos falando, por exemplo, dos gerentes ou diretores de bancos, sejam eles, repita-se, públicos ou privados, assim como as financeiras de crédito.

Cremos que a incompatibilidade, no caso ora analisado, somente afetará aquelas pessoas que tenham poder de comando nas instituições financeiras, com força para captação de clientela, o que, como é sabido, é vedado. Não estarão, portanto, alcançados pela incompatibilidade, os funcionários de bancos que trabalhem, por exemplo, nos caixas de atendimento.

2.2. Prazo de duração das incompatibilidades e consequências

Nos termos do art. 28, § 1º, EAOAB, a **incompatibilidade permanece** mesmo que o ocupante do cargo ou função **deixe de exercê-lo temporariamente**. A única "solução" será a completa desincompatibilização, que somente ocorrerá com a efetiva "saída" da pessoa do cargo ou função caracterizadores da incompatibilidade.

À guisa de exemplo, um delegado de polícia, por exercer atividade policial, é considerado incompatível (art. 28, V, EAOAB). Somente deixará de sê-lo caso se exonere ou se aposente. Porém, se estiver em gozo de licença, ainda que não remunerada, de sua atividade, ainda assim será considerado incompatível.

Serão **nulos** os atos praticados por pessoa que passe a exercer atividade incompatível, nos termos do art. 4º, parágrafo único, do EAOAB.

2.3. Quadro-resumo

Incompatibilidades	
Conceito	– Geram a proibição total para o exercício da advocacia, ainda que em causa própria; – As incompatibilidades permanecem ainda que a pessoa se afaste temporariamente do cargo ou função.
Espécies	– Incompatibilidades prévias (anteriores ao pedido de inscrição na OAB). Nesse caso, sequer a inscrição será deferida, visto que é requisito para obtê-la não exercer atividade incompatível com a advocacia (art. 8º, V, do EAOAB); – Incompatibilidades supervenientes (posteriores à inscrição na OAB). Nesse caso, se forem de natureza definitiva, ensejarão o cancelamento da inscrição (art. 11, IV, do EAOAB), ao passo que se transitórias, ensejarão o licenciamento do advogado (art. 12, II, do EAOAB)

Hipóteses	– Chefes do Poder Executivo e membros das Mesas do Poder Legislativos, e seus substitutos legais; – Membros do Poder Judiciário (com exceção dos juízes eleitorais oriundos da classe de advogados – ADI 1.127-8), do Ministério Público (incluindo os servidores da instituição), dos Tribunais e Conselhos de Contas, dos juizados especiais (exceto os conciliadores e juízes leigos, que estarão impedidos de advogar apenas nos juízos em que exerçam essas atividades), da justiça de paz, os juízes classistas (figura extinta por emenda constitucional) e todos os que exercem função de julgamento em órgãos de deliberação coletiva na administração pública direta ou indireta; – Ocupantes de cargos ou funções de direção em órgãos da administração pública direta ou indireta, em suas fundações e empresas controladas ou concessionárias de serviços públicos, excetuados os que não exercerem poder de decisão relevante sobre interesse de terceiros, a critério do Conselho competente da OAB, bem como os que atuam na direção acadêmica diretamente relacionada ao magistério jurídico; – Ocupantes de cargos ou funções vinculados direta ou indiretamente ao Poder Judiciário, e os que exercem serviços notariais e de registro; – Atividade policial de qualquer natureza; – Militares na ativa; – Ocupantes de cargos ou funções com competência em matéria tributária (lançamento, fiscalização e arrecadação de tributos e contribuições parafiscais); – Direção ou gerência em instituições financeiras (públicas ou privadas).
Consequências	– Se pessoas incompatibilizadas praticarem atos privativos de advocacia, estes serão considerados nulos.

3. OS IMPEDIMENTOS (ART. 30 DO EAOAB)

Diversamente do que ocorre com as incompatibilidades, os **impedimentos** geram ***proibição parcial*** para a advocacia. Em outras palavras, quem exercer algum cargo ou função geradora de impedimento **poderá advogar**, porém, com certas **restrições**.

Frise-se que o exercício anterior de atividade geradora de impedimento não obstará a inscrição do bacharel nos quadros de advogados, visto que apenas as incompatibilidades irão impedi-la. Porém, uma vez deferida a inscrição, a OAB tomará a cautela de averbar nos assentamentos do advogado o impedimento.

3.1. Impedimentos em espécie

O art. 30 do EAOAB nos traz as situações geradoras de impedimento. Estudaremos cada uma delas a seguir.

3.1.1. Servidores públicos (art. 30, I, EAOAB)

Nos termos do art. 30, I, EAOAB, são impedidos de exercer a advocacia os **servidores** da **administração direta, indireta ou fundacional**, **contra** a **Fazenda Pública** que os **remunere** ou à qual seja **vinculada** a entidade empregadora.

Destarte, desde que não se enquadre em uma das hipóteses de incompatibilidade, um servidor público, aqui entendido em sentido amplo, abrangendo, portanto, não somente os detentores de cargos públicos, mas também os que tenham vínculo celetista com o Poder Público (empregados públicos), poderá advogar "normalmente". Porém, por se tratar de servidor público, não poderá ser constituído como advogado de alguém que pretenda demandar contra a Fazenda Pública que o remunere, aqui entendida como os entes da Administração Pública direta ou indireta a que tenha vinculação o servidor.

Tomemos como exemplo um servidor público de determinado município. Considerando o disposto no art. 30, I, EAOAB, caso também exerça a advocacia, não poderá patrocinar causas contra o município que o remunera, nem contra qualquer outro ente público a ele vinculado, tais como eventuais autarquias municipais, ou empresas públicas ou sociedades de economia mista municipais. Porém, o impedimento não alcançará que esse mesmo servidor público municipal patrocine causas perante qualquer estado, União ou outros municípios.

A ideia que podemos extrair do impedimento em tela é a seguinte: o servidor público não pode "trair" o próprio ente contratante!

Questão tormentosa é a de saber se um servidor público aposentado (inativo) pode patrocinar causas em desfavor da Fazenda Pública que o remunere. Há dois posicionamentos:

1º – sim, é possível, visto que a aposentadoria "desliga" o funcionário de seu vínculo com o Poder Público;

2º – não, pois o art. 30, I, EAOAB simplesmente tratou dos servidores públicos, não fazendo distinção entre os que estejam em atividade (servidores ativos) e os que se aposentaram (servidores inativos).

Parece-nos que a intenção da lei é a de vedar que os servidores em atividade "traiam" a própria Fazenda Pública a que se vinculem. Na prática, é muito comum que ex-magistrados, ex-promotores ou ex-procuradores, após a aposentadoria, passem a advogar em "causas públicas", inclusive em desfavor da Fazenda Pública que lhes paga suas aposentadorias.

Porém, ressaltamos que há doutrinadores de nomeada que entendem em sentido contrário (LÔBO, 2007; RAMOS, 2009), afirmando a incompatibilidade de servidores inativos[2].

Por fim, registramos que o art. 30, parágrafo único, do EAOAB, **afasta o impedimento** ora estudado com relação aos **docentes de cursos jurídicos**. Assim, por exemplo, um professor de Direito Civil em Faculdade *pública* estadual, federal ou municipal, poderá ser contratado para patrocinar causas mesmo perante a Fazenda Pública a que se vincula a instituição de ensino.

3.1.2. *Parlamentares (art. 30, II, EAOAB)*

Nos exatos termos do art. 30, II, EAOAB, são impedidos de advogar os **membros do Poder Legislativo**, em seus diferentes níveis, *contra ou a favor*das pessoas jurídicas de direito público, empresas públicas, sociedades de economia mista, fundações públicas, entidades paraestatais ou empresas concessionárias ou permissionárias de serviço público.

Em suma, podemos resumir que os **parlamentares** municipais, estaduais, federais ou distritais (leia-se: os deputados federais, estaduais e distritais, os senadores e os vereadores) não podem patrocinar demandas **contrárias** ou mesmo **favoráveis** ao Poder Público em

2. LÔBO, Paulo. *Comentários ao Estatuto da Advocacia e da OAB*. 4. ed. São Paulo: Saraiva, 2007.

geral, abrangendo aqui a Administração Pública direta e indireta, bem como as entidades paraestatais e as concessionárias ou permissionárias de serviços públicas (pessoas jurídicas de direito privado que executam tarefas típicas da Administração, porém sob regime de concessão ou permissão).

Lembre-se: se se tratar de membros das Mesas do Poder Legislativo, serão considerados incompatíveis (art. 28, I, EAOAB).

Tomemos como exemplo um deputado no estado do Rio de Janeiro. Por ser parlamentar, estará impedido de advogar contra ou a favor não apenas do Rio de Janeiro, mas de qualquer outro estado, ou mesmo União ou qualquer município brasileiro, abrangidas, também, as autarquias, fundações, empresas públicas e sociedades de economia mista em todo o território nacional. Perceba que a restrição imposta ao parlamentar é mais rigorosa do que a imposta ao servidor público, que somente não poderá patrocinar causas contra a Fazenda Pública que o remunere.

3.1.3. *Consequências da violação dos impedimentos*

Serão **nulos** os atos praticados por advogado impedido, no âmbito do impedimento, nos termos do art. 4º, parágrafo único, do EAOAB.

3.1.4. *Quadro-resumo*

Impedimentos	
Conceito	– Geram proibição parcial para o exercício da advocacia (é permitida a advocacia, mas com restrições).
Hipóteses	– Servidores da administração pública direta, indireta e fundacional são impedidos de exercer a advocacia contra a Fazenda Pública que os remunere ou à qual seja vinculada a entidade empregadora, à exceção dos docentes de cursos jurídicos (que poderão advogar mesmo contra a Fazenda Pública a que se vincular a instituição de ensino jurídico em que lecionem); – Membros do Poder Legislativo (ressalvados os que ocupam as Mesas de suas Casas Legislativas, pois, nesse caso, serão incompatíveis!) são impedidos de advogar, em seus diferentes níveis, contra ou a favor do Poder Público em geral.
Consequências	– Se pessoa impedida violar os limites da proibição, os atos privativos de advocacia serão considerados nulos.

4. EXERCÍCIO LIMITADO DA ADVOCACIA (ART. 29, EAOAB)

De acordo com o art. 29 do EAOAB, alguns dos membros da Advocacia Pública, mais especificamente os *Procuradores-Gerais, Advogados-Gerais, Defensores-Gerais e os dirigentes de órgãos jurídicos* da Administração Pública direta, indireta e fundacional, são **exclusivamente legitimados** para o exercício da advocacia vinculada às funções que exerçam durante o período da investidura.

Trata-se de dispositivo legal que impõe aos titulares dos cargos mencionados um ***exercício limitado da advocacia***, não se confundindo com as incompatibilidades (art. 28 do EAOAB) ou impedimentos (art. 30 do EAOAB) já estudados.

Legislação correlata

1. ARTIGOS PERTINENTES DO ESTATUTO DA OAB

Art. 4º São nulos os atos privativos de advogado praticados por pessoa não inscrita na OAB, sem prejuízo das sanções civis, penais e administrativas.

→ *v.* Art. 8º do Regulamento Geral da OAB.

Parágrafo único. São também nulos os atos praticados por advogado impedido – no âmbito do impedimento – suspenso, licenciado ou que passar a exercer atividade incompatível com a advocacia.

Art. 8º Para inscrição como advogado é necessário:

(...)

V – não exercer atividade incompatível com a advocacia;

Art. 9º Para inscrição como estagiário é necessário:

→ *v.* Art. 76 do Novo Código de Ética da OAB.

→ *v.* Arts. 27 a 31 e 35 do Regulamento Geral da OAB.

(...)

§ 3º O aluno de curso jurídico que exerça atividade incompatível com a advocacia pode frequentar o estágio ministrado pela respectiva instituição de ensino superior, para fins de aprendizagem, vedada a inscrição na OAB.

Art. 11. Cancela-se a inscrição do profissional que:

(...)

IV – passar a exercer, em caráter definitivo, atividade incompatível com a advocacia;

Art. 12. Licencia-se o profissional que:

(...)

II – passar a exercer, em caráter temporário, atividade incompatível com o exercício da advocacia;

Art. 27. A incompatibilidade determina a proibição total, e o impedimento, a proibição parcial do exercício da advocacia.

Art. 28. A advocacia é incompatível, mesmo em causa própria, com as seguintes atividades:

→ *v.* Art. 7º, parágrafo único, da Lei 9.099/1995.

I – chefe do Poder Executivo e membros da Mesa do Poder Legislativo e seus substitutos legais;

II – membros de órgãos do Poder Judiciário, do Ministério Público, dos tribunais e conselhos de contas, dos juizados especiais, da justiça de paz, juízes classistas, bem como de todos os que exerçam função de julgamento em órgãos de deliberação coletiva da administração pública direta ou indireta;

→ *v.* ADIn 1.127-8 (*D.O.U.* 26.5.2006), o STF excluiu, do âmbito de abrangência do inciso II, os juízes eleitorais e seus suplentes.

III – ocupantes de cargos ou funções de direção em órgãos da Administração Pública direta ou indireta, em suas fundações e em suas empresas controladas ou concessionárias de serviço público;

IV – ocupantes de cargos ou funções vinculados direta ou indiretamente a qualquer órgão do Poder Judiciário e os que exercem serviços notariais e de registro;

V – ocupantes de cargos ou funções vinculados direta ou indiretamente a atividade policial de qualquer natureza;

VI – militares de qualquer natureza, na ativa;

VII – ocupantes de cargos ou funções que tenham competência de lançamento, arrecadação ou fiscalização de tributos e contribuições parafiscais;

VIII – ocupantes de funções de direção e gerência em instituições financeiras, inclusive privadas.

§ 1º A incompatibilidade permanece mesmo que o ocupante do cargo ou função deixe de exercê-lo temporariamente.

§ 2º Não se incluem nas hipóteses do inciso III os que não detenham poder de decisão relevante sobre interesses de terceiro, a juízo do Conselho competente da OAB, bem como a administração acadêmica diretamente relacionada ao magistério jurídico.

Art. 29. Os Procuradores-Gerais, Advogados-Gerais, Defensores-Gerais e dirigentes de órgãos jurídicos da Administração Pública direta indireta e fundacional são exclusivamente legitimados para o exercício da advocacia vinculada à função que exerçam, durante o período da investidura.

Art. 30. São impedidos de exercer a advocacia:

→ *v.* Art. 167, § 5º, do NCPC.

I – os servidores da administração direta, indireta e fundacional, contra a Fazenda Pública que os remunere ou à qual seja vinculada a entidade empregadora;

II – os membros do Poder Legislativo, em seus diferentes níveis, contra ou a favor das pessoas jurídicas de direito público, empresas públicas, sociedades de economia mista, fundações públicas, entidades paraestatais ou empresas concessionárias ou permissionárias de serviço público.

Parágrafo único. Não se incluem nas hipóteses do inciso I os docentes dos cursos jurídicos.

2. ARTIGO PERTINENTE DO REGULAMENTO GERAL

Art. 8º A incompatibilidade prevista no art. 28, II, do Estatuto, não se aplica aos advogados que participam dos órgãos nele referidos, na qualidade de titulares ou suplentes, como representantes dos advogados.

→ Artigo com redação alterada pelo Conselho Pleno do CFOAB (*D.J.* 12.12.2000).

→ *v.* Arts. 4º e 27 a 30 da Lei 8.906/1994.

§ 1º Ficam, entretanto, impedidos de exercer a advocacia perante os órgãos em que atuam, enquanto durar a investidura.

§ 2º A indicação dos representantes dos advogados nos juizados especiais deverá ser promovida pela Subseção ou, na sua ausência, pelo Conselho Seccional.

Questões comentadas

(EXAME DE ORDEM UNIFICADO 2010.3 – FGV) Xisto, advogado, é convidado a ocupar o prestigiado cargo de Procurador-Geral de um município, cargo de confiança do Prefeito Municipal passível de exoneração *ad nutum*. O cargo é privativo de advogado. No entanto, ao assumir o referido cargo, ocorrerá o (a)

(A) cancelamento da sua inscrição.

(B) suspensão do exercício da atividade advocatícia.

(C) anotação de impedimento.

(D) exercício limitado da advocacia.

COMENTÁRIO

A alternativa "D" está correta, pois, de acordo com o art. 29 do EAOAB, "*os Procuradores-Gerais, Advogados-Gerais, Defensores-Gerais e dirigentes de órgãos jurídicos da Administração Pública direta, indireta e fundacional* são exclusivamente legitimados para o exercício da advocacia vinculada à função que exerçam, *durante o período da investidura*". Não se trata aqui de incompatibilidade (proibição total para advogar – art. 28 do EAOAB) ou de impedimento (proibição parcial para advogar – art. 30 do EAOAB), mas de *exercício limitado da advocacia*.

A alternativa "A" está incorreta, pois as hipóteses de cancelamento da inscrição do advogado vêm previstas no art. 11 do Estatuto da OAB (EAOAB – Lei 8.906/1994), dentre elas a de o advogado passar a *exercer função incompatível em caráter definitivo*, o que não é o caso de Xisto.

A alternativa "B" está incorreta, visto que Xisto, na qualidade de Procurador-Geral do Município, deverá *obrigatoriamente estar inscrito nos quadros da OAB*, tratando-se de *advogado público*, nos termos do art. 3º, § 1º, do EAOAB e art. 9º do Regulamento Geral.

A alternativa "C" está incorreta, visto que o exercício da advocacia pública, composta pelos integrantes da *Advocacia-Geral da União*, da *Procuradoria da Fazenda Nacional*, da *Defensoria Pública* e das *Procuradorias e Consultorias Jurídicas* dos Estados, do Distrito Federal, dos Municípios e das respectivas entidades de administração indireta e fundacional, por evidente, não enseja o reconhecimento de qualquer das hipóteses de impedimento descritas no art. 28 do EAOAB.

(IV EXAME DE ORDEM UNIFICADO – FGV) Caio, professor vinculado à Universidade Federal, ministrando aulas no curso de Direito, resolve atuar, em causa própria, pleiteando benefícios tributários em face da União Federal. Nos termos do Estatuto, é correto afirmar que

(A) o docente em cursos de Direito não pode exercer a advocacia, sendo circunstância de incompatibilidade.

(B) enquanto durar o exercício do magistério, a inscrição na OAB permanecerá suspensa.

(C) é situação peculiar que permite o exercício da advocacia mesmo contra entidade vinculada.

(D) a situação caracteriza impedimento, uma vez que há vínculo da Universidade com a União Federal.

COMENTÁRIO

A alternativa "C" está correta, embora os servidores públicos sejam impedidos de exercer a advocacia contra a Fazenda Pública que os remunere ou a qual seja vinculada a entidade empregadora (art. 30, I, do EAOAB), com relação aos docentes de cursos jurídicos (desde que estejamos falando em instituições públicas de ensino), o EAOAB não impõe referidas vedações, tratando-se, de fato, de situação peculiar que permite o exercício da advocacia mesmo contra a entidade pública a que se vincular a instituição de ensino (art. 30, parágrafo único, do EAOAB).

A alternativa "A" está incorreta, pois os docentes em cursos de Direito, desde que em faculdades públicas (geralmente autarquias), sequer sofrem as consequências dos impedimentos (não exercer a advocacia contra a Fazenda Pública que o remunere ou a qual se vincule sua entidade empregadora – art. 30, I, do EAOAB – Lei 8.906/1994), aos quais não se submetem por força do art. 30, parágrafo único, do EAOAB.

A alternativa "B" está incorreta, pois, como visto, os professores de cursos jurídicos em instituições públicas de ensino não sofrerão óbices ao exercício da advocacia (art. 30, parágrafo único, do EAOAB).

A alternativa "D" está incorreta. Como visto no comentário à alternativa "C", o art. 30, parágrafo único, do EAOAB, afasta o impedimento previsto no inciso I, do mesmo dispositivo legal, no tocante aos docentes de cursos jurídicos. Portanto, embora Caio seja professor vinculado a Universidade Federal, não sofrerá impedimento (proibição parcial de advogar contra a Fazenda Pública a que se vincule a instituição de ensino em que é funcionário).

(IV EXAME DE ORDEM UNIFICADO – FGV) Caio é eleito Senador da República e escolhido para compor a mesa do referido órgão legislativo. Como advogado regularmente inscrito nos quadros da OAB, pretende atuar em causa própria e realiza consulta nesse sentido à OAB. Quanto ao tema em foco, de acordo com as regras estatutárias, é correto afirmar que a atuação de Caio

(A) poderá ocorrer, nessa situação, mediante autorização especial.
(B) não é possível, sendo o caso de incompatibilidade mesmo em causa própria.
(C) é possível, pois a função exercida caracteriza mero impedimento.
(D) em causa própria constitui uma exceção aplicável ao caso.

COMENTÁRIO

A alternativa "B" está correta, já que de acordo com o art. 28, I, parte final, do EAOAB.
A alternativa "A" está incorreta, pois Caio, Senador, ao passar a compor a mesa do referido órgão legislativo, tornar-se-á incompatível (art. 28, I, parte final, do EAOAB – Lei 8.906/1994), não sendo possível qualquer autorização para que possa desempenhar as atividades privativas de advocacia.
A alternativa "C" está incorreta, pois se Caio simplesmente fosse Senador, de fato a função exercitada caracterizaria mero impedimento (art. 30, II, do EAOAB). Porém, sendo membro da Mesa do Senado Federal, como dito, será incompatível com a advocacia, não podendo postular nem mesmo em causa própria, sob pena de nulidade (art. 4º, parágrafo único, do EAOAB).
A alternativa "D" está incorreta, pois, como dito, a incompatibilidade permanece mesmo em se tratando de postulação em causa própria (art. 28, *caput*, do EAOAB).

(VIII EXAME DE ORDEM UNIFICADO – FGV) Além de advogado, João é professor da Universidade pública "M", com natureza de autarquia, onde exerce as funções de coordenador acadêmico da graduação do Curso de Direito. Diante do prestígio acumulado, o seu escritório de advocacia vem a ter renome, atuando em diversas causas nas comarcas de influência da universidade.

Essas circunstâncias indicam que o cargo ocupado pelo advogado seria um caso

(A) abrangido pelas normas que criam regras de incompatibilidade para administradores públicos.
(B) não previsto, vez que a atuação como dirigente de entidade pública é irrelevante para o sistema de incompatibilidades.
(C) excepcionado diante da característica que o vincularia ao magistério jurídico.
(D) incluído no rol de incompatibilidades por não permitir que o advogado exerça cargo administrativo nas universidades públicas.

COMENTÁRIO

A alternativa "C" está correta. De fato, de acordo com o art. 28, § 2º, do EAOAB, não são abrangidos pela incompatibilidade tratada no inciso III, do mesmo dispositivo legal (ocupantes de cargos ou funções de direção na Administração Pública direta ou indireta) aqueles que ocupem cargo ou função de administração acadêmica vinculada ao magistério jurídico (leia-se: Coordenadores ou Diretores de Faculdades públicas de Direito!). É exatamente o caso de João, professor e Coordenador do Curso de Direito da Universidade pública "M".

(VIII EXAME DE ORDEM UNIFICADO – FGV) Osvaldo é vereador do município "K" e ocupa cargo vinculado à Mesa da Câmara de Vereadores. Necessitando propor ação cominatória em face do seu vizinho Marcos, e sendo advogado, apresenta-se em Juízo postulando em causa própria.

Nos termos das normas estatutárias, assinale a afirmativa correta.

(A) A função de membro do Poder Legislativo impede o advogado de atuar, mesmo em causa própria.
(B) A eleição para a Mesa Diretora do Poder Legislativo impede o advogado de atuar, gerando uma incompatibilidade.
(C) O mandato de vereador não se inclui dentre as situações de incompatibilidade, ocupe ou não cargo na Mesa Diretora.
(D) As incompatibilidades dos membros do Poder Legislativo estão circunscritas aos integrantes do Senado e da Câmara dos Deputados Federal.

COMENTÁRIO

A alternativa "B" está correta. De fato, de acordo com o art. 28, I, do EAOAB, os parlamentares ocupantes das Mesas do Poder Legislativo são considerados incompatíveis com a advocacia, sendo totalmente proibidos de advogar mesmo em causa própria (art. 28, *caput*, do EAOAB).
A alternativa "A" está incorreta, pois o fato de um advogado ser parlamentar não o torna impedido para advogar em causa própria, mas, sim, contra ou a favor do Poder Público em todos os níveis (art. 30, II, do EAOAB). A incompatibilidade somente surgirá se o parlamentar passar a ocupar a Mesa de sua Casa Legislativa (art. 28, I, do EAOAB).
A alternativa "C" está incorreta, pois se o vereador fizer parte da mesa diretora, haverá incompatibilidade (art. 28, I, do EAOAB).
A alternativa "D" está incorreta, pois as incompatibilidades dos membros do Poder Legislativo, quando ocupantes das Mesas de suas respectivas Casas Legislativas, abrangem todos os parlamentares (deputados federais e estaduais, senadores e vereadores).

(VIII EXAME DE ORDEM UNIFICADO – FGV) José, general de brigada, entusiasmado com a opção do seu filho pelo curso de Direito, resolve acompanhá-lo nos estudos. Presta exame vestibular e matricula-se em outra instituição de ensino, também no curso de Direito. Ambos alcançam o período letivo em que há necessidade de realizar o estágio forense. José, desejando acompanhar seu filho nas atividades forenses nas horas de folga, vez que continua na ativa, agora como General de Divisão, requer o seu ingresso no quadro de estagiários da OAB.

A partir do caso apresentado, assinale a afirmativa correta.

(A) Militar não pode, enquanto permanecer na ativa, inscrever-se no quadro de advogados, mas se permite a ele a inscrição no quadro de estagiários.

(B) Militar não pode, enquanto na ativa, obter inscrição no quadro de advogados nem no quadro de estagiários.

(C) Militar da ativa pode atuar na Justiça Militar especializada, porque se inscreve no quadro especial de estagiários.

(D) Militar de alta patente pode obter inscrição tanto no quadro de estagiários como no de advogados, mediante permissão especial do Presidente da OAB.

COMENTÁRIO

A alternativa "B" está correta (arts. 8º, V, 28, VI e 9º, I, todos do EAOAB).

A alternativa "A" está incorreta, pois a pessoa considerada incompatível, tal como ocorre com os militares na ativa (art. 28, VI, do EAOAB), não poderá inscrever-se tanto no quadro de advogados (art. 8º, V, do EAOAB), quanto no de estagiários (art. 9º, I, do EAOAB).

A alternativa "C" está incorreta (art. 9º, I, do EAOAB).

A alternativa "D" está incorreta (arts. 8º, V, 28, VI e 9º, I, todos do EAOAB).

(VIII EXAME DE ORDEM UNIFICADO – FGV) João, advogado inscrito há muitos anos na OAB, decide candidatar-se, pelo quinto constitucional, ao cargo de Juiz do Tribunal Regional Federal. Em razão dessa iniciativa, é submetido a exame curricular e sabatina perante o Conselho Federal da OAB. Após longo processo avaliatório, vem a ser escolhido para integrar a lista sêxtupla a ser remetida ao Tribunal Regional Federal.

Diante dessa narrativa, à luz da legislação aplicável aos advogados, assinale a afirmativa correta.

(A) O advogado, ao ser incluído em lista sêxtupla para integrar os quadros de tribunal, deve requerer licença para tratamento de questões particulares.

(B) O advogado que integra lista sêxtupla ou tríplice para ingresso pelo quinto constitucional pode continuar exercendo livremente suas atividades.

(C) O advogado que integra lista sêxtupla ou tríplice passa a ser considerado incompatibilizado para o exercício da advocacia.

(D) O advogado que pretende ingressar na magistratura pelo quinto constitucional passa a ser considerado impedido ao compor lista sêxtupla.

COMENTÁRIO

A alternativa "B" está correta. De acordo com o art. 28, II, do EAOAB, considera-se incompatível para o exercício da advocacia, sendo totalmente proibido de advogar até mesmo em causa própria, o advogado que passar a compor o Poder Judiciário como seu membro. É o caso, por exemplo, do advogado escolhido para ocupar vaga de Tribunal pelo quinto constitucional. Perceba, porém, o candidato, que a incompatibilidade, por evidente, somente se concretiza com a posse no cargo de Desembargador do Tribunal, e não com a simples menção de seu nome em lista sêxtupla promovida pelo Conselho Federal da OAB. Logo, se João simplesmente integrar referida lista, poderá continuar exercendo normalmente a advocacia. Frise-se que a incompatibilidade de que trata o já citado art. 28, II, do EAOAB, decorre da posse no cargo. Integrar a lista sêxtupla traduz mera expectativa de eventual escolha para a vaga do quinto constitucional. Não haverá, na espécie, qualquer exigência de licença, ou caracterização de incompatibilidade ou impedimento (alternativas A, C e D).

(IX EXAME DE ORDEM UNIFICADO – FGV) Paulo, advogado inscrito na seccional de seu Estado há 10 anos, toma posse no cargo de Auditor-Fiscal da Receita Federal do Brasil.

Considerando a hipótese de Paulo continuar a exercer a função de advogado, assinale a afirmativa correta.

(A) Paulo não poderá continuar a exercer a função de advogado, tendo em vista que passou a exercer função incompatível com a advocacia.

(B) Paulo poderá continuar a exercer a advocacia, desde que não advogue contra a União, que o remunera.

(C) Paulo poderá continuar a exercer a advocacia, desde que não atue em causas envolvendo matéria tributária.

(D) Paulo poderá continuar a exercer a advocacia, não havendo qualquer tipo de impedimento.

COMENTÁRIO

A alternativa "A" está correta. De fato, um advogado que toma posse no cargo de Auditor-Fiscal da Receita Federal do Brasil, por passar a ter competência para fiscalização, arrecadação ou lançamento de tributos, torna-se incompatível para o exercício da advocacia (art. 28, VII, do Estatuto da OAB), sendo o caso de cancelamento de sua inscrição (art. 11, IV, do Estatuto).

A alternativa "B" está incorreta. Paulo, ao tomar posse no cargo de Auditor-Fiscal, como visto, passará a exercer atividade incompatível com a advocacia, sendo totalmente proibido de advogar, mesmo em causa própria (art. 28, *caput*, do Estatuto). Tal situação não se confunde com o art. 30, I, do Estatuto, que trata do impedimento (proibição parcial) de servidores públicos em geral (ou seja, que não exerçam as atividades previstas no art. 28 do Estatuto), advogarem contra a Fazenda Pública que os remunere ou à qual seja vinculada a entidade empregadora.

A alternativa "C" está incorreta. Como visto, a assunção do cargo de Auditor-Fiscal pelo advogado Paulo o tornou incompatível com a advocacia. Ou seja, a partir de então, será totalmente proibido de advogar, inclusive em causa própria.

A alternativa "D" está incorreta. Paulo, nos termos do art. 28, VII, do Estatuto, passará a ocupar cargo incompatível com a advocacia, sendo totalmente proibido de exercê-la.

(XII EXAME DE ORDEM UNIFICADO – FGV) Joel é Conselheiro do Tribunal de Contas do Município J, sendo proprietário de diversos imóveis. Em um deles, por força de contrato de locação residencial, verifica a falta de pagamentos dos alugueres devidos. O Conselheiro é Bacharel em Direito, tendo exercido a advocacia por vários anos na área imobiliária.

Nesse caso, nos termos do Estatuto da Advocacia, o Conselheiro

(A) poderia atuar como advogado em causa própria.

(B) deverá contratar advogado para a causa diante da situação de incompatibilidade.

(C) poderia advogar; recomenda-se, contudo, a contratação de advogado.

(D) está com a sua inscrição como advogado suspensa.

COMENTÁRIO

A alternativa "B" está correta, pois, sendo Joel integrante do Tribunal de Contas de determinado município, é considerado incompatível com a advocacia (art. 28, II, EAOAB), sendo totalmente proibido de advogar, até mesmo em causa própria. Por tal razão, não poderá ajuizar ação em face do locatário inadimplente, devendo contratar advogado para tanto.

A alternativa "A" está incorreta, pois sendo Joel um Conselheiro do Tribunal de Contas do Município J, não poderá exercer a advocacia, nem mesmo em causa própria. Isto porque, nos termos do art. 28, II, do Estatuto da OAB (EAOAB), são incompatíveis com a advocacia, e, portanto, totalmente proibidos de advogar, inclusive em causa própria, os membros dos Tribunais e Conselhos de Contas.

A alternativa "C" está incorreta, pois, como já afirmado anteriormente, Joel é incompatível com a advocacia (art. 28, II, EAOAB), não podendo exercer a advocacia.

A alternativa "D" está incorreta, pois o fato de Joel ser Conselheiro do Tribunal de Contas municipal não é causa de "suspensão", que é expressão a ser tomada tecnicamente, tratando-se de penalidade por infração disciplinar (art. 37 do EAOAB). Também não se trata de hipótese de licenciamento – art. 12 do EAOAB.

(XIII EXAME DE ORDEM UNIFICADO – FGV) Juarez da Silva, advogado, professor adjunto de Direito Administrativo em determinada Universidade Federal, foi procurado, na qualidade de advogado, por um grupo de funcionários públicos federais que desejavam ajuizar determinada ação contra a União.

Pode Juarez aceitar a causa, advogando contra a União?

(A) Não. Juarez não pode aceitar a causa, pois está impedido de exercer a advocacia contra a Fazenda Pública que o remunera.

(B) Sim. Juarez poderá aceitar a causa, pois o impedimento de exercício da advocacia contra a Fazenda Pública que remunera os advogados que são servidores públicos não inclui a hipótese de docentes de cursos jurídicos.

(C) Sim. Juarez poderá aceitar a causa, pois não há nenhum tipo de impedimento para o exercício da advocacia por servidores públicos.

(D) Não. Juarez não poderá aceitar a causa, pois exerce o cargo de professor universitário, que é incompatível com o exercício da advocacia.

COMENTÁRIO

A alternativa "B" está correta, tal como explicitado no comentário posterior, que se funda, repita-se, no art. 30, parágrafo único, do EAOAB.

A alternativa "A" está incorreta. Embora Juarez da Silva possa ser considerado um funcionário público, já que é professor em Universidade Federal, a ele não se aplica o disposto no art. 30, I, do EAOAB (impedimento de exercer a advocacia contra a Fazenda Pública que o remunere ou a qual esteja vinculada a entidade empregadora). É que aos docentes de cursos jurídicos públicos aplica-se o art. 30, parágrafo único, do EAOAB, que, em suma, os autoriza a demandar mesmo contra a Fazenda Pública a que se vincule a universidade em que trabalhe.

A alternativa "C" está incorreta. Embora Juarez não esteja abrangido pelo impedimento de que trata o art. 30, I, do EAOAB, a assertiva é incorreta ao referir que "não há nenhum tipo de impedimento para o exercício da advocacia por servidores públicos". Há, sim, impedimento de o servidor público advogar contra a Fazenda Pública que o remunere ou a que esteja vinculada a entidade empregadora. Contudo, esse impedimento, por expressa disposição legal (art. 30, parágrafo único, do EAOAB), apenas não alcança os docentes de cursos jurídicos.

A alternativa "D" está incorreta, pois o cargo de professor universitário não se enquadra em qualquer das hipóteses de incompatibilidade previstas no art. 28 do EAOAB. Ainda que se tratasse de Diretor ou Coordenador da Faculdade pública de Direito, não seria alcançado pela incompatibilidade do art. 28, III, do EAOAB, por força da parte final do § 2º, do mesmo dispositivo.

(XIV EXAME DE ORDEM UNIFICADO – FGV) Cláudia, advogada, inicialmente transitou pelo direito privado, com assunção de causas individuais e coletivas.

Ao ser contratada por uma associação civil, deparou com questões mais pertinentes ao direito público e, por força disso, realizou novos estudos e contatou colegas mais experientes na matéria. Ao aprofundar suas relações jurídicas, também iniciou participação política na defesa de temas essenciais à cidadania. Por força disso, Cláudia foi eleita prefeita do município X em eleição bastante disputada, tendo vencido seu oponente, o também advogado Pradel, por apenas cem votos. Eleita e empossada, motivada pelo sentido conciliatório, convidou seu antigo oponente para ocupar cargo em comissão na Secretaria Municipal de Fazenda. A partir da hipótese apresentada, observadas as regras do Estatuto da OAB, assinale a opção correta.

(A) A prefeita exerce função incompatível com a advocacia.

(B) O secretário municipal pode atuar em ações contra o município.

(C) A prefeita deve pedir autorização para exercer a advocacia.

(D) O secretário municipal pode atuar em pleitos contra o Estado federado.

COMENTÁRIO

A alternativa "A" está correta. De fato, considera-se atividade incompatível com a advocacia, gerando, portanto, proibição total para advogar, mesmo em causa própria, ocupar carga de Chefe do Poder Executivo (art. 28, I, do EAOAB). Assim, a partir da posse, Cláudia tornou-se incompatível, não mais podendo exercer a advocacia (até que desocupe definitivamente o cargo eletivo).

A alternativa "B" está incorreta. O secretário municipal, segundo entendemos, ocupa cargo de direção na Administração Pública, razão pela qual é, também, incompatível com a advocacia (art. 28, III, do EAOAB), não podendo exercê-la em hipótese alguma.

A alternativa "C" está incorreta, pois as incompatibilidades, como visto, geram proibição total para advogar (art. 28 do EAOAB), não sendo admissível autorização para fazê-lo.

A alternativa "D" está incorreta, pelas mesmas razões apresentadas no comentário à alternativa B. É que o secretário municipal exerce cargo incompatível com a advocacia (art. 28, III, do EAOAB), sendo totalmente proibido de advogar. Não se confunde com a situação descrita no art. 30, I, do EAOAB (servidores públicos), que trata do impedimento (proibição parcial de advogar – apenas contra a Fazenda Pública que os remunere ou a qual se vincule a entidade empregadora). É que o secretário municipal não é um "servidor público comum", ocupando cargo de direção na Administração Pública. Daí enquadrar-se, como dito, no art. 28, III, do EAOAB, e não no art. 30, I, do EAOAB.

(XV EXAME DE ORDEM UNIFICADO – FGV) Abelardo é magistrado vinculado ao Tribunal de Justiça do Estado K e requer licença para tratamento de questões particulares, pelo prazo de três anos, o que foi deferido. Como, antes de assumir o referido cargo, era advogado regularmente inscrito nos quadros da OAB, requer o seu reingresso, comprovando o afastamento das funções judicantes.

Nos termos do Estatuto da Advocacia, assinale a afirmativa correta.

(A) A incompatibilidade com a advocacia persiste mesmo após aposentadoria do cargo efetivo.

(B) O afastamento temporário do cargo que gera a incompatibilidade permite inscrição provisória.

(C) A incompatibilidade permanece mesmo que ocorra o afastamento temporário do cargo.

(D) O afastamento do cargo incompatível permite a inscrição após um período de três anos.

COMENTÁRIO

A alternativa "C" está correta. Abelardo, magistrado, licenciado para tratamento de assuntos particulares, durante o prazo da licença, continuará incompatível (proibido totalmente de advogar – art. 28, § 1º, do EAOAB).

A alternativa "A" está incorreta, pois a incompatibilidade (proibição total para advogar – vide art. 28 do EAOAB) não persiste se o agente se aposentar do cargo que inviabilizava o exercício profissional. Por exemplo, se um juiz – incompatível por força do art. 28, II, do EAOAB – aposentar-se, poderá exercer a advocacia.

A alternativa "B" está incorreta, pois o afastamento temporário do cargo gerador da incompatibilidade, nos termos do art. 28, § 1º, do EAOAB, não altera a situação da pessoa: persiste a incompatibilidade! Assim, por exemplo, se um juiz afastar-se do cargo para tratamento de saúde, tal afastamento – que é temporário – não fará com que ele possa, nesse período, advogar. É que, repita-se, a incompatibilidade permanece ainda que a pessoa esteja temporariamente afastada do cargo ou função.

A alternativa "D" está incorreta. É que o afastamento temporário do cargo incompatível – não importa o prazo desse afastamento, desde que temporário! – não permite o exercício da advocacia.

(XVII EXAME DE ORDEM UNIFICADO – FGV) Deise é uma próspera advogada e passou a buscar novos desafios, sendo eleita Deputada Estadual. Por força de suas raras habilidades políticas, foi eleita integrante da Mesa Diretora da Assembleia Legislativa do Estado Z. Ao ocupar esse honroso cargo procurou conciliar sua atividade parlamentar com o exercício da advocacia, sendo seu escritório agora administrado pela filha. Nos termos do Estatuto da Advocacia, assinale a afirmativa correta.

(A) A atividade parlamentar de Deise é incompatível com o exercício da advocacia.

(B) A participação de Deise na Mesa Diretora a torna incompatível com o exercício da advocacia.

(C) A função de Deise como integrante da Mesa Diretora do Parlamento Estadual é conciliável com o exercício da advocacia.

(D) A atividade parlamentar de Deise na Mesa Diretora pode ser conciliada com o exercício da advocacia em prol dos necessitados.

COMENTÁRIO

A alternativa "B" está correta. Nos termos do art. 28, I, do EAOAB, são incompatíveis com a advocacia os membros das Mesas do Poder Legislativos, e seus substitutos legais. Considerando que as incompatibilidades geram proibição total para o exercício da advocacia (art. 27 do EAOAB), Deise, ao se tornar integrante da Mesa Diretora da Assembleia Legislativa do Estado Z, como dito, tornou-se incompatível, não mais podendo exercer a advocacia. Correta, portanto, a alternativa B, estando as demais em descompasso com os aludidos arts. 27 e 28, I, do EAOAB.

(OAB/Exame Unificado – 2017.1) Carolina, Júlia, Bianca e Maria são advogadas. Carolina é servidora estadual não enquadrada em hipótese de incompatibilidade; Júlia está cumprindo suspensão por infração disciplinar; Bianca está licenciada por requerimento próprio justificado; e Maria é servidora federal não enquadrada em hipótese de incompatibilidade. As quatro peticionam, como advogadas, isoladamente e em atos distintos, em ação judicial proposta em face da União. Diante da situação narrada, de acordo com o Estatuto da OAB, são válidos os atos praticados:

(A) por Carolina, apenas.
(B) por Carolina e Bianca, apenas.
(C) por Carolina, Bianca e Maria, apenas.
(D) por Carolina, Julia, Bianca e Maria.

COMENTÁRIO

Antes de analisarmos cada uma das alternativas, indispensável que entendamos a situação jurídica de cada uma das advogadas. Com relação a Carolina, que é servidora estadual não enquadrada em hipótese de incompatibilidade, cujo rol consta no art. 28 do Estatuto da OAB, aplicável apenas a vedação de demandar contra a Fazenda Pública que a remunera (art. 30, I, do EAOAB). Júlia, por estar cumprindo suspensão por infração disciplinar, fica interditada para o exercício profissional durante a execução de sua penalidade, nos termos do art. 37, § 1º, do EAOAB, sendo certo que qualquer ato privativo de advocacia praticado por advogado suspenso é nulo (art. 4º, parágrafo único, do EAOAB). Bianca está em gozo de licenciamento da profissão (art. 12, I, do EAOAB), razão por que não pode praticar atos privativos de advocacia, sob pena de nulidade (art. 4º, parágrafo único, do EAOAB). Finalmente, Maria, servidora federal não enquadrada em hipótese de incompatibilidade (art. 28, EAOAB), somente é impedida de advogar contra a Fazenda Pública que a remunera (art. 30, I, do EAOAB). Logo, das quatro advogadas, de plano verificamos que Júlia e Bianca não podem praticar quaisquer atos privativos de advocacia, sob pena de nulidade, já que, respectivamente, a primeira cumpre pena de suspensão e a segunda está licenciada. Quanto à advogada Carolina, que é servidora estadual, somente ficará impedida de advogar contra o Estado que a remunera, ao passo que Maria, servidora federal, é impedida de advogar contra a União. Assim, vamos às alternativas! A alternativa "A" está correta. Carolina é a única advogada que poderá atuar em processo em face da União, eis que seu impedimento (art. 30, I, EAOAB) não alcança referido ente público, já que ela é servidora estadual; A alternativa "B" está incorreta, pois Bianca, durante o período de licenciamento (art. 12, EAOAB), não poderá exercer a advocacia (art. 4º, parágrafo único, EAOAB); A alternativa "C" está incorreta, seja com relação à Bianca (licenciada), seja quanto à advogada Maria, que, por ser servidora federal, é impedida de advogar contra a União, que é a Fazenda Pública que a remunera (art. 30, I, EAOAB); A alternativa "D" está incorreta, acrescentando-se que Júlia, por estar cumprindo pena de suspensão, fica interditada para exercer a profissão em todo o território nacional (art. 37, § 1º, EAOAB).

Dicas de última hora

1. Se uma pessoa exercer função ou ocupar cargo incompatível com a advocacia, sequer terá sua inscrição deferida pela OAB (vide art. 8º, V, Estatuto da OAB). Até poderá prestar o Exame de Ordem, mas, sendo aprovada, não poderá exercer, enquanto ocupar a função/cargo/atividade, a advocacia.

2. As incompatibilidades geram a proibição total para advogar, ainda que em causa própria. Significa dizer que uma pessoa considerada incompatível com a advocacia não poderá patrocinar qualquer causa, seja para si, seja para terceiros.

3. As hipóteses de incompatibilidade constam no rol do art. 28 do Estatuto da OAB. Dica: geralmente altas ou elevadas funções públicas geram incompatibilidade (ex.: Chefe do Poder

Executivo, Membros do Poder Judiciários, Militares na ativa, Carreiras policiais, Membros do Ministério Público etc.).

4. Nem todos os membros do Poder Judiciário é incompatível (art. 28, II, Estatuto da OAB). O STF, no julgamento da ADI 1.127, afastou a incompatibilidade dos juízes eleitorais e seus suplentes ocupantes de vagas no TSE (Tribunal Superior Eleitoral) e TRE´s (Tribunais Regionais Eleitorais), desde que, é claro, sejam oriundos da classe de advogados (arts. 119, II e 120, III, ambos da CF/1988).

5. Nem todos os membros dos Juizados Especiais são considerados incompatíveis (art. 28, II, Estatuto da OAB). Entende o Conselho Federal da OAB que os conciliadores e os juízes leigos podem exercer a advocacia, sendo, porém, impedidos de tal exercício apenas perante os juizados em que atuam. O mesmo se vê no art. 167, §5º, do Novo CPC, que prevê expressamente que os conciliadores e mediadores judiciais cadastrados na forma disposta no *caput* de referido dispositivo, serão impedidos de exercer a advocacia nos juízos em que desempenhem suas funções.

6. Os ocupantes de cargos ou funções de direção na Administração Pública direta ou indireta são considerados incompatíveis (art. 28, III, Estatuto da OAB). No entanto, não serão assim considerados (art. 28, §2º, Estatuto da OAB):

i) aqueles que, a despeito de ocuparem cargo ou função de direção, não exerçam poder de decisão relevantes sobre interesses de terceiros, a critério do Conselho Seccional competente; e

ii) os diretores de faculdades públicas de Direito (apenas as de Direito!).

7. As incompatibilidades não cessam mesmo se a pessoa estiver afastada temporariamente da função ou cargo (ex.: se um Prefeito estiver licenciado, tendo assumido seu vice, ainda assim continuará incompatibilizado para advogar).

8. Os impedimentos geram proibição parcial para advogar. Significa dizer que pessoa impedida poderá advogar, mas com algumas restrições.

9. Em regra, os servidores públicos, desde que não se enquadrem no rol do art. 28 do Estatuto da OAB (incompatibilidades), poderão advogar. Porém, não poderão patrocinar causas contra a Fazenda Pública que os remunere ou a que esteja vinculada a entidade empregadora. Decore assim: "não se pode cuspir no prato em que se come!" Porém, exemplificando, um servidor público do município "X", embora não possa patrocinar causas contra o próprio município, poderá fazê-lo com relação a outros municípios, Estados, União etc.

10. Os parlamentares (desde que não ocupantes das Mesas do Poder Legislativo, caso em que serão considerados incompatíveis, conforme art. 28, I, do Estatuto da OAB) são impedidos de advogar contra ou a favor do Poder Público em todos os níveis. Assim, exemplificando, um deputado estadual não só não poderá patrocinar causas contrárias ou favoráveis ao próprio Estado-membro em que exerce seu mandato, mas, também, contra ou a favor de todos os municípios, demais Estados, União, suas autarquias, fundações, empresas públicas, sociedades de economia mista, concessionárias prestadoras de serviços etc.

11. Os *Procuradores-Gerais, Advogados-Gerais, Defensores-Gerais e os dirigentes de órgãos jurídicos* da Administração Pública direta, indireta e fundacional, são exclusivamente legitimados para o exercício da advocacia vinculada às funções que exerçam durante o período da investidura.

Capítulo 11

INFRAÇÕES E SANÇÕES DISCIPLINARES

1. DAS INFRAÇÕES E SANÇÕES DISCIPLINARES (ARTS. 34 A 43, EAOAB)

1.1. Espécies de sanções

São ***quatro*** as **sanções** cabíveis para as infrações disciplinares previstas no art. 34, EAOAB, a saber:

a) Censura (art. 36, EAOAB)

b) Suspensão (art. 37, EAOAB)

c) Exclusão (art. 38, EAOAB)

d) Multa (art. 39, EAOAB)

1.1.1. Censura (art. 36, EAOAB)

A ***censura*** é a mais leve das sanções, sendo cabível sua aplicação nos seguintes casos:

a) infrações definidas nos *incisos I a XVI e XXIX* do art. 34, EAOAB;

b) violação ao Código de Ética e Disciplina (CED); e

c) violação ao EAOAB, quando para a infração não existir pena mais grave.

Assim, propomos a **divisão** das hipóteses de cabimento de censura em **três grupos**:

A) infrações disciplinares do art. 34, EAOAB;

B) violação ao CED;

C) violação ao EAOAB, se não houver penalidade mais grave cominada.

No **primeiro grupo**, temos as seguintes hipóteses (correspondentes aos incisos do precitado art. 34):

I – exercer a profissão, quando impedido de fazê-lo, ou facilitar, por qualquer meio, o seu exercício aos não inscritos, proibidos ou impedidos;

II – manter sociedade profissional fora das normas e preceitos estabelecidos nesta lei;

III – valer-se de agenciador de causas, mediante participação nos honorários a receber;

IV – angariar ou captar causas, com ou sem a intervenção de terceiros;

V – assinar qualquer escrito destinado a processo judicial ou para fim extrajudicial que não tenha feito, ou em que não tenha colaborado;

VI – advogar contra literal disposição de lei, presumindo-se a boa-fé quando fundamentado na inconstitucionalidade, na injustiça da lei ou em pronunciamento judicial anterior;

VII – violar, sem justa causa, sigilo profissional;

VIII – estabelecer entendimento com a parte adversa sem autorização do cliente ou ciência do advogado contrário;

IX – prejudicar, por culpa grave, interesse confiado ao seu patrocínio;

X – acarretar, conscientemente, por ato próprio, a anulação ou a nulidade do processo em que funcione;

XI – abandonar a causa sem justo motivo ou antes de decorridos dez dias da comunicação da renúncia;

XII – recusar-se a prestar, sem justo motivo, assistência jurídica, quando nomeado em virtude de impossibilidade da Defensoria Pública;

XIII – fizer publicar na imprensa, desnecessária e habitualmente, alegações forenses ou relativas a causas pendentes;

XIV – deturpar o teor de dispositivo de lei, de citação doutrinária ou de julgado, bem como de depoimentos, documentos e alegações da parte contrária, para confundir o adversário ou iludir o juiz da causa;

XV – fizer, em nome do constituinte, sem autorização escrita deste, imputação a terceiro de fato definido como crime;

XVI – deixar de cumprir, no prazo estabelecido, determinação emanada do órgão ou de autoridade da Ordem, em matéria da competência desta, depois de regularmente notificado;

XXIX – praticar, o estagiário, ato excedente de sua habilitação.

No **segundo grupo**, impor-se-á a pena de censura quando houver a **violação a dispositivos do CED**. Significa dizer que eventuais comportamentos lesivos às disposições previstas em referido diploma normativo darão azo à aplicação da pena em comento.

Por fim, para o **terceiro grupo**, admitir-se-á a aplicação da censura sempre que, violado o EAOAB, **inexistir** uma **penalidade mais grave** cabível. Ou seja, se determinada regra estatutária for desrespeitada pelo advogado, a ele se imporá a censura se não forem cominadas as penas de **suspensão** e **exclusão** (mais graves, portanto).

Importante destacar que a **censura pode ser convertida em advertência, que se materializará em ofício reservado encaminhado ao advogado, sem registro em seus assentamentos,** quando existirem **circunstâncias atenuantes**, dentre elas as previstas no art. 40, EAOAB:

I – falta cometida na defesa de prerrogativa profissional;

II – ausência de punição disciplinar anterior;

III – exercício assíduo e proficiente de mandato ou cargo em qualquer órgão da OAB;

IV – prestação de relevantes serviços à advocacia ou à causa pública.

No caso de operar-se a conversão em comento, **não haverá o registro nos assentamentos do advogado**, diferentemente se mantida a censura, que será anotada no prontuário do profissional.

1.1.2. Suspensão (art. 37, EAOAB)

A **suspensão** é sanção que **interdita** (impede) o **exercício da advocacia** em todo o território nacional.

Será aplicada nas seguintes **hipóteses**:

a) infrações definidas nos **incisos XVII a XXV** do art. 34, EAOAB;

b) reincidência em infração disciplinar.

Assim, sujeitar-se-á à pena de suspensão aquele que (incisos do aludido art. 34):

XVII – prestar concurso a clientes ou a terceiros para realização de ato contrário à lei ou destinado a fraudá-la;

XVIII – solicitar ou receber de constituinte qualquer importância para aplicação ilícita ou desonesta;

XIX – receber valores, da parte contrária ou de terceiro, relacionados com o objeto do mandato, sem expressa autorização do constituinte;

XX – locupletar-se, por qualquer forma, à custa do cliente ou da parte adversa, por si ou interposta pessoa;

XXI – recusar-se, injustificadamente, a prestar contas ao cliente de quantias recebidas dele ou de terceiros por conta dele;

XXII – retiver, abusivamente, ou extraviar autos recebidos com vista ou em confiança;

XXIII – deixar de pagar as contribuições, multas e preços de serviços devidos à OAB, depois de regularmente notificado a fazê-lo;

XXIV – incidir em erros reiterados que evidenciem inépcia profissional;

XXV – mantiver conduta incompatível com a advocacia.

Especificamente no caso do inciso XXV do art. 34, EAOAB, disciplinou o legislador que se considera **conduta incompatível** (art. 34, parágrafo único):

a) prática reiterada de jogo de azar, não autorizado por lei;

b) incontinência pública e escandalosa;

c) embriaguez ou toxicomania habituais.

Também será aplicada a suspensão àquele que for **reincidente em infração disciplinar** (art. 37, II, EAOAB). Como o legislador não distinguiu, a reincidência em **qualquer infração ética** ensejará a suspensão do inscrito.

O **prazo de duração** da suspensão varia, em regra, de **30 (trinta) dias, no mínimo, a um máximo de 12 (doze) meses** (art. 37, § 1º, EAOAB). Essa variação, quando da aplicação da penalidade pelo órgão competente da OAB, levará em conta os antecedentes profissionais do inscrito, as atenuantes, o grau de culpa por ele revelado, as circunstâncias e as consequências da infração (art. 40, parágrafo único, "b", EAOAB).

Casos há, porém, em que a suspensão será por **prazo indeterminado**, respeitado o limite mínimo de 30 (trinta) dias. São as hipóteses seguintes (art. 37, §§ 2º e 3º, EAOAB):

a) recusa *injustificada* do advogado a prestar contas ao cliente de quantias recebidas dele ou de terceiros por conta dele (art. 34, XXI, EAOAB) – a suspensão durará até que o advogado preste as contas, satisfazendo integralmente a dívida, acrescida de correção monetária (art. 37, § 2º, EAOAB);

b) inadimplência com as *contribuições, multas e preços* de serviços devidos à OAB, depois de regularmente notificado a fazê-lo (art. 34, XXIII, EAOAB) – a suspensão durará até que o advogado quite sua dívida, acrescida de correção monetária (art. 37, § 2º, EAOAB);

c) incidir em *erros reiterados* que evidenciem inépcia profissional (art. 34, XXIV, EAOAB) – nesse caso, a suspensão somente cessará após o advogado prestar novas provas de habilitação (art. 37, § 3º, EAOAB). Embora não haja expressa definição sobre o conceito de "novas provas de habilitação", há precedente do Conselho Federal da OAB determinando, como consequência da infração disciplinar em comento, a submissão do infrator a novo exame de Ordem. Confira-se: "*EMENTA 119/2011/SCA-TTU. Processo Administrativo Disciplinar – Reter abusivamente autos judiciais, não os devolvendo mesmo após notificada pelo Poder Judiciário e pela própria OAB –**Inépcia profissional inegavelmente evidente e demonstrada – Aplicação da sanção de suspensão por 30 (trinta) dias, subsistente até submissão e aprovação em novo exame de ordem** – Conduta ofensiva aos incisos XXII e XXIV, do artigo 34, do Estatuto–Pedido de revisão interposto após o trânsito em julgado do acórdão que apenou a recorrente, instruído sem a prova da submissão e aprovação em novo exame de Ordem a que se negou procedência – Acórdão unânime – Recurso para o Conselho Federal ao qual não se conhece por ausência de atendimento aos requisitos de admissibilidade impostos no artigo 75, do Estatuto da Advocacia – Decisão unânime. ACÓRDÃO: Vistos, relatados e discutidos os autos do processo em referência, acordam os membros da Terceira Turma da Segunda Câmara do CFOAB, por unanimidade de votos, em não conhecer do recurso, nos termos do voto do Relator, que integra o presente. Brasília, 05 de julho de 2011. Délio Lins e Silva, Presidente, em exercício, e Relator.* ***(DOU, S. 1, 16/08/2011 p. 126)"***. No mesmo sentido, o precedente do TED/RS: "(TED/RS) Acórdão nº 266/2002 Julgado em 30/08/2002. Ementa: Inépcia Profissional. Erros reiterados do vernáculo, da técnica jurídica e citações de textos legais, em desconformidade com o conteúdo do arrazoado, caracterizam **a inépcia profissional, podendo conduzir a suspensão do advogado, até submissão à feitura de novo exame de ordem**. São essas as regras insculpidas no inciso XXIV, do art. 34 e § 3°, do art. 37, EAOAB. Àquele que obteve sua inscrição perante a corporação, deve ser **oportunizado o seu aperfeiçoamento antes da tomada da imposição extrema, para evitar prejuízos próprios e de seus clientes, cuja medida encontra respaldo no art. 59 do Código de Ética e Disciplina** da OAB. Decisão unânime."

Importante ressaltar que o advogado suspenso, durante o cumprimento da sanção, **não poderá praticar nenhuma das atividades privativas de advocacia** em todo o território nacional, sob pena de exercício ilegal da profissão e de **nulidade** dos atos privativos (art. 4º, parágrafo único, EAOAB).

Outrossim, o fato de estar suspenso não irá desobrigá-lo de **pagar a anuidade** junto à OAB, sob pena de a sanção em comento lhe ser benéfica.

1.1.3. Exclusão (art. 38, EAOAB)

A **exclusão** é a sanção que implica, como o próprio nome diz, a exclusão do advogado dos quadros da OAB. Por ser grave, somente será aplicada por votos favoráveis à sua incidência de **2/3 (dois terços) dos membros do Conselho Seccional competente**.

Será cabível nas seguintes **hipóteses**:

a) infração aos **incisos XXVI a XXVIII** do art. 34, EAOAB;

b) reincidência na sanção de suspensão por 3 vezes;

Assim, sujeitar-se-á à pena de exclusão o advogado que (incisos do art. 34):

XXVI – fizer falsa prova de qualquer dos requisitos para inscrição na OAB;

XXVII – tornar-se moralmente inidôneo para o exercício da advocacia;

XXVIII – praticar crime infamante.

No tocante ao **crime infamante**, o EAOAB não nos trouxe uma definição, razão por que deveremos interpretá-lo como todo crime capaz de provocar ao advogado infrator uma **má fama**, acarretando-lhe a **infâmia**. Entendemos que determinados crimes patrimoniais cometidos por um advogado irão trazer-lhe a pecha de "infame", tais como a apropriação indébita de valores devidos ao cliente, ou estelionato cometido em desfavor de constituinte. O mesmo se pode dizer com relação aos crimes de maior gravidade, tais como os hediondos e equiparados.

Também haverá condenação à pena de exclusão se ao advogado tiverem sido aplicadas, por *três vezes*, a suspensão. Estamos, aqui, diante de uma **reincidência específica** (na mesma penalidade, e por três vezes!).

Uma vez excluído, fato que ensejará o **cancelamento da inscrição** (art. 11, II, EAOAB), o advogado somente poderá retornar à OAB (reinscrição) após sujeitar-se ao processo de **reabilitação**, conforme determina o art. 11, § 3º, EAOAB, assunto que será visto mais adiante.

1.1.4. *Multa (art. 39, EAOAB)*

A **multa** é ***sanção acessória***, fixada **cumulativamente** com as de **censura** ou **suspensão**, significando dizer que **não** poderá, jamais, ser imposta **isoladamente** como decorrência do cometimento de infração ético-disciplinar.

Somente será aplicada quando existirem **circunstâncias agravantes** (ex.: reincidência em infrações disciplinares).

Corresponderá ao **valor** de **1 (uma) anuidade** e o **máximo de seu décuplo**, levando-se em consideração, para fins de mensuração, os antecedentes profissionais do inscrito, as atenuantes, o grau de culpa por ele revelado, as circunstâncias e consequências da infração disciplinar (art. 40, parágrafo único, *b*, EAOAB).

Atente-se para o fato de que a multa **jamais será cumulada com a pena de exclusão**, *podendo ser imposta conjuntamente, repita-se, com a censura ou com a suspensão.*

1.2. Regra para memorizar as sanções cominadas às infrações disciplinares

Com o objetivo de contribuirmos à mais fácil assimilação das hipóteses de cabimento para cada uma das espécies de sanções disciplinares, propomos ao leitor o que segue:

a) A sanção de ***censura*** é a que engloba o maior número de hipóteses (17 das 29 infrações disciplinares previstas no art. 34, EAOAB), o que torna mais difícil a sua memorização. Em razão disso, dizemos: não se preocupe com elas! Por eliminação, tudo o que não se enquadrar em *suspensão* e *exclusão* será censura!

b) A sanção de ***suspensão***, embora traga **nove** hipóteses do art. 34, EAOAB (incisos XVII a XXV), **cinco** delas estão vinculadas à ideia de **dinheiro** (ex.: solicitar ou receber *importância* – inc. XVIII; receber *valores* da parte contrária – inc. XIX; *locupletar-se* à custa do cliente – inc. XX; recusa à prestação de contas de *quantias recebidas*– inc. XXI; deixar de *pagar* as contribuições e preços de serviços à OAB – inc. XXIII). Para as quatro hipóteses restantes, propomos, para fins de memorização, que o leitor se recorde da sigla **RECIF**: a) **RE**(tenção abusiva ou extravio de autos – inc. XXII); **C**(onduta incompatível – inc. XXV); **I**(népcia profissional – inc. XXIV) e; **F**(raude – inc. XVII).

Em **resumo**, lembre-se do seguinte:

- **Dinheiro** = art. 34, XVIII, XIX, XX, XXI e XXIII, EAOAB
- **RECIF** = art. 34, XVII, XXII, XXIV e XXV, EAOAB

---

12 Para visualizar o *SHORT VIDEO* acesse: http://www.editorafoco.com.br/short-videos.

c) A sanção de ***exclusão*** traz apenas **três** hipóteses, que podem ser facilmente memorizadas, remetendo-nos à ideia de ***crime***: i) falsa prova dos requisitos para a inscrição perante a OAB (art. 34, XXVI, EAOAB); ii) tornar-se moralmente inidôneo (art. 34, XXVII, EAOAB); iii) prática de crime infamante (art. 34, XXVIII, EAOAB).

Nossa dica, portanto, é que você **memorize** a ***suspensão*** (nove hipóteses, das quais cinco são diretamente ligadas à ideia de ***dinheiro*** e as quatro restantes, à sigla **Recif**) e ***exclusão*** (apenas três casos, ligados à ideia de **crime**). As demais serão puníveis com censura!

2. QUADRO-RESUMO

Infrações e Sanções Disciplinares	
Censura	**– Art. 34, I a XVI e XXIX, EAOAB** *I – exercer a profissão, quando impedido de fazê-lo, ou facilitar, por qualquer meio, o seu exercício aos não inscritos, proibidos ou impedidos;* *II – manter sociedade profissional fora das normas e preceitos estabelecidos nesta lei;* *III – valer-se de agenciador de causas, mediante participação nos honorários a receber;* *IV – angariar ou captar causas, com ou sem a intervenção de terceiros;* *V – assinar qualquer escrito destinado a processo judicial ou para fim extrajudicial que não tenha feito, ou em que não tenha colaborado;* *VI – advogar contra literal disposição de lei, presumindo-se a boa-fé quando fundamentado na inconstitucionalidade, na injustiça da lei ou em pronunciamento judicial anterior;* *VII – violar, sem justa causa, sigilo profissional;* *VIII – estabelecer entendimento com a parte adversa sem autorização do cliente ou ciência do advogado contrário;* *IX – prejudicar, por culpa grave, interesse confiado ao seu patrocínio;* *X – acarretar, conscientemente, por ato próprio, a anulação ou a nulidade do processo em que funcione;* *XI – abandonar a causa sem justo motivo ou antes de decorridos dez dias da comunicação da renúncia;* *XII – recusar-se a prestar, sem justo motivo, assistência jurídica, quando nomeado em virtude de impossibilidade da Defensoria Pública;* *XIII – fizer publicar na imprensa, desnecessária e habitualmente, alegações forenses ou relativas a causas pendentes;* *XIV – deturpar o teor de dispositivo de lei, de citação doutrinária ou de julgado, bem como de depoimentos, documentos e alegações da parte contrária, para confundir o adversário ou iludir o juiz da causa;* *XV – fazer, em nome do constituinte, sem autorização escrita deste, imputação a terceiro de fato definido como crime;* *XVI – deixar de cumprir, no prazo estabelecido, determinação emanada do órgão ou de autoridade da Ordem, em matéria da competência desta, depois de regularmente notificado;* *XXIX – praticar, o estagiário, ato excedente de sua habilitação.* **– Violação ao CED;** **– Violação ao EAOAB, se não houver penalidade mais grave.**
Consequências da Censura	– Registro nos assentamentos do inscrito, salvo se convertida em advertência, se existirem circunstâncias atenuantes, caso em que o advogado receberá um ofício reservado da OAB, sem registro no seu prontuário.

Suspensão	– **Art. 34, XVII a XXV, EAOAB** *XVII – prestar concurso a clientes ou a terceiros para realização de ato contrário à lei ou destinado a fraudá-la;* *XVIII – solicitar ou receber de constituinte qualquer importância para aplicação ilícita ou desonesta;* *XIX – receber valores, da parte contrária ou de terceiro, relacionados com o objeto do mandato, sem expressa autorização do constituinte;* *XX – locupletar-se, por qualquer forma, à custa do cliente ou da parte adversa, por si ou interposta pessoa;* *XXI – recusar-se, injustificadamente, a prestar contas ao cliente de quantias recebidas dele ou de terceiros por conta dele;* *XXII – reter, abusivamente, ou extraviar autos recebidos com vista ou em confiança;* *XXIII – deixar de pagar as contribuições, multas e preços de serviços devidos à OAB, depois de regularmente notificado a fazê-lo;* *XXIV – incidir em erros reiterados que evidenciem inépcia profissional;* *XXV – manter conduta incompatível com a advocacia. (...)* Parágrafo único. Inclui-se na conduta incompatível: *a)* prática reiterada de jogo de azar, não autorizado por lei; *b)* incontinência pública e escandalosa; *c)* embriaguez ou toxicomania habituais. – **Reincidência em infração disciplinar**
Consequências da Suspensão	– Interdição do advogado para o exercício profissional em todo o território nacional. – Prazo: a) regra – trinta dias (mínimo) a doze meses (máximo); b) exceções (mínimo de trinta dias, mas sem máximo preestabelecido) – art. 34, XXI, XXIII e XXIV, EAOAB. *XXI – recusar-se, injustificadamente, a prestar contas ao cliente de quantias recebidas dele ou de terceiros por conta dele* [a suspensão durará até que o advogado satisfaça integralmente a dívida, com correção monetária]; *XXIII – deixar de pagar as contribuições, multas e preços de serviços devidos à OAB, depois de regularmente notificado a fazê-lo* [a suspensão durará até que o advogado satisfaça integralmente a dívida, com correção monetária]; *XXIV – incidir em erros reiterados que evidenciem inépcia profissional [a suspensão durará até que o advogado preste novas provas de habilitação].* *– Durante a suspensão, o advogado continuará a ter o dever de pagar a anuidade*
Exclusão	– **Art. 34, XXVI a XXVIII, EAOAB** *XXVI – fazer falsa prova de qualquer dos requisitos para inscrição na OAB;* *XXVII – tornar-se moralmente inidôneo para o exercício da advocacia;* *XXVIII – praticar crime infamante.* – **Aplicação, por três vezes, de suspensão**
Consequências da Exclusão	– Cancelamento da inscrição (art. 11, II, EAOAB). – É possível o retorno de advogado excluído aos quadros da OAB, desde que se submeta a processo de reabilitação (art. 11, § 3º, EAOAB).
Multa	– É penalidade acessória (não pode ser aplicada isoladamente). – Será imposta cumulativamente com a censura ou a suspensão. – Valor: varia de uma a dez anuidades.

Legislação correlata

1. ARTIGOS PERTINENTES DO ESTATUTO DA OAB

Art. 34. Constitui infração disciplinar:

→ v.Art. 355 do CP.

I – exercer a profissão, quando impedido de fazê-lo, ou facilitar, por qualquer meio, o seu exercício aos não inscritos, proibidos ou impedidos;

II – manter sociedade profissional fora das normas e preceitos estabelecidos nesta Lei;

III – valer-se de agenciador de causas, mediante participação nos honorários a receber;

IV – angariar ou captar causas, com ou sem a intervenção de terceiros;

V – assinar qualquer escrito destinado a processo judicial ou para fim extrajudicial que não tenha feito, ou em que não tenha colaborado;

VI – advogar contra literal disposição de lei, presumindo-se a boa-fé quando fundamentado na inconstitucionalidade, na injustiça da lei ou em pronunciamento judicial anterior;

VII – violar, sem justa causa, sigilo profissional;

→ v. Art. 404, IV, do NCPC.

→ v. Arts. 20, 21 e 37 do Novo Código de Ética e Disciplina da OAB.

VIII – estabelecer entendimento com a parte adversa sem autorização do cliente ou ciência do advogado contrário;

IX – prejudicar, por culpa grave, interesse confiado ao seu patrocínio;

X – acarretar, conscientemente, por ato próprio, a anulação ou a nulidade do processo em que funcione;

XI – abandonar a causa sem justo motivo ou antes de decorridos dez dias da comunicação da renúncia;

XII – recusar-se a prestar, sem justo motivo, assistência jurídica, quando nomeado em virtude de impossibilidade da Defensoria Pública;

XIII – fazer publicar na imprensa, desnecessária e habitualmente, alegações forenses ou relativas a causas pendentes;

XIV – deturpar o teor de dispositivo de lei, de citação doutrinária ou de julgado, bem como de depoimentos, documentos e alegações da parte contrária, para confundir o adversário ou iludir o juiz da causa;

XV – fazer, em nome do constituinte, sem autorização escrita deste, imputação a terceiro de fato definido como crime;

XVI – deixar de cumprir, no prazo estabelecido, determinação emanada do órgão ou autoridade da Ordem, em matéria da competência desta, depois de regularmente notificado;

XVII – prestar concurso a clientes ou a terceiros para realização de ato contrário à lei ou destinado a fraudá-la;

XVIII – solicitar ou receber de constituinte qualquer importância para aplicação ilícita ou desonesta;

XIX – receber valores, da parte contrária ou de terceiro, relacionados com o objeto do mandato, sem expressa autorização do constituinte;

XX – locupletar-se, por qualquer forma, à custa do cliente ou da parte adversa, por si ou interposta pessoa;

XXI – recusar-se, injustificadamente, a prestar contas ao cliente de quantias recebidas dele ou de terceiros por conta dele;

XXII – reter, abusivamente, ou extraviar autos recebidos com vista ou em confiança;

XXIII – deixar de pagar as contribuições, multas e preços de serviços devidos à OAB, depois de regularmente notificado a fazê-lo;

XXIV – incidir em erros reiterados que evidenciem inépcia profissional;

XXV – manter conduta incompatível com a advocacia;

XXVI – fazer falsa prova de qualquer dos requisitos para inscrição na OAB;

XXVII – tornar-se moralmente inidôneo para o exercício da advocacia;

XXVIII – praticar crime infamante;

XXIX – praticar, o estagiário, ato excedente de sua habilitação.

Parágrafo único. Inclui-se na conduta incompatível:

a) prática reiterada de jogo de azar, não autorizado por lei;

b) incontinência pública e escandalosa;

c) embriaguez ou toxicomania habituais.

Art. 35. As sanções disciplinares consistem em:

I – censura;

II – suspensão;

III – exclusão;

IV – multa.

Parágrafo único. As sanções devem constar dos assentamentos do inscrito, após o trânsito em julgado da decisão, não podendo ser objeto de publicidade a de censura.

Art. 36. A censura é aplicável nos casos de:

I – infrações definidas nos incisos I a XVI e XXIX do art. 34;

II – violação a preceito do Código de Ética e Disciplina;

III – violação a preceito desta Lei, quando para a infração não se tenha estabelecido sanção mais grave.

Parágrafo único. A censura pode ser convertida em advertência, em ofício reservado, sem registro nos assentamentos do inscrito, quando presente circunstância atenuante.

Art. 37. A suspensão é aplicável nos casos de:

I – infrações definidas nos incisos XVII a XXV do art. 34;

II – reincidência em infração disciplinar.

§ 1º A suspensão acarreta ao infrator a interdição do exercício profissional, em todo o território nacional, pelo prazo de 30 (trinta) dias a 12 (doze) meses, de acordo com os critérios de individualização previstos neste capítulo.

§ 2º Nas hipóteses dos incisos XXI e XXIII do art. 34, a suspensão perdura até que satisfaça integralmente a dívida, inclusive com correção monetária.

§ 3º Na hipótese do inciso XXIV do art. 34, a suspensão perdura até que preste novas provas de habilitação.

Art. 38. A exclusão é aplicável nos casos de:

I – aplicação, por 3 (três) vezes, de suspensão;

II – infrações definidas nos incisos XXVI a XXVIII do art. 34.

Parágrafo único. Para a aplicação da sanção disciplinar de exclusão, é necessária a manifestação favorável de 2/3 (dois terços) dos membros do Conselho Seccional competente.

Art. 39. A multa, variável entre o mínimo correspondente ao valor de uma anuidade e o máximo de seu décuplo, é aplicável cumulativamente com a censura ou suspensão, em havendo circunstâncias agravantes.

Art. 40. Na aplicação das sanções disciplinares, são consideradas, para fins de atenuação, as seguintes circunstâncias, entre outras:

I – falta cometida na defesa de prerrogativa profissional;

II – ausência de punição disciplinar anterior;

III – exercício assíduo e proficiente de mandato ou cargo em qualquer órgão da OAB;

IV – prestação de relevantes serviços à advocacia ou à causa pública.

Parágrafo único. Os antecedentes profissionais do inscrito, as atenuantes, o grau de culpa por ele revelada, as circunstâncias e as consequências da infração são considerados para o fim de decidir:

a) sobre a conveniência da aplicação cumulativa da multa e de outra sanção disciplinar;

b) sobre o tempo de suspensão e o valor da multa aplicáveis.

Art. 41. É permitido ao que tenha sofrido qualquer sanção disciplinar requerer, um ano após seu cumprimento, a reabilitação, em face de provas efetivas de bom comportamento.

Parágrafo único. Quando a sanção disciplinar resultar da prática de crime, o pedido de reabilitação depende também da correspondente reabilitação criminal.

Art. 42. Fica impedido de exercer o mandato o profissional a quem forem aplicadas as sanções disciplinares de suspensão ou exclusão.

Art. 43. A pretensão à punibilidade das infrações disciplinares prescreve em 5 (cinco) anos, contados da data da constatação oficial do fato.

§ 1º Aplica-se a prescrição a todo processo disciplinar paralisado por mais de 3 (três) anos, pendente de despacho ou julgamento, devendo ser arquivado de ofício, ou a requerimento da parte interessada, sem prejuízo de serem apuradas as responsabilidades pela paralisação.

§ 2º A prescrição interrompe-se:

I – pela instauração de processo disciplinar ou pela notificação válida feita diretamente ao representado;

II – pela decisão condenatória recorrível de qualquer órgão julgador da OAB.

Questões comentadas

(EXAME DE ORDEM UNIFICADO 2010.2 – FGV) Caio, advogado, inscrito na OAB-SP, após aprovação em concorrido Exame de Ordem, atua em diversos ramos do Direito. Um dos seus clientes possui causa em curso perante a Comarca de Tombos/MG, tendo o profissional comparecido à sede do Juízo para praticar ato em prol do seu constituinte. Estando no local, foi surpreendido por designação do Juiz Titular da Comarca para representar Tício, pessoa de parcos recursos financeiros, diante da ausência de Defensor Público designado para prestar serviços no local, por falta de efetivo suficiente de profissionais. Não tendo argumentos para recusar o encargo, Caio participou do ato. Diante desse quadro

(A) o ato deveria ter sido adiado diante da exclusividade da atuação da Defensoria Pública.

(B) o advogado deveria ter recusado o encargo, mesmo sem justificativa plausível.

(C) a recusa nesses casos poderá ocorrer, com justo motivo.

(D) a recusa poderia ocorrer diante da ausência de sanção disciplinar.

COMENTÁRIO

Nos termos do art. 34, XII, EAOAB, constitui infração disciplinar "recusar-se a prestar, sem justo motivo, assistência jurídica, quando nomeado em virtude de impossibilidade da Defensoria Pública". Assim, se houver justo motivo, é possível a recusa, nos termos da alternativa "C", que está correta, portanto.

(EXAME DE ORDEM UNIFICADO 2010.2 – FGV) Dentre as sanções cabíveis no processo disciplinar realizado pela OAB no concernente aos advogados estão a censura, a suspensão, a exclusão e a multa. Dentre as circunstâncias atenuantes para a aplicação do ato sancionatório, encontra-se, consoante o Estatuto,

(A) exercício assíduo e proficiente em mandato realizado na OAB.

(B) ser reincidente em faltas da mesma natureza.

(C) prestação de serviços à advocacia, mesmo irrelevantes.

(D) ter sido o ato cometido contra outro integrante de carreira jurídica.

COMENTÁRIO

A alternativa "A" está correta, pois o "exercício assíduo e proficiente de mandato ou cargo em qualquer órgão da OAB" é circunstância atenuante (art. 40, III, EAOAB).

A alternativa "B" está incorreta, pois a reincidência em faltas é circunstância não prevista como atenuante no art. 40, EAOAB. Ao contrário, trata-se, ainda que sem previsão expressa, de circunstância agravante.

A alternativa "C" está incorreta, pois somente a prestação de serviços *relevantes* à advocacia ou à causa pública é circunstância atenuante (art. 40, IV, EAOAB).

A alternativa "D" está incorreta, pois o cometimento de ato contra outro integrante da carreira jurídica é circunstância não prevista como atenuante no art. 40, EAOAB.

(EXAME DE ORDEM UNIFICADO 2010.3 – FGV) Heitor, advogado regularmente inscrito na OAB, é surpreendido com a notícia de que seu *ex adverso* havia sido suspenso em processo disciplinar regular, mas que não havia devolvido os documentos oficiais nem comunicado a punição ao juiz dirigente do processo. Em relação à atuação de profissional suspenso das atividades, à luz do Estatuto, é correto afirmar que

(A) gera a exclusão da OAB.

(B) viola o sigilo profissional.

(C) caracteriza infração disciplinar.

(D) constitui mera irregularidade.

COMENTÁRIO

A alternativa "C" está correta, pois, ao profissional suspenso de suas atividades aplicar-se-á o disposto no art. 42 do Estatuto da OAB (EAOAB – Lei 8.906/1994), vale dizer, ficará *impedido de exercer o mandato*, o que, em caso de descumprimento, ensejará o reconhecimento da *infração disciplinar* tipificada no art. 34, I, EAOAB.

A alternativa "A" está incorreta, visto que as hipóteses de exclusão do advogado estão expressamente previstas no art. 34, XXVI a XXVIII, EAOAB.

A alternativa "B" está incorreta, pois o fato de um advogado suspenso em processo disciplinar prosseguir no exercício da advocacia não significa que esteja violando sigilo profissional.

A alternativa "D" está incorreta, pois, o prosseguimento, pelo advogado, do exercício do mandato, mesmo após ter sido suspenso ou excluído da OAB, mais do que irregularidade, constitui *infração disciplinar*, punível, diga-se de passagem, com a pena de *censura*, consoante determina o art. 36, I, EAOAB.

(EXAME DE ORDEM UNIFICADO 2010.3 – FGV) Marcelo promove ação de procedimento ordinário em face de Paus e Cupins Ltda. com o fito de compelir a ré à prestação de determinado fato, diante de contrato anteriormente estabelecido pelas partes e descumprido pela ré. Houve regular citação, com a apresentação de defesa, tendo o processo permanecido paralisado por oito anos por inércia das partes. Dez anos após a paralisação, o réu ingressa no processo requerendo a declaração de prescrição intercorrente, que é declarada, não tendo havido recurso do autor. Após consultas processuais, o autor descobre a real situação do processo e apresenta representação disciplinar à OAB contra o seu advogado. Nos termos da legislação estatutária e do Código de Ética, é correto afirmar que

(A) está perfeitamente caracterizado o abandono da causa.

(B) os atos referidos se esgotam no processo judicial.

(C) a inércia das partes não pode atingir os advogados, como no enunciado.

(D) o advogado não pode ser sancionado pela demora do processo, mesmo que tenha sido inerte.

COMENTÁRIO

A alternativa "A" está correta, visto que, de acordo com o Código de Ética e Disciplina (CED), o advogado não deve deixar ao abandono ou ao desamparo as causas sob seu patrocínio, sendo recomendável que, em face de dificuldades insuperáveis ou inércia do cliente quanto a providências que lhe tenham sido solicitadas, renuncie ao mandato (art. 15, CED). Ora, se o processo ficou paralisado por mais de dez anos, tudo indica que o advogado do autor deixou de dar o regular andamento ao feito, *abandonando a causa*, o que ensejou o reconhecimento da prescrição intercorrente alegada pelo réu e reconhecida pelo juízo. Embora tenha sido nesse sentido o gabarito fornecido pela OAB, é certo que o enunciado da questão é incompleto, deixando margem para dúvidas sobre de quem foi a inércia (se das partes ou do advogado).

A alternativa "B" está incorreta, pois o abandono da causa configura *infração disciplinar*, passível de punição com a pena de *censura* (arts. 34, XI e 36, I, EAOAB).

A alternativa "C" está incorreta, visto que, pelo entendimento da OAB (banca examinadora), a inércia foi do advogado, caracterizando *abandono da causa*. Contudo, como dito, o enunciado não deixa claro se a inércia foi das partes, assim consideradas em sua acepção técnica (autor e réu) ou se das partes representadas por seus advogados, que são os que detêm capacidade postulatória.

A alternativa "D" está incorreta, pois a inércia do advogado, como dito, pode caracterizar abandono da causa (art. 15, CED e arts. 34, XI e 36, I, EAOAB).

(IV EXAME DE ORDEM UNIFICADO – FGV) Mévio aceita defender um cliente. Após ampla pesquisa, verifica que a legislação ordinária não acolhe a pretensão dele. Elabora, pois, a tese de que a legislação que não permite o acolhimento da pretensão do seu constituído padeceria do vício de inconstitucionalidade e recomenda que não haja o cumprimento da referida norma. À luz das normas estatutárias, é correto afirmar que

(A) ao pleitear contra expressa disposição de lei no caso referido, presume-se a má-fé.

(B) mesmo sendo a lei eivada de vício, não seria possível presumir boa-fé.

(C) se caracteriza a hipótese de postulação com má-fé contra literal disposição de lei.

(D) a situação é permitida, diante do possível vício alegado pelo advogado.

COMENTÁRIO

A alternativa "D" está correta. De fato, configurará infração ética a conduta do advogado de patrocinar pretensão contra literal disposição de lei, presumindo-se a boa-fé quando fundamentado na inconstitucionalidade, na injustiça da lei ou em pronunciamento judicial anterior (art. 34, VI, EAOAB).

A alternativa "A" está incorreta, visto que nem sempre pleitear contra expressa disposição legal gerará a presunção de má-fé do advogado, conforme se verá nos comentários à alternativa D.

A alternativa "B" está incorreta, pois se uma lei for eivada de vício (inconstitucionalidade, por exemplo), não se poderá presumir a má-fé do advogado.

A alternativa "C" está incorreta, pois, como dito, nem sempre advogar contra o texto expresso da lei caracterizará postulação de má-fé.

(IV EXAME DE ORDEM UNIFICADO – FGV) Esculápio, advogado, inscrito, há longos anos, na OAB, após aprovação em Exame de Ordem, é surpreendido com a notícia de que o advogado Sófocles, que atua no seu escritório em algumas causas, fora entrevistado por jornalista profissional, tendo afirmado ser usuário habitual de drogas. A entrevista foi divulgada amplamente. Após conversas reservadas entre os advogados, os termos da entrevista são confirmados, bem como o vício portado. Não há acordo quanto a eventual tratamento de saúde, afirmando o advogado Sófocles que continuaria a praticar os atos referidos. Diante dessa narrativa, à luz da legislação aplicável aos advogados, é correto afirmar que

(A) o advogado pode ser excluído dos quadros da OAB.

(B) no caso em tela, há sanção disciplinar aplicável.

(C) a sanção disciplinar se aplica ao eventual uso de drogas.

(D) não há penalidade prevista, uma vez que se trata de questão circunscrita à Saúde Pública.

COMENTÁRIO

A alternativa "B" está correta. A toxicomania (uso de drogas) ou embriaguez, desde que habituais, configuram conduta incompatível com a advocacia (art. 34, XXV, e parágrafo único, *c*, EAOAB), sendo o caso de aplicação da pena de suspensão ao advogado (art. 37, I, EAOAB).

A alternativa "A" está incorreta. As hipóteses de exclusão vêm taxativamente previstas no art. 34, XXVI a XXVIII, do Estatuto da OAB (fazer falsa prova de qualquer dos requisitos exigidos para a inscrição nos quadros da OAB; tornar-se moralmente inidôneo; prática de crime infamante), nelas não se inserindo a conduta do advogado de fazer uso habitual de drogas, que caracteriza infração disciplinar passível de suspensão (art. 34, XXV e parágrafo único, EAOAB).

A alternativa "C" está incorreta. Como ressaltado na alternativa anterior, apenas o uso habitual de drogas é que é capaz de caracterizar conduta incompatível com a advocacia. O uso eventual de substâncias entorpecentes, como relata a alternativa, não é passível de sanção disciplinar.

A alternativa "D" está incorreta. Como visto, a toxicomania habitual, embora, de fato, configure problema de saúde pública, ingressa na esfera ético-disciplinar como conduta incompatível com a advocacia.

(V EXAME DE ORDEM UNIFICADO – FGV) Ademir, formado em Jornalismo e Direito e exercendo ambas as profissões, publica, em seu espaço jornalístico, alegações forenses por ele apresentadas em juízo. Instado por outros profissionais do Direito a também apresentar os trabalhos dos colegas, Ademir alega que o espaço é exclusivamente dedicado à divulgação dos seus próprios trabalhos forenses. Com base no relatado, à luz das normas estatutárias, é correto afirmar que a divulgação promovida por Ademir é

(A) justificada pelo interesse jornalístico dos trabalhos forenses.

(B) punível, por caracterizar infração disciplinar.

(C) é equiparada a ato educacional permitido.

(D) perfeitamente justificável, por ser pertinente a outra profissão.

COMENTÁRIO

A alternativa "B" está correta. De acordo com o art. 34, XIII, do Estatuto da OAB (Lei 8.906/1994 – EAOAB), constitui infração disciplinar fazer publicar na imprensa, desnecessária e habitualmente, alegações forenses ou relativas a causas pendentes. Assim, não é dado ao advogado publicar, sem qualquer motivo, ainda mais habitualmente, seus arrazoados forenses, sob pena de tal prática configurar uma autopromoção indevida, em violação às regras éticas acerca da publicidade na advocacia (arts. 39 a 47 do Código de Ética e Disciplina – CED). A publicidade do advogado deve pautar-se por três grandes critérios: discrição, sobriedade e caráter informativo (art. 39, CED). A aparição do advogado em meios de comunicação deve visar a objetivos exclusivamente ilustrativos, educacionais e instrutivos (art. 43, CED), não podendo ter característica de autopromoção (e, consequentemente, gerando captação de clientela). O fato de o advogado também ser jornalista não o habilita a utilizar sua outra profissão para fazer publicidade imoderada do exercício da advocacia.

(VI EXAME DE ORDEM UNIFICADO – FGV) Esculápio, advogado militante, fica comovido com a dificuldade de Astrolábio, bacharel em Direito, em lograr aprovação no Exame de Ordem. Com o intuito de auxiliá-lo, aceita subscrever petições realizadas pelo referido graduado em Direito, bem como permitir que ele receba os seus clientes no seu escritório, como se advogado fosse, não percebendo Esculápio qualquer vantagem pecuniária por isso. Consoante as normas estatutárias, é correto afirmar que

(A) Esculápio está cometendo infração disciplinar por manter sociedade profissional fora dos limites legais.

(B) Esculápio estaria praticando a conduta de facilitação do exercício da profissão aos não inscritos.

(C) havendo motivo de força maior, o advogado pode propiciar acesso profissional aos não inscritos.

(D) o advogado estaria apenas angariando causas para o seu escritório de advocacia.

COMENTÁRIO

A alternativa "B" está correta. De fato, a conduta do advogado de facilitar a pessoa não inscrita na OAB o exercício da advocacia amolda-se ao disposto no art. 34, I, EAOAB. Trata-se de infração ética punível com a pena de censura (art. 36, I, EAOAB).

(VI EXAME DE ORDEM UNIFICADO – FGV) Mévio, advogado recém-formado com dificuldades de iniciar sua atividade profissional, propõe a colegas de bairro e de escola a participação percentual nos honorários dos clientes que receber para consultas ou que pretendam ajuizar ações judiciais. Consoante as normas aplicáveis, assinale a alternativa correta em relação à conduta de Mévio.

(A) Caracteriza agenciamento de causas com participação dos honorários.

(B) É possível, desde que conste em contrato escrito entre as partes.

(C) O agenciamento de clientela é admitido em situações peculiares como essa.

(D) Desde que os serviços advocatícios sejam prestados por Mévio, inexiste infração disciplinar.

COMENTÁRIO

A alternativa "A" está correta (art. 34, III, EAOAB).
As alternativas "B", "C" e "D" estão incorretas, pois constitui infração ética o fato de um advogado se valer de terceiros para a captação de clientela e/ou o agenciamento de causas (art. 34, III e IV, EAOAB).

(VI EXAME DE ORDEM UNIFICADO – FGV) Raul, advogado, é acusado, em processo disciplinar, de ter perdido prazos em diversos processos, de ter atuado contra os interesses dos seus clientes e de ter um número exagerado de indeferimento de petições iniciais, por ineptas, desconexas, com representações sucessivas à OAB. Em relação a tais circunstâncias, à luz das normas estatutárias, é correto afirmar que as condutas imputadas a Raul

(A) não caracterizam infração disciplinar.

(B) são consideradas desvios processuais exclusivamente.

(C) demandam atuação da OAB no sentido educativo.

(D) caracterizam inépcia da atuação profissional.

COMENTÁRIO

A alternativa "D" está correta. De fato, configura inépcia profissional a prática de erros reiterados pelo advogado (art. 34, XXIV, EAOAB). Referidos erros podem ser tanto de vernáculo (português), quanto jurídicos. Impor-se-á ao advogado inepto a pena de suspensão, que variará de 30 (trinta) dias a

12 (doze) meses, condicionado o seu término até que preste novas provas de habilitação (art. 37, § 3º, EAOAB).

(VII EXAME DE ORDEM UNIFICADO – FGV) Determinado advogado, valendo-se dos poderes para receber, que lhe foram outorgados pelo autor de certa demanda, promove o levantamento da quantia depositada pelo réu e não presta contas ao seu cliente, apropriando-se dos valores recebidos. Por tal infração disciplinar, qual a sanção prevista no Estatuto da Advocacia e da OAB?

(A) Censura, com possibilidade de conversão em advertência, caso o advogado infrator preste contas ao seu cliente antes do fim do processo disciplinar instaurado na OAB.
(B) Suspensão pelo prazo de 30 (trinta) dias a 12 (doze) meses, perdurando a suspensão até que o advogado satisfaça integralmente a dívida.
(C) Suspensão pelo prazo máximo de 30 (trinta) dias.
(D) Exclusão.

COMENTÁRIO

A alternativa "B" está correta. De fato, sempre que um advogado se apropriar de valores recebidos para repasse ao seu cliente, deixando de cumprir com o seu dever de prestação de contas, incorrerá na infração disciplinar prevista no art. 34, XXI, EAOAB (*recusar-se, injustificadamente, a prestar contas ao cliente de quantias recebidas dele ou de terceiros por conta dele*). Referida infração, nos termos do art. 37, I, EAOAB, é punível com a pena de suspensão, que durará de 30 (trinta) dias a 12 (doze) meses, podendo, porém, ser prorrogada, até que o advogado infrator satisfaça sua dívida com o cliente, corrigida monetariamente (art. 37, § 2º, EAOAB).

(VIII EXAME DE ORDEM UNIFICADO – FGV) O advogado Rubem, em causa em que patrocina os interesses da sociedade Só Fácil Ltda., cita fatos delituosos, por escrito, contra a honra do réu, sem autorização do seu cliente. Dias depois, é surpreendido com ação criminal em virtude dos fatos apresentados no processo judicial.

A descrição acima amolda-se à seguinte infração disciplinar:

(A) locupletar-se, por qualquer forma, à custa do cliente ou da parte adversa, por si ou interposta pessoa.
(B) incidir em erros reiterados que evidenciem inépcia profissional.
(C) prestar concurso a cliente ou a terceiro para realização de ato contrário à lei ou destinado a fraudá-la.
(D) fazer, em nome do constituinte, sem autorização escrita deste, imputação a terceiro de fato definido como crime.

COMENTÁRIO

A alternativa "D" está correta. De fato, incorrerá na infração ética descrita no art. 34, XV, EAOAB, o advogado que, sem autorização de seu constituinte, imputar a terceiro fato definido como crime. Frise-se que referida conduta caracteriza, inclusive, o crime de calúnia (art. 138 do CP). Apenas para a melhor informação do candidato, a infração ética em comento acarretará ao advogado a pena de censura (art. 36, I, EAOAB).

(VIII EXAME DE ORDEM UNIFICADO – FGV) O advogado "X", regularmente constituído pelo seu cliente "Z", retira os autos de cartório para realizar peça defensiva dos interesses do seu cliente. Os autos permanecem no escritório profissional de "X". Um incêndio no prédio em que se localiza o escritório destruiu numerosos documentos, inclusive os autos referidos. Com base no ocorrido, "X" comunica o fato ao Juízo e ao seu cliente.

Diante dessa narrativa, à luz da legislação aplicável aos advogados, assinale a afirmativa correta.

(A) O extravio de autos é caracterizado como infração, com pena de suspensão.
(B) O advogado deverá receber pena de advertência, por não prever o incêndio.
(C) O extravio de autos deve ser doloso ou culposo, para ser punível disciplinarmente.
(D) O extravio de autos seria punível, caso fosse recebido em confiança.

COMENTÁRIO

A alternativa "C" está correta, pois, à evidência, o extravio dos autos pelo advogado "X" ocorreu por "força maior" (evento inesperado – incêndio), vale dizer, sem que tenha agido dolosa ou culposamente, motivo pelo qual não deverá ser suspenso.

A alternativa "A" está incorreta, pois, muito embora, de fato, o extravio de autos constitua infração ética punida com a pena de suspensão (art. 34, XXII c/c art. 37, I, EAOAB), é certo que a parte final do enunciado da questão é claro ao dizer que "diante dessa narrativa", ou seja, de um extravio de autos decorrente de incêndio no prédio em que se localizava o escritório de advocacia. Ora, o extravio dos autos só deve gerar a pena de suspensão se praticado dolosa ou culposamente pelo advogado.

A alternativa "B" está incorreta, pois a advertência somente é cabível em substituição à pena de censura, e desde que exista circunstância atenuante em prol do advogado (art. 36, parágrafo único, EAOAB).

A alternativa "D" está incorreta, pois o extravio de autos recebidos em confiança ou com vista somente gerará a pena de suspensão se o advogado agir com dolo ou culpa, o que não se verificou no enunciado da questão.

(IX EXAME DE ORDEM UNIFICADO – FGV) O advogado Cândido, conhecido pelas soluções criativas para resolver os problemas dos seus clientes, aduz, como tese defensiva, em ação de despejo por falta de pagamento, que a norma que autoriza tal desocupação forçada seria inconstitucional, pois caberia ao Estado fornecer habitação gratuita ou a preços módicos aos necessitados e, em caso de impossibilidade financeira, custear a moradia, pagando ao locador os valores devidos, a título de aluguel social. Essa defesa foi considerada como contrária à disposição de lei que determina, como consequência do não pagamento dos alugueres, o despejo por falta de pagamento. Em razão disso, foi proferida sentença determinando a desocupação do imóvel e condenando o cliente do advogado Cândido ao pagamento dos alugueres devidos, bem como as demais verbas decorrentes da sucumbência. Além disso, determinou o magistrado a expedição de ofício à Ordem dos Advogados do Brasil para abertura de processo disciplinar. Consoante as regras do Estatuto da Advocacia, assinale a afirmativa correta.

(A) O fato de advogar contra literal disposição de lei sem exceções, não constitui infração disciplinar.

(B) A alegação de inconstitucionalidade descaracteriza a infração disciplinar invocada.

(C) A infração disciplinar não está prevista no sistema por caracterizar delito de hermenêutica.

(D) A referida infração somente pode ser considerada quando causar prejuízo ao cliente o que não foi o caso.

COMENTÁRIO

A alternativa "B" está correta. Nos termos do art. 34, VI, do Estatuto da OAB, considera-se infração ético-disciplinar o fato de advogar contra literal disposição de lei, presumindo-se, porém, a boa-fé quando fundamentado na inconstitucionalidade, na injustiça da lei ou em pronunciamento judicial anterior. Assim, em simples palavras, o advogado que atuar contra literal disposição de lei (que se presume constitucional e legítima) incorrerá em infração disciplinar. No entanto, se a tese arguida pelo causídico, a despeito de ser frontalmente contrária à lei, tiver como fundamento a inconstitucionalidade, a injustiça da norma ou a jurisprudência, presumir-se-á sua boa-fé, inexistindo, aqui, infração ética.

A alternativa "A" está incorreta. Como visto, a atuação do advogado contra a literal disposição de lei constitui infração disciplinar, admitindo, porém, algumas exceções, analisadas na resposta à alternativa "B".

A alternativa "C" está incorreta. Como visto no comentário anterior, constitui infração disciplinar advogar contra a literalidade de disposição legal (salvo quando fundada em inconstitucionalidade, injustiça da lei ou pronunciamento judicial anterior).

A alternativa "D" está incorreta. O art. 34, VI, do Estatuto da OAB, não exige a causação de prejuízo ao cliente como condição para a caracterização de infração disciplinar quando o advogado atuar contra literal disposição da lei.

(X EXAME DE ORDEM UNIFICADO – FGV) O advogado João, que também é formado em Comunicação Social, atua nas duas profissões, possuindo uma coluna onde apresenta notícias jurídicas, com informações sobre atividades policiais, forenses ou vinculadas ao Ministério Público. Semanalmente inclui, nos seus comentários, alguns em forma de poesia, suas alegações forenses e os resultados dos processos sob sua responsabilidade, divulgando, com isso, seu trabalho como advogado.

À luz das normas estatutárias, assinale a afirmativa correta.

(A) A divulgação de notícias, como aventado no enunciado, constitui um direito do advogado em dar publicidade aos seus processos

(B) Nos termos das regras que caracterizam as infrações disciplinares está delineada a de publicação desnecessária e habitual de alegações forenses ou causas pendentes.

(C) Diante das novas mídias que também atingem a advocacia, o advogado pode utilizar-se dos meios ofertados para a divulgação de seu trabalho.

(D) A situação caracteriza o chamado desvio da função de advogado, com o prejuízo à imagem dos clientes pela divulgação.

COMENTÁRIO

A alternativa "B" está correta. De fato, nos termos do art. 34, XIII, do Estatuto da OAB, constitui infração disciplinar fazer publicar na imprensa, desnecessária e habitualmente, alegações forenses ou relativas a causas pendentes.

A alternativa "A" está incorreta. O Estatuto da OAB, em momento algum, autoriza o advogado a divulgar notícias de seus arrazoados forenses e os resultados dos processos sob sua responsabilidade.

A alternativa "C" está incorreta. Ainda que se admita a publicidade na advocacia (arts. 39 a 47, CED), esta deve sempre ser discreta e moderada, de caráter informativo, não se admitindo que o advogado divulgue lista de clientes e demandas (art. 42, IV, CED).

A alternativa "D" está incorreta. O Estatuto da OAB não trata do "desvio de função de advogado". É, sim, possível, que um advogado também atue na área da comunicação social, mas desde que não desborde para a prática de infrações éticas, tal como a publicidade irregular (art. 34, XIII, EAOAB).

(X EXAME DE ORDEM UNIFICADO – FGV) O advogado Mário, para ilustrar a tese que desenvolvia, fez inserir, em petição por ele apresentada, citação de julgado inexistente. Inseriu, ainda, citação doutrinária, cujo teor foi completamente deturpado.

A respeito da hipótese, assinale a afirmativa correta.

(A) Mário não cometeu infração disciplinar, pois o advogado, amparado no princípio da ampla defesa, deve ter liberdade para defender os interesses de seus clientes da forma que achar conveniente.

(B) Mário cometeu infração disciplinar punível com pena de censura, nos termos do EAOAB, e violou dispositivo do Código de Ética e Disciplina da OAB.

(C) Mário cometeu infração disciplinar punível com pena de exclusão, nos termos do EAOAB, e violou dispositivo do Código de Ética e Disciplina da OAB.

(D) Mário não cometeu infração disciplinar prevista no EAOAB, tendo apenas violado dispositivo do Código de Ética e Disciplina da OAB.

COMENTÁRIO

A alternativa "B" está correta. O art. 34, XIV, EAOAB, diz ser infração disciplinar deturpar o teor de dispositivo de lei, de citação doutrinária, bem como de depoimentos, documentos e alegações da parte contrária, para confundir o adversário ou iludir o juiz da causa. Para referida infração disciplinar, Mário deverá ser punido com censura (art. 36, I, EAOAB). Frise-se que a conduta do advogado de deturpar dispositivo legal e jurisprudencial colide com seu dever ético de atuar com honestidade e decoro (art. 2º, parágrafo único, II, CED).
A alternativa "A" está incorreta. Mesmo que o candidato desconhecesse a existência de infração ética específica para o caso, deveria, no mínimo, desconfiar a irregularidade de um advogado fazer citação de julgado inexistente em peça processual, bem como deturpar citação doutrinária, causas, sem dúvida, de infração disciplinar.
A alternativa "C" está incorreta, pois a conduta de Mário não se amolda às infrações éticas passíveis de exclusão (arts. 34, XXVI a XXVIII, e 38, EAOAB). Como visto, sua conduta amolda-se a infração disciplinar passível de censura.
A alternativa "D" está incorreta, pois a conduta de Mário amolda-se à infração disciplinar descrita no art. 34, XIV, EAOAB.

(XII EXAME DE ORDEM UNIFICADO – FGV) Fernanda, advogada regularmente inscrita nos quadros da OAB, atua, individualmente, sem sócios, em seu escritório situado no centro da cidade "Z", onde recebe os seus clientes para atividades de assessoria e consultoria, atuando também no contencioso cível, administrativo e trabalhista.

Em visita de cortesia, recebe sua prima Giselda que, estudando Economia, tem acesso a várias pessoas de prestigio social, econômico e financeiro, em razão da sua atividade como assessora da diretoria de associação empresarial. Por força desses vínculos, sua prima começa a indicar clientes para a advogada, que amplia o seu escritório e passa a realizar parcerias com outros colegas, diante do aumento das causas a defender. Não existe qualquer acordo financeiro entre a advogada e a economista.

Com base na situação descrita, nos termos do Estatuto da Advocacia, assinale a afirmativa correta.

(A) Constitui atividade infracional disciplinar receber clientes de pessoa com relação de parentesco e prestígio social.

(B) Constitui atividade corriqueira, não infracional, o relacionamento social com parentes ou não.

(C) Constitui atividade ilícita por valer-se de parentes para obtenção de clientela, mesmo gratuitamente.

(D) Constitui atividade vedada, uma vez que a clientela deve ser formada espontaneamente pelo advogado.

COMENTÁRIO

A banca examinadora (FGV) assinalou como correta a alternativa "B", concluindo que a situação relatada no enunciado é corriqueira, não infracional. Todavia, à época em que a questão foi formulada, divulgamos nas redes sociais, em nosso entendimento, o desacerto da conclusão indicada como adequada na prova. Assim, entendemos que a advogada Fernanda, prima de Giselda, ao passar a recepcionar e conseguir clientes indicados rotineiramente por sua parente e, em razão disso, de acordo com a própria questão, "*amplia seu escritório e passa a realizar parcerias com outros colegas, diante do aumento das causas a defender*", incorreu na infração descrita no art. 34, IV, do Estatuto da OAB (EAOAB), qual seja, a de "*angariar ou captar causas, com ou sem a intervenção de terceiros*". Por esse motivo, acreditamos que a resposta assinalada como correta pela FGV não coaduna com o texto legal. Afinal, da forma como consta no enunciado, Giselda tornou-se uma "indicadora profissional e habitual de clientela" à advogada Fernanda, que, com a intervenção de sua prima, passou a captar causas, conduta considerada infracional. Assim, embora não estejam perfeitas do ponto de vista técnico, as alternativas "A", "C" e "D", por indicarem ter havido prática de atividade vedada, ilícita ou infracional pela advogada, estão mais consentâneas com o art. 34, IV, EAOAB. Porém, como não se pode admitir pergunta com mais de uma alternativa correta, a solução mais justa seria a anulação da questão, o que inocorreu, infelizmente.

(XII EXAME DE ORDEM UNIFICADO – FGV) O advogado João foi contratado por José para atuar em determinada ação indenizatória. Ao ter vista dos autos em cartório, percebeu que José já estava representado por outro advogado na causa. Mesmo assim, considerando que já havia celebrado contrato com José, mas sem contatar o advogado que se encontrava até então constituído, apresentou petição requerendo juntada da procuração pela qual José lhe outorgara poderes para atuar na causa, bem como a retirada dos autos em carga, para que pudesse examiná-los com profundidade em seu escritório.

Com base no caso apresentado, assinale a afirmativa correta.

(A) O advogado João não cometeu infração disciplinar, pois apenas requereu a juntada de procuração e realizou carga dos autos do processo, sem apresentar petição com conteúdo relevante para o deslinde da controvérsia.

(B) O advogado João cometeu infração disciplinar, não por ter requerido a juntada de procuração nos autos, mas sim por ter realizado carga dos autos do processo em que já havia advogado constituído.

(C) O advogado João não cometeu infração disciplinar, pois, ao requerer a juntada da procuração nos autos, já havia celebrado contrato com José.

(D) O advogado João cometeu infração disciplinar prevista no Código de Ética e Disciplina da OAB, pois não pode aceitar procuração de quem já tenha patrono constituído, sem prévio conhecimento do mesmo.

COMENTÁRIO

A alternativa "D" está correta, pois, nos termos do art. 14 do Código de Ética e Disciplina (CED), o advogado não deve aceitar procuração de quem já tenha patrono constituído, sem prévio conhecimento deste, salvo por motivo plenamente justificável ou para adoção de medidas judiciais urgentes e inadiáveis. No caso trazido no enunciado, ficou claro que João, ciente do fato de José já ter advogado constituído nos autos, insistiu em prosseguir com o mandato, inclusive peticionando e requerendo a juntada de procuração. Destarte, nos termos do art. 36, II, do Estatuto da OAB (EAOAB), João cometeu infração disciplinar punível com censura, visto que violou preceito do Código de Ética e Disciplina, qual seja, o já citado art. 14 de referido diploma normativo.

As alternativas "A" e "C" estão incorretas, pois o advogado João, ciente de que José tinha advogado constituído nos autos no momento em que deles teve vista em cartório, ainda assim optou por ingressar no feito, peticionando pela juntada de procuração outorgada pelo cliente. Assim, até por bom senso, o candidato-leitor deveria, pelo menos, desconfiar, que a postura do advogado fora antiética.

A alternativa "B" está incorreta, visto que o advogado cometera infração disciplinar não pelo só fato de ter realizado carga dos autos, mas, sim, por haver ingressado em processo com outro advogado já constituído..

(XVII EXAME DE ORDEM UNIFICADO – FGV) O advogado Márcio, sócio de determinado escritório de advocacia, contratou novos advogados para a sociedade e substabeleceu, com reserva em favor dos novos contratados, os poderes que lhe haviam sido outorgados por diversos clientes. O mandato possuía poderes para substabelecer. Um dos clientes do escritório, quando percebeu que havia novos advogados trabalhando na causa, os quais não eram por ele conhecidos, não apenas resolveu contratar outro escritório para atuar em sua demanda como ofereceu representação disciplinar contra Márcio, afirmando que o advogado não agira com lealdade e honestidade. A esse respeito, assinale a afirmativa correta.

(A) A representação oferecida não deve ser enquadrada como infração disciplinar, pois apenas o substabelecimento do mandato sem reserva de poderes deve ser comunicado previamente ao cliente.

(B) A representação oferecida não deve ser enquadrada como infração disciplinar, pois o substabelecimento do mandato, com ou sem reserva de poderes, é ato pessoal do advogado da causa.

(C) A representação oferecida deve ser enquadrada como infração disciplinar, pois o substabelecimento do mandato, com ou sem reserva de poderes, deve ser comunicado previamente ao cliente.

(D) A representação oferecida deve ser enquadrada como infração disciplinar, pois o advogado deve avisar previamente ao cliente acerca de todas as petições que apresentará nos autos do processo, inclusive sobre as de juntada de substabelecimentos.

COMENTÁRIO

Nos termos do art. 26, § 1º, CED, "o substabelecimento do mandato sem reservas de poderes exige o prévio e inequívoco conhecimento do cliente", diferentemente do substabelecimento com reserva de poderes, que é ato pessoal do advogado. Assim, no caso do enunciado, Márcio substabeleceu com reserva de poderes aos novos advogados da sociedade, razão por que não cometeu qualquer infração disciplinar. Destaque-se, ainda, que no mandato havia poderes para substabelecer, ou seja, no corpo da procuração havia aquilo que se chama de "cláusula de substabelecimento", concluindo-se que o cliente tinha ciência de que poderia ocorrer a transferência (substabelecimento). Vamos às alternativas!

A alternativa "A" está correta. Como visto, no substabelecimento com reserva de poderes, não há exigência no CED que o cliente tenha prévio e inequívoco conhecimento, diversamente do que ocorre com o substabelecimento sem reserva de poderes, que, inclusive, é causa de extinção do mandato, motivo pelo qual o cliente deve ter prévio e inequívoco conhecimento de tal ato;

As alternativas "B" e "C" estão incorretas. Apenas o substabelecimento com reserva de poderes é ato pessoal do advogado, não havendo exigência de que se dê ao cliente prévio e inequívoco conhecimento, o que se faz necessário apenas no substabelecimento sem reserva de poderes;

A alternativa "D" está incorreta, por falta de previsão legal.

(XIV EXAME DE ORDEM UNIFICADO – FGV) Ao requerer sua inscrição nos quadros da OAB, Maria assinou e apresentou declaração em que afirmava não exercer cargo incompatível com a advocacia. No entanto, exercia ela ainda o cargo de Oficial de Justiça no Tribunal de Justiça do seu Estado. Pouco tempo depois, já bem-sucedida como advogada, pediu exoneração do referido cargo. No entanto, um desafeto seu, tendo descoberto que Maria, ao ingressar nos quadros da OAB, ainda exercia o cargo de Oficial de Justiça, comunicou o fato à entidade, que abriu processo disciplinar para apuração da conduta de Maria, tendo ela sido punida por ter feito falsa prova de um dos requisitos para a inscrição na OAB. De acordo com o EAOAB, assinale a opção que indica a penalidade que deve ser aplicada a Maria.

(A) Maria não deve ser punida porque, ao tempo em que os fatos foram levados ao conhecimento da OAB, ela já não mais exercia cargo incompatível com a advocacia.

(B) Maria não deve ser punida porque o cargo de Oficial de Justiça não é incompatível com o exercício da advocacia, não tendo Maria, portanto, feito prova falsa de requisito para inscrição na OAB.

(C) Maria deve ser punida com a pena de suspensão, pelo prazo de trinta dias.

(D) Maria deve ser punida com a pena de exclusão dos quadros da OAB.

COMENTÁRIO

A alternativa "D" está correta. De fato, como Maria somente obteve a inscrição na OAB fazendo uma falsa prova de um dos requisitos para a inscrição, qual seja, o de não exercer atividade incompatível com a advocacia (art. 8º, V, EAOAB), deverá ser punida com exclusão (art. 38 c.c. art. 34, XXVI, EAOAB).

A alternativa "A" está incorreta, pois Maria, à época em que requereu sua inscrição nos quadros da OAB como advogada, já exercia atividade incompatível (Oficial de Justiça), nos termos do art. 28, IV, EAOAB. Assim, somente obteve referida inscrição fazendo falsa prova de um dos requisitos exigidos para tanto (art. 8º, V, EAOAB), qual seja, o de não exercer atividade incompatível com a advocacia. Logo, deverá, sim, ser punida.

A alternativa "B" está incorreta, pois o cargo de Oficial de Justiça é incompatível (gera proibição total) com a advocacia, nos termos do art. 28, IV, EAOAB.

A alternativa "C" está incorreta, pois a conduta praticada por Maria não se amolda às hipóteses de suspensão (art. 37 c.c. art. 34, XVII a XXV, EAOAB).

(XV EXAME DE ORDEM UNIFICADO – FGV) Antônio recebe Paulo, um antigo cliente do escritório de advocacia onde presta serviços. Após a entrevista, o preenchimento de relatório com os dados pessoais do cliente e a requisição dos documentos necessários, Antônio realiza a análise final dois dias depois da entrevista com o cliente e verifica que existe norma legal que contraria, expressamente, a pretensão apresentada.

Sobre o caso, observadas as regras do Estatuto da OAB, assinale a afirmativa correta.

(A) O advogado pode postular contra texto expresso de lei.

(B) O advogado deve aconselhar o cliente a procurar o Ministério Público para propor ação contra a lei.

(C) O advogado pode se opor à norma expressa, aduzindo a sua inconstitucionalidade.

(D) O advogado deve indicar ao cliente a desistência da ação, por não portar solução para o problema.

COMENTÁRIO

Nos termos do art. 34, VI, do Estatuto da OAB, constitui infração disciplinar advogar contra literal disposição de lei, presumindo-se a boa-fé quando fundamentado na inconstitucionalidade, na injustiça da lei ou em pronunciamento judicial anterior. Em outras palavras, não é lícito ao advogado propor ações que contrariem literalmente a disposição de uma lei, pois, como sabemos, há uma presunção de que as leis sejam legítimas e constitucionais. Contudo, não haverá má-fé do advogado que atuar contra literal disposição de lei em três casos: 1º – se alegar a sua inconstitucionalidade; 2º – se alegar sua injustiça; ou 3º – se se basear em pronunciamento judicial anterior (jurisprudência, por exemplo). Assim, vamos às alternativas.

A alternativa "C" está correta, estando em consonância com o precitado art. 34, VI, EAOAB.

A alternativa "A" está incorreta, pois vimos que poderá o advogado Antônio, após constatar que uma norma legal contraria a pretensão apresentada por seu cliente, postular contra o texto expresso da lei, desde que invoque uma das três situações anteriormente descritas (inconstitucionalidade, injustiça ou pronunciamento judicial anterior).

A alternativa "B" está incorreta, pois o Estatuto da OAB permite ao advogado atuar na defesa de determinada pretensão mesmo quando haja lei em sentido contrário, desde que, repita-se, seja invocada sua inconstitucionalidade, injustiça ou existência de pronunciamento judicial anterior.

A alternativa "D" está incorreta, pois o advogado, mesmo tendo constatado que a pretensão do cliente esbarra em texto legal, poderá prosseguir com a causa, desde que se valha de uma das três situações em que haverá boa-fé em postulação contra literal disposição de lei.

(XVI EXAME DE ORDEM UNIFICADO – FGV) O advogado Felício é contatado pelo seu cliente Paulo que pretende promover ação de responsabilidade civil em face de Rosa, por danos causados à sua honra e ao seu patrimônio material. Nas tratativas, o cliente cientifica o advogado que presenciara diversos atos criminosos praticados por Rosa e por seus familiares Marta e Fábio. Contratado para realizar os seus serviços profissionais, apresenta diversas ações contra o réu Rosa em que descreve seus crimes e os praticados por Marta e Fábio, seus filhos. A petição é subscrita somente pelo advogado e a procuração tem os poderes gerais para o foro. Nos termos do Estatuto da Advocacia,

(A) é inerente à atividade postulatória a menção a crimes praticados pelas partes ou terceiros.

(B) é decorrente do processo a indicação dos fatos essenciais ao deslinde da causa, inclusive os criminosos, que somente demandam ciência do advogado.

(C) é essencial a autorização escrita para imputação a terceiro de fato definido como crime.

(D) é possível a descrição de fatos criminosos atribuídos a partes ou a terceiros por autorização verbal.

COMENTÁRIO

Nos termos do art. 34, XV, do Estatuto da OAB, constitui infração disciplinar o fato de o advogado fazer, em nome do constituinte, *sem autorização escrita deste*, imputação a terceiro de fato definido como crime. Assim, vamos às alternativas.

A alternativa "C" está correta, sendo imprescindível a autorização escrita do cliente para que o advogado impute a alguém um fato definido como crime. Lembre-se que a falsa imputação de fato definido como crime caracteriza calúnia (art. 138 do CP).

A alternativa "A" está incorreta, pois não é verdade ser inerente à atividade postulatória a menção a crimes cometidos pelas partes ou terceiros. Como se diz usualmente, "cada caso é um caso". A menção a crimes praticados por partes ou terceiros poderá ser relevante, e até necessária como linha de defesa dos interesses da parte, mas sempre à luz do caso concreto.

A alternativa "B" está incorreta, pois, como visto, a indicação de fatos criminosos pelo advogado, que "fala" em nome do cliente, será possível desde que este concorde, e por escrito.

A alternativa "D" está incorreta, pois, como visto, a autorização deve ser por escrito.

(XVI EXAME DE ORDEM UNIFICADO – FGV) Ao final de audiência de instrução e julgamento realizada em determinada vara criminal, o juiz solicita que o advogado não deixe o recinto, bem como que ele atue em outras duas audiências que ali seriam realizadas em seguida. O advogado recusa-se a participar das outras duas audiências mencionadas, até mesmo por haver Defensor Público disponível. Com base no caso exposto, assinale a afirmativa correta.

(A) O advogado não cometeu infração ética, porque apenas resta configurada infração disciplinar na recusa do advogado a prestar assistência jurídica quando há impossibilidade da Defensoria Pública.

(B) O advogado cometeu infração ética, porque ele já estava na sala de audiências.

(C) O advogado não cometeu infração ética, porque é vedado ao advogado participar de duas audiências sucessivas.

(D) O advogado cometeu infração ética, porque ele tem o dever de contribuir para a boa administração da justiça.

COMENTÁRIO

Nos termos do art. 34, XII, do Estatuto da OAB, constitui infração disciplinar o fato de o advogado recusar-se a prestar, sem justo motivo, assistência jurídica, quando nomeado em virtude de impossibilidade da Defensoria Pública. Baseando-se no dispositivo citado, passemos às alternativas.

A alternativa "A" está correta, pois, no caso relatado no enunciado, havia defensor público disponível, razão suficiente a motivar a recusa do advogado em atuar nas audiências.

A alternativa "B" está incorreta, pois o fato de um advogado encontrar-se na sala de audiências não constitui motivo para que seja obrigado a atuar nas audiências subsequentes em prol das partes, ainda mais, repita-se, quando houver Defensoria Pública no local.

A alternativa "C" está incorreta, por falta de previsão legal. Não há qualquer proibição em um advogado participar de audiências sucessivas.

A alternativa "D" está incorreta. Nada obstante o advogado seja figura indispensável à administração da justiça (art. 133 da CF), não incorrerá em ilícito disciplinar quando se recusar a patrocinar causas quando, na Comarca, houver Defensoria Pública.

(XVI EXAME DE ORDEM UNIFICADO – FGV) Pedro, em determinado momento, recebeu uma proposta de Antônio, colega de colégio, que se propôs a agenciar a indicação de novos clientes, mediante pagamento de comissão, a ser retirada dos honorários cobrados aos clientes, nos moldes da prática desenvolvida entre vendedores da área comercial. Com base no caso relatado, observadas as regras do Estatuto da OAB, assinale a afirmativa correta.

(A) O advogado pode aceitar a sugestão, tendo em vista a moderna visão mercantil da profissão.

(B) Caso a Seccional da OAB autorize, registrando avença escrita entre o advogado e o agenciador, é possível.

(C) Sendo publicizada a relação entre o advogado e o agenciador, está preenchido o requisito legal.

(D) Há vedação quanto ao agenciamento de clientela, sem exceções.

COMENTÁRIO

Nos termos do art. 34, III e IV, EAOAB, constitui infração disciplinar o fato de o advogado valer-se de agenciador de causas, mediante participação nos honorários a receber, bem como angariar ou captar causas, com ou sem a intervenção de terceiros. Portanto, correta a alternativa "D", sendo vedado o agenciamento de clientela, seja mediante pagamento de parte dos honorários, seja valendo-se de terceiros para a angariação ou captação de causas.

(XVII EXAME DE ORDEM UNIFICADO – FGV) O advogado F recebe do seu cliente WW determinada soma em dinheiro para aplicação em instrumentos necessários à exploração de jogo não autorizado por lei. Nos termos do Estatuto da Advocacia, a infração disciplinar

(A) decorre somente se o advogado exige o valor para aplicação ilícita.

(B) surge diante do recebimento para aplicação ilícita.

(C) inocorre, pois se trata de mero ilícito moral.

(D) é descaracterizada por ausência de previsão legal.

COMENTÁRIO

Nos termos do art. 34, XVIII, EAOAB, constitui infração disciplinar solicitar ou receber de constituinte qualquer importância para aplicação ilícita ou desonesta. No caso relatado no enunciado, o advogado receber de seu cliente determinada quantia em dinheiro para aplicação em instrumentos necessários à exploração de jogo não autorizado por lei, portanto, para aplicação ilícita. Correta, portanto, a alternativa "B". Apenas por curiosidade, referida infração disciplinar enseja a aplicação da pena de suspensão (art. 37, I, EAOAB).

Dicas de última hora

1. Quatro são as sanções disciplinares que podem ser impostas a um inscrito na OAB:

i) Censura;

ii) Suspensão;

iii) Exclusão; e

iv) Multa.

2. A censura é a sanção mais leve de todas, não acarretando, num primeiro momento, nenhum óbice ao prosseguimento do exercício da atividade profissional. Porém, uma vez imposta, será registrada nos assentamentos (prontuário) do advogado.

3. Poderá a censura ser convertida em advertência, sem registro nos assentamentos do advogado, desde que exista em seu favor alguma circunstância atenuante. Consideram-se atenuantes:

i) falta cometida na defesa de prerrogativa profissional;

ii) ausência de punição disciplinar anterior;

iii) exercício assíduo e proficiente de mandato ou cargo em qualquer órgão da OAB;

iv) prestação de relevantes serviços à advocacia ou à causa pública.

4. A suspensão impede que o advogado exerça qualquer atividade privativa de advocacia em todo o território nacional. Durante o cumprimento da pena, subsiste o dever de pagar anuidade.

5. Para fins de memorização, são hipóteses de suspensão (art. 34, XVII a XXV, do Estatuto da OAB):

i) XVIII, XIX, XX, XXI e XXIII, do art. 34 do Estatuto da OAB (todas essas cinco hipóteses são relativas à ideia de *DINHEIRO*);

ii) XVII, XXII, XXIV e XXV, do art. 34 do Estatuto da OAB (lembre-se da sigla RECIF: retenção abusiva ou extravio de processos, conduta incompatível com a advocacia, inépcia profissional e fraude).

Lembre-se que a suspensão, em regra, dura de trinta dias a doze meses, podendo, no entanto, ser por prazo indeterminado quando o advogado deixar de prestar contas ao cliente de quantias recebidas (art. 34, XXI, EAOAB), deixar de pagar as contribuições, multas e preços de serviços devidos à OAB após regularmente notificado a fazê-lo (art. 34, XXIII, EAOAB) e em caso de inépcia profissional (art. 34, XXIV, EAOAB). Nesses casos, respectivamente, a suspensão durará até a quitação integral da dívida, acrescida de correção monetária, e se o advogado prestar novas provas de habilitação.

6. O advogado será excluído, nos termos do art. 34, XXVI a XXVIII, EAOAB:

i) se tiver obtido sua inscrição na OAB com falsas provas de quaisquer dos requisitos necessários (ex.: certidão de colação de grau falsa);

ii) se for reconhecida sua inidoneidade moral; e

iii) se for condenado pela prática de crime infamante (assim considerado aquele crime que acarrete má-fama ao advogado infrator).

A pena de exclusão acarreta o cancelamento da inscrição do advogado (art. 11, II, EAOAB). Todavia, admite-se o retorno do (ex)advogado, desde que o pedido de (re)inscrição seja acompanhado das provas de reabilitação (art. 11, § 3º, EAOAB).

7. A pena de multa é considerada acessória, ou seja, nunca será aplicada isoladamente ao infrator. Será, sempre, cumulada com a pena de censura ou de suspensão, desde que exista alguma circunstância agravante em desfavor do advogado (ex.: condenação ética anterior).

Capítulo 12

PROCESSO DISCIPLINAR

1. DO PROCESSO NA OAB E PROCEDIMENTO DISCIPLINAR (ARTS. 68 A 77, EAOAB; ARTS. 55 A 63 E 66 E 67, CED; ARTS. 120, 137-D, 138 A 144-A, RGOAB)

1.1. Normas aplicáveis aos processos na OAB

Ao **processo disciplinar**, regido pelo Estatuto da OAB, Regulamento Geral, CED e Regimentos internos das Seccionais, aplicam-se ***subsidiariamente*** as regras da **legislação processual penal comum**.

Já aos **demais processos** perante a OAB, que não de cunho disciplinar, aplicam-se as regras do **processo administrativo** e da legislação **processual civil**, *nesta ordem*.

Frise-se que o Novo Código de Ética e Disciplina, em suas disposições gerais e transitórias, prevê a possibilidade de o processo disciplinar tramitar por **meio eletrônico** (**virtual**), conforme regulamentação por Provimento do Conselho Federal da OAB (art. 78, CED). E tal regulamentação ocorreu por meio do **Provimento 176/2017**, publicado em 04/07/2017, cujo teor pode ser visualizado no tópico "Legislação correlata" contido neste capítulo.

1.2. Prazos gerais e forma de contagem

Os **prazos,** nos **processos em geral** perante a OAB (disciplinares e não disciplinares), para manifestações de advogados, estagiários e terceiros, são de **15 (quinze) dias**, inclusive para interposição recursos (art. 69, EAOAB)

O início de contagem dos prazos é o **primeiro dia útil seguinte**:

a) ao da notificação do recebimento de ofício (nos casos de comunicação por ofício reservado ou de notificação pessoal);

b) ao da publicação pela imprensa oficial.

Frise-se que com o advento da **Resolução 09/2016**, do **Conselho Federal da OAB**, publicada em Diário Oficial da União de 26 de outubro de 2016, todos os **prazos processuais** necessários à manifestação de advogados, estagiários e terceiros, nos processos em geral da OAB, são de quinze dias, **computados somente os dias úteis** e contados do primeiro dia útil seguinte, seja da publicação da decisão na imprensa oficial, seja da data do recebimento da notificação, anotada pela Secretaria do órgão da OAB ou pelo agente dos Correios (art. 139 do RGOAB). Perceba o leitor que a OAB incorporou aos processos que lá tramitam a mesma *ratio* do Novo CPC, que é permitir a contagem de prazos em **dias úteis**.

Ainda, por intermédio da **Resolução 10/2016**, também o **Conselho Federal da OAB**, publicada em Diário Oficial da União de 9 de novembro de 2016, alterou-se a redação do art. 139, § 3º, do RGOAB, que trata da **suspensão dos prazos processuais**, assim dispondo: "entre os dias 20 e 31 de dezembro e durante o período de recesso (janeiro) do Conselho da OAB que proferiu a decisão recorrida, os prazos são suspensos, reiniciando-se no primeiro dia útil após o seu término". A intenção da OAB foi permitir aos advogados suas merecidas férias, na esteira do que dispõe o Novo CPC em seu art. 220.

1.3. Competência [13]

O **poder de punir disciplinarmente** pertence ao **Conselho Seccional** *em cuja base territorial tenha ocorrido a* ***infração*** (art. 70, *caput*, EAOAB), e não, como poderíamos erroneamente pensar, perante o Conselho Seccional em que o advogado, sociedade de advogados ou estagiário forem inscritos.

Será do **Conselho Federal** o poder punir quando a falta for cometida perante esse mesmo órgão, ou em caso de foro "privilegiado" de certas pessoas (membros do Conselho Federal e Presidentes dos Conselhos Seccionais).

O **julgamento** do processo disciplinar, já devidamente instruído pelas Subseções ou por relatores do próprio Conselho Seccional, compete ao tribunal de ética e disciplina com "jurisdição" perante o Conselho Seccional competente (lembre-se: do local em que se praticou a infração ética!). Quando a competência para punir for do **Conselho Federal** da OAB, o julgamento do processo ficará a cargo de referido órgão.

Com o trânsito em julgado, o **Conselho Seccional informará a decisão ao Conselho** em que mantiver o infrator sua **inscrição principal**, para que conste dos respectivos assentamentos.

1.4. Suspensão preventiva

Se o fato praticado pelo advogado for de **repercussão prejudicial à dignidade da advocacia**, em situações de **notória gravidade perante a opinião pública**, poderá ser **suspenso preventivamente**, nos termos do art. 70, § 3º, EAOAB.

Tal medida, que entendemos ser de natureza acautelatória, é decretada pelo **Tribunal de Ética e Disciplina** competente, qual seja, o do local de inscrição do advogado, devendo haver a **prévia oitiva do representado**. Ainda, conforme dispõe o art. 63 do CED, em sessão especial designada pelo Presidente do Tribunal, serão facultadas ao representado ou ao seu defensor a apresentação de defesa, a produção de prova e a sustentação oral.

Uma vez suspenso, o **prazo** máximo da medida será de **90 (noventa) dias**, quando, então, o processo disciplinar já deverá ter sido concluído. Caso tal não ocorra, cessará, por óbvio, a medida restritiva imposta ao advogado, tendo seguimento o processo ético-disciplinar.

1.5. Sigilo no processo disciplinar

Uma vez instaurado o processo disciplinar, este **tramitará em sigilo até o trânsito em julgado**, somente podendo ter acesso às informações nele contidas as partes, seus defensores e a autoridade judiciária competente (art. 72, § 2º, EAOAB).

---

[13] Para visualizar o *SHORT VIDEO* acesse: http://www.editorafoco.com.br/short-videos.

No entanto, para os **processos disciplinares findos** (leia-se: concluídos, com trânsito em julgado), o sigilo persistirá apenas em caso de aplicação de *censura*, tornando-se acessível a terceiros em casos de *suspensão e exclusão*, eis que referidas penalidades deverão ser publicizadas, a fim de que tenham efetividade concreta. Como o advogado suspenso não poderá exercer a advocacia durante o cumprimento da penalidade, bem como o advogado excluído terá sua inscrição cancelada, não houvesse publicidade de referidas sanções, poderiam prosseguir, na clandestinidade, no exercício profissional, frustrando os fins do processo disciplinar.

Em resumo:

a) durante o processo disciplinar, somente as partes, seus procuradores e a autoridade judiciária competente (em caso de impugnação judicial do processo disciplinar, por exemplo) terão acesso aos autos do processo;

b) após o trânsito em julgado, em caso de aplicação de censura, o sigilo permanecerá perante terceiros, o que não ocorrerá em caso de aplicação de suspensão e exclusão. Nesses casos, haverá publicidade da imposição da sanção, seja na imprensa oficial, seja mediante expedição de ofícios ao Poder Judiciário, a fim de que advogados suspensos ou excluídos não causem danos a terceiros, exercendo irregularmente a advocacia.

1.6. Fases do processo disciplinar

1.6.1. Instauração (arts. 55 a 57, CED)

O processo disciplinar **instaura-se** de duas formas (art. 55, CED):

a) de ofício, quando o conhecimento do fato se der por meio de **fonte idônea** ou por **comunicação** da autoridade competente, não se considerando fonte idônea a **denúncia anônima**;

b) mediante representação, dirigida ao Presidente do Conselho Seccional ou da Subseção, ou ao Presidente do Tribunal de Ética e Disciplina, quando os Regimentos Internos das Seccionais atribuírem a este último órgão competência para instaurar o processo ético disciplinar.

Conforme preconiza o art. 57, CED, a representação deverá conter:

I - a identificação do representante, com a sua qualificação civil e endereço;

II - a narração dos fatos que a motivam, de forma que permita verificar a existência, em tese, de infração disciplinar;

III - os documentos que eventualmente a instruam e a indicação de outras provas a ser produzidas, bem como, se for o caso, o rol de testemunhas, até o máximo de cinco;

IV - a assinatura do representante ou a certificação de quem a tomou por termo, na impossibilidade de obtê-la.

1.6.2. Instrução (arts. 58 e 59, CED)

Recebida a representação pelo Presidente do Conselho Seccional ou da Subseção (se esta dispuser de Conselho), ou pelo Presidente do Tribunal de Ética e Disciplina, desde que o regimento interno do Conselho Seccional atribua ao referido órgão a competência delegada para presidir atos de instrução processual, será **designado um relator**, por sorteio, que terá por incumbência presidir a instrução processual. Contudo, antes de os autos serem encaminhados ao relator, será feita a juntada de ficha cadastral e certidões de eventuais punições ou processos em andamento contra o representado.

Tão logo analisada pelo relator a representação, desde que preenchidos os **critérios de admissibilidade**, que entendemos ser aqueles trazidos pelo art. 57, CED, caberá a ele emitir um **parecer** propondo a instauração do processo. Caso contrário, ou seja, estando a representação desprovida dos critérios de admissibilidade, emitirá parecer propondo o **arquivamento liminar** da representação. Destaque-se, por oportuno, que os Conselhos Seccionais poderão instituir Comissões de Admissibilidade no âmbito dos Tribunais de Ética e Disciplina, compostas por seus membros ou por Conselheiros Seccionais, com atribuição de análise prévia dos pressupostos de admissibilidade das representações ético-disciplinares, podendo propor seu arquivamento liminar (art. 58, § 7º, CED).

Importante mencionar que, para qualquer das providências referidas (emissão de parecer pela instauração do processo ou pelo arquivamento liminar), o relator terá o **prazo de 30 (trinta) dias** para tanto, sob pena de **redistribuição do feito** pelo Presidente do Conselho Seccional ou da Subseção para **outro relator**, o qual disporá do mesmo prazo para emitir parecer.

Ato seguinte, o Presidente do Conselho competente ou, conforme o caso, o do Tribunal de Ética e Disciplina (TED), proferirá **despacho** declarando **instaurado o processo disciplinar** (se presentes os critérios de admissibilidade da representação) ou o **arquivamento liminar da representação**, nos termos do parecer do relator ou segundo os fundamentos que adotar.

Relevante anotar que a **representação contra membros do Conselho Federal da OAB e Presidente de Conselho** Seccional é processada e julgada pela **2ª Câmara do Conselho Federal da OAB**, reunida em sessão plenária. Já a representação contra **membros da Diretoria do Conselho Federal da OAB**, bem como **membros honorários vitalícios** e detentores da **Medalha Rui Barbosa**, será processada e julgada pelo **Conselho Pleno do Conselho Federal da OAB**.

Em retomada, declarado instaurado o processo, o relator determinará a **notificação** dos interessados para prestarem esclarecimentos, ou a do representado, a quem será dada a possibilidade de apresentar, no prazo de 15 (quinze) dias, **defesa prévia**, podendo, a juízo do relator, se houver motivo relevante, ser **prorrogado** aludido prazo. Em referida defesa poderão ser requisitadas provas e arroladas até 5 (cinco) testemunhas. A notificação ao representado será encaminhada ao endereço que estiver registrado em seu cadastro de inscrito no Conselho Seccional.

No caso de o representado **não ser encontrado**, ou ser **revel**, ser-lhe-á designado **defensor dativo**. Diversamente do que ocorre no processo civil, a revelia não gerará a presunção de veracidade da imputação, sendo o caso de apenas designar ao acusado um defensor dativo, tudo em respeito aos princípios da ampla defesa e devido processo legal.

Ato seguinte à apresentação de defesa prévia, o relator proferirá **despacho saneador,** seguindo o processo para a fase de *colheita de prova oral*, para oitiva das partes (representante e representado) e/ou caso tenham sido arroladas testemunhas, até o número de cinco para cada parte, que serão ouvidas em **audiência** especialmente designada junto à OAB para esse fim.

O relator pode determinar a **realização de diligências**, se julgá-las convenientes e necessárias, seguindo o processo, no mais, por **impulso oficial**.

No tocante aos **meios de prova**, indeferirá o relator aqueles considerados ilícitos, impertinentes, desnecessários ou protelatórios, desde que, é claro, o faça fundamentadamente.

Finda a instrução, o relator proferirá **parecer preliminar,** a ser submetido ao TED, dando o enquadramento legal aos fatos imputados ao representado.

Após, será aberto o prazo comum de 15 (quinze) dias para apresentação de **razões finais**.

1.6.3. *Julgamento (arts. 60 a 67, CED)*

Recebido o processo já instruído, o Presidente do Tribunal de Ética e Disciplina (TED) **designará um relator,** que não poderá ser o mesmo da fase instrutória caso o processo já estivesse tramitando em referido órgão.

O processo será incluído em **pauta na primeira sessão de julgamento após distribuído ao relator**, da qual serão as partes notificadas com antecedência mínima de 15 (quinze) dias, a fim de que, querendo, compareçam à referida sessão de julgamento.

Na sessão, após o voto do relator, é facultada **sustentação oral** às partes (representante e representado), pelo prazo de **15 (quinze) minutos**.

Encerrado o julgamento, os autos seguirão para a **lavratura de acórdão**, que, se julgar procedente a representação, dele deverá constar: enquadramento da infração e a respectiva sanção aplicada, o quórum de instalação e de deliberação, o voto prevalente (se do relator ou o divergente), as agravantes e atenuantes eventualmente existentes e as razões determinantes para conversão da censura em advertência, que, como se sabe, não ficará registrada nos assentamentos do inscrito.

Ainda quanto ao acórdão e ao julgamento, deverão ser observadas as **seguintes regras**:

a) ementa (essência da decisão);

b) o autor do voto divergente que tenha prevalecido será o redator;

c) o voto condutor será lançado nos autos;

d) o voto divergente, mesmo se vencido, deverá, também, ter seus fundamentos lançados nos autos, em voto escrito ou transcrição na ata de julgamento, quando oral.

Relevante anotar que sempre que o relator o determinar, será atualizado nos autos o relatório de **antecedentes do representado**.

Finalmente, a conduta dos interessados que, no processo disciplinar, se revele temerária ou que caracterize a intenção de alterar a verdade dos fatos, bem como a interposição de recursos protelatórios, contrariam os princípios do CED, sujeitando os responsáveis à correspondente sanção.

2. RECURSOS [14]

O **prazo** para interpor qualquer recurso perante a OAB é de **15 (quinze) dias**, contados do primeiro dia útil seguinte, seja da publicação da decisão na imprensa oficial, seja da data do recebimento da notificação, anotada pela Secretaria do órgão da OAB ou pelo agente dos Correios. Porém, se interposto **via *fac-símile*** (fax, por exemplo), a juntada do **original** deverá ocorrer em **10 (dez) dias** (lembre-se: úteis), nos termos do art. 139, § 1º, do RGOAB.

---

[14] Para visualizar o *SHORT VIDEO* acesse: http://www.editorafoco.com.br/short-videos.

Os recursos serão dirigidos:

a) Ao **Conselho Seccional** - de todas as decisões proferidas pelo seu Presidente, pelo TED, ou, ainda, pela diretoria da Subseção ou da Caixa de Assistência dos Advogados;

b) Ao **Conselho Federal** - de todas as decisões definitivas proferidas pelo Conselho Seccional, quando não tenham sido unânimes, ou, sendo unânimes, contrariarem o EAOAB, CED, Provimentos e decisões do Conselho Federal ou de outros Conselhos Seccionais.

Em regra, os recursos serão recebidos em **duplo efeito** (devolutivo e suspensivo), **exceto** (art. 77, EAOAB):

a) matéria relativa a eleições;

b) suspensão preventiva decidida pelo TED;

c) cancelamento de inscrição quando obtida com falsa prova.

Nos três casos citados, os recursos *não serão recebidos com efeito suspensivo*. Em outras palavras, as decisões recorridas produzirão efetivos desde logo.

Importante destacarmos alguns aspectos atinentes aos recursos previstos no at. 138 do RGOAB, a saber:

i) ***Interposição:*** à exceção dos embargos de declaração (que serão dirigidos ao relator da decisão recorrida, que lhes pode negar seguimento, fundamentadamente, se os tiver por manifestamente protelatórios, intempestivos ou carentes dos pressupostos legais para interposição), os demais recursos são dirigidos ao **órgão julgador superior** competente, embora interpostos perante a autoridade ou órgão que proferiu a decisão recorrida;

ii) ***Juízo de admissibilidade:*** será feito pelo **relator** do órgão julgador a que se dirige o recurso, não podendo a autoridade ou órgão recorrido rejeitar o encaminhamento. Assim, haverá **juízo único de admissibilidade**, realizado somente pelo órgão *ad quem*;

iii) ***Peculiaridades dos embargos declaratórios:*** admitindo os embargos de declaração, o relator os colocará em mesa para julgamento, independentemente de inclusão em pauta ou publicação, na primeira sessão seguinte, salvo justificado impedimento;

iv) ***Irrecorribilidade:*** a decisão que negar seguimento aos embargos de declaração, por reputá-los manifestamente protelatórios, intempestivos ou carentes dos pressupostos para sua interposição, bem como a que, admitindo referido recurso, incluí-lo em mesa para julgamento, independentemente de inclusão em pauta ou publicação, são **irrecorríveis**.

Se o relator do recurso constatar **intempestividade** ou **ausência dos pressupostos legais** para interposição do recurso, proferirá despacho indicando ao Presidente do órgão julgador o indeferimento liminar, devolvendo-se o processo ao órgão recorrido para executar a decisão. Contra a decisão do Presidente cabe recurso voluntário ao órgão julgador (art. 140, RGOAB).

Se o relator da decisão recorrida também integrar o órgão julgador superior, fica neste **impedido** de relatar o recurso, conforme dispõe o art. 141, RGOAB.

Quando a decisão, inclusive dos Conselhos Seccionais, conflitar com orientação de órgão colegiado superior, fica sujeita ao **duplo grau de jurisdição** (art. 142, RGOAB). Estamos, aqui, diante daquilo que se denomina de **reexame necessário** ou **recurso de ofício**.

Especificamente contra as decisões proferidas pelo **Tribunal de Ética e Disciplina**, caberá recurso ao **plenário** ou **órgão especial** equivalente do **Conselho Seccional**, sendo certo que o **Regimento Interno** de referido órgão disciplinará o cabimento dos recursos no âmbito de cada órgão julgador (parágrafo único do art. 144, RGOAB).

Finalmente, para a formação do recurso interposto contra decisão de **suspensão preventiva de advogado** (art. 77, EAOAB), dever-se-á juntar **cópia integral dos autos da representação disciplinar**, permanecendo o processo na origem para cumprimento da pena preventiva e tramitação final, nos termos do art. 70, § 3º, EAOAB (art. 144-A, RGOAB).

3. REVISÃO DOS PROCESSOS DISCIPLINARES FINDOS

Será cabível a **revisão** do processo disciplinar já transitado em julgado, nos termos do art. 73, § 5º, EAOAB, nos seguintes casos:

a) erro de julgamento;

b) condenação baseada em falsas provas.

Não se admite revisão para a mera reapreciação das provas. Outrossim, à semelhança da revisão criminal do processo penal, a revisão de processo ético-disciplinar não tem prazo para ser requerida.

De acordo com o art. 68, CED, extraem-se as seguintes lições:

a) a legitimidade para pedir a revisão de processo ético é do advogado punido com a sanção disciplinar;

b) a competência para processar e julgar o pedido revisional é do órgão de que emanou a condenação final;

c) quando a competência for do Conselho Federal, a revisão será processada perante sua Segunda Câmara, reunida em sessão plenária;

d) observar-se-á, na revisão, o procedimento do processo disciplinar, no que couber;

e) o pedido de revisão receberá autuação própria, sendo apensado aos autos do processo disciplinar a que se refira;

f) o pedido de revisão não suspende os efeitos da decisão condenatória, salvo quando o relator, ante a relevância dos fundamentos e o risco de consequências irreparáveis para o requerente, conceder tutela cautelar para que se suspenda a execução;

g) a parte representante somente será notificada para integrar o processo de revisão quando o relator entender que deste poderá resultar dano ao interesse jurídico que haja motivado a representação.

4. REABILITAÇÃO

Após a aplicação definitiva de sanção (censura, suspensão ou exclusão) ao advogado infrator, é possível que peça sua **reabilitação** (art. 41, EAOAB).

O **prazo** para tal requerimento é de **um ano** após o cumprimento da sanção, devendo para tanto fazer **provas de bom comportamento**.

Se a imposição de sanção decorrer da **prática de crime**, o pedido de reabilitação perante a OAB deverá ser acompanhado da prévia sentença concessiva de **reabilitação criminal**.

Em resumo, são **requisitos** para a reabilitação:

a) decurso de um ano após o cumprimento da sanção disciplinar;

b) prova de bom comportamento;

c) em caso de infração ética que decorra da prática de crime, será necessária a prévia reabilitação criminal.

De acordo com o que dispõe o art. 69, CED, que deu maiores detalhamentos ao pedido de reabilitação, extraímos que:

a) a competência para processá-lo e julgá-lo será do Conselho Seccional em que tenha sido aplicada a sanção disciplinar, ou, nos casos de competência originária do Conselho Federal, a este caberá julgar o pedido de reabilitação;

b) observar-se-á, no pedido de reabilitação, o procedimento do processo disciplinar, no que couber;

c) terá autuação própria, sendo apensado aos autos do processo disciplinar a que se refira;

d) as provas de bom comportamento, referentes ao exercício da advocacia e à vida social do advogado, deverão instruir o pedido de reabilitação, cabendo à Secretaria do Conselho competente certificar, nos autos, o efetivo cumprimento da sanção disciplinar pelo requerente;

e) se o pedido de reabilitação não estiver suficientemente instruído, o relator assinará prazo para a complementação da documentação, que, se desatendido, ensejará o seu arquivamento liminar.

5. PRESCRIÇÃO DA PRETENSÃO PUNITIVA

O EAOAB fixa a **prescrição da pretensão punitiva** disciplinar da OAB em **5 (cinco) anos**, *contados da constatação oficial do fato* (art. 43, *caput*, EAOAB), e não da prática da infração ética, como se poderia imaginar.

Uma vez instaurado o processo disciplinar, se ficar **paralisado por mais de 3 (três) anos**, pendente de despacho ou de julgamento, operar-se-á a chamada **prescrição intercorrente** (art. 43, § 1º, EAOAB).

São **causas de interrupção** da prescrição (art. 43, § 2º, EAOAB):

a) instauração do processo disciplinar ou notificação válida feita diretamente ao representado;

b) decisão condenatória recorrível de qualquer órgão julgador da OAB.

6. IMPEDIMENTO DE ATUAÇÃO DE ADVOGADOS EM PROCESSOS PERANTE A OAB

Nos termos do art. 33 do CED, salvo em **causa própria**, não poderá o advogado, **enquanto exercer cargos ou funções em órgãos da OAB ou tiver assento, em qualquer condição, nos seus Conselhos**, atuar em processos que tramitem perante a entidade nem oferecer pareceres destinados a instruí-los.

É certo que a vedação estabelecida em referido artigo não se aplica aos dirigentes de Seccionais quando atuem, nessa qualidade, como legitimados a recorrer nos processos em trâmite perante os órgãos da OAB.

7. QUADRO-RESUMO

Processos na OAB	
Normas aplicáveis	– **Aos processos não disciplinares:** aplicação subsidiária das normas de procedimento administrativo comum e da legislação processual civil, nessa ordem – **Aos processos disciplinares**: aplicação subsidiária das regras da legislação processual penal comum
Prazos e forma de contagem	– **Prazo geral para manifestações:** 15 dias úteis (inclusive para interposição de recursos) – **Forma de contagem:** a) comunicação por ofício reservado ou por notificação pessoal – a partir do dia útil imediato ao da notificação do recebimento; b) comunicação pela imprensa oficial – primeiro dia útil seguinte ao da publicação do ato ou decisão.
Competência	– **Para punir disciplinarmente:** a) Conselho Seccional do lugar em que tenha ocorrido a infração b) Conselho Federal – se a infração tiver sido cometida perante referido órgão, ou se o infrator for membro do Conselho Federal ou Presidente de Conselho Seccional. – **Para julgar:** a) Tribunal de Ética e Disciplina do Conselho Seccional que tiver competência para punir disciplinarmente b) Conselho Federal, quando a competência para punir disciplinarmente o infrator for sua.
Suspensão preventiva	– Medida de natureza acautelatória – Competência: TED do Conselho Seccional em que o advogado tiver sua inscrição principal – Cabimento: prática de comportamento que cause repercussão prejudicial à dignidade da advocacia – Duração: máximo de 90 (noventa) dias, quando, então, o processo disciplinar já deverá ter sido concluído
Fases do processo disciplinar	**A) Instauração** – de ofício; – mediante representação (não pode ser anônima) **B) Instrução** – Procedimento disciplinado pelos arts. 58 e 59, CED. Em resumo: * Designação de relator (por sorteio); * Emissão de parecer pela admissibilidade (instauração do processo) ou arquivamento da representação, no prazo de 30 dias, sob pena de redistribuição do processo a outro relator;

	* Decisão do Presidente do Conselho Seccional ou da Subseção (se o caso), declarando instaurado o processo ou decretando o arquivamento liminar da representação; * Notificação das partes para prestarem esclarecimentos, ou do representado, que poderá apresentar defesa prévia (prazo de 15 dias, cabendo prorrogação, se houver motivo relevante, a juízo do relator); * Se o representado não for encontrado, ou for revel, ser-lhe-á nomeado defensor dativo; * Após a análise da defesa prévia, o relator profere despacho saneador, abrindo-se a fase probatória, com designação de audiência (se o caso) para ouvir testemunhas (até 5 para cada parte) e depoimentos das partes; * Meios de prova ilícitos, desnecessários, impertinentes ou protelatórios serão indeferidos motivadamente pelo relator; * Apresentação de parecer preliminar pelo relator; * Apresentação de razões finais pelas partes (prazo comum de 15 dias). **C) Julgamento** – Procedimento disciplinado pelos arts. 60 a 67, CED. Em resumo: * Presidente do TED designa um relator (não poderá ser o mesmo da fase de instrução, caso o processo tenha sido instruído pelo TED); * Inclusão em pauta na primeira sessão de julgamento após a distribuição ao relator; * Notificação das partes com antecedência mínima de 15 dias da sessão de julgamento; * Sessão de Julgamento – após o voto do relator, as partes terão 15 minutos para sustentação oral, seguindo-se, após, para lavratura de acórdão.
Recursos	**– Prazo:** 15 dias. Se interposto via fac-símile, o original deve ser entregue ao órgão competente da OAB em 10 dias. **– Competência** a) Conselho Seccional: das decisões proferidas pelo Presidente do Conselho Seccional, pelo TED, ou, ainda, pela diretoria da Subseção ou da Caixa de Assistência dos Advogados; **b) Conselho Federal**: de todas as decisões definitivas proferidas pelo Conselho Seccional, quando não tenham sido unânimes, ou, sendo unânimes, contrariarem o EAOAB, CED, Provimentos e decisões do Conselho Federal ou de outros Conselhos Seccionais. **– Efeitos:** a) regra – duplo efetivo (devolutivo e suspensivo); b) exceções – somente efeito devolutivo (sem efeito suspensivo, portanto) * Eleições; * Suspensão preventiva do advogado; * Cancelamento de inscrição na OAB obtida com provas falsas.

Revisão dos processos disciplinares	– **Pressuposto:** trânsito em julgado – **Cabimento** a) erro de julgamento; ou b) condenação baseada em falsas provas.
Reabilitação	– Cabível somente após um ano do cumprimento da sanção disciplinar, instruído o pedido com provas de bom comportamento. – Se a infração ética tiver decorrido da prática de crime, a reabilitação na OAB dependerá da prévia reabilitação criminal.
Prescrição da pretensão punitiva	**Prazos:** a) cinco anos, contados da constatação oficial do fato; b) mais de três anos, caso o processo disciplinar fique paralisado, pendente de despacho ou de julgamento (prescrição intercorrente). **Causas interruptivas:** a) instauração do processo disciplinar; b) notificação válida feita diretamente ao representado; c) decisão condenatória recorrível de qualquer órgão julgador da OAB.

Legislação correlata

1. ARTIGOS PERTINENTES DO ESTATUTO DA OAB

→ *V.* Arts. 55 a 69 do Novo Código de Ética e Disciplina da OAB.

→ *V.* Arts. 120 e 137-D a 144-A do RGOAB.

Art. 68. Salvo disposição em contrário, aplicam-se subsidiariamente ao processo disciplinar as regras da legislação processual penal comum e, aos demais processos, as regras gerais do procedimento administrativo comum e da legislação processual civil, nessa ordem.

Art. 69. Todos os prazos necessários à manifestação de advogados, estagiários e terceiros, nos processos em geral da OAB, são de 15 (quinze) dias, inclusive para interposição de recursos.

§ 1º Nos casos de comunicação por ofício reservado, ou de notificação pessoal, o prazo se conta a partir do dia útil imediato ao da notificação do recebimento.

§ 2º Nos casos de publicação na imprensa oficial do ato ou da decisão, o prazo inicia-se no primeiro dia útil seguinte.

Art. 70. O poder de punir disciplinarmente os inscritos na OAB compete exclusivamente ao Conselho Seccional em cuja base territorial tenha ocorrido a infração, salvo se a falta for cometida perante o Conselho Federal.

§ 1º Cabe ao Tribunal de Ética e Disciplina, do Conselho Seccional competente, julgar os processos disciplinares, instruídos pelas Subseções ou por relatores do próprio Conselho.

§ 2º A decisão condenatória irrecorrível deve ser imediatamente comunicada ao Conselho Seccional onde o representado tenha inscrição principal, para constar dos respectivos assentamentos.

§ 3º O Tribunal de Ética e Disciplina do Conselho onde o acusado tenha inscrição principal pode suspendê-lo preventivamente, em caso de repercussão prejudicial à dignidade da advocacia, depois de ouvi-lo em sessão especial para a qual deve ser notificado a comparecer, salvo se não atender à notificação. Neste caso, o processo disciplinar deve ser concluído no prazo máximo de 90 (noventa) dias.

Art. 71. A jurisdição disciplinar não exclui a comum e, quando o fato constituir crime ou contravenção, deve ser comunicado às autoridades competentes.

Art. 72. O processo disciplinar instaura-se de ofício ou mediante representação de qualquer autoridade ou pessoa interessada.

§ 1º O Código de Ética e Disciplina estabelece os critérios de admissibilidade da representação e os procedimentos disciplinares.

§ 2º O processo disciplinar tramita em sigilo, até o seu término, só tendo acesso às suas informações as partes, seus defensores e a autoridade judiciária competente.

Art. 73. Recebida a representação, o Presidente deve designar relator, a quem compete a instrução do processo e o oferecimento de parecer preliminar a ser submetido ao Tribunal de Ética e Disciplina.

§ 1º Ao representado deve ser assegurado amplo direito de defesa, podendo acompanhar o processo em todos os termos, pessoalmente ou por intermédio de procurador, oferecendo defesa prévia após ser notificado, razões finais após a instrução e defesa oral perante o Tribunal de Ética e Disciplina, por ocasião do julgamento.

§ 2º Se, após a defesa prévia, o relator se manifestar pelo indeferimento liminar da representação, este deve ser decidido pelo Presidente do Conselho Seccional, para determinar seu arquivamento.

§ 3º O prazo para defesa prévia pode ser prorrogado por motivo relevante, a juízo do relator.

§ 4º Se o representado não for encontrado, ou for revel, o Presidente do Conselho ou da Subseção deve designar-lhe defensor dativo.

§ 5º É também permitida a revisão do processo disciplinar, por erro de julgamento ou por condenação baseada em falsa prova.

Art. 74. O Conselho Seccional pode adotar as medidas administrativas e judiciais pertinentes, objetivando a que o profissional suspenso ou excluído devolva os documentos de identificação.

Art. 75. Cabe recurso ao Conselho Federal de todas as decisões definitivas proferidas pelo Conselho Seccional, quando não tenham sido unânimes ou, sendo unânimes, contrariem esta Lei, decisão do Conselho Federal ou de outro Conselho Seccional e, ainda, o Regulamento Geral, o Código de Ética e Disciplina e os Provimentos.

Parágrafo único. Além dos interessados, o Presidente do Conselho Seccional é legitimado a interpor o recurso referido neste artigo.

Art. 76. Cabe recurso ao Conselho Seccional de todas as decisões proferidas por seu Presidente, pelo Tribunal de Ética e Disciplina, ou pela diretoria da Subseção ou da Caixa de Assistência dos Advogados.

Art. 77. Todos os recursos têm efeito suspensivo, exceto quando tratarem de eleições (arts. 63 e seguintes), de suspensão preventiva decidida pelo Tribunal de Ética e Disciplina, e de cancelamento da inscrição obtida com falsa prova.

Parágrafo único. O Regulamento Geral disciplina o cabimento de recursos específicos, no âmbito de cada órgão julgador.

2. ARTIGOS PERTINENTES DO CÓDIGO DE ÉTICA E DISCIPLINA

- *v.* Arts. 43, 58, III, 61, parágrafo único, *c*, 68, e 70 a 74, EAOAB
- *v.* Arts. 89, V e VII, 120, § 3º, 137-A e ss., RGOAB.
- *v.* Provimento do CFOAB 83/1996 – Processos éticos de representação por advogado contra advogado.
- *v.* Manual de Procedimentos do Processo Ético-Disciplinar, editado pela Segunda Câmara do Conselho Federal.
- *v.* Arts. 68 a 77, EAOAB.
- *v.* Arts. 120, 137-D a 144-A, RGOAB.

Art. 55. O processo disciplinar instaura-se de ofício ou mediante representação do interessado.

§ 1º A instauração, de ofício, do processo disciplinar dar-se-á em função do conhecimento do fato, quando obtido por meio de fonte idônea ou em virtude de comunicação da autoridade competente.

§ 2º Não se considera fonte idônea a que consistir em denúncia anônima.

Art. 56. A representação será formulada ao Presidente do Conselho Seccional ou ao Presidente da Subseção, por escrito ou verbalmente, devendo, neste último caso, ser reduzida a termo.

Parágrafo único. Nas Seccionais cujos Regimentos Internos atribuírem competência ao Tribunal de Ética e Disciplina para instaurar o processo ético disciplinar, a representação poderá ser dirigida ao seu Presidente ou será a este encaminhada por qualquer dos dirigentes referidos no *caput* deste artigo que a houver recebido.

Art. 57. A representação deverá conter:

I – a identificação do representante, com a sua qualificação civil e endereço;

II – a narração dos fatos que a motivam, de forma que permita verificar a existência, em tese, de infração disciplinar;

III – os documentos que eventualmente a instruam e a indicação de outras provas a ser produzidas, bem como, se for o caso, o rol de testemunhas, até o máximo de cinco;

IV – a assinatura do representante ou a certificação de quem a tomou por termo, na impossibilidade de obtê-la.

Art. 58. Recebida a representação, o Presidente do Conselho Seccional ou o da Subseção, quando esta dispuser de Conselho, designa relator, por sorteio, um de seus integrantes, para presidir a instrução processual.

§ 1º Os atos de instrução processual podem ser delegados ao Tribunal de Ética e Disciplina, conforme dispuser o regimento interno do Conselho Seccional, caso em que caberá ao seu Presidente, por sorteio, designar relator.

§ 2º Antes do encaminhamento dos autos ao relator, serão juntadas a ficha cadastral do representado e certidão negativa ou positiva sobre a existência de punições anteriores, com menção das faltas atribuídas. Será providenciada, ainda, certidão sobre a existência ou não de representações em andamento, a qual, se positiva, será acompanhada da informação sobre as faltas imputadas.

§ 3º O relator, atendendo aos critérios de admissibilidade, emitirá parecer propondo a instauração de processo disciplinar ou o arquivamento liminar da representação, no prazo de 30 (trinta) dias, sob pena de redistribuição do feito pelo Presidente do Conselho Seccional ou da Subseção para outro relator, observando-se o mesmo prazo.

§ 4º O Presidente do Conselho competente ou, conforme o caso, o do Tribunal de Ética e Disciplina, proferirá despacho declarando instaurado o processo disciplinar ou determinando o arquivamento da representação, nos termos do parecer do relator ou segundo os fundamentos que adotar.

§ 5º A representação contra membros do Conselho Federal e Presidentes de Conselhos Seccionais é processada e julgada pelo Conselho Federal, sendo competente a Segunda Câmara reunida em sessão plenária. A representação contra membros da diretoria do Conselho Federal, Membros Honorários Vitalícios e detentores da Medalha Rui Barbosa será processada e julgada pelo Conselho Federal, sendo competente o Conselho Pleno.

§ 6º A representação contra dirigente de Subseção é processada e julgada pelo Conselho Seccional.

§ 7º Os Conselhos Seccionais poderão instituir Comissões de Admissibilidade no âmbito dos Tribunais de Ética e Disciplina, compostas por seus membros ou por Conselheiros Seccionais, com atribuição de análise prévia dos pressupostos de admissibilidade das representações ético-disciplinares, podendo propor seu arquivamento liminar.

→ § 7º acrescentado pela Resolução CFOAB 4/2016.

Art. 59. Compete ao relator do processo disciplinar determinar a notificação dos interessados para prestar esclarecimentos ou a do representado para apresentar defesa prévia, no prazo de 15 (quinze) dias, em qualquer caso.

§ 1º A notificação será expedida para o endereço constante do cadastro de inscritos do Conselho Seccional, observando-se, quanto ao mais, o disposto no Regulamento Geral.

§ 2º Se o representado não for encontrado ou ficar revel, o Presidente do Conselho competente ou, conforme o caso, o do Tribunal de Ética e Disciplina designar-lhe-á defensor dativo.

§ 3º Oferecida a defesa prévia, que deve ser acompanhada dos documentos que possam instruí-la e do rol de testemunhas, até o limite de 5 (cinco), será proferido despacho saneador e, ressalvada a hipótese do § 2º do art. 73 do EAOAB, designada, se for o caso, audiência para oitiva do representante, do representado e das testemunhas.

§ 4º O representante e o representado incumbir-se-ão do comparecimento de suas testemunhas, salvo se, ao apresentarem o respectivo rol, requererem, por motivo justificado, sejam elas notificadas a comparecer à audiência de instrução do processo.

§ 5º O relator pode determinar a realização de diligências que julgar convenientes cumprindo-lhe dar andamento ao processo, de modo que este se desenvolva por impulso oficial.

§ 6º O relator somente indeferirá a produção de determinado meio de prova quando esse for ilícito, impertinente, desnecessário ou protelatório, devendo fazê-lo fundamentadamente.

§ 7º Concluída a instrução, o relator profere parecer preliminar, a ser submetido ao Tribunal de Ética e Disciplina, dando enquadramento legal aos fatos imputados ao representado.

§ 8º Abre-se, em seguida, prazo comum de 15 (quinze) dias para apresentação de razões finais.

Art. 60. O Presidente do Tribunal de Ética e Disciplina, após o recebimento do processo, devidamente instruído, designa, por sorteio, relator para proferir voto.

§ 1º Se o processo já estiver tramitando perante o Tribunal de Ética e Disciplina ou perante o Conselho competente, o relator não será o mesmo designado na fase de instrução.

§ 2º O processo será incluído em pauta na primeira sessão de julgamentos após a distribuição ao relator.

→ § 2º com redação alterada pela Resolução CFOAB 1/2016.

§ 3º O representante e o representado são notificados pela Secretaria do Tribunal, com 15 (quinze) dias de antecedência, para comparecerem à sessão de julgamento.

§ 4º Na sessão de julgamento, após o voto do relator, é facultada a sustentação oral pelo tempo de 15 (quinze) minutos, primeiro pelo representante e, em seguida, pelo representado.

Art. 61. Do julgamento do processo disciplinar lavrar-se-á acórdão, do qual constarão, quando procedente a representação, o enquadramento legal da infração, a sanção aplicada, o quórum de instalação e o de deliberação, a indicação de haver sido esta adotada com base no voto do relator ou em voto divergente, bem como as circunstâncias agravantes ou atenuantes consideradas e as razões determinantes de eventual conversão da censura aplicada em advertência sem registro nos assentamentos do inscrito.

Art. 62. Nos acórdãos serão observadas, ainda, as seguintes regras:

§ 1º O acórdão trará sempre a ementa, contendo a essência da decisão.

§ 2º O autor do voto divergente que tenha prevalecido figurará como redator para o acórdão.

§ 3º O voto condutor da decisão deverá ser lançado nos autos, com os seus fundamentos.

§ 4º O voto divergente, ainda que vencido, deverá ter seus fundamentos lançados nos autos, em voto escrito ou em transcrição na ata de julgamento do voto oral proferido, com seus fundamentos.

§ 5º Será atualizado nos autos o relatório de antecedentes do representado, sempre que o relator o determinar.

Art. 63. Na hipótese prevista no art. 70, § 3º, do EAOAB, em sessão especial designada pelo Presidente do Tribunal, serão facultadas ao representado ou ao seu defensor a apresentação de defesa, a produção de prova e a sustentação oral.

Art. 64. As consultas submetidas ao Tribunal de Ética e Disciplina receberão autuação própria, sendo designado relator, por sorteio, para o seu exame, podendo o Presidente, em face da complexidade da questão, designar, subsequentemente, revisor.

Parágrafo único. O relator e o revisor têm prazo de 10 (dez) dias cada um para elaboração de seus pareceres, apresentando-os na primeira sessão seguinte, para deliberação.

Art. 65. As sessões do Tribunal de Ética e Disciplina obedecerão ao disposto no respectivo Regimento Interno, aplicando-se-lhes, subsidiariamente, o do Conselho Seccional.

Art. 66. A conduta dos interessados, no processo disciplinar, que se revele temerária ou caracterize a intenção de alterar a verdade dos fatos, assim como a interposição de recursos com intuito manifestamente protelatório, contrariam os princípios deste Código, sujeitando os responsáveis à correspondente sanção.

Art. 67. Os recursos contra decisões do Tribunal de Ética e Disciplina, ao Conselho Seccional, regem-se pelas disposições do Estatuto da Advocacia e da Ordem dos Advogados do Brasil, do Regulamento Geral e do Regimento Interno do Conselho Seccional.

Parágrafo único. O Tribunal dará conhecimento de todas as suas decisões ao Conselho Seccional, para que determine periodicamente a publicação de seus julgados.

Art. 68. Cabe revisão do processo disciplinar, na forma prevista no Estatuto da Advocacia e da Ordem dos Advogados do Brasil (art. 73, § 5º).

§ 1º Tem legitimidade para requerer a revisão o advogado punido com a sanção disciplinar.

§ 2º A competência para processar e julgar o processo de revisão é do órgão de que emanou a condenação final.

§ 3º Quando o órgão competente for o Conselho Federal, a revisão processar-se-á perante a Segunda Câmara, reunida em sessão plenária.

§ 4º Observar-se-á, na revisão, o procedimento do processo disciplinar, no que couber.

§ 5º O pedido de revisão terá autuação própria, devendo os autos respectivos ser apensados aos do processo disciplinar a que se refira.

§ 6º O pedido de revisão não suspende os efeitos da decisão condenatória, salvo quando o relator, ante a relevância dos fundamentos e o risco de consequências irreparáveis para o requerente, conceder tutela cautelar para que se suspenda a execução.

→ § 6º acrescentado pela Resolução CFOAB 4/2016.

§ 7º A parte representante somente será notificada para integrar o processo de revisão quando o relator entender que deste poderá resultar dano ao interesse jurídico que haja motivado a representação.

→ § 7º acrescentado pela Resolução CFOAB 4/2016.

Art. 69. O advogado que tenha sofrido sanção disciplinar poderá requerer reabilitação, no prazo e nas condições previstos no Estatuto da Advocacia e da Ordem dos Advogados do Brasil (art. 41).

§ 1º A competência para processar e julgar o pedido de reabilitação é do Conselho Seccional em que tenha sido aplicada a sanção disciplinar. Nos casos de competência originária do Conselho Federal, perante este tramitará o pedido de reabilitação.

§ 2º Observar-se-á, no pedido de reabilitação, o procedimento do processo disciplinar, no que couber.

§ 3º O pedido de reabilitação terá autuação própria, devendo os autos respectivos ser apensados aos do processo disciplinar a que se refira.

§ 4º O pedido de reabilitação será instruído com provas de bom comportamento, no exercício da advocacia e na vida social, cumprindo à Secretaria do Conselho competente certificar, nos autos, o efetivo cumprimento da sanção disciplinar pelo requerente.

§ 5º Quando o pedido não estiver suficientemente instruído, o relator assinará prazo ao requerente para que complemente a documentação; não cumprida a determinação, o pedido será liminarmente arquivado.

Art. 70. O Tribunal de Ética e Disciplina poderá funcionar dividido em órgãos fracionários, de acordo com seu regimento interno.

Art. 71. Compete aos Tribunais de Ética e Disciplina:

I – julgar, em primeiro grau, os processos ético-disciplinares;

II – responder a consultas formuladas, em tese, sobre matéria ético-disciplinar;

III – exercer as competências que lhe sejam conferidas pelo Regimento Interno da Seccional ou por este Código para a instauração, instrução e julgamento de processos ético-disciplinares;

IV – suspender, preventivamente, o acusado, em caso de conduta suscetível de acarretar repercussão prejudicial à advocacia, nos termos do Estatuto da Advocacia e da Ordem dos Advogados do Brasil;

V – organizar, promover e ministrar cursos, palestras, seminários e outros eventos da mesma natureza acerca da ética profissional do advogado ou estabelecer parcerias com as Escolas de Advocacia, com o mesmo objetivo;

VI – atuar como órgão mediador ou conciliador nas questões que envolvam:

a) dúvidas e pendências entre advogados;

b) partilha de honorários contratados em conjunto ou decorrentes de substabelecimento, bem como os que resultem de sucumbência, nas mesmas hipóteses;

c) controvérsias surgidas quando da dissolução de sociedade de advogados.

Art. 72. As Corregedorias-Gerais integram o sistema disciplinar da Ordem dos Advogados do Brasil.

§ 1º O Secretário-Geral Adjunto exerce, no âmbito do Conselho Federal, as funções de Corregedor-Geral, cuja competência é definida em Provimento.

§ 2º Nos Conselhos Seccionais, as Corregedorias-Gerais terão atribuições da mesma natureza, observando, no que couber, Provimento do Conselho Federal sobre a matéria.

§ 3º A Corregedoria-Geral do Processo Disciplinar coordenará ações do Conselho Federal e dos Conselhos Seccionais voltadas para o objetivo de reduzir a ocorrência das infrações disciplinares mais frequentes.

Art. 73. O Conselho Seccional deve oferecer os meios e o suporte de apoio material, logístico, de informática e de pessoal necessários ao pleno funcionamento e ao desenvolvimento das atividades do Tribunal de Ética e Disciplina.

§ 1º Os Conselhos Seccionais divulgarão, trimestralmente, na internet, a quantidade de processos ético-disciplinares em andamento e as punições decididas em caráter definitivo, preservadas as regras de sigilo.

§ 2º A divulgação das punições referidas no parágrafo anterior destacará cada infração tipificada no artigo 34 da Lei n. 8.906/1994.

Art. 74. Em até 180 (cento e oitenta) dias após o início da vigência do presente Código de Ética e Disciplina da OAB, os Conselhos Seccionais e os Tribunais de Ética e Disciplina deverão elaborar ou rever seus Regimentos Internos, adaptando-os às novas regras e disposições deste Código. No caso dos Tribunais de Ética e Disciplina, os Regimentos Internos serão submetidos à aprovação do respectivo Conselho Seccional e, subsequentemente, do Conselho Federal.

Art. 75. A pauta de julgamentos do Tribunal é publicada em órgão oficial e no quadro de avisos gerais, na sede do Conselho Seccional com antecedência de 15 (quinze) dias, devendo ser dada prioridade, nos julgamentos, aos processos cujos interessados estiverem presentes à respectiva sessão.

Art. 78. Os autos do processo disciplinar podem ter caráter virtual, mediante adoção de processo eletrônico.

Parágrafo único. O Conselho Federal da OAB regulamentará em Provimento o processo ético-disciplinar por meio eletrônico.

→ *v.* Provimento 176/2017 CFOAB

3. ARTIGOS PERTINENTES DO REGULAMENTO GERAL

Art. 120. Quando a Subseção dispuser de conselho, o Presidente deste designa um de seus membros, como relator, para instruir processo de inscrição no quadro da OAB, para os residentes em sua base territorial, ou processo disciplinar, quando o fato tiver ocorrido na sua base territorial.

→ *v.* Arts. 68 a 77, EAOAB.

→ *v.* Arts. 55 a 69 do Novo Código de Ética e Disciplina da OAB.

§ 1º Os relatores dos processos em tramitação na Subseção têm competência para instrução, podendo ouvir depoimentos, requisitar documentos, determinar diligências e propor o arquivamento ou outra providência ao Presidente.

§ 2º Concluída a instrução do pedido de inscrição, o relator submete parecer prévio ao conselho da Subseção, que pode ser acompanhado pelo relator do Conselho Seccional.

§ 3º Concluída a instrução do processo disciplinar, nos termos previstos no Estatuto e no Código de Ética e Disciplina, o relator emite parecer prévio, o qual, se homologado pelo Conselho da Subseção, é submetido ao julgamento do Tribunal de Ética e Disciplina.

§ 4º Os demais processos, até mesmo os relativos à atividade de advocacia, incompatibilidades e impedimentos, obedecem a procedimento equivalente.

Art. 137-D. A notificação inicial para a apresentação de defesa prévia ou manifestação em processo administrativo perante a OAB deverá ser feita através de correspondência, com aviso de recebimento, enviada para o endereço profissional ou residencial constante do cadastro do Conselho Seccional.

→ Anterior art. 137-A renumerado pela Resolução do CFOAB 1/2006 (*D.J.* 4.9.2006).

→ *v.* Art. 24 do RGOAB.

→ *v.* Arts. 68 a 77, EAOAB.

→ *v.* Arts. 55 a 69 do Novo Código de Ética e Disciplina da OAB.

→ *v.*Provimento do CFOAB 95/2000 – Cadastro Nacional dos Advogados.

→ *v.* Provimento do CFOAB 99/2002 – Cadastro Nacional de Consultores e de Sociedades de Consultores em Direito Estrangeiro.

→ *v.* Resolução do CFOAB 1/2003 – Cria o Cadastro de Sanções Disciplinares da Ordem dos Advogados do Brasil.

→ *v.* Resolução do CFOAB 1/2011 – Disciplina o processamento de processos ético-disciplinares previstos no art. 70, *caput, in fine*, do Estatuto da Advocacia e da Ordem dos Advogados do Brasil (Lei 8.906/1994).

→ *v.* Resolução do CFOAB 1/2012 – Altera o art. 24 e acrescenta os arts. 24-A e 24-B do Regulamento Geral do Estatuto da Advocacia e da OAB – Lei 8.906, de 1994 e revoga o Provimento 98/2002, que "Dispõe sobre o Cadastro Nacional das Sociedades de Advogados".

§ 1º Incumbe ao advogado manter sempre atualizado o seu endereço residencial e profissional no cadastro do Conselho Seccional, presumindo-se recebida a correspondência enviada para o endereço nele constante.

§ 2º Frustrada a entrega da notificação de que trata o *caput* deste artigo, será a mesma realizada através de edital, a ser publicado na imprensa oficial do Estado.

§ 3º Quando se tratar de processo disciplinar, a notificação inicial feita através de edital deverá respeitar o sigilo de que trata o artigo 72, § 2º, da Lei 8.906/1994, dele não podendo constar qualquer referência de que se trate de matéria disciplinar, constando apenas o nome completo do advogado, nome social, o seu número de inscrição e a observação de que ele deverá comparecer à sede do Conselho Seccional ou da Subseção para tratar de assunto de seu interesse..

→ Redação dada pela Res. CFOAB 5, de 05.07.2016.

§ 4º As demais notificações no curso do processo disciplinar serão feitas através de correspondência, na forma prevista no *caput* deste artigo, ou através de publicação na imprensa oficial do Estado ou da União, quando se tratar de processo em trâmite perante o Conselho Federal, devendo, as publicações, observar que o nome e o nome social do representado deverão ser substituídos pelas suas respectivas iniciais, indicando-se o nome completo do seu procurador ou os seus, na condição de advogado, quando postular em causa própria.

→ Redação dada pela Res. CFOAB 5, de 05.07.2016.

§ 5º A notificação de que trata o inciso XXIII, do artigo 34, da Lei 8.906/1994 será feita na forma prevista no *caput* deste artigo ou através de edital coletivo publicado na imprensa oficial do Estado.

Art. 138. À exceção dos embargos de declaração, os recursos são dirigidos ao órgão julgador superior competente, embora interpostos perante a autoridade ou órgão que proferiu a decisão recorrida.

§ 1º O juízo de admissibilidade é do relator do órgão julgador a que se dirige o recurso, não podendo a autoridade ou órgão recorrido rejeitar o encaminhamento.

§ 2º O recurso tem efeito suspensivo, exceto nas hipóteses previstas no Estatuto.

§ 3º Os embargos de declaração são dirigidos ao relator da decisão recorrida, que lhes pode negar seguimento, fundamentadamente, se os tiver por manifestamente protelatórios, intempestivos ou carentes dos pressupostos legais para interposição.

§ 4º Admitindo os embargos de declaração, o relator os colocará em mesa para julgamento, independentemente de inclusão em pauta ou publicação, na primeira sessão seguinte, salvo justificado impedimento.

§ 5º Não cabe recurso contra as decisões referidas nos §§ 3º e 4º.

Art. 139. Todos os prazos processuais necessários à manifestação de advogados, estagiários e terceiros, nos processos em geral da OAB, são de quinze dias, computados somente os dias úteis e contados do primeiro dia útil seguinte, seja da publicação da decisão na imprensa oficial, seja da data do recebimento da notificação, anotada pela Secretaria do órgão da OAB ou pelo agente dos Correios.

→ *Caput* com redação alterada pela Resolução CFOAB 9, de 26.10.2016.

§ 1º O recurso poderá ser interposto via *fac-símile* ou similar, devendo o original ser entregue até 10 (dez) dias da data da interposição.

§ 2º Os recursos poderão ser protocolados nos Conselhos Seccionais ou nas Subseções nos quais se originaram os processos correspondentes, devendo o interessado indicar a quem recorre e remeter cópia integral da peça, no prazo de 10 (dez) dias, ao órgão julgador superior competente, via sistema postal rápido, *fac-símile* ou correio eletrônico.

→ § 2º com redação alterada pela Resolução do Conselho Pleno do CFOAB 2/2012.

§ 3º Durante o período de recesso do Conselho da OAB que proferiu a decisão recorrida, os prazos são suspensos, reiniciando-se no primeiro dia útil após o seu término.

→ § 3º com redação alterada pela Resolução CFOAB 10, de 9.11.2016.

§ 4º A contagem dos prazos processuais em dias úteis prevista neste artigo passará a vigorar a partir de 1º de janeiro de 2017, devendo ser adotada nos processos administrativos em curso.

→ § 4º incluído pela Resolução CFOAB 9, de 26.10.2016.

Art. 140. O relator, ao constatar intempestividade ou ausência dos pressupostos legais para interposição do recurso, profere despacho indicando ao Presidente do órgão julgador o indeferimento liminar, devolvendo-se o processo ao órgão recorrido para executar a decisão.

Parágrafo único. Contra a decisão do Presidente, referida neste artigo, cabe recurso voluntário ao órgão julgador.

Art. 141. Se o relator da decisão recorrida também integrar o órgão julgador superior, fica neste impedido de relatar o recurso.

Art. 142. Quando a decisão, inclusive dos Conselhos Seccionais, conflitar com orientação de órgão colegiado superior, fica sujeita ao duplo grau de jurisdição.

Art. 143. Contra decisão do Presidente ou da Diretoria da Subseção cabe recurso ao Conselho Seccional, mesmo quando houver conselho na Subseção.

Art. 144. Contra a decisão do Tribunal de Ética e Disciplina cabe recurso ao plenário ou órgão especial equivalente do Conselho Seccional.

Parágrafo único. O Regimento Interno do Conselho Seccional disciplina o cabimento dos recursos no âmbito de cada órgão julgador.

Art. 144-A. Para a formação do recurso interposto contra decisão de suspensão preventiva de advogado (art. 77, Lei 8.906/1994), dever-se-á juntar cópia integral dos autos da representação disciplinar, permanecendo o processo na origem para cumprimento da pena preventiva e tramitação final, nos termos do artigo 70, § 3º, do Estatuto.

→ Artigo acrescentado pelo Conselho Pleno do CFOAB (*D.J.* 12.12.2000).

4. PROVIMENTO DO CONSELHO FEDERAL DA OAB

PROVIMENTO 176, DE 27 DE JUNHO DE 2017

Regulamenta o processo ético-disciplinar em meio eletrônico na Ordem dos Advogados do Brasil, nos termos do art. 78, parágrafo único, da Resolução n. 02/2015-COP (Código de Ética e Disciplina da OAB).

O CONSELHO FEDERAL DA ORDEM DOS ADVOGADOS DO BRASIL, no uso das atribuições que lhe são conferidas pelo art. 54, V, da Lei n. 8.906, de 4 de julho de 1994 – Estatuto da Advocacia e da OAB, e considerando o decidido nos autos da Proposição n. 49.0000.2017.005377-3/COP, resolve:

Art. 1º A tramitação dos autos do processo ético-disciplinar em caráter virtual, a comunicação de atos e a transmissão de peças processuais são admitidas nos termos deste provimento.

Art. 2º O envio de petições e recursos e a prática de atos processuais, por meio eletrônico, são realizados em sistema informatizado disciplinado e mantido pelo Conselho Seccional competente pela tramitação do processo. Parágrafo único. Ao interessado será concedido acesso ao sistema, mediante cadastramento prévio, de modo a preservar o sigilo previsto no art. 72, § 2º, da Lei n. 8.906/1994, a identificação pessoal e a autenticidade das suas comunicações.

Art. 3º Considera-se praticado o ato processual, por meio eletrônico, no dia e hora de seu envio ao sistema informatizado mantido pelo órgão julgador da OAB, do que deverá ser fornecido protocolo eletrônico.

§ 1º Quando a petição eletrônica for enviada para atender prazo processual, serão consideradas tempestivas as transmitidas até as 24 (vinte e quatro) horas do seu último dia.

§ 2º Tornando-se indisponível o sistema informatizado, por mais de 30 (trinta) minutos contínuos, atestado mediante certificação da OAB, o prazo fica automaticamente prorrogado para o primeiro dia útil seguinte.

Art. 4º A notificação feita em meio físico e o aviso de recebimento correspondente serão digitalizados e juntados aos autos do processo eletrônico.

Art. 5º A petição e os documentos recebidos em meio físico são digitalizados pela secretaria da OAB, após o protocolo, e juntados aos autos do processo eletrônico. Parágrafo único. A petição e os documentos recebidos em meio físico, após a digitalização prevista neste artigo, serão disponibilizados ao interessado.

Art. 6º Os documentos produzidos eletronicamente e juntados aos autos dos processos eletrônicos são considerados originais para todos os efeitos legais. Parágrafo único. Os originais dos documentos digitalizados deverão ser preservados pelo seu detentor até o trânsito em julgado do processo.

Art. 7º Os autos dos processos eletrônicos deverão ser protegidos por meio de sistemas de segurança de acesso e armazenados em meio que garanta o sigilo, a preservação e a integridade dos dados, sendo dispensada a formação de autos suplementares em meio físico. Parágrafo único. Será obrigatória a adoção de ferramenta de segurança que impossibilite a substituição de arquivos, exceto na hipótese de determinação de desentranhamento.

Art. 8º Aplicam-se as disposições deste Provimento, no que couber, ao processo ético-disciplinar em trâmite no Conselho Federal da Ordem dos Advogados do Brasil.

Art. 9º Este provimento entra em vigor na data de sua publicação, abrangendo os sistemas de processo eletrônico em curso nos Conselhos Seccionais, revogadas as disposições em contrário.

Questões comentadas

(EXAME DE ORDEM UNIFICADO 2010.3 – FGV) O advogado Rodrigo é surpreendido com notificação do Conselho de Ética da OAB para esclarecer determinados fatos que foram comunicados ao órgão mediante denúncia anônima. Apresenta sua defesa e, desde logo, postula a extinção do processo, que não poderia ser instaurado por ter sido a denúncia anônima. Em tal hipótese, à luz das normas do Código de Ética, é correto afirmar que

(A) é instaurado exclusivamente por representação do interessado.

(B) há necessidade de identificação do representante.

(C) não pode ocorrer a instauração, de ofício, do processo disciplinar.

(D) se admite a instauração do processo disciplinar por denúncia anônima.

COMENTÁRIO

A alternativa "B" está correta, pois, conforme determina o Código de Ética e Disciplina da OAB (CED), especificamente em seu art. 55, §§ 1º e 2º, é vedada expressamente, como fonte idônea à instauração de processo disciplinar, a *denúncia anônima* (também chamada de *apócrifa*).

A alternativa "A" está incorreta, pois, de acordo com o art. 55, CED e art. 72, EAOAB, o processo disciplinar *instaura-se de ofício ou mediante representação* de qualquer autoridade ou pessoa interessada.

A alternativa "C" está incorreta, na medida em que, como visto na resposta à alternativa "A", o processo disciplinar inicia-se *de ofício* ou *mediante representação* (art. 72, EAOAB e 55, *caput*, CED).

A alternativa "D" está incorreta, pelas mesmas razões referidas na resposta à alternativa "B" (art. 55, § 2º, CED).

(V EXAME DE ORDEM UNIFICADO – FGV) José foi condenado criminalmente, com sentença transitada em julgado, e, paralelamente, punido também em processo disciplinar perante a OAB em função dos mesmos atos que resultaram naquela condenação criminal. Nos termos das normas estatutárias, é correto afirmar que

(A) a reabilitação administrativa é pressuposto da criminal.

(B) é pressuposto da reabilitação à OAB o deferimento da criminal.

(C) ambas as reabilitações podem tramitar paralelamente.

(D) a reabilitação administrativa independe da criminal.

COMENTÁRIO

A alternativa "B" está correta. Nos termos do art. 41, parágrafo único, do Estatuto da OAB (Lei 8.906/1994 – EAOAB), quando a sanção disciplinar resultar da prática de crime, o pedido de reabilitação (art. 69, CED) depende também da correspondente reabilitação criminal. Assim, ao que se vê, a reabilitação perante a OAB, apenas em caso de sanção disciplinar que resulte da prática de crime (ex.: crime infamante – art. 34, XXVIII, EAOAB), exige a prévia reabilitação criminal.

(VI EXAME DE ORDEM UNIFICADO – FGV) Após recebida representação disciplinar sem fundamentos, cabe ao relator designado pelo presidente do Conselho Seccional da OAB, à luz das normas aplicáveis,

(A) arquivar o processo ato contínuo.

(B) propor ao presidente o arquivamento do processo.

(C) designar data para a defesa oral pelo advogado.

(D) julgar improcedente a representação.

COMENTÁRIO

A alternativa "B" está correta (art. 58, § 3º, CED e art. 120, § 1º, RGOAB).

A alternativa "A" está incorreta, pois o relator do processo disciplinar não poderá, diretamente, arquivar o processo disciplinar destituído de fundamentos, mas, sim, propor o arquivamento ao Presidente da Subseção ou do Conselho Seccional competente (art. 120, § 1º, RGOAB).

A alternativa "C" está incorreta, pois não se compreende nas competências do relator de processo disciplinar designar data para a defesa oral pelo advogado. Em verdade, o advogado será notificado para apresentar defesa prévia, por escrito (art. 59, *caput*, do CED).

A alternativa "D" está incorreta, pois não é competência do relator do processo disciplinar julgá-lo, mas, apenas, instruí-lo, emitindo parecer preliminar quando do fim da instrução (art. 120, § 1º, RGOAB; art. 59, § 7º, CED e art. 73, *caput*, EAOAB).

(IX EXAME DE ORDEM UNIFICADO – FGV) Caio é advogado que atua em três Estados da Federação, possuindo uma inscrição principal e duas suplementares, tendo em vista o número elevado de causas que possui. Em decorrência de conflitos ocorridos em função dos processos em que atua, foram instaurados três processos disciplinares, um em cada seccional onde atua. De acordo com as normas do Estatuto da Advocacia, a competência para julgamento desses processos cabe ao

(A) Conselho Federal da Ordem dos Advogados do Brasil.

(B) Conselho Seccional em que o advogado possui inscrição principal.

(C) Conselho Seccional de cada infração disciplinar.

(D) Conselho Nacional de Justiça.

COMENTÁRIO

A alternativa "C" está correta. Considerando que o enunciado deixou claro que Caio teve contra si instaurados três processos disciplinares, um em cada seccional onde atua, a competência para julgá-los será, nos termos do já citado art. 70, *caput*, EAOAB, do Conselho Seccional em cuja base territorial tenha ocorrido a infração disciplinar (portanto, local de cada infração). Assim, exemplificando, se Caio cometer uma infração ética no Estado do Paraná, outra em Santa Catarina e a última no Rio Grande do Sul, cada um dos Conselhos Seccionais instaurará e julgará os respectivos processos.

A alternativa "A" está incorreta. Em matéria de competência para julgar processos disciplinares, o Conselho Federal somente o será quando a falta (infração ética) for praticada perante ele (art. 70, *caput*, EAOAB), ou quando o infrator for Presidente de Conselho Seccional ou membro do próprio Conselho Federal (art. 58, § 5º, CED).

A alternativa "B" está incorreta, pois a competência para o julgamento de processo disciplinar não se prende ao local, necessariamente, em que o advogado tenha inscrição (principal ou suplementar). O critério básico é o do "lugar da infração".

A alternativa "D" está incorreta, pois não é competência do CNJ.

(XI EXAME DE ORDEM UNIFICADO – FGV) O advogado Caio solicitou vista de autos de processo disciplinar instaurado na OAB contra seu desafeto, o advogado Tício. Caio justificou seu pedido afirmando que juntaria as informações contidas no processo disciplinar em questão às de um determinado processo judicial no qual ambos atuaram, visando, com isso, demonstrar que Tício costumava ter comportamento aético.

Com relação à hipótese sugerida, assinale a afirmativa correta.

(A) Caio não poderá ter acesso aos autos do processo disciplinar instaurado contra Tício, porque demonstrou que juntaria as informações nele contidas às de um processo judicial em que ambos atuavam, prejudicando, assim, a boa administração da justiça.

(B) Caio não poderá ter acesso aos autos do processo disciplinar instaurado contra Tício, uma vez que os processos disciplinares instaurados na OAB contra advogados tramitam em sigilo, até o seu término, só tendo acesso às suas informações as partes, seus defensores e a autoridade judiciária competente.

(C) Caio poderá ter acesso aos autos do processo disciplinar instaurado contra Tício, desde que assine termo pelo qual se compromete a não divulgar a terceiros as informações nele contidas.

(D) Caio poderá ter acesso irrestrito aos autos do processo disciplinar instaurado contra Tício, uma vez que processos disciplinares instaurados na OAB contra advogados não tramitam em sigilo.

COMENTÁRIO

A alternativa "B" está correta. De fato, nos exatos termos do art. 72, § 2º, EAOAB, o processo disciplinar tramita em sigilo, até o seu término, só tendo acesso às suas informações as partes, seus defensores e a autoridade judiciária competente. Logo, se Caio não for parte no processo ético-disciplinar, não conseguirá ter acesso aos autos.

A alternativa "A" está incorreta, não pelo fato de o advogado Caio haver afirmado que juntaria as informações obtidas no processo disciplinar a um processo judicial, mas, sim, pelo fato de aquele tramitar em sigilo (art. 72, § 2º, EAOAB), como será melhor visto na resposta às próximas alternativas.

As alternativas "C" e "D" estão incorretas, pois, como visto, salvo as partes, seus procuradores e a autoridade judiciária competente, o processo disciplinar tramitará em sigilo. Em outras palavras, à exceção das pessoas previstas no já referido art. 72, § 2º, EAOAB, ninguém mais terá acesso ao processo disciplinar em trâmite (leia-se: antes do trânsito em julgado).

(XV EXAME DE ORDEM UNIFICADO – FGV) O advogado João, inscrito na Seccional do estado X, cometeu grave infração ética ao atuar em determinada causa no estado Y. Assinale a opção que indica o Conselho Seccional com poder de punir disciplinarmente o advogado infrator.

(A) Apenas o Conselho Seccional do estado X terá poder para punir João disciplinarmente.

(B) Apenas o Conselho Seccional do estado Y terá poder para punir João disciplinarmente.

(C) Apenas o Conselho Federal terá poder para punir João disciplinarmente.

(D) Os Conselhos Seccionais dos estados X e Y terão poderes concorrentes para punir João disciplinarmente.

COMENTÁRIO

Nos termos do art. 70, *caput*, EAOAB, o poder de punir disciplinarmente os inscritos na OAB compete exclusivamente ao Conselho Seccional em cuja base territorial tenha ocorrido a infração, salvo se a falta for cometida perante o Conselho Federal. Portanto, cabe ao Conselho Seccional do lugar da infração, e não o do lugar em que o advogado é inscrito, puni-lo disciplinarmente pelo cometimento de infrações disciplinares. Assim, sendo João inscrito na Seccional X, mas tendo cometido a infração ética no Estado Y, competente para a punição será o Conselho Seccional deste último. Correta, portanto, a alternativa "B".

(XV EXAME DE ORDEM UNIFICADO – FGV) Sobre a prescrição da pretensão punitiva das infrações disciplinares, assinale a afirmativa correta.

(A) A pretensão punitiva quanto às infrações disciplinares prescreve em cinco anos, contados da data da constatação oficial do fato, interrompendo-se pela instauração de processo disciplinar ou pela notificação válida do representado.

(B) A pretensão punitiva das infrações disciplinares prescreve em três anos, contados da data da constatação oficial do fato, interrompendo-se pela instauração de processo disciplinar ou pela notificação válida do representado.

(C) A pretensão punitiva das infrações disciplinares é imprescritível.

(D) A pretensão punitiva das infrações disciplinares prescreve em cinco anos, contados da data da constatação oficial do fato, não havendo previsão legal de marco interruptivo de tal prazo prescricional.

COMENTÁRIO

A alternativa "A" está correta, estando em consonância com o art. 43, *caput*, e § 2º, I, EAOAB, conforme será melhor explicitado nos comentários às demais alternativas.

As alternativas "B" e "C" estão incorretas. Nos termos do art. 43, *caput*, EAOAB, a pretensão à punibilidade das infrações disciplinares prescreve em cinco anos, contados da data da constatação oficial do fato.

A alternativa "D" está incorreta. Nos termos do § 2º do referido dispositivo legal haverá a interrupção do prazo prescricional (ou seja, seu reinício) com a instauração do processo disciplinar ou pela notificação válida feita diretamente ao representado (inc. I), bem como pela decisão condenatória recorrível de qualquer órgão julgador da OAB (inc. II).

(XVIII EXAME DE ORDEM UNIFICADO – FGV) O Presidente de determinada Seccional da OAB recebeu representação contra advogado que nela era inscrito por meio de missiva anônima, que narrava grave infração disciplinar. Considerando a via eleita para a apresentação da representação, foi determinado o arquivamento do expediente, sem instauração de processo disciplinar. Pouco tempo depois, foi publicada matéria jornalística sobre investigação realizada pela Polícia Federal que tinha como objeto a mesma infração disciplinar que havia sido narrada na missiva anônima e indicando o nome do investigado naquele procedimento inquisitorial. Com base na reportagem, foi determinada, pelo Presidente da Seccional, a instauração de processo disciplinar.

Sobre o procedimento adotado pelo Presidente da Seccional em questão, assinale a afirmativa correta.

(A) Deveria ter instaurado processo disciplinar quando recebeu a missiva anônima.

(B) Não poderia ter instaurado processo disciplinar em nenhuma das oportunidades.

(C) Deveria ter instaurado processo disciplinar em qualquer uma das oportunidades.

(D) Poderia ter instaurado processo disciplinar a partir da publicação da matéria jornalística.

COMENTÁRIO

Nos termos do art. 72, *caput*, EAOAB, o processo disciplinar instaura-se de ofício ou mediante representação de qualquer autoridade ou pessoa interessada. Por sua vez, corroborando o dispositivo legal citado, o art. 55, § 2º, CED, além de reiterar as duas formas de instauração do processo disciplinar (de ofício ou mediante representação), afirma não ser considerada como fonte idônea, para fins de instauração de ofício, a denúncia anônima.

Correta a alternativa "D", pois, a publicação da matéria jornalística dando conta das investigações perpetradas pela Polícia Federal acerca da infração disciplinar cometida por advogado, pode embasar, perfeitamente, a deflagração do competente processo disciplinar. Neste caso, repita-se, estaremos diante de instauração de ofício.

Assim, incorretas as alternativas "A" e "C", pois representação anônima não é meio adequado de instauração de processo ético-disciplinar.

Quanto à alternativa "B", temos que se trata de assertiva incorreta, haja vista que, a despeito de o processo disciplinar não poder ser instaurado por missiva (carta) anônima, o mesmo não se pode dizer com relação à reportagem jornalística, que serviu de base (fonte idônea) à instauração, de ofício, pelo Presidente do Conselho Seccional.

(OAB/Exame Unificado – 2017.2) Nilza, advogada, responde a processo disciplinar perante certo Conselho Seccional da OAB, em razão da suposta prática de infração disciplinar que, se comprovada, poderá sujeitá-la à sanção de exclusão.

Sobre o tema, assinale a afirmativa correta.

(A) O processo disciplinar instaurado em face de Nilza tramita em sigilo, até o seu término, só tendo acesso às suas informações as partes, seus defensores e a autoridade competente.

(B) O processo disciplinar instaurado em face de Nilza é público, sendo facultado o acesso aos autos a qualquer advogado regularmente inscrito, para exercício do controle externo.

(C) O processo disciplinar instaurado em face de Nilza é, em regra, público, sendo facultado o acesso aos autos a qualquer cidadão. Porém, excepcionalmente, pode ser decretado o sigilo, a critério da autoridade processante, quando justificada a necessidade de preservação do direito à intimidade.

(D) O processo disciplinar instaurado em face de Nilza tramita, em regra, em sigilo, só tendo acesso às suas informações as partes, seus defensores e a autoridade competente. Torna-se, porém, público se o Tribunal de Ética e Disciplina do Conselho decidir suspender Nilza preventivamente.

COMENTÁRIO

Nos termos do art. 72, § 2º, do Estatuto da OAB (EAOAB), o processo disciplinar tramita em sigilo, até o seu término, só tendo acesso às suas informações as partes, seus defensores e a autoridade judiciária competente. Assim, a regra, durante o trâmite processual, é o sigilo, que somente não será oponível às partes do processo, aos seus respectivos defensores (advogados) e à autoridade judiciária competente (em caso de eventual impugnação judicial do processo disciplinar). Assim, vamos aos comentários! A alternativa "A" está correta, nada obstante a banca examinadora tenha pecado ao mencionar apenas "autoridade competente", sendo certo que o EAOAB permite o acesso à autoridade "judiciária" competente (e não a qualquer "autoridade competente", como constou); A alternativa "B" está incorreta, pois o processo disciplinar, durante seu trâmite, é sigiloso, somente tendo acesso às suas informações as partes, seus defensores e a autoridade judiciária competente. Especificamente quanto aos advogados, apenas os que assistirem às partes, repita-se, terão acesso aos autos do processo disciplinar, não bastando a condição pura e simples de advogado para que se afaste o sigilo; A alternativa "C" está incorreta, pois, como visto, o sigilo do processo disciplinar decorre da lei (art. 72, § 2º, do EAOAB), não dependendo da vontade da autoridade processante; A alternativa "D" está incorreta, pois a suspensão preventiva de advogado, prevista no art. 70, § 3º, do Estatuto da OAB, não relativiza a regra prevista no art. 72, § 2º, também do mesmo diploma legal. Ou seja, o processo disciplinar, havendo ou não suspensão preventiva do advogado, continua sigiloso durante seu trâmite.

(OAB/Exame Unificado – 2017.1) Cláudio, advogado inscrito na Seccional da OAB do Estado do Rio de Janeiro, praticou infração disciplinar em território abrangido pela Seccional da OAB do Estado da São Paulo. Após representação do interessado, o Conselho de Ética e Disciplina da Seccional da OAB do Estado do Rio de Janeiro instaurou processo disciplinar para apuração da infração. Sobre o caso, de acordo com o Estatuto da OAB, o Conselho de Ética e Disciplina da Seccional da OAB do Estado do Rio de Janeiro:

(A) não tem competência para punir disciplinarmente Cláudio, pois a competência é exclusivamente do Conselho Seccional em cuja base territorial tenha ocorrido a infração, salvo se a falta for cometida perante o Conselho Federal.

(B) tem competência para punir disciplinarmente Cláudio, pois a competência é exclusivamente do Conselho Seccional em que o advogado se encontra inscrito, salvo se a falta for cometida perante o Conselho Federal.

(C) tem competência para punir disciplinarmente Cláudio, pois a competência é concorrente entre o Conselho Seccional em que o advogado se encontra inscrito e o Conselho Seccional em cuja base territorial tenha ocorrido a infração, salvo se a falta for cometida perante o Conselho Federal.

(D) não tem competência para punir disciplinarmente Cláudio, pois a competência é exclusivamente do Conselho Federal, ainda que a falta não tenha sido cometida perante este, quando o advogado for inscrito em uma Seccional e a infração tiver ocorrido na base territorial de outra.

COMENTÁRIO

A alternativa "A" está correta. De acordo com o art. 70, "caput", do Estatuto da OAB (EAOAB), o poder de punir disciplinarmente os inscritos na OAB compete exclusivamente ao Conselho Seccional em cuja base territorial tenha ocorrido a infração, salvo se a falta for cometida perante o Conselho Federal;

A alternativa "B" está incorreta, pois a competência para a punição disciplinar pertence, em regra, ao Conselho Seccional em cuja base territorial tenha sido cometida a infração disciplinar, e não ao Conselho Seccional em que o infrator mantenha sua inscrição;

A alternativa "C" está incorreta, pois inexiste, no sistema punitivo disciplinar da OAB, competência concorrente para a aplicação de sanção. Como visto, a competência é exclusiva do Conselho Seccional do local da infração, salvo se a falta for cometida perante o Conselho Federal;

A alternativa "D" está incorreta. A competência disciplinar pertence ao Conselho Federal quando a falta tenha sido cometida perante referido órgão, ou, ainda, quando o infrator for membro do Conselho Federal ou Presidente de Conselho Seccional.

(OAB/Exame Unificado – 2016.3) Lúcia, advogada, foi processada disciplinarmente e, após a interposição de recurso, o Conselho Seccional do Estado de Pernambuco confirmou, por unanimidade, a sanção de suspensão pelo prazo de trinta dias, nos termos do art. 37, § 1º, do Estatuto da OAB. Lúcia verificou, contudo, existir decisão em sentido contrário, em caso idêntico ao seu, no Conselho Seccional do Estado de Minas Gerais.

De acordo com o Estatuto da OAB, contra a decisão definitiva unânime proferida pelo Conselho Seccional do Estado de Pernambuco,

(A) não cabe recurso ao Conselho Federal, em qualquer hipótese.

(B) cabe recurso ao Conselho Federal, por contrariar decisão do Conselho Seccional de Minas Gerais.

(C) cabe recurso ao Conselho Federal, se a decisão contrariar também decisão do Conselho Federal, e não apenas decisão do Conselho Seccional de Minas Gerais.

(D) cabe recurso ao Conselho Federal, em qualquer hipótese, ainda que não existisse decisão em sentido contrário do Conselho Seccional de Minas Gerais.

COMENTÁRIO

De acordo com o art. 75 do Estatuto da OAB (EAOAB), cabe recurso ao Conselho Federal de todas as decisões definitivas proferidas pelo Conselho Seccional, quando não tenham sido unânimes ou, sendo unânimes, contrariem esta lei, decisão do Conselho Federal ou de outro Conselho Seccional e, ainda, o regulamento geral, o Código de Ética e Disciplina e os Provimentos. Assim, tendo Lúcia, advogada, sido condenada por infração disciplinar à pena de suspensão, com recurso interposto perante o Conselho Seccional de Pernambuco, existindo, porém, decisão em sentido contrário, em caso idêntico ao seu, no Conselho Seccional de Minas Gerais, caracterizada está hipótese de cabimento de recurso ao Conselho Federal. Ora, constatou-se que a decisão do Conselho Seccional de Pernambuco conflita com decisão de outro Conselho Seccional (MG). Correta, portanto, a alternativa "B", estando as demais em descompasso com o quanto prescrito pelo art. 75 do EAOAB.

Dicas de última hora

1. O processo disciplinar pode ser instaurado de ofício, ou mediante representação de qualquer autoridade ou qualquer pessoa interessada. Detalhe: se instaurado mediante representação, esta não poderá ser anônima (ou apócrifa)!

2. Compete, em regra, ao Conselho Seccional do local da infração (e não o do local em que o advogado é inscrito!) punir disciplinarmente o advogado infrator.

3. Caberá, contudo, ao Conselho Federal processar e julgar o advogado nos seguintes casos:

i) infração cometida perante o Conselho Federal;

ii) se o infrator for membro do Conselho Federal; e

iii) se o infrator for Presidente de Conselho Seccional.

4. Em regra, os prazos no processo disciplinar são de 15 (quinze) dias. No entanto, o prazo para apresentação de defesa prévia pelo infrator poderá ser prorrogado, a critério do Relator do processo disciplinar. Ainda, quando interposto algum recurso via *fac-símile*, o original deverá ser juntado aos autos no prazo máximo de 10 (dez) dias.

5. Iniciado o processo ético-disciplinar, o relator designado pelo Presidente do Conselho Seccional ou da Subseção, ou do TED, poderá, de plano, propor o arquivamento liminar da representação, desde que esteja destituída dos pressupostos mínimos de admissibilidade (ex.: a representação não indica o advogado infrator, ou não descreve qualquer infração ética). Neste caso, o processo será extinto.

6. Na fase instrutória do processo disciplinar, cada parte poderá arrolar até 5 (cinco) testemunhas.

7. Quando do julgamento do processo disciplinar, será admissível que cada parte, após o voto do relator, apresente sustentação oral pelo prazo de 15 (quinze) minutos.

8. Das decisões proferidas pelo Tribunal de Ética e Disciplina, responsável pelo julgamento dos processos disciplinares, caberá recurso para o Conselho Seccional. Já das decisões proferidas pelos Conselhos Seccionais, somente caberá interposição de recurso para o Conselho Federal nos seguintes casos:

i) se a decisão for não unânime;

ii) se a decisão, embora unânime, tenha contrariado o Estatuto da OAB, Código de Ética e Disciplina, Regulamento Geral ou Provimentos do Conselho Federal;

iii) se a decisão, embora unânime, contrariar decisões de outros Conselhos Seccionais ou do próprio Conselho Federal.

9. Os recursos interpostos nos processos disciplinares terão, como regra, duplo efeito (devolutivo e suspensivo). Porém, não terão efeito suspensivo:

i) recursos que tenham por objeto o tema "eleições na OAB";

ii) recurso contra a suspensão preventiva imposta ao advogado; e

iii) recurso contra o cancelamento de inscrição na OAB quando obtida com provas falsas.

10. Transitada em julgado a decisão no processo disciplinar, poderá o advogado condenado requerer a revisão de seu caso. Porém, isso será admitido apenas se:

i) tiver havido erro de julgamento; ou

ii) se a condenação tiver sido baseada em provas falsas.

11. Poderá o advogado pedir a sua reabilitação perante a OAB, desde que satisfaça os seguintes requisitos:

i) aguarde 1 (um) ano do cumprimento da pena (e não de sua imposição ou do trânsito em julgado!);

ii) comprove bom comportamento;

iii) em caso de infração ética decorrente da prática de crime, obtenha prévia reabilitação criminal.

Capítulo 13

DA ORDEM DOS ADVOGADOS DO BRASIL E SUA ESTRUTURA

1. NATUREZA JURÍDICA DA OAB E OUTRAS CARACTERÍSTICAS (ARTS. 44 A 62, EAOAB; ARTS. 44 A 127 E 145 A 150, RGOAB)

1.1. Natureza jurídica da OAB 15

De acordo com o julgamento realizado pelo STF na **ADI 3026/2006**, sob a relatoria do então Ministro Eros Grau, a OAB foi identificada como sendo uma **entidade *sui generis***, ímpar no elenco das personalidades jurídicas.

Abandonou-se, a partir de então, o **antigo entendimento** de que se tratava de uma **autarquia federal**.

Importante destacar que o plenário do STF, no julgamento do Recurso Extraordinário (RE) 595332, com repercussão geral reconhecida, por unanimidade, decidiu que a **competência para processar e julgar ações em que a Ordem dos Advogados do Brasil figure como parte** (ativa ou passiva) é da **Justiça Federal**[1]. O fundamento para tal conclusão é a de que a OAB presta um serviço público federal, nos termos do art. 44, *caput*, EAOAB.

1.2. Características da OAB

A OAB tem as seguintes **características**:

a) é considerada um serviço público (art. 44, *caput*, EAOAB);

b) independência (inexistência de subordinação ao poder público);

c) forma federativa (seus órgãos podem ser agrupados em nível federal, estadual e municipal);

d) imunidade tributária quanto a suas rendas, bens e serviços (exceto Caixa de Assistência dos Advogados, conforme RE 233.843 julgado pelo STF);

e) personalidade jurídica;

f) funcionários regidos pela CLT (art. 79, EAOAB);

g) ausência de submissão de suas contas a Tribunais de Contas (há órgão próprio da OAB responsável pela análise de suas contas – gastos e receitas).

---

15 Para visualizar o *SHORT VIDEO* acesse: http://www.editorafoco.com.br/short-videos.

1. O caso dos autos trata de ação de execução promovida pela OAB/PR contra advogado inadimplente quanto ao pagamento de anuidades.

2. ÓRGÃOS INTEGRANTES DA OAB (ART. 45, EAOAB)

Quatro são os **órgãos** da OAB:

a) Conselho Federal;

b) Conselhos Seccionais;

c) Subseções;

d) Caixas de Assistência dos Advogados.

2.1. Conselho Federal (arts. 45, I e §1º e 51 a 55, EAOAB; arts. 62 a 104, RGOAB)

É considerado o **órgão supremo** da OAB, dotado de **personalidade jurídica própria**. É, ainda, a última instância recursal. Tem sede em Brasília-DF.

As **competências** do CFOAB vêm previstas no art. 54, EAOAB, a saber:

I – dar cumprimento efetivo às finalidades da OAB;

II – representar, em juízo ou fora dele, os interesses coletivos ou individuais dos advogados;

III – velar pela dignidade, independência, prerrogativas e valorização da advocacia;

IV – representar, com exclusividade, os advogados brasileiros nos órgãos e eventos internacionais da advocacia;

V – editar e alterar o Regulamento Geral, o Código de Ética e Disciplina, e os Provimentos que julgar necessários;

VI – adotar medidas para assegurar o regular funcionamento dos Conselhos Seccionais;

VII – intervir nos Conselhos Seccionais, onde e quando constatar grave violação desta Lei ou do Regulamento Geral;

VIII – cassar ou modificar, de ofício ou mediante representação, qualquer ato, de órgão ou autoridade da OAB, contrário a esta Lei, ao Regulamento Geral, ao Código de Ética e Disciplina, e aos Provimentos, ouvida a autoridade ou o órgão em causa;

IX – julgar, em grau de recurso, as questões decididas pelos Conselhos Seccionais, nos casos previstos neste Estatuto e no Regulamento Geral;

X – dispor sobre a identificação dos inscritos na OAB e sobre os respectivos símbolos privativos;

XI – apreciar o relatório anual e deliberar sobre o balanço e as contas de sua diretoria;

XII – homologar ou mandar suprir relatório anual, o balanço e as contas dos Conselhos Seccionais;

XIII – elaborar as listas constitucionalmente previstas, para o preenchimento dos cargos nos tribunais judiciários de âmbito nacional ou interestadual, com advogados que estejam em pleno exercício da profissão, vedada a inclusão de nome de membro do próprio Conselho ou de outro órgão da OAB;

XIV – ajuizar ação direta de inconstitucionalidade de normas legais e atos normativos, ação civil pública, mandado de segurança coletivo, mandado de injunção e demais ações cuja legitimação lhe seja outorgada por lei;

XV – colaborar com o aperfeiçoamento dos cursos jurídicos, e opinar, previamente, nos pedidos apresentados aos órgãos competentes para criação, reconhecimento ou credenciamento desses cursos;

XVI – autorizar, pela maioria absoluta das delegações, a oneração ou alienação de seus bens imóveis;

XVII – participar de concursos públicos, nos casos previstos na Constituição e na lei, em todas as suas fases, quando tiverem abrangência nacional ou interestadual;

XVIII – resolver os casos omissos neste Estatuto.

A **intervenção** do CFOAB nas Seccionais depende de **prévia aprovação** por **2/3 (dois terços) das delegações**, garantido o amplo direito de defesa do Conselho Seccional respectivo, nomeando-se diretoria provisória para o prazo que se fixar (art. 54, parágrafo único, EAOAB). O mesmo quórum será exigido para a **edição** ou **alteração do CED e RGOAB**, bem como de **Provimentos** (art. 78, RGOAB).

O Conselho Federal atua mediante os seguintes **órgãos:**

a) Conselho Pleno (presidido pelo Presidente do Conselho Federal e secretariado pelo Secretário-Geral) – suas competências vêm definidas no art. 75, RGOAB;

b) Órgão Especial do Conselho Pleno (presidido pelo Vice-Presidente do Conselho Federal e secretariado pelo Secretário-Geral Adjunto) – suas competências vêm definidas no art. 85, RGOAB;

c) Primeira Câmara (presidida pelo Secretário Geral do Conselho Federal) – suas competências vêm definidas no art. 88, RGOAB;

d) Segunda Câmara (presidida pelo Secretário Geral-Adjunto do Conselho Federal) – suas competências vêm definidas no art. 89, RGOAB;

e) Terceira Câmara (presidida pelo Tesoureiro do Conselho Federal) – suas competências vêm definidas no art. 90, RGOAB.

f) Diretoria (composta pelo **Presidente**, com competências estabelecidas no art. 100, RGOAB; **Vice-Presidente**, com competências delineadas no art. 101, RGOAB; **Secretário-Geral**, cujas competências vêm destacadas no art. 102, RGAOB; **Secretário Geral-Adjunto**, com as competências definidas no art. 103, RGOAB; e **Tesoureiro**, que tem suas competências trazidas pelo art. 104, RGOAB) – suas competências vêm definidas no art. 99, RGOAB. No caso de vacância de cargo da Diretoria, em virtude de perda do mandato, morte ou renúncia, o sucessor é eleito pelo Conselho Pleno;

g) Presidente – suas competências vêm definidas no art. 100, RGOAB.

A **composição** (integrantes) do Conselho Federal da OAB é a seguinte (art. 62, RGOAB):

a) Presidente – frise-se que não é conselheiro federal;

b) Conselheiros Federais – integrantes das **delegações** de cada uma das unidades federativas (são, ao todo, oitenta e um conselheiros, visto que cada delegação é composta de três conselheiros federais);

c) Ex-presidentes (são membros honorários vitalícios) – têm, somente, **direito a voz** nas sessões, salvo aqueles que ocuparam o cargo até 5 de julho de 1994, possuindo estes direito de voto. Seus votos equivalem ao de uma delegação. Não participam da eleição da Diretoria do Conselho Federal.

Nas **sessões do Conselho Federal,** que ocorrem ordinariamente entre os meses de fevereiro a dezembro, sendo que há recesso no mês de janeiro, todos os seus membros podem delas participar, bem como os *Presidentes dos Conselhos Seccionais*, apenas com direito a voz, o *Presidente do Instituto dos Advogados Brasileiros*, apenas com direito a voz, os agraciados com a "Medalha Rui Barbosa"[2], apenas com direito a voz e os *ex-presidentes* do CFOAB, também com direito a voz (salvo os que exerceram o cargo ou estavam no seu exercício em 5 de julho de 1994).

Importante registrar que o **Presidente** não vota nas sessões do CFOAB, salvo em caso de **empate** (voto de minerva ou voto de qualidade). Outrossim, os votos são tomados por **delegação** (lembre-se: cada Conselho Seccional conta com uma delegação, formada por três conselheiros federais), que não poderá votar nos assuntos de interesse de sua unidade federada.

Nos termos do art. 50, RGOAB, ocorrendo **vaga** de cargo de **diretoria do Conselho Federal** ou do Conselho Seccional, inclusive do Presidente, em virtude de perda do mandato (art. 66 do Estatuto), morte ou renúncia, o substituto é eleito pelo Conselho a que se vincule, dentre os seus membros.

2.2. Conselhos Seccionais (arts. 45, II e §2º e 56 a 59, EAOAB; arts. 105 a 114, RGOAB)

São os **órgãos estaduais** da OAB, sediados em cada um dos Estados e no DF (ao todo, são vinte e sete). São dotados de **personalidade jurídica própria**.

As **competências** dos **Conselhos Seccionais** vêm definidas no art. 58, EAOAB:

I – editar seu Regimento Interno e Resoluções;

II – criar as Subseções e a Caixa de Assistência dos Advogados;

III – julgar, em grau de recurso, as questões decididas por seu Presidente, por sua diretoria, pelo Tribunal de Ética e Disciplina, pelas diretorias das Subseções e da Caixa de Assistência dos Advogados;

IV – fiscalizar a aplicação da receita, apreciar o relatório anual e deliberar sobre o balanço e as contas de sua diretoria, das diretorias das Subseções e da Caixa de Assistência dos Advogados;

V – fixar a tabela de honorários, válida para todo o território estadual;

VI – realizar o Exame de Ordem;

VII – decidir os pedidos de inscrição nos quadros de advogados e estagiários;

VIII – manter cadastro de seus inscritos;

IX – fixar, alterar e receber contribuições obrigatórias, preços de serviços e multas;

X – participar da elaboração dos concursos públicos, em todas as suas fases, nos casos previstos na Constituição e nas leis, no âmbito do seu território;

XI – determinar, com exclusividade, critérios para o traje dos advogados, no exercício profissional;

XII – aprovar e modificar seu orçamento anual;

XIII – definir a composição e o funcionamento do Tribunal de Ética e Disciplina, e escolher seus membros;

---

2. **Art. 152** do RGOAB: *A "Medalha Rui Barbosa" é a comenda máxima conferida pelo Conselho Federal às grandes personalidades da advocacia brasileira.* ***Parágrafo único.*** *A Medalha só pode ser concedida uma vez, no prazo do mandato do Conselho, e será entregue ao homenageado em sessão solene.*

XIV – eleger as listas, constitucionalmente previstas, para preenchimento dos cargos nos tribunais judiciários, no âmbito de sua competência e na forma do Provimento do Conselho Federal, vedada a inclusão de membros do próprio Conselho e de qualquer órgão da OAB;

XV – intervir nas Subseções e na Caixa de Assistência dos Advogados;

XVI – desempenhar outras atribuições previstas no Regulamento Geral.

O art. 105, RGOAB, **em complementação**, dispõe as seguintes **competências**:

I – cumprir o disposto nos incisos I, II e III do art. 54 do Estatuto;

II – adotar medidas para assegurar o regular funcionamento das Subseções;

III – intervir, parcial ou totalmente, nas Subseções e na Caixa de Assistência dos Advogados, onde e quando constatar grave violação do Estatuto, deste Regulamento Geral e do Regimento Interno do Conselho Seccional;

IV – cassar ou modificar, de ofício ou mediante representação, qualquer ato de sua diretoria e dos demais órgãos executivos e deliberativos, da diretoria ou do conselho da Subseção e da diretoria da Caixa de Assistência dos Advogados, contrários ao Estatuto, ao Regulamento Geral, aos Provimentos, ao Código de Ética e Disciplina, ao seu Regimento Interno e às suas Resoluções;

V – ajuizar, após deliberação:

a) ação direta de inconstitucionalidade de leis ou atos normativos estaduais e municipais, em face da Constituição Estadual ou da Lei Orgânica do Distrito Federal;

b) ação civil pública, para defesa de interesses difusos de caráter geral e coletivos e individuais homogêneos;

c) mandado de segurança coletivo, em defesa de seus inscritos, independentemente de autorização pessoal dos interessados;

d) mandado de injunção, em face da Constituição Estadual ou da Lei Orgânica do Distrito Federal.

O ajuizamento de que trata o inc. V do art. 105 em comento, é decidido pela **Diretoria**, no caso de **urgência** ou **recesso** do Conselho Seccional.

A **composição** (integrantes) dos Conselhos Seccionais é a seguinte:

a) Presidente;

b) Conselheiros seccionais (estaduais) – eleitos no âmbito estadual e distrital, em número proporcional ao de seus inscritos, na forma do RGOAB;

c) Ex-presidentes – são membros honorários vitalícios, somente com direito a voz nas sessões;

d) Presidente do Instituto de Advogados local – é membro honorário, somente com direito a voz nas sessões.

Nas **sessões** do Conselho Seccional, que ocorrem ordinariamente entre os meses de fevereiro a dezembro, havendo recesso em janeiro, além de seus integrantes, já referidos acima, terão **direito à voz**, delas podendo participar, o **Presidente do Conselho Federal**, os **Conselheiros Federais** integrantes da respectiva **delegação**, o **Presidente da Caixa de Assistência dos Advogados** e os **Presidentes das Subseções** (art. 56, § 3º, EAOAB).

O **número** de **conselheiros seccionais**, nos termos do art. 106, RGOAB, será **proporcional** ao número de **advogados** com inscrição concedida, observados os seguintes critérios:

a) Abaixo de 3.000 (três mil) inscritos, até 30 (trinta) membros;

b) a partir de 3.000 (três mil) inscritos, mais um membro por grupo completo de 3.000 (três mil) inscritos, até o total de 80 (oitenta) membros.

Caberá ao Conselho Seccional, por meio de **resolução**, observado o número da última inscrição concedida, **fixar o número de seus membros**, sujeita a **referendo do CFOAB**, que aprecia a base de cálculo e reduz o excesso, se houver (art. 106, § 2º, RGOAB), não se incluindo no cálculo da composição dos elegíveis ao órgão em comento seus ex-Presidentes e o Presidente do Instituto dos Advogados.

A **Diretoria** dos Conselhos Seccionais terá a **mesma composição da Diretoria do CFOAB**, ou seja, Presidente, Vice-Presidente, Secretário-Geral, Secretário Adjunto e Tesoureiro.

Nos termos do art. 50, RGOAB, ocorrendo **vaga** de cargo de **diretoria** do Conselho Federal ou do **Conselho Seccional**, inclusive do Presidente, em virtude de perda do mandato (art. 66 do Estatuto), morte ou renúncia, o substituto é eleito pelo Conselho a que se vincule, dentre os seus membros.

2.3. Subseções (arts. 60 e 61, EAOAB; arts. 115 a 120, RGOAB)

São **partes autônomas** do Conselho Seccional, porém, **sem personalidade jurídica própria**.

São criadas pelos **Conselhos Seccionais** por meio de **resolução,** dependendo, para tanto, de **estudo preliminar de viabilidade** realizado por comissão especial designada pelo seu Presidente, incluindo o número de advogados efetivamente residentes na base territorial, a existência de comarca judiciária, o levantamento e a perspectiva do mercado de trabalho, o custo de instalação e de manutenção (art. 117, RGOAB).

A **resolução do Conselho Seccional** que tenha criado a Subseção deve fixar sua base territorial, bem como definir os limites de suas competências e autonomia, fixar a data da eleição da diretoria e do conselho, quando for o caso, e o início do mandato com encerramento coincidente com o do Conselho Seccional, além de definir a composição do conselho da Subseção e suas atribuições, quando for o caso (art. 118, RGOAB).

A **área territorial** de uma Subseção, com um número **mínimo de 15 (quinze) advogados** nela profissionalmente domiciliados, poderá abranger um **município, mais de** um **município ou parte de município** (art. 60, § 1º, EAOAB).

A administração da Subseção caberá à sua **Diretoria**, com atribuições e composição equivalentes às da diretoria do Conselho Seccional, conforme dita o art. 60, § 2º, EAOAB.

As **competências** das Subseções vêm delineadas no art. 61, EAOAB, a saber:

I – dar cumprimento efetivo às finalidades da OAB;

II – velar pela dignidade, independência e valorização da advocacia, e fazer valer as prerrogativas do advogado;

III – representar a OAB perante os poderes constituídos;

IV – desempenhar as atribuições previstas no Regulamento Geral ou por delegação de competência do Conselho Seccional.

Se a Subseção contar com **mais de 100 (cem) advogados**, poderá ser integrada, ainda, por um **Conselho**, em número de membros fixado pelo Conselho Seccional (art. 60, § 3º, EAOAB).

Conforme dispõe o parágrafo único do art. 61, EAOAB, ao **Conselho da Subseção**, quando houver, **compete** exercer as **funções e atribuições do Conselho Seccional**, na forma do Regimento Interno deste, e ainda:

a) editar seu Regimento Interno, a ser referendado pelo Conselho Seccional;

b) editar resoluções, no âmbito de sua competência;

c) instaurar e instruir processos disciplinares, para julgamento pelo Tribunal de Ética e Disciplina;

d) receber pedido de inscrição nos quadros de advogado e estagiário, instruindo e emitindo parecer prévio, para decisão do Conselho Seccional. Com as mesmas funções e atribuições do Conselho Seccional.

A manutenção das Subseções, além de receitas próprias, dar-se-á por dotações dos Conselhos Seccionais.

Caso as Subseções incorram em **grave violação** ao EAOAB ou ao Regimento Interno do Conselho Seccional, este poderá, mediante o voto de **dois terços** de seus membros, nelas **intervir** (art. 60, § 6º, EAOAB).

Os **conflitos de competência** entre subseções e entre estas e o Conselho Seccional são por este decididos, com recurso voluntário ao Conselho Federal (art. 119, RGOAB).

2.4. Caixas de Assistência dos Advogados (arts. 45, IV e § 4º e 62, EAOAB; arts. 121 a 127, RGOAB)

São dotadas de **personalidade jurídica própria**, adquiridas após **aprovação e registro** de seus estatutos no respectivo Conselho Seccional.

As Caixas de Assistência dos Advogados são, como o próprio nome sugere, verdadeiros **órgãos assistenciais**, criados pelos Conselhos Seccionais, desde que contem com **mais de 1.500 (mil e quinhentos) inscritos**.

O **custeio** das atividades das Caixas de Assistência dá-se por **repasse dos Conselhos** de metade da receita recebida, após as deducões regulamentares obrigatórias, nos moldes traçados pelo art. 56, RGOAB.

A **Diretoria** das Caixas de Assistência dos Advogados é composta de cinco membros, cujas atribuições serão definidas no seu Regimento Interno.

A finalidade principal das Caixas é a de prestar assistência aos advogados, podendo, ainda, promover a **seguridade complementar**.

Em caso de **extinção** da Caixa, todo seu patrimônio será revertido ao Conselho Seccional respectivo.

Importante destacar que, nos termos do art. 123, RGOAB, a **assistência aos inscritos na OAB** é definida no estatuto da Caixa e está **condicionada** à:

I – regularidade de pagamento, pelo inscrito, da anuidade à OAB (ou seja, advogado inadimplente não faz jus às benesses que a Caixa pode lhe proporcionar);

II – carência de um ano, após o deferimento da inscrição;

III – disponibilidade de recursos da Caixa.

Todavia, o estatuto da Caixa poderá prever a **dispensa** dos requisitos I e II supra, em casos especiais (art. 123, parágrafo único, RGOAB).

2.5. Algumas questões importantes sobre a OAB

De forma bastante didática, elencaremos abaixo alguns aspectos relevantes sobre a OAB:

a) Todos os atos praticados pela OAB se submetem à publicidade, salvo os que devam tramitar sob sigilo (ex.: processos disciplinares), devendo ser publicados na imprensa oficial, ou mesmo afixados nos fóruns;

b) Como destacado anteriormente, a OAB goza de imunidade tributária no tocante a seus bens, serviços e rendas. No entanto, não recebe verbas públicas para o desempenho de suas competências;

c) As certidões acerca das contribuições, preços de serviços e multas, uma vez passadas pelas diretorias dos Conselhos competentes, são consideradas títulos executivos extrajudiciais;

d) O advogado em dia com sua anuidade fica isento do pagamento de contribuição sindical;

e) Todos os funcionários contratados pela OAB são celetistas, não se tratando, é bom que se diga, de servidores públicos estatutários ou empregados públicos;

f) Os presidentes dos Conselhos Seccionais e Subseções são legitimados ativos para demandarem, judicial ou extrajudicialmente, pessoas que violarem as disposições das regras deontológicos e regulamentadoras da advocacia, podendo intervir inclusive em inquéritos policiais e processos em que figurem como indiciados, acusados ou ofendidos os inscritos na OAB;

g) Nos termos do art. 50, EAOAB, os presidentes dos Conselhos da OAB e Subseções podem requisitar cópias de peças de autos, ou mesmo de documentos, a qualquer tribunal, juiz, cartório ou órgão da Administração direta ou indireta, desde que haja motivação idônea, compatível com os fins do Estatuto da OAB, conforme decidido pelo STF na ADIn 1.127-8.

2.6. Quadro-resumo

OAB	
Natureza jurídica	Entidade *sui generis*, ímpar no rol das personalidades jurídicas (conforme ADI 3.026-4/2006, julgada pelo STF). Não se trata de autarquia federal (entendimento antigo e abandonado após o julgamento da ADI referida).
Características	– serviço público; – independência (não vinculação ao Poder Público); – forma federativa (órgãos federais, estaduais/distrital e municipais); – personalidade jurídica; – imunidade tributária total no tocante às suas rendas, bens e serviços (vide RE 233.843 – STF)

Órgãos	**Conselho Federal (arts. 51 a 55, EAOAB; arts. 62 a 104, RGOAB)** – É dotado de personalidade jurídica própria; – Competências previstas no art. 54, EAOAB; – Tem os seguintes órgãos: Conselho Pleno, Órgão Especial do Conselho Pleno, Primeira, Segunda e Terceira Câmaras, Diretoria e Presidente; – São integrantes: Presidente (que não é conselheiro federal, somente votando nas sessões do CFOAB em caso de empate), conselheiros federais (cada Conselho Seccional elege três Conselheiros federais, que comporão uma delegação) e ex-Presidentes (são membros honorários vitalícios, sendo que nas sessões do CFOAB, somente terão direito a voz, salvo se ocuparam o cargo até 5 de julho de 1994, quando, então, também terão direito a voto) **Conselhos Seccionais (arts. 56 a 59, EAOAB; arts. 105 a 114, RGOAB)** – São dotados de personalidade jurídica própria; – Competências previstas no art. 58, EAOAB e art. 105, RGOAB); – São integrantes: Presidente, conselheiros seccionais (cujo número será proporcional ao de advogados inscritos: abaixo de 3.000, até 30 membros; a partir de 3.000, mais um membro por grupo completo de 3.000 inscritos, até o total de 80 membros) e ex-Presidentes (são membros honorários vitalícios, somente com direito a voz nas sessões) **Subseções (arts. 60 e 61, EAOAB; arts. 115 a 120, RGOAB)** – Não são dotadas de personalidade jurídica própria, sendo partes autônomas dos Conselhos Seccionais; – Competências previstas no art. 61, EAOAB; – São criadas por resolução do Conselho Seccional, após estudo preliminar de viabilidade; – Os Conselhos Seccionais somente criarão subseções se nelas forem domiciliadas profissionalmente, pelo menos, quinze advogados; – O território das subseções pode abranger um ou mais municípios, ou parte dele. **Caixas de Assistência dos Advogados (art. 62, EAOAB; arts. 121 a 127, RGOAB)** – São dotadas de personalidade jurídica própria, adquirida após o registro e aprovação de seus estatutos pelo respectivo Conselho Seccional; – São criadas pelos Conselhos Seccionais, desde que contem com mais de 1.500 inscritos; – O custeio de suas atividades decorre do repasse, pelos Conselhos Seccionais, de metade da receita por estes obtida, após as deduções regulamentares obrigatórias; – A Diretoria das Caixas é composta por cinco membros; – As Caixas podem promover a seguridade complementar dos advogados; – Em caso de extinção, seu patrimônio reverterá para o Conselho Seccional respectivo.

3. A CONFERÊNCIA NACIONAL DA ADVOCACIA BRASILEIRA

Nos termos do art. 145 do Regulamento Geral do Estatuto da OAB (RGOAB), a Conferência Nacional da Advocacia Brasileira (CNA) é órgão consultivo máximo do Conselho Federal, reunindo-se trienalmente, no segundo ano do mandato, tendo por **objetivo** o **estudo** e o **debate** das questões e problemas que digam respeito às **finalidades da OAB** e ao **congraçamento dos advogados**.

Os membros da CNA podem ser subdivididos em três grupos, a saber: (a) **efetivos**: os Conselheiros e Presidentes dos órgãos da OAB presentes, os advogados e estagiários inscritos na Conferência, todos com direito a voto (art. 146, I, RGOAB); (b) **convidados**: as pessoas a quem a Comissão Organizadora conceder tal qualidade, sem direito a voto, salvo se for advogado (art. 146, II, RGOAB); e (c) **ouvintes**: estudantes de direito, mesmo inscritos como estagiários na OAB, escolhendo um porta-voz entre os presentes em cada sessão da Conferência (art. 146, § 2º, RGOAB).

No **primeiro ano do mandato** do Conselho Federal ou do Conselho Seccional, decidem-se a **data**, o **local** e o **tema central** da Conferência, cujas conclusões têm caráter de recomendação aos Conselhos correspondentes.

A Conferência é **dirigida** por uma Comissão Organizadora, designada pelo Presidente do Conselho, por ele presidida e integrada pelos membros da Diretoria e outros convidados.

O Presidente pode desdobrar a Comissão Organizadora em comissões específicas, definindo suas composições e atribuições.

Cabe à Comissão Organizadora definir a distribuição do temário, os nomes dos expositores, a programação dos trabalhos, os serviços de apoio e infraestrutura e o regimento interno da Conferência.

Durante o funcionamento da Conferência, a Comissão Organizadora é representada pelo Presidente, com poderes para cumprir a programação estabelecida e decidir as questões ocorrentes e os casos omissos.

Os trabalhos da Conferência desenvolvem-se em sessões plenárias, painéis ou outros modos de exposição ou atuação dos participantes.

As sessões são dirigidas por um Presidente e um Relator, escolhidos pela Comissão Organizadora. Quando as sessões se desenvolvem em forma de painéis, os expositores ocupam a metade do tempo total e a outra metade é destinada aos debates e votação de propostas ou conclusões pelos participantes.

Finalmente, é facultado aos expositores submeter as suas conclusões à aprovação dos participantes.

Legislação correlata

1. ARTIGOS PERTINENTES DO ESTATUTO DA OAB

→ *v.* Arts. 44 a 150 do RGOAB.

Art. 44. A Ordem dos Advogados do Brasil – OAB, serviço público, dotada de personalidade jurídica e forma federativa, tem por finalidade:

I – defender a Constituição, a ordem jurídica do Estado democrático de direito, os direitos humanos, a justiça social, e pugnar pela boa aplicação das leis, pela rápida administração da justiça e pelo aperfeiçoamento da cultura e das instituições jurídicas;

II – promover, com exclusividade, a representação, a defesa, a seleção e a disciplina dos advogados em toda a República Federativa do Brasil.

§ 1º A OAB não mantém com órgãos da Administração Pública qualquer vínculo funcional ou hierárquico.

§ 2º O uso da sigla OAB é privativo da Ordem dos Advogados do Brasil.

Art. 45. São órgãos da OAB:

I – o Conselho Federal;

II – os Conselhos Seccionais;

III – as Subseções;

IV – as Caixas de Assistência dos Advogados.

§ 1º O Conselho Federal, dotado de personalidade jurídica própria, com sede na capital da República, é o órgão supremo da OAB.

§ 2º Os Conselhos Seccionais, dotados de personalidade jurídica própria, têm jurisdição sobre os respectivos territórios dos Estados-membros, do Distrito Federal e dos Territórios.

§ 3º As Subseções são partes autônomas do Conselho Seccional, na forma desta Lei e de seu ato constitutivo.

§ 4º As Caixas de Assistência dos Advogados, dotadas de personalidade jurídica própria, são criadas pelos Conselhos Seccionais, quando estes contarem com mais de 1.500 (mil e quinhentos) inscritos.

§ 5º A OAB, por constituir serviço público, goza de imunidade tributária total em relação a seus bens, rendas e serviços.

§ 6º Os atos conclusivos dos órgãos da OAB, salvo quando reservados ou de administração interna, devem ser publicados na imprensa oficial ou afixados no fórum, na íntegra ou em resumo.

Art. 46. Compete à OAB fixar e cobrar, de seus inscritos, contribuições, preços de serviços e multas.

Parágrafo único. Constitui título executivo extrajudicial a certidão passada pela diretoria do Conselho competente, relativa a crédito previsto neste artigo.

Art. 47. O pagamento da contribuição anual à OAB isenta os inscritos nos seus quadros do pagamento obrigatório da contribuição sindical.

Art. 48. O cargo de conselheiro ou de membro de diretoria de órgão da OAB é de exercício gratuito e obrigatório, considerado serviço público relevante, inclusive para fins de disponibilidade e aposentadoria.

Art. 49. Os Presidentes dos Conselhos e das Subseções da OAB têm legitimidade para agir, judicial e extrajudicialmente, contra qualquer pessoa que infringir as disposições ou os fins desta Lei.

Parágrafo único. As autoridades mencionadas no *caput* deste artigo têm, ainda, legitimidade para intervir, inclusive como assistentes, nos inquéritos e processos em que sejam indiciados, acusados ou ofendidos os inscritos na OAB.

→ *v.* Art. 268 do CPP.

Art. 50. Para os fins desta Lei, os Presidentes dos Conselhos da OAB e das Subseções podem requisitar cópias de peças de autos e documentos a qualquer tribunal, magistrado, cartório e órgão da Administração Pública direta, indireta e fundacional.

→ *v.* ADIn 1.127-8 (Pleno, j. 17.5.2006,rel. Min. Marco Aurélio, rel. p/ acórdão Min. Ricardo Lewandowski, *DOU.* 26.5.2006), o STF julgou parcialmente procedente a ação para, "sem redução de texto, dar interpretação conforme ao dispositivo, de modo a fazer compreender a palavra 'requisitar' como dependente de motivação, compatibilização com as finalidades da lei e atendimento de custos desta requisição. Ficam ressalvados, desde já, os documentos cobertos por sigilo".

Art. 51. O Conselho Federal compõe-se:

I – dos conselheiros federais, integrantes das delegações de cada unidade federativa;

II – dos seus ex-presidentes, na qualidade de membros honorários vitalícios.

§ 1º Cada delegação é formada por 3 (três) conselheiros federais.

§ 2º Os ex-presidentes têm direito apenas a voz nas sessões.

Art. 52. Os presidentes dos Conselhos Seccionais, nas sessões do Conselho Federal, têm lugar reservado junto à delegação respectiva e direito somente a voz.

Art. 53. O Conselho Federal tem sua estrutura e funcionamento definidos no Regulamento Geral da OAB.

§ 1º O Presidente, nas deliberações do Conselho, tem apenas o voto de qualidade.

§ 2º O voto é tomado por delegação, e não pode ser exercido nas matérias de interesse da unidade que represente.

§ 3º Na eleição para a escolha da Diretoria do Conselho Federal, cada membro da delegação terá direito a 1 (um) voto, vedado aos membros honorários vitalícios.

→ § 3º acrescentado pela Lei 11.179/2005.

Art. 54. Compete ao Conselho Federal:

I – dar cumprimento efetivo às finalidades da OAB;

II – representar, em juízo ou fora dele, os interesses coletivos ou individuais dos advogados;

III – velar pela dignidade, independência, prerrogativas e valorização da advocacia;

IV – representar, com exclusividade, os advogados brasileiros nos órgãos e eventos internacionais da advocacia;

V – editar e alterar o Regulamento Geral, o Código de Ética e Disciplina, e os Provimentos que julgar necessários;

VI – adotar medidas para assegurar o regular funcionamento dos Conselhos Seccionais;

VII – intervir nos Conselhos Seccionais, onde e quando constatar grave violação desta Lei ou do Regulamento Geral;

VIII – cassar ou modificar, de ofício ou mediante representação, qualquer ato, de órgão ou autoridade da OAB, contrário a esta Lei, ao Regulamento Geral, ao Código de Ética e Disciplina, e aos Provimentos, ouvida a autoridade ou o órgão em causa;

IX – julgar, em grau de recurso, as questões decididas pelos Conselhos Seccionais, nos casos previstos neste Estatuto e no Regulamento Geral;

X – dispor sobre a identificação dos inscritos na OAB e sobre os respectivos símbolos privativos;

XI – apreciar o relatório anual e deliberar sobre o balanço e as contas de sua diretoria;

XII – homologar ou mandar suprir relatório anual, o balanço e as contas dos Conselhos Seccionais;

XIII – elaborar as listas constitucionalmente previstas, para o preenchimento dos cargos nos tribunais judiciários de âmbito nacional ou interestadual, com advogados que estejam em pleno exercício da profissão, vedada a inclusão de nome de membro do próprio Conselho ou de outro órgão da OAB;

XIV – ajuizar ação direta de inconstitucionalidade de normas legais e atos normativos, ação civil pública, mandado de segurança coletivo, mandado de injunção e demais ações cuja legitimação lhe seja outorgada por lei;

XV – colaborar com o aperfeiçoamento dos cursos jurídicos, e opinar, previamente, nos pedidos apresentados aos órgãos competentes para criação, reconhecimento ou credenciamento desses cursos;

XVI – autorizar, pela maioria absoluta das delegações, a oneração ou alienação de seus bens imóveis;

XVII – participar de concursos públicos, nos casos previstos na Constituição e na lei, em todas as suas fases, quando tiverem abrangência nacional ou interestadual;

XVIII – resolver os casos omissos neste Estatuto.

Parágrafo único. A intervenção referida no inciso VII deste artigo depende de prévia aprovação por 2/3 (dois terços) das delegações, garantido o amplo direito de defesa do Conselho Seccional respectivo, nomeando-se diretoria provisória para o prazo que se fixar.

Art. 55. A diretoria do Conselho Federal é composta de um Presidente, de um Vice-Presidente, de um Secretário-Geral, de um Secretário-Geral Adjunto e de um Tesoureiro.

§ 1º O Presidente exerce a representação nacional e internacional da OAB, competindo-lhe convocar o Conselho Federal, presidi-lo, representá-lo ativa e passivamente, em juízo ou fora dele, promover-lhe a administração patrimonial e dar execução às suas decisões.

§ 2º O Regulamento Geral define as atribuições dos membros da Diretoria e a ordem de substituição em caso de vacância, licença, falta ou impedimento.

§ 3º Nas deliberações do Conselho Federal, os membros da diretoria votam como membros de suas delegações, cabendo ao Presidente, apenas, o voto de qualidade e o direito de embargar a decisão, se esta não for unânime.

Art. 56. O Conselho Seccional compõe-se de conselheiros em número proporcional ao de seus inscritos, segundo critérios estabelecidos no Regulamento Geral.

§ 1º São membros honorários vitalícios os seus ex-presidentes, somente com direito a voz em suas sessões.

§ 2º O Presidente do Instituto dos Advogados local é membro honorário, somente com direito a voz nas sessões do Conselho.

§ 3º Quando presentes às sessões do Conselho Seccional, o Presidente do Conselho Federal, os Conselheiros Federais integrantes da respectiva delegação, o Presidente da Caixa de Assistência dos Advogados e os Presidentes das Subseções, têm direito a voz.

Art. 57. O Conselho Seccional exerce e observa, no respectivo território, as competências, vedações e funções atribuídas ao Conselho Federal, no que couber e no âmbito de sua competência material e territorial, e as normas gerais estabelecidas nesta Lei, no Regulamento Geral, no Código de Ética e Disciplina, e nos Provimentos.

Art. 58. Compete privativamente ao Conselho Seccional:

I – editar seu Regimento Interno e Resoluções;

II – criar as Subseções e a Caixa de Assistência dos Advogados;

III – julgar, em grau de recurso, as questões decididas por seu Presidente, por sua diretoria, pelo Tribunal de Ética e Disciplina, pelas diretorias das Subseções e da Caixa de Assistência dos Advogados;

IV – fiscalizar a aplicação da receita, apreciar o relatório anual e deliberar sobre o balanço e as contas de sua diretoria, das diretorias das Subseções e da Caixa de Assistência dos Advogados;

V – fixar a tabela de honorários, válida para todo o território estadual;

VI – realizar o Exame de Ordem;

VII – decidir os pedidos de inscrição nos quadros de advogados e estagiários;

VIII – manter cadastro de seus inscritos;

IX – fixar, alterar e receber contribuições obrigatórias, preços de serviços e multas;

X – participar da elaboração dos concursos públicos, em todas as suas fases, nos casos previstos na Constituição e nas leis, no âmbito do seu território;

XI – determinar, com exclusividade, critérios para o traje dos advogados, no exercício profissional;

XII – aprovar e modificar seu orçamento anual;

XIII – definir a composição e o funcionamento do Tribunal de Ética e Disciplina, e escolher seus membros;

XIV – eleger as listas, constitucionalmente previstas, para preenchimento dos cargos nos tribunais judiciários, no âmbito de sua competência e na forma do Provimento do Conselho Federal, vedada a inclusão de membros do próprio Conselho e de qualquer órgão da OAB;

XV – intervir nas Subseções e na Caixa de Assistência dos Advogados;

XVI – desempenhar outras atribuições previstas no Regulamento Geral.

Art. 59. A diretoria do Conselho Seccional tem composição idêntica e atribuições equivalentes às do Conselho Federal, na forma do Regimento Interno daquele.

Art. 60. A Subseção pode ser criada pelo Conselho Seccional, que fixa sua área territorial e seus limites de competência e autonomia.

§ 1º A área territorial da Subseção pode abranger um ou mais municípios, ou parte de município, inclusive da capital do Estado, contando com um mínimo de 15 (quinze) advogados, nela profissionalmente domiciliados.

§ 2º A Subseção é administrada por uma diretoria, com atribuições e composição equivalentes às da diretoria do Conselho Seccional.

§ 3º Havendo mais de 100 (cem) advogados, a Subseção pode ser integrada, também, por um Conselho em número de membros fixado pelo Conselho Seccional.

§ 4º Os quantitativos referidos nos §§ 1º e 3º deste artigo podem ser ampliados, na forma do Regimento Interno do Conselho Seccional

§ 5º Cabe ao Conselho Seccional fixar, em seu orçamento, dotações específicas destinadas à manutenção das Subseções.

§ 6º O Conselho Seccional, mediante o voto de 2/3 (dois terços) de seus membros, pode intervir nas Subseções, onde constatar grave violação desta Lei ou do Regimento Interno daquele.

Art. 61. Compete à Subseção, no âmbito de seu território:

I – dar cumprimento efetivo às finalidades da OAB;

II – velar pela dignidade, independência e valorização da advocacia, e fazer valer as prerrogativas do advogado;

III – representar a OAB perante os poderes constituídos;

IV – desempenhar as atribuições previstas no Regulamento Geral ou por delegação de competência do Conselho Seccional.

Parágrafo único. Ao Conselho da Subseção, quando houver, compete exercer as funções e atribuições do Conselho Seccional, na forma do Regimento Interno deste, e ainda:

a) editar seu Regimento Interno, a ser referendado pelo Conselho Seccional;

b) editar resoluções, no âmbito de sua competência;

c) instaurar e instruir processos disciplinares, para julgamento pelo Tribunal de Ética e Disciplina;

d) receber pedido de inscrição nos quadros de advogado e estagiário, instruindo e emitindo parecer prévio, para decisão do Conselho Seccional.

Art. 62. A Caixa de Assistência dos Advogados, com personalidade jurídica própria, destina-se a prestar assistência aos inscritos no Conselho Seccional a que se vincule.

§ 1º A Caixa é criada e adquire personalidade jurídica com a aprovação e registro de seu Estatuto pelo respectivo Conselho Seccional da OAB, na forma do Regulamento Geral.

§ 2º A Caixa pode, em benefício dos advogados, promover a seguridade complementar.

§ 3º Compete ao Conselho Seccional fixar contribuição obrigatória devida por seus inscritos, destinada à manutenção do disposto no parágrafo anterior, incidente sobre atos decorrentes do efetivo exercício da advocacia.

§ 4º A diretoria da Caixa é composta de 5 (cinco) membros, com atribuições definidas no seu Regimento Interno.

§ 5º Cabe à Caixa a metade da receita das anuidades recebidas pelo Conselho Seccional, considerado o valor resultante após as deduções regulamentares obrigatórias.

§ 6º Em caso de extinção ou desativação da Caixa, seu patrimônio se incorpora ao do Conselho Seccional respectivo.

§ 7º O Conselho Seccional, mediante voto de 2/3 (dois terços) de seus membros, pode intervir na Caixa de Assistência dos Advogados, no caso de descumprimento de suas finalidades, designando diretoria provisória, enquanto durar a intervenção.

Art. 78. Cabe ao Conselho Federal da OAB, por deliberação de 2/3 (dois terços), pelo menos, das delegações, editar o Regulamento Geral deste Estatuto, no prazo de 6 (seis) meses, contados da publicação desta Lei.

Art. 79. Aos servidores da OAB, aplica-se o regime trabalhista.

→ *v.* ADIn 3.026-4 (*D.O.U.* 3.3.2005) do STF.

§ 1º Aos servidores da OAB, sujeitos ao regime da Lei 8.112, de 11 de dezembro de 1990, é concedido o direito de opção pelo regime trabalhista, no prazo de 90 (noventa) dias a partir da vigência desta Lei, sendo assegurado aos optantes o pagamento de indenização, quando da aposentadoria, correspondente a 5 (cinco) vezes o valor da última remuneração.

§ 2º Os servidores que não optarem pelo regime trabalhista serão posicionados no quadro em extinção, assegurado o direito adquirido ao regime legal anterior.

Art. 80. Os Conselhos Federal e Seccionais devem promover trienalmente as respectivas Conferências, em data não coincidente com o ano eleitoral, e, periodicamente, reunião do colégio de presidentes a eles vinculados, com finalidade consultiva.

Art. 81. Não se aplicam aos que tenham assumido originariamente o cargo de Presidente do Conselho Federal ou dos Conselhos Seccionais, até a data da publicação desta Lei, as normas contidas no Título II, acerca da composição desses Conselhos, ficando assegurado o pleno direito de voz e voto em suas sessões.

Art. 82. Aplicam-se as alterações previstas nesta Lei, quanto a mandatos, eleições, composição e atribuições dos órgãos da OAB, a partir do término do mandato dos atuais membros, devendo os Conselhos Federal e Seccionais disciplinarem os respectivos procedimentos de adaptação.

Parágrafo único. Os mandatos dos membros dos órgãos da OAB, eleitos na primeira eleição sob a vigência desta Lei, e na forma do Capítulo VI do Título II, terão início no dia seguinte ao término dos atuais mandatos, encerrando-se em 31 de dezembro do terceiro ano do mandato e em 31 de janeiro do terceiro ano do mandato, neste caso com relação ao Conselho Federal.

Art. 83. Não se aplica o disposto no art. 28, inciso II, desta Lei, aos membros do Ministério Público que, na data de promulgação da Constituição, se incluam na previsão do art. 29, § 3º, do seu Ato das Disposições Constitucionais Transitórias.

Art. 84. O estagiário, inscrito no respectivo quadro, fica dispensado do Exame de Ordem, desde que comprove, em até 2 (dois) anos da promulgação desta Lei, o exercício e resultado do estágio profissional ou a conclusão, com aproveitamento, do estágio de Prática Forense e Organização Judiciária, realizado junto à respectiva faculdade, na forma da legislação em vigor.

Art. 85. O Instituto dos Advogados Brasileiros e as instituições a ele filiadas têm qualidade para promover perante a OAB o que julgarem do interesse dos advogados em geral ou de qualquer dos seus membros.

2. ARTIGOS PERTINENTES DO REGULAMENTO GERAL

→ *v.* Arts. 44 a 62 da Lei 8.906/1994.

Art. 44. As finalidades da OAB, previstas no art. 44 do Estatuto, são cumpridas pelos Conselhos Federal e Seccionais e pelas Subseções, de modo integrado, observadas suas competências específicas.

Art. 45. A exclusividade da representação dos advogados pela OAB, prevista no art. 44, II, do Estatuto, não afasta a competência própria dos sindicatos e associações sindicais de advogados, quanto à defesa dos direitos peculiares da relação de trabalho do profissional empregado.

Art. 46. Os novos Conselhos Seccionais serão criados mediante Resolução do Conselho Federal.

Art. 47. O patrimônio do Conselho Federal, do Conselho Seccional, da Caixa de Assistência dos Advogados e da Subseção é constituído de bens móveis e imóveis e outros bens e valores que tenham adquirido ou venham a adquirir.

Art. 48. A alienação ou oneração de bens imóveis depende de aprovação do Conselho Federal ou do Conselho Seccional, competindo à Diretoria do órgão decidir pela aquisição de qualquer bem e dispor sobre os bens móveis.

Parágrafo único. A alienação ou oneração de bens imóveis depende de autorização da maioria das delegações, no Conselho Federal, e da maioria dos membros efetivos, no Conselho Seccional.

Art. 49. Os cargos da Diretoria do Conselho Seccional têm as mesmas denominações atribuídas aos da Diretoria do Conselho Federal.

Parágrafo único. Os cargos da Diretoria da Subseção e da Caixa de Assistência dos Advogados têm as seguintes denominações: Presidente, Vice-Presidente, Secretário, Secretário Adjunto e Tesoureiro.

Art. 50. Ocorrendo vaga de cargo de diretoria do Conselho Federal ou do Conselho Seccional, inclusive do Presidente, em virtude de perda do mandato (art. 66 do Estatuto), morte ou renúncia, o substituto é eleito pelo Conselho a que se vincule, dentre os seus membros.

Art. 51. A elaboração das listas constitucionalmente previstas, para preenchimento dos cargos nos tribunais judiciários, é disciplinada em Provimento do Conselho Federal.

→ *v.* Provimento do CFOAB 102/2004 – Indicação, em lista sêxtupla, de advogados que devam integrar os Tribunais Judiciários e Administrativo.

Art. 52. A OAB participa dos concursos públicos, previstos na Constituição e nas leis, em todas as suas fases, por meio de representante do Conselho competente, designado pelo Presidente, incumbindo-lhe apresentar relatório sucinto de suas atividades.

Parágrafo único. Incumbe ao representante da OAB velar pela garantia da isonomia e da integridade do certame, retirando-se quando constatar irregularidades ou favorecimentos e comunicando os motivos ao Conselho.

Art. 53. Os conselheiros e dirigentes dos órgãos da OAB tomam posse firmando, juntamente com o Presidente, o termo específico, após prestar o seguinte compromisso: "Prometo manter, defender e cumprir os princípios e finalidades da OAB, exercer com dedicação e ética as atribuições que me são delegadas e pugnar pela dignidade, independência, prerrogativas e valorização da advocacia".

Art. 54. Compete à Diretoria dos Conselhos Federal e Seccionais, da Subseção ou da Caixa de Assistência declarar extinto o mandato, ocorrendo uma das hipóteses previstas no art. 66 do Estatuto, encaminhando ofício ao Presidente do Conselho Seccional.

§ 1º A Diretoria, antes de declarar extinto o mandato, salvo no caso de morte ou renúncia, ouve o interessado no prazo de 15 (quinze) dias, notificando-o mediante ofício com aviso de recebimento.

§ 2º Havendo suplentes de Conselheiros, a ordem de substituição é definida no Regimento Interno do Conselho Seccional.

§ 3º Inexistindo suplentes, o Conselho Seccional elege, na sessão seguinte à data do recebimento do ofício, o Conselheiro Federal, o diretor do Conselho Seccional, o Conselheiro Seccional, o diretor da Subseção ou o diretor da Caixa de Assistência dos Advogados, onde se deu a vaga.

§ 4º Na Subseção onde houver conselho, este escolhe o substituto.

Art. 55. Aos inscritos na OAB incumbe o pagamento das anuidades, contribuições, multas e preços de serviços fixados pelo Conselho Seccional.

→ *Caput* com redação alterada pelo Conselho Pleno do CFOAB (*D.J.*24.11.1997).

§ 1º As anuidades, contribuições, multas e preços de serviços previstos no *caput* deste artigo serão fixados pelo Conselho Seccional, devendo seus valores ser comunicados ao Conselho Federal até o dia 30 de novembro do ano anterior, salvo em ano eleitoral, quando serão determinadas e comunicadas ao Conselho Federal até o dia 31 de janeiro do ano da posse, podendo ser estabelecidos pagamentos em cotas periódicas.

→ § 1º com redação alterada pela Resolução do CFOAB 2/2007.

§ 2º (*Revogado pelo Conselho Pleno do CFOAB – v. Protocolo 0651/2006-COP* – D.J. *28.3.2006; republicação 30.3.2006*)

§ 3º O edital a que se refere o *caput* do art. 128 deste Regulamento divulgará a possibilidade de parcelamento e o número máximo de parcelas.

Art. 56. As receitas brutas mensais das anuidades, incluídas as eventuais atualizações monetárias e juros, serão deduzidas em 60% (sessenta por cento) para seguinte destinação:

→ *Caput* com redação alterada pela Resolução do CFOAB 2/2013.

I – 10% (dez por cento) para o Conselho Federal;

→ Inciso I com redação alterada pela Resolução do CFOAB 2/2007.

II – 3% (três por cento) para o Fundo Cultural;

→ Inciso II com redação alterada pela Resolução do CFOAB 2/2007.

III – 2% (dois por cento) para o Fundo de Integração e Desenvolvimento Assistencial dos Advogados – Fida, regulamentado em Provimento do Conselho Federal;

→ Inciso III com redação alterada pela Resolução do CFOAB 2/2007.

→ *v.* Provimento do CFOAB 122/2007 – Conselho Federal – Regulamenta o Fundo de Integração e Desenvolvimento Assistencial dos Advogados – Fida.

IV – 45% (quarenta e cinco por cento) para as despesas administrativas e manutenção do Conselho Seccional.

→ Inciso IV com redação alterada pela Resolução do CFOAB 2/2007.

§ 1º Os repasses das receitas previstas neste artigo efetuam-se em instituição financeira, indicada pelo Conselho Federal em comum acordo com o Conselho Seccional, através de compartilhamento obrigatório, automático e imediato, com destinação em conta corrente específica deste, do Fundo Cultural, do Fundo de Integração e Desenvolvimento Assistencial dos Advogados – Fida e da Caixa de Assistência dos Advogados, vedado o recebimento na Tesouraria do Conselho Seccional, exceto quanto às receitas de preços e serviços, e observados os termos do modelo aprovado pelo Diretor-Tesoureiro do Conselho Federal, sob pena de aplicação do art. 54, VII, do Estatuto da Advocacia e da OAB.

→ § 1º com redação alterada pela Resolução do CFOAB 2/2007.

§ 2º O Fundo Cultural será administrado pela Escola Superior de Advocacia, mediante deliberação da Diretoria do Conselho Seccional.

→ § 2º com redação alterada pela Resolução do CFOAB 2/2007.

§ 3º O Fundo de Integração e Desenvolvimento Assistencial dos Advogados – Fida será administrado por um Conselho Gestor designado pela Diretoria do Conselho Federal.

→ § 3º com redação alterada pela Resolução do CFOAB 2/2007.

§ 4º Os Conselhos Seccionais elaborarão seus orçamentos anuais considerando o limite disposto no inciso IV para manutenção da sua estrutura administrativa e das subseções, utilizando a margem resultante para suplementação orçamentária do exercício, caso se faça necessária.

→ § 4º com redação alterada pela Resolução do CFOAB 2/2007.

§ 5º Qualquer transferência de bens ou recursos de um Conselho Seccional a outro depende de autorização do Conselho Federal.

→ § 5º com redação alterada pela Resolução do CFOAB 2/2007.

Art. 57. Cabe à Caixa de Assistência dos Advogados a metade da receita das anuidades, incluídas as eventuais atualizações monetárias e juros, recebidas pelo Conselho Seccional, considerado o valor resultante após as deduções obrigatórias, nos percentuais previstos no art. 56 do Regulamento Geral.

→ *Caput* com redação alterada pela Resolução do CFOAB 2/2013.

§ 1º Poderão ser deduzidas despesas nas receitas destinadas à Caixa Assistência, desde que previamente pactuadas.

→ § 1º com redação alterada pela Resolução do CFOAB 2/2007.

§ 2º A aplicação dos recursos da Caixa de Assistência deverá estar devidamente demonstrada nas prestações de contas periódicas do Conselho Seccional, obedecido o disposto no § 5º do art. 60 do Regulamento Geral.

→ § 2º com redação alterada pela Resolução do CFOAB 2/2007.

Art. 58. Compete privativamente ao Conselho Seccional, na primeira sessão ordinária do ano, apreciar o relatório anual e deliberar sobre o balanço e as contas da Diretoria do Conselho Seccional, da Caixa de Assistência dos Advogados e das Subseções, referentes ao exercício anterior, na forma de seu Regimento Interno.

§ 1º O Conselho Seccional elege, dentre seus membros, uma comissão de orçamento e contas para fiscalizar a aplicação da receita e opinar previamente sobre a proposta de orçamento anual e as contas.

§ 2º O Conselho Seccional pode utilizar os serviços de auditoria independente para auxiliar a comissão de orçamento e contas.

§ 3º O exercício financeiro dos Conselhos Federal e Seccionais encerra-se no dia 31 de dezembro de cada ano.

Art. 59. Deixando o cargo, por qualquer motivo, no curso do mandato, os Presidentes do Conselho Federal, do Conselho Seccional, da Caixa de Assistência e da Subseção apresentam, de forma sucinta, relatório e contas ao seu sucessor.

Art. 60. Os Conselhos Seccionais aprovarão seus orçamentos anuais, para o exercício seguinte, até o mês de outubro e o Conselho Federal até a última sessão do ano, permitida a alteração dos mesmos no curso do exercício, mediante justificada necessidade, devidamente aprovada pelos respectivos colegiados.

→ *Caput* com redação alterada pelo Conselho Pleno do CFOAB (*D.J.* 24.11.1997).

§ 1º O orçamento do Conselho Seccional, incluindo as Subseções, estima a receita, fixa a despesa e prevê as deduções destinadas ao Conselho Federal, ao Fundo Cultural, ao Fundo de Integração e Desenvolvimento Assistencial dos Advogados – Fida e à Caixa de Assistência, e deverá ser encaminhado, mediante cópia, até o dia 10 do mês subsequente, ao Conselho Federal, podendo o seu Diretor-Tesoureiro, após análise prévia, devolvê-lo à Seccional, para os devidos ajustes.

→ § 1º com redação alterada pela Resolução do CFOAB 2/2007.

§ 2º Aprovado o orçamento e, igualmente, as eventuais suplementações orçamentárias, encaminhar-se-á cópia ao Conselho Federal, até o dia 10 do mês subsequente, para os fins regulamentares.

→ § 2º com redação alterada pelo Conselho Pleno do CFOAB (*D.J.* 24.11.1997).

§ 3º O Conselho Seccional recém empossado deverá promover, se necessário, preferencialmente nos dois primeiros meses de gestão, a reformulação do orçamento anual, encaminhando cópia do instrumento respectivo ao Conselho Federal, até o dia 10 do mês de março do ano em curso.

→ § 3º com redação alterada pela Resolução do CFOAB 2/2007.

§ 4º A Caixa de Assistência dos Advogados aprovará seu orçamento para o exercício seguinte, até a última sessão do ano.

→ § 4º com redação alterada pela Resolução do CFOAB 2/2007.

§ 5º O Conselho Seccional fixa o modelo e os requisitos formais e materiais para o orçamento, o relatório e as contas da Caixa de Assistência e das Subseções.

→ Anterior § 4º renumerado pela Resolução do CFOAB 2/2007.

Art. 61. O relatório, o balanço e as contas dos Conselhos Seccionais e da Diretoria do Conselho Federal, na forma prevista em Provimento, são julgados pela Terceira Câmara do Conselho Federal, com recurso para o Órgão Especial.

§ 1º Cabe à Terceira Câmara fixar os modelos dos orçamentos, balanços e contas da Diretoria do Conselho Federal e dos Conselhos Seccionais.

§ 2º A Terceira Câmara pode determinar a realização de auditoria independente nas contas do Conselho Seccional, com ônus para este, sempre que constatar a existência de graves irregularidades.

§ 3º O relatório, o balanço e as contas dos Conselhos Seccionais do ano anterior serão remetidos a Terceira Câmara até o final do quarto mês do ano seguinte.

→ § 3º com redação alterada pelo Conselho Pleno do CFOAB (*D.J.* 24.11.1997).

§ 4º O relatório, o balanço e as contas da Diretoria do Conselho Federal são apreciados pela Terceira Câmara a partir da primeira sessão ordinária do ano seguinte ao do exercício.

§ 5º Os Conselhos Seccionais só podem pleitear recursos materiais e financeiros ao Conselho Federal se comprovadas as seguintes condições:

→ § 5º com redação alterada pelo Conselho Pleno do CFOAB (*D.J.* 24.11.1997).

a) remessa de cópia do orçamento e das eventuais suplementações orçamentárias, no prazo estabelecido pelo § 2º do art. 60;

b) prestação de contas aprovada na forma regulamentar; e

c) repasse atualizado da receita devida ao Conselho Federal, suspendendo-se o pedido, em caso de controvérsia, até decisão definitiva sobre a liquidez dos valores correspondentes.

→ Alínea *c* com redação alterada pelo Conselho Pleno do CFOAB (*D.J.* 24.11.1997).

Art. 62. O Conselho Federal, órgão supremo da OAB, com sede na Capital da República, compõe-se de um Presidente, dos Conselheiros Federais integrantes das delegações de cada unidade federativa e de seus ex-presidentes.

§ 1º Os ex-presidentes têm direito a voz nas sessões do Conselho, sendo assegurado o direito de voto aos que exerceram mandato antes de 5 de julho de 1994 ou em seu exercício se encontravam naquela data.

→ § 1º com redação alterada pelo Conselho Pleno do CFOAB (*D.J.* 24.11.1997).

→ *V.* Resolução do CFOAB 1/2006 – Altera Regulamento Geral do Estatuto da Advocacia e da Ordem dos Advogados.

§ 2º O Presidente, nas suas relações externas, apresenta-se como Presidente Nacional da OAB.

§ 3º O Presidente do Conselho Seccional tem lugar reservado junto à delegação respectiva e direito a voz em todas as sessões do Conselho e de suas Câmaras.

Art. 63. O Presidente do Instituto dos Advogados Brasileiros e os agraciados com a "Medalha Rui Barbosa" podem participar das sessões do Conselho Pleno, com direito a voz.

Art. 64. O Conselho Federal atua mediante os seguintes órgãos:

I – Conselho Pleno;

II – Órgão Especial do Conselho Pleno;

III – Primeira, Segunda e Terceira Câmaras;

IV – Diretoria;

V – Presidente.

Parágrafo único. Para o desempenho de suas atividades, o Conselho conta também com comissões permanentes, definidas em Provimento, e com comissões temporárias, todas designadas pelo Presidente, integradas ou não por Conselheiros Federais, submetidas a um regimento interno único, aprovado pela Diretoria do Conselho Federal, que o levará ao conhecimento do Conselho Pleno.

→ Parágrafo único com redação alterada pelo Conselho Pleno do CFOAB (*D.J.* 12.12.2000).

Art. 65. No exercício do mandato, o Conselheiro Federal atua no interesse da advocacia nacional e não apenas no de seus representados diretos.

§ 1º O cargo de Conselheiro Federal é incompatível com o de membro de outros órgãos da OAB, exceto quando se tratar de ex-presidente do Conselho Federal e do Conselho Seccional, ficando impedido de debater e votar as matérias quando houver participado da deliberação local.

§ 2º Na apuração da antiguidade do Conselheiro Federal somam-se todos os períodos de mandato, mesmo que interrompidos.

Art. 66. Considera-se ausente das sessões ordinárias mensais dos órgãos deliberativos do Conselho Federal o Conselheiro que, sem motivo justificado, faltar a qualquer uma.

Parágrafo único. Compete ao Conselho Federal fornecer ajuda de transporte e hospedagem aos Conselheiros Federais integrantes das bancadas dos Conselhos Seccionais que não tenham capacidade financeira para suportar a despesa correspondente.

→ Parágrafo único com redação alterada pelo Conselho Pleno do CFOAB (*D.J.* 24.11.1997).

Art. 67. Os Conselheiros Federais, integrantes de cada delegação, após a posse, são distribuídos pelas três Câmaras especializadas, mediante deliberação da própria delegação, comunicada ao Secretário-Geral, ou, na falta desta, por decisão do Presidente, dando-se preferência ao mais antigo no Conselho e, havendo coincidência, ao de inscrição mais antiga.

§ 1º O Conselheiro, na sua delegação, é substituto dos demais, em qualquer órgão do Conselho, nas faltas ou impedimentos ocasionais ou no caso de licença.

→ *v.* Provimento do CFOAB 115/2007 – Comissões Permanentes do Conselho Federal da Ordem dos Advogados do Brasil.

§ 2º Quando estiverem presentes dois substitutos, concomitantemente, a preferência é do mais antigo no Conselho e, em caso de coincidência, do que tiver inscrição mais antiga.

§ 3º A delegação indica seu representante ao Órgão Especial do Conselho Pleno.

Art. 68. O voto em qualquer órgão colegiado do Conselho Federal é tomado por delegação, em ordem alfabética, seguido dos ex-presidentes presentes, com direito a voto.

§ 1º Os membros da Diretoria votam como integrantes de suas delegações.

§ 2º O Conselheiro Federal opina mas não participa da votação de matéria de interesse específico da unidade que representa.

§ 3º Na eleição dos membros da Diretoria do Conselho Federal, somente votam os Conselheiros Federais, individualmente.

→ § 3º acrescentado pela Resolução do CFOAB 1/2006.

Art. 69. A seleção das decisões dos órgãos deliberativos do Conselho Federal é periodicamente divulgada em forma de ementário.

Art. 70. Os órgãos deliberativos do Conselho Federal podem cassar ou modificar atos ou deliberações de órgãos ou autoridades da OAB, ouvidos estes e os interessados previamente, no prazo de 15 (quinze) dias, contado do recebimento da notificação, sempre que contrariem o Estatuto, este Regulamento Geral, o Código de Ética e Disciplina e os Provimentos.

Art. 71. Toda matéria pertinente às finalidades e às competências do Conselho Federal da OAB será distribuída automaticamente no órgão colegiado competente a um relator, mediante sorteio eletrônico, com inclusão na pauta da sessão seguinte, organizada segundo critério de antiguidade.

→ *Caput* com redação alterada pela Resolução CFOAB 1/2013.

§ 1º Se o relator determinar alguma diligência, o processo é retirado da ordem do dia, figurando em anexo da pauta com indicação da data do despacho.

§ 2º Incumbe ao relator apresentar na sessão seguinte, por escrito, o relatório, o voto e a proposta de ementa.

§ 3º O relator pode determinar diligências, requisitar informações, instaurar representação incidental, propor ao Presidente a redistribuição da matéria e o arquivamento, quando for irrelevante ou impertinente às finalidades da OAB, ou o encaminhamento do processo ao Conselho Seccional competente, quando for de interesse local.

§ 4º Em caso de inevitável perigo de demora da decisão, pode o relator conceder provimento cautelar, com recurso de ofício ao órgão colegiado, para apreciação preferencial na sessão posterior.

§ 5º O relator notifica o Conselho Seccional e os interessados, quando forem necessárias suas manifestações.

§ 6º Compete ao relator manifestar-se sobre as desistências, prescrições, decadências e intempestividades dos recursos, para decisão do Presidente do órgão colegiado.

Art. 72. O processo será redistribuído automaticamente caso o relator, após a inclusão em pauta, não o apresente para julgamento na sessão seguinte ou quando, fundamentadamente e no prazo de 5 (cinco) dias, a contar do recebimento dos autos, declinar da relatoria.

→ Artigo com redação alterada pela Resolução CFOAB 1/2013.

§ 1º O presidente do colegiado competente poderá deferir a prorrogação do prazo de apresentação do processo para julgamento estipulado no *caput*, por 1 (uma) sessão, mediante requerimento por escrito e fundamentado do relator.

§ 2º Redistribuído o processo, caso os autos encontrem-se com o relator, o presidente do órgão colegiado determinará sua devolução à secretaria, em até 5 (cinco) dias.

Art. 73. Em caso de matéria complexa, o Presidente designa uma comissão em vez de relator individual.

Parágrafo único. A comissão escolhe um relator e delibera coletivamente, não sendo considerados os votos minoritários para fins de relatório e voto.

Art. 74. O Conselho Pleno é integrado pelos Conselheiros Federais de cada delegação e pelos ex-presidentes, sendo presidido pelo Presidente do Conselho Federal e secretariado pelo Secretário-Geral.

Art. 75. Compete ao Conselho Pleno deliberar, em caráter nacional, sobre propostas e indicações relacionadas às finalidades institucionais da OAB (art. 44, I, do Estatuto) e sobre as demais atribuições previstas no art. 54 do Estatuto, respeitadas as competências privativas dos demais órgãos deliberativos do Conselho Federal, fixadas neste Regulamento Geral, e ainda:

I – eleger o sucessor dos membros da Diretoria do Conselho Federal, em caso de vacância;

II – regular, mediante resolução, matérias de sua competência que não exijam edição de Provimento;

III – instituir, mediante Provimento, comissões permanentes para assessorar o Conselho Federal e a Diretoria.

→ Inciso III com redação alterada pelo Conselho Pleno do CFOAB (*D.J.* 12.12.2000).

Parágrafo único. O Conselho Pleno pode decidir sobre todas as matérias privativas de seu Órgão Especial, quando o Presidente atribuir-lhes caráter de urgência e grande relevância.

Art. 76. As proposições e os requerimentos deverão ser oferecidos por escrito, cabendo ao relator apresentar relatório e voto na sessão seguinte, acompanhados de ementa do acórdão.

→ *Caput* com redação alterada pela Resolução do CFOAB 1/2013.

§ 1º No Conselho Pleno, o Presidente, em caso de urgência e relevância, pode designar relator para apresentar relatório e voto orais na mesma sessão.

§ 2º Quando a proposta importar despesas não previstas no orçamento, pode ser apreciada apenas depois de ouvido o Diretor Tesoureiro quanto às disponibilidades financeiras para sua execução.

Art. 77. O voto da delegação é o de sua maioria, havendo divergência entre seus membros, considerando-se invalidado em caso de empate.

§ 1º O Presidente não integra a delegação de sua unidade federativa de origem e não vota, salvo em caso de empate.

§ 2º Os ex-Presidentes empossados antes de 5 de julho de 1994 têm direito de voto equivalente ao de uma delegação, em todas as matérias, exceto na eleição dos membros da Diretoria do Conselho Federal.

→ § 2º com redação alterada pela Resolução do CFOAB 1/2006.

Art. 78. Para editar e alterar o Regulamento Geral, o Código de Ética e Disciplina e os Provimentos e para intervir nos Conselhos Seccionais é indispensável o *quorum* de 2/3 (dois terços) das delegações.

Parágrafo único. Para as demais matérias prevalece o *quorum* de instalação e de votação estabelecido neste Regulamento Geral.

Art. 79. A proposta que implique baixar normas gerais de competência do Conselho Pleno ou encaminhar projeto legislativo ou emendas aos Poderes competentes somente pode ser deliberada se o relator ou a comissão designada elaborar o texto normativo, a ser remetido aos Conselheiros juntamente com a convocação da sessão.

§ 1º Antes de apreciar proposta de texto normativo, o Conselho Pleno delibera sobre a admissibilidade da relevância da matéria.

§ 2º Admitida a relevância, o Conselho passa a decidir sobre o conteúdo da proposta do texto normativo, observados os seguintes critérios:

a) procede-se à leitura de cada dispositivo, considerando-o aprovado se não houver destaque levantado por qualquer membro ou encaminhado por Conselho Seccional;

b) havendo destaque, sobre ele manifesta-se apenas aquele que o levantou e a comissão relatora ou o relator, seguindo-se a votação.

§ 3º Se vários membros levantarem destaque sobre o mesmo ponto controvertido, um, dentre eles, é eleito como porta-voz.

§ 4º Se o texto for totalmente rejeitado ou prejudicado pela rejeição, o Presidente designa novo relator ou comissão revisora para redigir outro.

Art. 80. A OAB pode participar e colaborar em eventos internacionais, de interesse da advocacia, mas somente se associa a organismos internacionais que congreguem entidades congêneres.

Parágrafo único. Os Conselhos Seccionais podem representar a OAB em geral ou os advogados brasileiros em eventos internacionais ou no exterior, quando autorizados pelo Presidente Nacional.

Art. 81. Constatando grave violação do Estatuto ou deste Regulamento Geral, a Diretoria do Conselho Federal notifica o Conselho Seccional para apresentar defesa e, havendo necessidade, designa representantes para promover verificação ou sindicância, submetendo o relatório ao Conselho Pleno.

§ 1º Se o relatório concluir pela intervenção, notifica-se o Conselho Seccional para apresentar defesa por escrito e oral perante o Conselho Pleno, no prazo e tempo fixados pelo Presidente.

§ 2º Se o Conselho Pleno decidir pela intervenção, fixa prazo determinado, que pode ser prorrogado, cabendo à Diretoria designar diretoria provisória.

§ 3º Ocorrendo obstáculo imputável à Diretoria do Conselho Seccional para a sindicância, ou no caso de irreparabilidade do perigo pela demora, o Conselho Pleno pode aprovar liminarmente a intervenção provisória.

Art. 82. As indicações de ajuizamento de ação direta de inconstitucionalidade submetem-se ao juízo prévio de admissibilidade da Diretoria para aferição da relevância da defesa dos princípios e normas constitucionais e, sendo admitidas, observam o seguinte procedimento:

I – o relator, designado pelo Presidente, independentemente da decisão da Diretoria, pode levantar preliminar de inadmissibilidade perante o Conselho Pleno, quando não encontrar norma ou princípio constitucional violados pelo ato normativo;

II – aprovado o ajuizamento da ação, esta será proposta pelo Presidente do Conselho Federal;

→ Inciso II com redação alterada pelo Conselho Pleno do CFOAB (*D.J.* 12.12.2000).

III – cabe à assessoria do Conselho acompanhar o andamento da ação.

§ 1º Em caso de urgência que não possa aguardar a sessão ordinária do Conselho Pleno, ou durante o recesso do Conselho Federal, a Diretoria decide quanto ao mérito, *ad referendum* daquele.

§ 2º Quando a indicação for subscrita por Conselho Seccional da OAB, por entidade de caráter nacional ou por delegação do Conselho Federal, a matéria não se sujeita ao juízo de admissibilidade da Diretoria.

Art. 83. Compete à Comissão Nacional de Educação Jurídica do Conselho Federal opinar previamente nos pedidos para criação, reconhecimento e credenciamento dos cursos jurídicos referidos no art. 54, XV, do Estatuto.

→ *Caput* com redação alterada pela Resolução do Conselho Pleno CFOAB 1/2011.

§ 1º O Conselho Seccional em cuja área de atuação situar-se a instituição de ensino superior interessada será ouvido, preliminarmente, nos processos que tratem das matérias referidas neste artigo, devendo a seu respeito manifestar-se no prazo de 30 (trinta) dias.

→ Anterior parágrafo único renumerado pela Resolução CFOAB 3/2006.

§ 2º A manifestação do Conselho Seccional terá em vista, especialmente, os seguintes aspectos:

→ § 2º acrescentado pela Resolução do CFOAB 3/2006.

a) a verossimilhança do projeto pedagógico do curso, em face da realidade local;

b) a necessidade social da criação do curso, aferida em função dos critérios estabelecidos pela Comissão de Ensino Jurídico do Conselho Federal;

c) a situação geográfica do município sede do curso, com indicação de sua população e das condições de desenvolvimento cultural e econômico que apresente, bem como da distância em relação ao município mais próximo onde haja curso jurídico;

d) as condições atuais das instalações físicas destinadas ao funcionamento do curso;

e) a existência de biblioteca com acervo adequado, a que tenham acesso direto os estudantes.

§ 3º A manifestação do Conselho Seccional deverá informar sobre cada um dos itens mencionados no parágrafo anterior, abstendo-se, porém, de opinar, conclusivamente, sobre a conveniência ou não da criação do curso.

→ § 3º acrescentado pela Resolução do CFOAB 3/2006.

§ 4º O Conselho Seccional encaminhará sua manifestação diretamente à Comissão de Ensino Jurídico do Conselho Federal, dela não devendo fornecer cópia à instituição interessada ou a terceiro antes do pronunciamento final do Conselho Federal.

→ § 4º acrescentado pela Resolução do CFOAB 3/2006.

Art. 84. O Órgão Especial é composto por um Conselheiro Federal integrante de cada delegação, sem prejuízo de sua participação no Conselho Pleno, e pelos ex-presidentes, sendo presidido pelo Vice-Presidente e secretariado pelo Secretário-Geral Adjunto.

Parágrafo único. O Presidente do Órgão Especial, além de votar por sua delegação, tem o voto de qualidade, no caso de empate.

Art. 85. Compete ao Órgão Especial deliberar, privativamente e em caráter irrecorrível, sobre:

I – recurso contra decisões das Câmaras, quando não tenham sido unânimes ou, sendo unânimes, contrariem a Constituição, as leis, o Estatuto, decisões do Conselho Federal, este Regulamento Geral, o Código de Ética e Disciplina ou os Provimentos;

→ Inciso I com redação alterada pela Resolução do CFOAB 1/2007.

II – recurso contra decisões unânimes das Turmas, quando estas contrariarem a Constituição, as leis, o Estatuto, decisões do Conselho Federal, este Regulamento Geral, o Código de Ética e Disciplina ou os Provimentos;

→ Inciso II com redação alterada pela Resolução do CFOAB 1/2007.

→ *v.* Resolução do CFOAB 1/2011 – Disciplina o processamento de processos ético-disciplinares previstos no art. 70, *caput, in fine*, do Estatuto da Advocacia e da Ordem dos Advogados do Brasil (Lei 8.906/1994).

III – recurso contra decisões do Presidente ou da Diretoria do Conselho Federal e do Presidente do Órgão Especial;

→ Anterior inciso II renumerado pela Resolução do CFOAB 1/2007.

IV – consultas escritas, formuladas em tese, relativas às matérias de competência das Câmaras especializadas ou à interpretação do Estatuto, deste Regulamento Geral, do Código de Ética e Disciplina e dos Provimentos, devendo todos os Conselhos Seccionais ser cientificados do conteúdo das respostas;

→ Anterior inciso III renumerado pela Resolução do CFOAB 1/2007 e com redação alterada pelo Conselho Pleno do CFOAB (*DJ* 12.12.2000).

V – conflitos ou divergências entre órgãos da OAB;

→ Anterior inciso IV renumerado pela Resolução do CFOAB 1/2007.

VI – determinação ao Conselho Seccional competente para instaurar processo, quando, em autos ou peças submetidos ao conhecimento do Conselho Federal, encontrar fato que constitua infração disciplinar.

→ Anterior inciso V renumerado pela Resolução do CFOAB 1/2007.

§ 1º Os recursos ao Órgão Especial podem ser manifestados pelo Presidente do Conselho Federal, pelas partes ou pelos recorrentes originários.

§ 2º O relator pode propor ao Presidente do Órgão Especial o arquivamento da consulta, quando não se revestir de caráter geral ou não tiver pertinência com as finalidades da OAB, ou o seu encaminhamento ao Conselho Seccional, quando a matéria for de interesse local.

Art. 86. *A* decisão do Órgão Especial constitui orientação dominante da OAB sobre a matéria, quando consolidada em súmula publicada na imprensa oficial.

Art. 87. As Câmaras são presididas:

I – a Primeira, pelo Secretário-Geral;

II – a Segunda, pelo Secretário-Geral Adjunto;

III – a Terceira, pelo Tesoureiro.

§ 1º Os Secretários das Câmaras são designados, dentre seus integrantes, por seus Presidentes.

§ 2º Nas suas faltas e impedimentos, os Presidentes e Secretários das Câmaras são substituídos pelos Conselheiros mais antigos e, havendo coincidência, pelos de inscrição mais antiga.

§ 3º O Presidente da Câmara, além de votar por sua delegação, tem o voto de qualidade, no caso de empate.

Art. 88. Compete à Primeira Câmara:

I – decidir os recursos sobre:

a) atividade de advocacia e direitos e prerrogativas dos advogados e estagiários;

b) inscrição nos quadros da OAB;

c) incompatibilidades e impedimentos;

II – expedir resoluções regulamentando o Exame de Ordem, para garantir sua eficiência e padronização nacional, ouvida a Comissão Nacional de Exame de Ordem;

→ Inciso II com redação alterada pelo Conselho Pleno do CFOAB (*D.J.* 12.12.2000).

→ *v.* Art. 8º, § 1º ,EAOAB.

→ *v.* Arts. 58, VI e 112 do RGOAB.

→ *v.* Provimento do CFOAB 144/2011 – Exame de Ordem.

III – julgar as representações sobre as matérias de sua competência;

→ Inciso III com redação alterada pelo Conselho Pleno do CFOAB (*D.J.* 24.11.1997).

IV – propor, instruir e julgar os incidentes de uniformização de decisões de sua competência;

→ Inciso IV com redação alterada pelo Conselho Pleno do CFOAB (*D.J.* 24.11.1997).

V – determinar ao Conselho Seccional competente a instauração de processo quando, em autos ou peças submetidas ao seu julgamento, tomar conhecimento de fato que constitua infração disciplinar;

→ Inciso V acrescentado pelo Conselho Pleno do CFOAB (*D.J.* 12.12.2000).

VI – julgar os recursos interpostos contra decisões de seu Presidente.

→ Inciso VI acrescentado pelo Conselho Pleno do CFOAB (*D.J.* 12.12.2000).

Art. 89. Compete à Segunda Câmara:

I – decidir os recursos sobre ética e deveres do advogado, infrações e sanções disciplinares;

II – promover em âmbito nacional a ética do advogado, juntamente com os Tribunais de Ética e Disciplina, editando resoluções regulamentares ao Código de Ética e Disciplina;

III – julgar as representações sobre as matérias de sua competência;

→ Inciso III com redação alterada pelo Conselho Pleno do CFOAB (*D.J.* 24.11.1997).

IV – propor, instruir e julgar os incidentes de uniformização de decisões de sua competência;

→ Inciso IV com redação alterada pelo Conselho Pleno do CFOAB (*D.J.* 24.11.1997).

V – determinar ao Conselho Seccional competente a instauração de processo quando, em autos ou peças submetidas ao seu julgamento, tomar conhecimento de fato que constitua infração disciplinar;

→ Inciso V acrescentado pelo Conselho Pleno do CFOAB (*D.J.* 12.12.2000).

VI – julgar os recursos interpostos contra decisões de seu Presidente;

→ Inciso VI acrescentado pelo Conselho Pleno do CFOAB (*D.J.* 12.12.2000).

VII – eleger, dentre seus integrantes, os membros da Corregedoria do Processo Disciplinar, em número máximo de três, com atribuição, em caráter nacional, de orientar e fiscalizar a tramitação dos processos disciplinares de competência da OAB, podendo, para tanto, requerer informações e realizar diligências, elaborando relatório anual dos processos em trâmite no Conselho Federal e nos Conselhos Seccionais e Subseções.

→ Inciso VII acrescentado pelo Conselho Pleno do CFOAB (*D.J.* 12.12.2000).

Art. 89-A. A Segunda Câmara será dividida em três Turmas, entre elas repartindo-se, com igualdade, os processos recebidos pela Secretaria.

→ *Caput* acrescentado pela Resolução do CFOAB 1/2007.

§ 1º Na composição das Turmas, que se dará por ato do Presidente da Segunda Câmara, será observado o critério de representatividade regional, de sorte a nelas estarem presentes todas as Regiões do País.

→ § 1º acrescentado pela Resolução do CFOAB 1/2007.

§ 2º As Turmas serão presididas pelo Conselheiro presente de maior antiguidade no Conselho Federal, admitindo-se o revezamento, a critério dos seus membros, salvo a Turma integrada pelo Presidente da Segunda Câmara, que será por ele presidida.

→ § 2º acrescentado pela Resolução do CFOAB 1/2007.

§ 3º Das decisões não unânimes das Turmas caberá recurso para o Pleno da Segunda Câmara.

→ § 3º acrescentado pela Resolução do CFOAB 1/2007.

→ *v.*Resolução do CFOAB 1/2011 – Disciplina o processamento de processos ético-disciplinares previstos no art. 70, *caput*, *in fine*, do Estatuto da Advocacia e da Ordem dos Advogados do Brasil (Lei 8.906/1994).

§ 4º No julgamento do recurso, o relator ou qualquer membro da Turma poderá propor que esta o afete ao Pleno da Câmara, em vista da relevância ou especial complexidade da matéria versada, podendo proceder do mesmo modo quando suscitar questões de ordem que impliquem a adoção de procedimentos comuns pelas Turmas.

→ § 4º acrescentado pela Resolução do CFOAB 1/2009.

Art. 90. Compete à Terceira Câmara:

I – decidir os recursos relativos à estrutura, aos órgãos e ao processo eleitoral da OAB;

II – decidir os recursos sobre sociedades de advogados, advogados associados e advogados empregados;

III – apreciar os relatórios anuais e deliberar sobre o balanço e as contas da Diretoria do Conselho Federal e dos Conselhos Seccionais;

IV – suprir as omissões ou regulamentar as normas aplicáveis às Caixas de Assistência dos Advogados, inclusive mediante resoluções;

V – modificar ou cancelar, de ofício ou a pedido de qualquer pessoa, dispositivo do Regimento Interno do Conselho Seccional que contrarie o Estatuto ou este Regulamento Geral;

VI – julgar as representações sobre as matérias de sua competência;

→ Inciso VI com redação alterada pelo Conselho Pleno do CFOAB (*D.J.* 24.11.1997).

VII – propor, instruir e julgar os incidentes de uniformização de decisões de sua competência;

→ Inciso VII com redação alterada pelo Conselho Pleno do CFOAB (*D.J.* 24.11.1997).

VIII – determinar ao Conselho Seccional competente a instauração de processo quando, em autos ou peças submetidas ao seu julgamento, tomar conhecimento de fato que constitua infração disciplinar;

→ Inciso VIII acrescentado pelo Conselho Pleno do CFOAB (*D.J.* 12.12.2000).

IX – julgar os recursos interpostos contra decisões de seu Presidente.

→ Inciso IX acrescentado pelo Conselho Pleno do CFOAB (*D.J.* 12.12.2000).

Art. 91. Os órgãos colegiados do Conselho Federal reúnem-se ordinariamente nos meses de fevereiro a dezembro de cada ano, em sua sede no Distrito Federal, nas datas fixadas pela Diretoria.

→ *Caput* com redação alterada pela Resolução do CFOAB 1/2010.

§ 1º Em caso de urgência ou no período de recesso (janeiro), o Presidente ou 1/3 (um terço) das delegações do Conselho Federal pode convocar sessão extraordinária.

→ § 1º com redação alterada pela Resolução do CFOAB 1/2010.

§ 2º A sessão extraordinária, em caráter excepcional e de grande relevância, pode ser convocada para local diferente da sede do Conselho Federal.

§ 3º As convocações para as sessões ordinárias são acompanhadas de minuta da ata da sessão anterior e dos demais documentos necessários.

§ 4º Mediante prévia deliberação do Conselho Pleno, poderá ser dispensada a realização da sessão ordinária do mês de julho, sem prejuízo da regular fruição dos prazos processuais e regulamentares.

→ § 4º acrescentado pela Resolução do CFOAB 1/2010.

Art. 92. Para instalação e deliberação dos órgãos colegiados do Conselho Federal da OAB exige-se a presença de metade das delegações, salvo nos casos de *quorum* qualificado, previsto neste Regulamento Geral.

§ 1º A deliberação é tomada pela maioria de votos dos presentes.

§ 2º Comprova-se a presença pela assinatura no documento próprio, sob controle do Secretário da sessão.

§ 3º Qualquer membro presente pode requerer a verificação do *quorum*, por chamada.

§ 4º A ausência à sessão, depois da assinatura de presença, não justificada ao Presidente, é contada para efeito de perda do mandato.

Art. 93. Nas sessões observa-se a seguinte ordem:

I – verificação do *quorum* e abertura;

II – leitura, discussão e aprovação da ata da sessão anterior;

III – comunicações do Presidente;

IV – ordem do dia;

V – expediente e comunicações dos presentes.

Parágrafo único. A ordem dos trabalhos ou da pauta pode ser alterada pelo Presidente, em caso de urgência ou de pedido de preferência.

Art. 94. O julgamento de qualquer processo ocorre do seguinte modo:

I – leitura do relatório, do voto e da proposta de ementa do acórdão, todos escritos, pelo relator;

II – sustentação oral pelo interessado ou seu advogado, no prazo de 15 (quinze) minutos, tendo o respectivo processo preferência no julgamento;

III – discussão da matéria, dentro do prazo máximo fixado pelo Presidente, não podendo cada Conselheiro fazer uso da palavra mais de uma vez nem por mais de 3 (três) minutos, salvo se lhe for concedida prorrogação;

IV – votação da matéria, não sendo permitidas questões de ordem ou justificativa oral de voto, precedendo as questões prejudiciais e preliminares às de mérito;

V – a votação da matéria será realizada mediante chamada em ordem alfabética das bancadas, iniciando-se com a delegação integrada pelo relator do processo em julgamento;

→ Inciso V acrescentado pela Resolução CFOAB 3/2013.

VI – proclamação do resultado pelo Presidente, com leitura da súmula da decisão.

→ Anterior inciso V renumerado para inciso VI pela Resolução CFOAB 3/2013.

§ 1º Os apartes só serão admitidos quando concedidos pelo orador. Não será admitido aparte:

→ § 1º com redação alterada pelo Conselho Pleno do CFOAB (*D.J.* 12.12.2000).

a) à palavra do Presidente;

b) ao Conselheiro que estiver suscitando questão de ordem.

§ 2º Se durante a discussão o Presidente julgar que a matéria é complexa e não se encontra suficientemente esclarecida, suspende o julgamento, designando revisor para sessão seguinte.

→ Anterior § 1º renumerado pelo Conselho Pleno do CFOAB (*D.J.* 12.12.2000).

§ 3º A justificação escrita do voto pode ser encaminhada à Secretaria até 15 (quinze) dias após a votação da matéria.

→ Anterior § 2º renumerado pelo Conselho Pleno do CFOAB (*D.J.* 12.12.2000).

§ 4º O Conselheiro pode pedir preferência para antecipar seu voto se necessitar ausentar-se justificadamente da sessão.

→ Anterior § 3º renumerado pelo Conselho Pleno do CFOAB (*D.J.* 12.12.2000).

§ 5º O Conselheiro pode eximir-se de votar se não tiver assistido à leitura do relatório.

→ Anterior § 4º renumerado pelo Conselho Pleno do CFOAB (*D.J.* 12.12.2000).

§ 6º O relatório e o voto do relator, na ausência deste, são lidos pelo Secretário.

→ Anterior § 5º renumerado pelo Conselho Pleno do CFOAB (*D.J.* 12.12.2000).

§ 7º Vencido o relator, o autor do voto vencedor lavra o acórdão.

→ Anterior § 6º renumerado pelo Conselho Pleno do CFOAB (*D.J.* 12.12.2000).

Art. 95. O pedido justificado de vista por qualquer Conselheiro, quando não for em mesa, não adia a discussão, sendo deliberado como preliminar antes da votação da matéria.

Parágrafo único. A vista concedida é coletiva, permanecendo os autos do processo na Secretaria, com envio de cópias aos que as solicitarem, devendo a matéria ser julgada na sessão ordinária seguinte, com preferência sobre as demais, ainda que ausentes o relator ou o Conselheiro requerente.

Art. 96. As decisões coletivas são formalizadas em acórdãos, assinados pelo Presidente e pelo relator, e publicadas.

§ 1º As manifestações gerais do Conselho Pleno podem dispensar a forma de acórdão.

§ 2º As ementas têm numeração sucessiva e anual, relacionada ao órgão deliberativo.

Art. 97. As pautas e decisões são publicadas na Imprensa Oficial, ou comunicadas pessoalmente aos interessados, e afixadas em local de fácil acesso na sede do Conselho Federal.

→ Artigo com redação alterada pelo Conselho Pleno do CFOAB (*D.J.* 12.12.2000).

→ *V.* Provimento do CFOAB 26/1966 – Publicação local, pelos Conselhos Seccionais, de todos os Provimentos baixados pela Ordem dos Advogados do Brasil.

→ *V.* Provimento do CFOAB 47/1979 – Acrescenta parágrafo único ao art. 1º do Provimento 26, de 24 de maio de 1966, que trata da publicação, pelos Conselhos Seccionais, dos provimentos baixados pela Ordem dos Advogados do Brasil.

Art. 98. O Presidente é substituído em suas faltas, licenças e impedimentos pelo Vice-Presidente, pelo Secretário-Geral, pelo Secretário-Geral Adjunto e pelo Tesoureiro, sucessivamente.

§ 1º O Vice-Presidente, o Secretário-Geral, o Secretário-Geral Adjunto e o Tesoureiro substituem-se nessa ordem, em suas faltas e impedimentos ocasionais, sendo o último substituído pelo Conselheiro Federal mais antigo e, havendo coincidência de mandatos, pelo de inscrição mais antiga.

§ 2º No caso de licença temporária, o Diretor é substituído pelo Conselheiro designado pelo Presidente.

§ 3º No caso de vacância de cargo da Diretoria, em virtude de perda do mandato, morte ou renúncia, o sucessor é eleito pelo Conselho Pleno.

§ 4º Para o desempenho de suas atividades, a Diretoria contará, também, com dois representantes institucionais permanentes, cujas funções serão exercidas por Conselheiros Federais por ela designados, *ad referendum* do Conselho Pleno, destinadas ao acompanhamento dos interesses da Advocacia no Conselho Nacional de Justiça e no Conselho Nacional do Ministério Público.

→ § 4º acrescentado pela Resolução do CFOAB 1/2015.

Art. 99. Compete à Diretoria, coletivamente:

I – dar execução às deliberações dos órgãos deliberativos do Conselho;

II – elaborar e submeter à Terceira Câmara, na forma e prazo estabelecidos neste Regulamento Geral, o orçamento anual da receita e da despesa, o relatório anual, o balanço e as contas;

III – elaborar estatística anual dos trabalhos e julgados do Conselho;

IV – distribuir e redistribuir as atribuições e competências entre os seus membros;

V – elaborar e aprovar o plano de cargos e salários e a política de administração de pessoal do Conselho, propostos pelo Secretário-Geral;

VI – promover assistência financeira aos órgãos da OAB, em caso de necessidade comprovada e de acordo com previsão orçamentária

VII – definir critérios para despesas com transporte e hospedagem dos Conselheiros, membros das comissões e convidados;

VIII – alienar ou onerar bens móveis;

IX – resolver os casos omissos no Estatuto e no Regulamento Geral, *ad referendum* do Conselho Pleno.

Art. 100. Compete ao Presidente:

I – representar a OAB em geral e os advogados brasileiros, no país e no exterior, em juízo ou fora dele;

II – representar o Conselho Federal, em juízo ou fora dele;

III – convocar e presidir o Conselho Federal e executar suas decisões;

IV – adquirir, onerar e alienar bens imóveis, quando autorizado, e administrar o patrimônio do Conselho Federal, juntamente com o Tesoureiro;

V – aplicar penas disciplinares, no caso de infração cometida no âmbito do Conselho Federal;

VI – assinar, com o Tesoureiro, cheques e ordens de pagamento;

VII – executar e fazer executar o Estatuto e a legislação complementar.

Art. 101. Compete ao Vice-Presidente:

I – presidir o órgão Especial e executar suas decisões;

II – executar as atribuições que lhe forem cometidas pela Diretoria ou delegadas, por portaria, pelo Presidente.

Art. 102. Compete ao Secretário-Geral:

I – presidir a Primeira Câmara e executar suas decisões;

II – dirigir todos os trabalhos de Secretaria do Conselho Federal;

III – secretariar as sessões do Conselho Pleno;

IV – manter sob sua guarda e inspeção todos os documentos do Conselho Federal;

V – controlar a presença e declarar a perda de mandato dos Conselheiros Federais;

VI – executar a administração do pessoal do Conselho Federal;

VII – emitir certidões e declarações do Conselho Federal.

Art. 103. Compete ao Secretário-Geral Adjunto:

I – presidir a Segunda Câmara e executar suas decisões;

II – organizar e manter o cadastro nacional dos advogados e estagiários, requisitando os dados e informações necessários aos Conselhos Seccionais e promovendo as medidas necessárias;

→ *v.* Arts. 24 e 137-D do RGOAB.

→ *v.* Provimento do CFOAB 95/2000 – Cadastro Nacional dos Advogados.

→ *v.* Provimento do CFOAB 99/2002 – Cadastro Nacional de Consultores e de Sociedades de Consultores em Direito Estrangeiro.

→ *v.* Resolução do CFOAB 1/2003 – Cria o Cadastro de Sanções Disciplinares da Ordem dos Advogados do Brasil.

→ *v.* Resolução do CFOAB 1/2012 – Altera o art. 24 e acrescenta os arts. 24-A e 24-B do Regulamento Geral do Estatuto da Advocacia e da OAB – Lei 8.906, de 1994 e revoga o Provimento 98/2002, que "dispõe sobre o Cadastro Nacional das Sociedades de Advogados".

III – executar as atribuições que lhe forem cometidas pela Diretoria ou delegadas pelo Secretário-Geral;

IV – secretariar o Órgão Especial.

Art. 104. Compete ao Tesoureiro:

I – presidir a Terceira Câmara e executar suas decisões;

II – manter sob sua guarda os bens e valores e o almoxarifado do Conselho;

III – administrar a Tesouraria, controlar e pagar todas as despesas autorizadas e assinar cheques e ordens de pagamento com o Presidente;

IV – elaborar a proposta de orçamento anual, o relatório, os balanços e as contas mensais e anuais da Diretoria;

V – propor à Diretoria a tabela de custas do Conselho Federal;

VI – fiscalizar e cobrar as transferências devidas pelos Conselhos Seccionais ao Conselho Federal, propondo à Diretoria a intervenção nas Tesourarias dos inadimplentes;

VII – manter inventário dos bens móveis e imóveis do Conselho Federal, atualizado anualmente;

VIII – receber e dar quitação dos valores recebidos pelo Conselho Federal.

§ 1º Em casos imprevistos, o Tesoureiro pode realizar despesas não constantes do orçamento anual, quando autorizadas pela Diretoria.

§ 2º Cabe ao Tesoureiro propor à Diretoria o regulamento para aquisições de material de consumo e permanente.

Art. 105. Compete ao Conselho Seccional, além do previsto nos arts. 57 e 58 do Estatuto:

I – cumprir o disposto nos incisos I, II e III do art. 54 do Estatuto;

II – adotar medidas para assegurar o regular funcionamento das Subseções;

III – intervir, parcial ou totalmente, nas Subseções e na Caixa de Assistência dos Advogados, onde e quando constatar grave violação do Estatuto, deste Regulamento Geral e do Regimento Interno do Conselho Seccional;

IV – cassar ou modificar, de ofício ou mediante representação, qualquer ato de sua diretoria e dos demais órgãos executivos e deliberativos, da diretoria ou do conselho da Subseção e da diretoria da Caixa de Assistência dos Advogados, contrários ao Estatuto, ao Regulamento Geral, aos Provimentos, ao Código de Ética e Disciplina, ao seu Regimento Interno e às suas Resoluções;

V – ajuizar, após deliberação:

a) ação direta de inconstitucionalidade de leis ou atos normativos estaduais e municipais, em face da Constituição Estadual ou da Lei Orgânica do Distrito Federal;

b) ação civil pública, para defesa de interesses difusos de caráter geral e coletivos e individuais homogêneos;

→ Alínea *b* com redação alterada pelo Conselho Pleno do CFOAB (*D.J.* 12.12.2000).

c) mandado de segurança coletivo, em defesa de seus inscritos, independentemente de autorização pessoal dos interessados;

d) mandado de injunção, em face da Constituição Estadual ou da Lei Orgânica do Distrito Federal.

Parágrafo único. O ajuizamento é decidido pela Diretoria, no caso de urgência ou recesso do Conselho Seccional.

Art. 106. Os Conselhos Seccionais são compostos de conselheiros eleitos, incluindo os membros da Diretoria, proporcionalmente ao número de advogados com inscrição concedida, observados os seguintes critérios:

I – abaixo de 3.000 (três) mil inscritos, até 30 (trinta) membros;

→ Inciso I com redação alterada pela Resolução do CFOAB 2/2009.

II – a partir de 3.000 (três mil) inscritos, mais um membro por grupo completo de 3.000 (três mil) inscritos, até o total de 80 (oitenta) membros.

→ Inciso II com redação alterada pela Resolução do CFOAB 2/2009.

§ 1º Cabe ao Conselho Seccional, observado o número da última inscrição concedida, fixar o número de seus membros, mediante resolução, sujeita a referendo do Conselho Federal, que aprecia a base de cálculo e reduz o excesso, se houver.

§ 2º O Conselho Seccional, a delegação do Conselho Federal, a diretoria da Caixa de Assistência dos Advogados, a diretoria e o conselho da Subseção podem ter suplentes, eleitos na chapa vencedora, em número fixado entre a metade e o total de conselheiros titulares.

→ § 2º com redação alterada pela Resolução do Conselho Pleno do CFOAB 3/2012.

§ 3º Não se incluem no cálculo da composição dos elegíveis ao Conselho seus ex-presidentes e o Presidente do Instituto dos Advogados.

Art. 107. Todos os órgãos vinculados ao Conselho Seccional reúnem-se, ordinariamente, nos meses de fevereiro a dezembro, em suas sedes, e para a sessão de posse no mês de janeiro do primeiro ano do mandato.

§ 1º Em caso de urgência ou nos períodos de recesso (janeiro), os Presidentes dos órgãos ou 1/3 (um terço) de seus membros podem convocar sessão extraordinária.

→ § 1º com redação alterada pela Resolução do CFOAB 1/2010.

→ *V.* Art. 91 do Regulamento Geral da OAB.

§ 2º As convocações para as sessões ordinárias são acompanhadas de minuta da ata da sessão anterior e dos demais documentos necessários.

Art. 108. Para aprovação ou alteração do Regimento Interno do Conselho, de criação e intervenção em Caixa de Assistência dos Advogados e Subseções e para aplicação da pena de exclusão de inscrito é necessário *quorum* de presença de 2/3 (dois terços) dos conselheiros.

§ 1º Para as demais matérias exige-se *quorum* de instalação e deliberação de metade dos membros de cada órgão deliberativo, não se computando no cálculo os ex-presidentes presentes, com direito a voto.

§ 2º A deliberação é tomada pela maioria dos votos dos presentes, incluindo os ex-presidentes com direito a voto.

§ 3º Comprova-se a presença pela assinatura no documento próprio, sob controle do Secretário da sessão.

§ 4º Qualquer membro presente pode requerer a verificação do *quorum*, por chamada.

§ 5º A ausência à sessão depois da assinatura de presença, não justificada ao Presidente, é contada para efeito de perda do mandato.

Art. 109. O Conselho Seccional pode dividir-se em órgãos deliberativos e instituir comissões especializadas, para melhor desempenho de suas atividades.

§ 1º Os órgãos do Conselho podem receber a colaboração gratuita de advogados não conselheiros, inclusive para instrução processual, considerando-se função relevante em benefício da advocacia.

§ 2º No Conselho Seccional e na Subseção que disponha de conselho é obrigatória a instalação e o funcionamento da Comissão de Direitos Humanos, da Comissão de Orçamento e Contas e da Comissão de Estágio e Exame de Ordem.

→ *V.* Provimento do CFOAB 56/1985 – Revê e consolida normas do Provimento 50, de 27 de julho de 1981, sobre a criação, nas Seções, de Comissões de Direitos Humanos.

→ *V.* Provimento do CFOAB 115/2007 – Comissões Permanentes do Conselho Federal da Ordem dos Advogados do Brasil.

§ 3º Os suplentes podem desempenhar atividades permanentes e temporárias, na forma do Regimento Interno.

§ 4º As Câmaras e os órgãos julgadores em que se dividirem os Conselhos Seccionais para o exercício das respectivas competências serão integradas exclusivamente por Conselheiros eleitos, titulares ou suplentes.

→ § 4º acrescentado pela Resolução do CFOAB 4/2010.

Art. 110. Os relatores dos processos em tramitação no Conselho Seccional têm competência para instrução, podendo ouvir depoimentos, requisitar documentos, determinar diligências e propor o arquivamento ou outra providência porventura cabível ao Presidente do órgão colegiado competente.

Art. 111. O Conselho Seccional fixa tabela de honorários advocatícios, definindo as referências mínimas e as proporções, quando for o caso.

→ *v.* Arts. 22 a 26, EAOAB.

→ *v.* Arts. 48 a 54 do Novo Código de Ética e Disciplina da OAB.

Parágrafo único. A tabela é amplamente divulgada entre os inscritos e encaminhada ao Poder Judiciário para os fins do art. 22 do Estatuto.

Art. 112. O Exame de Ordem será regulamentado por Provimento editado pelo Conselho Federal.

→ Artigo com redação alterada pela Resolução do Conselho Pleno CFOAB 1/2011.

→ *v.* Provimento do CFOAB 144/2011 – Exame de Ordem.

→ *v.* Arts. 8º, § 1º, e 58, VI, EAOAB.

→ *v.* Art. 88, II, do RGOAB.

§ 1º O Exame de Ordem é organizado pela Coordenação Nacional de Exame de Ordem, na forma de Provimento do Conselho Federal.

§ 2º Às Comissões de Estágio e Exame de Ordem dos Conselhos Seccionais compete fiscalizar a aplicação da prova e verificar o preenchimento dos requisitos exigidos dos examinandos quando dos pedidos de inscrição, assim como difundir as diretrizes e defender a necessidade do Exame de Ordem.

Art. 113. O Regimento Interno do Conselho Seccional define o procedimento de intervenção total ou parcial nas Subseções e na Caixa de Assistência dos Advogados, observados os critérios estabelecidos neste Regulamento Geral para a intervenção no Conselho Seccional.

Art. 114. Os Conselhos Seccionais definem nos seus Regimentos Internos a composição, o modo de eleição e o funcionamento dos Tribunais de Ética e Disciplina, observados os procedimentos do Código de Ética e Disciplina.

→ *v.* Provimento do CFOAB 83/1996 – Processos éticos de representação por advogado contra advogado.

§ 1º Os membros dos Tribunais de Ética e Disciplina, inclusive seus Presidentes, são eleitos na primeira sessão ordinária após a posse dos Conselhos Seccionais, dentre os seus integrantes ou advogados de notável reputação ético-profissional, observados os mesmos requisitos para a eleição do Conselho Seccional.

§ 2º O mandato dos membros dos Tribunais de Ética e Disciplina tem a duração de 3 (três) anos.

§ 3º Ocorrendo qualquer das hipóteses do art. 66 do Estatuto, o membro do Tribunal de Ética e Disciplina perde o mandato antes do seu término, cabendo ao Conselho Seccional eleger o substituto.

Art. 115. Compete às subseções dar cumprimento às finalidades previstas no art. 61 do Estatuto e neste Regulamento Geral.

Art. 116. O Conselho Seccional fixa, em seu orçamento anual, dotações específicas para as subseções, e as repassa segundo programação financeira aprovada ou em duodécimos.

Art. 117. A criação de Subseção depende, além da observância dos requisitos estabelecidos no Regimento Interno do Conselho Seccional, de estudo preliminar de viabilidade realizado por comissão especial designada pelo Presidente do Conselho Seccional, incluindo o número de advogados efetivamente residentes na base territorial, a existência de comarca judiciária, o levantamento e a perspectiva do mercado de trabalho, o custo de instalação e de manutenção.

Art. 118. A resolução do Conselho Seccional que criar a Subseção deve:

I – fixar sua base territorial;

II – definir os limites de suas competências e autonomia;

III – fixar a data da eleição da diretoria e do conselho, quando for o caso, e o início do mandato com encerramento coincidente com o do Conselho Seccional;

IV – definir a composição do conselho da Subseção e suas atribuições, quando for o caso.

§ 1º Cabe à Diretoria do Conselho Seccional encaminhar cópia da resolução ao Conselho Federal, comunicando a composição da diretoria e do conselho.

§ 2º Os membros da diretoria da Subseção integram seu conselho, que tem o mesmo presidente.

Art. 119. Os conflitos de competência entre subseções e entre estas e o Conselho Seccional são por este decididos, com recurso voluntário ao Conselho Federal.

Art. 120. Quando a Subseção dispuser de conselho, o Presidente deste designa um de seus membros, como relator, para instruir processo de inscrição no quadro da OAB, para os residentes em sua base territorial, ou processo disciplinar, quando o fato tiver ocorrido na sua base territorial.

→ *v.* Arts. 68 a 77, EAOAB.

→ *v.* Arts. 55 a 69 do Novo Código de Ética e Disciplina da OAB.

§ 1º Os relatores dos processos em tramitação na Subseção têm competência para instrução, podendo ouvir depoimentos, requisitar documentos, determinar diligências e propor o arquivamento ou outra providência ao Presidente.

§ 2º Concluída a instrução do pedido de inscrição, o relator submete parecer prévio ao conselho da Subseção, que pode ser acompanhado pelo relator do Conselho Seccional.

§ 3º Concluída a instrução do processo disciplinar, nos termos previstos no Estatuto e no Código de Ética e Disciplina, o relator emite parecer prévio, o qual, se homologado pelo Conselho da Subseção, é submetido ao julgamento do Tribunal de Ética e Disciplina.

§ 4º Os demais processos, até mesmo os relativos à atividade de advocacia, incompatibilidades e impedimentos, obedecem a procedimento equivalente.

Art. 121. As Caixas de Assistência dos Advogados são criadas mediante aprovação e registro de seus estatutos pelo Conselho Seccional.

Art. 122. O estatuto da Caixa define as atividades da Diretoria e a sua estrutura organizacional.

§ 1º A Caixa pode contar com departamentos específicos, integrados por profissionais designados por sua Diretoria.

§ 2º O plano de empregos e salários do pessoal da Caixa é aprovado por sua Diretoria e homologado pelo Conselho Seccional.

Art. 123. A assistência aos inscritos na OAB é definida no estatuto da Caixa e está condicionada à:

I – regularidade do pagamento, pelo inscrito, da anuidade à OAB;

II – carência de 1 (um) ano, após o deferimento da inscrição;

III – disponibilidade de recursos da Caixa.

Parágrafo único. O estatuto da Caixa pode prever a dispensa dos requisitos de que cuidam os incisos I e II, em casos especiais.

Art. 124. A seguridade complementar pode ser implementada pela Caixa, segundo dispuser seu estatuto.

Art. 125. As Caixas promovem entre si convênios de colaboração e execução de suas finalidades.

Art. 126. A Coordenação Nacional das Caixas, por elas mantida, composta de seus presidentes, é órgão de assessoramento do Conselho Federal da OAB para a política nacional de assistência e seguridade dos advogados, tendo seu Coordenador direito a voz nas sessões, em matéria a elas pertinente.

Art. 127. O Conselho Federal pode constituir fundos nacionais de seguridade e assistência dos advogados, coordenados pelas Caixas, ouvidos os Conselhos Seccionais.

Art. 145. A Conferência Nacional da Advocacia Brasileira é órgão consultivo máximo do Conselho Federal, reunindo-se trienalmente, no segundo ano do mandato, tendo por objetivo o estudo e o debate das questões e problemas que digam respeito às finalidades da OAB e ao congraçamento da advocacia.

→ *Caput com redação alterada pela Resolução CFOAB 8, de 05.09.2016..*

§ 1º As Conferências da Advocacia dos Estados e do Distrito Federal são órgãos consultivos dos Conselhos Seccionais, reunindo-se trienalmente, no segundo ano do mandato.

→ § 1º com redação alterada pela Resolução CFOAB 8, de 05.09.2016.

§ 2º No primeiro ano do mandato do Conselho Federal ou do Conselho Seccional, decidem-se a data, o local e o tema central da Conferência.

§ 3º As conclusões das Conferências têm caráter de recomendação aos Conselhos correspondentes.

Art. 146. São membros das Conferências:

I – efetivos: os Conselheiros e Presidentes dos órgãos da OAB presentes, os advogados e estagiários inscritos na Conferência, todos com direito a voto;

II – convidados: as pessoas a quem a Comissão Organizadora conceder tal qualidade, sem direito a voto, salvo se for advogado.

§ 1º Os convidados, expositores e membros dos órgãos da OAB têm identificação especial durante a Conferência.

§ 2º Os estudantes de direito, mesmo inscritos como estagiários na OAB, são membros ouvintes, escolhendo um porta-voz entre os presentes em cada sessão da Conferência.

Art. 147. A Conferência é dirigida por uma Comissão Organizadora, designada pelo Presidente do Conselho, por ele presidida e integrada pelos membros da Diretoria e outros convidados.

§ 1º O Presidente pode desdobrar a Comissão Organizadora em comissões específicas, definindo suas composições e atribuições.

§ 2º Cabe à Comissão Organizadora definir a distribuição do temário, os nomes dos expositores, a programação dos trabalhos, os serviços de apoio e infraestrutura e o regimento interno da Conferência.

Art. 148. Durante o funcionamento da Conferência, a Comissão Organizadora é representada pelo Presidente, com poderes para cumprir a programação estabelecida e decidir as questões ocorrentes e os casos omissos.

Art. 149. Os trabalhos da Conferência desenvolvem-se em sessões plenárias, painéis ou outros modos de exposição ou atuação dos participantes.

§ 1º As sessões são dirigidas por um Presidente e um Relator, escolhidos pela Comissão Organizadora.

§ 2º Quando as sessões se desenvolvem em forma de painéis, os expositores ocupam a metade do tempo total e a outra metade é destinada aos debates e votação de propostas ou conclusões pelos participantes.

§ 3º É facultado aos expositores submeter as suas conclusões à aprovação dos participantes.

Art. 150. O Colégio de Presidentes dos Conselhos Seccionais é regulamentado em Provimento.

→ *v.* Provimento do CFOAB 61/1987 – Colégio de Presidentes dos Conselhos Seccionais.

Parágrafo único. O Colégio de Presidentes das Subseções é regulamentado no Regimento Interno do Conselho Seccional.

Art. 151. Os órgãos da OAB não podem se manifestar sobre questões de natureza pessoal, exceto em caso de homenagem a quem tenha prestado relevantes serviços à sociedade e à advocacia.

Parágrafo único. As salas e dependências dos órgãos da OAB não podem receber nomes de pessoas vivas ou inscrições estranhas às suas finalidades, respeitadas as situações já existentes na data da publicação deste Regulamento Geral.

Art. 152. A "Medalha Rui Barbosa" é a comenda máxima conferida pelo Conselho Federal às grandes personalidades da advocacia brasileira.

Parágrafo único. A Medalha só pode ser concedida uma vez, no prazo do mandato do Conselho, e será entregue ao homenageado em sessão solene.

Art. 153. Os estatutos das Caixas criadas anteriormente ao advento do Estatuto serão a ele adaptados e submetidos ao Conselho Seccional, no prazo de 120 (cento e vinte) dias, contado da publicação deste Regulamento Geral.

Art. 154. Os Provimentos editados pelo Conselho Federal complementam este Regulamento Geral, no que não sejam com ele incompatíveis.

→ *v.* Provimento do CFOAB 26/1966 – Publicação local, pelos Conselhos Seccionais, de todos os Provimentos baixados pela Ordem dos Advogados do Brasil.

→ *v.* Provimento do CFOAB 47/1979 – Acrescenta parágrafo único ao art. 1º do Provimento 26, de 24 de maio de 1966, que trata da publicação, pelos Conselhos Seccionais, dos provimentos baixados pela Ordem dos Advogados do Brasil.

Parágrafo único. Todas as matérias relacionadas à Ética do advogado, às infrações e sanções disciplinares e ao processo disciplinar são regulamentadas pelo Código de Ética e Disciplina.

Art. 155. Os Conselhos Seccionais, até o dia 31 de dezembro de 2007, adotarão os documentos de identidade profissional, na forma prevista nos artigos 32 a 36 deste Regulamento.

→ *Caput* com redação alterada pela Resolução do CFOAB 2/2006.

→ *v.* Resolução do CFOAB 1/2009 – Acrescenta o § 4º ao art. 89-A do Regulamento Geral do Estatuto da Advocacia e da OAB (Lei 8.906, de 1994).

§ 1º Os advogados inscritos até a data da implementação a que se refere o *caput* deste artigo deverão substituir os cartões de identidade até 31 de janeiro de 2009.

→ § 1º com redação alterada pela Resolução do CFOAB 1/2008.

→ *v.* Resolução do CFOAB 1/2009 – Acrescenta o § 4º ao art. 89-A do Regulamento Geral do Estatuto da Advocacia e da OAB (Lei 8.906, de 1994).

§ 2º Facultar-se-á ao advogado inscrito até 31 de dezembro de 1997 o direito de usar e permanecer exclusivamente com a carteira de identidade, desde que, até 31 de dezembro de 1999, assim solicite formalmente.

→ § 2º com redação alterada pelo Conselho Pleno do CFOAB (*D.J.* 24.11.1997).

→ *v.* Resolução do CFOAB 1/2009 – Acrescenta o § 4º ao art. 89-A do Regulamento Geral do Estatuto da Advocacia e da OAB (Lei 8.906, de 1994).

§ 3º O pedido de uso e permanência da carteira de identidade, que impede a concessão de uma nova, deve ser anotado no documento profissional, como condição de sua validade.

→ § 3º com redação alterada pelo Conselho Pleno do CFOAB (*D.J.* 24.11.1997).

§ 4º Salvo nos casos previstos neste artigo, findos os prazos nele fixados, os atuais documentos perderão a validade, mesmo que permaneçam em poder de seus portadores.

→ § 4º com redação alterada pelo Conselho Pleno do CFOAB (*D.J.* 24.11.1997).

→ *v.* Resolução do CFOAB 1/2009 – Acrescenta o § 4º ao art. 89-A do Regulamento Geral do Estatuto da Advocacia e da OAB (Lei 8.906, de1994).

Art. 156. Os processos em pauta para julgamento das Câmaras Reunidas serão apreciados pelo Órgão Especial, a ser instalado na primeira sessão após a publicação deste Regulamento Geral, mantidos os relatores anteriormente designados, que participarão da respectiva votação.

Art. 156-A. Excetuados os prazos regulados pelo Provimento 102/2004, previstos em editais próprios, ficam suspensos até 1º de agosto de 2010 os prazos processuais iniciados antes ou durante o mês de julho de 2010.

→ Artigo acrescentado pela Resolução do CFOAB 1/2010.

Questões comentadas

(IV EXAME DE ORDEM UNIFICADO – FGV) Em termos de processo disciplinar perante a OAB, é correto dizer que, havendo representação contra presidente de seccional, o órgão competente será o

(A) Conselho Federal da OAB.

(B) Conselho Federal da OAB, quando houver impedimento de dois terços do Conselho Seccional de origem para o julgamento.

(C) Conselho Seccional que for escolhido pelo Conselho Federal da OAB, por maioria absoluta.

(D) próprio Conselho Seccional, impedido o presidente.

COMENTÁRIO

A alternativa "A" está correta, visto que a representação contra presidente de Conselho Seccional, ou mesmo Conselheiro Federal, determinará a competência do Conselho Federal da OAB (art. 58, § 5º, CED), não se aplicando a regra geral segundo a qual competirá ao Conselho Seccional em cuja base territorial ocorrer a infração o poder (e dever) de punir o infrator (art. 70, *caput*, EAOAB);
As alternativas "B", "C" e "D" estão incorretas, pois, como dito, competirá sempre ao Conselho Federal da OAB processar e julgar infração ético-disciplinar praticada por Presidentes de Conselhos Seccionais e membros do próprio Conselho Federal (art. 58, § 5º, CED).

(VI EXAME DE ORDEM UNIFICADO– FGV) Entre as competências do Tribunal de Ética e Disciplina da OAB, **NÃO** se inclui, à luz das normas aplicáveis do Estatuto da Advocacia e do Código de Ética,

(A) instaurar de ofício processo sobre ato que considere em tese infração à norma de ética profissional.

(B) mediar pendências entre advogados, bem como conciliar questões sobre partilha de honorários.

(C) responder a consultas "em tese", aconselhando e orientando sobre ética profissional.

(D) elaborar seu orçamento financeiro a ser submetido ao Conselho Seccional.

COMENTÁRIO

A alternativa "D" está incorreta, devendo ser assinalada, pois não se encontra dentro das competências do Tribunal de Ética e Disciplina elaborar seu orçamento financeiro.
A alternativa "A" está correta (art. 71, I e III, CED).
A alternativa "B" está correta (art. 71, VI, *a*, CED).
A alternativa "C" está correta (art. 71, II, CED).

(VII EXAME DE ORDEM UNIFICADO – FGV) Nos termos do Regulamento Geral do Estatuto da Advocacia e da OAB quanto à aquisição de patrimônio pela Ordem dos Advogados do Brasil, revela-se correto afirmar que

(A) a alienação de bens é ato privativo do Presidente da Seccional da OAB.

(B) a aquisição de bens depende de aprovação da Diretoria da OAB.

(C) a oneração de bens é ato do Presidente do Conselho Federal.

(D) a disposição sobre os bens móveis é atribuição do Presidente da Seccional.

COMENTÁRIO

A alternativa "B" está correta. De acordo com o art. 48 do Regulamento Geral, a *alienação* ou *oneração* de *bens imóveis* depende de aprovação do Conselho Federal ou do Conselho Seccional, competindo à Diretoria do órgão decidir pela *aquisição* de qualquer bem e *dispor* sobre os bens móveis. Frise-se que se a alienação ou oneração de bens imóveis ocorrer no âmbito do Conselho Federal, tais medidas dependerão de autorização da maioria das delegações, ao passo que no âmbito dos Conselhos Seccionais, dependerão de autorização da maioria dos membros efetivos.

(VIII EXAME DE ORDEM UNIFICADO – FGV) As alternativas a seguir apresentam algumas das competências do Conselho Federal da Ordem dos Advogados do Brasil, **à exceção de uma**. Assinale-a.

(A) Representar, em juízo ou fora dele, os interesses coletivos dos advogados.

(B) Velar pela dignidade, independência, prerrogativas e valorização da advocacia.

(C) Representar, sem exclusividade, os advogados brasileiros nos órgãos e eventos internacionais da advocacia.

(D) Editar e alterar o Regulamento Geral, o Código de Ética e Disciplina, e os Provimentos que julgar necessários.

COMENTÁRIO

A alternativa a ser assinalada é a "C" que está incorreta (art. 54, IV, EAOAB), pois o Conselho Federal da OAB representa, *com exclusividade*, os advogados brasileiros nos órgãos e eventos internacionais da advocacia.
A alternativa "A" está correta (art. 54, II, EAOAB).
A alternativa "B" está correta (art. 54, III, EAOAB).
A alternativa "D" está correta (art. 54, V, EAOAB). Para a alteração do Regulamento Geral e do Código de Ética, ou de Provimentos, o Conselho Federal precisará de votos favoráveis de 2/3 (dois terços) das delegações, conforme prevê o art. 78, *caput*, Regulamento Geral.

(IX EXAME DE ORDEM UNIFICADO – FGV) Assinale a afirmativa que indica como ocorrerá, em havendo necessidade, a criação de novos Conselhos Seccionais, de acordo com as normas do Regulamento Geral do Estatuto da Advocacia e da OAB.

(A) Por meio de Lei aprovada pelo Congresso Nacional.

(B) Por meio de Medida Provisória Federal.

(C) Por Provimento do Conselho Federal.

(D) Por meio de Resolução do Conselho Federal

COMENTÁRIO

A alternativa "D" está correta. Nos termos do art. 46 do Regulamento Geral, havendo necessidade da criação de novos Conselhos Seccionais (órgãos estaduais da OAB), tal se fará por meio de Resolução do Conselho Federal.

(IX EXAME DE ORDEM UNIFICADO– FGV) O cargo de Presidente da Caixa dos Advogados é dos mais relevantes para a OAB. Um advogado eleito para tal cargo, não tendo como concluir o seu mandato, de acordo com as normas do Regulamento Geral do Estatuto da Advocacia e da OAB, deve prestar contas

(A) ao presidente do Conselho Federal titular.

(B) ao secretário do Conselho Seccional em exercício.

(C) ao coordenador do Conselho Fiscal ou Deliberativo.

(D) ao presidente da Caixa dos Advogados sucessor.

COMENTÁRIO

A alternativa "D" está correta. Nos exatos termos do art. 59 do Regulamento Geral, deixando o cargo, por qualquer motivo, no curso do mandato, os Presidentes do Conselho Federal, do Conselho Seccional, da Caixa de Assistência e da Subseção apresentam, de forma sucinta, relatório e contas ao seu sucessor.

(IX EXAME DE ORDEM UNIFICADO – FGV) A respeito do voto e da participação na eleição para o Conselho Seccional da Ordem dos Advogados do Brasil, de acordo com as normas do Regulamento Geral do Estatuto da Advocacia e da OAB, assinale a afirmativa correta.

(A) É voluntário o voto, podendo candidatar-se o advogado com mais de cinco anos de atividade.

(B) É obrigatório o voto, podendo inscrever-se, para ocupar cargos no Conselho, qualquer advogado independente do tempo de exercício.

(C) É voluntário o voto, sendo a eleição direta e secreta, escolhendo os membros do Conselho Seccional e Federal.

(D) É obrigatório o voto, podendo o advogado com inscrição suplementar há mais de cinco anos ser candidato na seccional.

COMENTÁRIO

A alternativa "D" está correta. De fato, o voto é obrigatório, sob pena de a ausência injustificada às eleições gerar multa de 20% da anuidade ao advogado (art. 134, *caput*, do RGOAB). A respeito das condições de elegibilidade, temos as seguintes, conforme dispõe o art. 131-A, RGOAB: i) ser o candidato advogado inscrito na Seccional, *com inscrição principal ou suplementar*, em efetivo exercício há mais de 05 (cinco) anos; ii) estar em dia com as anuidades na data de protocolo do pedido de registro de candidatura, considerando-se regulares aqueles que parcelaram seus débitos e estão adimplentes com a quitação das parcelas.

A alternativa "A" está incorreta. O voto, nas eleições da OAB, é obrigatório, nos termos do art. 128, *caput*, do RGOAB. Ainda, apenas podem candidatar-se os advogados que, conforme preconiza o art. 131, § 5º, *f*, RGOAB, exerçam efetivamente a profissão, há mais de cinco anos, excluído o período de estagiário, sendo facultado à Comissão Eleitoral exigir a devida comprovação.

A alternativa "B" está incorreta. Como visto no comentário anterior, é condição de elegibilidade a cargo na OAB exercer efetivamente a profissão há mais de cinco anos (arts. 131, § 5º, *f*, e 131-A, *caput* RGOAB).

A alternativa "C" está incorreta. O voto, também afirmamos, é obrigatório (art. 128, *caput*, do RGOAB). Outrossim, as eleições à Diretoria do Conselho Federal não são diretas, vale dizer, não haverá votação por todos os advogados, mas, apenas, pelo colégio eleitoral integrado pelos Conselheiros Federais eleitos no ano anterior (art. 137-A, § 1º, RGOAB).

(XII EXAME DE ORDEM UNIFICADO – FGV) Sobre as competências dos Conselhos Seccionais da OAB, assinale a afirmativa correta.

(A) Ajuizar, após deliberação, ação direta de inconstitucionalidade de leis estaduais em face da Constituição Estadual e ação direta de inconstitucionalidade de leis federais em face da Constituição Federal.

(B) Ajuizar, após deliberação, mandado de segurança coletivo em defesa de seus inscritos, independentemente de autorização pessoal dos interessados.

(C) Ajuizar, independentemente de deliberação, ações de indenização contra todos aqueles que ofenderem seus inscritos, em razão do exercício da profissão.

(D) Ajuizar, após deliberação, mandado de injunção, em face da Constituição Estadual ou em face da Constituição Federal.

COMENTÁRIO

A alternativa "B" está correta, estando de acordo com o art. 105, V, "c", RGOAB. Trata-se, de fato, de competência dos Conselhos Seccionais o ajuizamento, após deliberação, de mandado de segurança coletivo em defesa de seus inscritos, não se exigindo autorização dos interessados.

A alternativa "A" está incorreta, pois, obviamente, um Conselho Seccional, que é órgão estadual da OAB, jamais poderia ter competência para propor ação direta de inconstitucionalidade de *leis federais* em face da *Constituição Federal*, competência esta conferida constitucionalmente ao Conselho Federal (art. 103, VII, da CF). Todavia, compete ao Conselho Seccional ajuizar ação direta de inconstitucionalidade de *leis estaduais* em face da *Constituição Estadual* (art. 105, V, *a*, do RGOAB).

A alternativa "C" está incorreta, pois inexiste base normativa para que um Conselho Seccional ajuíze ação indenizatória contra pessoas que ofendam seus inscritos, em razão do exercício da profissão. Tratar-se-ia de hipótese de substituição processual (legitimação extraordinária), sem base legal.

A alternativa "D" está incorreta, pois um Conselho Seccional somente pode propor mandado de injunção, após deliberação, em face da Constituição Estadual ou da Lei Orgânica do Distrito Federal, e não em face da Constituição Federal, caso em que a competência seria, evidentemente, do Conselho Federal (órgão federal da OAB).

(XIII EXAME DE ORDEM UNIFICADO – FGV) A respeito da competência do Conselho Federal da OAB, assinale a opção ***incorreta***.

(A) Compete ao Conselho Federal da OAB representar, em juízo ou fora dele, os interesses coletivos ou individuais dos advogados.

(B) Compete ao Conselho Federal da OAB editar seu regimento interno e o regimento interno das Seccionais da OAB.

(C) Compete ao Conselho Federal da OAB julgar, em grau de recurso, as questões decididas pelos Conselhos Seccionais, nos casos previstos no EAOAB e no regulamento geral.

(D) Compete ao Conselho Federal da OAB velar pela dignidade, independência, prerrogativas e valorização da advocacia.

COMENTÁRIO

A alternativa "B" está incorreta, devendo ser assinalada. Obviamente, editar o regimento interno das Seccionais da OAB compete à própria Seccional, nos termos do art. 58, I, EAOAB.

A alternativa "A" está correta (art. 54, II, EAOAB).

A alternativa "C" está correta (art. 54, IX, EAOAB).

A alternativa "D" está correta (art. 54, III, EAOAB).

(XIII EXAME DE ORDEM UNIFICADO – FGV) Maria da Silva, advogada, apresenta requerimento ao Presidente da Seccional da OAB tendo o seu pleito sido indeferido. Nos termos do Estatuto da Advocacia, cabe recurso ao

(A) Conselho Seccional da OAB.

(B) Conselho Federal da OAB.

(C) Presidente do Conselho Federal da OAB.

(D) Presidente do Tribunal de Ética da OAB.

COMENTÁRIO

A alternativa "A" está correta. Nos termos do art. 58, III, EAOAB, compete privativamente ao Conselho Seccional julgar, em grau de recurso, as questões decididas por seu Presidente, por sua diretoria, pelo Tribunal de Ética e Disciplina, pelas diretorias das Subseções e da Caixa de Assistência dos Advogados;

As alternativas "B", "C" e "D" estão incorretas, pois, por expressa disposição legal, a competência para julgar recurso contra decisão do Presidente do Conselho Seccional é do próprio Conselho Seccional. A "pegadinha" reside exatamente aqui: o Conselho Seccional julgando recurso de decisão tomada pelo próprio Presidente! Geralmente pensamos que a "instância superior" é que deve julgar decisões da inferior. Contudo, ao Conselho Federal cabe julgar, em grau de recurso, as questões decididas pelos Conselhos Seccionais (art. 54, IX, EAOAB), mas não as decisões dos Presidentes de referidos Conselhos. Cuidado!!!

(XV EXAME DE ORDEM UNIFICADO – FGV) Messias é advogado com mais de trinta anos de atuação profissional e deseja colaborar para o aperfeiçoamento da advocacia. O Presidente da Seccional onde possui inscrição principal sugere que ele participe da política associativa e lance sua candidatura a Conselheiro Federal.

Observadas as regras do Estatuto da OAB, assinale a afirmativa correta.

(A) A eleição de Conselheiro Federal da OAB é indireta e secreta.

(B) O Conselheiro Federal da OAB integra uma das chapas concorrentes para as eleições seccionais.

(C) A indicação para o Conselho Federal é realizada pelo Colégio de Presidentes da OAB.

(D) O Conselheiro Federal é indicado livremente pelas Seccionais da OAB

COMENTÁRIO

A alternativa "B" está correta, estando de acordo com o art. 64, § 1º, EAOAB. Confira-se: "a chapa para o Conselho Seccional deve ser composta dos candidatos ao Conselho e à sua Diretoria e, ainda, à delegação ao Conselho Federal e à Diretoria da Caixa de Assistência dos Advogados para eleição conjunta".

A alternativa "A" está incorreta, pois a eleição de Conselheiro Federal da OAB é direta, cabendo à chapa do Conselho Seccional contemplar os nomes de cada um dos conselheiros federais, que integrarão a delegação, composta de 3 Conselheiros Federais (art. 64, § 1º, EAOAB).

As alternativas "C" e "D" estão incorretas. A indicação para o Conselho Federal ocorrerá na própria chapa para o Conselho Seccional.

(XVI EXAME DE ORDEM UNIFICADO – FGV) Compete ao Conselho Seccional ajuizar, após deliberação,

(A) ação direta de inconstitucionalidade em face de leis ou atos normativos federais.

(B) queixa-crime contra quem tenha ofendido os advogados inscritos na respectiva Seccional.

(C) mandado de segurança individual em favor dos advogados inscritos na respectiva Seccional, independentemente de vinculação com o exercício da profissão.

(D) mandado de segurança coletivo, em defesa de seus inscritos, independentemente de autorização pessoal dos interessados.

COMENTÁRIO

A alternativa "D" está correta. Nos termos do art. 105, V, *c*, do RGOAB, compete ao Conselho Seccional, além do previsto nos arts. 57 e 58, EAOAB, ajuizar, após deliberação, mandado de segurança coletivo, em defesa de seus inscritos, independentemente de autorização pessoal dos interessados.

A alternativa "A" está incorreta, pois compete ao Conselho Seccional ajuizar, após deliberação, ação direta de inconstitucionalidade de leis ou atos normativos *estaduais e municipais*, em face da Constituição Estadual ou da Lei Orgânica do Distrito Federal (art. 105, V, *a*, RGOAB).

A alternativa "B" está incorreta, por falta de previsão legal. Ressalte-se que a queixa-crime é a petição inicial que deflagra a ação nos crimes de ação penal privada. A OAB, ou um órgão seu, não teria legitimidade ativa para iniciar a ação penal, cabendo à vítima, ou seu representante legal, fazê-lo.

A alternativa "C" está incorreta, pois ao Conselho Seccional compete ajuizar, após deliberação, mandado de segurança coletivo em defesa de seus inscritos, independentemente de autorização pessoal dos interessados (art. 105, V, *c*, RGOAB).

(OAB/Exame Unificado – 2017.1) No ano de 2017, deverá se realizar a Conferência Nacional da Advocacia Brasileira, órgão consultivo máximo do Conselho Federal, que se reúne trienalmente. Cientes do evento, Raul, Francisco e Caetano decidem participar como membros efetivos da Conferência. Raul, advogado, é conselheiro de certo Conselho Seccional da OAB. Francisco é advogado, regularmente inscrito na OAB, e não exerce previamente função junto a qualquer órgão da instituição. Caetano é estagiário, regularmente inscrito como tal junto à OAB, e também não exerce previamente função em nenhum de seus órgãos. Considerando o disposto no Regulamento Geral do Estatuto da Advocacia e da OAB, assinale a afirmativa correta.

(A) Raul participará como membro efetivo da Conferência Nacional da Advocacia Brasileira, caso em que terá direito a voto. Os demais, mesmo inscritos na Conferência, poderão participar apenas como convidados ou ouvintes, sem direito a voto.

(B) Francisco, se inscrito, e Raul participarão como membros efetivos da Conferência Nacional da Advocacia Brasileira. Porém, o direito a voto é conferido apenas a Raul. Caetano, ainda que inscrito na conferência, somente poderá participar como ouvinte.

(C) Francisco e Caetano, se inscritos na Conferência Nacional da Advocacia Brasileira, dela participarão como membros efetivos, mas o direito a voto é conferido apenas a Francisco. Raul fica impedido de participar como membro efetivo da conferência, tendo em vista que já exerce função em órgão da OAB.

(D) Raul participará como membro efetivo da Conferência Nacional da Advocacia Brasileira. Do mesmo modo, Francisco e Caetano, se inscritos na conferência, poderão participar como membros efetivos, permitindo-se, aos três, o direito a voto.

COMENTÁRIO

Nos termos do art. 145 do Regulamento Geral do Estatuto da OAB (RGOAB), a Conferência Nacional da Advocacia (CNA) é órgão consultivo máximo do Conselho Federal, reunindo-se trienalmente, no segundo ano do mandato, tendo por objetivo o estudo e o debate das questões e problemas que digam respeito às finalidades da OAB e ao congraçamento dos advogados. Os membros da CNA podem ser subdivididos em três grupos, a saber: (a) efetivos: os Conselheiros e Presidentes dos órgãos da OAB presentes, os advogados e estagiários inscritos na Conferência, todos com direito a voto (art. 146, I, RGOAB); (b) convidados: as pessoas a quem a Comissão Organizadora conceder tal qualidade, sem direito a voto, salvo se for advogado (art. 146, II, RGOAB); e (c) ouvintes: estudantes de direito, mesmo inscritos como estagiários na OAB, escolhendo um porta-voz entre os presentes em cada sessão da Conferência. Em análise ao enunciado, observamos que Raul, por ser conselheiro de certo Conselho Seccional da OAB, participará da Conferência como membro efetivo. Francisco, advogado, será admitido à Conferência também como membro efetivo, desde que devidamente inscrito na CNA, o mesmo se dizendo com relação a Caetano, que, embora estagiário, se inscrito, também participará como membro efetivo. Correta, portanto, a alternativa "D", estando as demais em descompasso com o art. 146, I e II, do RGOAB.

(OAB/Exame Unificado – 2017.1) O Conselho Seccional X da OAB criou dez subseções e uma Caixa de Assistência dos Advogados. Dentre as subseções, inclui-se a Subseção Y, cuja área territorial abrange um município. Considerando a hipótese narrada, analise as afirmativas a seguir e assinale a única correta.

(A) O Conselho Seccional X é dotado de personalidade jurídica própria; já a Caixa de Assistência dos Advogados e a Subseção Y não possuem personalidade jurídica própria, caracterizando-se como partes autônomas do Conselho Seccional X.

(B) O Conselho Seccional X e a Caixa de Assistência dos Advogados são dotados de personalidade jurídica própria; já a Subseção Y não possui personalidade jurídica própria, caracterizando-se como parte autônoma do Conselho Seccional X.

(C) O Conselho Seccional X, a Caixa de Assistência dos Advogados e a Subseção Y não possuem personalidade jurídica própria. Trata-se de órgãos da Ordem dos Advogados do Brasil (OAB), a qual é dotada de personalidade jurídica.

(D) O Conselho Seccional X, a Caixa de Assistência dos Advogados e a Subseção Y possuem, cada qual, personalidade jurídica própria.

COMENTÁRIO

Dos quatro órgãos que compõem a OAB (Conselho Federal, Conselhos Seccionais, Subseções e Caixas de Assistência dos Advogados), três deles têm personalidade jurídica própria, excetuadas, apenas, as Subseções. Confira-se o quanto dispõe o art. 45, §§ 1º a 4º, do EAOAB: § 1º O Conselho Federal, dotado de personalidade jurídica própria, com sede na capital da República, é o órgão supremo da OAB; § 2º Os Conselhos Seccionais, dotados de personalidade jurídica própria, têm jurisdição sobre os respectivos territórios dos Estados-membros, do Distrito Federal e dos Territórios; § 3º As Subseções são partes autônomas do Conselho Seccional, na forma desta lei e de seu ato constitutivo; § 4º As Caixas de Assistência dos Advogados, dotadas de personalidade jurídica própria, são criadas pelos Conselhos Seccionais, quando estes contarem com mais de mil e quinhentos inscritos. Portanto, correta apenas a alternativa "B".

(OAB/Exame Unificado – 2017.1) Em determinada subseção da OAB, constatou-se grave violação à disciplina prevista na Lei 8.906/94, no que diz respeito ao exercício de suas atribuições de representar a OAB perante os poderes constituídos e de fazer valer as prerrogativas do advogado. Considerando a situação hipotética narrada, assinale a afirmativa correta.

(A) Compete ao Conselho Federal da OAB intervir na aludida subseção mediante voto de dois terços de seus membros.

(B) Compete ao Conselho Federal da OAB intervir na aludida subseção mediante decisão por maioria do Órgão Especial do Conselho Pleno.

(C) Compete ao Conselho Seccional respectivo da OAB intervir na aludida subseção mediante decisão unânime de sua diretoria.

(D) Compete ao Conselho Seccional respectivo da OAB intervir na aludida subseção mediante voto de dois terços de seus membros.

COMENTÁRIO

As alternativas A e B estão incorretas. O Conselho Federal não tem competência para intervir diretamente nas subseções, mas, sim, nos Conselhos Seccionais (art. 54, VII, do EAOAB);
A alternativa "C" está incorreta, pois a intervenção do Conselho Seccional nas subseções exige deliberação não de sua diretoria, mas, sim, de seus membros, cujo quórum será de, pelo menos, dois terços (art. 60, § 6º, do EAOAB);
A alternativa "D" está correta. Nos termos do art. 60, § 6º, do Estatuto da OAB (EAOAB), o Conselho Seccional, mediante o voto de dois terços de seus membros, pode intervir nas Subseções, onde constatar grave violação desta lei ou do regimento interno daquele.

(OAB/Exame Unificado – 2016.3) O advogado Roni foi presidente do Conselho Federal da OAB em mandato exercido por certo triênio na década entre 2000 e 2010. Sobre a participação de Roni, na condição de ex- presidente do Conselho Federal, nas sessões do referido Conselho, assinale a afirmativa correta.

(A) Não integra a atual composição do Conselho Federal da OAB. Logo. apenas pode participar das sessões na condição de ouvinte, não lhe sendo facultado direito a voto ou direito a voz.

(B) Integra a atual composição do Conselho Federal da OAB, na qualidade de membro honorário vitalício, sendo-lhe conferido direito a voto e direito a voz nas sessões.

(C) Não integra a atual composição do Conselho Federal da OAB. Logo, apenas pode participar das sessões na condição de convidado honorário, não lhe sendo facultado direito a voto, mas, sim, direito a voz.

(D) Integra a atual composição do Conselho Federal da OAB, na qualidade de membro honorário vitalício, sendo-lhe conferido apenas direito a voz nas sessões e não direito a voto.

COMENTÁRIO

As alternativas A e C estão incorretas, pois Roni, por ter sido presidente do Conselho Federal da OAB, tratando-se, portanto, de um ex-presidente, pode participar das sessões do referido Conselho na condição de membro honorário vitalício, com fundamento no art. 51, II, do EAOAB e art. 62, § 1º, do Regulamento Geral (RGOAB);
A alternativa "B" está incorreta. A despeito de Roni ser considerado membro honorário vitalício do Conselho Federal, já que se trata de um ex-presidente do referido órgão, somente terá direito a voto nas sessões aqueles que exerceram mandato antes de 05 de julho de 1994 (data da entrada em vigor do EAOAB) ou em seu exercício se encontravam naquela data, nos termos do art. 62, § 1º, do RGOAB;
A alternativa "D" está correta. De fato, Roni, por ser ex-presidente do Conselho Federal, é considerado seu membro honorário vitalício, sendo-lhe conferido apenas direito a voz nas sessões de referido órgão, eis que foi presidente na década de 2000 e 2010, portanto, posteriormente a 5 de julho de 1994.

Dicas de última hora

1. A OAB, de acordo com o STF (ADI 3026/06) tem natureza de "serviço público independente", tratando-se de uma instituição *sui generis*. Pode-se afirmar cabalmente que a OAB não tem vinculação com o Poder Público, não se tratando de "autarquia federal especial" como se entendia antigamente.

2. A OAB é composta por 4 (quatro) órgãos:

i) Conselho Federal;

ii) Conselhos Seccionais;

iii) Subseções; e

iv) Caixas de Assistência dos Advogados.

3. O Conselho Federal tem sede em Brasília/DF, tratando-se do órgão de cúpula da OAB. É a última instância recursal em matéria de processo disciplinar. Tem personalidade jurídica própria. Dentre outras competências, ao Conselho Federal caberá (art. 54, EAOAB):

i) editar e alterar o Código de Ética e o Regulamento Geral;

ii) elaborar as listas de advogados constitucionalmente previstas, a fim de que estes integrem os tribunais de âmbito nacional e interestadual;

iii) ajuizar ADI (Ação Direta de Inconstitucionalidade).

4. Os Conselhos Seccionais, com personalidade jurídica própria, são sediados em cada um dos Estados e do DF, somando, ao todo, 27 (vinte e sete). Suas competências vêm estabelecidas no art. 58, EAOAB, com destaque para:

i) elaboração das listas de advogados constitucionalmente previstas, a fim de que integrem os tribunais de âmbito estadual;

ii) elaboração das tabelas de honorários;

iii) estipulação do valor das anuidades dos advogados;

iv) elaboração de regras sobre os trajes dos advogados.

5. As subseções, consideradas órgãos municipais da OAB, não têm personalidade jurídica própria, diferentemente do Conselho Federal e Conselhos Seccionais. Irão abranger o território de um município, parte de um município ou mais de um município. São criadas pelos Conselhos Seccionais, desde que haja, no mínimo, 15 (quinze) advogados profissionalmente nelas domiciliados. Contando com mais de 100 (cem) advogados inscritos, a Subseção poderá contar com um órgão chamado Conselho.

6. As Caixas de Assistência dos Advogados são dotadas de personalidade jurídica própria. São criadas pelos Conselhos Seccionais, após registro e aprovação de seus estatutos, desde que haja mais de 1.500 (mil e quinhentos) inscritos na totalidade do Conselho.

Capítulo 14

ELEIÇÕES E MANDATO NA OAB

1. ELEIÇÕES NA OAB (ARTS. 63 A 67, EAOAB; ARTS. 128 A 137-C, RGOAB; PROVIMENTO 146/2011 DO CFOAB)

1.1. Base normativa

As eleições na OAB estão regulamentadas nos **arts. 63 a 67, EAOAB, arts. 128 a 137-C, RGOAB e Provimento 146/2011 do CFOAB**.

Importante anotar que na **ausência de normas expressas** no Estatuto da OAB e no Regulamento Geral, ou em Provimento, aplica-se, **supletivamente**, no que couber, a **legislação eleitoral**.

2. REQUISITOS PARA SER CANDIDATO A CARGOS ELETIVOS NA OAB (ART. 63, § 2º, EAOAB; ARTS. 131, § 5º E 131-A, RGOAB; ART. 4º DO PROVIMENTO 146/2011 DO CFOAB)

Os ***requisitos*** ou ***condições de elegibilidade*** aos cargos na OAB são os seguintes:

a) ser **regularmente inscrito** no Conselho Seccional respectivo, com inscrição principal ou suplementar;

b) situação regular na OAB (estar em dia com as anuidades na data do protocolo do pedido de registro da candidatura; em caso de parcelamento, devem estar as parcelas quitadas);

c) não ocupar **cargo exonerável *ad nutum***;

d) não ter **condenação por infração disciplinar**, salvo se reabilitado, ou não ter **representação disciplinar** julgada procedente por órgão do Conselho Federal (em suma, ser "ficha limpa");

e) exercer a profissão há mais de 5 (cinco) anos, excluído o período de estágio. Esse prazo é contado **até o dia da posse**;

f) não exercer atividade incompatível com a advocacia, em caráter permanente ou temporário;

g) não integrar listas, com processo em tramitação, para **provimento de cargos em tribunais** judiciários ou administrativos;

h) se o candidato tiver tido suas **contas rejeitadas** segundo o disposto na alínea *a* do inc. II do art. 7º do Provimento nº 101/2003, ter **ressarcido o dano** apurado pelo Conselho Federal, sem prejuízo do cumprimento do prazo de 08 (oito) anos previsto na alínea *g*.

3. DATAS PARA AS ELEIÇÕES

Duas são as datas possíveis

A) Regra: segunda quinzena do mês de novembro do último ano do mandato, com **posse em 1º de janeiro do ano seguinte ao das eleições**;

B) Exceção: Diretoria do Conselho Federal – **31 de janeiro do ano seguinte ao das eleições**, às 19h00, com **posse em 1º de fevereiro**.

As eleições para os cargos das Subseções, Conselhos Seccionais e Caixas de Assistência dos Advogados ocorrerão na segunda quinzena do mês de novembro do último ano do mandato, ao passo que para a Diretoria do Conselho Federal, somente serão realizadas em 31 de janeiro do ano seguinte às eleições.

De forma bastante simples, podemos falar em **dois grupos de eleições:**

A) Para os **membros do Conselho Seccional** (incluindo os conselheiros seccionais e os integrantes de sua Diretoria, bem como da delegação ao Conselho Federal) e **Diretoria da Caixa de Assistência** – as eleições serão **conjuntas**, tendo como eleitores todos os advogados inscritos na OAB, com realização na segunda quinzena do mês de novembro do último ano do mandato;

B) Para a **Diretoria do Conselho Federal** (Presidente, Vice-Presidente, Secretário-Geral, Secretário-Geral Adjunto e Tesoureiro) – as eleições serão "**indiretas**", ou seja, delas serão eleitores apenas os Conselheiros Federais, que, em reunião presidida pelo conselheiro mais antigo, por voto secreto irão eleger a Diretoria do CFOAB no dia 31/01 do ano seguinte às eleições.

4. DURAÇÃO DO MANDATO E EXTINÇÃO

O **mandato** para todos os cargos da OAB é de **3 (três) anos**, iniciando-se, como visto, em **primeiro de janeiro** do ano seguinte ao da eleição, salvo o Conselho Federal, cuja Diretoria será eleita "indiretamente" pelos conselheiros federais, com posse em 1º de fevereiro.

Importa mencionar que o exercício do mandato é **gratuito**. É considerado serviço relevante, inclusive para fins de disponibilidade e aposentadoria.

O art. 66, EAOAB trata das hipóteses de **extinção automática do mandato**, que se verificará quando:

I – ocorrer qualquer hipótese de cancelamento de inscrição ou de licenciamento do profissional;

II – o titular sofrer condenação disciplinar;

III – o titular faltar, sem motivo justificado, a 3 (três) reuniões ordinárias consecutivas de cada órgão deliberativo do Conselho ou da diretoria da Subseção ou da Caixa de Assistência dos Advogados, não podendo ser reconduzido no mesmo período de mandato.

Extinto qualquer mandato, nas hipóteses acima, caberá ao Conselho Seccional escolher o substituto, caso não haja suplente.

5. CHAPAS

Não são admissíveis **candidaturas isoladas**. As chapas devem ser **completas**, contemplando **todos os cargos** (Diretoria dos Conselhos Seccionais, Conselheiros Seccionais, Conselheiros Federais, Diretoria da Caixa de Assistência dos Advogados e suplentes, se houver).

Importante anotar que, nos termos do art. 131, *caput*, do RGOAB, as chapas deverão atender ao **mínimo de 30% (trinta por cento)** e ao **máximo de 70% (setenta por cento)** para **candidaturas de cada sexo**, o que implica em vedação a chapas compostas somente por homens ou mulheres. Contudo, algumas observações se fazem necessárias:

A) O percentual mínimo poderá ser alcançado levando-se em consideração a chapa completa, compreendendo os cargos de titular e de suplência, não sendo obrigatória a observância em cargos específicos ou de diretoria, incluindo a do Conselho Federal.

B) Para o alcance do percentual mínimo observar-se-á o arredondamento de fração para cima, considerando-se o número inteiro de vagas subsequente.

C) É facultativa a observação do percentual mínimo nas Subseções que não possuam Conselho.

Especificamente no tocante ao CFOAB, o seu Presidente não será indicado nas chapas, eis que haverá votação "autônoma", a ser realizada em 31 de janeiro do ano seguinte, como já analisamos. Não haverá votação direta dos advogados ao cargo de Presidente da OAB Nacional.

O **requerimento de registro das** chapas, conforme disposto no art. 7º, § 4º, do Provimento nº 146/2011 do CFOAB, deverá ser dirigido ao Presidente da Comissão Eleitoral e protocolado **do primeiro dia útil após a publicação do edital até 30 (trinta) dias antes da data da votação**, no expediente normal da OAB, até as 18 (dezoito) horas. **Caberá impugnação de uma chapa em relação** à outra, assinada pelo Presidente da chapa, no prazo de 3 dias úteis da publicação das chapas na imprensa oficial.

Em caso de desistência, morte ou inelegibilidade do candidato, a cédula única, caso já formada, não será substituída por outra.

Candidatos a cargos que estejam no **exercício de mandato** poderão nele permanecer, mesmo que concorram às eleições.

6. VOTAÇÃO

A votação é de **comparecimento obrigatório** (art. 128 do RGOAB), sob pena de **multa de 20%** do valor da anuidade, salvo justificativa escrita que será apreciada pela Diretoria do Conselho Seccional (art. 134 do RGOAB).

A **votação** ocorrerá preferencialmente em **urna eletrônica**, ou, caso haja impossibilidade, em **cédula única**. Nesta constará a denominação da chapa, os nomes da Diretoria do Conselho Seccional (Presidente, Vice-Presidente, Secretário-Geral, Secretário-Geral Adjunto e Tesoureiro), os Conselheiros Seccionais, os Conselheiros Federais, Diretoria da Caixa de Assistência e suplentes.

Não se admite "**voto em trânsito**", sendo de rigor que o advogado vote no local previamente indicado pela Comissão Eleitoral (art. 134, § 5º, RGOAB).

7. ELEIÇÃO DA DIRETORIA DO CONSELHO FEDERAL 16

Diversamente do que ocorre com a eleição para a Diretoria dos Conselhos Seccionais e Subseções, bem como das Caixas de Assistência, dos Conselheiros Seccionais e Federais, a **Diretoria do Conselho Federal** não é escolhida diretamente pelos advogados, mas pelos **Conselheiros Federais**.

A votação à Diretoria do Conselho Federal, nos termos do art. 137-A, RGOAB, ocorre em **31 de janeiro do ano seguinte ao da eleição**, às **19h00**, em reunião presidida pelo

16 Para visualizar o *SHORT VIDEO* acesse: http://www.editorafoco.com.br/short-videos.

Conselheiro mais antigo, reputando-se eleita a chapa que conseguir a **maioria simples dos votos** dos Conselheiros Federais, presente a **metade mais um** de seus membros.

Todos os **membros** da chapa à Diretoria do Conselho Federal devem ser **Conselheiros Federais, exceto** o Presidente. O **candidato a Presidente** deve contar, no mínimo, com o **apoiamento de 6 Conselhos Seccionais** (art. 67, II, EAOAB).

O **registro das candidaturas** deve ocorrer até 1 (um) mês antes das eleições, mas a candidatura à Presidência pode ocorrer até 6 meses antes do pleito eleitoral, mesmo de forma isolada. Porém, se não houver, posteriormente, o preenchimento dos demais cargos da chapa, a candidatura será cancelada.

A **posse** para os cargos da Diretoria do CFOAB ocorrerá no dia seguinte à eleição, ou seja, em **1º de fevereiro**.

8. DOAÇÕES PARA CAMPANHAS

Nos termos do art. 131-B, RGOAB, desde o pedido de registro da chapa, poderá ser efetuada ***doação*** para a ***campanha*** por ***advogados***, inclusive candidatos, sendo ***vedada a doação por pessoas físicas*** que não sejam advogados e por qualquer ***empresa ou pessoa jurídica***, sob pena de indeferimento de registro ou cassação do mandato.

Será obrigatória a **prestação de contas** de campanha por parte das chapas concorrentes, devendo ser fixado pelo Conselho Federal o limite máximo de gastos (art.131-B, § 1º, RGOAB).

Também será fixado pelo Conselho Federal o **limite máximo de doações** para as campanhas eleitorais por parte de quem não é candidato (art. 131-B, § 2º, RGOAB).

A Resolução 1/2014, de 4.11.2014, do Conselho Pleno do CFOAB, estabeleceu no seu art. 2º que "o disposto nos §§ 1º e 2º do art. 131-B do RGOAB, segundo a redação atribuída por esta Resolução, será regulamentado em normativo posterior do Conselho Federal, que organizará o sistema de controle interno para esse fim, devendo ser aplicado a partir das eleições da Ordem dos Advogados do Brasil a serem realizadas no ano de 2018".

9. PROPAGANDA ELEITORAL (ART. 133, RGOAB E PROVIMENTO 146/2011)

É admissível a **propaganda eleitoral** pelos seguintes meios:

a) Envio de cartas, mensagens eletrônicas (*e-mail*), mensagens instantâneas para telefones celulares (WhatsApp) e "torpedos" (SMS e MMS) aos advogados;

b) Cartazes, faixas, *banners* e adesivos, desde que não explorados comercialmente por empresas que vendam espaço publicitário, observada a distância de e até trezentos metros dos fóruns;

c) Uso e distribuição de camisetas, bonés e *bottoms*;

d) Distribuição de impressos variados;

e) Manutenção de sítios eletrônicos (das chapas e de terceiros, mas, neste último caso, restrito a 1 *banner* de 234x60 pixels, com até 25 kb), blogs na internet e assemelhados, desde que devidamente informados à Comissão Eleitoral para fins de registro.

São **condutas vedadas**, porém, em matéria eleitoral:

a) Qualquer propaganda transmitida por meio de emissora de televisão ou rádio, excluindo entrevistas, debates e notícias sobre a campanha eleitoral, desde que integrando a programação normal da emissora;

b) Utilização de *outdoors* e assemelhados, exceto nos locais de votação;

c) Qualquer meio de divulgação em espaço publicitário comercializado em ruas e logradouros, independente de tamanho, a exemplo de cartazes eletrônicos, em veículos de transportes públicos, como ônibus e táxis, bem assim em outros pontos de divulgação ou, ainda, em veículos contratados mediante aluguel, ressalvados os espaços publicitários de comitês de candidaturas;

d) Propaganda na imprensa que exceda, por edição, a 1/8 (um oitavo) de página de jornal padrão e a 1/4 (um quarto) de página de revista ou tabloide, ainda que gratuita, não podendo exceder, ainda, a 10 (dez) edições;

e) Propaganda com uso de carros de som e assemelhados, ou seja, qualquer veículo ou instrumento fixo ou ambulante de emissão sonora, como megafones. A vedação não atinge a sonorização de atos públicos de campanha com a presença de candidatos;

f) Quaisquer pinturas ou pichações em prédios públicos ou privados, com exceção de pinturas alusivas à chapa, nos respectivos comitês;

g) Distribuição de brindes, ressalvado o uso e distribuição de camisetas, bonés e *bottoms*;

h) Contratação de terceiros para veiculação e exibição de bandeiras, bandeirolas e assemelhados na parte externa do prédio onde estiverem situadas as salas de votação (Provimento 146/2011, art. 10, § 11) e, no dia da eleição, é vedada a propaganda eleitoral nos prédios onde estiverem situadas as salas de votação.

São considerados **atos de abuso econômico, político e dos meios de comunicação:**

a) Propaganda transmitida por meio de emissora de televisão ou rádio, permitindo-se entrevistas e debates com os candidatos;

b) Propaganda por meio de *outdoors* ou com emprego de carros de som ou assemelhados;

c) Propaganda na imprensa, a qualquer título, ainda que gratuita, que exceda, por edição, a um oitavo de página de jornal padrão e a um quarto de página de revista ou tabloide;

d) Uso de bens imóveis e móveis pertencentes à OAB, à Administração direta ou indireta da União, dos estados, do Distrito Federal e dos municípios, ou de serviços por estes custeados, em benefício de chapa ou de candidato, ressalvados os espaços da Ordem que devam ser utilizados indistintamente pelas chapas concorrentes;

e) Pagamento, por candidato ou chapa, de anuidades de advogados ou fornecimento de quaisquer outros tipos de recursos financeiros ou materiais que possam desvirtuar a liberdade do voto;

f) Utilização de servidores da OAB em atividades de campanha eleitoral.

Ainda, existem algumas **condutas vedadas aos candidatos**, a saber:

a) Uso de bens imóveis e móveis e de serviços e atividades da OAB ou do poder público em benefício de campanha de qualquer chapa, inclusive o desvio das finalidades institucionais da Ordem para promoção de candidaturas ou promoção pessoal de dirigente candidato;

b) Pagamento de anuidade de advogado ou o fornecimento de recursos financeiros ou bem de valor econômico que possa desvirtuar a liberdade de voto;

c) Realização de shows artísticos;

d) Utilização de servidores da OAB em atividade em favor da campanha eleitoral de qualquer chapa;

e) Divulgação pela chapa, sob sua responsabilidade, antes das eleições, por qualquer meio de comunicação, de pesquisa não registrada previamente na Comissão Eleitoral;

f) No período de 15 (quinze) dias antes das eleições, a divulgação de pesquisa eleitoral, nos termos do art. 133, § 5º, I, do RGOAB;

g) No período de 30 (trinta) dias antes das eleições, a regularização da situação financeira de advogado perante a Tesouraria da OAB para torná-lo apto a votar, nos termos do art. 133, § 5º, II, do RGOAB;

h) No período de 90 (noventa) dias antes das eleições, a concessão ou distribuição às Seccionais e Subseções, por dirigente, candidato ou chapa, de recursos financeiros, salvo os destinados ao pagamento de despesas de pessoal e de custeio ou decorrentes de obrigações e de projetos preexistentes, bem como de máquinas, equipamentos, móveis e utensílios, ressalvados os casos de reposição, e a convolação de débitos em auxílios financeiros, salvo quanto a obrigações e a projetos preexistentes;

i) Promoção pessoal de candidatos na propaganda institucional da OAB;

j) Promoção pessoal de candidatos na inauguração de obras e serviços da OAB, no período de 60 (sessenta) dias antes das eleições;

k) Propaganda transmitida por meio de emissora de televisão ou rádio, permitindo-se entrevistas e debates com os candidatos, desde que sejam convidados todos os candidatos a Presidente.

10. QUADRO-RESUMO

Eleições e mandato	
Base normativa	As eleições na OAB são reguladas pelo Estatuto da OAB, Regulamento Geral e Provimento 146/2011 do CFOAB. Em caso de lacuna, aplicar-se-á supletivamente a legislação eleitoral.
Datas para as eleições	**Conselho Seccional, Subseções e Caixas de Assistência:** segunda quinze do mês de novembro do último ano do mandato, com posse em 1º de janeiro. **Diretoria do CFOAB**: 31 de janeiro do ano seguinte à eleição, com posse em 1º de fevereiro.
Mandato	**Duração:** 3 anos. **Extinção:** I – quando ocorrer qualquer hipótese de cancelamento de inscrição ou de licenciamento do profissional; II – quando o titular sofrer condenação disciplinar; III – quando o titular faltar, sem motivo justificado, a 3 (três) reuniões ordinárias consecutivas de cada órgão deliberativo do Conselho ou da diretoria da Subseção ou da Caixa de Assistência dos Advogados, não podendo ser reconduzido no mesmo período de mandato.

Chapas	– Inadmissibilidade de candidaturas isoladas. As chapas devem ser completas, contemplando todos os cargos. – Deverão contemplar um mínimo de 30% e um máximo de 70% de candidaturas para cada sexo, observado o seguinte: **i)** o percentual mínimo poderá ser alcançado levando-se em consideração a chapa completa, compreendendo os cargos de titular e de suplência, não sendo obrigatória a observância em cargos específicos ou de diretoria, incluindo a do Conselho Federal. **ii)** para o alcance do percentual mínimo observar-se-á o arredondamento de fração para cima, considerando-se o número inteiro de vagas subsequente. **iii)** é facultativa a observação do percentual mínimo nas Subseções que não possuam Conselho.
Votação	– Preferencialmente em urna eletrônica, ou, caso haja impossibilidade, em cédula única. – Comparecimento dos advogados é obrigatória, sob pena de multa de 20% do valor da anuidade, salvo se houver justificativa por escrito, que será apreciada pela Diretoria do Conselho Seccional. – Inadmissibilidade de voto em trânsito.
Eleição da Diretoria do CFOAB	– Votação somente pelos Conselheiros federais (eleições "indiretas") – Data: 31 de janeiro do ano seguinte à eleição, às 19h00. – Posse: 1º de fevereiro – Registro de candidatura à presidência: será admitida perante o CFOAB desde 6 (seis) meses até 1 (um) mês antes da eleição. – Requerimento de registro de candidatura à presidência do CFOAB: deverá vir acompanhado do apoiamento de, no mínimo, 6 (seis) Conselhos Seccionais; – Até 1 (um) mês antes das eleições, deverá ser requerido o registro da chapa completa, sob pena de cancelamento da candidatura respectiva.
Doação para campanhas	– Somente pode ser feita por advogados (inclusive candidatos); – É vedada a doação por pessoas físicas que não sejam advogados e por qualquer empresa ou pessoa jurídica, sob pena de indeferimento de registro ou cassação do mandato.

Legislação correlata

1. ARTIGOS PERTINENTES DO ESTATUTO DA OAB

→ *V.* Arts. 128 a 137-C do RGOAB da OAB.

Art. 63. A eleição dos membros de todos os órgãos da OAB será realizada na segunda quinzena do mês de novembro, do último ano do mandato, mediante cédula única e votação direta dos advogados regularmente inscritos.

§ 1º A eleição, na forma e segundo os critérios e procedimentos estabelecidos no Regulamento Geral, é de comparecimento obrigatório para todos os advogados inscritos na OAB.

§ 2º O candidato deve comprovar situação regular junto à OAB, não ocupar cargo exonerável *ad nutum*, não ter sido condenado por infração disciplinar, salvo reabilitação, e exercer efetivamente a profissão há mais de 5 (cinco) anos.

Art. 64. Consideram-se eleitos os candidatos integrantes da chapa que obtiver a maioria dos votos válidos.

§ 1º A chapa para o Conselho Seccional deve ser composta dos candidatos ao Conselho e à sua Diretoria e, ainda, à delegação ao Conselho Federal e à Diretoria da Caixa de Assistência dos Advogados para eleição conjunta.

§ 2º A chapa para a Subseção deve ser composta com os candidatos à diretoria, e de seu Conselho quando houver.

Art. 65. O mandato em qualquer órgão da OAB é de 3 (três) anos, iniciando-se em primeiro de janeiro do ano seguinte ao da eleição, salvo o Conselho Federal.

Parágrafo único. Os conselheiros federais eleitos iniciam seus mandatos em 1º de fevereiro do ano seguinte ao da eleição.

Art. 66. Extingue-se o mandato automaticamente, antes do seu término, quando:

I – ocorrer qualquer hipótese de cancelamento de inscrição ou de licenciamento do profissional;

II – o titular sofrer condenação disciplinar;

III – o titular faltar, sem motivo justificado, a três reuniões ordinárias consecutivas de cada órgão deliberativo do Conselho ou da diretoria da Subseção ou da Caixa de Assistência dos Advogados, não podendo ser reconduzido no mesmo período de mandato.

Parágrafo único. Extinto qualquer mandato, nas hipóteses deste artigo, cabe ao Conselho Seccional escolher o substituto, caso não haja suplente.

Art. 67. A eleição da Diretoria do Conselho Federal, que tomará posse no dia 1º de fevereiro, obedecerá às seguintes regras:

I – será admitido registro, junto ao Conselho Federal, de candidatura à presidência, desde 6 (seis) meses até 1 (um) mês antes da eleição;

II – o requerimento de registro deverá vir acompanhado do apoiamento de, no mínimo, 6 (seis) Conselhos Seccionais;

III – até 1 (um) mês antes das eleições, deverá ser requerido o registro da chapa completa, sob pena de cancelamento da candidatura respectiva;

IV – no dia 31 de janeiro do ano seguinte ao da eleição, o Conselho Federal elegerá, em reunião presidida pelo conselheiro mais antigo, por voto secreto e para mandato de 3 (três) anos, sua diretoria, que tomará posse no dia seguinte;

→ Inciso IV com redação alterada pela Lei 11.179/2005.

V – será considerada eleita a chapa que obtiver maioria simples dos votos dos Conselheiros Federais, presente a metade mais 1 (um) de seus membros.

→ Inciso V com redação alterada pela Lei 11.179/2005.

Parágrafo único. Com exceção do candidato a Presidente, os demais integrantes da chapa deverão ser conselheiros federais eleitos.

2. ARTIGOS PERTINENTES DO CÓDIGO DE ÉTICA E DISCIPLINA

Art. 31. O advogado, no exercício de cargos ou funções em órgãos da Ordem dos Advogados do Brasil ou na representação da classe junto a quaisquer instituições, órgãos ou comissões, públicos ou privados, manterá conduta consentânea com as disposições deste Código e que revele plena lealdade aos interesses, direitos e prerrogativas da classe dos advogados que representa.

Art. 32. Não poderá o advogado, enquanto exercer cargos ou funções em órgãos da OAB ou representar a classe junto a quaisquer instituições, órgãos ou comissões, públicos ou privados, firmar contrato oneroso de prestação de serviços ou fornecimento de produtos com tais entidades nem adquirir bens imóveis ou móveis infungíveis de quaisquer órgãos da OAB, ou a estes aliená-los

→ *Caput* com redação alterada pela Resolução CFOAB 4/2016.

Parágrafo único. Não há impedimento ao exercício remunerado de atividade de magistério na Escola Nacional de Advocacia – ENA, nas Escolas de Advocacia – ESAs e nas Bancas do Exame de Ordem, observados os princípios da moralidade e da modicidade dos valores estabelecidos a título de remuneração

→ Parágrafo único acrescentado pela Resolução CFOAB 4/2016.

Art. 33. Salvo em causa própria, não poderá o advogado, enquanto exercer cargos ou funções em órgãos da OAB ou tiver assento, em qualquer condição, nos seus Conselhos, atuar em processos que tramitem perante a entidade nem oferecer pareceres destinados a instruí-los.

Parágrafo único. A vedação estabelecida neste artigo não se aplica aos dirigentes de Seccionais quando atuem, nessa qualidade, como legitimados a recorrer nos processos em trâmite perante os órgãos da OAB.

Art. 34. Ao submeter seu nome à apreciação do Conselho Federal ou dos Conselhos Seccionais com vistas à inclusão em listas destinadas ao provimento de vagas reservadas à classe nos tribunais, no Conselho Nacional de Justiça, no Conselho Nacional do Ministério Público e em outros colegiados, o candidato assumirá o compromisso de respeitar os direitos e prerrogativas do advogado, não praticar nepotismo nem agir em desacordo com a moralidade administrativa e com os princípios deste Código, no exercício de seu mister.

3. ARTIGOS PERTINENTES DO REGULAMENTO GERAL

→ *v.* Provimento do CFOAB 146/2011 – Procedimentos, critérios, condições de elegibilidade, normas de campanha eleitoral e pressupostos de proclamação dos eleitos nas eleições dos Conselheiros e da Diretoria do Conselho Federal, dos Conselhos Seccionais e das Subseções da Ordem dos Advogados do Brasil e da Diretoria das Caixas de Assistência dos Advogados e dá outras providências.

→ *v.* Arts. 63 a 67, EAOAB.

Art. 50. Ocorrendo vaga de cargo de diretoria do Conselho Federal ou do Conselho Seccional, inclusive do Presidente, em virtude de perda do mandato (art. 66 do Estatuto), morte ou renúncia, o substituto é eleito pelo Conselho a que se vincule, dentre os seus membros.

Art. 54. Compete à Diretoria dos Conselhos Federal e Seccionais, da Subseção ou da Caixa de Assistência declarar extinto o mandato, ocorrendo uma das hipóteses previstas no art. 66 do Estatuto, encaminhando ofício ao Presidente do Conselho Seccional.

§ 1º A Diretoria, antes de declarar extinto o mandato, salvo no caso de morte ou renúncia, ouve o interessado no prazo de 15 (quinze) dias, notificando-o mediante ofício com aviso de recebimento.

§ 2º Havendo suplentes de Conselheiros, a ordem de substituição é definida no Regimento Interno do Conselho Seccional.

§ 3º Inexistindo suplentes, o Conselho Seccional elege, na sessão seguinte à data do recebimento do ofício, o Conselheiro Federal, o diretor do Conselho Seccional, o Conselheiro Seccional, o diretor da Subseção ou o diretor da Caixa de Assistência dos Advogados, onde se deu a vaga.

§ 4º Na Subseção onde houver conselho, este escolhe o substituto.

Art. 59. Deixando o cargo, por qualquer motivo, no curso do mandato, os Presidentes do Conselho Federal, do Conselho Seccional, da Caixa de Assistência e da Subseção apresentam, de forma sucinta, relatório e contas ao seu sucessor.

Art. 98. O Presidente é substituído em suas faltas, licenças e impedimentos pelo Vice-Presidente, pelo Secretário-Geral, pelo Secretário-Geral Adjunto e pelo Tesoureiro, sucessivamente.

§ 1º O Vice-Presidente, o Secretário-Geral, o Secretário-Geral Adjunto e o Tesoureiro substituem-se nessa ordem, em suas faltas e impedimentos ocasionais, sendo o último substituído pelo Conselheiro Federal mais antigo e, havendo coincidência de mandatos, pelo de inscrição mais antiga.

§ 2º No caso de licença temporária, o Diretor é substituído pelo Conselheiro designado pelo Presidente.

§ 3º No caso de vacância de cargo da Diretoria, em virtude de perda do mandato, morte ou renúncia, o sucessor é eleito pelo Conselho Pleno.

§ 4º Para o desempenho de suas atividades, a Diretoria contará, também, com dois representantes institucionais permanentes, cujas funções serão exercidas por Conselheiros Federais por ela designados, *ad referendum* do Conselho Pleno, destinadas ao acompanhamento dos interesses da Advocacia no Conselho Nacional de Justiça e no Conselho Nacional do Ministério Público.

§ 4º acrescentado pela Resolução do CFOAB 1/2015.

Art. 128. O Conselho Seccional, até 45 (quarenta e cinco) dias antes da data de votação, no último ano do mandato, convocará os advogados inscritos para a votação obrigatória, mediante edital resumido, publicado na imprensa oficial, do qual constarão, dentre outros, os seguintes itens:

→ *Caput* com redação alterada pela Resolução CFOAB 1/2014.

I – dia da eleição, na segunda quinzena de novembro, dentro do prazo contínuo de 8 (oito) horas, com início fixado pelo Conselho Seccional;

II – prazo para o registro das chapas, na Secretaria do Conselho, até 30 (trinta) dias antes da votação;

III – modo de composição da chapa, incluindo o número de membros do Conselho Seccional;

IV – prazo de 3 (três) dias úteis, tanto para a impugnação das chapas quanto para a defesa, após o encerramento do prazo do pedido de registro (item II), e de 5 (cinco) dias úteis para a decisão da Comissão Eleitoral;

V – nominata dos membros da Comissão Eleitoral escolhida pela Diretoria;

VI – locais de votação;

VII – referência a este capítulo do Regulamento Geral, cujo conteúdo estará à disposição dos interessados.

§ 1º O edital define se as chapas concorrentes às Subseções são registradas nestas ou na Secretaria do próprio Conselho.

§ 2º Cabe aos Conselhos Seccionais promover ampla divulgação das eleições, em seus meios de comunicação, não podendo recusar a publicação, em condições de absoluta igualdade, do programa de todas as chapas.

→ § 2º com redação alterada pelo Conselho Pleno do CFOAB (*D.J.* 12.12.2000).

§ 3º Mediante requerimento escrito formulado pela chapa e assinado por seu representante legal, dirigido ao Presidente da Comissão Eleitoral, esta fornecerá, em 72 (setenta e duas) horas, listagem atualizada com nome e endereço postal dos advogados.

→ § 3º com redação alterada pela Resolução do Conselho Pleno CFOAB 2/2011.

→ A Res. CFOAB 5, de 5.7.2016, cuja vigência é de 180 dias após sua publicação oficial, altera a redação do § 3º para: "*§ 3º Mediante requerimento escrito formulado pela chapa e assinado por seu representante legal, dirigido ao Presidente da Comissão Eleitoral, esta fornecerá, em 72 (setenta e duas) horas, listagem atualizada com nome, nome social e endereço postal dos advogados.*"

§ 4º A listagem a que se refere o § 3º será fornecida mediante o pagamento das taxas fixadas pelo Conselho Seccional, não se admitindo mais de um requerimento por chapa concorrente.

→ § 4º acrescentado pelo Conselho Pleno do CFOAB (*D.J.* 12.12.2000).

Art. 128-A. A Diretoria do Conselho Federal, no mês de fevereiro do ano das eleições, designará Comissão Eleitoral Nacional, composta por 05 (cinco) advogados e presidida preferencialmente por Conselheiro Federal que não seja candidato, como órgão deliberativo encarregado de supervisionar, com função correcional e consultiva, as eleições seccionais e a eleição para a Diretoria do Conselho Federal.

→ Artigo acrescentado pela Resolução CFOAB 1/2014.

Art. 129. A Comissão Eleitoral é composta de cinco advogados, sendo um Presidente, que não integrem qualquer das chapas concorrentes.

§ 1º A Comissão Eleitoral utiliza os serviços das Secretarias do Conselho Seccional e das Subseções, com o apoio necessário de suas Diretorias, convocando ou atribuindo tarefas aos respectivos servidores.

§ 2º No prazo de 5 (cinco) dias úteis, após a publicação do edital de convocação das eleições, qualquer advogado pode arguir a suspeição de membro da Comissão Eleitoral, a ser julgada pelo Conselho Seccional.

§ 3º A Comissão Eleitoral pode designar Subcomissões para auxiliar suas atividades nas Subseções.

§ 4º As mesas eleitorais são designadas pela Comissão Eleitoral.

§ 5º A Diretoria do Conselho Seccional pode substituir os membros da Comissão Eleitoral quando, comprovadamente, não estejam cumprindo suas atividades, em prejuízo da organização e da execução das eleições.

Art. 130. Contra decisão da Comissão Eleitoral cabe recurso ao Conselho Seccional, no prazo de 15 (quinze) dias, e deste para o Conselho Federal, no mesmo prazo, ambos sem efeito suspensivo.

Parágrafo único. Quando a maioria dos membros do Conselho Seccional estiver concorrendo às eleições, o recurso contra decisão da Comissão Eleitoral será encaminhado diretamente ao Conselho Federal.

→ Parágrafo único acrescentado pela Resolução do Conselho Pleno CFOAB 2/2011.

Art. 131. São admitidas a registro apenas chapas completas, que deverão atender ao mínimo de 30% (trinta por cento) e ao máximo de 70% (setenta por cento) para candidaturas de cada sexo, com indicação dos candidatos aos cargos de diretoria do Conselho Seccional, de conselheiros seccionais, de conselheiros federais, de diretoria da Caixa de Assistência dos Advogados e de suplentes, se houver, sendo vedadas candidaturas isoladas ou que integrem mais de uma chapa.

→ Artigo com redação alterada pela Resolução CFOAB 1/2014.

§ 1º O percentual mínimo previsto no *caput* deste artigo poderá ser alcançado levando-se em consideração a chapa completa, compreendendo os cargos de titular e de suplência, não sendo obrigatória a observância em cargos específicos ou de diretoria, incluindo a do Conselho Federal.

→ § 1º com redação alterada pela Resolução CFOAB 1/2014.

§ 2º Para o alcance do percentual mínimo previsto no *caput* deste artigo observar-se-á o arredondamento de fração para cima, considerando-se o número inteiro de vagas subsequente.

→ § 2º com redação alterada pela Resolução CFOAB 1/2014.

→ *v.* Arts. 4º e 5º do Provimento do CFOAB 146/2011.

§ 3º É facultativa a observação do percentual mínimo previsto neste artigo nas Subseções que não possuam Conselho.

→ § 3º com redação alterada pela Resolução CFOAB 1/2014.

§ 4º O requerimento de inscrição, dirigido ao Presidente da Comissão Eleitoral, é subscrito pelo candidato a Presidente e por 02 (dois) outros candidatos à Diretoria, contendo nome completo, nº de inscrição na OAB e endereço profissional de cada candidato, com indicação do cargo a que concorre, acompanhado das autorizações escritas dos integrantes da chapa.

→ § 4º com redação alterada pela Resolução CFOAB 1/2014.

→ A Res. CFOAB 5, de 05.07.2016, cuja vigência é de 180 dias após sua publicação oficial, altera a redação do § 4º para: "*§ 4º O requerimento de inscrição, dirigido ao Presidente da Comissão Eleitoral, é subscrito pelo candidato a Presidente e por 02 (dois) outros candidatos à Diretoria, contendo nome completo, nome social, nº de inscrição na OAB e endereço profissional de cada candidato, com indicação do cargo a que concorre, acompanhado das autorizações escritas dos integrantes da chapa.*"

§ 5º Somente integra chapa o candidato que, cumulativamente:

→ § 5º com redação alterada pela Resolução CFOAB 1/2014.

a) seja advogado regularmente inscrito na respectiva Seccional da OAB, com inscrição principal ou suplementar;

b) esteja em dia com as anuidades;

c) não ocupe cargos ou funções incompatíveis com a advocacia, referidos no art. 28 do Estatuto, em caráter permanente ou temporário, ressalvado o disposto no art. 83 da mesma Lei;

d) não ocupe cargos ou funções dos quais possa ser exonerável *ad nutum*, mesmo que compatíveis com a advocacia;

e) não tenha sido condenado em definitivo por qualquer infração disciplinar, salvo se reabilitado pela OAB, ou não tenha representação disciplinar em curso, já julgada procedente por órgão do Conselho Federal;

f) exerça efetivamente a profissão, há mais de cinco anos, excluído o período de estagiário, sendo facultado à Comissão Eleitoral exigir a devida comprovação;

g) não esteja em débito com a prestação de contas ao Conselho Federal, na condição de dirigente do Conselho Seccional ou da Caixa de Assistência dos Advogados, responsável pelas referidas contas, ou não tenha tido prestação de contas rejeitada, após apreciação do Conselho Federal, com trânsito em julgado, nos 08 (oito) anos seguintes;

h) com contas rejeitadas segundo o disposto na alínea *a* do inciso II do art. 7º do Provimento n. 101/2003, ressarcir o dano apurado pelo Conselho Federal, sem prejuízo do cumprimento do prazo de 08 (oito) anos previsto na alínea *g*;

i) não integre listas, com processo em tramitação, para provimento de cargos nos tribunais judiciais ou administrativos.

§ 6º A Comissão Eleitoral publica no quadro de avisos das Secretarias do Conselho Seccional e das subseções a composição das chapas com registro requerido, para fins de impugnação por qualquer advogado inscrito.

→ § 6º com redação alterada pela Resolução CFOAB 1/2014.

§ 7º A Comissão Eleitoral suspende o registro da chapa incompleta ou que inclua candidato inelegível na forma do § 5º, concedendo ao candidato a Presidente do Conselho Seccional prazo improrrogável de cinco dias úteis para sanar a irregularidade, devendo a Secretaria e a Tesouraria do Conselho ou da Subseção prestar as informações necessárias.

→ § 7º com redação alterada pela Resolução CFOAB 1/2014.

§ 8º A chapa é registrada com denominação própria, observada a preferência pela ordem de apresentação dos requerimentos, não podendo as seguintes utilizar termos, símbolos ou expressões iguais ou assemelhados.

→ § 8º acrescentado pela Resolução CFOAB 1/2014.

§ 9º Em caso de desistência, morte ou inelegibilidade de qualquer integrante da chapa, a substituição pode ser requerida, sem alteração da cédula única já composta, considerando-se votado o substituído.

→ § 9º acrescentado pela Resolução CFOAB 1/2014.

§ 10. Os membros dos órgãos da OAB, no desempenho de seus mandatos, podem neles permanecer se concorrerem às eleições.

→ § 10 acrescentado pela Resolução CFOAB 1/2014.

Art. 131-A. São condições de elegibilidade: ser o candidato advogado inscrito na Seccional, com inscrição principal ou suplementar, em efetivo exercício há mais de 5 (cinco) anos, e estar em dia com as anuidades na data de protocolo do pedido de registro de candidatura, considerando-se regulares aqueles que parcelaram seus débitos e estão adimplentes com a quitação das parcelas.

→ Artigo acrescentado pela Resolução do Conselho Pleno CFOAB 2/2011.

§ 1º O candidato deverá comprovar sua adimplência junto à OAB por meio da apresentação de certidão da Seccional onde é candidato.

§ 2º Sendo o candidato inscrito em várias Seccionais, deverá, ainda, quando da inscrição da chapa na qual concorrer, declarar, sob a sua responsabilidade e sob as penas legais, que se encontra adimplente com todas elas.

§ 3º O período de 5 (cinco) anos estabelecido no *caput* deste artigo é o que antecede imediatamente a data da posse, computado continuamente.

Art. 131-B. Desde o pedido de registro da chapa, poderá ser efetuada doação para a campanha por advogados, inclusive candidatos, sendo vedada a doação por pessoas físicas que não sejam advogados e por qualquer empresa ou pessoa jurídica, sob pena de indeferimento de registro ou cassação do mandato.

→ Artigo acrescentado pela Resolução CFOAB 1/2014.

→ A Resolução 1/2014, de 4.11.2014, do Conselho Pleno, estabeleceu no seu art. 2º: "Art. 2º O disposto nos §§ 1º e 2º do art. 131-B do Regulamento Geral, segundo a redação atribuída por esta Resolução, será regulamentado em normativo posterior do Conselho Federal, que organizará o sistema de controle interno para esse fim, devendo ser aplicado a partir das eleições da Ordem dos Advogados do Brasil a serem realizadas no ano de 2018".

§ 1º Será obrigatória a prestação de contas de campanha por parte das chapas concorrentes, devendo ser fixado pelo Conselho Federal o limite máximo de gastos.

§ 2º Também será fixado pelo Conselho Federal o limite máximo de doações para as campanhas eleitorais por parte de quem não é candidato.

Art. 132. A votação será realizada através de urna eletrônica, salvo comprovada impossibilidade, devendo ser feita no número atribuído a cada chapa, por ordem de inscrição.

→ *Caput* com redação alterada pela Resolução do Conselho Pleno CFOAB 2/2011.

§ 1º Caso não seja adotada a votação eletrônica, a cédula eleitoral será única, contendo as chapas concorrentes na ordem em que foram registradas, com uma só quadrícula ao lado de cada denominação, e agrupadas em colunas, observada a seguinte ordem:

→ § 1º acrescentado pelo Conselho Pleno do CFOAB (*D.J.* 9.12.2005).

I – denominação da chapa e nome do candidato a Presidente, em destaque;

→ A Res. CFOAB 5, de 05.07.2016, cuja vigência é de 180 dias após sua publicação oficial, altera a redação do inc. I para: "*I – denominação da chapa e nome ou nome social do candidato a Presidente, em destaque*;"

II – Diretoria do Conselho Seccional;

III – Conselheiros Seccionais;

IV – Conselheiros Federais;

V – Diretoria da Caixa de Assistência dos Advogados;

VI – Suplentes.

§ 2º Nas Subseções, não sendo adotado o voto eletrônico, além da cédula referida neste Capítulo, haverá outra cédula para as chapas concorrentes à Diretoria da Subseção e do respectivo Conselho, se houver, observando-se idêntica forma.

→ § 2º acrescentado pelo Conselho Pleno do CFOAB (*D.J.* 9.12.2005).

§ 3º O Conselho Seccional, ao criar o Conselho da Subseção, fixará, na resolução, a data da eleição suplementar, regulamentando-a segundo as regras deste Capítulo.

→ § 3º acrescentado pelo Conselho Pleno do CFOAB (*D.J.* 9.12.2005).

§ 4º Os eleitos ao primeiro Conselho da Subseção complementam o prazo do mandato da Diretoria.

→ § 4º acrescentado pelo Conselho Pleno do CFOAB (*D.J.* 9.12.2005).

Art. 133. Perderá o registro a chapa que praticar ato de abuso de poder econômico, político e dos meios de comunicação, ou for diretamente beneficiada, ato esse que se configura por:

→ *v.* Art. 10 do Provimento do CFOAB 146/2011.

I – propaganda transmitida por meio de emissora de televisão ou rádio, permitindo-se entrevistas e debates com os candidatos;

→ Inciso I acrescentado pelo Conselho Pleno do CFOAB (*D.J.* 9.12.2005).

II – propaganda por meio de *outdoors* ou com emprego de carros de som ou assemelhados;

→ Inciso II acrescentado pelo Conselho Pleno do CFOAB (*D.J.* 9.12.2005).

III – propaganda na imprensa, a qualquer título, ainda que gratuita, que exceda, por edição, a 1/8 (um oitavo) de página de jornal padrão e a 1/4 (um quarto) de página de revista ou tabloide, não podendo exceder, ainda, a 10 (dez) edições;

→ Inciso III com redação alterada pela Resolução do Conselho Pleno CFOAB 2/2011.

IV – uso de bens imóveis e móveis pertencentes à OAB, à Administração direta ou indireta da União, dos Estados, do Distrito Federal e dos Municípios, ou de serviços por estes custeados, em benefício de chapa ou de candidato, ressalvados os espaços da Ordem que devam ser utilizados, indistintamente, pelas chapas concorrentes;

→ Inciso IV acrescentado pelo Conselho Pleno do CFOAB (*D.J.* 9.12.2005).

V – pagamento, por candidato ou chapa, de anuidades de advogados ou fornecimento de quaisquer outros tipos de recursos financeiros ou materiais que possam desvirtuar a liberdade do voto;

→ Inciso V acrescentado pelo Conselho Pleno do CFOAB (*D.J.* 9.12.2005).

VI – utilização de servidores da OAB em atividades de campanha eleitoral.

→ Inciso VI acrescentado pelo Conselho Pleno do CFOAB (*D.J.* 9.12.2005).

§ 1º A propaganda eleitoral, que só poderá ter início após o pedido de registro da chapa, tem como finalidade apresentar e debater propostas e ideias relacionadas às finalidades da OAB e aos interesses da Advocacia, sendo vedada a prática de atos que visem a exclusiva promoção pessoal de candidatos e, ainda, a abordagem de temas de modo a comprometer a dignidade da profissão e da Ordem dos Advogados do Brasil ou ofender a honra e imagem de candidatos.

→ § 1º com redação alterada pela Resolução CFOAB 1/2014.

§ 2º A propaganda antecipada ou proibida importará em notificação de advertência a ser expedida pela Comissão Eleitoral competente para que, em 24 (vinte e quatro horas), seja suspensa, sob pena de aplicação de multa correspondente ao valor de 01 (uma) até 10 (dez) anuidades.

→ § 2º com redação alterada pela Resolução CFOAB 1/2014.

§ 3º Havendo recalcitrância ou reincidência, a Comissão Eleitoral procederá à abertura de procedimento de indeferimento ou cassação de registro da chapa ou do mandato, se já tiver sido eleita.

→ § 3º com redação alterada pela Resolução CFOAB 1/2014.

§ 4º Se a Comissão Eleitoral entender que qualquer ato configure infração disciplinar, deverá notificar os órgãos correcionais competentes da OAB.

→ § 4º com redação alterada pela Resolução CFOAB 1/2014.

§ 5º É vedada:

→ § 5º com redação alterada pela Resolução CFOAB 1/2014.

I – no período de 15 (quinze) dias antes da data das eleições, a divulgação de pesquisa eleitoral;

II – no período de 30 (trinta) dias antes da data das eleições, a regularização da situação financeira de advogado perante a OAB para torná-lo apto a votar;

III – no período de 60 (sessenta) dias antes das eleições, a promoção pessoal de candidatos na inauguração de obras e serviços da OAB;

IV – no período de 90 (noventa) dias antes da data das eleições, a concessão ou distribuição, às Seccionais e Subseções, por dirigente, candidato ou chapa, de recursos financeiros, salvo os destinados ao pagamento de despesas de pessoal e de custeio ou decorrentes de obrigações e de projetos preexistentes, bem como de máquinas, equipamentos, móveis e utensílios, ressalvados os casos de reposição, e a convolação de débitos em auxílios financeiros, salvo quanto a obrigações e a projetos preexistentes.

§ 6º Qualquer chapa pode representar, à Comissão Eleitoral, relatando fatos e indicando provas, indícios e circunstâncias, para que se promova a apuração de abuso.

→ § 6º com redação alterada pela Resolução CFOAB 1/2014.

→ *v.* Art. 14 do Provimento CFOAB 146/2011.

§ 7º Cabe ao Presidente da Comissão Eleitoral, de ofício ou mediante representação, até a proclamação do resultado do pleito, instaurar processo e determinar a notificação da chapa representada, por intermédio de qualquer dos candidatos à Diretoria do Conselho ou, se for o caso, da Subseção, para que apresente defesa no prazo de 5 (cinco) dias, acompanhada de documentos e rol de testemunhas.

→ § 7º com redação alterada pela Resolução CFOAB 1/2014.

§ 8º Pode o Presidente da Comissão Eleitoral determinar à representada que suspenda o ato impugnado, se entender relevante o fundamento e necessária a medida para preservar a normalidade e legitimidade do pleito, cabendo recurso, à Comissão Eleitoral, no prazo de 3 (três) dias.

→ § 8º com redação alterada pela Resolução CFOAB 1/2014.

§ 9º Apresentada ou não a defesa, a Comissão Eleitoral procede, se for o caso, a instrução do processo, pela requisição de documentos e a oitiva de testemunhas, no prazo de 3 (três) dias.

→ § 9º com redação alterada pela Resolução CFOAB 1/2014.

§ 10. Encerrada a dilação probatória, as partes terão prazo comum de 2 (dois) dias para apresentação das alegações finais.

→ § 10 com redação alterada pela Resolução CFOAB 1/2014.

§ 11. Findo o prazo de alegações finais, a Comissão Eleitoral decidirá, em no máximo 2 (dois) dias, notificando as partes da decisão, podendo, para isso, valer-se do uso de fax.

→ § 11 com redação alterada pela Resolução CFOAB 1/2014.

§ 12. A decisão que julgar procedente a representação implica no cancelamento de registro da chapa representada e, se for o caso, na anulação dos votos, com a perda do mandato de seus componentes.

→ § 12 com redação alterada pela Resolução CFOAB 1/2014.

§ 13. Se a nulidade atingir mais da metade dos votos a eleição estará prejudicada, convocando-se outra no prazo de 30 (trinta) dias.

→ § 13 acrescentado pela Resolução CFOAB 1/2014.

§ 14. Os candidatos da chapa que tiverem dado causa à anulação da eleição não podem concorrer no pleito que se realizar em complemento.

→ § 14 acrescentado pela Resolução CFOAB 1/2014.

§ 15. Ressalvado o disposto no § 7º deste artigo, os prazos correm em Secretaria, publicando-se, no quadro de avisos do Conselho Seccional ou da Subseção, se for o caso, os editais relativos aos atos do processo eleitoral.

→ § 15 acrescentado pela Resolução CFOAB 1/2014.

Art. 134. O voto é obrigatório para todos os advogados inscritos da OAB, sob pena de multa equivalente a 20% (vinte por cento) do valor da anuidade, salvo ausência justificada por escrito, a ser apreciada pela Diretoria do Conselho Seccional.

§ 1º O eleitor faz prova de sua legitimação apresentando seu Cartão ou a Carteira de Identidade de Advogado, a Cédula de Identidade – RG, a Carteira Nacional de Habilitação – CNH, a Carteira de Trabalho e Previdência Social – CTPS ou o Passaporte, e o comprovante de quitação com a OAB, suprível por listagem atualizada da Tesouraria do Conselho ou da Subseção.

→ § 1º com redação alterada pela Resolução do Conselho Pleno CFOAB 2/2011.

§ 2º O eleitor, na cabine indevassável, deverá optar pela chapa de sua escolha, na urna eletrônica ou na cédula fornecida e rubricada pelo presidente da mesa eleitoral.

→ § 2º com redação alterada pela Resolução do Conselho Pleno CFOAB 2/2011.

§ 3º Não pode o eleitor suprir ou acrescentar nomes ou rasurar a cédula, sob pena de nulidade do voto.

§ 4º O advogado com inscrição suplementar pode exercer opção de voto, comunicando ao Conselho onde tenha inscrição principal.

§ 5º O eleitor somente pode votar no local que lhe for designado, sendo vedada a votação em trânsito.

§ 6º Na hipótese de voto eletrônico, adotar-se-ão, no que couber, as regras estabelecidas na legislação eleitoral.

→ § 6º acrescentado pelo Conselho Pleno do CFOAB (*D.J.* 24.11.1997).

§ 7º A transferência do domicílio eleitoral para exercício do voto somente poderá ser requerida até as 18 (dezoito) horas do dia anterior à publicação do edital de abertura do período eleitoral da respectiva Seccional, observado o art. 10 do Estatuto e ressalvados os casos do § 4º do art. 134 do Regulamento Geral e dos novos inscritos.

→ § 7º acrescentado pela Resolução do Conselho Pleno do CFOAB 4/2012.

Art. 135. Encerrada a votação, as mesas receptoras apuram os votos das respectivas urnas, nos mesmos locais ou em outros designados pela Comissão Eleitoral, preenchendo e assinando os documentos dos resultados e entregando todo o material à Comissão Eleitoral ou à Subcomissão.

§ 1º As chapas concorrentes podem credenciar até dois fiscais para atuar alternadamente junto a cada mesa eleitoral e assinar os documentos dos resultados.

§ 2º As impugnações promovidas pelos fiscais são registradas nos documentos dos resultados, pela mesa, para decisão da Comissão Eleitoral ou de sua Subcomissão, mas não prejudicam a contagem de cada urna.

§ 3º As impugnações devem ser formuladas às mesas eleitorais, sob pena de preclusão.

Art. 136. Concluída a totalização da apuração pela Comissão Eleitoral, esta proclamará o resultado, lavrando ata encaminhada ao Conselho Seccional.

§ 1º São considerados eleitos os integrantes da chapa que obtiver a maioria dos votos válidos, proclamada vencedora pela Comissão Eleitoral, sendo empossados no primeiro dia do início de seus mandatos.

§ 2º A totalização dos votos relativos às eleições para diretoria da Subseção e do conselho, quando houver, é promovida pela Subcomissão Eleitoral, que proclama o resultado, lavrando ata encaminhada à Subseção e ao Conselho Seccional.

Art. 137. A eleição para a Diretoria do Conselho Federal observa o disposto no art. 67 do Estatuto.

§ 1º O requerimento de registro das candidaturas, a ser apreciado pela Diretoria do Conselho Federal, deve ser protocolado ou postado com endereçamento ao Presidente da entidade:

→ § 1º com redação alterada pela Resolução do CFOAB 1/2006.

I – de 31 de julho a 31 de dezembro do ano anterior à eleição, para registro de candidatura à Presidência, acompanhado das declarações de apoio de, no mínimo, seis Conselhos Seccionais;

II – até 31 de dezembro do ano anterior à eleição, para registro de chapa completa, com assinaturas, nomes, números de inscrição na OAB e comprovantes de eleição para o Conselho Federal, dos candidatos aos demais cargos da Diretoria.

→ A Res. CFOAB 5, de 05.07.2016, cuja vigência é de 180 dias após sua publicação oficial, altera a redação do inc. II para: "*II – até 31 de dezembro do ano anterior à eleição, para registro de chapa completa, com assinaturas, nomes, nomes sociais, números de inscrição na OAB e comprovantes de eleição para o Conselho Federal, dos candidatos aos demais cargos da Diretoria.*"

§ 2º Os recursos interpostos nos processos de registro de chapas serão decididos pelo Conselho Pleno do Conselho Federal.

→ § 2º com redação alterada pela Resolução do CFOAB 1/2006.

§ 3º A Diretoria do Conselho Federal concederá o prazo de 5 (cinco) dias úteis para a correção de eventuais irregularidades sanáveis.

→ § 3º com redação alterada pela Resolução do CFOAB 1/2006.

§ 4º O Conselho Federal confecciona as cédulas únicas, com indicação dos nomes das chapas, dos respectivos integrantes e dos cargos a que concorrem, na ordem em que forem registradas.

→ § 4º com redação alterada pela Resolução do CFOAB 1/2006.

§ 5º O eleitor indica seu voto assinalando a quadrícula ao lado da chapa escolhida.

→ § 5º com redação alterada pela Resolução do CFOAB 1/2006.

§ 6º Não pode o eleitor suprimir ou acrescentar nomes ou rasurar a cédula, sob pena de nulidade do voto.

→ § 6º com redação alterada pela Resolução do CFOAB 1/2006.

§ 7º *(Suprimido pela Resolução do CFOAB 1/2006).*

Art. 137-A. A eleição dos membros da Diretoria do Conselho Federal será realizada às 19 horas do dia 31 de janeiro do ano seguinte ao da eleição nas Seccionais.

→ Artigo com redação alterada pela Resolução do CFOAB 1/2006.

§ 1º Comporão o colégio eleitoral os Conselheiros Federais eleitos no ano anterior, nas respectivas Seccionais.

§ 2º O colégio eleitoral será presidido pelo mais antigo dos Conselheiros Federais eleitos, e, em caso de empate, o de inscrição mais antiga, o qual designará um dos membros como Secretário.

§ 3º O colégio eleitoral reunir-se-á no Plenário do Conselho Federal, devendo os seus membros ocupar as bancadas das respectivas Unidades federadas.

§ 4º Instalada a sessão, com a presença da maioria absoluta dos Conselheiros Federais eleitos, será feita a distribuição da cédula de votação a todos os eleitores, incluído o Presidente.

§ 5º As cédulas serão rubricadas pelo Presidente e pelo Secretário-Geral e distribuídas entre todos os membros presentes.

§ 6º O colégio eleitoral contará com serviços de apoio de servidores do Conselho Federal, especificamente designados pela Diretoria.

§ 7º As cédulas deverão ser recolhidas mediante o chamamento dos representantes de cada uma das Unidades federadas, observada a ordem alfabética, devendo ser depositadas em urna colocada na parte central e à frente da mesa, após o que o eleitor deverá assinar lista de frequência, sob guarda do Secretário-Geral.

§ 8º Imediatamente após a votação, será feita a apuração dos votos por comissão de três membros, designada pelo Presidente, dela não podendo fazer parte eleitor da mesma Unidade federada dos integrantes das chapas.

§ 9º Será proclamada eleita a chapa que obtiver a maioria simples do colegiado, presente metade mais um dos eleitores.

§ 10. No caso de nenhuma das chapas atingir a maioria indicada no § 9º, haverá outra votação, na qual concorrerão as duas chapas mais votadas, repetindo-se a votação até que a maioria seja atingida.

§ 11. Proclamada a chapa eleita, será suspensa a reunião para a elaboração da ata, que deverá ser lida, discutida e votada, considerada aprovada se obtiver a maioria de votos dos presentes. As impugnações serão apreciadas imediatamente pelo colégio eleitoral.

Art. 137-B. Os membros do colegiado tomarão posse para o exercício do mandato trienal de Conselheiro Federal, em reunião realizada no Plenário, presidida pelo Presidente do Conselho Federal, após prestarem o respectivo compromisso.

→ Artigo acrescentado pela Resolução do CFOAB 1/2006 (*D.J.* 4.9.2006).

Art. 137-C. Na ausência de normas expressas no Estatuto e neste Regulamento, ou em Provimento, aplica-se, supletivamente, no que couber, a legislação eleitoral.

→ Artigo acrescentado pela Resolução do CFOAB 1/2006 (*D.J.* 4.9.2006).

Questões comentadas

(IX EXAME DE ORDEM UNIFICADO– FGV) O cargo de Presidente da Caixa dos Advogados é dos mais relevantes para a OAB. Um advogado eleito para tal cargo, não tendo como concluir o seu mandato, de acordo com as normas do Regulamento Geral do Estatuto da Advocacia e da OAB, deve prestar contas

(A) ao presidente do Conselho Federal titular.

(B) ao secretário do Conselho Seccional em exercício.

(C) ao coordenador do Conselho Fiscal ou Deliberativo.

(D) ao presidente da Caixa dos Advogados sucessor.

COMENTÁRIO

A alternativa "D" está correta. Nos exatos termos do art. 59 do RGOAB, deixando o cargo, por qualquer motivo, no curso do mandato, os Presidentes do Conselho Federal, do Conselho Seccional, da Caixa de Assistência e da Subseção apresentam, de forma sucinta, relatório e contas ao seu sucessor.

(IX EXAME DE ORDEM UNIFICADO – FGV) A respeito do voto e da participação na eleição para o Conselho Seccional da Ordem dos Advogados do Brasil, de acordo com as normas do Regulamento Geral do Estatuto da Advocacia e da OAB, assinale a afirmativa correta.

(A) É voluntário o voto, podendo candidatar-se o advogado com mais de cinco anos de atividade.

(B) É obrigatório o voto, podendo inscrever-se, para ocupar cargos no Conselho, qualquer advogado independente do tempo de exercício.

(C) É voluntário o voto, sendo a eleição direta e secreta, escolhendo os membros do Conselho Seccional e Federal.

(D) É obrigatório o voto, podendo o advogado com inscrição suplementar há mais de cinco anos ser candidato na seccional.

COMENTÁRIO

A alternativa "D" está correta. De fato, o voto é obrigatório, sob pena de a ausência injustificada às eleições gerar multa de 20% da anuidade ao advogado (art. 134, *caput*, do RGOAB). A respeito das condições de elegibilidade, temos as seguintes, conforme dispõe o art. 131-A do RGOAB: i) ser o candidato advogado inscrito na Seccional, *com inscrição principal ou suplementar*, em efetivo exercício há mais de 05 (cinco) anos; ii) estar em dia com as anuidades na data de protocolo do pedido de registro de candidatura, considerando-se regulares aqueles que parcelaram seus débitos e estão adimplentes com a quitação das parcelas.

A alternativa "A" está incorreta. O voto, nas eleições da OAB, é obrigatório, nos termos do art. 128, *caput*, do RGOAB. Ainda, apenas podem candidatar-se os advogados que, conforme preconiza o art. 131, § 5º, *f*, exerçam efetivamente a profissão, há mais de cinco anos, excluído o período de estagiário, sendo facultado à Comissão Eleitoral exigir a devida comprovação.

A alternativa "B" está incorreta. Como visto no comentário anterior, é condição de elegibilidade a cargo na OAB exercer efetivamente a profissão há mais de cinco anos (arts. 131, § 5º, *f*, e 131-A, *caput*, do RGOAB).

A alternativa "C" está incorreta. O voto, também afirmamos, é obrigatório (art. 128, *caput*, do RGOAB). Outrossim, as eleições à Diretoria do Conselho Federal não são diretas, vale dizer, não haverá votação por todos os advogados, mas, apenas, pelo colégio eleitoral integrado pelos Conselheiros Federais eleitos no ano anterior (art. 137-A, § 1º, do RGOAB).

(XV EXAME DE ORDEM UNIFICADO – FGV) Messias é advogado com mais de trinta anos de atuação profissional e deseja colaborar para o aperfeiçoamento da advocacia. O Presidente da Seccional onde possui inscrição principal sugere que ele participe da política associativa e lance sua candidatura a Conselheiro Federal.

Observadas as regras do Estatuto da OAB, assinale a afirmativa correta.

(A) A eleição de Conselheiro Federal da OAB é indireta e secreta.

(B) O Conselheiro Federal da OAB integra uma das chapas concorrentes para as eleições seccionais.

(C) A indicação para o Conselho Federal é realizada pelo Colégio de Presidentes da OAB.

(D) O Conselheiro Federal é indicado livremente pelas Seccionais da OAB

COMENTÁRIO

A alternativa "B" está correta, estando de acordo com o art. 64, § 1º, EAOAB. Confira-se: "a chapa para o Conselho Seccional deve ser composta dos candidatos ao Conselho e à sua Diretoria e, ainda, à delegação ao Conselho Federal e à Diretoria da Caixa de Assistência dos Advogados para eleição conjunta".

A alternativa "A" está incorreta, pois a eleição de Conselheiro Federal da OAB é direta, cabendo à chapa do Conselho Seccional contemplar os nomes de cada um dos conselheiros federais, que integrarão a delegação, composta de 3 Conselheiros Federais (art. 64, § 1º, EAOAB).

As alternativas "C" e "D" estão incorretas. A indicação para o Conselho Federal ocorrerá na própria chapa para o Conselho Seccional.

Dicas de última hora

1. À falta de norma específica em matéria de eleições na OAB, aplicar-se-á, supletivamente, a legislação eleitoral.

2. O mandato na OAB tem duração de 3 (três) anos, sendo gratuito (não remunerado).

3. As eleições ocorrem na segunda quinzena do mês de novembro do último ano do mandato, exceto para a Diretoria do CFOAB, que ocorrerá em 31 de janeiro do ano seguinte, às 19h00, em sessão presidida pelo conselheiro federal mais antigo.

4. A posse para os cargos ocorrerá em 1º de janeiro, exceto para os da Diretoria do CFOAB, que ocorrerá em 1º de fevereiro.

5. São inadmissíveis candidaturas isoladas, sendo obrigatório que as chapas sejam completas, contemplando todos os cargos.

6. Uma das condições de elegibilidade é a regularidade financeira para com a OAB, ou seja, advogado inadimplente com relação à anuidade não pode concorrer a qualquer cargo eletivo.

7. A votação nas eleições ocorrerá preferencialmente por meio de urna eletrônica, ou, na impossibilidade, em cédula única.

8. A votação é de comparecimento obrigatório, sob pena de multa de 20% do valor da anuidade, salvo ausência justificada por escrito, que será apreciada pela Diretoria do Conselho Seccional.

9. É inadmissível o voto em trânsito.

10. Poderá ser efetuada doação para a campanha por advogados, inclusive candidatos, sendo vedada a doação por pessoas físicas que não sejam advogados e por qualquer empresa ou pessoa jurídica, sob pena de indeferimento de registro ou cassação do mandato.

Capítulo 15

SIGILO PROFISSIONAL

1. SIGILO PROFISSIONAL DO ADVOGADO (ARTS. 35 A 38, CED)

O **sigilo profissional** corresponde ao **dever do advogado** de resguardar as **informações** recebidas ou os **fatos** de que tenha tomado conhecimento **em razão do exercício de sua função**.

De acordo com o art. 35, *caput* e parágrafo único, CED, extraímos a regra de que o advogado tem o dever de guardar sigilo dos fatos de que tome conhecimento no exercício da profissão, abrangendo, também, os fatos de que tenha tido conhecimento em virtude de funções desempenhadas na própria OAB, bem como quando atuar nas funções de mediador, conciliador e árbitro (art. 36, § 2º, CED).

Importante ressaltar que o sigilo profissional é de **ordem pública**, vale dizer, de natureza cogente ao advogado, que deverá observá-lo independentemente de solicitação de reserva que lhe seja feita pelo cliente (art. 36, CED).

Há **presunção de confidencialidade** das comunicações de qualquer natureza entre advogado e cliente (art. 36, § 1º, CED), tais como *e-mails*, cartas, telegramas, mensagens eletrônicas por dispositivos móveis (smartphones) etc.

O art. 37, CED traz algumas situações em que o sigilo **cederá em face de circunstâncias excepcionais** que configurem justa causa, como nos casos de **grave ameaça ao direito à vida** e à **honra** ou que **envolvam defesa própria** do advogado.

A **violação do sigilo**, fora dos casos excepcionais, acarreta o reconhecimento de **infração ética** praticada pelo advogado, sujeitando-o à sanção de **censura** (art. 34, VII, EAOAB).

Finalmente, dispõe o art. 38, CED, que o advogado **não é obrigado a depor**, em processo ou procedimento judicial, administrativo ou arbitral, sobre fatos a cujo respeito deva guardar **sigilo profissional**.

Trata-se, aqui, de norma complementar à prerrogativa prevista no art. 7º, XIX, EAOAB, que prevê ser direito do advogado **recusar-se a depor** como testemunha em processo no qual funcionou ou deva funcionar, ou sobre fato relacionado com pessoa de quem seja ou foi advogado, **mesmo quando autorizado ou solicitado pelo constituinte**, bem como sobre fato que constitua sigilo profissional.

2. PRAZO DE DURAÇÃO DO SIGILO

O sigilo profissional é **eterno**, vale dizer, exceto nas situações anteriormente descritas, não poderá ser rompido pelo advogado, sob pena de responder disciplinarmente pela falta.

3. ABSTENÇÃO BIENAL 17

Não é dado ao advogado demandar contra seu ex-cliente ou ex-empregador antes de escoado o prazo de **dois anos** do fim da relação contratual, o que se denomina **abstenção bienal**.

Contudo, mesmo esgotado o biênio, o advogado jamais poderá se utilizar de informações obtidas durante a relação com a outra parte em virtude do mandato ou contrato. Lembre-se: o *sigilo é eterno!*

4. QUADRO-RESUMO

Sigilo profissional	
Conceito	Dever imposto ao advogado, que deverá resguardar os fatos e as informações que tenha tomado conhecimento em razão do exercício profissional, ou em virtude de funções exercidas na OAB ou quando tiver atuado na condição de mediador, conciliador ou árbitro.
Natureza	Cogente, de ordem pública. Não poderá o advogado violar o sigilo profissional, que não dependerá de solicitação de reserva pelo cliente (este não precisará pedir ao advogado que mantenha em segredo as informações que lhe tenham sido confiadas!).
Presunção de confidencialidade	Comunicações de qualquer natureza entre cliente e advogado são presumidamente confidenciais.
Justa causa para violação do sigilo profissional	Grave ameaça ao direito à vida, à honra ou para a defesa própria do advogado.
Violação, sem justa causa, do sigilo profissional	Infração ético-disciplinar (art. 34, VII, EAOAB)
Depoimento na condição de testemunha	O advogado não poderá ser obrigado a depor sobre fatos que deva guardar sigilo profissional.
Prazo de duração	Eterno
Abstenção bienal	O advogado não poderá atuar contra ex-cliente ou ex-empregador até que escoados dois anos do fim da relação contratual.

Legislação correlata

1. ARTIGOS PERTINENTES DO ESTATUTO DA OAB

Art. 7º. São direitos do advogado:

(...)

XIX – recusar-se a depor como testemunha em processo no qual funcionou ou deva funcionar, ou sobre fato relacionado com pessoa de quem seja ou foi advogado, mesmo quando autorizado ou solicitado pelo constituinte, bem como sobre fato que constitua sigilo profissional;

Art. 34. Constitui infração disciplinar:

(...)

VII – violar, sem justa causa, sigilo profissional;

17 Para visualizar o *SHORT VIDEO* acesse: http://www.editorafoco.com.br/short-videos.

2. ARTIGOS PERTINENTES DO CÓDIGO DE ÉTICA E DISCIPLINA

Art. 20. Sobrevindo conflitos de interesse entre seus constituintes e não conseguindo o advogado harmonizá-los, caber-lhe-á optar, com prudência e discrição, por um dos mandatos, renunciando aos demais, resguardado sempre o sigilo profissional.

→ *v.* Arts. 7º, XIX e 34, VII, EAOAB.

Art. 21. O advogado, ao postular em nome de terceiros, contra ex-cliente ou ex-empregador, judicial e extrajudicialmente, deve resguardar o sigilo profissional.

Art. 35. O advogado tem o dever de guardar sigilo dos fatos de que tome conhecimento no exercício da profissão.

Parágrafo único. O sigilo profissional abrange os fatos de que o advogado tenha tido conhecimento em virtude de funções desempenhadas na Ordem dos Advogados do Brasil.

Art. 36. O sigilo profissional é de ordem pública, independendo de solicitação de reserva que lhe seja feita pelo cliente.

§ 1º Presumem-se confidenciais as comunicações de qualquer natureza entre advogado e cliente.

§ 2º O advogado, quando no exercício das funções de mediador, conciliador e árbitro, se submete às regras de sigilo profissional.

Art. 37. O sigilo profissional cederá em face de circunstâncias excepcionais que configurem justa causa, como nos casos de grave ameaça ao direito à vida e à honra ou que envolvam defesa própria.

→ *v.* Arts. 7º, XIX e 34, VII, EAOAB.

Art. 38. O advogado não é obrigado a depor, em processo ou procedimento judicial, administrativo ou arbitral, sobre fatos a cujo respeito deva guardar sigilo profissional.

Questões comentadas

(XIV EXAME DE ORDEM UNIFICADO – FGV) A advogada Ana integrou o departamento jurídico da empresa XYZ Ltda. e, portanto, participava de reuniões internas, com sócios e diretores, e externas, com clientes e fornecedores, tendo acesso a todos os documentos da sociedade, inclusive aos de natureza contábil, conhecendo assim, diversos fatos e informações relevantes sobre a empresa. Alguns anos após ter deixado os quadros da XYZ Ltda., Ana recebeu intimação para comparecer a determinada audiência e a prestar depoimento, como testemunha arrolada pela defesa, no âmbito de ação penal em que um dos sócios da empresa figurava como acusado do crime de sonegação fiscal. Ao comparecer à audiência, Ana afirmou que não prestaria depoimento sobre os fatos dos quais tomou conhecimento enquanto integrava o jurídico da XYZ Ltda. O magistrado que presidia o ato ressaltou que seu depoimento havia sido solicitado pelo próprio sócio da empresa, que a estaria, portanto, desobrigando do dever de guardar sigilo. Sobre a questão apresentada, observadas as regras do Estatuto da OAB e do Código de Ética e Disciplina da OAB, assinale a opção correta.

(A) Ana terá o dever de depor, pois o bem jurídico administração da justiça é mais relevante do que o bem jurídico inviolabilidade dos segredos.

(B) Ana terá o dever de depor, pois foi desobrigada por seu ex-cliente do dever de guardar sigilo sobre os fatos de que tomou conhecimento quando atuou como advogada da XYZ Ltda.

(C) Ana terá o dever de depor, pois não integra mais o departamento jurídico da empresa XYZ Ltda., tendo cessado, portanto, seu dever de guardar sigilo.

(D) Ana não terá o dever de depor, pois o advogado tem o direito de se recusar a depor, como testemunha, sobre fato relacionado à pessoa de quem foi ou seja advogado, mesmo quando solicitado pelo cliente.

COMENTÁRIO

A alternativa "D" está correta, nos moldes previstos nos comentários posteriores, que se baseiam no art. 7º, XIX, EAOAB e art. 38, CED.

A alternativa "A" está incorreta, pois, nos termos do art. 7º, XIX, EAOAB, é direito do advogado recusar-se a depor como testemunha em processo no qual funcionou ou deva funcionar, ou sobre fato relacionado com pessoa de quem seja ou foi advogado, mesmo quando autorizado ou solicitado pelo constituinte, bem como sobre fato que constitua sigilo profissional. Assim, nada obstante a advogada tenha sido intimada a prestar depoimento, é sua prerrogativa recusar-se a depor.

A alternativa "B" está incorreta, pois, como visto no comentário à alternativa antecedente, o fato de o ex-cliente solicitar o depoimento não a desobriga de recusar-se a prestá-lo. Ainda,nos termos do art. 38, CED, o advogado não é obrigado a depor, em processo ou procedimento judicial, administrativo ou arbitral, sobre fatos a cujo respeito deva guardar sigilo profissional.

A alternativa "C" está incorreta, pois o fato de Ana não mais integrar o departamento jurídico da empresa XYZ não a desobriga de observar seus deveres éticos, dentre eles, o de sigilo profissional. Afinal, todos os fatos de que tinha ciência em razão de sua atuação profissional estão abrangidos, como dito, pelo sigilo, não podendo ser revelados mesmo em caso de o cliente (ou ex-cliente) solicitar ou autorizar o depoimento.

(XIII EXAME DE ORDEM UNIFICADO – FGV) Valdir representa os interesses de André em ação de divórcio em que estão em discussão diversas questões relevantes, inclusive de cunho financeiro, como, por exemplo, o pensionamento e a partilha de bens. Irritado com as exigências de sua ex-esposa, André revela a Valdir que pretende contratar alguém para assassiná-la.

Deve Valdir comunicar o segredo revelado por seu cliente às autoridades competentes?

(A) Valdir não pode revelar o segredo que lhe foi confiado por André, pois o advogado deve sempre guardar sigilo sobre o que saiba em razão do seu ofício.

(B) Valdir poderia revelar o segredo que lhe foi confiado por André, mas apenas no caso de ser intimado como testemunha em ação penal eventualmente deflagrada para a apuração do homicídio que viesse a ser efetivamente praticado.

(C) Valdir pode revelar o segredo que lhe foi confiado por André, em razão de estar a vida da ex-esposa deste último em risco.

(D) Valdir não pode revelar o segredo que lhe foi confiado por André, mas tem obrigação legal de impedir que o homicídio seja praticado, sob pena de se tornar partícipe do crime.

COMENTÁRIO

A alternativa "C" está correta. Como dito, embora o segredo seja a regra, o advogado poderá rompê-lo nos casos previstos no art. 37, CED, que consagra, segundo entendemos, a excepcionalidade do rompimento do sigilo profissional, que cederá em face de circunstâncias excepcionais que configurem justa causa, como nos casos de grave ameaça ao direito à vida e à honra ou que envolvam defesa própria. No caso relatado, o advogado Valdir, diante de grave ameaça à vida da ex-esposa de André, poderá comunicar o segredo às autoridades, valendo-se, para tanto, do precitado art. 37, CED.

A alternativa "A" está incorreta. Embora o segredo, no tocante às confidências que o cliente faz ao advogado, seja a regra (art. 35, CED), é certo que não se trata de cláusula absoluta. Em situações extremas, poderá o advogado romper com o seu dever de sigilo, como será melhor visto a seguir.

A alternativa "B" está incorreta, pois, como é sabido e ressabido, o art. 7º, XIX, EAOAB, bem como o art. 38, CED, permitem ao advogado que se recuse a depor como testemunha em processo que envolva cliente ou ex-cliente. Porém, no caso relatado no enunciado, veremos que Valdir poderá revelar o segredo que lhe foi confidenciado por André.

A alternativa "D" está incorreta, seja pelo fato de Valdir poder revelar o segredo que lhe foi confiado por André, seja em razão de não ter, sob a ótica da omissão penalmente relevante (art. 13, § 2º, do CP), o dever jurídico de agir para impedir o homicídio. Afinal, o advogado não tem, seja por imposição legal ou contratual, o dever jurídico de agir para impedir a morte da ex-esposa de seu cliente. Logo, não poderia ser considerado partícipe, ainda que a morte ocorresse e ele não tivesse levado ao conhecimento das autoridades a revelação que lhe foi feita pelo cliente.

(XIV EXAME DE ORDEM UNIFICADO – FGV) Andrea e Luciano trocam missivas intermitentes, cujo conteúdo diz respeito a processo judicial em que a primeira é autora, e o segundo, seu advogado. A parte contrária, ciente da troca de informações entre eles, requer ao Juízo que esses documentos sejam anexados aos autos do processo em que litigam. Sob a perspectiva do Código de Ética e Disciplina da Advocacia, as comunicações epistolares trocadas entre advogado e cliente

(A) constituem documentos públicos a servirem como prova em Juízo.

(B) são presumidas confidenciais, não podendo ser reveladas a terceiros.

(C) podem ser publicizadas, de acordo com a prudência do advogado.

(D) devem ser mantidas em sigilo até o perecimento do advogado.

COMENTÁRIO

A alternativa "B" está correta. As comunicações de qualquer natureza entre cliente e advogado, tais como as missivas (cartas) trocadas entre eles, são presumidas confidenciais, não podendo ser reveladas a terceiros (art. 36, § 1º, CED). Contudo, é bom que se diga que, à luz do art. 27, *caput*, do "antigo" CED, as confidências feitas ao advogado pelo cliente poderiam ser utilizadas nos limites da necessidade da defesa, desde que autorizado pelo constituinte. Embora referida disposição não tenha sido repetida no Novo CED, entendemos que continua sendo possível o uso de correspondências, pelo advogado, inclusive com sua juntada nos autos do processo, que lhe tenham sido dirigidas pelo cliente, desde que nos limites, repita-se, da necessidade da defesa, e desde que o cliente autorize. Essa situação é muito diferente daquela expressa no enunciado, no qual quem pediu a apresentação das cartas foi a parte contrária.

A alternativa "A" está incorreta, pois as comunicações epistolares (por cartas/correspondências) feitas ao advogado pelo cliente, assim como, de maneira geral, as comunicações de qualquer natureza entre cliente e advogado, presumem-se confidenciais, nos termos do art. 36, § 1º, do CED. Logo, não constituem documentos públicos, os quais, como o próprio nome sugere, são aqueles que ganham contornos de ampla publicidade, tais como as escrituras públicas.

A alternativa "C" está incorreta, pois as cartas enviadas pelo cliente ao advogado, como visto, somente poderão ser por este utilizadas nos limites da necessidade da defesa, e desde que o constituinte autorize. Portanto, não se trata de decisão unilateral do advogado (dar publicidade às comunicações epistolares com seu cliente);

A alternativa "D" está incorreta, pois, como visto, as missivas (cartas) trocadas entre cliente-advogado podem ser anexadas aos autos do processo, desde que observado o disposto no já referido art. 27 do antigo CED, cujo conteúdo entendemos ser passível de aplicação mesmo diante do Novo CED, que não previu regra nesse sentido. É que se o próprio cliente anuir com a apresentação, em juízo, de correspondências que tenha enviado ao seu advogado, nenhuma violação ao sigilo profissional será realizada pelo causídico.

(EXAME DE ORDEM UNIFICADO 2010.3 – FGV) Tertúlio, advogado, testemunha a ocorrência de um acidente de trânsito sem vítimas, envolvendo quatro veículos automotores. Seus dados e sua qualificação profissional constam nos registros do evento. Posteriormente, em ação de responsabilidade civil, o advogado Tertúlio é arrolado como testemunha por uma das partes. No dia designado para o seu depoimento, alega que estaria impossibilitado de realizar o ato porque uma das pessoas envolvidas poderia contratá-lo como profissional, embora, naquele momento, nenhuma delas tivesse manifestado qualquer intenção nesse sentido. A respeito do tema, é correto dizer que

(A) o depoimento do advogado, no caso, é facultativo.

(B) somente poderia prestar depoimento após a intervenção de todas as partes no processo.

(C) o advogado é suspeito para prestar depoimento no caso em tela.

(D) a possibilidade decorre da ausência de efetiva atuação profissional.

COMENTÁRIO

A alternativa "D" está correta, pois, o advogado tem o dever de recusar a prestar depoimento, na qualidade de testemunha, sobre fatos que conheça em razão de seu ofício (art. 7º, XIX, EAOAB e art. 38, CED), inclusive sob pena de responder por infração disciplinar (art. 34, VII, EAOAB).

A alternativa "A" está incorreta, pois constitui direito do advogado o de recusar-se a depor como testemunha *em processo no qual funcionou ou deva funcionar*, ou sobre fato relacionado com pessoa de quem *seja ou foi advogado* (art. 7º, XIX, EAOAB), devendo, assim, resguardar o sigilo profissional sobre o que saiba *em razão de seu ofício* (art. 38, CED), inexistindo facultatividade no cumprimento do dever em comento.

A alternativa "B" está incorreta, pelas mesmas razões expostas na alternativa anterior.

A alternativa "C" está incorreta, visto inexistir qualquer previsão legal no sentido de tornar o advogado suspeito de depor como testemunha em processo no qual não patrocine a causa para qualquer das partes.

(IV Exame de Ordem Unificado – FGV) O advogado Walter recebe correspondência eletrônica relatando fatos que o seu cliente apresentou como importantes para constar em processo judicial a ser iniciado. Expressamente, em outra mensagem também eletrônica, autorizou a utilização das informações nas peças judiciais. Proposta a ação, os fatos foram publicizados, vindo o cliente a se arrepender da autorização dada. Com isso, busca reverter a situação por ele criada. Diante da informação de que, uma vez nos autos processuais, não poderia haver retirada das petições apresentadas, ameaça o profissional com futura representação disciplinar. O cliente não negou ter autorizado a utilização das informações.

Diante de tal quadro, é correto afirmar que:

(A) mesmo com autorização, fatos considerados confidenciais na relação cliente-advogado não podem ser divulgados judicialmente.

(B) as confidências epistolares são protegidas pela imunidade absoluta quanto à sua publicidade.

(C) essa divulgação depende de autorização judicial.

(D) ao advogado é permitida a divulgação de confidências, com autorização do cliente.

COMENTÁRIO

A alternativa "A" é incorreta, pois, à época em que formulada a questão, vigorava o "antigo" Código de Ética e Disciplina, que, de acordo com o art. 27, autorizava que os advogados revelassem confidências que lhes tivessem sido feitas pelos clientes, desde que por eles autorizados, e nos limites das necessidades da defesa. Nada obstante referida regra não tenha sido repetida às claras no novo CED, o fato é que no seu art. 36, § 1º, há referência no sentido de que se presumem confidenciais as comunicações de qualquer natureza entre advogado e cliente. Repita-se: "presumem-se confidenciais". Caso o cliente autorize o advogado a revelá-las, parece-nos que inexistirá problemas em trazê-las ao conhecimento, por exemplo, do juiz que estiver analisando o processo judicial em que aquele seja parte.

A alternativa "B" é, também, incorreta, pois, como visto, desde que exista a autorização do cliente, será possível a revelação de confidências, pelo advogado, em um processo, inclusive aquelas oriundas de cartas (epístolas). Era o que previa, frise-se uma vez mais, o art. 27 do antigo CED, de todo compatível com o precitado art. 36, § 1º, do novo CED.

A alternativa "C" é incorreta, pois a divulgação das confidências dependerá, apenas, de autorização do cliente, e não da autoridade judiciária (art. 27 do antigo CED, cujas prescrições podem ser inferidas pela leitura do art. 36, § 1º, do novo CED).

Por fim, correta a alternativa "D". Como dito anteriormente, à época em que formulada a questão vigia o art. 27 do antigo CED, que permitia que o advogado revelasse confidências que o cliente lhe tivesse feito, desde que com a autorização deste, e nos limites da necessidade da defesa.

(V EXAME DE ORDEM UNIFICADO – FGV) O advogado Antônio é convocado para prestar depoimento como testemunha em ação em que um dos seus clientes é parte. Inquirido pelo magistrado, passa a tecer considerações sobre fatos apresentados pelo seu cliente durante as consultas profissionais, mesmo sobre estratégias que havia sugerido para a defesa do seu cliente. Não omitiu quaisquer informações. Posteriormente à audiência, foi notificado da abertura de processo disciplinar pelo depoimento prestado.

Em relação ao caso acima, com base nas normas estatutárias, é correto afirmar que

(A) no caso em tela, houve justa causa, capaz de permitir a revelação de dados sigilosos.

(B) o sigilo profissional é uma faculdade do advogado.

(C) inquirido pelo magistrado, o advogado não pode se escusar de depor e prestar informações.

(D) a quebra do sigilo profissional, ainda que judicialmente, como no caso, é infração disciplinar.

COMENTÁRIO

A alternativa "D" está correta. De fato, a quebra do sigilo profissional é considerada infração disciplinar, nos termos do art. 34, VII, EAOAB, passível de punição (pena de censura).

A alternativa "A" está incorreta, pois, de acordo com o art. 7º, XIX, EAOAB, é prerrogativa do advogado recusar-se a depor como testemunha em processo no qual funcionou ou deva funcionar, ou sobre fato relacionado com pessoa de quem seja ou foi advogado, mesmo quando autorizado ou solicitado pelo constituinte, bem como sobre fato que constitua sigilo profissional. Outrossim, o art. 38, CED, em reforço, dispõe que o advogado não é obrigado a depor, em processo ou procedimento judicial, administrativo ou arbitral, sobre fatos a cujo respeito deva guardar sigilo profissional. Este, porém, poderá ser rompido em face de circunstâncias excepcionais que configurem justa causa, como nos casos de grave ameaça ao direito à vida e à honra ou que envolvam defesa própria (art. 37, CED).

A alternativa "B" está incorreta, pois, como visto, o sigilo profissional não é faculdade, mas um dever do advogado (e, também, uma prerrogativa).

A alternativa "C" está incorreta, visto que a própria lei (Estatuto da OAB) prevê ao advogado poder recusar-se a prestar depoimento na qualidade de testemunha (art. 7º, XIX, EAOAB; art. 38, CED).

(VI EXAME DE ORDEM UNIFICADO – FGV) Mévio, advogado, é procurado por Eulâmpia, que realiza consulta sobre determinado tema jurídico. Alguns meses depois, o advogado recebe uma intimação para prestar depoimento como testemunha em processo no qual Eulâmpia é ré, pelos fatos relatados por ela em consulta profissional. No concernente ao tema, à luz das normas estatutárias, é correto afirmar que

(A) o advogado deve comparecer ao ato e prestar depoimento como testemunha dos fatos.

(B) é caso de recusa justificada ao depoimento por ter tido o advogado ciência dos fatos em virtude do exercício da profissão.

(C) a simples consulta jurídica não é privativa de advogado, equiparada a mero aconselhamento protocolar.

(D) o advogado poderá prestar o depoimento, mesmo contra sua vontade, desde que autorizado pelo cliente.

COMENTÁRIO

A alternativa correta é a "B". De fato, nos termos do art. 7º, XIX, EAOAB, bem como diante do disposto no art. 38, CED, o advogado arrolado como testemunha em processo no qual funcione ou devesse funcionar, ou sobre fato relacionado com pessoa de quem seja ou foi advogado, *mesmo quando autorizado ou solicitado pelo constituinte*, deverá recusar-se a depor como testemunha, sob pena de infringir seu dever de sigilo profissional.

(IX EXAME DE ORDEM UNIFICADO – FGV) Mério advogou, por muitos anos, para a empresa "X", especializada no ramo de cosméticos. Por problemas pessoais, afastou-se da advocacia empresarial por um período de dois anos. No retorno, passou a representar os interesses da empresa "Y", também do ramo de cosméticos, e concorrente direta da empresa para quem anteriormente prestara serviços. Quando da prestação de seus serviços à empresa "X", Mério atuou em vários contratos em que constavam informações submetidas a segredo industrial, a que teve acesso exclusivamente em decorrência da sua atuação como advogado. Observado tal relato, em consonância com as normas do Código de Ética da Advocacia, assinale a afirmativa correta.

(A) Os segredos advindos da prática profissional, após determinado período de recesso, podem ser livremente utilizados pelo advogado.

(B) O advogado, ao atuar contra antigos clientes, não pode lançar mão de informações reservadas que lhe tenham sido confiadas.

(C) O advogado não pode ser contratado por concorrentes de antigos clientes, pois o impedimento de com eles contratar não tem prazo.

(D) O advogado, diante do conflito de interesses entre o antigo e o novo cliente, deve renunciar ao mandato.

COMENTÁRIO

A alternativa "B" está correta. Nos termos do art. 21 do CED, o advogado, ao postular em nome e terceiros, contra ex-clientes ou ex-empregador, judicial e extrajudicialmente, deve resguardar o sigilo profissional.

A alternativa "A" está incorreta. O Código de Ética e Disciplina, em seus arts. 35 a 38, trata do sigilo profissional do advogado, não dispondo sobre "período de validade" de referido dever ético. Portanto, não é verdade que segredos advindos da prática profissional possam ser revelados pelo advogado após determinado recesso. Ao contrário, o sigilo, para o causídico, será eterno. Seu desrespeito caracteriza infração disciplinar (art. 34, VII, EAOAB).

A alternativa "C" está incorreta. A despeito de inexistir previsão legal expressa, vigora a chamada "abstenção bienal", criada pela própria OAB. Assim, um advogado não poderá, pelo período de dois anos, atuar, em nome de terceiros, contra ex-cliente ou ex-empregador. Superado o biênio, poderá fazê-lo, mas, sempre, resguardando o sigilo profissional.

A alternativa "D" está incorreta. Como visto, o advogado poderá atuar contra seu ex-cliente (desde que respeitada a abstenção bienal), mas sem poder utilizar os segredos ou informações privilegiadas de que tivesse conhecimento em razão de sua atividade profissional.

(IX EXAME DE ORDEM UNIFICADO – FGV) O advogado Antônio foi intimado a comparecer em Juízo para depor como testemunha a respeito de determinados fatos envolvendo um ex-cliente, a respeito dos quais tomou conhecimento em razão de seu ofício, em reuniões com o cliente em questão. Antônio recusou-se a depor, mesmo após ter sido autorizado por seu ex-cliente a fazê-lo.

A respeito da hipótese sugerida, assinale a afirmativa correta.

(A) Antônio não agiu corretamente. Ele está obrigado a depor, já que foi desobrigado por seu ex-cliente do dever de guardar sigilo.
(B) Antônio não agiu corretamente. Ele está obrigado a depor, já que o dever de guardar sigilo cede diante da decisão judicial que determinou sua intimação.
(C) Antônio agiu corretamente. O advogado tem o direito de recusar-se a depor como testemunha sobre fato relacionado com pessoa de quem seja ou foi advogado, mesmo quando autorizado ou solicitado pelo constituinte.
(D) Antônio não agiu corretamente. Ele está obrigado a depor, pois não é mais advogado do ex-cliente em questão.

COMENTÁRIO

A alternativa "C" está correta, nos termos do art. 7º, XIX, EAOAB, bem como do art. 38, CED.

A alternativa "A" está incorreta. Nos termos do art. 7º, XIX, EAOAB, é direito do advogado recusar-se a depor como testemunha em processo em que figure cliente ou ex-cliente, ainda que desobrigado.

A alternativa "B" está incorreta. A intimação judicial que determinou o comparecimento do advogado à audiência não constitui motivo ou justificativa para que se rompa o dever ético de resguardo do sigilo profissional (art. 7º, XIX, EAOAB; art. 38, CED).

A alternativa "D" está incorreta. Pouco importa se a parte envolvida no processo é cliente ou ex-cliente. O advogado, ao mesmo tempo, tem a prerrogativa de recusar-se a depor como testemunha (art. 7º, XIX, EAOAB), bem como o dever ético de resguardar o sigilo profissional (art. 38, CED).

(XVI EXAME DE ORDEM UNIFICADO – FGV) Epitácio é defendido pelo advogado Anderson em processo relacionado à dissolução de sua sociedade conjugal. Posteriormente, Epitácio vem a se envolver em processo de natureza societária e contrata novo advogado especialista na matéria. Designada audiência para a oitiva de testemunhas, a defesa de Epitácio arrola como testemunha o advogado Anderson, diante do seu conhecimento de fatos decorrentes do litígio de família, obtidos exclusivamente diante do seu exercício profissional e relevantes para o desfecho do litígio empresarial. Consoante o Estatuto da Advocacia, o advogado deve

(A) atuar como testemunha em qualquer situação.
(B) depor, porém sem revelar fatos ligados ao sigilo profissional.
(C) resguardar-se e requerer autorização escrita do cliente.
(D) buscar suprimento judicial para depor em Juízo.

COMENTÁRIO

Nos termos do art. 7º, XIX, do Estatuto da OAB, é direito do advogado recusar-se a depor como testemunha em processo no qual funcionou ou deva funcionar, ou sobre fato relacionado com pessoa de quem seja ou foi advogado, mesmo quando autorizado ou solicitado pelo constituinte, bem como sobre fato que constitua sigilo profissional. Assim, no caso relatado no enunciado, como o advogado Anderson atuou em processo a favor de Epitácio, tendo tomado conhecimento, então, de fatos que interessam ao "novo processo", não poderia depor. Assim, vamos às alternativas!

A alternativa "B" está correta, conforme assinalado pela banca examinadora. Contudo, entendemos imperfeita a conclusão a que chegou a FGV, pois no enunciado ficou claro que o processo em que o advogado Anderson atuou como patrono, tomou conhecimento de fatos que interessavam ao "novo processo" em que fora arrolado a pedido do ex-cliente. Não poderia, nessa situação, depor, visto que haveria risco de violação ao sigilo profissional. Caberia ao advogado, simplesmente, ao comparecer à audiência, apresentar a recusa, nos termos do art. 7º, XIX, EAOAB e art. 38, CED.

A alternativa "A" está incorreta, pois o EAOAB impõe limites à atuação do advogado como testemunha, podendo recusar-se a depor em casos em que o sigilo profissional ficará em xeque.

A alternativa "C" está incorreta, pois nos casos referidos nos precitados dispositivos normativos, ainda que haja autorização do cliente, o advogado ficará impedido de prestar depoimento.

A alternativa "D" está incorreta, pois inexiste previsão legal que autorize o advogado a depor por meio de suprimento judicial.

Dicas de última hora

1. O sigilo profissional é eterno, ou seja, perdura mesmo após o término da relação contratual/emprego.

2. São abrangidos pelo sigilo profissional os fatos e as informações que o advogado tenha obtido em razão do exercício profissional ou por funções que exerça ou haja exercido na OAB, bem como na condição de mediador, conciliador ou árbitro.

3. Inadmissível a quebra do sigilo profissional pelo advogado, salvo:

i) grave ameaça à vida;

ii) grave ameaça à honra;

iii) para a defesa própria.

4. Não poderá o advogado ser compelido a prestar depoimento em processo cujos fatos tenha o dever de guardar o sigilo profissional.

5. Não poderá um advogado patrocinar causas contra ex-cliente ou ex-empregador durante o prazo de dois anos do rompimento da relação contratual. É a chamada abstenção bienal. Contudo, mesmo ultrapassado referido lapso temporal, não poderá o advogado utilizar-se das informações que recebeu do seu então cliente ou empregador, revelando-as. Lembre-se: o sigilo profissional é eterno!

Capítulo 16

PUBLICIDADE NA ADVOCACIA

1. PUBLICIDADE E A ATIVIDADE DA ADVOCACIA (ARTS. 39 A 47, CED; PROVIMENTO 94/2000 DO CFOAB)

1.1. Características da publicidade profissional do advogado [18]

O art. 39, CED dispõe que a **publicidade profissional** do advogado tem caráter meramente **informativo** e deve primar pela **discrição** e **sobriedade**, não podendo configurar **captação de clientela** ou **mercantilização da profissão**.

De sobredito dispositivo normativo extraímos as seguintes **características** da publicidade profissional:

a) *caráter informativo;*

b) *discrição e sobriedade; e*

c) *vedação à captação de clientela ou mercantilização da profissão.*

Optou o Conselho Federal da OAB, ao editar o CED, em estabelecer uma publicidade profissional **restritiva**, vale dizer, sem a possibilidade de o advogado prospectar clientes. Basta ver que não se admitirá uma publicidade *agressiva*, tal como se vê na divulgação de produtos e serviços na mídia, eis que os anúncios profissionais do advogado serão pautados pelo caráter informativo, bem como pela discrição e sobriedade.

2. VEDAÇÕES QUANTO AOS MEIOS UTILIZADOS PARA A PUBLICIDADE PROFISSIONAL

O art. 40, CED estabelece que os **meios** utilizados para a publicidade profissional deverão ser **compatíveis com as diretrizes** estipuladas no art. 39 do referido diploma normativo (*caráter informativo, discrição e sobriedade*), sendo **vedados**:

I – a veiculação da publicidade por meio de rádio, cinema e televisão;

II – o uso de outdoors, *painéis luminosos ou formas assemelhadas de publicidade;*

III – as inscrições em muros, paredes, veículos, elevadores ou em qualquer espaço público;

IV – a divulgação de serviços de advocacia juntamente com a de outras atividades ou a indicação de vínculos entre uns e outras;

V – o fornecimento de dados de contato, como endereço e telefone, em colunas ou artigos literários, culturais, acadêmicos ou jurídicos, publicados na imprensa, bem assim quando de

[18] Para visualizar o *SHORT VIDEO* acesse: http://www.editorafoco.com.br/short-videos.

eventual participação em programas de rádio ou televisão, ou em veiculação de matérias pela internet, sendo permitida a referência a e-mail;

VI – a utilização de mala direta, a distribuição de panfletos ou formas assemelhadas de publicidade, com o intuito de captação de clientela.

Quanto à **identificação** dos **escritórios de advocacia**, será permitida a utilização de *placas, painéis luminosos e inscrições em suas fachadas*, desde que respeitadas as diretrizes do art. 39, CED (*caráter informativo, discrição e sobriedade*).

3. COLUNAS MANTIDAS PELOS ADVOGADOS NOS MEIOS DE COMUNICAÇÃO SOCIAL

Estabelece o art. 41, CED que as **colunas** que o advogado mantiver nos meios de comunicação social ou os **textos** que por meio deles divulgar não deverão induzir o leitor a litigar nem promover, dessa forma, captação de clientela.

Trata-se, em nosso entendimento, de regra extremamente salutar. Imagine-se, por exemplo, um advogado responsável por um *blog* sobre assuntos jurídicos, com destaque para questões na área previdenciária. Caso utilize referido meio de comunicação para publicar textos de sua autoria, informando aos leitores a existência de novas teses jurídicas que seu escritório está utilizando para compelir o INSS a majorar as aposentadorias e outros benefícios previdenciários, estaríamos diante de uma publicidade com alta capacidade de captação de clientela, sem prejuízo, ainda, de induzir os leitores a promoverem demandas contra a autarquia federal, inchando, ainda mais, o Poder Judiciário de processos.

No entanto, é bom ressaltar, entendemos que a ideia transmitida pelo Código de Ética é a de que o advogado não poderá se valer de meios de comunicação social para "ganhar" novos clientes e estimular a litigiosidade desenfreada, não afastando, contudo, a possibilidade de veiculação de críticas jurídico-doutrinárias sobre determinados assuntos. Assim não fosse, estaríamos diante de censura prévia, o que não se pode admitir em um Estado Democrático de Direito.

4. ALGUMAS VEDAÇÕES IMPOSTAS AOS ADVOGADOS

O art. 42, CED traz uma série de **vedações** impostas aos advogados no tocante à sua **conduta profissional**. São elas:

I – responder com habitualidade a consulta sobre matéria jurídica, nos meios de comunicação social;

II – debater, em qualquer meio de comunicação, causa sob o patrocínio de outro advogado;

III – abordar tema de modo a comprometer a dignidade da profissão e da instituição que o congrega;

IV – divulgar ou deixar que sejam divulgadas listas de clientes e demandas;

V – insinuar-se para reportagens e declarações públicas.

As **proibições** acima indicadas apontam para a criação, pela OAB, de **diretrizes éticas** que o advogado deve observar em seu comportamento profissional, que deverá ser reto, probo, fazendo-o digno da atividade que desempenha.

A discrição e a sobriedade, lembre-se, são as características que pautam a publicidade profissional.

5. PARTICIPAÇÃO DO ADVOGADO EM PROGRAMAS DE RÁDIO E TELEVISÃO E EM OUTROS MEIOS DE COMUNICAÇÃO

O art. 43, CED traça as regras atinentes à **participação** do advogado em **programas de televisão e de rádio** e em outros **meios de comunicação**.

De plano, afirmamos ser perfeitamente possível que um advogado participe de programas televisivos ou em rádios, mas diversas são as **cautelas** que devem ser tomadas por ele, a fim de **não comprometer a dignidade da profissão**, nem a de **expor clientes** ou **colegas** a situações embaraçosas ou comprometedoras.

Com efeito, o advogado que eventualmente participar de programa de televisão ou de rádio, de entrevista na imprensa, de reportagem televisionada ou veiculada por qualquer outro meio, para manifestação profissional, deve **visar a objetivos exclusivamente ilustrativos, educacionais e instrutivos**, *sem propósito de promoção pessoal ou profissional*, vedados pronunciamentos sobre métodos de trabalho usados por seus colegas de profissão.

Ainda, quando convidado para manifestação pública, por qualquer modo e forma, visando ao esclarecimento de tema jurídico de interesse geral, deve o advogado **evitar insinuações com o sentido de promoção pessoal ou profissional**, bem como o **debate de caráter sensacionalista**.

Em suma, não poderá o advogado se valer de meios de comunicação de massa para sua autopromoção, nem para tecer críticas a colegas de profissão.

6. REGRAS DE OBSERVÂNCIA OBRIGATÓRIA NA PUBLICIDADE PROFISSIONAL

Além das características delineadas no art. 39, CED (caráter informativo, discrição e sobriedade), o advogado, na **publicidade profissional** que promover ou nos **cartões** e **material de escritório** que utilizar, **fará constar**, nos termos do art. 44, *caput*, do precitado diploma normativo:

i) seu nome, nome social ou nome da sociedade de que faça parte; e

ii) número ou números de inscrição na OAB.

Assim, no cabeçalho de uma petição, ou no seu cartão de visita, necessariamente constarão o *nome ou nome social do advogado ou da sociedade de advogados que integre*, seguido do *número de inscrição no Conselho Seccional*, seja do próprio advogado ou da sociedade a que pertença.

Na publicidade profissional poderão ser referidos apenas os **títulos acadêmicos** do advogado e as **distinções honoríficas** relacionadas à vida profissional, bem como as **instituições jurídicas** de que faça parte, e as **especialidades** a que se dedicar, o **endereço**, **e-mail**, **site**, **página eletrônica**, ***QR code***, **logotipo** e a **fotografia do escritório**, o **horário de atendimento** e os **idiomas** em que o cliente poderá ser atendido (art. 44, § 1º, CED).

É **vedada** a inclusão de **fotografias pessoais** ou de **terceiros** nos cartões de visitas do advogado, bem como menção a qualquer **emprego**, **cargo** ou **função** ocupado, atual ou pretérito, em qualquer órgão ou instituição, salvo o de **professor universitário** (art. 44, § 2º, CED).

Dos dispositivos citados, percebe-se que a OAB, quanto à publicidade profissional, que já dissemos ser ***restritiva***, reafirma os postulados da discrição, sobriedade e caráter informativo, afastando-se quaisquer tentativas de mercantilizar a profissão e de captação de clientela.

Prova disso é a vedação, por exemplo, a referência de cargos ou funções presentes ou pretéritas exercidas pelo advogado. Assim, um juiz aposentado que passe a advogar, não poderá, em sua publicidade, mencionar o cargo anteriormente ocupado, pois, decerto, estaríamos diante de um mecanismo de captação de clientela, sem se falar em certa "concorrência desleal". Afinal, se fosse possível constar, por exemplo, em cartões de visita, abaixo do nome do advogado, a expressão "Juiz aposentado", o pretenso cliente poderia ser "fisgado" pela ideia de que aquele profissional seria melhor, ou mais experiente, do que outros advogados.

7. PATROCÍNIO DE EVENTOS CULTURAIS, PUBLICAÇÕES DE CARÁTER CIENTÍFICO OU CULTURAL E DIVULGAÇÃO DE BOLETINS

São admissíveis como formas de publicidade o **patrocínio de eventos** ou **publicações de caráter científico ou cultural**, assim como a **divulgação de boletins**, por meio físico ou eletrônico, sobre matéria cultural de interesse dos advogados, desde que sua circulação fique adstrita a **clientes** e a **interessados do meio jurídico** (art. 45, CED).

Assim, será lícito que um advogado ou escritório de advocacia, para divulgar sua atuação profissional, patrocine, por exemplo, congressos jurídicos, constando o seu nome em *folders* ou *sites*. Também poderá patrocinar a edição de publicações (livros ou coletânea de artigos jurídicos) e divulgar boletins informativos, mas, neste caso, sua circulação ficará restrita a clientes e interessados do meio jurídico.

Contudo, na linha da publicidade restritiva que a OAB autoriza, entendemos que o advogado não poderá, por exemplo, no patrocínio de eventos culturais ou científicos, utilizar-se dessa ocasião para, de forma agressiva, divulgar seu escritório e serviços profissionais, sob pena de a discrição e a sobriedade serem afetadas.

8. PUBLICIDADE POR MEIO DE INTERNET OU OUTROS MEIOS ELETRÔNICOS

De acordo com o art. 46, CED, a publicidade veiculada pela **internet** ou por **outros meios eletrônicos** deverá observar as diretrizes estabelecidas no aludido diploma normativo, especialmente aquelas previstas no art. 39 (caráter informativo, discrição e sobriedade).

Significa dizer que é **lícito** que o advogado faça sua publicidade em *sites*, *blogs* ou redes sociais, mas sem se afastar das características anteriormente citadas.

A telefonia e a internet podem ser utilizadas como veículo de publicidade, inclusive para o **envio de mensagens** a **destinatários certos**, desde que estas não impliquem o oferecimento de serviços ou representem forma de captação de clientela.

Assim, as "malas diretas" virtuais (*spams*) não serão toleradas, seja porque encaminhadas a destinatários incertos (base de dados contendo centenas, milhares de contatos), seja pelo fato de, usualmente, veicularem ofertas de serviços, o que, como visto, é vedado.

9. QUADRO-RESUMO

Publicidade profissional	
Características	Discrição, sobriedade e informação, não podendo configurar captação de clientela ou mercantilização da profissão
Vedações	I – a veiculação da publicidade por meio de rádio, cinema e televisão; II – o uso de *outdoors*, painéis luminosos ou formas assemelhadas de publicidade; III – as inscrições em muros, paredes, veículos, elevadores ou em qualquer espaço público; IV – a divulgação de serviços de advocacia juntamente com a de outras atividades ou a indicação de vínculos entre uns e outras; V – o fornecimento de dados de contato, como endereço e telefone, em colunas ou artigos literários, culturais, acadêmicos ou jurídicos, publicados na imprensa, bem assim quando de eventual participação em programas de rádio ou televisão, ou em veiculação de matérias pela internet, sendo permitida a referência a e-mail; VI – a utilização de mala direta, a distribuição de panfletos ou formas assemelhadas de publicidade, com o intuito de captação de clientela.
Colunas e textos nos meios de comunicação social	Não deverão induzir o leitor a litigar, nem proporcionar ao advogado a captação de clientela.
Condutas profissionais vedadas	I – responder com habitualidade a consulta sobre matéria jurídica, nos meios de comunicação social; II – debater, em qualquer meio de comunicação, causa sob o patrocínio de outro advogado; III – abordar tema de modo a comprometer a dignidade da profissão e da instituição que o congrega; IV – divulgar ou deixar que sejam divulgadas listas de clientes e demandas; V – insinuar-se para reportagens e declarações públicas.
Participação do advogado em programas de rádio e televisão e outros meios de comunicação	– É possível ao advogado conceder entrevistas na imprensa, ou participar de programa de rádio ou de televisão, para manifestação profissional (jamais para publicidade!), devendo visar a objetivos exclusivamente ilustrativos, educacionais e instrutivos, sem pretender sua autopromoção. – Não poderá o advogado, nessas oportunidades, pronunciar-se sobre métodos de trabalho usados por colegas de profissão.
Regras de observância obrigatória na publicidade profissional	– Deverá o advogado fazer constar seu nome, nome social ou o da sociedade de advogados, bem como os respectivos números de inscrição. – É permitida a referência a títulos acadêmicos, distinções honoríficas relacionadas à vida profissional, instituições jurídicas de que faça parte, especialidades, endereço, e-mail, site, página eletrônica, *QR code*, logotipo e fotografia do escritório, horário de atendimento e idiomas em que o cliente poderá ser atendido. – Proibida a inclusão de fotografias pessoais ou de terceiros nos cartões de visita, bem como menção a emprego/cargo/função atual ou pretérito, salvo o de professor universitário.

Patrocínio de eventos, de publicações de caráter científico-cultural e divulgação de boletins	São admissíveis como forma de publicidade profissional: I – o patrocínio de eventos ou publicações de caráter científico ou cultural; II – divulgação de boletins (por meio físico ou digital), desde que a circulação fique adstrita a clientes e interessados do meio jurídico.
Publicidade na internet e em outros meios eletrônicos	– Deverá observar as diretrizes gerais para a publicidade profissional (caráter informativo, discrição e sobriedade); – A telefonia e a internet podem ser utilizadas como veículo de publicidade; – Admite-se, inclusive, o envio de mensagens, desde que a destinatários certos, mas sem que impliquem o oferecimento de serviços ou representem forma de captação de clientela.

Legislação correlata

1. ARTIGO PERTINENTE DO ESTATUTO DA OAB

Art. 33. O advogado obriga-se a cumprir rigorosamente os deveres consignados no Código de Ética e Disciplina.

Parágrafo único. O Código de Ética e Disciplina regula os deveres do advogado para com a comunidade, o cliente, o outro profissional e, ainda, a publicidade, a recusa do patrocínio, o dever de assistência jurídica, o dever geral de urbanidade e os respectivos procedimentos disciplinares.

→ *v.* Arts. 39 a 47 do CED.

2. ARTIGOS PERTINENTES DO CÓDIGO DE ÉTICA E DISCIPLINA

→ *v.* Arts. 1º, § 3º, 14, parágrafo único, 33, parágrafo único, 34, XIII, e 35, parágrafo único, EAOAB.

→ *v.* Provimento do CFOAB 94/2000 – Publicidade, a propaganda e a informação da advocacia.

Art. 39. A publicidade profissional do advogado tem caráter meramente informativo e deve primar pela discrição e sobriedade, não podendo configurar captação de clientela ou mercantilização da profissão.

→ *v.* Arts. 1º, § 3º e 33 EAOAB

Art. 40. Os meios utilizados para a publicidade profissional hão de ser compatíveis com a diretriz estabelecida no artigo anterior, sendo vedados:

I – a veiculação da publicidade por meio de rádio, cinema e televisão;

II – o uso de *outdoors*, painéis luminosos ou formas assemelhadas de publicidade;

III – as inscrições em muros, paredes, veículos, elevadores ou em qualquer espaço público;

IV – a divulgação de serviços de advocacia juntamente com a de outras atividades ou a indicação de vínculos entre uns e outras;

V – o fornecimento de dados de contato, como endereço e telefone, em colunas ou artigos literários, culturais, acadêmicos ou jurídicos, publicados na imprensa, bem assim quando de eventual participação em programas de rádio ou televisão, ou em veiculação de matérias pela internet, sendo permitida a referência a e-mail;

VI – a utilização de mala direta, a distribuição de panfletos ou formas assemelhadas de publicidade, com o intuito de captação de clientela.

Parágrafo único. Exclusivamente para fins de identificação dos escritórios de advocacia, é permitida a utilização de placas, painéis luminosos e inscrições em suas fachadas, desde que respeitadas as diretrizes previstas no artigo 39.

Art. 41. As colunas que o advogado mantiver nos meios de comunicação social ou os textos que por meio deles divulgar não deverão induzir o leitor a litigar nem promover, dessa forma, captação de clientela.

Art. 42. É vedado ao advogado:

I – responder com habitualidade a consulta sobre matéria jurídica, nos meios de comunicação social;

II – debater, em qualquer meio de comunicação, causa sob o patrocínio de outro advogado;

III – abordar tema de modo a comprometer a dignidade da profissão e da instituição que o congrega;

IV – divulgar ou deixar que sejam divulgadas listas de clientes e demandas;

V – insinuar-se para reportagens e declarações públicas.

Art. 43. O advogado que eventualmente participar de programa de televisão ou de rádio, de entrevista na imprensa, de reportagem televisionada ou veiculada por qualquer outro meio, para manifestação profissional, deve visar a objetivos exclusivamente ilustrativos, educacionais e instrutivos, sem propósito de promoção pessoal ou profissional, vedados pronunciamentos sobre métodos de trabalho usados por seus colegas de profissão.

Parágrafo único. Quando convidado para manifestação pública, por qualquer modo e forma, visando ao esclarecimento de tema jurídico de interesse geral, deve o advogado evitar insinuações com o sentido de promoção pessoal ou profissional, bem como o debate de caráter sensacionalista.

Art. 44. Na publicidade profissional que promover ou nos cartões e material de escritório de que se utilizar, o advogado fará constar seu nome, nome social ou o da sociedade de advogados, o número ou os números de inscrição na OAB.

→ *Caput* com redação alterada pela Res. CFOAB 7, de 5.7.2016

§ 1º Poderão ser referidos apenas os títulos acadêmicos do advogado e as distinções honoríficas relacionadas à vida profissional, bem como as instituições jurídicas de que faça parte, e as especialidades a que se dedicar, o endereço, *e-mail*, site, página eletrônica, *QR code*, logotipo e a fotografia do escritório, o horário de atendimento e os idiomas em que o cliente poderá ser atendido.

§ 2º É vedada a inclusão de fotografias pessoais ou de terceiros nos cartões de visitas do advogado, bem como menção a qualquer emprego, cargo ou função ocupado, atual ou pretérito, em qualquer órgão ou instituição, salvo o de professor universitário.

Art. 45. São admissíveis como formas de publicidade o patrocínio de eventos ou publicações de caráter científico ou cultural, assim como a divulgação de boletins, por meio físico ou eletrônico, sobre matéria cultural de interesse dos advogados, desde que sua circulação fique adstrita a clientes e a interessados do meio jurídico.

Art. 46. A publicidade veiculada pela internet ou por outros meios eletrônicos deverá observar as diretrizes estabelecidas neste capítulo.

Parágrafo único. A telefonia e a internet podem ser utilizadas como veículo de publicidade, inclusive para o envio de mensagens a destinatários certos, desde que estas não impliquem o oferecimento de serviços ou representem forma de captação de clientela.

Art. 47. As normas sobre publicidade profissional constantes deste capítulo poderão ser complementadas por outras que o Conselho Federal aprovar, observadas as diretrizes do presente Código.

Questões comentadas

(EXAME DE ORDEM UNIFICADO 2010.2 – FGV) Mauro, advogado com larga experiência profissional, resolve contratar com emissora de televisão, um novo programa, incluído na grade normal de horários da empresa, cujo título é "o Advogado na TV", com o fito de proporcionar informações sobre a carreira, os seus percalços, suas angústias, alegrias e comprovar a possibilidade de sucesso profissional. No curso do programa, inclui referência às causas ganhas, bem como àquelas ainda em curso e que podem ter repercussão no meio jurídico, todas essas vinculadas ao seu escritório de advocacia.

Consoante as normas aplicáveis, é correto afirmar que:

(A) a participação em programa televisivo está vedada aos advogados.

(B) a publicidade, como narrada, é compatível com as normas do Código de Ética.

(C) o advogado, no caso, deveria se limitar ao aspecto educacional e instrutivo da atividade profissional.

(D) programas televisivos são franqueados aos advogados, inclusive para realizar propaganda dos seus escritórios.

COMENTÁRIO

A alternativa "C" está correta, pois, nos termos do art. 43, CED, o advogado deve se limitar aos aspectos ilustrativo, educacional e instrutivo da atividade profissional.

A alternativa "A" está incorreta, pois os advogados podem eventualmente participar de programa de televisão ou de rádio, de entrevista na imprensa, de reportagem televisionada ou de qualquer outro meio, para manifestação profissional, devendo visar a objetivos exclusivamente ilustrativos, edu-

cacionais e instrutivos, sem propósito de promoção pessoal ou profissional, vedados pronunciamentos sobre métodos de trabalho usados por seus colegas de profissão (art. 43, CED).
A alternativa "B" está incorreta, pois quando convidado para manifestação pública, por qualquer modo e forma, visando ao esclarecimento de tema jurídico de interesse geral, deve o advogado evitar insinuações com o sentido de promoção pessoal ou profissional (art. 43, parágrafo único, CED).
A alternativa "D" está incorreta, nos termos do já citado art. 43, *caput* e parágrafo único, CED.

(VI EXAME DE ORDEM UNIFICADO – FGV) Daniel, advogado, resolve divulgar seus trabalhos contratando empresa de propaganda e marketing. Esta lhe apresenta um plano de ação, que inclui a contratação de jovens, homens e mulheres, para a distribuição de prospectos de propaganda do escritório, coloridos, indicando as especialidades de atuação e apresentando determinados temas que seriam considerados acessíveis à multidão de interessados. O projeto é realizado. Em relação a tal projeto, consoante as normas aplicáveis aos advogados, é correto afirmar que

(A) a moderna advocacia assume características empresariais e permite publicidade como a apresentada.
(B) atividades moderadas como as sugeridas são admissíveis.
(C) desde que autorizada pela OAB, a propaganda pode ser realizada.
(D) existem restrições éticas à propaganda da advocacia, entre as quais as referidas no texto.

COMENTÁRIO

A alternativa "A" está incorreta, pois a atividade da advocacia não pode ter qualquer conotação mercantil (art. 5º, CED).
A alternativa "B" está incorreta, pois na publicidade informada no enunciado da questão, não há nada de moderação. Ao contrário, a distribuição de prospectos de propaganda do escritório (panfletos), constando as áreas de atuação do advogado e os temas dos serviços oferecidos, viola o disposto no art. 40, VI, CED.
A alternativa "C" está incorreta, pois a OAB jamais autorizaria – ou teria poderes para tanto – publicidade imoderada como a narrada no enunciado, sob pena de ofensa ao art. 39, CED.
A alternativa "D" está correta. A propaganda na advocacia deve ser discreta, *sóbria* e informativa (art. 39, CED).

(VIII EXAME DE ORDEM UNIFICADO– FGV) O advogado "Y", recém-formado, diante da dificuldade em conseguir clientes, passa a distribuir panfletos em locais próximos aos fóruns da cidade onde reside, oferecendo seus serviços profissionais. Nos panfletos distribuídos por "Y" constam informações acerca da sua especialização técnico-científica, localização e telefones do seu escritório. Por outro lado, "Y" instalou placa na porta de seu escritório, na qual fez constar os valores cobrados por seus serviços profissionais, fixados, aliás, em patamares inferiores àqueles estipulados pela tabela de honorários da OAB.

Quanto à conduta de "Y", assinale a afirmativa incorreta.

(A) "Y" incorre em infração disciplinar, consistente na captação irregular de causas, ao distribuir panfletos ao público oferecendo seus serviços como advogado.
(B) "Y" viola dispositivo do Código de Ética e Disciplina da OAB, ao fixar honorários em valores inferiores aos estipulados na tabela de honorários da OAB.
(C) "Y" pode distribuir panfletos ao público, oferecendo seus serviços profissionais, desde que neles não conste sua especialização técnico-científica.
(D) "Y" viola dispositivo do Código de Ética e Disciplina da OAB, ao fazer constar de sua placa referências aos valores cobrados por seus serviços profissionais.

COMENTÁRIO

Incorreta, apenas a alternativa "C", devendo esta ser assinalada, uma vez que o advogado, em sua publicidade, deve ser discreto e sóbrio, primando pela finalidade informativa, não podendo oferecer seus serviços mediante distribuição irrestrita de panfletos. Tal medida, nitidamente, é imoderada, com alta capacidade de captação de clientela.
As alternativas "A", "B" e "D" estão corretas, visto que, de fato, é vedada a distribuição de panfletos ao público oferecendo serviços advocatícios, pois isso é forma de captação de clientela (art. 40, VI, CED), bem como a menção a valores de honorários para a prestação de serviços, o que não é autorizado pelo CED nos anúncios feitos pelos advogados, ainda mais em valores inferiores aos estipulados nas tabelas de honorários, o que caracterizaria, inclusive, infração disciplinar (art. 48, § 6º,, CED).

(XII EXAME DE ORDEM UNIFICADO – FGV) Isabela é advogada prestigiada, tendo organizado, com o correr dos anos, um escritório de advocacia especializado em Direito Ambiental, com vários advogados associados. Por sugestão de um deles, edita um atualizado boletim de notícias, com informações jurisprudenciais, doutrinárias, legais e internacionais sobre o tema, considerado uma publicação de altíssima qualidade, que é distribuído somente aos profissionais do escritório. Sabedor da publicação, Eusébio, jovem estudante de Direito, que busca direcionar seus estudos para a área ambiental, solicita acesso ao referido boletim.

Nos termos do Código de Ética da Advocacia, o boletim de notícias

(A) deve circular restritivamente entre os profissionais do escritório.

(B) pode ser enviado a qualquer pessoa como forma de propaganda.

(C) pode ser remetido a quem o requerer.

(D) é considerado como publicidade abusiva e vedado ao advogado.

COMENTÁRIO

A alternativa "C" está correta, estando em consonância com o art. 45, CED, que não exige o prévio requerimento do envio do boletim. Porém, obviamente, se alguém requerer o envio, e desde que se certifique que se trate de cliente ou pessoa interessada do meio jurídico, não haverá qualquer irregularidade.

A alternativa "A" está incorreta. Nos termos do art. 45, do CED, são admissíveis como formas de publicidade o patrocínio de eventos ou publicações de caráter científico ou cultural, assim como a divulgação de boletins, por meio físico ou eletrônico, sobre matéria cultural de interesse dos advogados, desde que sua circulação fique adstrita a clientes e a interessados do meio jurídico. Assim, o boletim de notícias distribuído por Isabela poderá circular não apenas entre os profissionais do escritório, mas, nos termos do dispositivo normativo citado, também, entre clientes ou outras pessoas interessadas do meio jurídico.

A alternativa "B" está incorreta, pois a publicidade na advocacia, regida pelos arts. 39 a 47, CED, é limitada pelos princípios da discrição e sobriedade, além da finalidade informativa, não sendo viável o encaminhamento de boletim informativo como forma de propaganda do escritório. Como visto, os boletins podem ser enviados a colegas, clientes e, de maneira geral, a interessados do meio jurídico.

A alternativa "D" está incorreta, eis que o boletim de notícias não constitui publicidade abusiva da advocacia, desde que observados os parâmetros éticos ditados pelo CED.

(XVII EXAME DE ORDEM UNIFICADO – FGV) O advogado Nelson, após estabelecer seu escritório em local estratégico nas proximidades dos prédios que abrigam os órgãos judiciários representantes de todas as esferas da Justiça, resolve publicar anúncio em que, além dos seus títulos acadêmicos, expõe a sua vasta experiência profissional, indicando os vários cargos governamentais ocupados, inclusive o de Ministro de prestigiada área social. Nos termos do Código de Ética da Advocacia, assinale a afirmativa correta.

(A) O anúncio está adequado aos termos do Código, pois indica os títulos acadêmicos e a experiência profissional.

(B) O anúncio está adequado aos termos do Código, por não conter adjetivações ou referências elogiosas ao profissional.

(C) O anúncio colide com as normas do Código, pois a referência a títulos acadêmicos é vedada por indicar a possibilidade de captação de clientela.

(D) O anúncio colide com as normas do Código, que proíbem a referência a cargos públicos capazes de gerar captação de clientela.

COMENTÁRIO

Nos termos do art. 44, § 1º, CED, o anúncio do advogado poderá fazer referência a títulos acadêmicos e especialidades em que atue. Todavia, nos termos do § 2º do referido dispositivo, o anúncio do advogado não deve mencionar qualquer emprego, cargo ou função ocupados no presente ou passado, salvo o de professor universitário. A intenção aqui é clara: impedir a captação de clientela. Assim, no caso relatado no enunciado, Nelson, no anúncio de seu escritório, além dos títulos acadêmicos – cuja menção, como visto, é possível! –, indicou os vários cargos governamentais que já ocupou, inclusive o de Ministro. Tais referências são vedadas, estando correta, portanto, a alternativa "D". As demais, pelo que já explicitamos, estão corretas.

(OAB/Exame Unificado – 2017.1) Marcelo, renomado advogado, foi convidado para participar de matéria veiculada pela Internet, por meio de portal de notícias, com a finalidade de informar os leitores sobre direitos do consumidor. Ao final da matéria, mediante sua autorização, foi divulgado o *e-mail* de Marcelo, bem como o número de telefone do seu escritório. Sobre essa situação, de acordo com o Código de Ética e Disciplina da OAB, assinale a afirmativa correta.

(A) Marcelo não pode participar de matéria veiculada pela Internet, pois esse fato, por si só, configura captação de clientela.

(B) Marcelo pode participar de matéria veiculada pela Internet, mas são vedadas a referência ao *e-mail* e ao número de telefone do seu escritório ao final da matéria.

(C) Marcelo pode participar de matéria veiculada pela Internet e são permitidas a referência ao *e-mail* e ao número de telefone do seu escritório ao final da matéria.

(D) Marcelo pode participar de matéria veiculada pela Internet, mas é vedada a referência ao número de telefone do seu escritório ao final da matéria, sendo permitida a referência ao seu *e-mail*.

COMENTÁRIO

Nos termos do art. 40 do Novo Código de Ética e Disciplina (CED), os meios utilizados para a publicidade profissional hão de ser compatíveis com a diretriz estabelecida no artigo anterior (caráter informativo, discrição e sobriedade), sendo vedados, dentre outros, o fornecimento de dados de contato, como endereço e telefone, em colunas ou artigos literários, culturais, acadêmicos ou jurídicos, publicados na imprensa, bem assim quando de eventual participação em programas de rádio ou televisão, ou em veiculação de matérias pela internet, sendo permitida a referência a e-mail. Assim, vamos às alternativas. A alternativa "A" está incorreta, pois, como visto, o art. 40, V, do CED, permite a participação de advogado em programas de rádio ou televisão, desde que eventualmente, bem como em matérias pela internet; A alternativa "B" está incorreta, pois é permitida a disponibilização de e-mail pelo advogado ao participar de matérias pela internet; A alternativa "C" está incorreta, pois é vedada expressamente a referência de dados de contato, como endereço e telefone, sendo permitida apenas a divulgação de e-mail; A alternativa "D" está correta, conforme já anotado nas alternativas anteriores. De acordo com o enunciado, o advogado Marcelo foi convidado a participar de matéria veiculada pela Internet, ocasião em que divulgou seu e-mail, bem como telefone do escritório. Ao fazer referência ao seu e-mail, não praticou conduta antiética, mas ao informar seu telefone, violou expressamente o art. 40, V, do CED.

(OAB/Exame Unificado – 2016.3) Janaína é procuradora do município de Oceanópolis e atua, fora da carga horária demandada pela função, como advogada na sociedade de advogados Alfa, especializada em Direito Tributário. A profissional já foi professora na universidade estadual Beta, situada na localidade, tendo deixado o magistério há um ano, quando tomou posse como procuradora municipal.

Atualmente, Janaína deseja imprimir cartões de visitas para divulgação profissional de seu endereço e telefones. Assim, dirigiu-se a uma gráfica e elaborou o seguinte modelo: no centro do cartão, consta o nome e o número de inscrição de Janaína na OAB. Logo abaixo, o endereço e os telefones do escritório. No canto superior direito, há uma pequena fotografia da advogada, com vestimenta adequada. Na parte inferior do cartão, estão as seguintes inscrições "procuradora do município de Oceanópolis", "advogada – Sociedade de Advogados Alfa" e "ex-professora da Universidade Beta". A impressão será feita em papel branco com proporções usuais e grafia discreta na cor preta.

Considerando a situação descrita, assinale a afirmativa correta.

(A) Os cartões de visitas pretendidos por Janaína não são adequados às regras referentes à publicidade profissional. São vedados: o emprego de fotografia pessoal e a referência ao cargo de procurador municipal. Os demais elementos poderão ser mantidos.

(B) Os cartões de visitas pretendidos por Janaína, pautados pela discrição e sobriedade, são adequados às regras referentes à publicidade profissional.

(C) Os cartões de visitas pretendidos por Janaína não são adequados às regras referentes à publicidade profissional. São vedados: o emprego de fotografia e a referência ao cargo de magistério que Janaína não mais exerce. Os demais elementos poderão ser mantidos.

(D) Os cartões de visitas pretendidos por Janaína não são adequados às regras referentes à publicidade profissional. São vedados: a referência ao cargo de magistério que Janaína não mais exerce e a referência ao cargo de procurador municipal. Os demais elementos poderão ser mantidos.

COMENTÁRIO

O Novo Código de Ética e Disciplina (CED), tratando especificamente da publicidade profissional realizada por advogados por meio de cartões de visita, prevê, expressamente, em seu art. 44, § 2º, ser vedada a inclusão de fotografias pessoais ou de terceiros, bem como menção a qualquer emprego, cargo ou função ocupado, atual ou pretérito, em qualquer órgão ou instituição, salvo o de professor universitário. Partindo de referidas regras éticas, temos que a advogada e procuradora do município Janaína, ao pretender imprimir os cartões de visita para divulgação profissional de seu endereço e telefones, encontrará os seguintes obstáculos: (i) não poderá fazer menção ao cargo de "procuradora do município de Oceanópolis", eis que a menção a cargos atuais ou pretéritos, como visto, é proibida; (ii) não poderá incluir sua fotografia pessoal, o que também é proibido pelo precitado art. 44, § 2º, do CED. Oportuno esclarecer que a menção à carreira docente que teve na Universidade Beta é possível, tratando-se da única atividade "externa" à advocacia que pode ser inserida no cartão de visita. Também é perfeitamente lícita a inclusão de dados de contato (endereço e telefones), bem como seu nome e número de inscrição, os quais, diga-se de passagem, são obrigatórios na publicidade profissional (art. 44, "caput", do CED). Correta, portanto, a alternativa "A", estando incorretas as demais. Confira-se: A alternativa "B" está incorreta, pois, como já apontamos, os cartões de visita pretendidos por Janaína, no tocante à fotografia e menção ao cargo de procuradora, são inadequados; As alternativas "C" e "D" estão incorretas, pois a referência a cargo de magistério (seja atual, seja pretérito), é permitida.

Dicas de última hora

1. A publicidade na advocacia, embora permitida, jamais poderá ocorrer em conjunto com outra atividade. Ex.: advocacia e contabilidade; advocacia e imobiliária.

2. A finalidade da publicidade na advocacia é puramente informativa, devendo ser pautada pela discrição e sobriedade.

3. A publicidade não poderá gerar a captação de clientela e de causas.

4. Admite-se a publicidade em jornais, revistas e periódicos, desde que observadas as características da discrição e sobriedade, bem como o caráter informativo, sendo absolutamente vedada a realização de anúncios de serviços advocatícios em rádio e TV.

5. Não se admite que um advogado utilize "mala direta" para a oferta de serviços jurídicos, o que implicaria captação de clientes, o que é vedado.

6. Nas placas de identificação do escritório ou sociedade, que deverão ser discretas, deverá ser mencionado o nome do advogado ou da sociedade, bem como o respectivo número de inscrição.

7. Pode o advogado, em sua publicidade, fazer menção a títulos acadêmicos e qualificações profissionais (ex.: mestre em Direito Penal; membro do Instituto Brasileiro de Direito Constitucional etc.), bem como suas especialidades.

8. É absolutamente vedado que o advogado, em sua publicidade, faça menção a cargo, emprego ou função pública que exerça ou já tenha exercido (ex.: Juiz de Direito aposentado), salvo a de professor universitário.

9. Embora seja vedada a publicidade do advogado em rádio e TV, poderá o profissional participar de programas em referidos meios de comunicação, para manifestação profissional, desde que com objetivos meramente ilustrativos, educacionais, instrutivos, sem propósito de autopromoção. Assim, se uma nova lei houver sido publicada, pode um advogado participar de um programa de TV/rádio, mas apenas com finalidade didática.

10. A internet e a telefonia podem ser utilizadas como veículos de publicidade, inclusive para o envio de mensagens, desde que a destinatários certos, sendo proibida a oferta de serviços e a captação de clientela.

Capítulo 17

DEVERES ÉTICOS DOS ADVOGADOS

1. DA ÉTICA DO ADVOGADO

O advogado, em razão da **relevante função pública** e **social** que exerce, deve ter comportamento que o torne merecedor de respeito, de forma a **contribuir** para o prestígio da classe e da advocacia (art. 31, EAOAB).

Prova disso é que constitui **infração disciplinar** a **conduta incompatível** com a advocacia (art. 34, XXV e parágrafo único, EAOAB).

Ainda, dispõe o § 2º do aludido art. 31, EAOAB que **nenhum receio de desagradar** a magistrado ou a qualquer autoridade, nem de **incorrer em impopularidade**, deve deter o advogado no exercício da profissão. Assim, e desde que aja com respeito (urbanidade) e, é claro, com ética, não deverá recear que sua atuação desagrade a qualquer pessoa, seja a comunidade, seja a um magistrado ou outra autoridade. O compromisso do advogado é com o cliente, mas, frise-se, sempre com seus olhos voltados à ética profissional.

O CED, em seus arts. 27 a 29, trata das **relações do advogado** com os **colegas, agentes políticos, autoridades, servidores públicos e terceiros**. Pela clareza redacional, pedimos licença para transcrevê-los:

Art. 27. *O advogado observará, nas suas relações com os colegas de profissão, agentes políticos, autoridades, servidores públicos e terceiros em geral, o dever de urbanidade, tratando a todos com respeito e consideração, ao mesmo tempo em que preservará seus direitos e prerrogativas, devendo exigir igual tratamento de todos com quem se relacione.*

§ 1º O dever de urbanidade há de ser observado, da mesma forma, nos atos e manifestações relacionados aos pleitos eleitorais no âmbito da Ordem dos Advogados do Brasil.

§ 2º No caso de ofensa à honra do advogado ou à imagem da instituição, adotar-se-ão as medidas cabíveis, instaurando-se processo ético-disciplinar e dando-se ciência às autoridades competentes para apuração de eventual ilícito penal.

Art. 28. *Consideram-se imperativos de uma correta atuação profissional o emprego de linguagem escorreita e polida, bem como a observância da boa técnica jurídica.*

Art. 29. *O advogado que se valer do concurso de colegas na prestação de serviços advocatícios, seja em caráter individual, seja no âmbito de sociedade de advogados ou de empresa ou entidade em que trabalhe, dispensar-lhes-á tratamento condigno, que não os torne subalternos seus nem lhes avilte os serviços prestados mediante remuneração incompatível com a natureza do trabalho profissional ou inferior ao mínimo fixado pela Tabela de Honorários que for aplicável.*

Parágrafo único. *Quando o aviltamento de honorários for praticado por empresas ou entidades públicas ou privadas, os advogados responsáveis pelo respectivo departamento ou gerência jurídica serão instados a corrigir o abuso, inclusive intervindo junto aos demais ór-*

gãos competentes e com poder de decisão da pessoa jurídica de que se trate, sem prejuízo das providências que a Ordem dos Advogados do Brasil possa adotar com o mesmo objetivo.

Em resumo: cabe ao advogado, em suas relações interpessoais, observar a urbanidade (respeito), mas sem que isso lhe gere subserviência, especialmente no tocante às autoridades públicas (juízes, promotores, delegados de polícia, políticos etc.).

1.1. Princípios fundamentais

Preconiza o art. 1º do CED a que o **exercício da advocacia** exige **conduta compatível** com os preceitos deste Código, do Estatuto, do Regulamento Geral, dos Provimentos e com os princípios da moral individual, social e profissional.

Significa dizer, em suma, que as **regras deontológicas** que devem ser observadas pelo advogado são aquelas disciplinadas no CED, no EAOAB, no Regulamento Geral e em Provimentos editados pelos órgãos da OAB, sem prejuízo, é claro, dos princípios da ética geral.

2. DA INDISPENSABILIDADE DO ADVOGADO

Em nítido reforço ao texto constitucional (art. 133), que expressamente consagra a **indispensabilidade do advogado** à adequada administração da Justiça, o art. 2º, CED dispõe que advogado, **indispensável à administração da Justiça**, é defensor do Estado Democrático de Direito, dos direitos humanos e garantias fundamentais, da cidadania, da moralidade, da Justiça e da paz social, cumprindo-lhe exercer o seu ministério em consonância com a sua elevada função pública e com os valores que lhe são inerentes.

Não se pode conceber Justiça sem advogado. É este profissional do Direito que vai poder proporcionar ao administrado/jurisdicionado, frente a conflitos intersubjetivos ou eventuais arbitrariedades do Poder Público, a correta defesa de seus direitos.

Vale destacar a docência de Rui Barbosa, para quem o advogado foi o primeiro homem que, com influência da razão e da palavra, defendeu os seus semelhantes contra a injustiça, a violência e a fraude[1].

Ainda que o advogado exerça uma **atividade privada** (no caso dos advogados privados), é inegável as **funções pública e social** que desempenha, prestando, pois, verdadeiro **serviço público** (art. 2º, § 1º, EAOAB).

O art. 3º, CED, em verdadeira exortação, preleciona que o advogado deve ter consciência de que o Direito é um meio de mitigar as desigualdades para o encontro de soluções justas e que a lei é um instrumento para garantir a igualdade de todos.

3. ALGUNS DOS DEVERES ÉTICOS DOS ADVOGADOS

O art. 2º, parágrafo único, CED, embora em **rol exemplificativo**, apresenta serem **deveres éticos** do advogado:

I – preservar, em sua conduta, a honra, a nobreza e a dignidade da profissão, zelando pelo caráter de essencialidade e indispensabilidade da advocacia;

II – atuar com destemor, independência, honestidade, decoro, veracidade, lealdade, dignidade e boa-fé;

1. RAMOS, Gisela Gondin. *Estatuto da Advocacia: comentários e jurisprudência selecionada*. 5. ed. Rio de Janeiro: Forense, 2009.

III – velar por sua reputação pessoal e profissional;

IV – empenhar-se, permanentemente, no aperfeiçoamento pessoal e profissional;

V – contribuir para o aprimoramento das instituições, do Direito e das leis;

VI – estimular, a qualquer tempo, a conciliação e a mediação entre os litigantes, prevenindo, sempre que possível, a instauração de litígios;

VII – desaconselhar lides temerárias, a partir de um juízo preliminar de viabilidade jurídica;

VIII – abster-se de:

a) utilizar de influência indevida, em seu benefício ou do cliente;

b) vincular seu nome ou nome social a empreendimentos sabidamente escusos;

c) emprestar concurso aos que atentem contra a ética, a moral, a honestidade e a dignidade da pessoa humana;

d) entender-se diretamente com a parte adversa que tenha patrono constituído, sem o assentimento deste;

e) ingressar ou atuar em pleitos administrativos ou judiciais perante autoridades com as quais tenha vínculos negociais ou familiares;

f) contratar honorários advocatícios em valores aviltantes.

IX – pugnar pela solução dos problemas da cidadania e pela efetivação dos direitos individuais, coletivos e difusos;

X – adotar conduta consentânea com o papel de elemento indispensável à administração da Justiça;

XI – cumprir os encargos assumidos no âmbito da Ordem dos Advogados do Brasil ou na representação da classe;

XII – zelar pelos valores institucionais da OAB e da advocacia;

XIII – ater-se, quando no exercício da função de defensor público, à defesa dos necessitados.

4. LIBERDADE E INDEPENDÊNCIA DO ADVOGADO

Dispõe o art. 4º, *caput*, CED, que o advogado, ainda que vinculado ao cliente ou constituinte, mediante relação empregatícia ou por contrato de prestação permanente de serviços, ou como integrante de departamento jurídico, ou de órgão de assessoria jurídica, público ou privado, deve zelar pela sua **liberdade** e **independência**.

Assim, podemos alçar como verdadeiros **princípios** que regem a advocacia os da **liberdade** e **independência**. Não se pode ter uma ideia preconcebida – e equivocada – de que o advogado sempre "vende sua alma" para o cliente. Tanto é verdade que o CED prevê ser dever do advogado zelar por referidas características (repita-se, liberdade e independência), a tal ponto de ser-lhe dado recusar o patrocínio de causa e de manifestação, no âmbito consultivo, de pretensão concernente a direito que também lhe seja aplicável ou que contrarie orientação que tenha manifestado anteriormente (art. 4º, parágrafo único, CED).

A título de exemplo, será o procedimento ético adequado – e esperado – de um advogado que recuse, em atividade de consultoria jurídica, a elaborar parecer a um cliente que lhe apresente situação concreta que contrarie artigo científico ou obra jurídica em que tenha se manifestado de forma oposta.

5. A MERCANTILIZAÇÃO DA ADVOCACIA [19]

Dispõe o art. 5º, CED que o exercício da advocacia é incompatível com qualquer procedimento de **mercantilização**.

O que o referido dispositivo pretende é a de afastar o advogado daquela ideia de "profissional de mercado", não podendo se assemelhar ou praticar comportamentos típicos de empresários.

O escritório do advogado, ou a sociedade a que pertença, não tem natureza empresarial.

Essa foi a opção feita pela OAB, diversamente do que ocorre em outros países, como, por exemplo, nos Estados Unidos, em que se admite ao advogado praticar condutas que o assemelham a um empresário, inclusive no que concerne à publicidade.

6. DO DEVER DE BOA-FÉ E LEALDADE

Prevê o CED, em seu art. 6º, ser **defeso** (proibido) ao advogado expor os fatos em Juízo ou na via administrativa falseando deliberadamente a verdade e utilizando de má-fé.

Ainda que se possa pensar que o único compromisso que o advogado tem é para com seu cliente e a defesa dos interesses deste, não se pode querer transformá-lo em um "profissional da mentira".

Inclusive, o Novo Código de Processo Civil, em seu art. 5º, inserido no capítulo das normas fundamentais do processo civil, dispõe que aquele que de qualquer forma participa do processo deve comportar-se de acordo com a **boa-fé**.

Em reforço, o precitado Código, no seu art. 77, determina serem deveres das partes, de seus **procuradores** e de todos aqueles que de qualquer forma participem do processo:

I – expor os fatos em juízo conforme a verdade;

II – não formular pretensão ou de apresentar defesa quando cientes de que são destituídas de fundamento;

III – não produzir provas e não praticar atos inúteis ou desnecessários à declaração ou à defesa do direito;

IV – cumprir com exatidão as decisões jurisdicionais, de natureza provisória ou final, e não criar embaraços à sua efetivação;

V – declinar, no primeiro momento que lhes couber falar nos autos, o endereço residencial ou profissional onde receberão intimações, atualizando essa informação sempre que ocorrer qualquer modificação temporária ou definitiva;

VI – não praticar inovação ilegal no estado de fato de bem ou direito litigioso.

E o § 6º do referido art. 77 do CPC, corroborando o **dever de boa-fé**, prevê que aos advogados públicos ou privados e aos membros da Defensoria Pública e do Ministério Pú-

[19] Para visualizar o *SHORT VIDEO* acesse: http://www.editorafoco.com.br/short-videos.

blico, eventual responsabilidade disciplinar será apurada pelo respectivo órgão de classe ou corregedoria, ao qual o juiz oficiará.

7. VEDAÇÃO À CAPTAÇÃO DE CLIENTELA

É vedado o **oferecimento de serviços** profissionais que implique, direta ou indiretamente, **angariar** ou **captar clientela**. Esse é o teor do art. 7º, CED.

Tal previsão é a prova cabal de que o advogado não pode adotar comportamentos "mercantilistas", devendo exercer a profissão de molde a não torná-la um verdadeiro "negócio" (na acepção empresarial do termo).

Não se quer aqui dizer que o advogado deva ser um profissional absolutamente inerte, ou seja, sem que busque levar ao conhecimento de terceiros os serviços que pode oferecer. Tanto é verdade que o CED tem um capítulo próprio acerca da Publicidade profissional (arts. 39 a 47).

Contudo, como o nosso leitor deve ter observado no Capítulo 16 desta obra, os anúncios profissionais devem ser pautados pela discrição e sobriedade, não podendo configurar captação de clientela ou mercantilização da profissão.

8. DAS RELAÇÕES DO ADVOGADO COM SEUS CLIENTES

8.1. Dos riscos da demanda

O advogado deve **informar** o cliente, de modo claro e inequívoco, quanto a **eventuais riscos** da sua pretensão, e das **consequências** que poderão advir da demanda. Deve, igualmente, **denunciar**, desde logo, a quem lhe solicite parecer ou patrocínio, qualquer circunstância que possa **influir na resolução** de submeter-lhe a consulta ou **confiar-lhe** a causa. Tal é o teor do art. 9º, CED.

De fato, já que é o advogado o detentor dos conhecimentos jurídicos, incumbe-lhe, ao tomar conhecimento do caso concreto exposto por pretenso cliente, adverti-lo, com clareza e inequivocidade, sobre os riscos de sua pretensão (se é abrigada, ou não, pelo ordenamento jurídico; se há obstáculos ao exercício da pretensão, como, por exemplo, o implemento da prescrição; se a jurisprudência dominante desacolhe o quanto pretendido etc.).

Também é dever ético do advogado informar o cliente sobre as consequências que poderão resultar da demanda, como, por exemplo, a condenação em honorários advocatícios em caso de sucumbência.

Como dissemos anteriormente, não pode o advogado "vender a alma" para o cliente, transmitindo-lhe, mesmo quando os riscos da demanda são claros, uma sensação de que a pretensão a ser deduzida (em juízo ou extrajudicialmente) está imune a qualquer consequência nefasta.

Importa registrar que as relações entre advogado e cliente baseiam-se na **confiança recíproca**. Sentindo o advogado que essa confiança lhe falta, é recomendável que externe ao cliente sua impressão e, não se dissipando as dúvidas existentes, promova, em seguida, o **substabelecimento do mandato** ou a ele **renuncie** (art. 10, CED).

O advogado, no exercício do mandato, atua como patrono da parte, cumprindo-lhe, por isso, imprimir à causa **orientação que lhe pareça mais adequada**, sem se subordinar a intenções contrárias do cliente, mas, antes, procurando esclarecê-lo quanto à estratégia traçada (art. 11, CED).

Assim, caso o advogado, após advertir o cliente sobre os riscos da demanda, perceba que seu constituinte não está convencido das orientações jurídicas por ele traçadas, e se não forem superadas as dúvidas apresentadas, deverá, para que não sejam aviltadas a sua liberdade e independência, renunciar ao mandato ou substabelecer sem reserva de poderes.

8.2. Da devolução de bens, valores, documentos e prestação de contas

O art. 12, CED dispõe que a conclusão ou desistência da causa, tenha havido, ou não, extinção do mandato, **obriga** o advogado a **devolver** ao cliente **bens**, **valores** e **documentos** que lhe hajam sido confiados e ainda estejam em seu poder, bem como a **prestar-lhe contas**, pormenorizadamente, sem prejuízo de esclarecimentos complementares que se mostrem pertinentes e necessários. Contudo, a **parcela dos honorários paga pelos serviços** até então prestados não se inclui entre os valores a serem devolvidos.

A regra então disposta no CED, entendemos, seria desnecessária, visto que, finda a atuação do advogado, obviamente lhe incumbe a devolução de tudo o quanto o cliente lhe tenha entregado para o patrocínio da causa (bens, documentos e valores). Contudo, é salutar tal previsão, que constitui um instrumento de garantia aos clientes contra eventuais abusos do advogado.

Demais disso, caberá ao profissional, concluída a prestação de seus serviços, promover pormenorizada prestação de contas ao cliente, explicando-lhe e esclarecendo-lhe tudo o quanto ocorreu na causa (resultado da ação; interposição ou não de recursos; necessidade de futura execução de obrigação de pagar etc.).

8.3. Assunção de causas criminais

Nos termos do art. 23 do CED, é **direito** e **dever** do advogado assumir a defesa criminal, sem considerar sua própria opinião sobre a culpa do acusado.

Ora, assim não fosse, a imensa maioria dos advogados criminalistas, que, é certo, não devem assentir com a prática de infrações penais, estaria diante de causa impassível de ser defendida.

Vale, aqui, a máxima: o advogado criminalista não se confunde com o criminoso! Ainda que seu cliente efetivamente tenha cometido a infração penal, o advogado fará sua representação judicial, atuando em prol da observância dos princípios constitucionais do contraditório e ampla defesa.

A clássica pergunta "Você defenderia um estuprador?" poderá ser facilmente respondida: "Sim". O advogado de um estuprador não se torna estuprador por defendê-lo! Ainda que ache desprezível o comportamento do cliente, poderá assumir sua defesa sem que comprometa a sua ética profissional. Não é antiético defender estuprador, traficante, homicida ou um agente público ou político corrupto!

O parágrafo único do precitado art. 23 do CED dispõe que **não há causa criminal indigna de defesa**, cumprindo ao advogado agir, como defensor, no sentido de que a todos seja concedido tratamento condizente com a dignidade da pessoa humana, sob a égide das garantias constitucionais. E ponto!

8.4. Atuação desvinculada a outros advogados

Antevendo eventual situação delicada e desconfortável que poderia ocorrer na relação cliente-advogado, o CED, em seu art. 24, previu que referido profissional **não se sujeita** à imposição do cliente que pretenda ver com ele atuando **outros advogados**, nem fica na contingência de **aceitar a indicação de outro profissional** para com ele trabalhar no processo.

Em simples palavras: se determinado advogado foi constituído pelo cliente, este não poderá compeli-lo a atuar conjuntamente com outro(s) advogado(s), sob pena de se malferir sua liberdade e independência.

Imagine-se a situação em que um advogado "A" tenha adotado determinada tese defensiva em processo criminal. Em certa altura, o cliente (réu na ação penal) constitui mais um advogado ("B"), que propõe a adoção de nova linha de defesa, cujo advogado originário ("A") discorda. Nesse caso, não poderá o cliente impor ao primeiro advogado que atue conjuntamente com o segundo causídico. Havendo quebra de confiança, será cabível a renúncia ao mandato por "A", que não poderá ser compelido a atuar conjuntamente com "B".

8.5. Abstenção de atuação do advogado em determinados casos

Ao advogado cumpre **abster-se de patrocinar** causa contrária à validade ou legitimidade de ato jurídico em cuja formação haja colaborado ou intervindo de qualquer maneira; da mesma forma, deve **declinar seu impedimento** ou o da **sociedade** que integre quando houver **conflito de interesses** motivado por intervenção anterior no trato de assunto que se prenda ao patrocínio solicitado. É o que dispõe o art. 22, CED.

Imaginemos a seguinte situação: o advogado "A" foi contratado, em 2013, por "B", proprietário de inúmeros imóveis, para elaborar uma minuta-padrão de contrato de locação, que seria utilizado pelo cliente como "modelo" para as diversas locações de seus bens. Três anos mais tarde, "C" procura "A" e lhe solicita que ingresse com ação anulatória do contrato de locação firmado com "B", ao argumento de que determinada cláusula era leonina.

Evidentemente que o advogado "A" não poderia patrocinar referida causa, eis que a pretensão de "C" atingiria um "ato jurídico" para o qual concorreu o profissional (a elaboração do contrato).

Assim, o dever ético em questão deverá ser observado pelo advogado, sob pena de responder disciplinarmente.

Legislação correlata

1. ARTIGOS PERTINENTES DO ESTATUTO DA OAB

Art. 31. O advogado deve proceder de forma que o torne merecedor de respeito e que contribua para o prestígio da classe e da advocacia.

§ 1º O advogado, no exercício da profissão, deve manter independência em qualquer circunstância.

§ 2º Nenhum receio de desagradar a magistrado ou a qualquer autoridade, nem de incorrer em impopularidade, deve deter o advogado no exercício da profissão.

Art. 32. O advogado é responsável pelos atos que, no exercício profissional, praticar com dolo ou culpa.

Parágrafo único. Em caso de lide temerária, o advogado será solidariamente responsável com seu cliente, desde que coligado com este para lesar a parte contrária, o que será apurado em ação própria.

Art. 33. O advogado obriga-se a cumprir rigorosamente os deveres consignados no Código de Ética e Disciplina.

Parágrafo único. O Código de Ética e Disciplina regula os deveres do advogado para com a comunidade, o cliente, o outro profissional e, ainda, a publicidade, a recusa do patrocínio, o dever de assistência jurídica, o dever geral de urbanidade e os respectivos procedimentos disciplinares.

→ *v.* Arts. 39 a 47 do CED.

2. ARTIGOS PERTINENTES DO CÓDIGO DE ÉTICA E DISCIPLINA

Art. 1º O exercício da advocacia exige conduta compatível com os preceitos deste Código, do Estatuto, do Regulamento Geral, dos Provimentos e com os princípios da moral individual, social e profissional.

Art. 2º O advogado, indispensável à administração da Justiça, é defensor do Estado Democrático de Direito, dos direitos humanos e garantias fundamentais, da cidadania, da moralidade, da Justiça e da paz social, cumprindo-lhe exercer o seu ministério em consonância com a sua elevada função pública e com os valores que lhe são inerentes.

→ *v.* Art. 2º, EAOAB.

Parágrafo único. São deveres do advogado:

I – preservar, em sua conduta, a honra, a nobreza e a dignidade da profissão, zelando pelo caráter de essencialidade e indispensabilidade da advocacia;

II – atuar com destemor, independência, honestidade, decoro, veracidade, lealdade, dignidade e boa-fé;

III – velar por sua reputação pessoal e profissional;

IV – empenhar-se, permanentemente, no aperfeiçoamento pessoal e profissional;

V – contribuir para o aprimoramento das instituições, do Direito e das leis;

VI – estimular, a qualquer tempo, a conciliação e a mediação entre os litigantes, prevenindo, sempre que possível, a instauração de litígios;

VII – desaconselhar lides temerárias, a partir de um juízo preliminar de viabilidade jurídica;

VIII – abster-se de:

a) utilizar de influência indevida, em seu benefício ou do cliente;

b) vincular seu nome ou nome social a empreendimentos sabidamente escusos;

→ Redação alterada pela Res. CFOAB 7, de 5.7.2016

c) emprestar concurso aos que atentem contra a ética, a moral, a honestidade e a dignidade da pessoa humana;

d) entender-se diretamente com a parte adversa que tenha patrono constituído, sem o assentimento deste;

e) ingressar ou atuar em pleitos administrativos ou judiciais perante autoridades com as quais tenha vínculos negociais ou familiares;

f) contratar honorários advocatícios em valores aviltantes.

IX – pugnar pela solução dos problemas da cidadania e pela efetivação dos direitos individuais, coletivos e difusos;

X – adotar conduta consentânea com o papel de elemento indispensável à administração da Justiça;

XI – cumprir os encargos assumidos no âmbito da Ordem dos Advogados do Brasil ou na representação da classe;

XII – zelar pelos valores institucionais da OAB e da advocacia;

XIII – ater-se, quando no exercício da função de defensor público, à defesa dos necessitados.

Art. 3º O advogado deve ter consciência de que o Direito é um meio de mitigar as desigualdades para o encontro de soluções justas e que a lei é um instrumento para garantir a igualdade de todos.

Art. 4º O advogado, ainda que vinculado ao cliente ou constituinte, mediante relação empregatícia ou por contrato de prestação permanente de serviços, ou como integrante de departamento jurídico, ou de órgão de assessoria jurídica, público ou privado, deve zelar pela sua liberdade e independência.

Parágrafo único. É legítima a recusa, pelo advogado, do patrocínio de causa e de manifestação, no âmbito consultivo, de pretensão concernente a direito que também lhe seja aplicável ou contrarie orientação que tenha manifestado anteriormente.

Art. 5º O exercício da advocacia é incompatível com qualquer procedimento de mercantilização.

Art. 6º É defeso ao advogado expor os fatos em Juízo ou na via administrativa falseando deliberadamente a verdade e utilizando de má-fé.

Art. 7º É vedado o oferecimento de serviços profissionais que implique, direta ou indiretamente, angariar ou captar clientela.

Art. 9º O advogado deve informar o cliente, de modo claro e inequívoco, quanto a eventuais riscos da sua pretensão, e das consequências que poderão advir da demanda. Deve, igualmente, denunciar, desde logo, a quem lhe solicite parecer ou patrocínio, qualquer circunstância que possa influir na resolução de submeter-lhe a consulta ou confiar-lhe a causa.

Art. 10. As relações entre advogado e cliente baseiam-se na confiança recíproca. Sentindo o advogado que essa confiança lhe falta, é recomendável que externe ao cliente sua impressão e, não se dissipando as dúvidas existentes, promova, em seguida, o substabelecimento do mandato ou a ele renuncie.

→ *v.* Art. 5º, EAOAB.

→ *v.* Art. 6º, Regulamento Geral da OAB.

Art. 11. O advogado, no exercício do mandato, atua como patrono da parte, cumprindo-lhe, por isso, imprimir à causa orientação que lhe pareça mais adequada, sem se subordinar a intenções contrárias do cliente, mas, antes, procurando esclarecê-lo quanto à estratégia traçada.

Art. 12. A conclusão ou desistência da causa, tenha havido, ou não, extinção do mandato, obriga o advogado a devolver ao cliente bens, valores e documentos que lhe hajam sido confiados e ainda estejam em seu poder, bem como a prestar-lhe contas, pormenorizadamente, sem prejuízo de esclarecimentos complementares que se mostrem pertinentes e necessários.

Parágrafo único. A parcela dos honorários paga pelos serviços até então prestados não se inclui entre os valores a ser devolvidos.

Art. 22. Ao advogado cumpre abster-se de patrocinar causa contrária à validade ou legitimidade de ato jurídico em cuja formação haja colaborado ou intervindo de qualquer maneira; da mesma forma, deve declinar seu impedimento ou o da sociedade que integre quando houver conflito de interesses motivado por intervenção anterior no trato de assunto que se prenda ao patrocínio solicitado.

Art. 23. É direito e dever do advogado assumir a defesa criminal, sem considerar sua própria opinião sobre a culpa do acusado.

Parágrafo único. Não há causa criminal indigna de defesa, cumprindo ao advogado agir, como defensor, no sentido de que a todos seja concedido tratamento condizente com a dignidade da pessoa humana, sob a égide das garantias constitucionais.

Art. 24. O advogado não se sujeita à imposição do cliente que pretenda ver com ele atuando outros advogados, nem fica na contingência de aceitar a indicação de outro profissional para com ele trabalhar no processo.

Art. 25. É defeso ao advogado funcionar no mesmo processo, simultaneamente, como patrono e preposto do empregador ou cliente.

→ *v.* Arts. 18 a 21, EAOAB.

→ *v.* Arts. 11 a 14, RGOAB.

Art. 27. O advogado observará, nas suas relações com os colegas de profissão, agentes políticos, autoridades, servidores públicos e terceiros em geral, o dever de urbanidade, tratando a todos com respeito e consideração, ao mesmo tempo em que preservará seus direitos e prerrogativas, devendo exigir igual tratamento de todos com quem se relacione.

§ 1º O dever de urbanidade há de ser observado, da mesma forma, nos atos e manifestações relacionados aos pleitos eleitorais no âmbito da Ordem dos Advogados do Brasil.

§ 2º No caso de ofensa à honra do advogado ou à imagem da instituição, adotar-se-ão as medidas cabíveis, instaurando-se processo ético-disciplinar e dando-se ciência às autoridades competentes para apuração de eventual ilícito penal.

Art. 28. Consideram-se imperativos de uma correta atuação profissional o emprego de linguagem escorreita e polida, bem como a observância da boa técnica jurídica.

Art. 29. O advogado que se valer do concurso de colegas na prestação de serviços advocatícios, seja em caráter individual, seja no âmbito de sociedade de advogados ou de empresa ou entidade em que trabalhe, dispensar-lhes-á tratamento condigno, que não os torne subalternos seus nem lhes avilte os serviços prestados mediante remuneração incompatível com a natureza do trabalho profissional ou inferior ao mínimo fixado pela Tabela de Honorários que for aplicável.

Parágrafo único. Quando o aviltamento de honorários for praticado por empresas ou entidades públicas ou privadas, os advogados responsáveis pelo respectivo departamento ou gerência jurídica serão instados a corrigir o abuso, inclusive intervindo junto aos demais órgãos competentes e com poder de decisão da pessoa jurídica de que se trate, sem prejuízo das providências que a Ordem dos Advogados do Brasil possa adotar com o mesmo objetivo.

Questões comentadas

(EXAME DE ORDEM UNIFICADO 2010.3 – FGV) Terência, jovem advogada, conhecida pela energia com que defende os seus clientes, obtém sucesso em ação indenizatória, com proveito econômico correspondente a R$ 3.000.000,00 (três milhões de reais). Buscando adequação dos seus honorários, marca reunião com seu cliente, e este exige detalhada prestação de contas, o que é negado pela advogada. Nesse momento, há amplo desentendimento. O valor da indenização fora levantado pela advogada e depositado em caderneta de poupança, no aguardo do desfecho da discussão sobre os valores que deveriam ser repassados. Terência não apresentou as contas ao cliente nem direta, nem judicialmente. Analisando-se a solução para o caso concreto acima, é correto afirmar que

(A) enquanto o cliente não apresentar postulação judicial, a prestação de contas é inexigível.

(B) o advogado, exercendo mandato, não necessita prestar contas.

(C) a prestação de contas é um dos deveres do advogado.

(D) essa questão é dirimida pelo juiz da causa em que ocorreu a condenação.

COMENTÁRIO

A alternativa "C" está correta, pois, como já visto nas alternativas anteriores, a conclusão ou desistência da causa, tenha havido, ou não, extinção do mandato, obriga o advogado a devolver ao cliente bens, valores e documentos que lhe hajam sido confiados e ainda estejam em seu poder, bem como a prestar-lhe contas, pormenorizadamente, sem prejuízo de esclarecimentos complementares que se mostrem pertinentes e necessários (art. 12, CED). Outrossim, como já ressaltado anteriormente, configura infração disciplinar a *recusa injustificada de prestação de contas ao cliente pelo advogado* (art. 34, XXI, EAOAB).

A alternativa "A" está incorreta, pois, em simples palavras, é dever do advogado *prestar ao cliente as contas* das quantias recebidas em nome dele, conforme estabelece o art. 12, CED, o que poderá ser solicitado a qualquer tempo, independentemente de postulação judicial.

A alternativa "B" está incorreta, pois, como visto na alternativa anterior, é *direito do cliente* e *dever do advogado* prestar contas ao cliente, tão logo seja solicitado (art. 12, CED), sob pena de se configurar infração disciplinar (art. 34, XXI, EAOAB).

A alternativa "D" está incorreta, pois a prestação de contas não cabe ao magistrado sentenciante, mas, como afirmado diversas vezes, pelo advogado da parte (art. 12, CED e art. 34, XXI, EAOAB).

(IX EXAME DE ORDEM UNIFICADO – FGV) O Conselho Nacional de Justiça tem, invariavelmente, patrocinado semanas de conciliação buscando resolver o grave problema de demora da prestação jurisdicional, que se reflete na existência de inúmeros processos sem solução. Esse movimento de cunho nacional tem angariado a atuação de magistrados e membros do Ministério Público. Sobre o tema conciliação, o Código de Ética e Disciplina da OAB dispõe como dever do advogado

(A) realizá-la eventualmente, caso seja do interesse do cliente.

(B) descartá-la, por não ser inerente à atividade advocatícia.

(C) estimular a conciliação entre os litigantes.

(D) determinar sempre a instauração de litígios.

COMENTÁRIO

A alternativa correta é a "C". Nos termos do art. 2º, parágrafo único, VI, CED, é dever do advogado, dentre outros, *estimular, a qualquer tempo, a conciliação e a mediação entre os litigantes, prevenindo, sempre que possível, a instauração de litígios.*

(IX EXAME DE ORDEM UNIFICADO – FGV) João é assessor jurídico da empresa "Z" Ltda., onde exerce suas funções com proficiência. Em determinado momento, é consultado por inúmeros colegas de trabalho que pretendem ingressar com ação judicial para postular o reconhecimento de direitos em face da empresa empregadora. A pretensão dos seus colegas também beneficiaria o advogado. Nos termos do Código de Ética e Disciplina da OAB, João deve

(A) recusar o patrocínio da causa.

(B) aceitar, sem qualquer reserva pessoal.

(C) renunciar ao direito para patrocinar a causa.

(D) indicar os clientes para escritório de amigos, com participação.

COMENTÁRIO

A alternativa "A" está correta. Nos termos do art. 4º, *caput*, e parágrafo único, do CED, o advogado, ainda que vinculado ao cliente ou constituinte, mediante relação empregatícia ou por contrato de prestação permanente de serviços, ou como integrante de departamento jurídico, ou de órgão de assessoria jurídica, público ou privado, deve zelar pela sua liberdade e independência, legítima a recusa, pelo advogado, do patrocínio de causa e de manifestação, no âmbito consultivo, de pretensão concernente a direito que também lhe seja aplicável ou contrarie orientação que tenha manifestado anteriormente. Ora, sendo João assessor jurídico da empresa "Z" Ltda., deverá recusar o patrocínio da pretensão de seus colegas de trabalho, seja pelo fato de ser empregado de referida entidade, bem como em razão de os interesses deles também lhe serem aplicáveis.

(IX EXAME DE ORDEM UNIFICADO – FGV) O advogado José da Silva defronta-se com uma situação em que surge dúvida quanto à sua atuação ética. Consultando a legislação de regência, não vislumbra solução para sua dúvida. Nesse caso, não havendo previsão no Código de Ética e Disciplina da OAB, deve o advogado formular consulta ao

(A) Conselho Seccional.

(B) Tribunal de Ética e Disciplina.

(C) Presidente da Instituição.

(D) Tribunal Pleno.

COMENTÁRIO

Nos termos do art. 71, II, do CED, compete aos Tribunais de Ética e Disciplina (TEDs) responder a consultas formuladas, em tese, sobre matéria ético-disciplinar.

(X EXAME DE ORDEM UNIFICADO – FGV) João, além de advogado, é próspero fazendeiro no Estado W. Após fiscalização regular, é comunicado que seus trabalhadores estão em situação irregular, análoga à de escravidão.

Nos termos do Código de Ética, o advogado deve

(A) ignorar a comunicação porque são separadas as atividades de advogado e fazendeiro.

(B) deixar de prestar concurso a atos que atentem contra a dignidade da pessoa humana.

(C) atuar como advogado na defesa da situação considerada irregular, ignorando as acusações.

(D) defender sua atuação como fazendeiro que obedece a regras peculiares e costumeiras.

COMENTÁRIO

A alternativa "B" está correta. Nos termos do art. 2º, parágrafo único, VIII, *c*, do CED, é dever do advogado abster-se de emprestar concurso (leia-se: auxiliar) aos que atentem contra a ética, a moral, a honestidade e a *dignidade da pessoa humana*. Ora, tomando conhecimento de que trabalhadores de sua fazenda estão em situação irregular, análoga à de escravidão, é dever de João fazer cessar referida situação, deixando de auxiliar ou de concorrer para a prática de atos atentatórios à dignidade da pessoa humana. O fato de o advogado ser, também, fazendeiro, não induz pensar que seus atos devam ser pautados por esta ou aquela atividade. Um advogado deve, sempre, ter conduta reta e ética.

(X EXAME DE ORDEM UNIFICADO – FGV) Lara, advogada, é chefe do departamento jurídico da empresa Nós e Nós, que é especializada na produção de cordas. O departamento que ela coordena possui cerca de cem advogados. Dez deles resolvem propor ação judicial para reclamar direitos que são comuns a todos, inclusive à advogada chefe do departamento.

Nos termos do Código de Ética, a advogada chefe do departamento deve

(A) assumir a defesa da empresa, por força da relação de trabalho.

(B) comunicar o fato à empresa e escusar-se de realizar a defesa.

(C) indicar advogado da sua equipe para realizar a defesa.

(D) renunciar ao cargo por impossibilidade de exercício do mesmo.

COMENTÁRIO

Nos termos do art. 4º, *caput*, do CED, "o advogado, ainda que vinculado ao cliente ou constituinte, mediante relação empregatícia ou por contrato de prestação permanente de serviços, ou como integrante de departamento jurídico, ou de órgão de assessoria jurídica, público ou privado, deve zelar pela sua liberdade e independência". Por tais razões, é legítima a recusa, pelo advogado, do patrocínio de causa e de manifestação, no âmbito consultivo, de pretensão concernente a direito que também lhe seja aplicável ou contrarie orientação que tenha manifestado anteriormente (art. 4º, parágrafo único, CED). Logo, Lara poderia recusar a defesa da própria empresa em que é empregada, visto que a pretensão de seus colegas também lhe aproveitaria (alternativa "A"). Caso fosse obrigada, pela relação de emprego, a defender a empresa, seria colocada em situação absolutamente desconfortável, especialmente por ser obrigada a formular defesa violadora de sua liberdade e independência. Afinal, como defender o empregador diante de demanda cuja pretensão também lhe aproveitaria? Se assim ocorresse, Lara iria aviltar sua própria liberdade e consciência. Portanto, a conduta correta da advogada é a de comunicar a empresa sobre o fato e recusar-se a defendê-la, baseando-se no já citado art. 4º, parágrafo único, CED (alternativa "B"). Sequer poderia ser indicado outro advogado da equipe de Lara, pois, conforme afirma o enunciado, a ação judicial proposta por dez dos cem advogados do departamento jurídico da empresa retrata pretensão por direitos aplicáveis a todos. Assim, nem Lara, nem qualquer outro advogado, poderá ser obrigado a assumir a defesa da empresa (alternativa "C"). O fato de a advogada recusar-se ao patrocínio da defesa da empresa não induz pensar devesse ela "renunciar ao cargo". Simplesmente, em razão desse "conflito", deveria, naquele caso concreto, comunicar a empresa de que não poderia formular a defesa, valendo-se, para tanto, do CED. Correta a alternativa "B".

(XI EXAME DE ORDEM UNIFICADO – FGV) José é advogado de João em processo judicial que este promove contra Matheus. Encantado com as sucessivas campanhas de conciliação, busca obter o apoio do réu para um acordo, sem consultar previamente o patrono da parte contrária, Valter.

Nos termos do Código de Ética, deve o advogado

(A) buscar a conciliação a qualquer preço por ser um objetivo da moderna Jurisdição.

(B) abster-se de entender-se diretamente com a parte adversa que tenha patrono constituído, sem o assentimento deste.

(C) entender-se com as partes na presença de autoridade sem necessidade de comunicação ao *ex adverso*.

(D) participar de campanhas de conciliação e, caso infrutíferas, tentar o acordo extrajudicial diretamente com a parte contrária.

COMENTÁRIO

A alternativa "B" está correta. Nos exatos termos do art. 2º, parágrafo único, VIII, *d*, do CED, deve o advogado abster-se de entender-se diretamente com a parte adversa que tenha patrono constituído, sem o assentimento deste. Logo, José, advogado de João, ao manter contato direto com o réu para um acordo, sem consultar previamente o advogado da parte adversa, violou referido dispositivo ético.

(XIV EXAME DE ORDEM UNIFICADO – FGV) Mara é advogada atuante, tendo especialização na área cível. Procurada por um cliente da área empresarial, ela aceita o mandato. Ocorre que seu cliente possui, em sua empresa, um departamento jurídico com numerosos advogados e um gerente. Por indicação deles, o cliente determina que Mara inclua, no mandato que lhe foi conferido, os advogados da empresa, para atuação conjunta. Com base no caso apresentado, observadas as regras do Estatuto da OAB e do Código de Ética e Disciplina da OAB, assinale a opção correta.

(A) A advogada deve aceitar a imposição do cliente por ser inerente ao mandato.

(B) A advogada deve aceitar a indicação de um advogado para atuar conjuntamente no processo.

(C) A advogada deve acolher o comando, por ser natural na vida forense a colaboração.

(D) A advogada não é obrigada a aceitar a imposição de seu cliente no caso.

COMENTÁRIO

A alternativa "D" está correta. Nos termos do art. 24 do CED, "o advogado não se sujeita à imposição do cliente que pretenda ver com ele atuando outros advogados, nem fica na contingência de aceitar a indicação de outro profissional para com ele trabalhar no processo". Trata-se de regra extremamente salutar, visto que são características inerentes à advocacia a isenção técnica e a independência profissional (art. 18, EAOAB), mantidas mesmo diante de eventual relação de emprego. Assim, a advogada Mara não pode ser compelida pelo cliente que lhe outorgou o mandato a atuar conjuntamente com outros advogados do departamento jurídico da empresa.

(XV EXAME DE ORDEM UNIFICADO – FGV) Fred, jovem advogado, é contratado para prestar serviços na empresa BBO Ltda., que possui uma assessoria jurídica composta por cinco profissionais do Direito, orientados por uma gerência jurídica. Após cinco meses de intensa atividade, é concitado a formular parecer sobre determinado tema jurídico de interesse da empresa, tarefa que realiza, sendo seu entendimento subscrito pela gerência.

Após dez meses do referido evento, o tema é reapresentado por um dos diretores da empresa, que, em viagem realizada para outro estado, havia consultado um outro advogado.

Diante dos novos argumentos, o gerente determina que Fred, o advogado parecerista, mesmo sem ter mudado de opinião, apresente petição inicial em confronto com o entendimento anteriormente preconizado.

No caso, nos termos do Código de Ética da Advocacia, o advogado

(A) deve submeter-se à determinação da gerência jurídica.

(B) deve apresentar seu parecer ao conjunto de advogados para decisão.

(C) pode recusar-se a propor a ação diante do parecer anterior.

(D) pode opor-se e postular assessoria da OAB.

COMENTÁRIO

Nos termos do art. 4º, parágrafo único, do CED, é legítima a recusa, pelo advogado, do patrocínio de pretensão concernente a direito que também lhe seja aplicável, ou *contrarie orientação que tenha manifestado anteriormente*. Portanto, Fred poderá recusar-se a elaborar petição inicial que contrarie sua anterior manifestação, apresentada em parecer. Correta, portanto, a alternativa "C", estando as demais em confronto com o quanto dita o Código de Ética.

(XV EXAME DE ORDEM UNIFICADO – FGV) Bernardo recebe comunicação do seu cliente Eduardo de que este havia desistido da causa que apresentara anteriormente, por motivo de viagem a trabalho, no exterior, em decorrência de transferência e promoção na sua empresa. Houve elaboração da petição inicial, contrato de prestação de serviços e recebimento adiantado de custas e honorários advocatícios.

Nesse caso, nos termos do Código de Ética da Advocacia, deve o advogado

(A) devolver os honorários antecipados sem abater os custos do escritório.

(B) prestar contas ao cliente de forma pormenorizada.

(C) arquivar os documentos no escritório como forma de garantia.

(D) realizar contrato vinculando o cliente ao escritório.

COMENTÁRIO

A alternativa "B" está correta. Nos termos do art. 12 do CED, a conclusão ou desistência da causa, tenha havido, ou não, extinção do mandato, obriga o advogado a devolver ao cliente bens, valores e documentos que lhe hajam sido confiados e ainda estejam em seu poder, bem como a prestar-lhe contas, pormenorizadamente, sem prejuízo de esclarecimentos complementares que se mostrem pertinentes e necessários.

A alternativa "A" está incorreta, pois tendo o advogado iniciado a prestação dos serviços, com a elaboração de petição inicial, fará jus, pelo menos, aos custos que tiverem existido até então.

A alternativa "C" está incorreta, pois, com a desistência da causa, o referido art. 12, CED determina a devolução dos documentos ao cliente.

A alternativa "D" está incorreta, visto que não há qualquer dispositivo do CED que imponha, em caso de desistência da causa, a entabulação de contrato vinculando o cliente ao escritório. Ao contrário: se o advogado, em razão da desistência da causa, não mais for atuar em nome do cliente, a relação contratual terá fim.

(OAB/Exame Unificado – 2017.2) O Dr. Silvestre, advogado, é procurado por um cliente para patrociná-lo em duas demandas em curso, nas quais o aludido cliente figura como autor. Ao verificar o andamento processual dos feitos, Silvestre observa que o primeiro processo tramita perante a juíza Dra. Isabel, sua tia. Já o segundo processo tramita perante o juiz Dr. Zacarias, que, coincidentemente, é o locador do imóvel onde o Dr. Silvestre reside. Considerando o disposto no Código de Ética e Disciplina da OAB, assinale a afirmativa correta.

(A) O Dr. Silvestre cometerá infração ética se atuar em qualquer dos processos, tendo em vista o grau de parentesco com a primeira magistrada e a existência de relação negocial com o segundo juiz.

(B) O Dr. Silvestre cometerá infração ética apenas se atuar no processo que tramita perante a juíza Dra. Isabel, tendo em vista o grau de parentesco com a magistrada. Quanto ao segundo processo, não há vedação ética ao patrocínio na demanda.

(C) O Dr. Silvestre cometerá infração ética apenas se atuar no processo que tramita perante o juiz Dr. Zacarias, tendo em vista a existência de relação negocial com o magistrado. Quanto ao primeiro processo, não há vedação ética ao patrocínio na demanda.

(D) O Dr. Zacarias não cometerá infração ética se atuar em ambos os feitos, pois as hipóteses de suspeição e impedimento dos juízes versam sobre seu relacionamento com as partes, e não com os advogados.

COMENTÁRIO

De acordo com o que dispõe o art. 2º, VIII, *e*, do Novo Código de Ética e Disciplina (CED), são deveres do advogado, dentre outros, o de abster-se de ingressar ou atuar em pleitos administrativos ou judiciais perante autoridades com as quais tenha vínculos negociais ou familiares. No enunciado, vemos que o advogado Silvestre se depara com demandas em que um dos magistrados (Dra. Isabel) é seu parente (tia) e o outro (Dr. Zacarias) é o locador do imóvel em que reside. Portanto, o advogado não poderá atuar em qualquer um dos processos, eis que tem vínculo negocial com o juiz Zacarias e é parente (colateral em terceiro grau) da juíza Isabel. Correta, portanto, a alternativa A. As demais alternativas estão em descompasso com o quanto dispõe o precitado art. 2º, VIII, *e*, do CED.

(OAB/Exame Unificado – 2016.3) Florentino, advogado regularmente inscrito na OAB, além da advocacia, passou a exercer também a profissão de corretor de imóveis, obtendo sua inscrição no conselho pertinente. Em seguida, Florentino passou a divulgar suas atividades, por meio de uma placa na porta de um de seus escritórios, com os dizeres: Florentino, advogado e corretor de imóveis.

Sobre o tema, assinale a afirmativa correta.

(A) É vedado a Florentino exercer paralelamente a advocacia e a corretagem de imóveis.

(B) É permitido a Florentino exercer paralelamente a advocacia e a corretagem de imóveis, desde que não sejam prestados os serviços de advocacia aos mesmos clientes da outra atividade. Além disso, é permitida a utilização da placa empregada, desde que seja discreta, sóbria e meramente informativa.

(C) É permitido a Florentino exercer paralelamente a advocacia e a corretagem de imóveis. Todavia, é vedado o emprego da aludida placa, ainda que discreta, sóbria e meramente informativa.

(D) É permitido a Florentino exercer paralelamente a advocacia e a corretagem de imóveis, inclusive em favor dos mesmos clientes. Também é permitido empregar a aludida placa, desde que seja discreta, sóbria e meramente informativa.

COMENTÁRIO

A alternativa "A" está incorreta. Não há qualquer vedação na legislação de ética profissional no tocante ao exercício paralelo da advocacia com a corretagem de imóveis. O raciocínio que o candidato deve fazer é o seguinte: só há proibição do exercício da advocacia e de outras atividades que configurem hipóteses de incompatibilidade, cujo rol vem previsto no art. 28 do Estatuto da OAB;

A alternativa "B" está incorreta. Também inexiste vedação no sentido de que o cliente de um advogado também o seja no exercício de sua outra atividade (corretagem de imóveis). Nada obsta, por exemplo, que Florentino tenha intermediado, como corretor, a venda de um imóvel a um cliente seu e, posteriormente, venha a ser constituído pelo mesmo cliente para patrocinar ação judicial. O que é proibido é que Florentino utilize sua outra profissão (corretor de imóveis) para captar ou angariar clientela. Também é proibida a divulgação da advocacia em conjunto com outras atividades (art. 1º, § 3º, do EAOAB e art. 40, IV, do CED);

A alternativa "C" está correta, pois, como visto, não é possível que o advogado, numa mesma placa de identificação, faça menção ao exercício da advocacia e da corretagem de imóveis, sob pena de frontal violação aos precitados arts. 1º, § 3º, do EAOAB e 40, IV, do CED;

A alternativa "D" está incorreta, pois Florentino não poderá empregar placa em um de seus escritórios com a divulgação da advocacia e da corretagem de imóveis.

(OAB/Exame Unificado – 2016.3) José, bacharel em Direito, constitui Cesar, advogado, como seu procurador para atuar em demanda a ser proposta em face de Natália. Ajuizada a demanda, após o pedido de tutela provisória ter sido indeferido, José orienta César a opor Embargos de Declaração, embora não vislumbre omissão, contradição ou obscuridade na decisão, tampouco erro material a corrigir. César, porém, acredita que a medida mais adequada é a interposição de Agravo de Instrumento, pois entende que a decisão poderá ser revista pelo tribunal, facultando-se, ainda, ao juízo de primeira instância reformar sua decisão. Diante da divergência, assinale a opção que indica o posicionamento correto.

(A) César deverá, em qualquer hipótese, seguir a orientação de José, que é parte na demanda e possui formação jurídica.
(B) César deverá esclarecer José quanto à sua estratégia, mas subordinar-se, ao final, à orientação deste, pois no exercício do mandato atua como patrono da parte.
(C) César deverá imprimir a orientação que lhe pareça mais adequada à causa, sem se subordinar à orientação de José, mas procurando esclarecê-lo quanto à sua estratégia.
(D) César deverá imprimir a orientação que lhe pareça mais adequada à causa, sem se subordinar à orientação de José, e sem procurar esclarecê-lo quanto à sua estratégia, pois, no seu ministério privado, presta serviço público.

COMENTÁRIO

As alternativas A e B estão incorretas. Nos termos do art. 11 do Novo Código de Ética e Disciplina (CED), o advogado, no exercício do mandato, atua como patrono da parte, cumprindo-lhe, por isso, imprimir à causa orientação que lhe pareça mais adequada, sem se subordinar a intenções contrárias do cliente, mas, antes, procurando esclarecê-lo quanto à estratégia traçada. Assim, o advogado César não terá que seguir a orientação de seu cliente, sob pena de a independência profissional ficar prejudicada;

A alternativa "C" está correta. De fato, caberá ao advogado César, a despeito de seu cliente ser bacharel em Direito, esclarecer quanto à estratégia que lhe pareça mais adequada (no caso do enunciado, a interposição de agravo de instrumento perante o Tribunal), sem se subordinar à orientação do seu constituinte;

A alternativa "D" está incorreta, pois ao advogado incumbe esclarecer seu constituinte acerca das estratégias jurídicas que lhe pareçam mais adequadas, conforme dispõe o art. 11 do CED.

Dicas de última hora

1. É dever do advogado ter comportamento ético que o torne merecedor de respeito, contribuindo, assim, para o prestígio da classe e da advocacia.

2. É dever do advogado estimular, a qualquer tempo, a mediação e conciliação, de molde a prevenir a instauração de litígios.

3. Contraria a ética profissional o fato de o advogado contratar honorários aviltantes (muito baixos), diminuindo, com isso, a relevância da profissão.

4. O advogado, ainda que vinculado ao cliente por relação contratual, ou mesmo empregatícia, tem o dever de zelar por sua liberdade e independência.

5. O exercício da advocacia é incompatível com qualquer procedimento de mercantilização.

6. É defeso (proibido) ao advogado expor os fatos de forma inverídica ou utilizando de má-fé.

7. É dever ético do advogado advertir o cliente sobre os riscos da demanda, bem como das consequências que dela poderão advir.

8. Com a conclusão ou desistência da causa, é dever do advogado devolver ao cliente os documentos, bens e valores que lhe tenham sido entregues, excluídos eventuais honorários advocatícios.

9. Não há causa criminal indigna de defesa, sendo dever do advogado assumi-la sem considerar sua própria opinião sobre a culpa do cliente.

10. O advogado não será obrigado a trabalhar conjuntamente com outro colega indicado pelo cliente.

QUADRO COMPARATIVO NOVO CED X ANTIGO CED

CÓDIGO DE ÉTICA E DISCIPLINA DA ORDEM DOS ADVOGADOS DO BRASIL – OAB Resolução 02/2015 do CFOAB – Novo Código de Ética	CÓDIGO DE ÉTICA E DISCIPLINA DA OAB
O CONSELHO FEDERAL DA ORDEM DOS ADVOGADOS DO BRASIL, ao instituir o Código de Ética e Disciplina, norteou-se por princípios que formam a consciência profissional do advogado e representam imperativos de sua conduta, **os quais se traduzem nos seguintes mandamentos**: lutar sem receio pelo primado da Justiça; pugnar pelo cumprimento da Constituição e pelo respeito à Lei, fazendo com que o **ordenamento jurídico** seja **interpretado** com retidão, em perfeita sintonia com os fins sociais a que se dirige e as exigências do bem comum; ser fiel à verdade para poder servir à Justiça como um de seus elementos essenciais; proceder com lealdade e boa-fé em suas relações profissionais e em todos os atos do seu ofício; empenhar-se na defesa das causas confiadas ao seu patrocínio, dando ao constituinte o amparo do Direito, e proporcionando-lhe a realização prática de seus legítimos interesses; comportar-se, nesse mister, com independência e altivez, defendendo com o mesmo denodo humildes e poderosos; exercer a advocacia com o indispensável senso profissional, mas também com desprendimento, jamais permitindo que o anseio de ganho material sobreleve a finalidade social do seu trabalho; aprimorar-se no culto dos princípios éticos e no domínio da ciência jurídica, de modo a tornar-se merecedor da confiança do cliente e da sociedade como um todo, pelos atributos intelectuais e pela probidade pessoal; agir, em suma, com a dignidade e a correção dos profissionais que honram e engrancecem a sua classe. Inspirado nesses postulados, o Conselho Federal da Ordem dos Advogados do Brasil, no uso das atribuições que lhe são conferidas pelos **arts. 33 e 54, V, da Lei n. 8.906, de 04 de julho de 1994, aprova e edita este Código, exortando os advogados brasileiros à sua fiel observância**.	O Conselho Federal da Ordem dos Advogados do Brasil, ao instituir o Código de Ética e Disciplina, norteou-se por princípios que formam a consciência profissional do advogado e representam imperativos de sua conduta, tais como: os de lutar sem receio pelo primado da Justiça; pugnar pelo cumprimento da Constituição e pelo respeito à Lei, fazendo com que esta seja interpretada com retidão, em perfeita sintonia com os fins sociais a que se dirige e as exigências do bem comum; ser fiel à verdade para poder servir à Justiça como um de seus elementos essenciais; proceder com lealdade e boa-fé em suas relações profissionais e em todos os atos do seu ofício; empenhar-se na defesa das causas confiadas ao seu patrocínio, dando ao constituinte o amparo do Direito, e proporcionando-lhe a realização prática de seus legítimos interesses; comportar-se, nesse mister, com independência e altivez, defendendo com o mesmo denodo humildes e poderosos; exercer a advocacia com o indispensável senso profissional, mas também com desprendimento, jamais permitindo que o anseio de ganho material sobreleve à finalidade social do seu trabalho; aprimorar-se no culto dos princípios éticos e no domínio da ciência jurídica, de modo a tornar-se merecedor da confiança do cliente e da sociedade como um todo, pelos atributos intelectuais e pela probidade pessoal; agir, em suma, com a dignidade das pessoas de bem e a correção dos profissionais que honram e engrandecem a sua classe. Inspirado nesses postulados é que o Conselho Federal da Ordem dos Advogados do Brasil, no uso das atribuições que lhe são conferidas pelos arts. 33 e 54, V, da Lei 8.906, de 4 de julho de 1994, aprova e edita este Código, exortando os advogados brasileiros à sua fiel observância.

TÍTULO I	TÍTULO I
DA ÉTICA DO ADVOGADO	DA ÉTICA DO ADVOGADO
CAPÍTULO I	**CAPÍTULO I**
Dos Princípios Fundamentais	**Das Regras Deontológicas Fundamentais**
Art. 1º O exercício da advocacia exige conduta compatível com os preceitos deste Código, do Estatuto, do Regulamento Geral, dos Provimentos e com os princípios da moral individual, social e profissional.	**Art. 1º** O exercício da advocacia exige conduta compatível com os preceitos deste Código, do Estatuto, do Regulamento Geral, dos Provimentos e com os demais princípios da moral individual, social e profissional.
Art. 2º O advogado, indispensável à administração da Justiça, é defensor do Estado Democrático de Direito, dos **direitos humanos e garantias fundamentais**, da cidadania, da moralidade, da Justiça e da paz social, **cumprindo-lhe exercer** o seu **ministério em consonância com a sua** elevada função pública **e com os valores que lhe são inerentes**.	**Art. 2º** O advogado, indispensável à administração da Justiça, é defensor do Estado democrático de direito, da cidadania, da moralidade pública, da Justiça e da paz social, subordinando a atividade do seu Ministério Privado à elevada função pública que exerce.
Parágrafo único. São deveres do advogado:	**Parágrafo único.** São deveres do advogado:
I – preservar, em sua conduta, a honra, a nobreza e a dignidade da profissão, zelando pelo caráter de essencialidade e indispensabilidade **da advocacia**;	I – preservar, em sua conduta, a honra, a nobreza e a dignidade da profissão, zelando pelo seu caráter de essencialidade e indispensabilidade;
II – atuar com destemor, independência, honestidade, decoro, veracidade, lealdade, dignidade e boa-fé;	II – atuar com destemor, independência, honestidade, decoro, veracidade, lealdade, dignidade e boa-fé;
III – velar por sua reputação pessoal e profissional;	III – velar por sua reputação pessoal e profissional;
IV – empenhar-se, permanentemente, **no** aperfeiçoamento pessoal e profissional;	IV – empenhar-se, permanentemente, em seu aperfeiçoamento pessoal e profissional;
V – contribuir para o aprimoramento das instituições, do Direito e das leis;	V – contribuir para o aprimoramento das instituições, do Direito e das leis;
VI – estimular, a **qualquer tempo**, a conciliação e a **mediação** entre os litigantes, prevenindo, sempre que possível, a instauração de litígios;	VI – estimular a conciliação entre os litigantes, prevenindo, sempre que possível, a instauração de litígios;
VII – desaconselhar lides temerárias, a partir de um juízo preliminar de viabilidade jurídica;	VII – aconselhar o cliente a não ingressar em aventura judicial;
VIII – abster-se de:	VIII – abster-se de:
a) utilizar de influência indevida, em seu benefício ou do cliente;	*a)* utilizar de influência indevida, em seu benefício ou do cliente;
	b) patrocinar interesses ligados a outras atividades estranhas à advocacia, em que também atue;
b) vincular seu nome ou **nome social** a empreendimentos **sabidamente escusos**;	*c)* vincular o seu nome a empreendimentos de cunho manifestamente duvidoso;
c) emprestar concurso aos que atentem contra a ética, a moral, a honestidade e a dignidade da pessoa humana;	*d)* emprestar concurso aos que atentem contra a ética, a moral, a honestidade e a dignidade da pessoa humana;
d) entender-se diretamente com a parte adversa que tenha patrono constituído, sem o assentimento deste;	*e)* entender-se diretamente com a parte adversa que tenha patrono constituído, sem o assentimento deste;

e) ingressar ou atuar em pleitos administrativos ou judiciais perante autoridades com as quais tenha vínculos negociais ou familiares;	
f) contratar honorários advocatícios em valores aviltantes.	
IX – pugnar pela solução dos problemas da cidadania e pela efetivação dos direitos individuais, coletivos e difusos;	IX – pugnar pela solução dos problemas da cidadania e pela efetivação dos seus direitos individuais, coletivos e difusos, no âmbito da comunidade.
X – adotar conduta consentânea com o papel de elemento indispensável à administração da Justiça;	
XI – cumprir os encargos assumidos no âmbito da Ordem dos Advogados do Brasil ou na representação da classe;	
XII – Zelar pelos valores institucionais da OAB e da advocacia.	
XIII – Ater-se, quando no exercício da função de defensor público, à defesa dos necessitados.	
Art. 3º O advogado deve ter consciência de que o Direito é um meio de mitigar as desigualdades para o encontro de soluções justas e que a lei é um instrumento para garantir a igualdade de todos.	**Art. 3º** O advogado deve ter consciência de que o Direito é um meio de mitigar as desigualdades para o encontro de soluções justas e que a lei é um instrumento para garantir a igualdade de todos.
Art. 4º O advogado, **ainda que** vinculado ao cliente ou constituinte, mediante relação empregatícia ou por contrato de prestação permanente de serviços, **ou como** integrante de departamento jurídico, ou de órgão de assessoria jurídica, **público ou privado**, deve zelar pela sua liberdade e independência.	**Art. 4º** O advogado vinculado ao cliente ou constituinte, mediante relação empregatícia ou por contrato de prestação permanente de serviços, integrante de departamento jurídico, ou órgão de assessoria jurídica, pública ou privada, deve zelar pela sua liberdade e independência.
Parágrafo único. É legítima a recusa, pelo advogado, do patrocínio de **causa e de manifestação, no âmbito consultivo, de** pretensão concernente a direito que também lhe seja aplicável ou contrarie orientação que **tenha manifestado** anteriormente.	**Parágrafo único.** É legítima a recusa, pelo advogado, do patrocínio de pretensão concernente a lei ou direito que também lhe seja aplicável, ou contrarie expressa orientação sua, manifestada anteriormente.
Art. 5º O exercício da advocacia é incompatível com qualquer procedimento de mercantilização.	**Art. 5º** O exercício da advocacia é incompatível com qualquer procedimento de mercantilização.
Art. 6º É defeso ao advogado expor os fatos em Juízo **ou na via administrativa** falseando deliberadamente a verdade e **utilizando** de má-fé.	**Art. 6º** É defeso ao advogado expor os fatos em Juízo falseando deliberadamente a verdade ou estribando-se na má-fé.
Art. 7º É vedado o oferecimento de serviços profissionais que **implique**, direta ou indiretamente, **angariar** ou **captar** clientela.	**Art. 7º** É vedado o oferecimento de serviços profissionais que impliquem, direta ou indiretamente, inculcação ou captação de clientela.
CAPÍTULO II	
Da Advocacia Pública	
Art. 8º As disposições deste Código obrigam igualmente os órgãos de advocacia pública, e advogados públicos, incluindo aqueles que ocupem posição de chefia e direção jurídica.	

§ 1º O advogado público exercerá suas funções com independência técnica, contribuindo para a solução ou redução de litigiosidade, sempre que possível.	
§ 2º O advogado público, inclusive o que exerce cargo de chefia ou direção jurídica, observará nas relações com os colegas, autoridades, servidores e o público em geral, o dever de urbanidade, tratando a todos com respeito e consideração, ao mesmo tempo em que preservará suas prerrogativas e o direito de receber igual tratamento das pessoas com as quais se relacione.	
CAPÍTULO III	**CAPÍTULO II**
Das relações com o cliente	**Das relações com o cliente**
Art. 9º O advogado deve informar o cliente, **de modo claro e inequívoco**, quanto a eventuais riscos da sua pretensão, e das consequências que poderão advir da demanda. **Deve, igualmente, denunciar, desde logo, a quem lhe solicite parecer ou patrocínio, qualquer circunstância que possa influir na resolução de submeter-lhe a consulta ou confiar-lhe a causa**.	**Art. 8º** O advogado deve informar o cliente, de forma clara e inequívoca, quanto a eventuais riscos da sua pretensão, e das consequências que poderão advir da demanda.
Art. 10. As relações entre advogado e cliente baseiam-se na confiança recíproca. Sentindo o advogado que essa confiança lhe falta, é recomendável que externe ao cliente sua impressão e, não se dissipando as dúvidas existentes, promova, em seguida, o substabelecimento do mandato ou a ele renuncie.	
Art. 11. O advogado, no exercício do mandato, atua como patrono da parte, cumprindo-lhe, por isso, imprimir à causa orientação que lhe pareça mais adequada, sem se subordinar a intenções contrárias do cliente, mas, antes, procurando esclarecê-lo quanto à estratégia traçada.	
Art. 12. A conclusão ou desistência da causa, **tenha havido**, ou não, extinção do mandato, obriga o advogado a **devolver ao cliente** bens, valores e documentos **que lhe hajam sido confiados e ainda estejam em seu poder, bem como a prestar-lhe** contas, **pormenorizadamente, sem prejuízo de esclarecimentos complementares que se mostrem pertinentes e necessários.**	**Art. 9º** A conclusão ou desistência da causa, com ou sem a extinção do mandato, obriga o advogado à devolução de bens, valores e documentos recebidos no exercício do mandato, e à pormenorizada prestação de contas, não excluindo outras prestações solicitadas, pelo cliente, a qualquer momento.
Parágrafo único. A parcela dos honorários paga pelos serviços até então prestados não se inclui entre os valores a ser devolvidos.	
Art. 13. Concluída a causa ou arquivado o processo, **presume-se cumprido e extinto o** mandato.	**Art. 10.** Concluída a causa ou arquivado o processo, presumem-se o cumprimento a cessação do mandato.
Art. 14. O advogado não deve aceitar procuração de quem já tenha patrono constituído, sem prévio conhecimento deste, salvo por motivo **plenamente justificável** ou para adoção de medidas judiciais urgentes e inadiáveis.	**Art. 11.** O advogado não deve aceitar procuração de quem já tenha patrono constituído, sem prévio conhecimento deste, salvo por motivo justo ou para adoção de medidas judiciais urgentes e inadiáveis.

Art. 15. O advogado não deve deixar ao abandono ou ao desamparo **as causas sob seu patrocínio, sendo recomendável que, em face de dificuldades insuperáveis ou inércia do cliente quanto a providências que lhe tenham sido solicitadas, renuncie ao mandato**.	**Art. 12.** O advogado não deve deixar ao abandono ou ao desamparo os feitos, sem motivo justo e comprovada ciência do constituinte.
Art. 16. A renúncia ao patrocínio **deve ser feita sem menção** do motivo que a determinou, **fazendo cessar** a responsabilidade profissional **pelo acompanhamento da causa, uma vez decorrido** o prazo previsto em lei **(EAOAB, art. 5º, § 3º).** § 1º **A renúncia ao mandato** não exclui responsabilidade por danos **eventualmente** causados **ao cliente** ou a terceiros.	**Art. 13.** A renúncia ao patrocínio implica omissão do motivo e a continuidade da responsabilidade profissional do advogado ou escritório de advocacia, durante o prazo estabelecido em lei; não exclui, todavia, a responsabilidade pelos danos causados dolosa ou culposamente aos clientes ou a terceiros.
§ 2º O advogado não será responsabilizado por omissão do cliente quanto a documento ou informação que lhe devesse fornecer para a prática oportuna de ato processual do seu interesse.	
Art. 17. A revogação do mandato judicial por vontade do cliente não o desobriga do pagamento das verbas honorárias contratadas, **assim** como não retira o direito do advogado de receber o quanto lhe seja devido em eventual verba honorária de sucumbência, calculada proporcionalmente em face do serviço efetivamente prestado.	**Art. 14.** A revogação do mandato judicial por vontade do cliente não o desobriga do pagamento das verbas honorárias contratadas, bem como não retira o direito do advogado de receber o quanto lhe seja devido em eventual verba honorária de sucumbência, calculada proporcionalmente, em face do serviço efetivamente prestado.
	Art. 15. O mandato judicial ou extrajudicial deve ser outorgado individualmente aos advogados que integrem sociedade de que façam parte, e será exercido no interesse do cliente, respeitada a liberdade de defesa.
Art. 18. O mandato judicial ou extrajudicial não se extingue pelo decurso de tempo, **salvo se o contrário for consignado no respectivo instrumento**.	**Art. 16.** O mandato judicial ou extrajudicial não se extingue pelo decurso de tempo, desde que permaneça a confiança recíproca entre o outorgante e o seu patrono no interesse da causa.
Art. 19. Os advogados integrantes da mesma sociedade profissional, ou reunidos em caráter permanente para cooperação recíproca, não podem representar, em juízo **ou fora dele**, clientes com interesses opostos.	**Art. 17.** Os advogados integrantes da mesma sociedade profissional, ou reunidos em caráter permanente para a cooperação recíproca, não podem representar em juízo clientes com interesses opostos.
Art. 20. Sobrevindo conflitos de interesse entre seus constituintes e não **conseguindo o advogado harmonizá-los**, **caber-lhe-á optar**, com prudência e **discrição**, por um dos mandatos, renunciando aos demais, resguardado **sempre** o sigilo profissional.	**Art. 18.** Sobrevindo conflitos de interesse entre seus constituintes, e não estando acordes os interessados, com a devida prudência e discernimento, optará o advogado por um dos mandatos, renunciando aos demais, resguardado o sigilo profissional.
Art. 21. O advogado, ao postular em nome de terceiros, contra ex-cliente ou ex-empregador, judicial e extrajudicialmente, deve resguardar o **sigilo profissional**.	**Art. 19.** O advogado, ao postular em nome de terceiros, contra ex-cliente ou ex-empregador, judicial e extrajudicialmente, deve resguardar o segredo profissional e as informações reservadas ou privilegiadas que lhe tenham sido confiadas.

Art. 22. Ao advogado **cumpre** abster-se de **patrocinar** causa contrária à validade ou **legitimidade** de ato jurídico em **cuja formação haja** colaborado **ou intervindo de qualquer maneira**; da mesma forma, deve declinar seu impedimento **ou o da sociedade que integre** quando houver **conflito de interesses motivado por intervenção anterior no trato de assunto que se prenda ao patrocínio solicitado**.	**Art. 20.** O advogado deve abster-se de patrocionar causa contrária à ética, à moral ou à validade de ato jurídico em que tenha colaborado, orientado ou conhecido em consulta; da mesma forma, deve declinar seu impedimento ético quando tenha sido convidado pela outra parte, se esta lhe houver revelado segredos ou obtido seu parecer.
Art. 23. É direito e dever do advogado assumir a defesa criminal, sem considerar sua própria opinião sobre a culpa do acusado.	**Art. 21.** É direito e dever do advogado assumir a defesa criminal, sem considerar sua própria opinião sobre a culpa do acusado.
Parágrafo único. Não há causa criminal indigna de defesa, cumprindo ao advogado agir, como defensor, no sentido de que a todos seja concedido tratamento condizente com a dignidade da pessoa humana, sob a égide das garantias constitucionais.	
Art. 24. O advogado não **se sujeita** à imposição do cliente que pretenda ver com ele atuando outros advogados, nem **fica na contingência de** aceitar a indicação de outro profissional para com ele trabalhar no processo.	**Art. 22.** O advogado não é obrigado a aceitar a imposição de seu cliente que pretenda ver com ele atuando outros advogados, nem aceitar a indicação de outro profissional para com ele trabalhar no processo.
Art. 25. É defeso ao advogado funcionar no mesmo processo, simultaneamente, como patrono e preposto do empregador ou cliente.	**Art. 23.** É defeso ao advogado funcionar no mesmo processo, simultaneamente, como patrono e preposto do empregador ou cliente.
Art. 26. O substabelecimento do mandato, com reserva de poderes, é ato pessoal do advogado da causa.	**Art. 24.** O substabelecimento do mandato, com reserva de poderes, é ato pessoal do advogado da causa.
§ 1º O substabelecimento do mandato sem reserva de poderes exige o prévio e inequívoco conhecimento do cliente.	§ 1º O substabelecimento do mandato sem reservas de poderes exige o prévio e inequívoco conhecimento do cliente.
§ 2º O substabelecido com reserva de poderes deve ajustar antecipadamente seus honorários com o substabelecente.	§ 2º O substabelecido com reservas de poderes deve ajustar antecipadamente seus honorários com o substabelecente.
Capítulo IV **Das relações com os colegas, agentes políticos, autoridades, servidores públicos e terceiros**	**Capítulo VI** **Do dever de urbanidade**
Art. 27. O advogado observará, nas suas relações com os colegas de profissão, agentes políticos, autoridades, servidores públicos e terceiros em geral, o dever de urbanidade, tratando a todos com respeito e consideração, ao mesmo tempo em que preservará seus direitos e prerrogativas, devendo exigir igual tratamento de todos com quem se relacione.	**Art. 44.** Deve o advogado tratar o público, os colegas, as autoridades e os funcionários do Juízo com respeito, discrição e independência, exigindo igual tratamento e zelando pelas prerrogativas a que tem direito.
§ 1º O dever de urbanidade há de ser observado, da mesma forma, nos atos e manifestações relacionados aos pleitos eleitorais no âmbito da Ordem dos Advogados do Brasil.	

§ 2º No caso de ofensa à honra do advogado ou à imagem da instituição, adotar-se-ão as medidas cabíveis, instaurando-se processo ético-disciplinar e dando-se ciência às autoridades competentes para apuração de eventual ilícito penal.	
Art. 28. Consideram-se imperativos de uma correta atuação profissional o emprego de linguagem escorreita e polida, bem como a observância da boa técnica jurídica.	**Art. 45.** Impõe-se ao advogado lhaneza, emprego de linguagem escorreita e polida, esmero e disciplina na execução dos serviços.
Art. 29. O advogado que se valer do concurso de colegas na prestação de serviços advocatícios, seja em caráter individual, seja no âmbito de sociedade de advogados ou de empresa ou entidade em que trabalhe, dispensar-lhes-á tratamento condigno, que não os torne subalternos seus nem lhes avilte os serviços prestados mediante remuneração incompatível com a natureza do trabalho profissional ou inferior ao mínimo fixado pela Tabela de Honorários que for aplicável.	**Art. 46.** O advogado, na condição de defensor nomeado, conveniado ou dativo, deve comportar-se com zelo, empenhando-se para que o cliente se sinta amparado e tenha a expectativa de regular desenvolvimento da demanda.
Parágrafo único. Quando o aviltamento de honorários for praticado por empresas ou entidades públicas ou privadas, os advogados responsáveis pelo respectivo departamento ou gerência jurídica serão instados a corrigir o abuso, inclusive intervindo junto aos demais órgãos competentes e com poder de decisão da pessoa jurídica de que se trate, sem prejuízo das providências que a Ordem dos Advogados do Brasil possa adotar com o mesmo objetivo.	
CAPÍTULO V **Da advocacia *pro bono***	
Art. 30. No exercício da advocacia *pro bono*, e ao atuar como defensor nomeado, conveniado ou dativo, o advogado empregará o zelo e a dedicação habituais, de forma que a parte por ele assistida se sinta amparada e confie no seu patrocínio.	
§ 1º Considera-se advocacia *pro bono* a prestação gratuita, eventual e voluntária de serviços jurídicos em favor de instituições sociais sem fins econômicos e aos seus assistidos, sempre que os beneficiários não dispuserem de recursos para a contratação de profissional.	
§ 2º A advocacia *pro bono* pode ser exercida em favor de pessoas naturais que, igualmente, não dispuserem de recursos para, sem prejuízo do próprio sustento, contratar advogado.	
§ 3º A advocacia *pro bono* não pode ser utilizada para fins político-partidários ou eleitorais, nem beneficiar instituições que visem a tais objetivos, ou como instrumento de publicidade para captação de clientela.	

Capítulo VI **Do exercício de cargos e funções na OAB e na representação da classe**	
Art. 31. O advogado, no exercício de cargos ou funções em órgãos da Ordem dos Advogados do Brasil ou na representação da classe junto a quaisquer instituições, órgãos ou comissões, públicos ou privados, manterá conduta consentânea com as disposições deste Código e que revele plena lealdade aos interesses, direitos e prerrogativas da classe dos advogados que representa.	
Art. 32. Não poderá o advogado, enquanto exercer cargos ou funções em órgãos da OAB ou representar a classe junto a quaisquer instituições, órgãos ou comissões, públicos ou privados, firmar contrato oneroso de prestação de serviços ou fornecimento de produtos com tais entidades nem adquirir bens imóveis ou móveis infungíveis de quaisquer órgãos da OAB, ou a estes aliená-los. → Caput com redação alterada pela Resolução CFOAB 4/2016. **Parágrafo único.** Não há impedimento ao exercício remunerado de atividade de magistério na Escola Nacional de Advocacia – ENA, nas Escolas de Advocacia – ESAs e nas Bancas do Exame de Ordem, observados os princípios da moralidade e da modicidade dos valores estabelecidos a título de remuneração. → Parágrafo único acrescentado pela Resolução CFOAB 4/2016.	
Art. 33. Salvo em causa própria, não poderá o advogado, enquanto exercer cargos ou funções em órgãos da OAB ou tiver assento, em qualquer condição, nos seus Conselhos, atuar em processos que tramitem perante a entidade nem oferecer pareceres destinados a instruí-los.	
Parágrafo único. A vedação estabelecida neste artigo não se aplica aos dirigentes de Seccionais quando atuem, nessa qualidade, como legitimados a recorrer nos processos em trâmite perante os órgãos da OAB.	
Art. 34. Ao submeter seu nome à apreciação do Conselho Federal ou dos Conselhos Seccionais com vistas à inclusão em listas destinadas ao provimento de vagas reservadas à classe nos tribunais, no Conselho Nacional de Justiça, no Conselho Nacional do Ministério Público e em outros colegiados, o candidato assumirá o compromisso de respeitar os direitos e prerrogativas do advogado, não praticar nepotismo nem agir em desacordo com a moralidade administrativa e com os princípios deste Código, no exercício de seu mister.	
Capítulo VII Do sigilo profissional	**Capítulo III** **Do sigilo profissional**
Art. 35. O advogado tem o dever de guardar sigilo **dos fatos de que tome conhecimento no exercício da profissão**.	
Parágrafo único. O sigilo profissional abrange os fatos de que o advogado tenha tido conhecimento em virtude de funções desempenhadas na Ordem dos Advogados do Brasil.	

Art. 36. O sigilo profissional é de ordem pública, independendo de solicitação de reserva que lhe seja feita pelo cliente.	**Art. 27.** As confidências feitas ao advogado pelo cliente podem ser utilizadas nos limites da necessidade da defesa, desde que autorizado aquele pelo constituinte.
§ 1º Presumem-se confidenciais as comunicações **de qualquer natureza** entre advogado e cliente.	**Parágrafo único.** Presumem-se confidenciais as comunicações epistolares entre advogado e cliente, as quais não podem ser reveladas a terceiros.
§ 2º O advogado, quando no exercício das funções de mediador, conciliador e árbitro, se submete às regras de sigilo profissional.	
Art. 37. O sigilo profissional cederá em face de circunstâncias excepcionais que configurem justa causa, como nos casos de grave ameaça ao direito à vida e à honra **ou que envolvam defesa própria.**	**Art. 25.** O sigilo profissional é inerente à profissão, impondo-se o seu respeito, salvo grave ameaça ao direito à vida, à honra, ou quando o advogado se veja afrontado pelo próprio cliente e, em defesa própria, tenha que revelar segredo, porém sempre restrito ao interesse da causa.
Art. 38. O advogado não é obrigado a depor, em processo ou procedimento judicial, administrativo ou arbitral, sobre fatos a cujo respeito deva guardar sigilo profissional.	**Art. 26.** O advogado deve guardar sigilo, mesmo em depoimento judicial, sobre o que saiba em razão de seu ofício, cabendo-lhe recusar-se a depor como testemunha em processo no qual funcionou ou deva funcionar, ou sobre fato relacionado com pessoa de quem seja ou tenha sido advogado, mesmo que autorizado ou solicitado pelo constituinte.
CAPÍTULO VIII Da publicidade profissional	**CAPÍTULO IV Da publicidade**
Art. 39. A publicidade profissional do advogado tem caráter meramente informativo e deve primar pela discrição e sobriedade, não podendo configurar captação de clientela ou mercantilização da profissão.	**Art. 28.** O advogado pode anunciar os seus serviços profissionais, individual ou coletivamente, com discrição e moderação, para finalidade exclusivamente informativa, vedada a divulgação em conjunto com outra atividade.
	Art. 29. O anúncio deve mencionar o nome completo do advogado e o número da inscrição na OAB, podendo fazer referência a títulos ou qualificações profissionais, especialização técnico-científica e associações culturais e científicas, endereços, horário do expediente e meios de comunicação, vedadas a sua veiculação pelo rádio e televisão e a denominação de fantasia.
	§ 1º Títulos ou qualificações profissionais são os relativos à profissão de advogado, conferidos por universidades ou instituições de ensino superior, reconhecidas.
	§ 2º Especialidades são os ramos do Direito, assim entendidos pelos doutrinadores ou legalmente reconhecidos.
	§ 3º Correspondências, comunicados e publicações, versando sobre constituição, colaboração, composição e qualificação de componentes de escritório e especificação de especialidades profissionais, bem como boletins informativos e comentários sobre legislação, somente podem ser fornecidos a colegas, clientes, ou pessoas que os solicitem ou os autorizem previamente.

	§ 4º O anúncio de advogado não deve mencionar, direta ou indiretamente, qualquer cargo, função pública ou relação de emprego e patrocínio que tenha exercido, passível de captar clientela.
	§ 5º O uso das expressões "escritório de advocacia" ou "sociedade de advogados" deve estar acompanhado da indicação de número de registro na OAB ou do nome e do número de inscrição dos advogados que o integrem.
	§ 6º O anúncio, no Brasil, deve adotar o idioma português, e, quando em idioma estrangeiro, deve estar acompanhado da respectiva tradução.
Art. 40. Os meios utilizados para a publicidade profissional hão de ser compatíveis com a diretriz estabelecida no artigo anterior, sendo vedados:	Art. 30. O anúncio sob a forma de placas, na sede profissional ou na residência do advogado, deve observar discrição quanto ao conteúdo, forma e dimensões, sem qualquer aspecto mercantilista, vedada a utilização de *outdoor* ou equivalente.
I – a veiculação da publicidade por meio de rádio, cinema e televisão;	
II – o uso de *outdoors*, painéis luminosos ou formas assemelhadas de publicidade;	
III – as inscrições em muros, paredes, veículos, elevadores ou em qualquer espaço público;	
IV – a divulgação de serviços de advocacia juntamente com a de outras atividades ou a indicação de vínculos entre uns e outras;	
V – o fornecimento de dados de contato, como endereço e telefone, em colunas ou artigos literários, culturais, acadêmicos ou jurídicos, publicados na imprensa, bem assim quando de eventual participação em programas de rádio ou televisão, ou em veiculação de matérias pela internet, sendo permitida a referência a e-mail;	
VI – a utilização de mala direta, a distribuição de panfletos ou formas assemelhadas de publicidade, com o intuito de captação de clientela.	
Parágrafo único. Exclusivamente para fins de identificação dos escritórios de advocacia, é permitida a utilização de placas, painéis luminosos e inscrições em suas fachadas, desde que respeitadas as diretrizes previstas no artigo 39.	**Art. 30.** O anúncio sob a forma de placas, na sede profissional ou na residência do advogado, deve observar discrição quanto ao conteúdo, forma e dimensões, sem qualquer aspecto mercantilista, vedada a utilização de *outdoor* ou equivalente.
	Art. 31. O anúncio não deve conter fotografias, ilustrações, cores, figuras, desenhos, logotipos, marcas ou símbolos incompatíveis com a sobriedade da advocacia, sendo proibido o uso dos símbolos oficiais e dos que sejam utilizados pela Ordem dos Advogados do Brasil.

	§ 1º São vedadas referências a valores dos serviços, tabelas, gratuidade ou forma de pagamento, termos ou expressões que possam iludir ou confundir o público, informações de serviços jurídicos suscetíveis de implicar, direta ou indiretamente, captação de causa ou clientes, bem como menção ao tamanho, qualidade e estrutura da sede profissional.
	§ 2º Considera-se imoderado o anúncio profissional do advogado mediante remessa de correspondência a uma coletividade, salvo para comunicar a clientes e colegas a instalação ou mudança de endereço, a indicação expressa do seu nome e escritório em partes externas de veículo, ou a inserção de seu nome em anúncio relativo a outras atividades não advocatícias, faça delas parte ou não.
	Art. 32. O advogado que eventualmente participar de programa de televisão ou de rádio, de entrevista na imprensa, de reportagem televisionada ou de qualquer outro meio, para manifestação profissional, deve visar a objetivos exclusivamente ilustrativos, educacionais e instrutivos, sem propósito de promoção pessoal ou profissional, vedados pronunciamentos sobre métodos de trabalho usados por seus colegas de profissão.
Art. 41. As colunas que o advogado mantiver nos meios de comunicação social ou os textos que por meio deles divulgar não deverão induzir o leitor a litigar nem promover, dessa forma, captação de clientela.	**Parágrafo único.** Quando convidado para manifestação pública, por qualquer modo e forma, visando ao esclarecimento de tema jurídico de interesse geral, deve o advogado evitar insinuações a promoção pessoal ou profissional, bem como o debate de caráter sensacionalista.
Art. 42. É vedado ao advogado:	**Art. 33.** O advogado deve abster-se de:
I – responder com habitualidade a consulta sobre matéria jurídica, nos meios de comunicação social;	I – responder com habitualidade consulta sobre matéria jurídica, nos meios de comunicação social, com intuito de promover-se profissionalmente;
II – debater, em qualquer meio de **comunicação**, causa sob o patrocínio **de outro advogado**;	II – debater, em qualquer veículo de divulgação, causa sob seu patrocínio ou patrocínio de colega;
III – abordar tema de modo a comprometer a dignidade da profissão e da instituição que o congrega;	III – abordar tema de modo a comprometer a dignidade da profissão e da instituição que o congrega;
IV – divulgar ou deixar que sejam divulgadas listas de clientes e demandas;	IV – divulgar ou deixar que seja divulgada a lista de clientes e demandas;
V – insinuar-se para reportagens e declarações públicas.	V – insinuar-se para reportagens e declarações públicas.
Art. 43. O advogado que eventualmente participar de programa de televisão ou de rádio, de entrevista na imprensa, de reportagem televisionada ou **veiculada por** qualquer outro meio, para manifestação profissional, deve visar a objetivos exclusivamente ilustrativos, educacionais e instrutivos, sem propósito de promoção pessoal ou profissional, vedados pronunciamentos sobre métodos de trabalho usados por seus colegas de profissão.	**Art. 32.** O advogado que eventualmente participar de programa de televisão ou de rádio, de entrevista na imprensa, de reportagem televisionada ou de qualquer outro meio, para manifestação profissional, deve visar a objetivos exclusivamente ilustrativos, educacionais e instrutivos, sem propósito de promoção pessoal ou profissional, vedados pronunciamentos sobre métodos de trabalho usados por seus colegas de profissão.

Parágrafo único. Quando convidado para manifestação pública, por qualquer modo e forma, visando ao esclarecimento de tema jurídico de interesse geral, deve o advogado evitar insinuações **com o sentido de** promoção pessoal ou profissional, bem como o debate de caráter sensacionalista.	**Parágrafo único.** Quando convidado para manifestação pública, por qualquer modo e forma, visando ao esclarecimento de tema jurídico de interesse geral, deve o advogado evitar insinuações a promoção pessoal ou profissional, bem como o debate de caráter sensacionalista.
Art. 44. Na publicidade profissional que promo-ver ou nos cartões e material de escritório de que se utilizar, o advogado fará constar seu nome, nome social ou o da sociedade de advogados, o número ou os números de inscrição na OAB.	**Art. 29.** O anúncio deve mencionar o nome completo do advogado e o número da inscrição na OAB, podendo fazer referência a títulos ou qualificações profissionais, especialização técnico-científica e associações culturais e científicas, endereços, horário do expediente e meios de comunicação, vedadas a sua veiculação pelo rádio e televisão e a denominação de fantasia.[...] § 5º O uso das expressões "escritório de advocacia" ou "sociedade de advogados" deve estar acompanhado da indicação de número de registro na OAB ou do nome e do número de inscrição dos advogados que o integrem.
§ 1º Poderão ser referidos apenas os títulos acadêmicos do advogado e as distinções honoríficas relacionadas à vida profissional, bem como as instituições jurídicas de que faça parte, e as especialidades a que se dedicar, o endereço, e-mail, site, página eletrônica, *QR code*, logotipo e a fotografia do escritório, o horário de atendimento e os idiomas em que o cliente poderá ser atendido.	§ 1º Títulos ou qualificações profissionais são os relativos à profissão de advogado, conferidos por universidades ou instituições de ensino superior, reconhecidas. § 2º Especialidades são os ramos do Direito, assim entendidos pelos doutrinadores ou legalmente reconhecidos. § 3º Correspondências, comunicados e publicações, versando sobre constituição, colaboração, composição e qualificação de componentes de escritório e especificação de especialidades profissionais, bem como boletins informativos e comentários sobre legislação, somente podem ser fornecidos a colegas, clientes, ou pessoas que os solicitem ou os autorizem previamente.
§ 2º É vedada a inclusão de fotografias pessoais ou de terceiros nos cartões de visitas do advogado, bem como menção a qualquer emprego, cargo ou função ocupado, atual ou pretérito, em qualquer órgão ou instituição, salvo o de professor universitário.	§ 4º O anúncio de advogado não deve mencionar, direta ou indiretamente, qualquer cargo, função pública ou relação de emprego e patrocínio que tenha exercido, passível de captar clientela.
Art. 45. São admissíveis como formas de publicidade o patrocínio de eventos ou publicações de caráter científico ou cultural, assim como a divulgação de boletins, por meio físico ou eletrônico, sobre matéria cultural de interesse dos advogados, desde que sua circulação fique adstrita a clientes e a interessados do meio jurídico.	
Art. 46. A publicidade veiculada pela internet ou por outros meios eletrônicos deverá observar as diretrizes estabelecidas neste capítulo.	

Parágrafo único. A telefonia e a internet podem ser utilizadas como veículo de publicidade, inclusive para o envio de mensagens a destinatários certos, desde que estas não impliquem o oferecimento de serviços ou representem forma de captação de clientela.	
Art. 47. As normas sobre publicidade profissional constantes deste capítulo poderão ser complementadas por outras que o Conselho Federal aprovar, observadas as diretrizes do presente Código.	
	Art. 34. A divulgação pública, pelo advogado, de assuntos técnicos ou jurídicos de que tenha ciência em razão do exercício profissional como advogado constituído, assessor jurídico ou parecerista, deve limitar-se a aspectos que não quebrem ou violem o segredo ou o sigilo profissional.
CAPÍTULO IX Dos honorários profissionais	
Art. 48. A prestação de serviços profissionais por advogado, individualmente ou integrado em sociedades, será contratada, preferentemente, por escrito. **§ 1º O contrato de prestação de serviços de advocacia não exige forma especial, devendo estabelecer, porém, com clareza e precisão, o seu objeto, os honorários ajustados, a forma de pagamento, a extensão do patrocínio, esclarecendo se este abrangerá todos os atos do processo ou limitar-se-á a determinado grau de jurisdição, além de dispor sobre a hipótese de a causa encerrar-se mediante transação ou acordo.**	**Art. 35.** Os honorários advocatícios e sua eventual correção, bem como sua majoração decorrente do aumento dos atos judiciais que advierem como necessários, devem ser previstos em contrato escrito, qualquer que seja o objeto e o meio da prestação do serviço profissional, contendo todas as especificações e forma de pagamento, inclusive no caso de acordo.
	§ 1º Os honorários da sucumbência não excluem os contratados, porém devem ser levados em conta no acerto final com o cliente ou constituinte, tendo sempre presente o que foi ajustado na aceitação da causa.
§ 2º **A compensação de créditos, pelo advogado, de importâncias devidas ao cliente, somente será admissível quando o contrato de prestação de serviços a autorizar ou quando houver autorização especial do cliente para esse fim, por este firmada.**	§ 2º A compensação ou o desconto dos honorários contratados e de valores que devam ser entregues ao constituinte ou cliente só podem ocorrer se houver prévia autorização ou previsão contratual.
§ 3º O contrato de prestação de serviços poderá dispor sobre a forma de contratação de profissionais para serviços auxiliares, bem como sobre o pagamento de custas e emolumentos, os quais, na ausência de disposição em contrário, presumem-se devam ser atendidos pelo cliente. Caso o contrato preveja que o advogado antecipe tais despesas, ser-lhe-á lícito reter o respectivo valor atualizado, no ato de prestação de contas, mediante comprovação documental.	§ 3º A forma e as condições de resgate dos encargos gerais, judiciais e extrajudiciais, inclusive eventual remuneração de outro profissional, advogado ou não, para desempenho de serviço auxiliar ou complementar técnico e especializado, ou com incumbência pertinente fora da Comarca, devem integrar as condições gerais do contrato.

§ 4º As disposições deste capítulo aplicam-se à mediação, à conciliação, à arbitragem ou a qualquer outro método adequado de solução dos conflitos.	
§ 5º É vedada, em qualquer hipótese, a diminuição dos honorários contratados em decorrência da solução do litígio por qualquer mecanismo adequado de solução extrajudicial.	**Art. 37.** Em face da imprevisibilidade do prazo de tramitação da demanda, devem ser delimitados os serviços profissionais a se prestarem nos procedimentos preliminares, judiciais ou conciliatórios, a fim de que outras medidas, solicitadas ou necessárias, incidentais ou não, diretas ou indiretas, decorrentes da causa, possam ter novos honorários estimados, e da mesma forma receber do constituinte ou cliente a concordância hábil.
§ 6º Deverá o advogado observar o valor mínimo da Tabela de Honorários instituída pelo respectivo Conselho Seccional onde for realizado o serviço, inclusive aquele referente às diligências, sob pena de caracterizar-se aviltamento de honorários.	**Art. 41.** O advogado deve evitar o aviltamento de valores dos serviços profissionais, não os fixando de forma irrisória ou inferior ao mínimo fixado pela Tabela de Honorários, salvo motivo plenamente justificável.
§ 7º O advogado promoverá, preferentemente, de forma destacada a execução dos honorários contratuais ou sucumbenciais.	
Art. 49. Os honorários profissionais devem ser fixados com moderação, atendidos os elementos seguintes:	**Art. 36.** Os honorários profissionais devem ser fixados com moderação, atendidos os elementos seguintes:
I – a relevância, o vulto, a complexidade e a dificuldade das questões versadas;	I – a relevância, o vulto, a complexidade e a dificuldade das questões versadas;
II – o trabalho e o tempo **a ser empregados**;	II – o trabalho e o tempo necessários;
III – a possibilidade de ficar o advogado impedido de intervir em outros casos, ou de se desavir com outros clientes ou terceiros;	III – a possibilidade de ficar o advogado impedido de intervir em outros casos, ou de se desavir com outros clientes ou terceiros;
IV – o valor da causa, a condição econômica do cliente e o proveito para **este** resultante do serviço profissional;	IV – o valor da causa, a condição econômica do cliente e o proveito para ele resultante do serviço profissional;
V – o caráter da intervenção, conforme se trate de serviço a cliente **eventual, frequente ou constante;**	V – o caráter da intervenção, conforme se trate de serviço a cliente avulso, habitual ou permanente;
VI – o lugar da prestação dos serviços, **conforme se trate** do domicílio do advogado ou de outro;	VI – o lugar da prestação dos serviços, fora ou não do domicílio do advogado;
VII – a competência do profissional;	VII – a competência e o renome do profissional;
VIII – a praxe do foro **sobre** trabalhos análogos.	VIII – a praxe do foro sob trabalhos análogos.
Art. 50. Na hipótese da adoção de cláusula *quota litis*, os honorários devem ser necessariamente representados por pecúnia e, quando acrescidos dos honorários da sucumbência, não podem ser superiores às vantagens advindas a favor do cliente.	**Art. 38.** Na hipótese da adoção de cláusula *quota litis*, os honorários devem ser necessariamente representados por pecúnia e, quando acrescidos dos de honorários da sucumbência, não podem ser superiores às vantagens advindas em favor do constituinte ou do cliente.
§ 1º A participação do advogado em bens particulares do cliente **só é admitida em caráter excepcional, quando esse**, comprovadamente, **não tiver condições pecuniárias de satisfazer o débito de honorários e ajustar com o seu patrono, em instrumento contratual, tal forma de pagamento.**	**Parágrafo único.** A participação do advogado em bens particulares de cliente, comprovadamente sem condições pecuniárias, só é tolerada em caráter excepcional, e desde que contratada por escrito.

§ 2º Quando o objeto do serviço jurídico versar sobre prestações vencidas e vincendas, os honorários advocatícios poderão incidir sobre o valor de umas e outras, atendidos os requisitos da moderação e da razoabilidade.	
	Art. 39. A celebração de convênios para prestação de serviços jurídicos com redução dos valores estabelecidos na Tabela de Honorários implica captação de clientes ou causa, salvo se as condições peculiares da necessidade e dos carentes puderem ser demonstradas com a devida antecedência ao respectivo Tribunal de Ética e Disciplina, que deve analisar a sua oportunidade.
	Art. 40. Os honorários advocatícios devidos ou fixados em tabelas no regime da assistência judiciária não podem ser alterados no *quantum* estabelecido; mas a verba honorária decorrente da sucumbência pertence ao advogado.
Art. 51. Os honorários da sucumbência e os honorários contratuais, pertencendo ao advogado que houver atuado na causa, poderão ser por ele executados, assistindo-lhe direito autônomo para promover a execução do capítulo da sentença que os estabelecer ou para postular, quando for o caso, a expedição de precatório ou requisição de pequeno valor em seu favor.	**Art. 35.** [...] § 1º Os honorários da sucumbência não excluem os contratados, porém devem ser levados em conta no acerto final com o cliente ou constituinte, tendo sempre presente o que foi ajustado na aceitação da causa.
§ 1º No caso de substabelecimento, a verba correspondente aos honorários da sucumbência será repartida entre o substabelecente e o substabelecido, proporcionalmente à atuação de cada um no processo ou conforme haja sido entre eles ajustado.	
§ 2º Quando for o caso, a Ordem dos Advogados do Brasil ou os seus Tribunais de Ética e Disciplina poderão ser solicitados a indicar mediador que contribua no sentido de que a distribuição dos honorários da sucumbência, entre advogados, se faça segundo o critério estabelecido no § 1º.	
§ 3º Nos processos disciplinares que envolverem divergência sobre a percepção de honorários da sucumbência, entre advogados, deverá ser tentada a conciliação destes, preliminarmente, pelo relator.	
Art. 52. O crédito por honorários advocatícios, seja do advogado autônomo, seja de sociedade de advogados, não autoriza o saque de duplicatas ou qualquer outro título de crédito de natureza mercantil, **podendo, apenas, ser emitida fatura, quando o cliente assim pretender, com fundamento no contrato de prestação de serviços, a qual, porém, não poderá ser levada a protesto.**	**Art. 42.** O crédito por honorários advocatícios, seja do advogado autônomo, seja de sociedade de advogados, não autoriza o saque de duplicatas ou qualquer outro título de crédito de natureza mercantil, exceto a emissão de fatura, desde que constitua exigência do constituinte ou assistido, decorrente de contrato escrito, vedada a tiragem de protesto.

Parágrafo único. Pode, todavia, ser levado a protesto o cheque ou a nota promissória emitido pelo cliente em favor do advogado, depois de frustrada a tentativa de recebimento amigável.	
Art. 53. É lícito ao advogado ou à sociedade de advogados empregar, para o recebimento de honorários, sistema de cartão de crédito, mediante credenciamento junto a empresa operadora do ramo.	
Parágrafo único. Eventuais ajustes com a empresa operadora que impliquem pagamento antecipado não afetarão a responsabilidade do advogado perante o cliente, em caso de rescisão do contrato de prestação de serviços, devendo ser observadas as disposições deste quanto à hipótese.	
Art. 54. Havendo necessidade de **promover** arbitramento ou cobrança judicial de honorários, deve o advogado renunciar **previamente** ao mandato que recebera do cliente em débito.	**Art. 43.** Havendo necessidade de arbitramento e cobrança judicial dos honorários advocatícios, deve o advogado renunciar ao patrocínio da causa, fazendo-se representar por um colega.
	CAPÍTULO VII **Das disposições gerais**
	Art. 47. A falta ou inexistência, neste Código, de definição ou orientação sobre questão de ética profissional, que seja relevante para o exercício da advocacia ou dele advenha, enseja consulta e manifestação do Tribunal de Ética e Disciplina ou do Conselho Federal.
	Art. 48. Sempre que tenha conhecimento de transgressão das normas deste Código, do Estatuto, do Regulamento Geral e dos Provimentos, o Presidente do Conselho Seccional, da Subseção, ou do Tribunal de Ética e Disciplina deve chamar a atenção do responsável para o dispositivo violado, sem prejuízo da instauração do competente procedimento para apuração das infrações e aplicação das penalidades cominadas.
TÍTULO II **DO PROCESSO DISCIPLINAR**	Título II DO PROCESSO DISCIPLINAR
CAPÍTULO I **Dos procedimentos**	**CAPÍTULO II** **Dos procedimentos**
Art. 55. O processo disciplinar instaura-se de ofício ou mediante representação **do interessado.**	**Art. 51.** O processo disciplinar instaura-se de ofício ou mediante representação dos interessados, que não pode ser anônima.
	§ 1º Recebida a representação, o Presidente do Conselho Seccional ou da Subseção, quando esta dispuser de Conselho, designa relator um de seus integrantes, para presidir a instrução processual.
	§ 2º O relator pode propor ao Presidente do Conselho Seccional ou da Subseção o arquivamento da representação, quando estiver desconstituída dos pressupostos de admissibilidade.
	§ 3º A representação contra membros do Conselho Federal e Presidentes dos Conselhos Seccionais é processada e julgada pelo Conselho Federal.

§ 1º A instauração, de ofício, do processo disciplinar dar-se-á em função do conhecimento do fato, quando obtido por meio de fonte idônea ou em virtude de comunicação da autoridade competente.	
§ 2º Não se considera fonte idônea a que consistir em denúncia anônima.	
Art. 56. A representação será formulada ao Presidente do Conselho Seccional ou ao Presidente da Subseção, por escrito ou verbalmente, devendo, neste último caso, ser reduzida a termo.	
Parágrafo único. Nas Seccionais cujos Regimentos Internos atribuírem competência ao Tribunal de Ética e Disciplina para instaurar o processo ético disciplinar, a representação poderá ser dirigida ao seu Presidente ou será a este encaminhada por qualquer dos dirigentes referidos no *caput* deste artigo que a houver recebido.	
Art. 57. A representação deverá conter:	
I – a identificação do representante, com a sua qualificação civil e endereço;	
II – a narração dos fatos que a motivam, de forma que permita verificar a existência, em tese, de infração disciplinar;	
III – os documentos que eventualmente a instruam e a indicação de outras provas a ser produzidas, bem como, se for o caso, o rol de testemunhas, até o máximo de cinco;	
IV – a assinatura do representante ou a certificação de quem a tomou por termo, na impossibilidade de obtê-la.	
Art. 58. Recebida a representação, o Presidente do Conselho Seccional ou o da Subseção, quando esta dispuser de Conselho, designa relator, por sorteio, um de seus integrantes, para presidir a instrução processual.	**Art. 58.** [...] § 1º Recebida a representação, o Presidente do Conselho Seccional ou da Subseção, quando esta dispuser de Conselho, designa relator um de seus integrantes, para presidir a instrução processual.
§ 1º Os atos de instrução processual podem ser delegados ao Tribunal de Ética e Disciplina, conforme dispuser o regimento interno do Conselho Seccional, caso em que caberá ao seu Presidente, por sorteio, designar relator.	
§ 2º Antes do encaminhamento dos autos ao relator, serão juntadas a ficha cadastral do representado e certidão negativa ou positiva sobre a existência de punições anteriores, com menção das faltas atribuídas. Será providenciada, ainda, certidão sobre a existência ou não de representações em andamento, a qual, se positiva, será acompanhada da informação sobre as faltas imputadas.	

§ 3º O relator, atendendo aos critérios de admissibilidade, emitirá parecer propondo a instauração de processo disciplinar ou o arquivamento liminar da representação, no prazo de 30 (trinta) dias, sob pena de redistribuição do feito pelo Presidente do Conselho Seccional ou da Subseção para outro relator, observando-se o mesmo prazo.	
§ 4º O Presidente do Conselho competente ou, conforme o caso, o do Tribunal de Ética e Disciplina, proferirá despacho declarando instaurado o processo disciplinar ou determinando o arquivamento da representação, nos termos do parecer do relator ou segundo os fundamentos que adotar.	
§ 5º A representação contra membros do Conselho Federal e Presidentes de Conselhos Seccionais é processada e julgada pelo Conselho Federal, sendo **competente a Segunda Câmara reunida em sessão plenária. A representação contra membros da diretoria do Conselho Federal, Membros Honorários Vitalícios e detentores da Medalha Rui Barbosa será processada e julgada pelo Conselho Federal, sendo competente o Conselho Pleno.**	**Art. 58**. [...] § 3º A representação contra membros do Conselho Federal e Presidentes dos Conselhos Seccionais é processada e julgada pelo Conselho Federal.
§ 6º A representação contra dirigente de Subseção é processada e julgada pelo Conselho Seccional.	
§ 7º Os Conselhos Seccionais poderão instituir Comissões de Admissibilidade no âmbito dos Tribunais de Ética e Disciplina, compostas por seus membros ou por Conselheiros Seccionais, com atribuição de análise prévia dos pressupostos de admissibilidade das representações ético-disciplinares, podendo propor seu arquivamento liminar. → § 7º acrescentado pela Resolução CFOAB 4/2016.	
Art. 59. Compete ao relator do processo disciplinar determinar a notificação dos interessados para prestar esclarecimentos ou a do representado para apresentar defesa prévia, no prazo de 15 (quinze) dias, em qualquer caso.	**Art. 52.** Compete ao relator do processo disciplinar determinar a notificação dos interessados para esclarecimentos, ou do representado para a defesa prévia, em qualquer caso no prazo de 15 (quinze) dias.
§ 1º A notificação será expedida para o endereço constante do cadastro de inscritos do Conselho Seccional, observando-se, quanto ao mais, o disposto no Regulamento Geral.	
§ 2º Se o representado não for encontrado ou **ficar** revel, o Presidente do Conselho **competente** ou, **conforme o caso, o do Tribunal de Ética e Disciplina** designar-lhe-á defensor dativo.	§ 1º Se o representado não for encontrado ou for revel, o Presidente do Conselho ou da Subseção deve designar-lhe defensor dativo.

§ 3º Oferecida a defesa prévia, que deve ser acompanhada dos documentos **que possam instruí-la** e do rol de testemunhas, até o limite de 5 (cinco), será proferido despacho saneador e, ressalvada a hipótese do § 2º do art. 73 do EAOAB, designada, se for o caso, audiência para oitiva do **representante**, do representado e das testemunhas.	§ 2º Oferecida a defesa prévia, que deve estar acompanhada de todos os documentos e o rol de testemunhas, até o máximo de cinco, é proferido o despacho saneador e, ressalvada a hipótese do § 2º do art. 73 do Estatuto, designada, se reputada necessária, a audiência para oitiva do interessado, do representado e das testemunhas. O interessado e o representado deverão incumbir-se do comparecimento de suas testemunhas, a não ser que prefiram suas intimações pessoais, o que deverá ser requerido na representação e na defesa prévia. As intimações pessoais não serão renovadas em caso de não comparecimento, facultada a substituição de testemunhas, se presente a substituta na audiência.
§ 4º O representante e o representado incumbir-se-ão do comparecimento de suas testemunhas, salvo se, ao apresentarem o respectivo rol, requererem, por motivo justificado, sejam elas notificadas a comparecer à audiência de instrução do processo.	
§ 5º O relator pode determinar a realização de diligências que julgar convenientes, **cumprindo-lhe dar andamento ao processo, de modo que este se desenvolva por impulso oficial**.	§ 3º O relator pode determinar a realização de diligências que julgar convenientes.
§ 6º O relator somente indeferirá a produção de determinado meio de prova quando esse for ilícito, impertinente, desnecessário ou protelatório, devendo fazê-lo fundamentadamente.	
§ 7º Concluída a instrução, o relator profere parecer preliminar, a ser submetido ao **Tribunal de Ética e Disciplina, dando enquadramento legal aos fatos imputados ao representado**.	§ 4º Concluída a instrução, será aberto o prazo sucessivo de 15 (quinze) dias para a apresentação de razões finais pelo interessado e pelo representado, após a juntada da última intimação.
§ 8º Abre-se, em seguida, prazo comum de 15 (quinze) dias para apresentação de razões finais.	
	§ 5º Extinto o prazo das razões finais, o relator profere parecer preliminar, a ser submetido ao Tribunal.
Art. 60. O Presidente do Tribunal **de Ética e Disciplina**, após o recebimento do processo, devidamente instruído, designa, **por sorteio**, relator para proferir voto.	**Art. 53.** O Presidente do Tribunal, após o recebimento do processo devidamente instruído, designa relator para proferir o voto.
§ 1º Se o processo já estiver tramitando perante o Tribunal de Ética e Disciplina ou perante o Conselho competente, o relator não será o mesmo designado na fase de instrução.	
§ 2º O processo será incluído em pauta na primeira sessão de julgamentos após a distribuição ao relator. → § 2º com redação alterada pela Resolução CFOAB 1/2016.	§ 1º O processo é inserido automaticamente na pauta da primeira sessão de julgamento, após o prazo de 20 (vinte) dias de seu recebimento pelo Tribunal, salvo se o relator determinar diligências.
§ 3º O **representante** e o representado são notificados pela Secretaria do Tribunal, com 15 (quinze) dias de antecedência, **para comparecerem à sessão de julgamento.**	§ 2º O representado é intimado pela Secretaria do Tribunal para a defesa oral na sessão, com 15 (quinze) dias de antecedência.

§ 4º **Na sessão de julgamento, após o voto do relator, é facultada** a sustentação oral pelo tempo de 15 (quinze) minutos, primeiro pelo representante e, em seguida, pelo representado.	§ 3º A defesa oral é produzida na sessão de julgamento perante o Tribunal, após o voto do relator, no prazo de 15 (quinze) minutos, pelo representado ou por seu advogado.
Art. 61. Do julgamento do processo disciplinar lavrar-se-á acórdão, do qual constarão, quando procedente a representação, o enquadramento legal da infração, a sanção aplicada, o quórum de instalação e o de deliberação, a indicação de haver sido esta adotada com base no voto do relator ou em voto divergente, bem como as circunstâncias agravantes ou atenuantes consideradas e as razões determinantes de eventual conversão da censura aplicada em advertência sem registro nos assentamentos do inscrito.	
Art. 62. Nos acórdãos serão observadas, ainda, as seguintes regras:	
§ 1º O acórdão trará sempre a ementa, contendo a essência da decisão.	
§ 2º O autor do voto divergente que tenha prevalecido figurará como redator para o acórdão.	
§ 3º O voto condutor da decisão deverá ser lançado nos autos, com os seus fundamentos.	
§ 4º O voto divergente, ainda que vencido, deverá ter seus fundamentos lançados nos autos, em voto escrito ou em transcrição na ata de julgamento do voto oral proferido, com seus fundamentos.	
§ 5º Será atualizado nos autos o relatório de antecedentes do representado, sempre que o relator o determinar.	
Art. 63. Na hipótese prevista no art. 70, § 3º, do EAOAB, em sessão especial designada pelo Presidente do Tribunal, **serão** facultadas ao representado ou ao seu defensor a apresentação de defesa, a produção de prova e a sustentação oral.	**Art. 54.** Ocorrendo a hipótese do art. 70, § 3º, do Estatuto, na sessão especial designada pelo Presidente do Tribunal, são facultadas ao representado ou ao seu defensor a apresentação de defesa, a produção de prova e a sustentação oral, restritas, entretanto, à questão do cabimento, ou não, da suspensão preventiva.
	Art. 55. O expediente submetido à apreciação do Tribunal é autuado pela Secretaria, registrado em livro próprio e distribuído às Seções ou Turmas julgadoras, quando houver.
Art. 64. As consultas **submetidas ao Tribunal de Ética e Disciplina receberão** autuação **própria, sendo designado relator, por sorteio, para o seu exame,** podendo o Presidente, **em face da complexidade da questão, designar, subsequentemente, revisor**.	Art. 56. As consultas formuladas recebem autuação em apartado, e a esse processo são designados relator e revisor, pelo Presidente.
Parágrafo único. O relator e o revisor têm prazo de 10 (dez) dias cada um para elaboração de seus pareceres, apresentando-os na primeira sessão seguinte, para **deliberação**.	§ 1º O relator e o revisor têm prazo de 10 (dez) dias, cada um, para elaboração de seus pareceres, apresentando-os na primeira sessão seguinte, para julgamento.

	§ 2º Qualquer dos membros pode pedir vista do processo pelo prazo de uma sessão e desde que a matéria não seja urgente, caso em que o exame deve ser procedido durante a mesma sessão. Sendo vários os pedidos, a Secretaria providencia a distribuição do prazo, proporcionalmente, entre os interessados.
	§ 3º Durante o julgamento e para dirimir dúvidas, o relator e o revisor, nessa ordem, têm preferência na manifestação.
	§ 4º O relator permitirá aos interessados produzir provas, alegações e arrazoados, respeitado o rito sumário atribuído por este Código.
	§ 5º Após o julgamento, os autos vão ao relator designado ou ao membro que tiver parecer vencedor para lavratura de acórdão, contendo ementa a ser publicada no órgão oficial do Conselho Seccional.
Art. 65. As sessões do Tribunal de Ética e Disciplina obedecerão ao disposto no respectivo Regimento Interno, aplicando-se-lhes, subsidiariamente, o do Conselho Seccional.	**Art. 57.** Aplica-se ao funcionamento das sessões do Tribunal o procedimento adotado no Regimento Interno do Conselho Seccional.
Art. 66. A conduta dos interessados, no processo disciplinar, que se revele temerária ou caracterize a intenção de alterar a verdade dos fatos, assim como a interposição de recursos com intuito manifestamente protelatório, contrariam os princípios deste Código, sujeitando os responsáveis à correspondente sanção.	**Art. 58.** Comprovado que os interessados no processo nele tenham intervindo de modo temerário, com sentido de emulação ou procrastinação, tal fato caracteriza falta de ética passível de punição.
Art. 67. Os recursos contra decisões do Tribunal de Ética e Disciplina, ao Conselho Seccional, regem-se pelas disposições do Estatuto da Advocacia e **da Ordem dos Advogados do Brasil**, do Regulamento Geral e do Regimento Interno do Conselho Seccional.	**Art. 60.** Os recursos contra decisões do Tribunal de Ética e Disciplina, ao Conselho Seccional, regem-se pelas disposições do Estatuto, do Regulamento Geral e do Regimento Interno do Conselho Seccional.
Parágrafo único. O Tribunal dará conhecimento de todas as suas decisões ao Conselho Seccional, para que determine periodicamente a publicação de seus julgados.	**Parágrafo único.** O Tribunal dará conhecimento de todas as suas decisões ao Conselho Seccional, para que determine periodicamente a publicação de seus julgados.
Art. 68. Cabe revisão do processo disciplinar, na forma prevista no **Estatuto da Advocacia e da Ordem dos Advogados do Brasil (art. 73, § 5º).**	**Art. 61.** Cabe revisão do processo disciplinar, na forma prescrita no art. 73, § 5º, do Estatuto.
§ 1º Tem legitimidade para requerer a revisão o advogado punido com a sanção disciplinar.	
§ 2º A competência para processar e julgar o processo de revisão é do órgão de que emanou a condenação final.	
§ 3º Quando o órgão competente for o Conselho Federal, a revisão processar-se-á perante a Segunda Câmara, reunida em sessão plenária.	
§ 4º Observar-se-á, na revisão, o procedimento do processo disciplinar, no que couber.	
§ 5º O pedido de revisão terá autuação própria, devendo os autos respectivos ser apensados aos do processo disciplinar a que se refira.	

§ 6º O pedido de revisão não suspende os efeitos da decisão condenatória, salvo quando o relator, ante a relevância dos fundamentos e o risco de consequências irreparáveis para o requerente, conceder tutela cautelar para que se suspenda a execução. → § 6º acrescentado pela Resolução CFOAB 4/2016.	
§ 7º A parte representante somente será notificada para integrar o processo de revisão quando o relator entender que deste poderá resultar dano ao interesse jurídico que haja motivado a representação. → § 7º acrescentado pela Resolução CFOAB 4/2016.	
Art. 69. O advogado que tenha sofrido sanção disciplinar poderá requerer reabilitação, no prazo e nas condições previstos no Estatuto da Advocacia e da Ordem dos Advogados do Brasil (art. 41).	
§ 1º A competência para processar e julgar o pedido de reabilitação é do Conselho Seccional em que tenha sido aplicada a sanção disciplinar. Nos casos de competência originária do Conselho Federal, perante este tramitará o pedido de reabilitação.	
§ 2º Observar-se-á, no pedido de reabilitação, o procedimento do processo disciplinar, no que couber.	
§ 3º O pedido de reabilitação terá autuação própria, devendo os autos respectivos ser apensados aos do processo disciplinar a que se refira.	
§ 4º O pedido de reabilitação será instruído com provas de bom comportamento, no exercício da advocacia e na vida social, cumprindo à Secretaria do Conselho competente certificar, nos autos, o efetivo cumprimento da sanção disciplinar pelo requerente.	
§ 5º Quando o pedido não estiver suficientemente instruído, o relator assinará prazo ao requerente para que complemente a documentação; não cumprida a determinação, o pedido será liminarmente arquivado.	
CAPÍTULO II **Dos órgãos disciplinares**	
SEÇÃO I **Dos Tribunais de Ética e Disciplina**	**CAPÍTULO I** **Da competência do Tribunal de Ética e Disciplina**
Art. 70. O Tribunal de Ética e Disciplina poderá funcionar dividido em órgãos fracionários, de acordo com seu regimento interno.	
Art. 71. Compete aos Tribunais de Ética e Disciplina:	**Art. 50.** Compete também ao Tribunal de Ética e Disciplina:
I – julgar, em primeiro grau, os processos ético-disciplinares;	I – instaurar, de ofício, processo competente sobre ato ou matéria que considere passível de configurar, em tese, infração a princípio ou norma de ética profissional;
II – responder a consultas formuladas, em tese, sobre matéria ético-disciplinar;	

III – exercer as competências que lhe sejam conferidas pelo Regimento Interno da Seccional ou por este Código para a instauração, instrução e julgamento de processos ético-disciplinares;	
IV – suspender, preventivamente, o acusado, em caso de conduta suscetível de acarretar repercussão prejudicial à advocacia, nos termos do Estatuto da Advocacia e da Ordem dos Advogados do Brasil;	
V – organizar, promover e **ministrar** cursos, palestras, seminários e outros eventos da mesma natureza acerca da ética profissional do advogado ou **estabelecer parcerias com as Escolas de Advocacia**, com o mesmo objetivo;	II – organizar, promover e desenvolver cursos, palestras, seminários e discussões a respeito de ética profissional, inclusive junto aos Cursos Jurídicos, visando à formação da consciência dos futuros profissionais para os problemas fundamentais da Ética;
VI – atuar como órgão mediador ou conciliador nas questões que envolvam:	IV – mediar e conciliar nas questões que envolvam:
a) dúvidas e pendências entre advogados;	*a)* dúvidas e pendências entre advogados;
b) partilha de honorários contratados em conjunto ou **decorrentes de** substabelecimento, **bem como os que resultem** de sucumbência, **nas mesmas hipóteses**;	*b)* partilha de honorários contratados em conjunto ou mediante substabelecimento, ou decorrente de sucumbência;
c) controvérsias surgidas quando da dissolução de sociedade de advogados.	*c)* controvérsias surgidas quando da dissolução de sociedade de advogados.
Seção II *Das Corregedorias Gerais*	
Art. 72. As Corregedorias-Gerais integram o sistema disciplinar da Ordem dos Advogados do Brasil.	
§ 1º O Secretário-Geral Adjunto exerce, no âmbito do Conselho Federal, as funções de Corregedor-Geral, cuja competência é definida em Provimento.	
§ 2º Nos Conselhos Seccionais, as Corregedorias-Gerais terão atribuições da mesma natureza, observando, no que couber, Provimento do Conselho Federal sobre a matéria.	
§ 3º A Corregedoria-Geral do Processo Disciplinar coordenará ações do Conselho Federal e dos Conselhos Seccionais voltadas para o objetivo de reduzir a ocorrência das infrações disciplinares mais frequentes.	
TÍTULO III CAPÍTULO ÚNICO DAS DISPOSIÇÕES GERAIS E TRANSITÓRIAS	**CAPÍTULO III** **Das disposições gerais e transitórias**
Art. 73. O Conselho Seccional deve oferecer os meios e **o** suporte de **apoio material, logístico, de informática e de pessoal necessários ao** pleno funcionamento e ao desenvolvimento das atividades do Tribunal **de Ética e Disciplina**.	**Art. 62.** O Conselho Seccional deve oferecer os meios e suporte imprescindíveis para o desenvolvimento das atividades do Tribunal.
§ 1º Os Conselhos Seccionais divulgarão, trimestralmente, na internet, a quantidade de processos ético-disciplinares em andamento e as punições decididas em caráter definitivo, preservadas as regras de sigilo.	

§ 2º A divulgação das punições referidas no parágrafo anterior destacará cada infração tipificada no artigo 34 da Lei n. 8.906/1994.	
Art. 74. Em até 180 (cento e oitenta) dias após o início da vigência do presente Código de Ética e Disciplina da OAB, os Conselhos Seccionais e os Tribunais de Ética e Disciplina deverão elaborar ou rever seus Regimentos Internos, adaptando-os às novas regras e disposições deste Código. No caso dos Tribunais de Ética e Disciplina, os Regimentos Internos serão submetidos à aprovação do respectivo Conselho Seccional e, subsequentemente, do Conselho Federal.	
	Art. 63. O Tribunal de Ética e Disciplina deve organizar seu Regimento Interno, a ser submetido ao Conselho Seccional e, após, ao Conselho Federal.
Art. 75. A pauta de julgamentos do Tribunal é publicada em órgão oficial e no quadro de avisos gerais, na sede do Conselho Seccional, com **antecedência de 15 (quinze)** dias, devendo ser dada prioridade, nos julgamentos, aos processos cujos interessados estiverem presentes **à respectiva sessão.**	**Art. 64.** A pauta de julgamentos do Tribunal é publicada em órgão oficial e no quadro de avisos gerais, na sede do Conselho Seccional, com antecedência de 7 (sete) dias, devendo ser dada prioridade nos julgamentos para os interessados que estiverem presentes.
Art. 76. As **disposições** deste Código obrigam igualmente as sociedades de advogados, os **consultores e as sociedades consultoras em direito estrangeiro** e os estagiários, no que lhes forem aplicáveis.	**Art. 65.** As regras deste Código obrigam igualmente as sociedades de advogados e os estagiários, no que lhes forem aplicáveis.
Art. 77. As disposições deste Código aplicam-se, no que couber, à mediação, à conciliação e à arbitragem, quando exercidas por advogados.	
Art. 78. Os autos do processo disciplinar podem ter caráter virtual, mediante adoção de processo eletrônico.	
Parágrafo único. O Conselho Federal da OAB regulamentará em Provimento o processo ético-disciplinar por meio eletrônico.	
Art. 79. Este Código entra em vigor a 1º de setembro de 2016, cabendo ao Conselho Federal e aos Conselhos Seccionais, bem como às Subseções da OAB, promover-lhe ampla divulgação. → Artigo com redação alterada pela Resolução CFOAB 3/2016.	**Art. 66.** Este Código entra em vigor, em todo território nacional, na data de sua publicação, cabendo aos Conselhos Federal e Seccionais e às Subseções da OAB promover a sua ampla divulgação, revogadas as disposições em contrário.
Art. 80. Fica revogado o Código de Ética e Disciplina editado em 13 de fevereiro de 1995, bem como as demais disposições em contrário.	
Brasília, 19 de outubro de 2015.	Brasília-DF, 13 de fevereiro de 1995.
Marcus Vinicius Furtado Coêlho Presidente Nacional da OAB **Paulo Roberto de Gouvêa Medina** Relator originário e para sistematização final **Humberto Henrique Costa Fernandes do Rêgo** Relator em Plenário	*José Roberto Batochio* *Presidente* (Publicação no *D.J. de* 1º.3.1995)

BIBLIOGRAFIA

LÔBO, Paulo. *Comentários ao Estatuto da Advocacia e da OAB*. 4. ed. São Paulo: Saraiva, 2007.

RAMOS, Gisela Gondin. *Estatuto da Advocacia: comentários e jurisprudência selecionada*. 5. ed. Rio de Janeiro: Forense, 2009.